2024 ZHONGGUO HAIGUAN
BAOGUAN ZHUANYE JIAOCAI

2024中国海关
报关专业教材

《中国海关报关专业教材》编写组 ◎ 编著

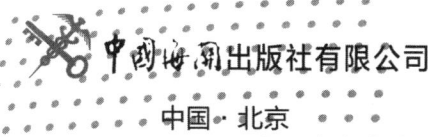

中国海关出版社有限公司

中国·北京

图书在版编目（CIP）数据

2024 中国海关报关专业教材/《中国海关报关专业教材》编写组编著 . —北京：中国海关出版社有限公司，2024.1

ISBN 978 - 7 - 5175 - 0732 - 1

Ⅰ.①2…　Ⅱ.①中…　Ⅲ.①进出口贸易—海关手续—中国—教材　Ⅳ.①F752.5

中国国家版本馆 CIP 数据核字（2024）第 002234 号

2024 中国海关报关专业教材

2024 ZHONGGUO HAIGUAN BAOGUAN ZHUANYE JIAOCAI

作　　　者：《中国海关报关专业教材》编写组
责任编辑：熊　芬
出版发行：中国海关出版社有限公司
社　　　址：北京市朝阳区东四环南路甲 1 号　　　　邮政编码：100023
编 辑 部：01065194242-7528（电话）
发 行 部：01065194221/4238/4246（电话）
社办书店：01065195616（电话）
　　　　　https://weidian. com/? userid=319526934（网址）
印　　　刷：北京新华印刷有限公司　　　　　　经　　销：新华书店
开　　　本：787mm×1092mm　1/16
印　　　张：34　　　　　　　　　　　　　　字　　数：892 千字
版　　　次：2024 年 1 月第 1 版
印　　　次：2024 年 1 月第 1 次印刷
书　　　号：ISBN 978 - 7 - 5175 - 0732 - 1
定　　　价：80. 00 元

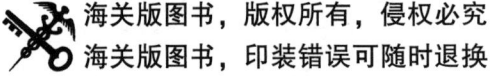

《中国海关报关专业教材》编写组

主　编：杨艳光　中国海关管理干部学院

编　者：（按姓氏笔画排序）

王立功　海关总署商品检验司

王朝华　石家庄海关

孔步群　南京海关

田书军　青岛海关

杨艳光　中国海关管理干部学院

李继宇　青岛海关

佟延军　天津海关

宗慧民　上海海关学院

顾佩军　上海海关学院

郭　强　石家庄海关

焦　阳　海关总署国际检验检疫标准与
技术法规研究中心

审　稿：（按姓氏笔画排序）

田书军　青岛海关

杨艳光　中国海关管理干部学院

佟延军　天津海关

前　言

　　报关员是维系海关管理和国际贸易的纽带，是连接依法行政和便捷服务的桥梁。培养一支具有较高综合素质和业务水平的报关员队伍，一方面有利于改善海关执法环境，提高海关的通关效率和税收征管水平；另一方面也可以缩短物流周期，降低企业成本，维护贸易安全。为此，海关总署于1997年开始举办报关员资格全国统一考试，至2013年，全国累计报名参考数百万人，近30万人通过考试取得报关员资格。其间，海关总署报关员资格考试委员会、海关总署报关员资格考试教材编写委员会组织海关专家编写的考试系列教材，以精编细校和权威性赢得了考生的认可和信任，也被开设报关及相关专业的本科院校、高职高专院校和社会培训机构选用，成为报关教材中的精品。

　　近年来，蓬勃发展的进出口贸易和新兴的现代物流业，孕育了庞大的报关服务市场，报关员成为社会择业热点。随着海关总署取消报关员资格核准，报关从业活力得以进一步释放，营造了公平的就业环境。相应的，报关从业人员的综合素质和业务水平成为企业选人用人的更直观标准，职业院校教育和社会办学力量因势承担起报关专业知识和专业技能的教学和培训任务。为满足教育培训用书需求，海关系统业务专家、学者组成《中国海关报关专业教材》编写组，编写了本教材。各章的编写人员是：第一章杨艳光，第二章佟延军，第三章李继宇，第四章郭强、王朝华，第五章焦阳，第六章王立功，第七章宗慧民，第八章田书军，第九章杨艳光、田书军，第十章孔步群，第十一章杨艳光，第十二章顾佩军。全书由杨艳光统稿；由田书军、杨艳光、佟延军对相关章节进行审稿修改；由杨雅迪负责稿件整理。

　　本教材沿用原考试教材的体例和风格，重在传授报关专业知识和实务技能，同时涵盖了报关相关知识，既有对海关政策法规和海关各项业务制度的详细解说，也有对通关流程和办事程序的具体介绍，具有传道授业与释疑解惑并重、教学培训与业务参考兼顾的特点。本书编撰既精，审校尤细，但不当之处在所难免，还望读者不吝指正。

目　录

第一章　报关与海关管理

第一节　报关概述

一、报关的含义

一般而言，报关是指进出口货物收发货人、进出境运输工具负责人、进出境物品的所有人或者他们的代理人，以及出入境人员向海关办理货物、物品、运输工具进出境手续及相关海关事务的过程。

报关是与运输工具、货物、物品进出境密切相关的一个概念。在国际物流、国际交流和交往活动中，往往存在着运输工具、货物、物品和人员进出境的情况。国际贸易合约的履行是通过国际物流活动来完成的。我国海关规定，进出境运输工具、货物、物品、人员，必须通过设立海关的地点进境或者出境。因此，由设立海关的地点进出境，办理申报、纳税、检验、检疫、鉴定手续及其他规定的海关手续，以获准出入境或取得销售使用的合法凭证及某种公证证明，是运输工具、货物、物品进出境的基本规则，也是进出境运输工具负责人、进出口货物收发货人、进出境物品的所有人应履行的一项基本义务。

需要说明的是，在进出境活动中，我们还经常使用"通关"这一概念。通关与报关既有联系又有区别。两者都是针对运输工具、货物、物品的进出境而言的，但报关是从海关相对人的角度，仅指向海关办理进出境手续及相关手续，而通关不仅包括海关相对人向海关办理有关手续，还包括海关对进出境运输工具、货物、物品依法进行监督管理，核准其进出境的管理过程。

二、报关的分类

进出口货物收发货人、进出境运输工具负责人、进出境物品的所有人或者他们的代理人等海关相对人履行报关义务时，根据其所涉及的报关对象、报关目的及报关行为性质的不同，可将报关分为以下 3 类。

（一）根据报关对象的不同，可分为运输工具报关、货物报关、物品报关

由于海关对进出境运输工具、货物、物品、快件和跨境贸易电子商务零售商品的监管要求各不相同，履行具体手续也各不相同。其中，进出境运输工具作为货物、人员及其携带物品的进出境载体，其报关主要是向海关直接交验随附的、符合国际商业运输惯例、能反映运输工具进出境合法性及其所承运货物、物品情况的合法证件、清单和其他运输单证，其报关手续较为简单。进出境货物的报关较为复杂，为此，海关根据对进出境货物的监管要求，制定了一系列报关管理规范，并要求必须由具备一定的专业知识和技能的报关人员代表报关单位专门办理。进出境物品由于其非贸易性质，且一般限于自用、合理数量，其报关手续也很简单。

进出境快件是货物、物品进出境的一种特殊形式，主要由运营人负责根据快件性质的不同分别报关。跨境贸易电子商务零售商品是不同交易主体间的国际商业活动，由跨境贸易电子商务平台企业或跨境贸易电子商务企业境内代理人、支付企业、物流企业负责报关。

另外，出入境人员必要时在出入境口岸向海关进行健康申报，交验健康证书、预防接种证书，配合海关进行流行病学调查、医学排查、传染病监测和检疫等。

（二）根据报关目的的不同，可分为进境报关和出境报关

对于运输工具、货物、物品的进境和出境，海关分别制定了不同的管理规定，运输工具、货物、物品根据进境或出境的目的分别形成了进境报关手续和出境报关手续。

（三）根据报关行为性质的不同，可分为自理报关和代理报关

进出境运输工具、货物、物品的报关是一项专业性较强的工作，尤其是进出境货物的报关比较复杂，一些运输工具负责人、进出口货物收发货人或者物品的所有人，由于经济、时间、地点等方面的原因，不能或者不愿意自行办理报关手续，而委托代理人代为报关，从而形成了自理报关和代理报关两种报关类型。《中华人民共和国海关法》（以下简称《海关法》）对接受进出境物品所有人的委托，代为办理进出境物品报关手续的代理人没有特殊要求，但对于接受进出口货物收发货人的委托，代为办理进出境货物报关手续的代理人则有明确的规定。因此，我们通常所称的自理报关和代理报关主要是针对进出境货物的报关而言的。

1. 自理报关

进出口货物收发货人自行办理报关业务称为自理报关。根据我国海关目前的规定，进出口货物收发货人必须依法经海关准予备案后方能自行办理报关业务。

2. 代理报关

代理报关是指接受进出口货物收发货人的委托，代理其办理报关业务的行为。我国海关法律把有权接受他人委托办理报关业务的企业称为报关企业。报关企业必须依法经海关准予备案后方能从事代理报关业务。

根据代理报关法律行为责任承担者的不同，代理报关又分为直接代理报关和间接代理报关。直接代理报关是指报关企业接受委托人（进出口货物收发货人）的委托，以委托人的名义办理报关业务的行为。间接代理报关是指报关企业接受委托人的委托以报关企业自身的名义向海关办理报关业务的行为。在直接代理中，代理人代理行为的法律后果直接作用于被代理人；而在间接代理中，报关企业接受进出口货物收发货人的委托，以自己的名义办理报关手续时，应当承担与收发货人相同的法律责任。目前，我国报关企业大多采取直接代理形式报关，经营快件业务的营运人等国际货物运输代理企业适用间接代理报关。

三、报关的基本内容

（一）进出境运输工具报关的基本内容

国际贸易的交货、跨境人员的往来及其携带物品的进出境，除经其他特殊运输方式外，都要通过各种运输工具的国际运输来实现。根据我国海关相关法律规定，所有进出我国关境的运输工具必须经由设有海关的港口、车站、机场、国界孔道、国际邮件互换局（交换站）及其他可办理海关业务的场所申报进出境。进出境申报是运输工具报关的主要内容。根据海关监管的要求，进出境运输工具负责人或其代理人在运输工具抵达或者离开关境前，均应如实向海关申报运输工具的名称、国籍、预定到达时间、员工和旅客人数等信息。

1. 运输工具申报的基本内容

根据海关监管要求的不同，不同种类的运输工具报关时所需递交的单证及所要申明的具体内容也不尽相同。总的来说，运输工具进出境报关时须向海关申明的主要内容有：运输工具的名称、国籍、预定到达时间、航次（车次）、停靠地点等；运输工具进出境时所载运货物情况，包括过境货物、转运货物、通运货物、溢短卸（装）货物的基本情况；运输工具服务人员名单及其自用物品、货币等情况；运输工具所载旅客情况；运输工具所载邮递物品、行李物品的情况；其他需要向海关申报清楚的情况，如由于不可抗力原因，运输工具被迫在未设关地点停泊、降落或者抛掷、起卸货物、物品等情况。除此以外，运输工具报关时还需提交运输工具从事国际合法性运输必备的相关证明文件，如船舶国籍证书、吨税证书、海关监管簿、签证簿等，必要时还需出具保证书或缴纳保证金。

以上情况由进出境运输工具负责人或其代理人向海关申报后，有时还需应海关的要求配合海关检查，配合实施运输工具动植物检疫、卫生检疫，经海关审核确认符合海关监管要求的，可以上下旅客、装卸货物。

进出境运输工具负责人，是指进出境运输工具的所有企业、经营企业，船长、机长、汽车驾驶员、列车长，以及上述企业或者人员授权的代理人。

2. 运输工具舱单申报

近年来，随着我国对外贸易规模的不断扩大和国际物流的不断发展，为适应国际海关合作大趋势的需要，促进国际贸易安全与便利，我国海关将运输工具舱单申报作为进出境运输工具报关的一个重要事项。为配合全国海关通关一体化改革，进一步便利进出境物流，海关现已全面开展舱单及相关电子数据变更作业无纸化。

进出境运输工具舱单（以下简称"舱单"）是指反映进出境运输工具所载货物、物品及旅客信息的载体，包括原始舱单①、预配舱单②、装（乘）载舱单③。进出境运输工具载有货物、物品的，舱单内容应当包括总提（运）单及其项下的分提（运）单信息。进出境运输工具负责人即舱单电子数据传输义务人应当按照海关备案的范围在规定时限向海关传输舱单电子数据。

进境运输工具载有货物、物品的，舱单传输人应当在规定时限向海关传输原始舱单主要数据，舱单传输人应当在进境货物、物品运抵目的港以前向海关传输原始舱单其他数据。海关接受原始舱单主要数据传输后，收货人、受委托的报关企业方可向海关办理货物、物品的申报手续。进境运输工具载有旅客的，舱单传输人应当在规定时限向海关传输原始舱单电子数据。

出境运输工具预计载有货物、物品的，舱单传输人应当在办理货物、物品申报手续以前向海关传输预配舱单主要数据；以集装箱运输的货物、物品，出口货物发货人应当在货

---

① 原始舱单，是指舱单传输人向海关传输的反映进境运输工具装载货物、物品或者乘载旅客信息的舱单。

② 预配舱单，是指反映出境运输工具预计装载货物、物品或者乘载旅客信息的舱单。

③ 装（乘）载舱单，是指反映出境运输工具实际配载货物、物品或者载有旅客信息的舱单。

物、物品装箱以前向海关传输装箱清单电子数据。海关接受预配舱单主要数据传输后，舱单传输人应当在规定时限向海关传输预配舱单其他数据。出境货物、物品运抵海关监管场所时，海关监管场所经营人应当以电子数据方式向海关提交运抵报告。运抵报告提交后，海关即可办理货物、物品的查验、放行手续。舱单传输人应当在运输工具开始装载货物、物品前向海关传输装载舱单电子数据。出境运输工具预计载有旅客的，舱单传输人应当在出境旅客开始办理登机（船、车）手续前向海关传输预配舱单电子数据。舱单传输人应当在旅客办理登机（船、车）手续后，运输工具上客以前向海关传输乘载舱单电子数据。运输工具负责人应当在货物、物品装载完毕或者旅客全部登机（船、车）后向海关提交结关申请，经海关办结手续后，出境运输工具方可离境。

已经传输的舱单电子数据需要变更的，舱单传输人可以在原始舱单和预配舱单规定的传输时限以前直接予以变更，但是货物、物品所有人已经向海关办理货物、物品申报手续的除外。

（二）进出口货物报关的基本内容

进出口货物的报关业务包括：按照规定填制报关单，如实申报进出口货物的商品编号、实际成交价格、原产地及相应的优惠贸易协定代码，并办理提交报关单证等与申报有关的事宜；申请办理缴纳税费和退税、补税事宜；申请办理加工贸易合同备案、变更和核销及保税监管等事宜；申请办理进出口货物减税、免税等事宜；办理进出口货物的查验、检验、检疫、结关等事宜；办理应当由报关单位办理的其他事宜。

海关对不同性质的进出口货物规定了不同的报关程序和要求。一般来说，进出口货物报关时，报关单位及报关人员要做好以下几个方面的工作：

1. 进出口货物收发货人接到运输公司或邮递公司寄交的提货通知单，或根据合同规定备齐出口货物后，应当做好向海关办理货物报关的准备工作，或者签署委托代理协议，委托报关企业向海关报关。

2. 准备好报关单证，在海关规定的报关地点和报关时限内以电子数据方式向海关申报。进出口货物报关单或海关规定的其他报关单（证）是报关单位向海关申报货物情况的法律文书，报关人员必须认真、规范、如实填写，并对其所填内容的真实性和合法性负责，承担相应的法律责任。除此之外，还应准备与进出口货物直接相关的商业和货运单证，如发票、装箱单、提单等。对属于国家限制性的进出口货物，应准备国家有关法律、法规规定的许可证件，如进出口货物许可证等，还要准备好海关可能需要查阅或收取的其他资料、证件，如贸易合同、原产地证明等。

3. 经海关对报关电子数据进行审核后，在海关认为必要时，报关人员要配合海关进行货物的查验、检验，对装载动植物及其产品的运输工具入境、装载非动植物及其产品但有木质包装或植物性铺垫材料的运输工具、装载非应检物的运输工具及集装箱箱体实施动植物检疫，以及进行消毒、除害处理，对进出境集装箱和货物实施卫生检疫。

4. 属于应纳税、应缴费范围的进出口货物，报关单位应在海关规定的期限内缴纳进出口税费。

5. 进出口货物经海关放行后，报关单位可以安排提取或装运货物。

除了以上工作外，对于保税加工货物、减免税进口货物等，在进出境前还需办理备案申请等手续，进出境后还需在规定的时间以规定的方式向海关办理核销、结案等手续。

（三）进出境物品报关的基本内容

海关监管进出境物品包括行李物品、邮递物品和其他物品，三者在报关要求上有所不同。

《海关法》规定，个人携带进出境的行李物品、邮寄进出境的物品，应当以自用、合理数量为限，并接受海关监管。所谓"自用、合理数量"，对于行李物品而言，"自用"是指进出境旅客本人自用、馈赠亲友而非为出售或出租，"合理数量"是指海关根据进出境旅客旅行目的和居留时间所规定的正常数量；对于邮递物品，则指的是海关对进出境邮递物品规定的征、免税限制。自用、合理数量原则是海关对进出境物品监管的基本原则，也是对进出境物品报关的基本要求。需要注意的是，对于通过随身携带或邮政渠道进出境的货物要按货物办理进出境报关手续。经海关登记准予暂时免税进境或者暂时免税出境的物品，应当由本人复带出境或者复带进境。享有外交特权和豁免的外国机构或者人员的公务用品或者自用物品进出境，依照有关法律、行政法规的规定办理。

海关依法对进出境旅客携带物品（行李物品）、邮递物品实施检疫。

1. 进出境行李物品的报关

当今世界上大多数国家（地区）的海关法律规定对旅客进出境采用"红绿通道"制度。我国海关也采用了"红绿通道"制度。

我国海关规定，进出境旅客在向海关申报时，可以在分别以红色和绿色作为标记的两种通道中进行选择。带有绿色标志的通道称"无申报通道"（又称"绿色通道"），适用于携运物品在数量和价值上均不超过免税限额，且无国家限制或禁止进出境物品的旅客；带有红色标志的通道称"申报通道"（又称"红色通道"），适用于携带应向海关申报物品的旅客。对于选择"红色通道"的旅客，必须填写"中华人民共和国海关进出境旅客行李物品申报单"（以下简称"申报单"）或海关规定的其他申报单证，在进出境地向海关作出书面申报。

除海关免予监管的人员以及随同成人旅行的 16 周岁以下旅客以外，进出境旅客携带应向海关申报物品的，须填写申报单，向海关书面申报。持有中华人民共和国政府主管部门给予外交礼遇签证的进出境旅客，通关时应主动向海关出示本人有效证件，享受通关礼遇。

2. 进出境邮递物品的报关

（1）进出境邮递物品的申报方式由其特殊的邮递运输方式决定，分为邮政和快件两种形式。

我国是《万国邮政公约》的签约方，根据《万国邮政公约》的规定，进出境邮政物品必须由寄件人填写"报税单"（小包邮件填写绿色标签），列明所寄物品的名称、价值、数量，向邮包寄达国家（地区）的海关申报。进出境邮递物品的"报税单"和绿色标签随同物品通过邮政企业或快递公司呈递给海关。

个人物品以快件形式进出境的，按照个人物品类进出境快件监管。个人物品类进出境快件是指海关法规规定自用、合理数量范围内的进出境的旅客分离运输行李物品、亲友间相互馈赠物品和其他个人物品。个人物品类进出境快件报关时，报关单位应当向海关提交"海关进出境快件个人物品报关单"、每一件进出境快件的分运单、进境快件收件人或出境快件发件人身份证件复印件和海关需要的其他单证。

（2）个人邮递进境物品，海关依法对其征收进口税，但应征进口税税额在 50 元（含 50 元）人民币以下的，海关予以免征。

个人寄自或寄往我国港澳台地区的物品，每次限值为 800 元人民币；寄自或寄往其他国家和地区的物品，每次限值为 1000 元人民币。

个人邮递进出境物品超出规定限值的，应办理退运手续或者按照货物规定办理通关手续。但邮包内仅有一件物品且不可分割的，虽超出规定限值，经海关审核确属个人自用的，可以按照个人物品规定办理通关手续。

3. 进出境特殊物品的报关

（1）暂时免税进出境物品

个人携带进出境的暂时免税进出境物品须由物品携带者在进境或出境时向海关作出书面申报，并经海关批准登记，方可免税携带进出境，而且应由本人复带出境或进境。

（2）享有外交特权和豁免权的外国机构或者人员进出境物品

享有外交特权和豁免权的外国机构或者人员进出境物品包括外国驻中国使馆和使馆人员，以及外国驻中国领事馆、联合国及其专门机构和其他国际组织驻中国代表机构及其人员进出境的公务用品和自用物品。

外国驻中国使馆和使馆人员进出境公用、自用物品应当以海关核准的直接需用数量为限。其中，公务用品是指使馆执行职务直接需用的进出境物品，包括：使馆使用的办公用品、办公设备、车辆；使馆主办或者参与的非商业性活动所需物品；使馆使用的维修工具、设备；使馆的固定资产，包括建筑装修材料、家具、家用电器、装饰品等；使馆用于免费散发的印刷品（广告宣传品除外）；使馆使用的招待用品、礼品等。自用物品是指使馆人员和与其共同生活的配偶及未成年子女在中国居留期间的生活必需品，包括自用机动车辆（限摩托车、小轿车、越野车、9 座以下的小客车）。

使馆和使馆人员因特殊需要携运中国政府禁止或者限制进出境物品进出境的，应当事先获得中国政府有关主管部门的批准，并按照有关规定办理。有下列情形之一的，使馆和使馆人员的有关物品不准进出境：携运进境的物品超出海关核准的直接需用数量范围的；未依照规定向海关办理有关备案、申报手续的；未经海关批准，擅自将已免税进境的物品进行转让、出售等处置后，再次申请进境同类物品的；携运中国政府禁止或者限制进出境物品进出境，应当提交有关许可证件而不能提供的；违反海关关于使馆和使馆人员进出境物品管理规定的其他情形。

使馆和使馆人员首次进出境公用、自用物品前，应当到主管海关办理备案手续；使馆和使馆人员进出境公用、自用物品，应当按照海关规定以书面或者口头方式申报。其中，以书面方式申报的，还应当向海关报送电子数据。

使馆和使馆人员运进、运出公用、自用物品时，应当填写"中华人民共和国海关外交公/自用物品进出境申报单"，向主管海关提出申请，并附提（运）单、发票、装箱单、身份证件复印件等有关单证材料。其中，运进机动车辆的，还应当递交使馆照会。

使馆运进由使馆主办或者参与的非商业性活动所需物品，应当递交使馆照会，并就物品的所有权、活动地点、日期、活动范围、活动的组织者和参加人、物品的最后处理向海关作出书面说明。活动在使馆以外场所举办的，还应当提供与主办地签订的合同副本。

外交代表随身携带自用物品进境时，应当向海关口头申报，但外交代表每次随身携带进境的超过规定限额的限制性进境物品，应当向海关提出书面申请。

外国驻中国领事馆、联合国及其专门机构和其他国际组织驻中国代表机构及其人员进出境公用、自用物品，由海关按照《中华人民共和国领事特权与豁免条例》、中国已加入的国际公约，以及中国与有关国家或者国际组织签订的协议办理。

外国政府给予中国驻该国的使馆和使馆人员进出境物品的优惠和便利，低于中国政府给予该国驻中国的使馆和使馆人员进出境物品的优惠和便利的，中国海关可以根据对等原则，给予该国驻中国使馆和使馆人员进出境物品相应的待遇。

（3）常驻机构及非居民长期旅客进出境公用、自用物品

非居民长期旅客及常驻机构的常驻人员可以运进境内居留期间日常生活所必需的物品，但烟草制品、酒精制品除外。

非居民长期旅客是指经公安部门批准进境并在境内连续居留1年以上（含1年），期满后仍回到境外定居地的外国公民、我国港澳台地区人员、华侨。非居民长期旅客取得境内长期居留证件后方可申请自用物品进境，首次进境的自用物品海关予以免税，但按规定准予进境的机动车辆和国家规定应税的20种物品除外，再次申请进境的自用物品，一律予以征税。

常驻机构是指境外企业、新闻机构、经贸机构、文化团体及其他境外法人经中国政府主管部门批准，在境内设立的常设机构。经海关备案审批，常驻机构可申请进出境办公用品。常驻机构进口办公用品时，经海关审核，在本机构自用、合理数量内，海关依法免征税款。

（4）高层次人才进出境物品

高层次人才是高层次留学人才和海外科技专家的统称。高层次人才的身份由中华人民共和国人力资源和社会保障部、中华人民共和国教育部或者其授权部门明确和认定。高层次人才回国和海外科技专家来华工作连续1年以上（含1年）的，首次进境的个人生活及工作自用的家用摄像机、照相机、便携式收录机、便携式激光唱机和便携式计算机等，海关予以免税放行。高层次人才可以申请从境外运进自用机动车辆1辆（限小轿车、越野车、9座及以下小客车），海关予以征税验放。

第二节　海关管理概述

一、我国海关的性质与任务

国家以立法的形式明确规定了我国海关的性质与任务。《海关法》规定："中华人民共和国海关是国家的进出关境（以下简称进出境）监督管理机关。海关依照本法和其他有关法律、行政法规，监管进出境的运输工具、货物、行李物品、邮递物品和其他物品（以下简称进出境运输工具、货物、物品），征收关税和其他税、费，查缉走私，并编制海关统计和办理其他海关业务。"

（一）海关的性质

1. 海关是国家行政机关

我国的国家机关包括享有立法权的立法机关、享有司法权的司法机关和享有行政管理权的行政机关。国务院是我国最高行政机关，海关总署是国务院直属机构。

2. 海关是国家进出境监督管理机关

海关履行国家行政制度中的进出境监督管理职能，是国家宏观管理的一个重要组成部分。海关依照有关法律、行政法规并通过法律赋予的权力，制定具体的行政规章和行政措施，对特定领域的活动开展监督管理，以保证其按国家的法律规范进行。

海关监督管理的对象是所有进出关境的运输工具、货物、物品。海关在"设立海关的港口、车站、机场、国界孔道、国际邮件互换局（交换站）和其他有海关监管业务的场所，以及虽未设立海关，但是经国务院批准的进出境地点"，包括海关特殊监管区域、保税监管场所、海关监管作业场所（场地）、免税商店，以及其他有海关监管业务的场所和地点，实施监督管理。

关境是世界各国海关通用的概念，指适用于同一海关法或实行同一关税制度的领域。在一般情况下，关境的范围等于国境。但对于关税同盟的签署国（地区）来说，其成员之间货物进出国境不征收关税，只对来自和运往非同盟国（地区）的货物在进出共同关境时征收关税，因而对于每个成员来说，其关境大于国境，如欧盟。若在国内设立自由港、自由贸易区等特定区域，因进出这些特定区域的货物都是免税的，因而该国的关境小于国境。关境同国境一样，包括其领域内的领水、领陆和领空，是一个立体的概念。我国的关境范围是除享有单独关境地位的地区以外的中华人民共和国的全部领域，包括领水、领陆和领空。目前，我国的单独关境有香港、澳门和台、澎、金、马单独关税区。在单独关境内，其各自实行单独的海关制度。因此，我国关境小于国境。本教材所称的"进出境"除特指外，均指进出我国关境。

3. 海关的监督管理是国家行政执法活动

海关通过法律赋予的权力，对特定范围内的社会经济活动进行监督管理，并对违法行为依法实施行政处罚，以保证这些社会经济活动按照国家的法律规范进行。因此，海关的监督管理是保证国家有关法律、法规实施的行政执法活动。海关执法的依据是《海关法》和其他有关法律、行政法规。海关事务属于中央立法事权，立法者为全国人民代表大会及其常务委员会和国务院。海关总署也可以根据法律和国务院的法规、决定、命令，制定规章，作为执法依据的补充。省、自治区、直辖市人民代表大会和人民政府不得制定海关法律规范，地方法规、地方规章不是海关执法的依据。

（二）海关的任务

《海关法》明确规定海关有 4 项基本任务，即监管进出境的运输工具、货物、行李物品、邮递物品和其他物品（以下简称"监管"），征收关税和其他税费（以下简称"征税"），查缉走私（以下简称"缉私"）和编制海关统计（以下简称"统计"）。

1. 监管

海关监管是指海关运用国家赋予的权力，通过一系列管理制度与管理程序，依法对进出境运输工具、货物、物品的进出境活动所实施的一种行政管理。海关监管是一项国家职能，其目的在于保证一切进出境活动符合国家政策和法律的规范，维护国家主权和利益。

《海关法》规定，"进出境运输工具、货物、物品，必须通过设立海关的地点进境或出境。"海关在履行监管职责时，一般应在海关监管区内对进出境运输工具、货物、物品进行监督管理。要注意的是，海关在海关监管区内实施监管"不妨碍其他部门履行其相应职责"，即：在海关监管区内，海关仅依法履行涉及海关职责，其余的政府职责如治安、消防、环保等，应由相应的政府主管部门依法履行。

（1）海关监管区

海关监管区包括海关特殊监管区域、保税监管场所、海关监管作业场所、免税商店，以及其他有海关监管业务的场所和地点。

海关特殊监管区域是经国务院批准，设立在中华人民共和国关境内，实行特殊的税收政策和进出口管理政策，具有加工制造、国际贸易物流分拨、保税仓储、检测维修、研发设计、商品展示等功能，由海关按照国家有关规定实施监管的经济功能区。

保税监管场所是经海关批准设立的保税物流中心（A型、B型）、保税仓库、出口监管仓库及其他保税监管场所。

海关监管作业场所是指由企业负责经营管理，供进出境运输工具或者境内承运海关监管货物的运输工具进出、停靠，从事海关监管货物的进出、装卸、储存、集拼、暂时存放等有关经营活动，符合《海关监管作业场所（场地）设置规范》，办理相关海关手续的场所。海关对监管作业场所在封闭及卡口设置、场地设置、场所用房、信息化管理系统等方面均有明确具体的要求及规定。

免税商店是经海关总署批准，由经营单位在国务院或者其授权部门批准的地点设立符合海关监管要求的销售场所和存放免税品的监管仓库，向规定的对象销售免税品的企业，具体包括：口岸免税商店、运输工具免税商店、市内免税商店、外交人员免税商店和供船免税商店等。

其他有海关监管业务的场所和地点主要包括海关指定监管场地及海关集中作业场地（含旅客通关作业场地、邮检作业场地）等。

海关特殊监管区域、保税监管场所、海关监管作业场所、海关指定监管场地是涉及进出境货物的主要海关监管作业区域。按照本教材编写要求，与进出口货物口岸监管任务直接相关的海关监管作业场所及海关指定监管场地等内容在本教材第九章详述。海关特殊监管区域、保税监管场所等内容在本教材第四章详述。

（2）进出境海关监管货物

海关监管货物是海关监管的重要标的之一，是指以各种贸易或非贸易形态进出境，在尚未办结海关手续的情形下，其处置及物流应受海关监督控制的货物。《海关法》第二十三条规定："进口货物自进境起到办结海关手续止，出口货物自向海关申报起到出境止，过境、转运和通运货物自进境起到出境止，应当接受海关监管。"在此期间，未经海关许可，不得开拆、提取、交付、发运、调换、改装、抵押、质押、留置、转让、更换标记、移作他用或者进行其他处置。

按货物进出境的性质划分，海关监管货物主要分为以下几类：

①一般进出口货物

一般进出口货物是指在进出境环节完纳进出口税费，涉及国家贸易管制的，在进出境环节提交相关许可证件，并办结海关手续的货物。

②保税进出口货物

保税进出口货物是指经海关批准，货物进境时未办理纳税手续，在境内按规定储存或加工后复运出境或办理进口报关纳税手续后，经核销办结海关手续的货物。

其主要包括保税加工（加工贸易）、保税物流进出口货物。保税加工是指经营企业进口全部或者部分原辅材料、零部件、元器件、包装物料（统称为料件），经过加工或者装配后，将制成品复出口的经营活动。保税物流货物主要是以在境内储存与流转为目的，包括在海关保税监管场所和海关特殊监管区域储存或简单增值加工后流转的保税货物。

③暂时进出境货物

暂时进出境货物是指经海关批准，货物暂时进出关境并且在规定的期限内复运出境、进境，并按规定办结海关手续的货物，包括暂时进境货物和暂时出境货物。

货物进（出）境前（或时）须在海关办理暂时进（出）境核准手续，须提交相关海关事务担保；货物进（出）境时免予缴纳进出口税款，除另有规定的外，免予提交进出口许可证件；货物进（出）境完成特定目的后，在规定期限内复运出境或复运进境，或按最终实际流向办结海关手续。

④减免税货物

减免税货物是根据法律、法规和国家进出口税收优惠政策的规定，针对规定范围内的进出口货物予以减征或者免征关税、进口环节税的税收制度。根据《海关法》规定，关税减免分为法定减免税、特定减免税和临时减免税。

⑤其他类别货物

其他进出境货物主要包括：过境、转运、通运货物，市场采购货物，租赁货物，无代价抵偿货物，进出境修理物品，退运货物，直接退运货物，进出境快件，跨境贸易电子商务零售进出口货物等。

（3）海关监管时间界限

对进出境运输工具监管的起止时间：从运输工具进境起至结关离境止。

对进出口货物监管的起止时间：进口货物自进境起至办结海关手续止；出口货物自申报起至办结海关手续离境止；过境、转运、通运货物自进境起到出境止。

监管作为海关4项基本任务之一，通过备案、审单、查验、检验检疫、放行、后续管理等方式对进出境运输工具、货物、物品的进出境活动实施监管，执行落实国家各项对外贸易制度，如进出口许可制度、外汇管理制度、出入境检验检疫制度、文物管理制度等，维护国家经济利益和安全。

2. 征税

征税是海关的另一项重要任务。海关征税工作的基本法律依据是《海关法》、《中华人民共和国进出口关税条例》（以下简称《关税条例》）、《中华人民共和国船舶吨税法》，以及其他有关法律、行政法规。征税工作包括征收关税、进口环节海关代征税和船舶吨税。

关税是国家中央财政收入的重要来源，是国家宏观经济调控的重要工具，也是世界贸易组织（WTO）允许各缔约方保护其境内经济的一种手段。关税的征收主体是国家，《海关法》明确将征收关税的权力授予海关，由海关代表国家行使征收关税的职能。因此，未经法律授权，其他任何单位和个人均不得行使征收关税的权力。关税的课税对象是进出口货物、进出境物品。

进口货物、物品在办理海关手续放行后，允许在国内流通，应与国内货物同等对待，缴纳应征的国内税。为了节省征税人力，简化征税手续，严密管理，进口货物、物品的国内税由海关代征，即我国海关对进口货物、物品征收关税的同时，还负责代其他机关征收若干种类的进口环节税。目前，由海关代征的进口环节税包括增值税和消费税。

海关对自中华人民共和国境外港口进入境内港口的船舶依法征收船舶吨税。

3. 缉私

查缉走私是海关为保证顺利完成监管和征税等任务而采取的保障措施。查缉走私是指海关依照法律赋予的权力，在海关监管场所和海关附近沿海沿边规定的地区，为发现、制止、打击、综合治理走私活动而进行的一种调查和惩处活动。

走私是指进出境活动的当事人或相关人违反《海关法》及有关法律、行政法规，逃避海关监管，偷逃应纳税款，逃避国家有关进出境的禁止性或者限制性管理，非法运输、携带、邮寄国家禁止、限制进出境或者依法应当缴纳税款的货物、物品进出境，或者未经海关许可并且未缴应纳税款、交验有关许可证件，擅自将保税货物、特定减免税货物以及其他海关监管货物、物品、进境的境外运输工具在境内销售的行为。它以逃避监管、偷逃税款、牟取暴利为目的，扰乱经济秩序，冲击民族工业，对国家危害性极大，必须予以严厉打击。

《海关法》规定："国家实行联合缉私、统一处理、综合治理的缉私体制。海关负责组织、协调、管理查缉走私工作。有关规定由国务院另行制定。"这一规定从法律上明确了海关打击走私的主导地位以及与有关部门的执法协调。海关是打击走私的主管机关，查缉走私是海关的一项重要任务。海关通过查缉走私，制止和打击一切非法进出境货物、物品的行为，维护国家进出口贸易的正常秩序，保障社会主义现代化建设的顺利进行，维护国家关税政策的有效实施，保证国家关税和其他税、费的依法征收，保证海关职能作用的发挥。为了严厉打击走私犯罪活动，根据党中央、国务院的决定，国家在海关总署设立专司打击走私犯罪的海关缉私警察队伍，负责对走私犯罪案件的侦查、拘留、执行逮捕和预审工作。

根据我国的缉私体制，除了海关以外，公安、工商、税务、烟草专卖等部门也有查缉走私的权力，但这些部门查获的走私案件，必须按照法律规定，统一处理。各有关行政部门查获的走私案件，应当给予行政处罚的，移送海关依法处理；涉嫌犯罪的，应当移送海关侦查走私犯罪公安机构或地方公安机关依据案件管辖分工和法定程序办理。

4. 统计

海关统计以实际进出口货物作为统计和分析的对象，通过搜集、整理、加工处理进出口货物报关单或经海关核准的其他申报单证，对进出口货物的品种、数（重）量、价格、国别（地区）、经营单位、境内目的地、境内货源地、贸易方式、运输方式、关别等项目分别进行统计和综合分析，全面、准确地反映对外贸易的运行态势，及时提供统计信息和咨询，实施有效的统计监督，开展国际贸易统计的交流与合作，促进对外贸易的发展。我国海关的统计制度规定，实际进出境并引起境内物质存量增加或者减少的货物，列入海关统计；进出境物品超过自用、合理数量的，列入海关统计。对于部分不列入海关统计的货物和物品，则根据我国对外贸易管理和海关管理的需要，实施单项统计。

海关统计是海关依法对进出口货物贸易的统计，是国民经济统计的组成部分，是国家制定对外经济贸易政策、进行宏观经济调控、实施海关严密高效管理的重要依据，是研究我国对外贸易经济发展和国际经济贸易关系的重要资料。

1992 年，海关总署以国际通用的《商品名称及编码协调制度》（Harmonized Commodity Description and Coding System，简称《协调制度》或 HS）为基础，编制了《中华人民共和国海关统计商品目录》（以下简称《统计商品目录》），将税则与统计目录的归类编码统一起来，规范了进出口商品的命名和归类，使海关统计进一步向国际惯例靠拢，满足了我国对外开放和建立社会主义市场经济体制的需要。

总之，海关的 4 项基本任务是一个统一的有机联系的整体。监管工作通过监管进出境运输工具、货物、物品的合法进出，保证国家有关进出口政策、法律、行政法规的贯彻实施，是海关 4 项基本任务的基础。征税工作所需的数据、资料等是在海关监管的基础上获取的，征税与监管有着十分密切的关系。缉私工作则是监管、征税两项基本任务的延伸，对在监管、征税工作中发现的逃避监管和偷漏税款的行为，必须运用法律手段予以制止和打击。统计工作是在监管、征税工作的基础上完成的，它为国家宏观经济调控提供了准确、及时的信息，同时又对监管、征税等业务环节的工作质量起到检验把关的作用。

出入境检验检疫管理职责和队伍划入海关总署后，进出境检验检疫成为海关新的职责任务。但在目前尚未出台新法律的情况下，本教材对海关基本工作任务的阐述暂不作变更。

二、我国海关的法律体系

法律体系一般指一个国家的全部现行法律规范按不同部门、层次所组成的有机整体。海关法作为我国现行法律的一个分支，具有相对的独立性和完整性。海关法不仅综合性强、数量多、内容繁杂，而且具有分支清楚、层次明显和相互协调、联系密切的特点。各分支、各层次的海关法既相互区分又相互联系，构成了独立、完整、严密的海关法律体系。海关法律体系根据制定的主体和效力的不同分为法律、行政法规、部门规章、规范性文件。

（一）海关相关法律

1. 《海关法》

《海关法》于 1987 年 1 月 22 日由第六届全国人民代表大会常务委员会第十九次会议通过，同年 7 月 1 日起实施。为了适应形势发展的需要，2000 年 7 月 8 日第九届全国人民代表大会常务委员会第十六次会议审议通过了《关于修改〈中华人民共和国海关法〉的决定》，对《海关法》进行了较大范围的修改，修正后的《海关法》于 2001 年 1 月 1 日起实施。《海关法》于 2013 年 6 月 29 日第十二届全国人民代表大会常务委员会第三次会议第二次修正，2013 年 12 月 28 日第十二届全国人民代表大会常务委员会第六次会议第三次修正，2016 年 11 月 7 日第十二届全国人民代表大会常务委员会第二十四次会议第四次修正，2017 年 11 月 4 日第十二届全国人民代表大会常务委员会第三十次会议第五次修正，2021 年 4 月 29 日第十三届全国人民代表大会常务委员会第二十八次会议第六次修正。《海关法》是我国现行法律体系的一个重要组成部分，是管理海关事务的基本法律规范，以中华人民共和国主席令的形式颁布实施。

2. 《中华人民共和国进出口商品检验法》（以下简称《进出口商品检验法》）

《进出口商品检验法》于 1989 年 2 月 21 日第七届全国人民代表大会常务委员会第六次会议通过，2002 年 4 月 28 日第九届全国人民代表大会常务委员会第二十七次会议第一次修正，2013 年 6 月 29 日第十二届全国人民代表大会常务委员会第三次会议第二次修正，2018 年 4 月 27 日第十三届全国人民代表大会常务委员会第二次会议第三次修正，2018 年 12 月 29 日第十三届全国人民代表大会常务委员会第七次会议第四次修正，2021 年 4 月 29 日第十三届全国人民代表大会常务委员会第二十八次会议第五次修正。

3.《中华人民共和国进出境动植物检疫法》（以下简称《进出境动植物检疫法》）

《进出境动植物检疫法》于 1991 年 10 月 30 日第七届全国人民代表大会常务委员会第二十二次会议通过，2009 年 8 月 27 日第十一届全国人民代表大会常务委员会第十次会议修正。

4.《中华人民共和国国境卫生检疫法》（以下简称《国境卫生检疫法》）

《国境卫生检疫法》于 1986 年 12 月 2 日第六届全国人民代表大会常务委员会第十八次会议通过，2007 年 12 月 29 日第十届全国人民代表大会常务委员会第三十一次会议第一次修正，2009 年 8 月 27 日第十一届全国人民代表大会常务委员会第十次会议第二次修正，2018 年 4 月 27 日第十三届全国人民代表大会常务委员会第二次会议第三次修正。

5.《中华人民共和国食品安全法》（以下简称《食品安全法》）

在 1995 年颁布的《中华人民共和国食品卫生法》的基础上，2009 年 2 月 28 日第十一届全国人民代表大会常务委员会第七次会议通过了《食品安全法》。2015 年 4 月 24 日第十二届全国人民代表大会常务委员会第十四次会议修订，2018 年 12 月 29 日第十三届全国人民代表大会常务委员会第七次会议修订，2021 年 4 月 29 日第十三届全国人民代表大会常务委员会第二十八次会议修正。

（二）行政法规

国务院根据《中华人民共和国宪法》和法律，制定行政法规，以国务院令的形式颁布实施。目前，在海关管理方面主要的行政法规有：《关税条例》、《中华人民共和国海关稽查条例》（以下简称《海关稽查条例》）、《中华人民共和国知识产权海关保护条例》（以下简称《知识产权海关保护条例》）、《中华人民共和国海关行政处罚实施条例》（以下简称《海关行政处罚实施条例》）、《中华人民共和国海关统计条例》（以下简称《海关统计条例》）、《中华人民共和国进出口货物原产地条例》（以下简称《原产地条例》）、《中华人民共和国进出口商品检验法实施条例》（以下简称《进出口商品检验法实施条例》）、《中华人民共和国进出境动植物检疫法实施条例》（以下简称《进出境动植物检疫法实施条例》）、《中华人民共和国国境卫生检疫法实施细则》（以下简称《国境卫生检疫法实施细则》）、《中华人民共和国食品安全法实施条例》（以下简称《食品安全法实施条例》）等。

（三）海关规章

海关规章是海关总署根据海关行使职权、履行职责的需要，依据《中华人民共和国立法法》的规定，单独或会同有关部门制定的，是海关日常工作中引用数量最多、内容最广、操作性最强的法律依据，其效力等级低于法律和行政法规。海关行政规章以海关总署令或与国务院相关部委联合令的形式对外公布，如《中华人民共和国海关报关单位备案管理规定》等。

（四）规范性文件

规范性文件，是指海关总署及各直属海关按照规定程序制定的对相对人权利、义务具有普遍约束力的文件。海关总署制定的规范性文件要求相对人遵守或执行的，应当以海关总署公告形式对外发布，如《关于实施〈中华人民共和国海关经核准出口商管理方法〉相关事项的公告》等。规范性文件不得设定对相对人的行政处罚。直属海关在限定范围内制定的关于本关区某一方面涉及相对人权利义务的行政管理规范，应当以公告形式对外发布。

此外，属于海关法律渊源之一的我国签订或缔结的海关国际公约或海关行政互助协议也适用于我国海关。海关国际公约是指世界海关组织（WCO）成员方缔结的多边协议，如《关于简化和协调海关业务制度的国际公约》（亦称《京都公约》）、《伊斯坦布尔公约》，以及世界贸易组织（WTO）的有关公约，如《海关估价协议》等。海关行政互助协议是两国（地区）之间订立的双边协议，我国已与俄罗斯等几十个国家（地区）缔结了海关行政互助协议。

三、海关的权力

《海关法》在规定海关任务的同时，为了保证任务的完成，赋予了海关许多具体权力。海关权力，是指国家为保证海关依法履行职责，通过《海关法》和其他法律、行政法规赋予海关对进出境运输工具、货物、物品的监督管理权能，属于公共行政职权，其行使受一定范围和条件的限制，并应当接受执法监督。

（一）海关权力的内容

根据《海关法》《进出口商品检验法》《进出境动植物检疫法》《国境卫生检疫法》《食品安全法》及有关法律、行政法规，海关的权力主要包括：

1. 检查权

海关有权检查进出境运输工具，检查有走私嫌疑的运输工具和有藏匿走私货物、物品嫌疑的场所，检查走私嫌疑人的身体。

海关对进出境运输工具的检查不受海关监管区域的限制；对走私嫌疑人身体的检查，应在海关监管区和海关附近沿海沿边规定地区内进行；对有走私嫌疑的运输工具和有藏匿走私货物、物品嫌疑的场所，在海关监管区和海关附近沿海沿边规定地区内，海关人员可直接检查，超出此范围，在调查走私案件时，须经直属海关关长或者其授权的隶属海关关长批准，才能进行检查，但不能检查公民住处。

2. 检验权

海关负责对列入法定检验商品目录内的进出口商品实施法定鉴定和检验，对《食品安全法》《危险化学品安全管理条例》等法律法规规定需由海关实施检验的进出口食品接触材料、食品添加剂、危险化学品等实施检验，对政府双边协议规定需由海关检验出证的进出口商品实施检验等。对进口缺陷消费品、进口缺陷汽车有权召回。

3. 检疫权

对出入境动植物及其产品的检验检疫；对出入境转基因生物及其产品、生物物种资源的检验检疫；对出入境人员、交通工具、集装箱、尸体、骸骨及可能传播检疫传染病的行李、货物、邮包等的检疫查验；对出入境的微生物、生物制品、人体组织、血液及其制品等特殊物品，以及能传播人类传染病的媒介生物的卫生检疫；对进出口食品、化妆品的检验检疫，以及对进出口食品生产、加工、存储、经营等单位（场所）的日常检验检疫等。

4. 查阅、复制权

查阅进出境人员的证件，查阅、复制与进出境运输工具、货物、物品有关的合同、发票、账册、单据、记录、文件、业务函电、录音录像制品和其他的有关资料。

5. 查问权

海关有权对违反《海关法》或者其他有关法律、行政法规的嫌疑人进行查问，调查其违法行为。

6. 查验权

海关有权查验进出境货物、个人携带进出境的行李物品、邮寄进出境的物品。海关查验货物，认为必要时，可以径行提取货样。

7. 查询权

海关在调查走私案件时，经直属海关关长或者其授权的隶属海关关长批准，可以查询案件涉嫌单位和涉嫌人员在金融机构、邮政企业的存款、汇款。

8. 稽查权

海关在法律规定的年限内，对企业进出境活动及与进出口货物有关的账务、记账凭证、单证资料等有权进行稽查。

9. 行政处罚权

海关有权对违法当事人予以行政处罚，包括对走私货物、物品及违法所得处以没收，对有走私行为和违反海关监管规定行为的当事人处以罚款等。

10. 佩带和使用武器权

海关为履行职责，可以依法佩带武器，海关工作人员在履行职责时可以使用武器。

1989年6月，海关总署、公安部联合发布《海关工作人员使用武器和警械的规定》。根据该项规定，海关工作人员使用的武器和警械包括轻型枪支、电警棍、手铐以及其他经批准可使用的武器和警械；使用范围为执行缉私任务时；使用对象为走私分子和走私嫌疑人；使用条件必须是在不能制服被追缉逃跑的走私团体或遭遇武装掩护走私，不能制止以暴力掠夺查扣的走私货物、物品和其他物品，以及以暴力抗拒检查、抢夺武器和警械、威胁海关工作人员生命安全非开枪不能自卫时。

11. 行政强制权

海关行政强制，包括海关行政强制措施和海关行政强制执行。

（1）海关行政强制措施

海关行政强制措施，是指海关在行政管理过程中，为制止违法行为、防止证据损毁、避免危害发生、控制危险扩大等情形，依法对公民的人身自由实施暂时性限制，或者对公民、法人或者其他组织的财物实施暂时性控制的行为。包括：

①限制公民人身自由

A. 在海关监管区和海关附近沿海沿边规定地区，对走私犯罪嫌疑人，经直属海关关长或者其授权的隶属海关关长批准，可以扣留，扣留时间不得超过24小时，在特殊情况下可以延长至48小时。

B. 个人违抗海关监管逃逸的，海关可以连续追至海关监管区和海关附近沿海沿边规定地区以外，将其带回。

C. 受海关处罚的当事人或者其法定代理人、主要负责人在出境前未缴清罚款、违法所得和依法追缴的货物、物品、走私运输工具的等值价款，又未提供担保的，海关可以通知出境管理机关阻止其出境。

②扣留财物

A. 对违反海关法的进出境运输工具、货物、物品以及与之有牵连的合同、发票、账册、单据、记录、文件、业务函电、录音录像制品和其他资料，可以扣留。

B. 在海关监管区和海关附近沿海沿边规定地区，对有走私嫌疑的运输工具、货物、物品，经直属海关关长或者其授权的隶属海关关长批准，可以扣留。

C. 在海关监管区和海关附近沿海沿边规定地区以外，对有证据证明有走私嫌疑的运输工具、货物、物品，可以扣留。

D. 有违法嫌疑的货物、物品、运输工具无法或者不便扣留，当事人或者运输工具负责人未提供等值担保的，海关可以扣留当事人等值的其他财产。

E. 海关不能以暂停支付方式实施税收保全措施时，可以扣留纳税义务人其价值相当于应纳税款的货物或者其他财产。

F. 进出口货物的纳税义务人、担保人自规定的纳税期限届满之日起超过 3 个月未缴纳税款的，经直属海关关长或者其授权的隶属海关关长批准，海关可以扣留其价值相当于应纳税款的货物或者其他财产。

G. 对涉嫌侵犯知识产权的货物，海关可以依申请扣留。

③冻结存款、汇款

进出口货物的纳税义务人在规定的纳税期限内有明显的转移、藏匿其应税货物以及其他财产迹象，不能提供纳税担保的，经直属海关关长或者其授权的隶属海关关长批准，海关可以通知纳税义务人开户银行或者其他金融机构暂停支付纳税义务人相当于应纳税款的存款。

④封存货物或者账簿、单证

A. 海关进行稽查时，发现被稽查人的进出口货物有违反《海关法》和其他法律、行政法规嫌疑的，经直属海关关长或其授权的隶属海关关长批准，可以封存有关进出口货物。

B. 海关进行稽查时，发现被稽查人有可能篡改、转移、隐匿、毁弃账簿和单证等资料的，经直属海关关长或其授权的隶属海关关长批准，在不妨碍被稽查人正常的生产经营活动的前提下，可以暂时封存其账簿、单证等有关资料。

⑤其他强制措施

A. 进出境运输工具违抗海关监管逃逸的，海关可以连续追至海关监管区和海关附近沿海沿边规定地区以外，将其带回。

B. 对于海关监管货物，海关可以加施封志。

C. 按法律法规规定必须实施动植物检疫处理，以及不符合检疫要求的进出境动植物、动植物产品和其他检疫物采取的强制性处理措施，包括扑杀、销毁、退回、截留、封存、禁止进出境等。

D. 对来自检疫传染病流行地区的、被检疫传染病污染的、可能成为检疫传染病传播媒介或发现有公共卫生学问题的进出境人员、运输工具、集装箱、行李物品、货物、邮包，以及可能受污染的口岸环境、进出境货物存放场所等，采取隔离、留验、就地诊验等医学措施及消毒、除鼠、除虫等卫生措施。

（2）海关行政强制执行

海关行政强制执行，是指在有关当事人不依法履行义务的前提下，为实现海关的有效行政管理，依法强制当事人履行法定义务的行为。包括：

①加收滞纳金

A. 进出口货物的纳税义务人逾期缴纳税款的，由海关征收滞纳金。

B. 进出口货物和海关监管货物因纳税义务人违反规定造成少征或者漏征税款的，海关可予追征并加征滞纳金。

②扣缴税款

进出口货物的纳税义务人、担保人自规定的纳税期限届满之日起超过3个月未缴纳税款的，经直属海关关长或者其授权的隶属海关关长批准，海关可以书面通知其开户银行或者其他金融机构从其暂停支付的存款中扣缴税款。

③抵缴、变价抵缴

A. 当事人逾期不履行海关的处罚决定又不申请复议或者提起诉讼的，海关可以将其保证金抵缴或者将其被扣留的货物、物品、运输工具依法变价抵缴。

B. 进出口货物的纳税义务人、担保人自规定的纳税期限届满之日起超过3个月未缴纳税款的，经直属海关关长或者其授权的隶属海关关长批准，海关可以依法变卖应税货物，或者依法变卖其价值相当于应纳税款的货物或者其他财产，以变卖所得抵缴税款。

C. 海关以扣留方式实施税收保全措施，进出口货物的纳税义务人在规定的期限内未缴纳税款的，经直属海关关长或者其授权的隶属海关关长批准，依法变卖所扣留货物或者其他财产，以变卖所得抵缴税款。

D. 进口货物的收货人自运输工具申报进境之日起超过3个月未向海关申报的，其进口货物由海关依法提取变卖处理。

E. 确属误卸或者溢卸的进境货物，原运输工具负责人或者货物的收发货人逾期未办理退运或者进口手续的，由海关依法提取变卖处理。

（二）海关权力行使的基本原则

海关权力作为国家行政权的一部分，一方面，海关权力运行起到了维护国家利益、维护经济秩序、实现国家权能的积极作用；另一方面，由于客观上海关权力的广泛性、自由裁量权较大等因素，以及海关执法者主观方面的原因，海关权力在行使时任何的随意性或者滥用都必然导致管理相对人的合法权益受到侵害，从而对行政法治构成威胁，所以海关权力的行使必须遵循一定的原则。一般来说，海关权力行使应遵循的基本原则如下：

1. 合法原则

权力的行使要合法，这是行政法的基本原则——依法行政原则的基本要求。按照行政法理论，行政权力行使的合法性至少包括：

（1）行使行政权力的主体资格合法，即行使权力的主体必须有法律授权。例如，涉税走私犯罪案件的侦查权，只有缉私警察才能行使，海关其他人员则无此项权力。又如，《海关法》规定海关行使某些权力时应"经直属海关关长或者其授权的隶属海关关长批准"，如未经批准，海关人员不能擅自行使这些权力。

（2）行使权力必须有法律规范为依据。《海关法》第二条规定了海关的执法依据是《海关法》和其他有关法律、行政法规。无法律规范授权的执法行为，属于越权行为，应属无效。

（3）行使权力的方法、手段、步骤、时限等程序应合法。

（4）一切行政违法主体（包括海关及管理相对人）都应承担相应的法律责任。

2. 适当原则

行政权力的适当原则是指权力的行使应该以公平性、合理性为基础，以正义性为目标。因国家管理的需要，海关在验、放、征、减、免、罚的管理活动中拥有很大的自由裁量权，即法律仅规定一定原则和幅度，海关关员可以根据具体情况和自己的意志，自行判断和选择，采取最合适的行为方式及其内容来行使职权。因此，适当原则是海关行使行政权力的重要原则之一。为了防止自由裁量权的滥用，目前我国对海关自由裁量权进行监督的法律途径主要有行政监督（行政复议）和司法监督（行政诉讼）程序。

3. 依法独立行使原则

海关实行高度集中统一的管理体制和垂直领导方式，地方海关只对海关总署负责。海关无论级别高低，都是代表国家行使管理权的国家机关，海关依法独立行使权力，各地方、各部门应当支持海关依法行使职权，不得非法干预海关的执法活动。

4. 依法受到保障原则

海关权力是国家权力的一种，应受到保障，才能实现国家权能的作用。《海关法》规定：海关依法执行职务，有关单位和个人应当如实回答询问并予以配合，任何单位和个人不得阻挠；海关执行职务受到暴力抗拒时，执行有关任务的公安机关和人民武装警察部队应当予以协助。

（三）海关权力的监督

海关权力的监督即海关执法监督，是指特定的监督主体依法对海关行政机关及其执法人员的行政执法活动实施的监察、检查、督促等，以此确保海关权力在法定范围内运行。

为确保海关能够严格依法行政，保证国家法律、法规得以正确实施，同时也使当事人的合法权益得到有效保护，《海关法》专门设立"执法监督"一章，对海关行政执法实施监督。海关履行职责，必须遵守法律，依照法定职权和法定程序严格执法，并接受监督。这是海关的一项法定义务。

海关执法监督主要指中国共产党的监督、国家最高权力机关的监督、国家最高行政机关的监督、监察机关的监督、审计机关的监督、司法机关的监督、管理相对人的监督、社会监督，以及海关上下级机构之间的相互监督、机关内部不同部门之间的相互监督、工作人员之间的相互监督等。

四、海关的管理体制与机构

海关机构是国务院根据国家改革开放的形势以及经济发展战略的需要，依照海关法律而设立的。改革开放以来，随着我国对外经济贸易和科技文化交流与合作的发展，海关机构不断扩大，机构的设立从沿海沿边口岸扩大到内陆和沿江、沿边海关业务集中的地点，并形成了集中统一管理的垂直领导体制。

（一）海关的管理体制

海关作为国家的进出境监督管理机关，为了履行其进出境监督管理职能，提高管理效率，维持正常的管理秩序，必须建立完善的管理体制。

《海关法》规定，"国务院设立海关总署，统一管理全国海关"，"海关依法独立行使职权，向海关总署负责"，确定了海关总署作为国务院直属机构的地位，进一步明确了海关机构的隶属关系，将海关集中统一的垂直领导体制以法律的形式予以确立。海关集中统一的垂直领导体制既适应了国家改革开放、社会主义现代化建设的需要，也适应了海关自身建设与发展的需要，有力地保证了海关各项监督管理职能的实施。

《海关法》以法律形式明确了海关的设关原则："国家在对外开放的口岸和海关监管业务集中的地点设立海关。海关的隶属关系，不受行政区划的限制。""对外开放的口岸"是指由国务院批准，允许运输工具及所载人员、货物、物品直接出入国（关）境的港口、机场、车站，以及允许运输工具、人员、货物、物品出入国（关）境的边境通道。国家规定，在对外开放的口岸必须设置海关。"海关监管业务集中的地点"是指虽非国务院批准对外开放的口岸，但是海关某类或者某几类监管业务比较集中的地方，如转关运输监管、保税加工监管等。这一设关原则为海关管理从口岸向内地，进而向全关境的转化奠定了基础，同时也为海关业务制度的发展预留了空间。"海关的隶属关系，不受行政区划的限制"，表明了海关管理体制与一般性的行政管理体制的区域划分无必然联系，如果海关监督管理需要，国家可以在现有的行政区划之外考虑和安排海关的上下级关系和海关的相互关系。

（二）海关的组织机构

海关机构的设置为海关总署、直属海关和隶属海关三级。隶属海关由直属海关领导，向直属海关负责；直属海关由海关总署领导，向海关总署负责。

1. 海关总署

海关总署是国务院的直属机构，在国务院领导下统一管理全国海关机构、人员编制、经费物资和各项海关业务，是海关系统的最高领导部门。海关总署下设广东分署，在上海和天津设立特派员办事处，作为其派出机构。海关总署的基本任务是在国务院领导下，领导和组织全国海关正确贯彻实施《海关法》和国家的有关政策、行政法规，积极发挥依法行政、为国把关的职能，服务、促进和保护社会主义现代化建设。

2. 直属海关

直属海关是指直接由海关总署领导，负责管理一定区域范围内海关业务的海关。目前直属海关共有42个，除香港、澳门、台湾地区外，分布在全国31个省、自治区、直辖市。直属海关就本关区内的海关事务独立行使职权，向海关总署负责。直属海关承担着在关区内组织开展海关各项业务和关区集中审单作业，全面有效地贯彻执行海关各项政策、法律、法规、管理制度和作业规范的重要职责，在海关三级业务职能管理中发挥着承上启下的作用。

3. 隶属海关

隶属海关是指由直属海关领导，负责办理具体海关业务的海关，是海关进出境监督管理职能的基本执行单位，一般都设在口岸和海关业务集中的地点。

4. 海关缉私警察机构

为了更好地适应反走私斗争新形势的要求，充分发挥海关打击走私的整体效能，根据党中央、国务院的决定，由海关总署、公安部联合组建缉私局，设在海关总署。

第三节　报关单位

一、报关单位的概念

报关单位是指依法在海关备案的报关企业和进出口货物收发货人。除法律、行政法规或者海关规章另有规定外，报关企业、进出口货物收发货人办理报关手续，必须依法向海关办理备案。因此，依法向海关备案是法人、其他组织或者个人成为报关单位的法定要求和前提条件。

二、报关单位的类型

《海关法》将报关单位划分为报关企业和进出口货物收发货人两种类型。

（一）报关企业

报关企业，是指依法经海关准予备案，接受进出口货物收发货人的委托，以进出口货物收发货人的名义或者以自己的名义，向海关办理代理报关业务，从事报关服务的中华人民共和国关境内的企业法人。

随着对外贸易的快速增长，我国经济的持续发展和国内产业结构、消费结构的不断升级调整，以及经济全球化带来的产品、技术、服务和一些重要的生产要素逐步趋于较大规模的跨国流动，我国报关业务量有了较大幅度的增长。办理货物进出境海关手续是一项专业性较强的工作，海关对这一专业技能提出了较高的要求。有些进出口货物收发货人由于经济、时间、地点等方面的原因不能或者不愿自行办理报关手续，便在实践中产生了委托报关的需求，由此也就产生了接受委托代为办理货物进出境海关手续的报关企业。

目前，我国从事报关服务的报关企业主要有两类：一类是经营国际货物运输代理等业务，兼营进出口货物代理报关业务的国际货物运输代理公司等；另一类是主营代理报关业务的报关公司或报关行。

（二）进出口货物收发货人

进出口货物收发货人，是指依法直接进口或者出口货物的中华人民共和国关境内的法人、其他组织或者个人。

按照国家有关规定需要从事非贸易性进出口活动的单位，如境外企业、新闻机构、经贸机构、文化团体等依法在中国境内设立的常驻代表机构，少量货样进出境的单位，国家机关、学校、科研院所、红十字会、基金会等组织机构，接受捐赠、礼品、国际援助或者对外实施捐赠、国际援助的单位等，在进出口货物时，海关也视其为进出口货物收发货人。

三、报关单位的备案管理

（一）报关企业及其分支机构备案应当符合的条件

1. 报关企业的条件

报关企业应当为以下市场主体类型：公司、非公司企业法人；个人独资企业、合伙企业。尚未办理报关企业备案。

2. 报关企业分支机构的条件

报关企业分支机构的市场主体类型应当为以下市场主体的分支机构：公司、非公司企业法人；个人独资企业、合伙企业。报关企业分支机构所属市场主体已经办理报关企业备案。尚未办理报关企业分支机构备案。

(二) 进出口货物收发货人及其分支机构备案应当符合的条件

1. 进出口货物收发货人的条件

进出口货物收发货人应当为以下市场主体类型：公司、非公司企业法人；个人独资企业、合伙企业；农民专业合作社（联合社）；个体工商户；外国公司分支机构；法律、行政法规规定的其他市场主体。

尚未办理进出口货物收发货人备案或者临时备案。

2. 进出口货物收发货人分支机构的条件

进出口货物收发货人分支机构的市场主体类型应当为以下市场主体的分支机构：公司、非公司企业法人；个人独资企业、合伙企业；农民专业合作社（联合社）。

进出口货物收发货人分支机构所属市场主体已经办理进出口货物收发货人备案。

尚未办理进出口货物收发货人分支机构备案或者临时备案。

(三) 临时备案应当符合的条件

1. 下列单位按照国家有关规定需要从事非贸易性进出口活动的，应当办理临时备案：

（1）境外企业、新闻、经贸机构、文化团体等依法在中国境内设立的常驻代表机构；

（2）少量货样进出境的单位；

（3）国家机关、学校、科研院所、红十字会、基金会等组织机构；

（4）接受捐赠、礼品、国际援助或者对外实施捐赠、国际援助的单位；

（5）其他可以从事非贸易性进出口活动的单位。

2. 备案目的为从事非贸易性进出口活动。

3. 未办理进出口货物收发货人、进出口货物收发人分支机构备案。

4. 未办理临时备案，或者已经办理临时备案且在有效期届满前30日之后的。

(四) 备案变更

报关单位名称、市场主体类型、住所（主要经营场所）、法定代表人（负责人）、报关人员等"报关单位备案信息表"载明的信息发生变更的，报关单位应当自变更之日起30日内向所在地海关申请变更。

报关单位因迁址或者其他原因造成所在地海关发生变更的，应当向变更后的海关申请变更。

(五) 备案注销

报关单位有下列情形之一的，应当向所在地海关办理备案注销手续：

1. 因解散、被宣告破产或者其他法定事由终止的；

2. 被市场监督管理部门注销或者撤销登记、吊销营业执照的；

3. 临时备案单位丧失主体资格的；

4. 其他依法应当注销的情形。

报关单位已在海关备案注销的，其所属分支机构应当办理备案注销手续。报关单位未按规定办理备案注销手续的，海关发现后应当依法注销。

报关单位备案注销前，应当办结海关有关手续。

（六）备案有效期

报关单位备案长期有效。临时备案有效期为1年，届满后可以重新申请备案。

四、报关单位的报关行为规则及法律责任

（一）报关单位的报关行为规则

报关单位可以在中华人民共和国关境内办理报关业务。

报关单位在办理备案、变更和注销时，应当对所提交材料的真实性、有效性负责并且承担相应的法律责任。

（二）报关单位的法律责任

报关单位的海关法律责任，是指报关单位违反海关法律规范所应承担的法律后果，并由海关及有关司法机关对其违法行为依法予以追究，实施法律制裁。《海关法》《进出口商品检验法》《进出境动植物检疫法》《国境卫生检疫法》《食品安全法》《海关行政处罚实施条例》等法律法规，以及海关规章等都对报关单位的法律责任进行了规定。《中华人民共和国刑法》关于走私犯罪的规定，《中华人民共和国行政处罚法》（以下简称《行政处罚法》）关于行政处罚的原则、程序、时效、管辖、执行等规定，也都适用于对报关单位海关法律责任的追究。

报关单位在办理报关业务时，应遵守国家有关法律、行政法规和海关的各项规定，并对所申报货物、物品的品名、规格、价格、数量、品质等的真实性、合法性负责，承担相应的法律责任。

第四节　企业资质管理

企业资质就是企业在从事某种行业经营中，应具有的资格及与此资格相适应的质量等级标准。在国家进出口管理中，海关按照中国的、进口国（地区）的，或与中国签有双边检疫议定书的国家（地区）的，或国际性的法规、标准的规定，对涉及部分重点进出口商品的境外供货商或者境内供货商的企业资质管理实行注册登记制或备案制，对其从事海关业务和过程监管进行资格准入退出管理。

一、出境商品的境内企业注册登记

（一）出境新鲜水果（含冷冻水果）果园和包装厂的注册登记

我国与输入国家（地区）签订的双边协议、议定书等明确规定，或者输入国家（地区）法律法规要求对输入该国家（地区）的新鲜水果（含冷冻水果）果园和包装厂实施注册登记的，海关应当按照规定对输往该国家（地区）的出境新鲜水果（含冷冻水果）果园和包装厂实行注册登记。

我国与输入国家（地区）签订的双边协议、议定书未有明确规定，且输入国家（地

区）法律法规未明确要求的，出境新鲜水果（含冷冻水果）果园、包装厂可以向海关申请注册登记。

（二）出境水生动物养殖场、中转场的注册登记

海关总署对出境水生动物养殖场、中转场实施注册登记制度。

申请注册登记的出境水生动物养殖场、中转场，出境食用水生动物非开放性水域养殖场、中转场，出境食用水生动物开放性水域养殖场、中转场，出境观赏用和种用水生动物养殖场、中转场应当符合海关规定的相关条件，并向所在地直属海关申请注册登记。

（三）出境粮食（包括稻谷、小麦、大麦、黑麦、玉米、大豆、油菜籽、薯类等）加工、仓储企业的注册登记

输入国家（地区）要求我国对向其输出粮食的出境生产加工企业注册登记的，直属海关负责组织注册登记，并向海关总署备案。

（四）出境种苗花卉生产经营企业的注册登记

海关对出境种苗花卉生产经营企业实行注册登记管理。从事出境种苗花卉生产经营企业，包括种植基地和加工包装厂及储存库具备法律法规规定条件或者符合法律法规要求的，应向所在地海关申请注册登记。

对于已受理的行政许可申请，经审查认为申请人不具备法律法规规定条件或者不符合法律法规要求的，不予许可。

（五）出境烟叶加工、仓储企业的注册登记

海关对出境烟叶加工、仓储企业实行注册登记管理。对于具备法律法规规定条件或者符合法律法规要求的出境烟叶加工企业、仓储企业，以及中转、暂存场所，海关准予注册登记。

（六）出境竹木草制品生产加工企业的注册登记

海关对出境竹木草制品（包括竹、木、藤、柳、草、芒等）生产、加工、存放企业实行注册登记管理。对于具备法律法规规定条件或者符合法律法规要求的出境竹木草制品生产、加工、存放企业，海关准予注册登记。

（七）出境饲料、饲料添加剂生产、加工、存放企业的注册登记

海关对出境饲料、饲料添加剂生产、加工、存放企业实行注册登记管理。对于具备法律法规规定条件或者符合法律法规要求的出境饲料、饲料添加剂的生产、加工、存放企业，海关准予注册登记。

（八）出境货物木质包装除害处理标识加施企业的注册登记

海关对出境货物木质包装除害处理标识加施企业实行注册登记管理。对于具备热处理或熏蒸处理等除害设施的、符合法律法规规定条件和要求的出境货物木质包装除害处理标识加施企业，海关准予注册登记。

（九）供港澳活羊中转场、活牛育肥场、中转仓、活禽饲养场、活猪饲养场的注册登记

海关对供港澳活羊中转场、活牛育肥场、中转仓、活禽饲养场、活猪饲养场实行注册登记管理。对于具备法律法规规定条件或者符合法律法规要求的供港澳活羊中转场、活牛育肥场、中转仓、活禽饲养场、活猪饲养场，海关准予注册登记。

（十）出境非食用动物产品生产、加工、存放企业的注册登记

海关对非食用动物产品生产、加工、存放企业实行注册登记管理。对于具备法律法规规定条件或者符合法律法规要求的出境非食用动物产品生产、加工、存放企业，海关准予注册登记。

（十一）出境食用水生动物非开放性水域养殖场、中转场

海关对出境食用水生动物非开放性水域养殖场、中转场实行注册登记管理。对于具备法律法规规定条件或者符合法律法规要求的出境食用水生动物非开放性水域养殖场、中转场，海关准予注册登记。

（十二）出境食用水生动物开放性水域养殖场、中转场

海关对出境食用水生动物开放性水域养殖场、中转场实行注册登记管理。对于具备法律法规规定条件或者符合法律法规要求的出境食用水生动物开放性水域养殖场、中转场，海关准予注册登记。

（十三）出境观赏用和种用水生动物养殖场、中转场

海关对出境观赏用和种用水生动物养殖场、中转场实行注册登记管理。对于具备法律法规规定条件或者符合法律法规要求的出境观赏用和种用水生动物养殖场、中转场，海关准予注册登记。

二、出口商品境内企业备案管理

（一）出口食品生产企业备案核准

为加强出口食品生产企业食品安全卫生管理，规范出口食品生产企业备案管理工作，国家实行出口食品生产企业备案管理制度。

海关总署负责统一组织实施全国出口食品生产企业备案管理工作。

出口食品生产企业未依法履行备案法定义务或者经备案审查不符合要求的，其产品不予出口。

（二）出口食品原料种植、养殖场备案

海关对出口食品原料种植、养殖场实施备案管理。出口食品原料种植、养殖场应当向所在地海关办理备案手续。供港澳蔬菜种植基地备案管理按照海关总署的有关规定执行。

实施备案管理的原料品种目录和备案条件由海关总署另行制定。出口食品的原料列入目录的，应当来自备案的种植、养殖场。

三、出口食品生产企业申请境外注册管理

为维护我国出口食品生产企业的合法权益，规范出口食品生产企业申请境外注册管理工作，境外国家（地区）对我国输往该国家（地区）的出口食品生产企业实施注册管理且要求海关总署推荐的，海关总署统一向该国家（地区）主管当局推荐。

境外国家（地区）有注册要求的，出口食品生产企业及其产品应当先获得该国家（地区）主管当局注册批准，其产品方能出口。企业注册信息情况以进口国家（地区）公布为准。

四、进境商品的境外企业注册登记

(一) 进口食品境外生产企业注册

海关对向我国境内出口食品的境外生产、加工、贮存企业（以下统称"进口食品境外生产企业"）实行注册管理。

海关总署根据对食品的原料来源、生产加工工艺、食品安全历史数据、消费人群、食用方式等因素的分析，并结合国际惯例确定进口食品境外生产企业的注册方式和申请材料。

经风险分析或者有证据表明某类食品的风险发生变化的，海关总署可以对相应食品的境外生产企业注册方式和申请材料进行调整。

进口食品境外生产企业的注册方式包括所在国家（地区）主管当局推荐注册和企业申请注册。

进口食品境外生产企业注册有效期为 5 年。

海关总署在对进口食品境外生产企业予以注册时，应当确定注册有效期起止日期。

(二) 进境粮食的境外生产加工企业注册登记

海关总署对进境粮食的境外生产加工企业实施注册登记制度。境外生产加工企业应当符合输出国家（地区）法律法规和标准的相关要求，并达到我国有关法律法规和强制性标准的要求。

实施注册登记管理的进境粮食境外生产加工企业，经输出国家（地区）主管部门审查合格后向海关总署推荐。海关总署收到推荐材料后进行审查确认，符合要求的境外生产加工企业，予以注册登记。

(三) 进境中药材境外生产企业的注册登记

海关对向我国境内输出中药材的境外生产企业实施注册登记管理。确定需要实施境外生产、加工、存放单位注册登记的中药材品种目录，并实施动态调整。

境外生产企业应当符合输出国家（地区）法律法规的要求，并符合我国国家技术规范的强制性要求。

输出国家（地区）主管部门在境外生产企业申请向我国注册登记时，需对其进行审查，向海关总署推荐，并提交相关的中文或者中英文对照材料。

海关总署收到推荐材料并经书面审查合格后，经与输出国家（地区）主管部门协商，可以派员到输出国家（地区）对其监管体系进行评估，对申请注册登记的境外生产企业进行检查。

经检查符合要求的申请企业，予以注册登记。

(四) 进口饲料、饲料添加剂的境外生产企业注册登记

海关总署对允许进口饲料、饲料添加剂的境外生产企业实施注册登记制度，进口饲料、饲料添加剂应当来自注册登记的境外生产企业。

境外生产企业应当符合输出国家（地区）法律法规和标准的相关要求，并达到与我国有关法律法规和标准的等效要求，经输出国家（地区）主管部门审查合格后向海关总署推荐。

海关总署应当对推荐材料进行审查。审查不合格的，通知输出国家（地区）主管部门

补正；审查合格的，经与输出国家（地区）主管部门协商后，海关总署派出专家到输出国家（地区）对其饲料安全监管体系进行审查，并对申请注册登记的企业进行抽查。对抽查不符合要求的企业，不予注册登记，并将原因向输出国家（地区）主管部门通报；对抽查符合要求的及未被抽查的其他推荐企业，予以注册登记。

（五）进口水生动物的境外养殖和包装企业的注册登记

海关对向我国输出水生动物的境外养殖和包装企业实施注册登记管理。

向我国输出水生动物的境外养殖和包装企业应当符合输出国家（地区）有关法律法规的要求，输出国家（地区）主管部门批准后向海关总署推荐。

海关总署应当对推荐材料进行审查。审查不合格的，通知输出国家（地区）主管部门补正；审查合格的，海关总署可以派出专家组对申请注册登记企业进行抽查。对抽查不符合要求的企业，不予注册登记；对抽查符合要求的及未被抽查的其他推荐企业，结合水生动物安全卫生控制体系评估结果，决定是否给予注册登记。

（六）进境非食用动物产品的境外生产加工企业注册登记

向我国输出非食用动物产品的境外生产加工企业应当符合输出国家（地区）法律法规和标准的相关要求，并达到我国有关法律法规和强制性标准的要求。

实施注册登记管理的非食用动物产品境外生产加工企业，经输出国家（地区）主管部门审查合格后向海关总署推荐。

海关总署收到推荐材料并经书面审查合格后，必要时经与输出国家（地区）主管部门协商，派出专家到输出国家（地区）对其监管体系进行评估或者回顾性审查，对申请注册登记的境外生产加工企业进行检查。

符合要求的境外生产加工企业，经检查合格的予以注册登记。

（七）进口棉花的境外供货企业登记

进口棉花的境外供货企业按照自愿原则申请登记。符合条件的境外企业可以自行或可以委托代理人申请登记，提交相关书面材料后，经海关审核合格的，对境外供货企业予以登记，颁发"进口棉花境外供货企业登记证书"。

五、口岸卫生许可

每个具有独立固定经营场所的国境口岸食品生产、食品销售、餐饮服务、饮用水供应、公共场所经营单位应当作为一个卫生许可证发证单元，单独申请卫生许可。

从事国境口岸食品生产（含航空配餐）、食品销售（含入/出境交通工具食品供应）、餐饮服务的，从事饮用水供应的，从事国境口岸公共场所经营的单位或者个人，申请卫生许可时，可以当面提交或者通过信函、电报、电传、传真、电子数据交换和电子邮件等方式提交相关材料，并对材料的真实性负责。

海关应当对申请人提交的申请材料内容的完整性、有效性进行审查。确有必要的，需现场审查。经审查合格的，准予行政许可。

对准予行政许可决定的，海关向申请人颁发卫生许可证。

卫生许可证有效期为 4 年。

六、进出口商品检验鉴定业务的许可监督管理

海关对从事进出口商品检验鉴定业务的检验鉴定机构实行许可监督管理。

申请设立中资或外商投资进出口商品鉴定机构的，应向海关提交相关申请材料，海关总署对申请材料进行审核、决定。如准许许可，送达相关资质证书；如不予许可，以不予许可决定书的形式告知企业原因。

第五节　企业信用管理

为了建立海关企业信用管理制度，推进社会信用体系建设，促进贸易安全与便利，根据《海关法》《海关稽查条例》《企业信息公示暂行条例》《优化营商环境条例》以及其他有关法律、行政法规的规定，海关按照社会信用体系建设的总体要求，以"诚信守法便利、失信违法惩戒"为原则，根据企业经营管理、内控规范、守法守信等能够反映企业信用的客观情况，科学、公平、公正地明确了高级认证企业和失信企业的认定标准及管理措施。同时，海关向企业提供信用培育服务，帮助企业强化诚信守法意识，提高诚信经营水平。

海关建立企业信用管理系统，运用信息化手段提升海关企业信用管理水平。海关建立企业信用修复机制，依法对企业予以信用修复。

一、企业信用信息采集和公示

海关根据社会信用体系建设有关要求，与国家有关部门实施守信联合激励和失信联合惩戒，推进信息互换、监管互认、执法互助。

（一）企业信用信息采集

海关可以采集反映企业信用状况的信息，包括：

1. 企业注册登记或者备案信息以及企业相关人员的基本信息；

2. 企业进出口以及与进出口相关的经营信息；

3. 企业行政许可信息；

4. 企业及其相关人员的行政处罚和刑事处罚信息；

5. 海关与国家有关部门实施联合激励和联合惩戒信息；

6. AEO 互认信息；

7. 其他反映企业信用状况的相关信息。

（二）企业信用信息公示

海关应当及时公示企业信用信息，并公布查询方式。公示信息包括：

1. 企业在海关注册登记或者备案信息；

2. 海关对企业信用状况的认证或者认定结果；

3. 海关对企业的行政许可信息；

4. 海关对企业的行政处罚信息；

5. 海关与国家有关部门实施联合激励和联合惩戒信息；

6. 其他依法应当公示的信息。

公示的信用信息涉及国家秘密、国家安全、社会公共利益、商业秘密或者个人隐私的，应当依照法律、行政法规的规定办理。

自然人、法人或者非法人组织认为海关公示的信用信息不准确的，可以向海关提出异议，并且提供相关资料或者证明材料。海关应当自收到异议申请之日起 20 日内进行复核。自然人、法人或者非法人组织提出异议的理由成立的，海关应当采纳。

二、企业信用的认定标准、程序和信用修复

（一）高级认证企业的认证标准和程序

1. 高级认证企业的认证标准

高级认证企业的认证标准分为通用标准和单项标准。高级认证企业的通用标准包括内部控制、财务状况、守法规范以及贸易安全等内容。高级认证企业的单项标准是海关针对不同企业类型和经营范围制定的认证标准。

高级认证企业应当同时符合通用标准和相应的单项标准。通用标准和单项标准由海关总署另行制定并公布。

2. 高级认证企业的认证程序

企业申请成为高级认证企业的，应当向海关提交书面申请，并按照海关要求提交相关资料。海关依据高级认证企业的通用标准和相应的单项标准，对企业提交的申请和有关资料进行审查，并赴企业进行实地认证。

海关应当自收到申请及相关资料之日起 90 日内进行认证并作出决定。特殊情形下，海关的认证时限可以延长 30 日。

经认证，符合高级认证企业标准的企业，海关制发高级认证企业证书；不符合高级认证企业标准的企业，海关制发未通过认证决定书。高级认证企业证书、未通过认证决定书应当送达申请人，并且自送达之日起生效。

3. 高级认证企业的认证复核

海关对高级认证企业每 5 年复核一次。企业信用状况发生异常情况的，海关可以不定期开展复核。经复核，不再符合高级认证企业标准的，海关应当制发未通过复核决定书，并收回高级认证企业证书。

海关可以委托社会中介机构就高级认证企业认证、复核相关问题出具专业结论。企业委托社会中介机构就高级认证企业认证、复核相关问题出具的专业结论，可以作为海关认证、复核的参考依据。

企业有下列情形之一的，1 年内不得提出高级认证企业认证申请：

（1）未通过高级认证企业认证或者复核的；

（2）放弃高级认证企业管理的；

（3）撤回高级认证企业认证申请的；

（4）高级认证企业被海关下调信用等级的；

（5）失信企业被海关上调信用等级的。

（二）失信企业的认定标准、程序和信用修复

1. 失信企业的认定标准

企业有下列情形之一的，海关认定为失信企业：

（1）被海关侦查走私犯罪公安机构立案侦查并由司法机关依法追究刑事责任的；

（2）构成走私行为被海关行政处罚的；

（3）非报关企业 1 年内违反海关的监管规定被海关行政处罚的次数超过上年度报关

单、进出境备案清单、进出境运输工具舱单等单证（以下简称"相关单证"）总票数千分之一且被海关行政处罚金额累计超过 100 万元的；

报关企业 1 年内违反海关的监管规定被海关行政处罚的次数超过上年度相关单证总票数万分之五且被海关行政处罚金额累计超过 30 万元的；

上年度相关单证票数无法计算的，1 年内因违反海关的监管规定被海关行政处罚，非报关企业处罚金额累计超过 100 万元、报关企业处罚金额累计超过 30 万元的；

（4）自缴纳期限届满之日起超过 3 个月仍未缴纳税款的；

（5）自缴纳期限届满之日起超过 6 个月仍未缴纳罚款、没收的违法所得和追缴的走私货物、物品等值价款，并且超过 1 万元的；

（6）抗拒、阻碍海关工作人员依法执行职务，被依法处罚的；

（7）向海关工作人员行贿，被处以罚款或者被依法追究刑事责任的；

（8）法律、行政法规、海关规章规定的其他情形。

失信企业违反进出口食品安全管理规定、进出口化妆品监督管理规定或者走私固体废物被依法追究刑事责任的，非法进口固体废物被海关行政处罚金额超过 250 万元的，海关依照法律、行政法规等有关规定对其实施联合惩戒，将其列入严重失信主体名单。

2. 失信企业的认定程序

海关在作出认定失信企业决定前，应当书面告知企业拟作出决定的事由、其依据和依法享有的陈述、申辩权利。

海关将企业列入严重失信主体名单的，还应当告知企业列入的惩戒措施提示、移出条件、移出程序及救济措施。

企业对海关拟认定失信企业决定或者列入严重失信主体名单决定提出陈述、申辩的，应当在收到书面告知之日起 5 个工作日内向海关书面提出。海关应当在 20 日内进行核实，企业提出的理由成立的，海关应当采纳。

3. 失信企业的信用修复

未被列入严重失信主体名单的失信企业纠正失信行为，消除不良影响，并且符合下列条件的，可以向海关书面申请信用修复并提交相关证明材料：

（1）因构成走私行为被海关行政处罚的以及抗拒、阻碍海关工作人员依法执行职务，被依法处罚而被认定为失信企业满 1 年的；

（2）报关企业和非报关企业因 1 年内违反海关的监管规定被海关行政处罚的次数超过规定比例且被海关行政处罚金额累计超过规定金额，被认定为失信企业满 6 个月的；

（3）因逾期未缴纳税款、罚款、没收的违法所得和追缴的走私货物、物品等值价款，并且超过规定金额被认定为失信企业满 3 个月的。

经审核符合信用修复条件的，海关应当自收到企业信用修复申请之日起 20 日内作出准予信用修复决定。

失信企业连续 2 年未发生认定失信企业规定情形的，海关应当对失信企业作出信用修复决定。

失信企业已被列入严重失信主体名单的，应当将其移出严重失信主体名单并通报相关部门。

法律、行政法规和党中央、国务院政策文件明确规定不可修复的，海关不予信用修复。

三、管理措施和原则

海关根据企业申请，按照有关规定的标准和程序将企业认证为高级认证企业的，对其实施便利的管理措施。

海关根据采集的信用信息，按照有关规定的标准和程序将违法违规企业认定为失信企业的，对其实施严格的管理措施。

海关对高级认证企业和失信企业之外的其他企业实施常规的管理措施。

中国海关依据有关国际条约、协定以及法律法规规定，开展与其他国家（地区）海关的"经认证的经营者"（AEO）互认合作，并且给予互认企业相关便利措施。

（一）高级认证企业管理措施

高级认证企业是中国海关 AEO，适用下列管理措施：

1. 进出口货物平均查验率低于实施常规管理措施企业平均查验率的 20%，法律、行政法规或者海关总署有特殊规定的除外；

2. 出口货物原产地调查平均抽查比率在企业平均抽查比率的 20% 以下，法律、行政法规或者海关总署有特殊规定的除外；

3. 优先办理进出口货物通关手续及相关业务手续；

4. 优先向其他国家（地区）推荐农产品、食品等出口企业的注册；

5. 可以向海关申请免除担保；

6. 减少对企业稽查、核查频次；

7. 可以在出口货物运抵海关监管区之前向海关申报；

8. 海关为企业设立协调员；

9. AEO 互认国家或者地区海关通关便利措施；

10. 国家有关部门实施的守信联合激励措施；

11. 因不可抗力中断国际贸易恢复后优先通关；

12. 海关总署规定的其他管理措施。

（二）失信企业管理措施

失信企业适用下列管理措施：

1. 进出口货物查验率 80% 以上；

2. 经营加工贸易业务的，全额提供担保；

3. 提高对企业稽查、核查频次；

4. 海关总署规定的其他管理措施。

（三）管理原则

办理同一海关业务涉及的企业信用等级不一致，导致适用的管理措施相抵触的，海关按照较低信用等级企业适用的管理措施实施管理。

高级认证企业、失信企业有分立合并情形的，海关按照以下原则对企业信用状况进行确定并适用相应管理措施：

1. 企业发生分立，存续的企业承继原企业主要权利义务的，存续的企业适用原企业信用状况的认证或者认定结果，其余新设的企业不适用原企业信用状况的认证或者认定结果；

2. 企业发生分立，原企业解散的，新设企业不适用原企业信用状况的认证或者认定结果；

3. 企业发生吸收合并的，存续企业适用原企业信用状况的认证或者认定结果；

4. 企业发生新设合并的，新设企业不再适用原企业信用状况的认证或者认定结果。

高级认证企业涉嫌违反与海关管理职能相关的法律法规被刑事立案的，海关应当暂停适用高级认证企业管理措施。

高级认证企业涉嫌违反海关的监管规定被立案调查的，海关可以暂停适用高级认证企业管理措施。

高级认证企业存在财务风险，或者有明显的转移、藏匿其应税货物以及其他财产迹象的，或者存在其他无法足额保障税款缴纳风险的，海关可以暂停其免除担保的管理措施。

海关注册的进口食品境外生产企业和进境动植物产品国外生产、加工、存放单位等境外企业的信用管理，由海关总署另行规定。

企业主动披露且被海关处以警告或者海关总署规定数额以下罚款的行为，不作为海关认定企业信用状况的记录。

第六节　企业主动披露

为进一步优化营商环境，促进外贸高质量发展，根据《海关法》《行政处罚法》《海关稽查条例》等有关法律法规规章的规定，就处理进出口企业、单位在海关发现前主动披露违反海关规定的行为且及时改正的，海关给与企业一种容错机制。

企业主动披露，是指与进出口货物有关的企业、单位自查发现其进出口活动存在少缴、漏缴税款或者其他违反海关规定的情形，主动向海关书面报告并接受海关处理的行为。进出口企业、单位向海关主动披露的，需填制"主动披露报告表"，并随附账簿、单证等材料，向报关地、实际进出口地或注册地海关报告。

一、适用主动披露的情形

进出口企业、单位主动披露违反海关规定的行为，有下列情形之一的，不予行政处罚：

（一）自涉税违规行为发生之日起 6 个月以内向海关主动披露的。

（二）自涉税违规行为发生之日起超过 6 个月但在 2 年以内向海关主动披露，漏缴、少缴税款占应缴纳税款比率 30% 以下的，或者漏缴、少缴税款在 100 万元人民币以下的。

（三）影响国家出口退税管理的：

1. 自违规行为发生之日起 6 个月以内向海关主动披露的；

2. 自违规行为发生之日起超过 6 个月但在 2 年以内向海关主动披露，影响国家出口退税管理且可能多退税款占应退税款的 30% 以下，或者可能多退税款在 100 万元人民币以下的。

（四）加工贸易企业因工艺改进、使用非保税料件比例申报不准确等原因导致实际单耗低于已申报单耗，且因此产生的剩余料件、半制成品、制成品尚未处置的，或者已通过加工贸易方式复出口的。

（五）进出口货物的品名、税则号列、数量、规格、价格、贸易方式、原产地、启运地、运抵地、最终目的地或者其他应当申报的项目未申报或者申报不实，影响海关统计准确性，及时改正没有造成危害后果的：

1. 违法违规行为发生当月最后一日 24 点前，向海关主动披露且影响统计总值 1000 万元人民币以下的；

2. 违法违规行为发生当月最后一日 24 点后 3 个自然月内，向海关主动披露且影响统计总值 500 万元人民币以下的。

（六）进出口货物的品名、税则号列、数量、规格、价格、贸易方式、原产地、启运地、运抵地、最终目的地或者其他应当申报的项目未申报或者申报不实，影响海关监管秩序的。

（七）有下列情形，未影响国家有关进出境的禁止性管理、出口退税管理、税款征收和许可证件管理的违反海关规定行为的：

1. 未经海关许可，擅自将海关监管货物开拆、提取、交付、发运、调换、改装、抵押、质押、留置、转让、更换标记、移作他用或者进行其他处置的；

2. 未经海关许可，在海关监管区以外存放海关监管货物的；

3. 经营海关监管货物的运输、储存、加工、装配、寄售、展示等业务，有关货物灭失、数量短少或者记录不真实，不能提供正当理由的；

4. 经营保税货物的运输、储存、加工、装配、寄售、展示等业务，不依照规定办理收存、交付、结转、核销等手续，或者中止、延长、变更、转让有关合同不依照规定向海关办理手续的；

5. 未如实向海关申报加工贸易制成品单位耗料量的；

6. 未按照规定期限将过境、转运、通运货物运输出境，擅自留在境内的；

7. 未按照规定期限将暂时进出口货物复运出境或者复运进境，擅自留在境内或者境外的；

8. 有违反海关监管规定的其他行为，致使海关不能或者中断对进出口货物实施监管的。

（八）进出口企业、单位违反海关检验检疫业务规定的行为，且能够及时办理海关手续，未造成危害后果的（见下表）。但涉及检疫类事项，以及检验类涉及安全、环保、卫生类事项的除外。

检验检疫业务适用主动披露的情形及条件

序号	违法行为	适用条件
1	未经海关允许，将进口食品提离海关指定或者认可的场所的	应同时符合下列情形的： （1）提离的食品经检验检疫合格； （2）违规食品尚未销售、使用。

续表

序号	违法行为	适用条件
2	出口未获得备案出口食品生产企业生产的食品的	应同时符合下列情形的： （1）食品来自境内食品生产许可企业； （2）食品生产企业在主动披露前，完成备案的； （3）违法食品价值不满1万元人民币的。
3	出口食品生产企业生产的出口食品未按照规定使用备案种植、养殖场原料的	应同时符合下列情形的： （1）食品无质量安全问题； （2）未发生食品安全事故； （3）未被境外主管机构通报； （4）违法食品价值不满1万元人民币的。
4	出境竹木草制品未报检的	应同时符合下列情形的： （1）违规竹木草制品尚未实际出口； （2）违规竹木草制品能完成补充检验检疫的； （3）违规竹木草制品经检验检疫合格的。
5	出境竹木草制品报检与实际不符的	应同时符合下列情形的： （1）违规竹木草制品尚未实际出口； （2）违规竹木草制品能完成补充检验检疫的； （3）违规竹木草制品经检验检疫合格的。
6	代理报检企业、出入境快件运营企业、报检人员未进行合理审查或工作疏忽导致骗取证单的	应同时符合下列情形的： （1）所涉证单尚未使用； （2）主动向海关退回证单。

二、主动披露处理

进出口企业、单位主动向海关书面报告其涉税违规行为并及时改正，经海关认定为主动披露的，进出口企业、单位可依法向海关申请减免税款滞纳金。符合规定的，海关予以减免。

进出口企业、单位主动披露且被海关处以警告或者100万元人民币以下罚款的行为，不列入海关认定企业信用状况的记录。高级认证企业主动披露违反海关规定行为的，海关立案调查期间不暂停对该企业适用相应管理措施。但检验类涉及安全、环保、卫生类事项的除外。

三、不适用主动披露的情形

（一）进出口企业、单位对同一违反海关规定行为（指性质相同且违反同一法律条文同一款项规定的行为）一年内（连续12个月）第二次及以上向海关主动披露的；

（二）涉及权利人对被授权人基于同一货物进行的一次或多次权利许可，进出口企业、单位再次向海关主动披露的。

第二章　报关与对外贸易管制

对外贸易管制是指一国政府为了维护国家安全和宏观经济利益，以及履行所缔结或加入的国际条约的义务，所确立实行的各种管制制度、设立相应管制机构和规范对外贸易活动的总称。

纵观国际贸易的发展史，自古以来对外贸易管制一直处于商务外交的中心，早期的贸易协定在处理领土与和平问题的同时就规制贸易管理，世界各国无一例外地采取各种形式对本国的对外贸易活动加以规范。通过立法和政策管制进出口贸易，实现依法维护国家的至高利益，保护本国的产业和市场，保障国内生活、生产和生态环境安全，落实相关国际公约的目标。长期以来，对外贸易管制都是一国政府的一项义不容辞的重大职责，充分体现了一国经济发展水平和处理对外贸易关系的政策情况，是政府管理和监督对外贸易强有力的工具。

第一节　对外贸易管制概述

一个国家的对外贸易管制制度涉及工业、农业、商业、军事、技术、卫生、环保、税务、资源保护、质量监督、外汇管理，以及金融、保险、信息服务等诸多领域。对外贸易管制通常有 3 种分类形式：一是按管理目的分为进口贸易管制和出口贸易管制，二是按管制手段分为关税措施和非关税措施，三是按管制对象分为货物进出口贸易管制、技术进出口贸易管制和国际服务贸易管制。

对外贸易管制是政府的一种强制性行政管理行为，所涉及的法律、行政法规、部门规章是强制性的法律文件。因此，对外贸易经营者或其代理人在报关活动中必须严格遵守对外贸易管制制度，并按照相应的管理要求办理进出口手续。本章重点介绍我国对外贸易管制中有关货物和技术的管制制度、措施以及在执行这些贸易管制措施过程中所涉及报关规范的相关内容。

一、对外贸易管制的目的及特点

随着经济全球化、区域经济一体化的不断发展，各国之间的经济关系变得越来越紧密，相互的依存度也越来越高，各种区域经济合作和贸易协定应运而生，因此一国对外贸易管制政策在充分考虑本国经济状况的同时还必须受到其所加入的国际贸易协定规则的约束，必须在其规则允许范围内，按照规定的程序进行相对自主的管理。国际贸易政策环境也随着各国政府对外贸易管制措施的改变而改变。

尽管各国所实行的对外贸易管制措施在形式和内容上有许多差异，但管制的目的往往是相同的，主要表现为以下几个方面：

（一）保护本国经济利益，发展本国经济

发展中国家实行对外贸易管制主要是为了保护本国的民族工业，建立与巩固本国的经济体系；通过对外贸易管制的各项措施，防止外国产品冲击本国市场而影响本国独立经济体系的建立；同时，也是为了维护本国的国际收支平衡，使有限的外汇能有效地发挥最大的作用。发达国家实行对外贸易管制主要是为了确保本国在世界经济中的优势地位，避免国际贸易活动对本国经济产生不良影响，特别是要保持本国某些产品或技术的国际垄断地位，保证本国各项经济发展目标的实现。因此，各的对外贸易管制措施都是与其经济利益相联系的。各国的贸易管制措施是各国经济政策的重要体现。

（二）推行本国的外交政策

不论是发达国家还是发展中国家，往往出于政治或安全上的考虑，甚至不惜牺牲本国经济利益，在不同时期，对不同国家或不同商品实行不同的对外贸易管制措施，以达到其政治上的目的或安全上的目标。因此，贸易管制往往成为一国推行其外交政策的有效手段。

（三）行使国家职能

一个主权国家，对其自然资源和经济行为享有排他的永久主权，国家对外贸易管制制度和措施的强制性是为保护本国环境和自然资源、保障国民人身安全、调控本国经济而行使国家管理职能的一个重要保证。

从对外贸易管制的目的看，贸易管制政策是一国对外政策的体现，这是对外贸易管制的一个显著特点。正是为了实现上述目的，各国都要根据其不同时期的不同经济利益或安全以及政治形势需要，随时调整对外贸易管制政策，因此，不同国家或同一国家的不同时期的贸易管制政策是各不相同的。这种因时间、形势而变化的特性是贸易管制的又一大特点。各国对外贸易管制的另一特点是以对进口的管制为重点，虽然贸易管制有效地保护了本国国内市场和本国的经济利益，但在一定程度上也阻碍了世界经济交流，抑制了国际贸易的发展。因此，如何充分发挥贸易管制的有利影响，尽量减少其带来的不利因素，变被动保护为主动、积极的保护，是衡量一个国家管理对外贸易水平的标志。

二、我国对外贸易管制的基本框架和法律体系

实行对外贸易管制是由我国社会制度和经济、技术发展需要所决定的，几十年的实践证明，实行对外贸易管制对我国的经济建设和对外贸易发展起到极其重要的作用。

实行对外贸易管制是维护国家安全和对外贸易秩序，促进对外经济贸易和科技文化交往，保障、保护和扶植我的民族工业，建立与巩固我国社会主义经济体系，防止外国产品冲击国内市场等方面的有效手段；实行对外贸易管制可以集中力量对国际市场的价格波动及世界经济危机作出迅速反应，防止这些因素对我国经济建设产生不良影响；实行对外贸易管制有利于加强我国在国际市场中的竞争能力，增强国际贸易中的谈判地位；实行对外贸易管制还有助于更好地实现国家职能，政府通过对外贸易管制，对外可以及时根据我国在国际竞争中的政策和策略，调整外贸结构和格局，全面发展与世界各国的贸易往来，为促进全球经济繁荣作出贡献，对内则可以达到维护正常的国内经济秩序，保障经济建设的顺利进行，不断提高人民生活水平，满足人民不断增长的物质文化生活需要的目的。

（一）基本框架

我国对外贸易管制制度是一种综合管理制度，主要由海关监管制度、关税制度、对外

贸易经营者管理制度、进出口许可制度、进出口商品检验检疫制度、进出口货物收付汇管理制度，以及贸易救济制度等构成。为保障贸易管制各项制度的实施，我国已基本建立并逐步健全了以《中华人民共和国对外贸易法》（以下简称《对外贸易法》）为核心的对外贸易管制的法律体系，并依照这些法律、行政法规、部门规章和我国履行国际公约的有关规定，自主实行对外贸易管制。

（二）法律体系

由于我国对外贸易管制是一种国家管制，因此其所涉及的法律渊源只限于宪法、法律、行政法规、部门规章以及相关的国际条约，不包括地方性法规、规章及各民族自治区政府的地方条例和单行条例。

1. 法律

我国现行的与对外贸易管制有关的法律主要有《对外贸易法》《海关法》《中华人民共和国固体废物污染环境防治法》《食品安全法》《进出口商品检验法》《进出境动植物检疫法》《国境卫生检疫法》《中华人民共和国野生动物保护法》《中华人民共和国药品管理法》《中华人民共和国文物保护法》《中华人民共和国出口管制法》等。

2. 行政法规

我国现行的与对外贸易管制有关的行政法规主要有《中华人民共和国货物进出口管理条例》、《中华人民共和国技术进出口管理条例》（以下简称《技术进出口管理条例》）、《中华人民共和国野生植物保护条例》、《中华人民共和国核出口管制条例》、《中华人民共和国核两用品及相关技术出口管制条例》、《易制毒化学品管理条例》、《中华人民共和国导弹及相关物项和技术出口管制条例》、《中华人民共和国生物两用品及相关设备和技术出口管制条例》、《中华人民共和国监控化学品管理条例》、《中华人民共和国濒危野生动植物进出口管理条例》、《中华人民共和国军品出口管理条例》、《进出口商品检验法实施条例》、《进出境动植物检疫法实施条例》、《中华人民共和国外汇管理条例》、《中华人民共和国反补贴条例》（以下简称《反补贴条例》）、《中华人民共和国反倾销条例》（以下简称《反倾销条例》）、《中华人民共和国保障措施条例》（以下简称《保障措施条例》）等。

3. 部门规章

我国现行的与对外贸易管制有关的部门规章很多，例如《货物进口许可证管理办法》、《货物出口许可证管理办法》、《货物自动进口许可管理办法》、《出口收汇核销管理办法》、《进口药品管理办法》、《放射性药品管理办法》、《两用物项和技术进出口许可证管理办法》、《进出境转基因产品检验检疫管理办法》、《中华人民共和国进出口食品安全管理办法》（以下简称《进出口食品安全管理办法》）、《进口汽车检验管理办法》等。

4. 国际条约、协定

各国在通过国内立法实施本国进出口贸易管制的各项措施的同时，必然要与其他国家协调立场，确定相互之间在国际贸易活动中的权利与义务关系，以实现其外交政策和对外贸易政策所确立的目标，因此，国际贸易条约与协定便成为各国之间确立国际贸易关系立场的重要法律形式。

我国目前所缔结或者参加的各类国际条约、协定，虽然不属于我国国内法的范畴，但就其效力而言可视为我国的法律渊源之一。主要有：加入的世界贸易组织（WTO）协定和各类区域贸易协定、与各国签订的双边条约和协定、与相关国家签订的自由贸易协定、《京都公约》、《濒危野生动植物种国际贸易公约》（亦称《华盛顿公约》））、《关于消耗臭氧层物质的蒙特利尔议定书》、关于麻醉品和精神药物的国际公约、《关于化学品国际贸易资料交换的伦敦准则》、《关于在国际贸易中对某些危险化学品和农药采用事先知情同意程序的鹿特丹公约》、《控制危险废物越境转移及其处置的巴塞尔公约》、《建立世界知识产权组织公约》、《实施卫生与植物卫生措施协定》（SPS 协定）、《技术性贸易壁垒协定》（TBT 协定）、《国际卫生条例（2005）》、《核安全公约》等。

三、对外贸易管制与海关监管

对外贸易管制是一种国家管制，任何从事对外贸易的活动者都必须无条件地遵守。国家对外贸易管制的目标是以对外贸易管制法律、法规为保障，依靠有效的政府行政管理手段来实现的。

（一）海关监管是实现贸易管制的重要手段

我国《对外贸易法》将对外贸易划分为货物进出口、技术进出口和国际服务贸易。贸易管制主要是通过国务院商务主管部门及其他政府职能主管部门依据国家贸易管制政策核签各类许可证件和批准文件，或通过检验检疫等强制措施来实现。

货物进出口贸易及以货物为表现形式的技术进出口贸易，最终表现为进出境行为。海关作为进出关境监督管理机关，依据《海关法》所赋予的权力，代表国家在口岸行使进出境监督管理职能，这种特殊的管理职能决定了海关监管是实现贸易管制目标的有效行政管理手段，海关依据许可证件和相关批准文件或通过检验检疫等强制措施对实际进出口货物的合法性实施监督管理。

对外贸易管制作为一项综合制度，是需要建立在国家各行政管理部门之间合理分工的基础上，通过各尽其责的通力合作来实现的。《海关法》规定："中华人民共和国海关是国家的进出关境（以下简称进出境）监督管理机关。海关依照本法和其他有关法律、行政法规，监管进出境的运输工具、货物、行李物品、邮递物品和其他物品（以下简称进出境运输工具、货物、物品），征收关税和其他税、费，查缉走私，并编制海关统计和办理其他海关业务。"国家贸易管制是通过国务院商务主管部门及其他政府职能主管部门依据国家贸易管制政策发放各类许可证件或者下发相关文件，最终由海关依据许可证件和相关文件，依照国家或国际标准，通过检验检疫等强制措施对实际进出口货物的合法性实施监督管理来实现的。缺少海关监管这一环节，任何对外贸易管制政策都不可能充分发挥其效力。

《海关法》第四十条规定："国家对进出境货物、物品有禁止性或者限制性规定的，海关依据法律、行政法规、国务院的规定或者国务院有关部门依据法律、行政法规的授权作出的规定实施监管。"该条款不仅赋予了海关对进出口货物依法实施监督管理的权力，还明确了国家对外贸易管制政策所涉及的法律、法规是海关对进出口货物监管工作的法律依据。根据我国行政管理职责的分工，与对外贸易管制相关的法律、行政法规、部门规章分别由全国人民代表大会及其常务委员会、国务院及其所属各部委（局）负责制定、颁发，海关则是贸易管制政策在货物进出口环节的具体执行机关。因此，海关对进出口货物实施监管或制定有关监管程序时，必须以国家贸易管制政策所涉及的法律、法规为依据，充分重视这些法律、法规与海关实际工作之间的必然联系，以准确贯彻和执行政策作为海关开展各项管理工作的前提和原则，制定合法、高效的海关监督管理程序，充分运用《海关法》赋予的权力，确保国家各项贸易管制目标的实现。

由于国家进出口贸易管制政策是通过国务院商务主管部门及其他政府职能主管部门依据国家贸易管制政策核签各类许可证件或者批准文件，最终由海关依据许可证件、相关文件及其他单证（报关单、提单、发票、合同等），依照国家或国际标准，通过检验检疫等强制措施对实际进出口货物的合法性实施监督管理来实现的，因此，海关执行贸易管制离不开"单"（包括报关单在内的各类报关单据及其电子数据）、"证"（各类许可证件、相关文件及其电子数据）、"货"（实际进出口货物）这三大要素。"单""证""货"相符，是海关确认货物合法进出口的必要条件。对进出口受国家贸易管制的货物，只有在确认达到"单单相符""单货相符""单证相符""证货相符"，并符合检验检疫出入境合格标准的情况下，海关才可放行。

随着互联网技术的不断发展、普及及应用，无纸化通关已成为提高通关效率的必经之路。2018 年，通关无纸化已全面铺开并进入了实质运作阶段。为顺应通关无纸化要求，海关总署积极推进与许可证件主管部门的电子数据联网工作，已实现进出口许可证、两用物项和技术进出口许可证、有毒化学品进出口环境管理放行通知单、农药进出口登记管理放行通知单、自动进口许可证、密码产品和含有密码技术设备进口许可证、民用爆炸物品进口审批单、进口药品通关单、药品进出口准许证、精神药物进出口准许证、麻醉药品进出口准许证、进口广播电影电视节目带（片）提取单、赴境外加工光盘进口备案证明、音像制品（成品）进口批准单、古生物化石出境批件、野生动植物进出口证书、进口兽药通关单、人民币调运证明、黄金及黄金制品进出口准许证等电子数据联网，实现了进出口许可证件和两用物项和技术进出口许可证从申领、发证、验证，到核查、核销的无纸化，为实现通关无纸化作业创造了基础条件。

（二）报关是海关确认进出口货物合法性的先决条件

《海关法》第二十四条规定："进口货物的收货人、出口货物的发货人应当向海关如实申报，交验进出口许可证件和有关单证。国家限制进出口的货物，没有进出口许可证件的，不予放行……"海关通过审核"单""证""货"这三要素来确认货物进出口的合法性。而这三要素中的"单"和"证"是报关中申报环节申报单位向海关提交的；同时配合海关依据《食品安全法》《国境卫生检疫法》《进出境动植物检疫法》《进出口商品检验法》等，在通关过程中对进出口货物实施检验检疫等强制措施，是收发货人办理进出口货物海关手续时应履行的法律义务。因此，报关不仅是进出口货物收发货人或其代理人必须履行的手续，也是海关确认进出口货物合法性的先决条件。

（三）海关贸易管制执法手段

海关执行的部分贸易管制措施通过细化、分解贸易管制商品目录，在海关通关系统中对 7500 多项商品设置了 30 余种监管证件代码，并与监管方式相对应，通关系统根据"监管方式证件表"中监管方式及监管证件的对应关系，在通关过程中对所需的监管证件进行提示，并对联网许可证件电子数据实现系统自动比对自动核扣，大大提高了海关贸易管制政策执行的有效性和准确性。

第二节　我国货物、技术进出口许可管理制度

进出口许可是国家对进出口的一种行政管理制度，既包括准许进出口的有关证件的审批和管理制度本身的程序，也包括以国家各类许可为条件的其他行政管理手续，这种行政管理制度称为进出口许可管理制度。进出口许可管理制度作为一项非关税措施，是世界各国管理进出口贸易的一种常见手段，在国际贸易中长期存在，并广泛运用。

货物、技术进出口许可管理制度是我国进出口许可管理制度的主体，是国家对外贸易管制中极其重要的管理制度。其管理范围包括禁止进出口的货物和技术、限制进出口的货物和技术、自由进出口的技术以及自由进出口中部分实行自动许可管理的货物。

国家对部分进出口货物、技术实行限制或者禁止管理的目的主要有以下几点：

第一，为维护国家安全、社会公共利益或者公共道德，需要限制或者禁止进口或者出口的；

第二，为保护人的健康或者安全，保护动物、植物的生命或者健康，保护环境，需要限制或者禁止进口或者出口的；

第三，为实施与黄金或者白银进出口有关的措施，需要限制或者禁止进口或者出口的；

第四，国内供应短缺或者为有效保护可能用竭的自然资源，需要限制或者禁止出口的；

第五，输往国家或者地区的市场容量有限，需要限制出口的；

第六，出口经营秩序出现严重混乱，需要限制出口的；

第七，为建立或者加快建立国内特定产业，需要限制进口的；

第八，对任何形式的农业、牧业、渔业产品有必要限制进口的；

第九，为保障国家国际金融地位和国际收支平衡，需要限制进口的；

第十，依照法律、行政法规的规定，其他需要限制或者禁止进口或者出口的；

第十一，根据我国缔结或者参加的国际条约、协定的规定，其他需要限制或者禁止进口或者出口的。

一、禁止进出口管理

为维护国家安全和社会公共利益，保护人民的生命健康，履行我国所缔结或者参加的国际条约和协定，国务院商务主管部门会同国务院有关部门，依照《对外贸易法》等有关法律法规，制定、调整并公布禁止进出口货物、技术目录。海关依据国家相关法律法规对禁止进出口商品实施监督管理。

（一）禁止进口管理

对列入国家公布的禁止进口目录以及国家法律法规明令禁止或停止进口的货物、技术，任何对外贸易经营者不得经营进口。

1. 禁止进口货物管理

我国政府明令禁止进口的货物包括：列入由国务院商务主管部门或由其会同国务院有关部门制定的禁止进口货物目录的商品、国家有关法律法规明令禁止进口的商品以及其他

各种原因停止进口的商品。

（1）列入禁止进口货物目录的商品

目前，我国公布的禁止进口货物目录包括：

①《禁止进口货物目录（第一批）》是为了保护我国的自然生态环境和生态资源，从我国国情出发，履行我国所缔结或者参加的与保护世界自然生态环境相关的一系列国际条约和协定而发布的，包括国家禁止进口属破坏臭氧层物质的四氯化碳，禁止进口属世界濒危物种管理范畴的象牙、犀牛角、麝香、虎骨等。

②《禁止进口机电产品目录》［此目录从2019年1月1日执行，废止原《禁止进口货物目录（第二批）》］是国家对涉及生产安全（压力容器类）、人身安全（电器、医疗设备类）和环境保护（汽车、工程及车船机械类）的旧机电产品所实施的禁止进口管理。

③《禁止进口货物目录（第六批）》是为了保护人的健康，维护环境安全，淘汰落后产品，履行《关于在国际贸易中对某些危险化学品和农药采用事先知情同意程序的鹿特丹公约》和《关于持久性有机污染物的斯德哥尔摩公约》而颁布的，包括长纤维青石棉、二英等。

④《禁止进口货物目录（第七批）》是为了保护人类生存环境，履行《关于持久性有机污染物的斯德哥尔摩公约》《关于汞的水俣公约》而颁布的，包括氯丹、灭蚁灵、含汞二氧化锰的原电池及原电池组、直管型热阴极荧光灯等。

⑤《禁止进口货物目录（第八批）》是为了履行《关于持久性有机污染物的斯德哥尔摩公约》而颁布的，包括含西布曲明的混合药品、西布曲明及其盐、六氯丁二烯等。

⑥《禁止进口货物目录（第九批）》是为保护人的健康和安全，保护环境而颁布的，包括十溴二苯醚、全氟辛基磺酸及其盐类和全氟辛基磺酰氟（PFOS类）、短链氯化石蜡、得克隆及其顺式异构体和反式异构体等。

（2）国家有关法律法规明令禁止进口的商品

①禁止以任何方式进口固体废物，即禁止境外的固体废物进境倾倒、堆放、处置；

②动植物病源（包括菌种、毒种等）及其他有害生物、动物尸体、土壤；

③来自动植物疫情流行的国家和地区的有关动植物及其产品和其他检疫物；

④带有违反"一个中国"原则内容的货物及其包装；

⑤以氯氟羟物质为制冷剂、发泡剂的家用电器产品和以氯氟羟物质为制冷工质的家用电器用压缩机；

⑥滴滴涕、氯丹等；

⑦莱克多巴胺和盐酸莱克多巴胺等。

（3）其他各种原因停止进口的商品

①以CFC-12为制冷工质的汽车及以CFC-12为制冷工质的汽车空调压缩机（含汽车空调器）；

②旧服装；

③氯酸钾、硝酸铵；

④禁止进口和销售100瓦及以上普通照明白炽灯等。

2. 禁止进口技术管理

根据《对外贸易法》《技术进出口管理条例》《禁止进口限制进口技术管理办法》的有关规定，国务院商务主管部门会同国务院有关部门，制定、调整并公布禁止进口的技术目录。属于禁止进口的技术，不得进口。

目前，《中国禁止进口限制进口技术目录》所列名的禁止进口的技术涉及钢铁冶金、有色金属冶金、化工、石油炼制、石油化工、消防、电工、轻工、印刷、医药、建筑材料生产等技术领域。

（二）禁止出口管理

对列入国家公布的禁止出口目录以及国家法律法规明令禁止出口的货物、技术，任何对外贸易经营者不得经营出口。

1. 禁止出口货物管理

我国政府明令禁止出口的货物主要有列入禁止出口货物目录的商品和国家有关法律法规明令禁止出口的商品。

（1）列入禁止出口货物目录的商品

目前，我国公布的禁止出口货物目录共有7批：

①《禁止出口货物目录（第一批）》是为了保护我国自然生态环境和生态资源，从我国国情出发，履行我国所缔结或者参加的与保护世界自然生态环境相关的一系列国际条约和协定而发布的。如国家禁止出口属破坏臭氧层物质的四氯化碳，禁止出口属世界濒危物种管理范畴的犀牛角、虎骨、麝香，禁止出口有防风固沙作用的发菜和麻黄草等植物。

②《禁止出口货物目录（第二批）》主要是为了保护我国匮乏的森林资源，防止乱砍滥伐而发布的，如禁止出口木炭。

③《禁止出口货物目录（第三批）》是为了保护人的健康，维护环境安全，淘汰落后产品，履行《关于在国际贸易中对某些危险化学品和农药采用事先知情同意程序的鹿特丹公约》和《关于持久性有机污染物的斯德哥尔摩公约》而颁布的，与《禁止进口货物目录（第六批）》所列相同。

④《禁止出口货物目录（第四批）》主要包括硅砂、石英砂等。

⑤《禁止出口货物目录（第五批）》包括无论是否经化学处理过的森林凋落物以及泥炭（草炭）。

⑥《禁止出口货物目录（第六批）》是为了保护人类生存环境，履行《关于持久性有机污染物的斯德哥尔摩公约》《关于汞的水俣公约》而颁布的，与《禁止进口货物目录（第七批）》所列相同。

⑦《禁止出口货物目录（第七批）》是为了履行《关于持久性有机污染物的斯德哥尔摩公约》而颁布的，包括六氯丁二烯、三氯杀螨醇、六溴环十二烷等。

⑧《禁止出口货物目录（第八批）》是为保护人的健康安全，保护环境而颁布的，包括十溴二苯醚、全氟辛基磺酸及其盐类和全氟辛基磺酰氟（PFOS类）、短链氯化石蜡、得克隆及其顺式异构体和反式异构体等。

（2）国家有关法律、法规明令禁止出口的商品

①未定名的或者新发现并有重要价值的野生植物；

②原料血浆；

③商业性出口的野生红豆杉及其部分产品；

④劳改产品；

⑤以氯氟羟物质为制冷剂、发泡剂的家用电器产品和以氯氟羟物质为制冷工质的家用电器用压缩机；

⑥滴滴涕、氯丹等；

⑦莱克多巴胺和盐酸莱克多巴胺等。

2. 禁止出口技术管理

根据《对外贸易法》《技术进出口管理条例》《禁止出口限制出口技术管理办法》的有关规定，国务院商务主管部门会同国务院有关部门遵照下列原则制定、调整并公布禁止出口的技术目录。属于禁止出口的技术，不得出口。

中国禁止出口技术参考原则：

（1）为维护国家安全、社会公共利益或者公共道德，需要禁止出口的；

（2）为保护人的健康或者安全，保护动物、植物的生命或者健康，保护环境，需要禁止出口的；

（3）依据法律、行政法规的规定，其他需要禁止出口的；

（4）根据我国缔结或者参加的国际条约、协定的规定，其他需要禁止出口的。

目前，列入《中国禁止出口限制出口技术目录》禁止出口部分的技术涉及渔、牧、有色金属矿采选、农副食品加工、饮料制造、造纸、化学制品制造、医药制造、非金属矿物制品业、有色金属冶炼、交通运输设备制造、农用机械制造、计算机及其他电子设备制造、工艺品制造、电信信息传输等几十个行业领域，包括畜牧品种的繁育、微生物肥料、中国特有的物种资源、蚕类品种繁育和蚕茧采集加工利用、水产品种的繁育、绿色植物生长调节剂制造、采矿工程、肉类加工、饮料生产、造纸、焰火爆竹生产、化学合成及半合成咖啡因生产、核黄素生产工艺、中药材资源及生产、中药饮片炮制、化学合成及半合成药物生产、非晶无机非金属材料生产、低维无机非金属材料生产、有色金属冶金、稀土的提炼加工和利用、航天器测控、航空器设计与制造、集成电路制造、机器人制造、地图制图、书画墨及八宝印泥制造、中国传统建筑、计算机网络、空间数据传输、卫星应用、大地测量、中医医疗等几十项技术。

二、限制进出口管理

为维护国家安全和社会公共利益，保护人民的生命健康，履行我国所缔结或者参加的国际条约和协定，国务院商务主管部门会同国务院有关部门，依照《对外贸易法》的规定，制定、调整并公布各类限制进出口货物、技术目录。海关依据国家相关法律、法规对限制进出口目录货物、技术实施监督管理。

（一）限制进口管理

国家实行限制进口管理的货物、技术，必须依照国家有关规定，经国务院商务主管部门或者经国务院商务主管部门会同国务院有关部门许可，方可进口。

1. 限制进口货物管理

目前，我国限制进口货物管理按照其限制方式划分为许可证件管理和进口配额管理。

（1）许可证件管理

许可证件管理系指在一定时期内根据国内政治、工业、农业、商业、军事、技术、卫生、环保、资源保护等领域的需要，以及为履行我国所加入或缔结的有关国际条约的规定，以经国家各主管部门签发许可证件的方式来实现各类限制进口的措施。

许可证件管理主要包括进口许可证、两用物项和技术进口许可证、濒危物种进口、药品进口、音像制品进口、有毒化学品进口、黄金及其制品进口等管理。

国务院商务主管部门或者国务院有关部门在各自的职责范围内，根据国家有关法律、行政法规的规定签发上述各项管理所涉及的各类许可证件，申请人凭相关许可证件办理海关手续。

（2）进口配额管理

进口配额是指一国政府在一定时期内，对某些商品的进口数量或金额加以直接限制。在规定的期限内，配额以内的货物可以进口，超过配额的不准进口，或者征收较高关税后才能进口。因此，进口配额管理是许多国家实行进口数量限制的重要手段之一。进口配额制主要有绝对配额和关税配额两种形式。

①绝对配额是指在一定时期内，对某些商品的进口数量或金额规定一个最高限额，在这个数额内允许进口，达到这个配额后，便不准进口。绝对配额按照其实施方式的不同，又分为全球配额、国别（地区）配额两种形式。

A. 全球配额是一种世界范围内的绝对配额，对某种商品的进口规定一个总的限额，对来自任何国家或地区的商品一律适用。具体做法是一国或地区的主管当局在公布的总配额之内，通常按进口商的申请先后顺序或过去某一时期的实际进口额批给一定的额度，直至总配额发完为止，超过总配额就不准进口。

B. 国别（地区）配额是在总配额内按国别或地区分配给固定的配额，超过规定的配额便不准进口。为了区分来自不同国家和地区的商品，通常进口国（地区）规定进口商必须提交原产地证明书。实行国别（地区）配额可以使进口国家（地区）根据它与有关国家（地区）的政治经济关系分配给予不同的额度。

②关税配额是一种征收关税与进口配额相结合的限制进口的措施。它对商品进口的绝对数额不加限制，而是在一定时期内（一般是公历年度内有效），对部分商品的进口制定关税配额税率并规定该商品进口数量总额。

在规定配额以内的进口商品，给予低税、减税或免税待遇；对超过配额的进口商品则征收较高的关税，或征收附加税或罚款。一般情况下，关税配额税率优惠幅度很大，如小麦关税配额税率与最惠国税率相差达65倍。国家通过这种行政管理手段对一些重要商品，以关税这个成本杠杆来实现限制进口的目的，因此关税配额管理是一种相对数量的限制。

2. 限制进口技术管理

限制进口技术实行目录管理。根据《对外贸易法》《技术进出口管理条例》《禁止进口限制进口技术管理办法》的有关规定，国务院商务主管部门会同国务院有关部门，制定、调整并公布限制进口的技术目录。属于目录范围内的限制进口的技术，实行许可证管理，未经国家许可，不得进口。

进口属于限制进口的技术，应当向国务院商务主管部门提出技术进口申请。国务院商务主管部门收到技术进口申请后，应当会同国务院有关部门对申请进行审查。技术进口申请经批准的，由国务院商务主管部门发给"中华人民共和国技术进口许可意向书"，进口经营者取得技术进口许可意向书后，可以对外签订技术进口合同。进口经营者签订技术进口合同后，应当向国务院商务主管部门申请技术进口许可证。经审核符合发证条件的，由国务院商务主管部门颁发"中华人民共和国技术进口许可证"，企业持证向海关办理进口通关手续。

目前，列入《中国禁止进口限制进口技术目录》中属限制进口的技术包括生物技术、化工技术、石油炼制技术、石油化工技术、生物化工技术和造币技术等。

经营限制进口技术的经营者在向海关办理申报进口手续时，必须主动递交技术进口许可证，否则将承担由此而造成的一切法律责任。

（二）限制出口管理

国家实行限制出口管理的货物、技术，必须依照国家有关规定，经国务院商务主管部门或者经国务院商务主管部门会同国务院有关部门许可，方可出口。

1. 限制出口货物管理

对于限制出口货物管理，《中华人民共和国货物进出口管理条例》规定，国家规定有数量限制的出口货物，实行配额管理；其他限制出口货物，实行许可证件管理；实行配额管理的限制出口货物，由国务院商务主管部门和国务院有关经济管理部门按照国务院规定的职责划分进行管理。

（1）出口配额管理

出口配额管理是指在一定时期内为建立公平竞争机制、增强我国商品在国际市场的竞争力、保障最大限度地收汇及保护我国产品的国际市场利益，国家对部分商品的出口数量直接加以限制的措施。我国出口配额管理有两种形式，即出口配额许可证管理和出口配额招标管理。

①出口配额许可证管理

出口配额许可证管理是国家对部分商品的出口，在一定时期内（一般是1年）规定数量总额，经国家批准获得配额的允许出口，否则不准出口的配额管理措施。出口配额许可证管理是国家通过行政管理手段对一些重要商品以规定绝对数量的方式来实现限制出口的目的。

出口配额许可证管理是通过直接分配的方式，由国务院商务主管部门或者国务院有关部门在各自的职责范围内根据申请者需求并结合其进出口实绩、能力等条件，按照效益、公正、公开和公平竞争的原则进行分配。国家各配额主管部门对经申请有资格获得配额的申请者发放各类配额证明。

申请者取得配额证明后，凭配额证明到国务院商务主管部门及其授权发证机关申领出口许可证。

②出口配额招标管理

出口配额招标管理是国家对部分商品的出口，在一定时期内（一般是1年）规定数量总额，采取招标分配的原则，经招标获得配额的允许出口，否则不准出口的配额管理措施。出口配额招标管理是国家通过行政管理手段对一些重要商品以规定绝对数量的方式来实现限制出口的目的。

国家各配额主管部门对中标者发放各类配额证明。中标者取得配额证明后，凭配额证明到国务院商务主管部门或其授权发证机关申领出口许可证。

（2）出口许可证件管理

出口许可证件管理是指在一定时期内根据国内政治、军事、技术、卫生、环保、资源保护等领域的需要，以及为履行我国所加入或缔结的有关国际条约的规定，以经国家各主管部门签发许可证件的方式来实现的各类限制出口措施。目前，出口许可证件管理主要包括出口许可证、濒危物种出口、两用物项出口、黄金及其制品出口等许可管理。

2. 限制出口技术管理

根据《对外贸易法》《技术进出口管理条例》《中华人民共和国生物两用品及相关设备和技术出口管制条例》《中华人民共和国核两用品及相关技术出口管制条例》《中华人民共和国导弹及相关物项和技术出口管制条例》《中华人民共和国核出口管制条例》《禁止出口限制出口技术管理办法》等有关规定，限制出口技术实行目录管理，国务院商务主管部门会同国务院有关部门遵照下列原则制定、调整并公布限制出口的技术目录。属于目录范围内的限制出口的技术，实行许可证管理，未经国家许可，不得出口。

中国限制出口技术参考原则：

（1）为维护国家安全、社会公共利益或者公共道德，需要限制出口的；

（2）为保护人的健康或者安全，保护动物、植物的生命或者健康，保护环境，需要限制出口的；

（3）依据法律、行政法规的规定，其他需要限制出口的；

（4）根据我国缔结或者参加的国际条约、协定的规定，其他需要限制出口的。

目前，我国限制出口的技术目录主要有《两用物项和技术进出口许可证管理目录》和《中国禁止出口限制出口技术目录》等，涉及农、林、牧、渔、农副食品加工制造、饮料制造、纺织、造纸、化学原料制造、医药制造、橡胶制品业、金属冶炼及压延、非金属矿物制品业、金属制品业、通用及专用设备制造、电气机械及器材制造等几十个行业领域的上百项技术。出口属于上述限制出口的技术，应当向国务院商务主管部门提出技术出口申请，经国务院商务主管部门审核批准后取得技术出口许可证件，企业持证向海关办理出口通关手续。

经营限制出口技术的经营者在向海关办理申报出口手续时必须主动递交相关技术出口许可证件，否则将承担由此而造成的一切法律责任。

三、自由进出口管理

除上述国家禁止、限制进出口货物、技术外的其他货物、技术，均属于自由进出口范围。自由进出口货物、技术的进出口不受限制，但基于监测进出口情况的需要，国家对部分属于自由进口的货物实行自动进口许可管理，对自由进出口的技术实行技术进出口合同登记管理。

（一）货物自动进口许可管理

自动进口许可管理是在任何情况下对进口申请一律予以批准的进口许可制度。这种进口许可实际上是一种在自由进口货物进口前对其进行自动登记的许可制度，通常用于国家对这类货物的统计和监督，是我国进出口许可管理制度中的重要组成部分，也是目前各国普遍使用的一种进口管理制度。

目前，我国自动进口许可管理只有自动进口许可证管理。进口属于自动进口许可管理的货物，进口经营者应当在办理海关报关手续前，向国务院相关主管部门提交自动进口许可申请，凭相关部门发放的自动进口许可的批准证件，向海关办理报关手续。

（二）技术进出口合同登记管理

进出口属于自由进出口的技术，应当向国务院商务主管部门或者其委托的机构办理合同备案登记。国务院商务主管部门应当自收到规定的文件之日起 3 个工作日内，对技术进出口合同进行登记，颁发技术进出口合同登记证，申请人凭技术进出口合同登记证，办理外汇、银行、税务、海关等相关手续。

第三节　进出境货物检验检疫制度

进出境货物检验检疫制度是指海关依据我国有关法律和行政法规，以及我国政府所缔结或者参加的国际条约、协定，对进出境的货物、物品及其包装物，交通运输工具，运输设备实施检验检疫监督管理的法律依据和行政手段的总和。其国家主管机构是海关总署。

进出境货物检验检疫制度是我国贸易管制制度的重要组成部分，属于非关税措施之一。随着我国与世界经济的不断融合，以及世界贸易组织（WTO）等的各类贸易协定的限制，许可证件管理等非关税措施将逐渐趋于弱化，而被世界各国普遍运用的进出境货物检验检疫制度在众多国际公认标准的依托下将成为我国未来重要的非关税措施。其目的是为了维护国家声誉和对外贸易有关当事人的合法权益，保证国内生产的正常开展，促进对外贸易的健康发展，保护我国的公共安全和人民生命财产安全等。这是国家主权的具体体现。

一、进出境货物检验检疫制度的范围

我国进出境货物检验检疫制度实行目录管理，即海关总署根据对外贸易需要，公布并调整《必须实施检验的进出口商品目录》（以下简称《法检目录》）。《法检目录》所列名的商品称为法定检验商品，即国家规定实施强制性检验的进出境商品。

实行进境检验检疫管理的货物主要包括：列入《法检目录》的进境货物；进口旧机电产品；进口捐赠的医疗器械；其他未列入《法检目录》，但国家有关法律、行政法规规定实施检验检疫的入境货物及特殊物品等。实行出境检验检疫管理的货物主要包括：列入《法检目录》的出境货物；对外经济技术援助物资及人道主义紧急救灾援助物资；其他未列入《法检目录》，但国家有关法律、行政法规规定实施检验检疫的出境货物及特殊物品等。

对关系国计民生、价值较高、技术复杂或涉及环境及卫生、疫情标准的重要进出口商品，收货人应当在对外贸易合同中约定，在出口国（地区）装运前进行预检验、监造或监装，以及保留到货后最终检验和索赔的条款。

二、进出境货物检验检疫制度的组成

我国进出境货物检验检疫制度内容包括国境卫生检疫制度、进出境动植物检疫制度、进出境食品安全检验制度，以及进出口商品检验制度。

（一）国境卫生检疫制度

国境卫生检疫制度是指海关根据《国境卫生检疫法》及其实施细则，以及其他相关卫生法律、法规和卫生标准，在出入境口岸对出入境的交通工具、货物、运输容器，以及口岸辖区的公共场所、环境、生活设施、生产设备所进行的卫生检查、鉴定、评价和采样检验的制度。

我国实行国境卫生检疫制度是为了防止传染病由境外传入或者由国内传出，实施国境卫生检疫，保护人体健康。其监督职能主要包括进出境检疫、国境传染病检测、进出境卫生监督等。

（二）进出境动植物检疫制度

进出境动植物检疫制度是根据《进出境动植物检疫法》及其实施条例的规定，海关对进出境动植物、动植物产品的生产、加工、存放过程实行动植物检疫的进出境监督管理制度。

我国实行进出境动植物检疫制度是为了防止动物传染病，寄生虫病，植物危险性病、虫、杂草，以及其他有害生物传入、传出国境，保护农、林、牧、渔业生产和人体健康，促进对外经济贸易的发展。

实施动植物检疫监督管理的方式有实行注册登记、疫情调查、检测和防疫指导等。其内容主要包括进境检疫、出境检疫、过境检疫、进出境携带和邮寄物检疫，以及出入境运输工具检疫等。

（三）进出境食品安全检验制度

进出境食品安全检验制度是指海关根据《食品安全法》及其实施条例、《进出口商品检验法》，以及其他的卫生法律、法规和国家标准，对进口的食品、食品添加剂及与食品相关产品是否符合我国食品安全国家标准实施的检验，对出口的食品、食品添加剂及与食品相关产品是否符合进口国（地区）的标准或者合同要求实施监督抽检的口岸监督管理制度。

我国实行进出境食品安全检验制度旨在保证食品安全，保障公众身体健康和生命安全。其监督职能主要包括对进口食品安全检验、对境外食品安全情事监控预警、对出口食品安全抽验，以及评估和审查向我国出口食品的国家（地区）出口食品安全管理体系和食品安全状况等。

（四）进出口商品检验制度

进出口商品检验制度是根据《进出口商品检验法》及其实施条例的规定，海关对进出口商品所进行的品质、质量检验和监督管理的制度。

我国实行进出口商品检验制度是为了保证进出口商品的质量，维护对外贸易有关各方的合法权益，促进对外经济贸易关系的顺利发展。商品检验机构实施进出口商品检验的内容包括商品的质量、规格、数（重）量、包装，以及是否符合安全、卫生的要求。我国商品检验的种类分为4种，即法定检验、合同检验、公证鉴定和委托检验。对法律、行政法规、部门规章规定有强制性标准或者其他必须执行的检验标准的进出口商品，依照法律、行政法规、部门规章规定的检验标准检验；对法律、行政法规、部门规章未规定有强制性标准或者其他必须执行的检验标准的，依照对外贸易合同约定的检验标准检验。

第四节　其他贸易管制制度

一、对外贸易经营者管理制度

对外贸易经营者，是指依法办理工商登记或者其他执业手续，依照《对外贸易法》和其他有关法律、行政法规、部门规章的规定从事对外贸易经营活动的法人、其他组织或者个人。

为了鼓励对外经济贸易的发展，发挥各方面的积极性，保障对外贸易经营者的对外经营自主权，国家制定了一系列法律、行政法规、部门规章，对对外贸易经营活动中涉及的相应内容进行规范，对外贸易经营者在进出口经营活动中必须遵守相应的法律、行政法规、部门规章。这些法律、行政法规、部门规章构成了我国的对外贸易经营者管理制度。对外贸易经营者管理制度是我国对外贸易管理制度之一。

作为对外贸易经营者的一个重要标志就是已取得对外贸易经营权，我国在加入世界贸易组织（WTO）时承诺 3 年内放开外贸经营权，即在加入世界贸易组织（WTO）的 3 年后，从 2004 年 12 月 11 日起放开外贸经营权。也就是说，我国对外贸易法应参照国际惯例，规定除在特定的贸易领域内从事国有贸易的专营权或特许权外，所有在我国依法注册登记的企业在向国务院商务主管部门备案登记后都可以享有外贸经营权。因此，为履行国际承诺，促进对外贸易发展，我国对对外贸易经营者的管理由先前的核准制转为实行备案登记制，也就是法人、其他组织或者个人在从事对外贸易经营活动前，必须按照国家的有关规定，依法定程序在国务院商务主管部门备案登记，取得对外贸易经营资格后，方可在国家允许的范围内从事对外贸易经营活动。

2022 年 12 月 30 日，第十三届全国人民代表大会常委会第三十八次会议经表决，通过了关于修改《对外贸易法》的决定，删去《对外贸易法》第九条关于对外贸易经营者备案登记的规定。根据决定，自 2022 年 12 月 30 日起，各地商务主管部门停止办理对外贸易经营者备案登记。对于申请进出口环节许可证、技术进出口合同登记证书、配额、国营贸易资格等相关证件和资格的市场主体，有关部门不再要求其提供对外贸易经营者备案登记材料。这是外贸经营管理领域重大改革举措，是我国政府坚定推进贸易自由化便利化的重要制度创新，将有利于进一步优化营商环境，释放外贸增长潜力，推进贸易高质量发展和高水平对外开放。

自此我国全面放开对外贸易经营权，也就是说我国对外贸易经营者从事对外贸易活动由以往的企业对外贸易经营权资质和对外经营商品范围资质的双重管理转为只对外经营部分商品范围资质进行管理，进一步与国际接轨。

为对关系国计民生的重要进出口商品实行有效的宏观管理，国家可以对部分货物的进出口实行国有贸易管理。实行国有贸易管理的货物的进出口业务只能由经授权的企业经营，但国家允许部分数量的国有贸易管理的货物的进出口业务由非授权企业经营的除外（如原油）。实行国有贸易管理的货物和经授权经营企业的目录，由国务院商务主管部门会同国务院其他有关部门确定、调整并公布。未经批准擅自进出口实行国有贸易管理的货物，海关不予放行。

目前，我国实行国有贸易管理的商品主要包括玉米、大米、煤炭、原油、成品油、棉花、锑及锑制品、钨及钨制品、白银等。

二、货物贸易外汇管理制度

对外贸易经营者在对外贸易经营活动中，应当依照国家有关规定结汇、用汇。国家外汇管理局依据国务院《中华人民共和国外汇管理条例》及其他有关规定，对包括经常项目外汇业务、资本项目外汇业务、金融机构外汇业务、人民币汇率的生成机制和外汇市场等领域实施监督管理。

（一）我国货物贸易外汇管理制度概述

为完善货物贸易外汇管理，大力推进贸易便利化，进一步改进货物贸易外汇服务和管理，我国自 2012 年 8 月 1 日起在全国实施货物贸易外汇管理制度改革，国家外汇管理局对企业的贸易外汇管理方式由现场逐笔核销改变为非现场总量核查，也就是国家外汇管理局通过货物贸易外汇监测系统，全面采集企业货物进出口和贸易外汇收支逐笔数据，定期比对、评估企业货物流与资金流总体匹配情况，一方面便利合规企业贸易外汇收支，另一方面对存在异常的企业进行重点监测，必要时实施现场核查。

国家对贸易项下国际支付不予限制，出口收入可按规定调回境内或存放境外。从事对外贸易机构（以下简称"企业"）的贸易外汇收支应当具有真实、合法的交易背景，与货物进出口应当一致。企业应当根据贸易方式、结算方式及资金来源或流向，凭海关进出口报关单外汇核销专用联等相关单证在金融机构办理贸易外汇收支。海关进出口报关单外汇核销专用联可在进出口货物海关放行后向海关申请取得。金融机构应当对企业提交的交易单证的真实性及其与贸易外汇收支的一致性进行合理审查。国家外汇管理局及其分支机构，依法对企业及经营结汇、售汇业务的金融机构进行监督检查。由此可见，我国货物贸易外汇管理制度的运行主要靠 3 个方面来完成，即企业自律、金融机构专业审查及国家外汇管理局的监管。

1. 企业的贸易外汇收支活动应当自觉遵守国家法律法规，按照"谁出口谁收汇，谁进口谁付汇"原则办理贸易外汇收支业务。企业应当根据真实贸易方式、结算方式和资金来源或流向在金融机构办理贸易外汇收支，并按相关规定向金融机构如实申报贸易外汇收支信息。代理进口、出口业务，应当由代理方付汇、收汇。代理进口业务项下，委托方可凭委托代理协议将外汇划转给代理方，也可由代理方购汇。代理出口业务项下，代理方收汇后可凭委托代理协议将外汇划转给委托方，也可结汇将人民币划转给委托方。对超过规定期限的预收货款、预付货款、延期收款及延期付款等影响贸易外汇收支与货物进出口匹配信息的，企业应当在规定期限内向国家外汇管理局报告。

2. 金融机构应当对企业提交的交易单证的真实性及其与贸易外汇收支的一致性在专业层面进行合理审查，并负责向国家外汇管理局报送相关贸易外汇收支信息。

3. 国家外汇管理局建立进出口货物流与收付汇资金流匹配的核查机制，依法对企业贸易外汇收支进行非现场总量核查和监测。在此基础上，对存在异常或可疑情况的企业进行现场核查。对金融机构办理贸易外汇收支业务的合规性与报送相关信息的及时性、完整性、准确性实施非现场和现场核查，通过核查结果实施差别化管理。当国际收支出现或者可能出现严重失衡时，国家可以对贸易外汇收支采取必要的保障、控制等措施。

（二）国家外汇管理局对货物外汇的主要监管方式

1. 企业名录登记管理

企业依法取得对外贸易经营权后，应当持有关材料到国家外汇管理局办理名录登记手续才能在金融机构办理贸易外汇收支业务。国家外汇管理局将登记备案的企业统一向金融机构发布名录，金融机构不得为不在名录内的企业办理贸易外汇收支业务。国家外汇管理局可根据企业的贸易外汇收支业务状况及其合规情况注销企业名录。

2. 非现场核查

国家外汇管理局对企业在一定期限内的进出口数据和贸易外汇收支数据进行总量比

对，核查企业贸易外汇收支的真实性及其与货物进出口的一致性。非现场核查是国家外汇管理局的常规监管方式。

3. 现场核查

国家外汇管理局可对企业非现场核查中发现的异常或可疑的贸易外汇收支业务实施现场核查，也可对金融机构办理贸易外汇收支业务的合规性与报送信息的及时性、完整性和准确性实施现场核查。国家外汇管理局实施现场核查时，被核查单位应当配合国家外汇管理局进行现场核查，如实说明情况，并提供有关文件、资料，不得拒绝、阻碍和隐瞒。

4. 分类管理

国家外汇管理局根据企业贸易外汇收支的合规性及其与货物进出口的一致性，将企业分为 A、B、C 3 类。A 类企业进口付汇单证简化，可凭进口报关单、合同或发票等任何一种能够证明交易真实性的单证在银行直接办理付汇，出口收汇无须联网核查，银行办理收付汇审核手续相应简化。对 B、C 类企业在贸易外汇收支单证审核、业务类型、结算方式等方面实施严格监管，B 类企业贸易外汇收支由银行实施电子数据核查，C 类企业贸易外汇收支须经国家外汇管理局逐笔登记后办理。国家外汇管理局根据企业在分类监管期内遵守外汇管理规定的情况，对企业类别进行动态调整。

三、对外贸易救济措施

我国于 2001 年年底正式成为世界贸易组织（WTO）成员，世界贸易组织（WTO）允许成员方在进口产品倾销、补贴和过激增长等给其国内产业造成损害的情况下，使用反倾销、反补贴和保障措施手段来保护国内产业不受损害。

反补贴、反倾销和保障措施都属于贸易救济措施。反补贴和反倾销措施针对的是价格歧视这种不公平贸易行为，保障措施针对的则是进口产品激增的情况。

为充分利用世界贸易组织（WTO）规则，维护国内市场上的国内外商品的自由贸易和公平竞争秩序，我国依据世界贸易组织（WTO）《反倾销协议》《补贴与反补贴措施协议》《保障措施协议》及我国《对外贸易法》的有关规定，制定颁布了《反倾销条例》《反补贴条例》《保障措施条例》。

（一）反倾销措施

反倾销措施包括临时反倾销措施和最终反倾销措施。

1. 临时反倾销措施

临时反倾销措施是指进口方主管机构经过调查，初步认定被指控产品存在倾销，并对国内同类产业造成损害，据此可以依据世界贸易组织（WTO）所规定的程序进行调查，在全部调查结束之前，采取临时性的反倾销措施，以防止在调查期间国内产业继续受到损害。

临时反倾销措施有 2 种形式：一是征收临时反倾销税；二是要求提供保证金、保函或者其他形式的担保。

征收临时反倾销税，由商务部提出建议，国务院关税税则委员会根据其建议作出决定，商务部予以公告；要求提供保证金、保函或者其他形式的担保，由商务部作出决定并予以公告。海关自公告规定实施之日起执行。

临时反倾销措施实施的期限，自临时反倾销措施决定公告规定实施之日起，不超过 4

个月；在特殊情形下，可以延长至 9 个月。

2. 最终反倾销措施

对终裁决定确定倾销成立并由此对国内产业造成损害的，可以征收反倾销税。征收反倾销税应当符合公共利益。

征收反倾销税，由商务部提出建议，国务院关税税则委员会根据其建议作出决定，商务部予以公告。海关自公告规定实施之日起执行。

（二）反补贴措施

反补贴与反倾销的措施相同，也分为临时反补贴措施和最终反补贴措施。

1. 临时反补贴措施

初裁决定确定补贴成立并由此对国内产业造成损害的，可以采取临时反补贴措施。临时反补贴措施采取以保证金或者保函作为担保的征收临时反补贴税的形式。

采取临时反补贴措施，由商务部提出建议，国务院关税税则委员会根据其建议作出决定，商务部予以公告。海关自公告规定实施之日起执行。

临时反补贴措施实施的期限，自临时反补贴措施决定公告规定实施之日起，不超过 4 个月。

2. 最终反补贴措施

在反补贴调查期间，应当给予产品被调查的国家（地区）政府继续进行磋商的合理机会。磋商不妨碍调查机关进行反补贴调查，并采取反补贴措施。

在磋商的努力没有取得效果的情况下，终裁决定确定补贴成立并由此对国内产业造成损害的，可以征收反补贴税。征收反补贴税应当符合公共利益。

征收反补贴税，由商务部提出建议，国务院关税税则委员会根据其建议作出决定，商务部予以公告。海关自公告规定实施之日起执行。

（三）保障措施

保障措施分为临时保障措施、最终保障措施，以及特别保障措施。

1. 临时保障措施

临时保障措施是指在有明确证据表明进口产品数量增加，将对国内产业造成难以补救的损害的紧急情况下，进口国（地区）与成员方之间可不经磋商而作出初裁决定，并采取临时性保障措施。临时保障措施的实施期限，自临时保障措施决定公告规定实施之日起，不得超过 200 天，并且此期限计入保障措施总期限。

临时保障措施采取提高关税的形式，如果事后调查不能证实进口激增对国内有关产业已经造成损害的，已征收的临时关税应当予以退还。

2. 最终保障措施

最终保障措施可以采取提高关税、数量限制等形式。但保障措施应当限于防止、补救严重损害并便利调整国内产业所必要的范围内。

保障措施的实施期限一般不超过 4 年，在此基础上如果继续采取保障措施则必须同时满足 4 个条件，即：对于防止或者补救严重损害仍有必要；有证据表明相关国内产业正在进行调整；已经履行有关对外通知、磋商的义务；延长后的措施不严于延长前的措施。保障措施全部实施期限（包括临时保障措施期限）不得超过 10 年。

3. 特别保障措施

特别保障措施是世界贸易组织（WTO）成员利用特定产品过渡性保障机制，针对来自特定成员的进口产品采取的措施，即在世界贸易组织（WTO）体制下，在特定的过渡期内，进口国（地区）政府为防止来源于特定成员的进口产品对本国（地区）相关产业造成损害而实施的限制性保障措施。

四、不可靠实体清单制度

为了维护国家主权、安全、发展利益，维护公平、自由的国际经贸秩序，保护我国企业、其他组织或者个人的合法权益，根据《对外贸易法》《中华人民共和国国家安全法》等有关法律，国家建立不可靠实体清单制度，即对列入不可靠实体清单的相关外国实体（包括外国企业、其他组织或者个人）的国际经贸及相关活动采取相应禁止或限制措施。

（一）列入不可靠实体清单范围

1. 危害中国国家主权、安全、发展利益的外国实体。

2. 违反正常的市场交易原则，中断与中国企业、其他组织或者个人的正常交易，或者对中国企业、其他组织或者个人采取歧视性措施，严重损害中国企业、其他组织或者个人合法权益的外国实体。

（二）不可靠实体清单制度实施原则

坚持独立自主的对外政策，坚持互相尊重主权、互不干涉内政和平等互利等国际关系基本准则，反对单边主义和保护主义，坚决维护国家核心利益，维护多边贸易体制，推动建设开放型世界经济。

（三）不可靠实体清单制度工作机制

1. 国家建立中央国家机关有关部门参加的工作机制（以下简称"工作机制"），负责不可靠实体清单制度的组织实施。工作机制办公室设在国务院商务主管部门。

2. 工作机制依职权或者根据有关方面的建议、举报，决定是否对有关外国实体的行为进行调查；决定进行调查的，予以公告。

3. 工作机制对有关外国实体的行为进行调查，可以采取询问有关当事人，查阅或者复制相关文件、资料，以及其他必要的方式。调查期间，有关外国实体可以陈述、申辩。

4. 工作机制可以根据实际情况决定中止或者终止调查；中止调查决定所依据的事实发生重大变化的，可以恢复调查。

5. 工作机制根据调查结果，综合考虑以下因素，作出是否将有关外国实体列入不可靠实体清单的决定，并予以公告：

（1）对中国国家主权、安全、发展利益的危害程度；

（2）对中国企业、其他组织或者个人合法权益的损害程度；

（3）是否符合国际通行经贸规则；

（4）其他应当考虑的因素。

6. 有关外国实体的行为事实清楚的，工作机制可以直接作出是否将其列入不可靠实体清单的决定；决定列入的，予以公告。

7. 将有关外国实体列入不可靠实体清单的公告中可以提示与该外国实体进行交易的风险，并可以根据实际情况，明确该外国实体改正其行为的期限。

8. 有关外国实体被限制或者禁止从事与中国有关的进出口活动，中国企业、其他组织或者个人在特殊情况下确需与该外国实体进行交易的，应当向工作机制办公室提出申请，经同意可以与该外国实体进行相应的交易。

9. 工作机制根据实际情况，可以决定将有关外国实体移出不可靠实体清单；有关外国实体在公告明确的改正期限内改正其行为并采取措施消除行为后果的，工作机制应当作出决定，将其移出不可靠实体清单；有关外国实体也可以申请将其移出不可靠实体清单，工作机制根据实际情况决定是否将其移出。

（四）处理措施

1. 限制或者禁止其从事与中国有关的进出口活动。

2. 限制或者禁止其在中国境内投资。

3. 限制或者禁止其相关人员、交通运输工具等入境。

4. 限制或者取消其相关人员在中国境内工作许可、停留或者居留资格。

5. 根据情节轻重给予相应数额的罚款。

6. 其他必要的措施。

对于将有关外国实体列入不可靠实体清单的公告中明确有关外国实体改正期限的，在期限内不对其采取处理措施；有关外国实体逾期不改正其行为的，对其采取处理措施。

五、口岸核生化监测制度

核生化监测的对象包括放射性物质、生物有害因子、化学有害因子。

放射性物质是指核材料、放射性废物。核材料，是指钚（但钚-238同位素含量超过80%者除外）；铀-233；富集了同位素235或233的铀；非矿石或矿渣形式的铀，其中同位素的比例与自然界存在的天然铀同位素混合的比例相同；或任何含有一种或多种上述物质的材料。放射性废物，是指含有放射性核素或者被放射性核素污染，其浓度或者比活度大于国家确定的清洁解控水平，预期不再使用的废弃物。

生物有害因子是指生物战剂，包括细菌类（如炭疽杆菌、鼠疫杆菌、霍乱弧菌、布鲁氏杆菌、土拉菌、鼻疽假单胞菌、伤寒杆菌、痢疾杆菌、大肠杆菌O157、结核杆菌）、病毒类（如天花、埃博拉、马尔堡、裂谷热、拉沙热、口蹄疫、禽流感）、真菌类（如组织孢浆菌、肺球霉菌、烟曲霉菌）、立克次体类（如流行斑疹伤寒立克次体）、衣原体类（如鸟疫衣原体）、毒素类（如肉毒毒素、相思子毒素、产气荚膜杆菌ε毒素、蓖麻毒素、金黄色葡萄球菌肠毒素）等各种生物病原体和毒素。

化学有害因子是指化学毒剂，包括神经性毒剂（如沙林、梭曼、塔崩、VX等）、糜烂性毒剂（如芥子气、路易氏剂等）、全身中毒性毒剂（如氢氰酸、氯化氰等）、窒息性毒剂（如光气、双光气等）、失能性毒剂（如毕兹等）。

《国际卫生条例（2005）》WHA55.16号决议规定核生化引起的健康危害属于公共卫生问题，并要求各成员加强监测能力、信息共享和技术合作。《中华人民共和国反恐怖主义法》规定："海关、出入境边防检查机关发现恐怖活动嫌疑人员或者涉嫌恐怖活动物品的，应当依法扣留，并立即移送公安机关或者国家安全机关。"《中华人民共和国放射性污染防治法》规定："向中华人民共和国境内输入放射性废物和被放射性污染的物品，或者经中华人民共和国境内转移放射性废物和被放射性污染的物品的，由海关责令退运该放射性废物和被放射性污染的物品，并处五十万元以上一百万元以下罚款；构成犯罪的，依法追究刑事责任。"《放射性同位素与射线装置安全和防护条例》规定："海关验凭放射性同位素进口许可证办理有关进口手续。"《放射性物品运输安全管理条例》规定："在邮寄进境物品中发现放射性物品的，由海关依照有关法律、行政法规的规定处理。"

为落实总体国家安全观，履行国家赋予海关的法定职责，防范放射性物质、生物有害因子、化学有害因子非法出入境，维护国际贸易供应链安全，及时防范、发现和控制口岸核辐射、生物、化学涉恐事件，保障国门安全，保护人民健康，海关对出入境人员、运输工具、货物、行李物品、邮递物品、快件和其他物品开展可能携带放射性物质、生物有害因子、化学有害因子的监测、检测、排查、初步处置等工作。海关核辐射监测工作整体流程包括口岸监测、复查确认、后续处置、信息报告与追踪等。

对确认的放射性超标物质，符合《放射性物品安全运输规程》且能提供合法运输及进出口证明文件的核材料、放射源，经严密铅防护（中子放射源用水或石蜡封存）可予以登记放行。对未能提供合法运输及进出口证明文件的放射性超标物质，或申报内容与海关检测结果不一致的，或查获放射性废物和被放射性污染的，应立即终止通关，并采取相应处置措施。对于现场排查、结果判定能排除生物、化学涉恐事件的，或能提供有关部门准许进口证明等合法手续，包装完整、用途明确的生物、化学制剂，转入海关一般作业流程。经结果判定对不能排除核生化涉恐事件的，海关按照规定开展初步处置，并立即报公安（反恐）部门开展进一步排查处置。

第五节　我国贸易管制主要管理措施

对外贸易管制作为一项综合制度，所涉及的管理规定繁多。了解我国贸易管制各项措施所涉及的具体规定，是对外贸易从业人员应当具备的专业知识。

一、限制进出口管理措施

国家实行限制进出口管理的货物、技术，必须依照国家有关规定，经国务院相关主管部门许可方可进口。目前，我国限制进出口货物管理按照其限制方式划分为许可证件管理和配额管理。

海关总署积极推进与许可证件主管部门的电子数据联网工作，目前限制进出口类许可证件已实现全国或部分口岸联网核销的有进出口许可证、两用物项和技术进出口许可证、有毒化学品进出口环境管理放行通知单、农药进出口登记管理放行通知单、民用爆炸物品进口审批单、进口药品通关单、药品进出口准许证、精神药物进出口准许证、麻醉药品进出口准许证、进口广播电影电视节目带（片）提取单、赴境外加工光盘进口备案证明、音像制品（成品）进口批准单、古生物化石出境批件、野生动植物进出口证书、进口兽药通关、人民币调运证明、黄金及黄金制品进出口准许证等电子数据，实现了进出口许可证、两用物项进出口许可证从申领、发证、验证到核查、核销的无纸化，为实现通关无纸化作业创造了基础条件。联网许可证件电子数据实现系统自动比对自动核扣，大大提高了海关贸易管制政策执行的有效性和准确性。

对于已实现电子联网的许可证件报关企业，按照海关通关作业无纸化改革的规定，可采用无纸方式向海关申报。因海关和发证管理部门审核需要，或计算机管理系统、网络通信故障等原因，可以转为有纸报关作业或补充提交纸质证件的形式向海关申报。报关企业可登录中国国际贸易单一窗口查询证件电子数据传输状态。

（一）进出口许可证管理

进出口许可证管理是指由商务部或者由商务部会同国务院其他有关部门，依法制定并调整进出口许可证管理目录，以签发进出口许可证的方式对进出口许可证管理目录中的商品实行的行政许可管理。商务部是全国进出口许可证的归口管理部门，负责制定进出口许可证管理办法及规章制度，监督、检查进出口许可证管理办法的执行情况，处罚违规行为。商务部会同海关总署制定、调整和发布年度进口许可证管理货物目录及出口许可证管理货物目录。

商务部统一管理、指导全国各发证机构的进出口许可证签发工作，商务部配额许可证事务局（以下简称"许可证局"）、商务部驻各地特派员办事处（以下简称"特派办"）和商务部授权的地方主管部门发证机构〔以下简称"地方发证机构"，包括各省、自治区、直辖市、计划单列市，以及商务部授权的其他省会城市商务厅（局）、外经贸委（厅、局）〕为进出口许可证的发证机构，负责在授权范围内签发"中华人民共和国进口许可证"（以下简称"进口许可证"）或"中华人民共和国出口许可证"（以下简称"出口许可证"）。

"进口许可证"和"出口许可证"是我国进出口许可证管理制度中具有法律效力，用来证明对外贸易经营者经营列入国家进出口许可证管理目录的商品合法进出口的证明文件，是海关验放该类货物的重要依据。

1. 管理范围

进出口许可证管理属于国家限制进出口管理范畴，按照证件类别划分为"进口许可证"管理和"出口许可证"管理。

（1）"进口许可证"管理

"进口许可证"管理按管理方式可分为许可证管理和配额管理。对国家规定有数量限制的进口货物，实行配额管理；其他限制进口货物，实行许可证管理。2024年我国对进口货物没有设置配额管理。2024年实施许可证管理的进口商品包括：

①重点旧机电产品属于我国限制进口许可证件管理商品，包括旧化工设备、旧金属冶炼设备、旧工程机械、旧起重运输设备、旧造纸设备、旧电力电气设备、旧食品加工及包装设备、旧农业机械、旧印刷机械、旧纺织机械、旧船舶类、旧硒鼓、旧X射线管十三大类。

②消耗臭氧层物质属于我国限制进口许可证件管理商品，包括甲基氯仿、三氯氟甲烷（CFC-11）、二氯二氟甲烷（CFC-12）等76个商品编号的商品。

（2）"出口许可证"管理

"出口许可证"管理按管理方式可分为配额许可证管理、配额招标管理和许可证管理。国家规定有数量限制出口货物，实行配额管理和配额招标管理；其他限制出口货物，实行许可证管理。2024年实施"出口许可证"管理的商品包括：

①配额许可证管理的商品有活牛（对港澳地区出口）、活猪（对港澳地区出口）、活鸡（对香港地区出口）、小麦、玉米、大米、小麦粉、玉米粉、大米粉、药料用人工种植麻黄草、煤炭、原油、成品油（不含润滑油、润滑脂、润滑油基础油）、锯材、棉花，凭配额证明文件申领出口许可证。

②配额招标管理的商品有甘草及甘草制品、蓯草及蓯草制品，凭配额招标中标证明文件申领出口许可证。

③出口许可证管理的商品：活牛（对港澳地区以外市场）、活猪（对港澳地区以外市场）、活鸡（对香港地区以外市场）、牛肉、猪肉、鸡肉、天然砂（含标准砂）、矾土、磷矿石、镁砂、滑石块（粉）、萤石（氟石）、稀土、锡及锡制品、钨及钨制品、钼及钼制品、锑及锑制品、焦炭、成品油（润滑油、润滑脂、润滑油基础油）、石蜡、部分金属及制品、硫酸二钠、碳化硅、消耗臭氧层物质、柠檬酸、白银、铂金（以加工贸易方式出口）、铟及铟制品、摩托车（含全地形车）及其发动机和车架、汽车（包括成套散件）及其底盘，须按规定申领出口许可证。

2. 申领规定

（1）"出口许可证"的申领

对外贸易经营者组织出口属配额许可证管理的商品前，须按规定申请取得配额［全球配额或国别（地区）配额］，凭配额文件申领"出口许可证"；以加工贸易方式出口的，凭配额文件、货物出口合同申领"出口许可证"。

对外贸易经营者组织出口属配额招标管理的商品前，须凭配额招标中标证明文件申领"出口许可证"；以加工贸易方式出口的，凭配额招标中标文件、海关加工贸易进口报关单申领"出口许可证"。

对外贸易经营者组织出口属出口许可证管理的商品前，须凭相关出口商业材料申领"出口许可证"；以加工贸易方式出口的，凭有关批准文件、海关加工贸易进口报关单和货物出口合同申领出口许可证，其中，申领润滑油、润滑脂、润滑油基础油等成品油出口许可证，还须提交省级商务主管部门申请函；出口非原产于中国的汽车、摩托车产品的，凭进口海关单据和货物出口合同申领出口许可证。

对外贸易经营者可通过网上和书面两种形式向对应的发证机构申领"出口许可证"。申请时须提交加盖经营者公章的出口许可证申请表、主管机关签发的出口批准文件、出口合同正本复印件、商务部规定的其他应当提交的材料。网上申请的，领取出口许可证时提交上述材料；书面申请的，申请时提交。如果为年度内初次申请出口许可证的，还应提交"企业法人登记营业执照""中华人民共和国进出口企业资格证书"；经营者为外商投资企业的，还应当提交"外商投资企业批准证书"。发证机构自收到符合规定的申请之日起3个工作日内发放出口许可证。发证机构凭加盖经营者公章的申请表取证联和领证人员本人身份证明材料发放出口许可证。

自2020年1月1日起，在全国范围内对属于限制出口管理的货物实行出口许可证件申领和通关作业无纸化。出口单位可自行选择无纸作业或者有纸作业方式。选择无纸作业方式的，应向商务部或者受商务部委托的机构申请取得"出口许可证"电子证书，并以通关作业无纸化方式向海关办理货物出口通关验放手续，通关程序中可免于提交出口许可证纸质证书。选择有纸作业方式的，仍按现行规定提交纸质许可证办理通关手续。

（2）重点旧机电产品"进口许可证"的申领

在组织进口列入《重点旧机电产品进口目录》的旧机电产品前，经营者应事先向许可证局申领进口许可证，可通过网上和书面两种形式申领。采用网上申请时，经营者可自行选择有纸作业或者无纸作业方式申请进口许可证。进口许可证应由旧机电产品进口的最终用户提出申请，并且申请企业应具备从事重点旧机电产品用于翻新（含再制造）的资质。

申请时进口单位应当向许可证局提交申请进口的重点旧机电产品用途说明，机电产品进口申请表，营业执照复印件，申请进口的重点旧机电产品的制造年限证明材料，申请进口单位提供设备状况说明，其他相关法律、行政法规规定需要提供的文件。从事翻新业务进口重点旧机电产品的单位，国家规定有资质要求的，还须提供资质证明文件；旧船舶的申请进口单位，还需提供海事局出具的"旧船舶进口技术评定书"或渔业船舶检验局出具的"旧渔业船舶进口技术评定书"。申请进口单位申请材料齐全后，许可证局应正式受理，并向申请进口单位出具受理通知单。许可证局如认为申请材料不符合要求的，应在收到申请材料后的 5 个工作日内一次性告知申请进口单位，要求申请进口单位说明有关情况、补充相关文件或对相关填报内容进行调整。许可证局应在正式受理后 20 日内决定是否批准进口申请；如需征求相关部门或行业协会意见的，商务部应在正式受理后 35 日内决定是否批准进口申请。

进口单位申请进口上述货物的，选择无纸作业方式的进口单位，应按规定向商务部或者商务部委托的机构申领"进口许可证"电子证书，并以通关作业无纸化方式向海关办理报关验放手续。

（3）消耗臭氧层物质进出口许可证的申领

进出口单位应当在每年 10 月 31 日前向国家消耗臭氧层物质进出口管理机构申请下一年度进出口额，并提交法人营业执照、消耗臭氧层物质进出口单位年度环保备案表，以及下一年度消耗臭氧层物质进出口配额申请书和年度进出口计划表。对于初次申请进出口配额的进出口单位，还应当提交前 3 年的消耗臭氧层物质进出口业绩表。申请进出口属于危险化学品的消耗臭氧层物质的单位，还应当提交该危险化学品的国内生产使用企业持有的危险化学品环境管理登记证，以及安全生产监督管理部门核发的危险化学品生产、使用或者经营许可证。

国家消耗臭氧层物质进出口管理机构在每年 12 月 20 日前对进出口单位的进出口配额作出发放与否的决定，并予以公告。在年度进出口配额指标内，进出口单位需要进出口消耗臭氧层物质的，应当向国家消耗臭氧层物质进出口管理机构申请领取进出口受控消耗臭氧层物质审批单，并提交以下材料：消耗臭氧层物质进出口申请书；对外贸易合同或者订单等相关材料，非生产企业还应当提交合法生产企业的供货证明；国家消耗臭氧层物质进出口管理机构认为需要提供的其他材料。

国家消耗臭氧层物质进出口管理机构应当自受理进出口申请之日起 20 个工作日内完成审查，作出是否签发消耗臭氧层物质进出口审批单的决定，并对获准签发消耗臭氧层物质进出口审批单的进出口单位名单进行公示；未予批准的，应当书面通知申请单位并说明理由。

如获得批准，进出口单位应当持进出口审批单，向所在地省级商务主管部门所属的发证机构申请领取进出口许可证。在京中央企业向国务院商务主管部门授权的发证机构申请领取消耗臭氧层物质进出口许可证。进出口单位凭商务主管部门签发的消耗臭氧层物质进出口许可证向海关办理通关手续。

进出口单位在领取消耗臭氧层物质进出口许可证后，实际进出口的数量少于批准的数量的，应当在完成通关手续之日起 20 个工作日内向国家消耗臭氧层物质进出口管理机构报告实际进出口数量等信息。

进出口单位在领取消耗臭氧层物质进出口许可证后，实际未发生进出口的，应当在进出口许可证有效期届满之日起 20 个工作日内向国家消耗臭氧层物质进出口管理机构报告。

3. 报关规范

（1）进出口经营者应如实规范向海关申报，在固定栏目规范填报进出口许可证电子证书编号。

（2）进口许可证的有效期为 1 年，当年有效。特殊情况需要跨年度使用时，有效期最长不得超过次年 3 月 31 日，逾期自行失效。

（3）出口许可证的有效期最长不得超过 6 个月，且有效期截止时间不得超过当年 12 月 31 日。商务部可视具体情况，调整某些货物出口许可证的有效期。出口许可证应当在有效期内使用，逾期自行失效。

（4）进出口许可证一经签发，不得擅自更改。如需更改，经营者应当在许可证有效期内提出更改申请，并将许可证交回原发证机构，由原发证机构换发许可证。

（5）进出口许可证实行"一证一关"（指进出口许可证只能在一个海关报关使用，下同）管理。一般情况下，进出口许可证为"一批一证"（指进出口许可证在有效期内一次报关使用，下同）。如要实行"非一批一证"（指进出口许可证在有效期内可多次报关使用，下同），应当同时在进出口许可证备注栏内打印"非一批一证"字样，但最多不超过 12 次，由海关在许可证背面"海关验放签注栏"内逐批签注核减进出口数量。

（6）对实行"一批一证"进出口许可证管理的大宗、散装货物，以出口为例，其溢装数量在货物总量 3% 以内的原油、成品油予以免证，其他货物溢装数量在货物总量 5% 以内的予以免证；对实行"非一批一证"制的大宗、散装货物，在每批货物出口时，按其实际出口数量进行许可证证面数量核扣，在最后一批货物出口时，应按该许可证实际剩余数量溢装上限，即 5%（原油、成品油在溢装上限 3%）以内计算免证数额。

（二）两用物项和技术进出口许可证管理

为维护国家安全和社会公共利益，履行我国在缔结或者参加的国际条约、协定中所承担的义务，国家限制两用物项和技术进出口，对两用物项和技术实行进出口许可证管理。商务部是全国两用物项和技术进出口许可证的归口管理部门，负责制定两用物项和技术进出口许可证管理办法及规章制度，监督、检查两用物项和技术进出口许可证管理办法的执行情况，处罚违规行为。

1. 管理范围

两用物项和技术是指《中华人民共和国核出口管制条例》《中华人民共和国核两用品及相关技术出口管制条例》《中华人民共和国导弹及相关物项和技术出口管制条例》《中华人民共和国生物两用品及相关设备和技术出口管制条例》《中华人民共和国监控化学品管理条例》《易制毒化学品管理条例》《中华人民共和国放射性同位素与射线装置安全和防护条例》《有关化学品及相关设备和技术出口管制办法》所规定的相关物项及技术。

为便于对上述物项和技术的进出口实施管制，商务部和海关总署依据上述法规联合颁布了《两用物项和技术进出口许可证管理办法》，并发布了《两用物项和技术进出口许可证管理目录》，规定对列入该目录的物项及技术的进出口统一实行两用物项和技术进出口许可证管理。商务部指导全国各发证机构的两用物项和技术进出口许可证发证工作。商务部配额许可证事务局及受商务部委托的省级商务主管部门为两用物项和技术进出口许可证发证机构。两用物项和技术进出口前，进出口经营者应当向发证机关申领"中华人民共和国两用物项和技术进口许可证"（以下简称"两用物项和技术进口许可证"）或"中华人民共和国两用物项和技术出口许可证"（以下简称"两用物项和技术出口许可证"），凭以向海关办理进出口通关手续。

2024年《两用物项和技术进出口许可证管理目录》，分为《两用物项和技术进口许可证管理目录》和《两用物项和技术出口许可证管理目录》两个部分。其中，2024年目录中列名的实施两用物项和技术进口许可证管理的商品包括监控化学品管理条例名录所列物项（74种）、易制毒化学品（54种）、放射性同位素（10种）、商用密码进口许可清单（4种），共4类。2024年目录中列名的实施两用物项和技术出口许可证管理的商品包括核出口管制清单所列物项和技术（159种）、核两用品及相关技术出口管制清单所列物项和技术（196种）、生物两用品及相关设备和技术出口管制清单所列物项和技术（144种）、监控化学品管理条例名录所列物项（74种）、有关化学品及相关设备和技术出口管制清单所列物项和技术（38种）、导弹及相关物项和技术出口管制清单所列物项和技术（186种）、易制毒化学品（2类共71种）、部分两用物项和技术（13种）、特殊两用物项和技术（27种）、商用密码出口管制清单（11种）、临时管制无人机（1种），共12类。

如果出口经营者拟出口的物项和技术存在被用于大规模杀伤性武器及其运载工具风险的，无论该物项和技术是否列入管理目录，都应当办理两用物项和技术出口许可证。出口经营者在出口过程中，如发现拟出口的物项和技术存在被用于大规模杀伤性武器及其运载工具风险的，应及时向国务院相关行政主管部门报告，并积极配合采取措施中止合同的执行。

2. 办理程序

（1）进出口属于两用物项和技术进出口许可证管理的货物，进出口经营者在进出口前获得相关行政主管部门批准文件后，凭批准文件到所在地发证机构申领两用物项和技术进出口许可证（在京的中央管理企业向许可证局申领），其中：

①核、核两用品、生物两用品、有关化学品、导弹相关物项、易制毒化学品和计算机的批准文件为商务主管部门签发的两用物项和技术进口或者出口批复单。其中，核材料的出口凭国家国防科技工业局（原国防科学技术工业委员会）的批准文件办理相关手续，外商投资企业进出口易制毒化学品凭"商务部外商投资企业易制毒化学品进口批复单"或"商务部外商投资企业易制毒化学品出口批复单"申领两用物项和技术进口或出口许可证。

②监控化学品进出口的批准文件为国家履行禁止化学武器公约工作领导小组办公室签发的监控化学品进口或者出口核准单。监控化学品进出口经营者向许可证局申领两用物项和技术进口或出口许可证。

③进口放射性同位素须按《放射性同位素与射线装置安全和防护条例》和《两用物项和技术进口许可证管理办法》有关规定，报生态环境部审批后，在商务部配额许可证事务局申领两用物项和技术进口许可证。

④商用密码进出口时，应当通过省级商务主管部门向商务部提出申请，填写两用物项和技术进出口许可证申请表并提交：申请人的法定代表人、主要经营管理人以及经办人的身份证明；合同或者协议的副本；商用密码的技术说明；最终用户和最终用途证明；商务部规定提交的其他文件。商务部应当自收到上述申请文件之日起会同国家密码管理局等有关部门进行审查，并在法定期限内作出许可或者不予许可的决定。申请经审查予以许可的，由商务部颁发两用物项和技术进出口许可证。

（2）两用物项和技术进出口许可证实行网上申领。申领两用物项和技术进出口许可证时除上述批准文件外还应提交：进出口经营者公函（介绍信）原件、进出口经营者领证人员的有效身份证明以及网上报送的两用物项和技术进出口许可证申领表。如因异地申领等特殊情况，需要委托他人申领两用物项和技术进出口许可证的，被委托人应提供进出口经营者出具的委托公函（其中应注明委托理由和被委托人身份）原件和被委托人的有效身份证明。

（3）发证机构收到相关行政主管部门批准文件（含电子文本、数据）和相关材料并经核对无误后，应在 3 个工作日内签发两用物项和技术进口或者出口许可证。

3. 报关规范

（1）对以任何方式进口或出口，以及过境、转运、通运列入《两用物项和技术进出口许可证管理目录》的商品，两用物项和技术的进出口经营者应当主动向海关出具有效的两用物项和技术进出口许可证，进出口经营者未向海关出具两用物项和技术进出口许可证而产生的相关法律责任由其自行承担。

（2）海关有权对进出口经营者进出口的货物是否属于两用物项和技术提出质疑，进出口经营者应按规定向相关行政主管部门申请进口或者出口许可，或者向商务主管部门申请办理不属于管制范围的相关证明。省级商务主管部门受理其申请，提出处理意见后报商务部审定。对进出口经营者未能出具两用物项和技术进口或者出口许可证或者商务部相关证明的，海关不予办理有关手续。

（3）目录列名的物项和技术，不论该物项和技术是否在管理目录中列明海关商品编号，均应依法办理两用物项和技术进出口许可证。

（4）两用物项和技术进口许可证实行"非一批一证"制和"一证一关"制，两用物项和技术出口许可证实行"一批一证"制和"一证一关"制。进出口经营者应如实规范向海关申报，在固定栏目规范填报两用物项进出口许可证电子证书编号。

（5）两用物项和技术进出口许可证有效期一般不超过 1 年。跨年度使用时，在有效期内只能使用到次年 3 月 31 日，逾期发证机构将根据原许可证有效期换发许可证。

（6）两用物项和技术进出口许可证仅限于申领许可证的进出口经营者使用，不得买卖、转让、涂改、伪造或变造；两用物项和技术进出口许可证应在批准的有效期内使用，逾期自动失效，海关不予验放。

（7）两用物项和技术进出口许可证一经签发，任何单位和个人不得更改证面内容，如需对证面内容进行更改，进出口经营者应当在许可证有效期内向相关行政主管部门重新申请进出口许可，并凭原许可证和新的批准文件向发证机构申领两用物项和技术进出口许可证。

（8）两用物项和技术进口许可证证面的进口商、收货人应分别与海关进口货物报关单的经营单位、收货单位相一致；两用物项和技术出口许可证证面的出口商、发货人应分别与海关出口货物报关单的经营单位、发货单位相一致。

（9）两用物项和技术在中华人民共和国境内的海关特殊监管区域、保税监管场所与境外之间进出的，进出口单位应申领两用物项和技术进口或出口许可证；两用物项和技术在中华人民共和国境内的海关特殊监管区域、保税监管场所与境内其他区域之间进出的，或者在上述海关特殊监管区域、保税监管场所之间进出的，无须申领两用物项和技术进口或出口许可证。

（10）麻黄碱类易制毒化学品的出口限定在北京、天津、上海、深圳口岸报关并于同口岸实际离境。其他海关一律不予受理此类产品的出口报关业务。

（三）无人机相关物项出口管制

根据《中华人民共和国出口管制法》《对外贸易法》《海关法》有关规定，为维护国家安全和利益，经国务院、中央军委批准，我国对特定无人驾驶航空飞行器或无人驾驶飞艇相关物项实施出口管制（商务部公告 2023 年第 27 号）。自 2023 年 9 月 1 日起，对列入管制范围的无人机相关物项，未经商务部批准不得出口。

1. 管理范围

（1）最大持续功率超过 16 千瓦（kW）的专门用于特定无人驾驶航空飞行器或无人驾驶飞艇的航空发动机；

（2）满足一定技术指标的专门用于特定无人驾驶航空飞行器或无人驾驶飞艇的载荷，包括红外成像设备、合成孔径雷达和用于目标指示的激光器；

（3）专门用于特定无人驾驶航空飞行器或无人驾驶飞艇，且具有无线电视距传输距离大于 50 千米（km）、一站控多机能力大于 10 架任一特性的无线电通信设备；

（4）民用反无人机系统，包括干扰范围大于 5 千米（km）的反无人机电子干扰设备、专门用于反无人机系统的输出功率大于 1.5 千瓦（kW）的高功率激光器。

2. 管理程序

出口经营者在出口前应按照相关规定办理出口许可手续，通过省级商务主管部门向商务部提出申请，填写两用物项和技术出口申请表并提交相关材料；对国家安全有重大影响的物项的出口，商务部会同有关部门报国务院批准；经审查准予许可的，由商务部颁发两用物项和技术出口许可证。

3. 报关规范

出口经营者出口申报时应当向海关出具两用物项和技术出口许可证，依照《海关法》的规定办理海关手续，并接受海关监管。海关凭商务部签发的两用物项和技术出口许可证办理验放手续。

（四）再生资源进口管理

自 2021 年 1 月 1 日起，我国全面禁止以任何方式进口固体废物，即禁止我国境外的固体废物进境倾倒、堆放、处置。生态环境部停止受理和审批限制进口类可用作原料的固体废物进口许可证的申请。

我国在全面禁止进口固体废物的同时，为充分、合理地利用再生资源，推动再生金属产业高质量发展，生态环境部、国家发展改革委、海关总署、商务部、工业和信息化部五部委联合发布公告，明确符合《再生黄铜原料》（GB/T 38470—2019）、《再生铜原料》（GB/T 38471—2019）、《再生铸造铝合金原料》（GB/T 38472—2019）、《再生钢铁原料》（GB/T 39733—2020）标准的再生黄铜原料、再生铜原料、再生铸造铝合金和再生钢铁原料，不属于固体废物，可自由进口。

海关总署采取针对措施，将上述再生类金属商品编号进行细化，将再生黄铜原料、再生铜原料、再生铸造铝合金原料的海关商品编号分别细化为 7404000020、7404000030 和 7602000020，将再生钢铁原料的海关商品编号细化为 7204100010、7204210010、7204290010、7204410010、7204490030，以区分于其他属于固体废物类的金属废料。

对不符合《再生黄铜原料》（GB/T 38470—2019）、《再生铜原料》（GB/T 38471—2019）、《再生铸造铝合金原料》（GB/T 38472—2019）、《再生钢铁原料》（GB/T 39733—2020）国家标准规定的，禁止进口。

（五）进口关税配额管理

关税配额管理属限制进口，实行关税配额证管理。对外贸易经营者经国家批准取得关税配额证后允许按照关税配额税率征税进口；超出限额或无配额进口的则按照配额外税率征税进口，其中食糖还应申领自动进口许可证。

2024 年，我国实施进口关税配额管理的农产品有小麦、玉米、稻谷和大米、棉花、食糖、羊毛、毛条，实施进口关税配额管理的工业品为化肥。

1. 实施关税配额管理的农产品

（1）农产品进口关税配额为全球关税配额，其国家主管部门为商务部及国家发展改革委，企业通过一般贸易、加工贸易、易货贸易、边境小额贸易、援助、捐赠等贸易方式进口上述农产品均列入关税配额管理范围。海关凭商务部、国家发展改革委各自授权机构向最终用户发放的，并加盖"商务部农产品进口关税配额证专用章"或"国家发展和改革委员会农产品进口关税配额证专用章"的"农产品进口关税配额证"办理验放手续。其中，以加工贸易方式进口上述农产品，海关凭企业提交的在"贸易方式"栏目中注明"加工贸易"的进口关税配额证办理通关验放手续。由境外进入保税仓库、保税区、出口加工区的上述农产品，无须提交"农产品进口关税配额证"，海关按现行规定验放并实施监管。从保税仓库、保税区、出口加工区出库或出区进口的关税配额农产品，企业持进口关税配额证向海关办理进口手续。

（2）"农产品进口关税配额证"实行"一证多批"制度，即最终用户需分多批进口的，有效期内，凭"农产品进口关税配额证"可多次办理通关手续，直至海关核注栏填满为止。

（3）2024 年度除羊毛、毛条进口关税配额实行先来先领的分配方式外，其他农产品进口关税配额的申请期为每年 10 月 15 日至 30 日。商务部、国家发展改革委分别于申请期前 1 个月在《国际商报》《中国经济导报》，以及商务部和国家发展改革委网站上公布每种农产品下一年度进口关税配额总量、关税配额申请条件及国务院关税税则委员会确定的关税配额农产品税则号列和适用税率。其中，糖、羊毛、毛条由商务部公布并由商务部授权机构负责受理本地区内申请；小麦、玉米、大米、棉花由国家发展改革委公布并由国家发展改革委授权机构负责受理本地区内的申请。

（4）农产品进口关税配额的分配是根据申请者的申请数量和以往进口实绩、生产能力、其他相关商业标准或根据先来先领的方式进行分配。分配的最小数量将以每种农产品商业上可行的装运量确定。每年 1 月 1 日前，商务部、国家发展改革委通过各自授权机构向最终用户发放"农产品进口关税配额证"，并加盖"商务部农产品进口关税配额证专用章"或"国家发展和改革委员会农产品进口关税配额证专用章"。

2. 实施关税配额管理的工业品

（1）化肥进口关税配额为全球配额，商务部负责全国化肥关税配额管理工作。商务部的化肥进口关税配额管理机构负责管辖范围内化肥进口关税配额的发证、统计、咨询和其他授权工作。关税配额内化肥进口时，海关凭进口单位提交的"化肥进口关税配额证明"，按配额内税率征税，并验放货物。

（2）"化肥进口关税配额证明"实行"一批一证"管理，需要延期或证面栏目内容需要变更的，一律重新办理，旧证同时撤销。

（3）商务部负责在化肥进口关税配额总量内，根据国民经济综合平衡及资源合理配置的要求，对化肥进口关税配额进行分配。凡在中华人民共和国工商行政管理部门登记注册的企业（以下简称"申请单位"），在其经营范围内均可向所在地区的授权机构申请化肥进口关税配额。商务部于每年的9月15日至10月14日公布下一年度的关税配额数量。申请单位应当在每年的10月15日至10月30日向商务部提出化肥关税配额的申请。商务部根据各地区生产和市场需求，并参考申请单位以往的进口实绩（申请单位的生产能力、经营规模、销售状况）、以往分配的配额是否得到充分使用、新的进口经营者的申请情况、申请配额的数量情况等因素，于每年12月31日前将化肥关税配额分配到进口用户。

（六）野生动植物种进出口管理

野生动植物是人类的宝贵自然财富。挽救珍稀濒危动植物种，保护、发展和合理利用野生动植物资源，对维护自然生态平衡，开展科学研究，发展经济、文化、教育、医药、卫生等事业有着极其重要的意义。为此，我国颁布了《中华人民共和国森林法》《中华人民共和国野生动物保护法》《中华人民共和国野生植物保护条例》《野生动植物进出口证书管理办法》等相关法律法规，并发布了我国物种自主保护目录，同时，我国也是《濒危野生动植物种国际贸易公约》的成员方。因此，我国进出口管理的濒危物种包括《濒危野生动植物种国际贸易公约》成员方应履行保护义务的物种及为保护我国珍稀物种而自主保护的物种。我国对进出口野生动植物及其产品实行野生动植物进出口证书管理。

野生动植物种进出口证书管理是指国家林业和草原局所属国家濒危物种进出口管理办公室会同国家其他部门，依法制定或调整《进出口野生动植物种商品目录》并以签发"濒危野生动植物种国际贸易公约允许进出口证明书"（以下简称"公约证明"）、"中华人民共和国濒危物种进出口管理办公室野生动植物允许进出口证明书"（以下简称"非公约证明"）或"非《进出口野生动植物种商品目录》物种证明"（以下简称"物种证明"）的形式，对该目录列名的依法受保护的珍贵、濒危野生动植物及其产品实施的进出口限制管理。

凡进出口列入《进出口野生动植物种商品目录》的野生动植物或其产品，必须严格按照有关法律、行政法规的程序进行申报和审批，并在进出口报关前取得国家濒危物种进出口管理办公室或其授权的办事处签发的公约证明、非公约证明或物种证明后，向海关办理进出口手续。

1. 非公约证明管理范围及报关规范

非公约证明是我国进出口许可管理制度中具有法律效力，用来证明对外贸易经营者经营列入《进出口野生动植物种商品目录》中属于我国自主规定管理的野生动植物及其产品合法进出口的证明文件，是海关验放该类货物的重要依据。出口列入商品目录中国家重点保护的野生动植物及其产品的，实行非公约证明管理。

（1）管理范围

对列入《进出口野生动植物种商品目录》中属于我国自主规定管理的野生动植物及其产品，不论以何种方式出口，均须事先申领非公约证明。

（2）报关规范

①向海关申报出口列入《进出口野生动植物种商品目录》中属于我国自主规定管理的野生动植物及其产品，报关单位应主动向海关提交有效的非公约证明及其他有关单据。

②非公约证明实行"一批一证"制度。

2. 公约证明管理范围及报关规范

公约证明是我国进出口许可管理制度中具有法律效力，用来证明对外贸易经营者经营列入《进出口野生动植物种商品目录》中属于《濒危野生动植物种国际贸易公约》成员方应履行保护义务的物种合法进出口的证明文件，是海关验放该类货物的重要依据。

（1）管理范围

对列入《进出口野生动植物种商品目录》中属于《濒危野生动植物种国际贸易公约》成员方应履行保护义务的物种，不论以何种方式进出口，均须事先申领公约证明。

（2）报关规范

①向海关申报进出口列入《进出口野生动植物种商品目录》中属于《濒危野生动植物种国际贸易公约》成员方应履行保护义务的物种，报关单位应主动向海关提交有效的公约证明及其他有关单据。采用无纸报关的，应在固定栏目规范填报相应证明的电子证书编号。

②向海关申报进出口列入《进出口野生动植物种商品目录》中属于《濒危野生动植物种国际贸易公约》成员方应履行保护义务的物种需要过境、转运、通运的，无须申请核发野生动植物进出口证书。

③公约证明实行"一批一证"制度。

3. 物种证明适用范围及报关规范

由于受濒危物种进出口管理的动植物种很多，认定工作的专业性很强，为使濒危物种进出口监管工作做到准确严密，海关总署和国家濒危物种进出口管理办公室共同商定启用物种证明，由国家濒危物种进出口管理办公室指定机构进行认定并出具物种证明，报关单位凭以办理报关手续。

（1）适用范围

按照《进出口野生动植物种商品目录》的制定原则，物种证明的适用范围一般包括：一是进出口属于《濒危野生动植物种国际贸易公约》规定免管或者豁免的野生动植物及其产品；二是出口人工培植来源的非《濒危野生动植物种国际贸易公约》附录所列，但与国家重点保护同名的野生植物及其产品；三是进口和再出口非《濒危野生动植物种国际贸易公约》附录所列，但与国家重点保护同名的野生动植物及其产品；四是进出口属于未拆分出非濒危物种且带有监管条件的海关商品编号管理的非《濒危野生动植物种国际贸易公约》附录所列、非国家重点保护的野生动植物及其产品。

对申报进出口的野生动植物及其产品符合《进出口野生动植物种商品目录》所列海关商品编号描述和含义的，凡不属于允许进出口证明书管理范畴的，不论所涉及的物种或者监管条件是否纳入动植物附表或者注释表，各办事处应当依法核发物种证明，海关验核物种证明办理报关手续。

（2）报关规范

①物种证明由国家濒危物种进出口管理办公室统一按确定的格式制作，不得转让或倒卖。证面不得涂改、伪造。采用无纸报关的，应在固定栏目规范填报相应证明的电子证书

编号。

②物种证明分为"一次使用"和"多次使用"两种。

一次使用的物种证明有效期自签发之日起不得超过180天，多次使用的物种证明有效期不超过360天。多次使用的物种证明只适用于同一物种、同一货物类型、在同一报关口岸多次进出口的野生动植物。多次使用的物种证明有效期截至发证当年12月31日。持证者须于1月31日之前将上一年度使用多次物种证明进出口有关野生动植物的情况汇总上报发证机关。

③进出口企业必须按照物种证明规定的口岸、方式、时限、物种、数量和货物类型等进出口野生动植物。对于超越物种证明中任何一项许可范围的申报行为，海关均不予受理。

④海关对经营者进出口列入《进出口野生动植物种商品目录》的商品及含野生动植物成分的纺织品是否为濒危野生动植物种提出质疑的，经营者应按海关的要求，向国家濒危物种进出口管理办公室或其办事处申领物种证明；属于公约证明或非公约证明管理范围的，应申领公约证明或非公约证明。经营者未能出具证明书或物种证明的，海关不予办理有关手续。

（七）进出口药品管理

进出口药品管理是指为加强对药品的监督管理，保证药品质量，保障人体用药安全，维护人民身体健康和用药合法权益，国家药品监督管理局依照《中华人民共和国药品管理法》、有关国际公约以及国家其他法规，对进出口药品实施监督管理的行政行为。

进出口药品管理是我国进出口许可管理制度的重要组成部分，属于国家限制进出口管理范畴，实行分类和目录管理。进出口药品从管理角度可分为进出口麻醉药品、进出口精神药品、进出口兴奋剂，以及进口一般药品。国家药品监督管理局会同国务院商务主管部门对上述药品依法制定并调整管理目录，以签发许可证件的形式对其进出口加以管制。

目前，我国公布的药品进出口管理目录有：《进口药品目录》《生物制品目录》《精神药品管制品种目录》《麻醉药品管制品种目录》《兴奋剂目录》等。

药品必须经由国务院批准的允许药品进口的口岸进口。截至2023年11月10日，允许进口药品的口岸有北京、天津、大连、上海、南京、杭州、宁波、福州、厦门、青岛、武汉、广州、深圳、珠海、海口、重庆、成都、西安、南宁、苏州（苏州工业园区口岸）、济南（济南航空口岸）、长沙（长沙航空口岸）、郑州（郑州航空港口岸）、沈阳（沈阳航空口岸）、无锡（无锡航空口岸、江阴港口岸）、长春（长春空港口岸）、中山（中山市中山港口岸）27个城市口岸。首次在中国境内销售的精神、麻醉药品，进口口岸限定为北京、上海和广州3个城市的口岸。

1. 精神药品进出口管理范围及报关规范

精神药品进出口准许证是我国进出口精神药品管理批件，国家药品监督管理局依据《中华人民共和国药品管理法》、国务院颁布的《麻醉药品和精神药品管理条例》，以及有关国际条约，对进出口直接作用于中枢神经系统，使之兴奋或抑制，连续使用能产生依赖性的药品，制定和调整《精神药品管制品种目录》，并以签发精神药品进出口准许证的形式对《精神药品管制品种目录》商品实行进出口限制管理。

精神药品进出口准许证是我国进出口许可管理制度中具有法律效力，用来证明对外贸易经营者经营列入《精神药品管制品种目录》管理药品合法进出口的证明文件，是海关验放该类货物的重要依据。

《精神药品管制品种目录》所列药品进出口时，货物所有人或其合法代理人在办理进出口报关手续前，均须取得国家药品监督管理局核发的精神药品进出口准许证，凭以向海关办理报关手续。

（1）管理范围

①进出口列入《精神药品管制品种目录》的药品，包含精神药品标准品及对照品，如咖啡因、去氧麻黄碱、复方甘草片等。

②对于列入《精神药品管制品种目录》的药品可能存在的盐、酯、醚，虽未列入该目录，但仍属于精神药品管制范围。

③任何单位以任何贸易方式进出口列入上述范围的药品，不论用于何种用途，均须事先申领精神药品进出口准许证。

（2）报关规范

①向海关申报进出口精神药品管理范围内的药品，报关单位应主动向海关提交有效的精神药品进出口准许证及其他有关单据。采用无纸报关的，应在固定栏目规范填报相应证件的电子证书编号。

②精神药品的进出口准许证实行"一证一关"（仅限在该证注明的口岸海关使用）和"一批一证"制度，证面内容不得自行更改，如需更改，应到国家药品监督管理局办理换证手续。

③精神药品的进口准许证有效期1年，可以跨自然年使用；出口准许证有效期不超过3个月，有效期时限不跨自然年。

2. 麻醉药品进出口管理范围及报关规范

麻醉药品进出口准许证是我国进出口麻醉药品管理批件，国家药品监督管理局依据《中华人民共和国药品管理法》、国务院颁布的《麻醉药品和精神药品管理条例》，以及有关国际条约，对进出口连续使用后易使身体产生依赖性、能成瘾癖的药品，制定和调整《麻醉药品管制品种目录》，并以签发麻醉药品进出口准许证的形式对该目录商品实行进出口限制管理。

麻醉药品进出口准许证是我国进出口许可管理制度中具有法律效力，用来证明对外贸易经营者经营列入《麻醉药品管制品种目录》管理药品合法进出口的证明文件，是海关验放该类货物的重要依据。

《麻醉药品管制品种目录》所列药品进出口时，货物所有人或其合法代理人在办理进出口报关手续前，均须取得国家药品监督管理局核发的麻醉药品进出口准许证，凭以向海关办理报关手续。

（1）管理范围

①进出口列入《麻醉药品管制品种目录》的麻醉药品，包括鸦片、可卡因、大麻、吗啡、海洛因以及合成麻醉药类和其他易成瘾癖的药品、药用原植物及其制剂。

②对于列入《麻醉药品管制品种目录》的麻醉药品可能存在的盐、酯、醚，虽未列入该目录，但仍属于麻醉药品管制范围。

③任何单位以任何贸易方式进出口列入上述范围的药品，不论用于何种用途，均须事先申领麻醉药品进出口准许证。

（2）报关规范

①向海关申报进出口麻醉药品管理范围内的药品，报关单位应主动向海关提交有效的麻醉药品进出口准许证及其他有关单据。

②麻醉药品的进出口准许证实行"一证一关"（仅限在该证注明的口岸海关使用）和"一批一证"制度，证面内容不得自行更改，如需更改，应到国家药品监督管理局办理换证手续。

③麻醉药品的进口准许证有效期1年，可以跨自然年使用；出口准许证有效期不超过3个月，有效期时限不跨自然年。

3. 兴奋剂进出口管理范围及报关规范

为了防止在体育运动中使用兴奋剂，保护体育运动参加者的身心健康，维护体育竞赛的公平竞争，根据《中华人民共和国体育法》和其他有关法律，我国制定颁布了《反兴奋剂条例》。依据该条例及有关法律法规的规定，国家体育总局会同商务部、国家卫生健康委员会、海关总署、国家药品监督管理局制定颁布了《兴奋剂目录》。

（1）管理范围

列入《兴奋剂目录》的药品，包括蛋白同化制剂品种、肽类激素品种、麻醉药品品种、刺激剂（含精神药品）品种、药品类易制毒化学品品种、医疗用毒性药品品种、其他品种7类。

（2）报关规范

①进出口列入《兴奋剂目录》的精神药品、麻醉药品、易制毒化学品、医疗用毒性药品，应按照现行规定向海关办理通关验放手续。对《兴奋剂目录》中的"其他品种"，海关暂不按照兴奋剂实行管理。

②根据《蛋白同化制剂和肽类激素进出口管理办法》的相关规定，国家对进出口蛋白同化制剂和肽类激素分别实行进口准许证和出口准许证管理：

A. 进出口蛋白同化制剂、肽类激素，进出口单位应当事先向国家药品监督管理局申领进口准许证或出口准许证。

B. 进出口单位在办理报关手续时，应多提交一联报关单，并向海关申请签退该联报关单。海关凭药品进口准许证或出口准许证验放货物后，在该联报关单上加盖"验讫章"后退进出口单位，进出口单位应当在海关验放后1个月内，将进口准许证或出口准许证的第一联、海关签章的报关单退回发证机关。

C. 进口准许证有效期1年。出口准许证有效期不超过3个月（有效期时限不跨年度）。取得药品进出口准许证后未进行相关进出口贸易的，进出口单位应当于准许证有效期满后1个月内将原准许证退回发证机关。

D. 进口准许证、出口准许证实行"一证一关"制度，证面内容不得更改。因故延期进出口的，可以持原进出口准许证办理一次延期换证手续。

E. 个人因医疗需要携带或邮寄进出境自用合理数量范围内的蛋白同化制剂、肽类激素药品，海关按照卫生计生部门有关处方的管理规定凭医疗机构处方予以验放。无法出具处方或超出处方剂量的，均不准进出境。

F. 以加工贸易方式进出口蛋白同化制剂、肽类激素的，海关凭药品进口准许证、出口准许证办理验放手续并实施监管。

G. 从境内区外进入海关特殊监管区域和保税监管场所的蛋白同化制剂、肽类激素，应当办理药品出口准许证；从海关特殊监管区域和保税监管场所进入境内区外的蛋白同化制剂、肽类激素，应当办理药品进口准许证。

海关特殊监管区域和保税监管场所与境外进出及海关特殊监管区域、保税监管场所之间进出的蛋白同化制剂、肽类激素，免予办理药品进口准许证、出口准许证，由海关实施监管。

4. 一般药品进口管理范围及报关规范

国家对一般药品进口实行目录管理。国家药品监督管理局依据《中华人民共和国药品管理法》《中华人民共和国药品管理法实施条例》制定和调整《进口药品目录》《生物制品目录》；国家药品监督管理局授权的口岸药品检验所以签发进口药品通关单的形式对列入管理目录的商品实行进口限制管理。

进口药品通关单是我国进出口许可管理制度中具有法律效力，用来证明对外贸易经营者经营列入管理目录的商品合法进口的证明文件，是海关验放的重要依据。

（1）管理范围

①进口列入《进口药品目录》的药品，指用于预防、治疗、诊断人的疾病，有目的地调节人的生理机能并规定有适应症、用法和用量的物质，包括中药材、中药饮品、中成药、化学原料药及其制剂、抗生素、生化药品、血清疫苗、血液制品等。

②进口列入《生物制品目录》的商品，包括疫苗类、血液制品类及血源筛查用诊断试剂等。

③首次在我国境内销售的药品。

④进口暂未列入《进口药品目录》的原料药的单位，必须遵守《进口药品管理办法》中的各项有关规定，主动到各口岸药品检验所报验。

（2）报关规范

①向海关申报进口列入管理目录中的药品，报关单位应主动向海关提交有效的进口药品通关单及其他有关单据。采用无纸报关的，应在固定栏目规范填报进口药品通关单的电子证书编号。

②进口药品通关单仅限在该单注明的口岸海关使用，并实行"一批一证"制度，证面内容不得更改。

③任何单位以任何贸易方式进口列入管理目录的药品，不论用于何种用途，均须事先申领进口药品通关单。

④从境外进入保税仓库、保税区、出口加工区的药品，免予办理进口备案和口岸检验等进口手续。从保税仓库、出口监管仓库、保税区、出口加工区出库或出区进入境内的药品，海关验核进口药品通关单，并按规定办理通关手续。

（3）特殊规定

①涉及我国人类遗传资源的国际合作项目中人类遗传资源材料的出口、出境，凭人类遗传资源管理办公室核发的出口、出境证明办理出口报关手续。

②人体血液、组织器官进口时，应当办理入境检验检疫手续。

③军队医疗机构办理人体血液、组织器官进口报关手续的，凭军队卫生主管部门出具的相关进口批件办理进口报关手续。

目前，一般药品出口暂无特殊的管理要求。

（八）美术品进出口管理

为加强对美术品进出口经营活动、商业性美术品展览活动的管理，促进中外文化交流，丰富人民群众文化生活，国家对美术品进出口实施监督管理。文化和旅游部负责对美术品进出口经营活动的审批管理，海关负责对美术品进出境环节进行监管。

美术品进出口管理是我国进出口许可管理制度的重要组成部分，属于国家限制进出口管理范畴。文化和旅游部委托美术品进出口口岸所在地省、自治区、直辖市文化行政部门负责本辖区美术品的进出口审批。文化和旅游部对各省、自治区、直辖市文化行政部门的审批行为进行监督、指导，并依法承担审批行为的法律责任。美术品进出口单位应当在美术品进出口前，向美术品进出口口岸所在地省、自治区、直辖市文化行政部门申领进出口批件，凭以向海关办理通关手续。

1. 管理范围

（1）纳入我国进出口管理的美术品是指艺术创作者以线条、色彩或者其他方式，经艺术创作者以原创方式创作的具有审美意义的造型艺术作品，包括绘画、书法、雕塑、摄影等作品，以及艺术创作者许可并签名的，数量在200件以内的复制品。

（2）批量临摹的作品、工业化批量生产的美术品、手工艺品、工艺美术产品、木雕、石雕、根雕、文物等均不纳入美术品进行管理。

（3）我国禁止进出境含有下列内容的美术品：违反宪法确定的基本原则的；危害国家统一、主权和领土完整的；泄露国家秘密、危害国家安全或者损害国家荣誉和利益的；煽动民族仇恨、民族歧视，破坏民族团结，或者侵害民族风俗习惯的；宣扬或者传播邪教迷信的；扰乱社会秩序，破坏社会稳定的；宣扬或者传播淫秽、色情、赌博、暴力、恐怖或者教唆犯罪的；侮辱或者诽谤他人、侵害他人合法权益的；蓄意篡改历史、严重歪曲历史的；危害社会公德或者有损民族优秀文化传统的；我国法律、行政法规和国家规定禁止的其他内容的。

2. 办理程序

我国对美术品进出口实行专营，经营美术品进出口的企业必须是在商务部门备案登记，取得进出口资质的企业。美术品进出口单位应当在美术品进出口前，向美术品进出口口岸所在地省、自治区、直辖市文化行政部门提出申请，并报送以下材料：

（1）美术品进出口单位的企业法人营业执照；

（2）进出口美术品的来源、目的地、用途；

（3）艺术创作者名单、美术品图录和介绍；

（4）审批部门要求提供的其他材料。

文化行政部门应当自受理申请之日起15日内作出决定。批准的，发给批准文件，批准文件中应附美术品详细清单。申请单位持批准文件到海关办理手续。不批准的，文化行政部门书面通知申请人并说明理由。

3. 报关规范

（1）向海关申报进出口管理范围内的美术品，报关单位应主动向海关提交有效的进出口批准文件及其他有关单据。

（2）美术品进出口单位向海关提交的批准文件不得擅自更改。如需更改，应当及时将变更事项向审批部门申报，经审批部门批准确认后，方可变更。

（3）文化行政部门的批准文件，不得伪造、涂改、出租、出借、出售或者以其他任何形式转让。

（4）同一批已经批准进口或出口的美术品复出口或复进口，进出口单位可持原批准文件正本到原进口或出口口岸海关办理相关手续，文化行政部门不再重复审批。上述复出口或复进口的美术品如与原批准内容不符，进出口单位则应当到文化行政部门重新办理审批手续。

（5）以研究、教学参考、馆藏、公益性展览等非经营性用途的美术品进出境，应当委托美术品进出口单位办理进出口手续。

（九）民用爆炸物品进出口管理

为了加强对民用爆炸物品进出口的管理，维护国家经济秩序，保障社会公共安全，根据《民用爆炸物品安全管理条例》，国家对民用爆炸物品实施进出口限制管理。工业和信息化部为国家进出口民用爆炸物品主管部门，负责民用爆炸物品进出口的审批；公安机关负责民用爆炸物品境内运输的安全监督管理；海关负责民用爆炸物品进出口环节的监管。

在进出口民用爆炸物品前，进出口企业应当向工业和信息化部申领"民用爆炸物品进/出口审批单"。在取得"民用爆炸物品进/出口审批单"后，进出口企业应当在3个工作日内将获准进出口的民用爆炸物品的品种和数量等信息向收货地或者出境口岸所在地县级人民政府公安机关备案，并同时向所在地省级民用爆炸物品行业主管部门备案，在依法取得公安机关核发的"民用爆炸物品运输许可证"后方可运输民用爆炸物品。

1. 管理范围

管理范围包括：用于非军事目的、列入我国《民用爆炸物品品名表》的各类火药、炸药及其制品，雷管、导火索等点火和起爆器材。

2. 办理程序

进出口民用爆炸物品，应当逐单申请办理审批手续。国家对进出口民用爆炸物品的企业实施资质管理：取得"民用爆炸物品生产许可证"的企业可以申请进口用于本企业生产的民用爆炸物品原材料（含半成品），出口本企业生产的民用爆炸物品（含半成品）；取得"民用爆炸物品销售许可证"的企业可以申请进出口其"民用爆炸物品销售许可证"核定品种范围内的民用爆炸物品。

具备上述资质的企业申请进出口民用爆炸物品，应当向工业和信息化部提交下列材料：

（1）民用爆炸物品进出口申请文件及"民用爆炸物品进/出口审批单"（一式五份）；

（2）企业出具的法定代表人、经办人的身份证明文件及有效身份证件复印件。首次申请时应当提供工商营业执照和"民用爆炸物品生产许可证"或者"民用爆炸物品销售许可证"的原件及复印件。证照在年检有效期内且未变更的，再次申请时仅提供加盖公章的复印件；

（3）进出口合同或者订单、形式发票等有效合同原件及加盖公章的中文译本。因外方原因无法提供原件的，进出口企业应当对复印件出具保函；

（4）出口民用爆炸物品，应当提交最终用户和最终用途证明、进口国（地区）的许可文件原件及中文译本。因外方原因无法提供原件的，出口企业应当对复印件出具保函；

（5）进口民用爆炸物品，应当提交加盖公章的产品说明（内容包括产品标准、爆炸物成分、包装方式、民用爆炸物品警示标志和登记标志、用途说明等信息）。对民用爆炸物品有环保要求的，应当提交符合国家有关环保标准的证明材料。申请单位和收货单位不一致时，应当提交收货单位的最终用户和最终用途证明及合法使用证明等。

对"民用爆炸物品进/出口审批单"项下物品未能全部进出口且剩余部分仍需执行的，进出口企业应当提交申请文件和海关签注的原审批单或者报关单，向工业和信息化部申请换领剩余数量的"民用爆炸物品进/出口审批单"。

"民用爆炸物品进/出口审批单"的有效期为签发之日起 6 个月。需延期或者变更审批事项的，进出口企业应当向工业和信息化部提交申请文件，并凭原审批单换领新审批单。每单仅限延期一次，延期时间不超过 6 个月。

工业和信息化部对申请材料进行审查，对申请材料不齐全或者不符合法定形式的，应当当场或者在 5 个工作日内一次告知申请人需要补正的全部内容，逾期不告知的，自收到申请材料之日起即为受理；对申请材料齐全，符合法定形式，或者已按要求提交全部补正申请材料的，应当予以受理，并出具受理通知书，自受理申请之日起 20 个工作日内作出是否批准的决定。批准进出口民用爆炸物品的，应当向申请人核发"民用爆炸物品进/出口审批单"；不予批准的，应当书面告知申请人。

3. 报关规范

（1）向海关申报进出口民用爆炸物品时，进出口企业应当向海关提交两份"民用爆炸物品进/出口审批单"，海关签注实际进出口的商品数量后，由现场海关和企业分别留存。

"民用爆炸物品进/出口审批单"实行"一批一单"和"一单一关"管理。采用无纸报关的，应在固定栏目规范填报"民用爆炸物品进/出口审批单"的电子证书编号。

（2）进出口企业申请退运民用爆炸物品时，应当向工业和信息化部办理进/出口审批手续。申请退运时须提交申请文件、退运保函、原"民用爆炸物品进/出口审批单"及相应报关单。工业和信息化部审核通过后核发"民用爆炸物品进/出口审批单"，其中"申请进/出口用途及理由"标明"退运货物"。退运报关时，海关对所退运的货物进行审核验放。

（3）海关无法确定进出口物品是否属于民用爆炸物品的，由进出口企业将物品样品送交具有民用爆炸物品检测资质的机构鉴定，对检测机构确认是民用爆炸物品的，需在鉴定报告中说明送检物品的成分、性质等内容，并按照"民用爆炸物品品名表"对送检物品进行判定和商品归类。海关依据有关鉴定结论实施进出口管理。

（4）民用爆炸物品在海关特殊监管区域或者场所与境外之间进出的，应当向海关提交"民用爆炸物品进/出口审批单"。

（十）其他货物进出口管理

1. 黄金及其制品进出口管理

黄金是指未锻造金，黄金制品是指半制成金和金制成品等。

为了规范黄金及黄金制品进出口行为，加强黄金及黄金制品进出口管理，中国人民银行会同海关总署，根据《中华人民共和国中国人民银行法》《海关法》《黄金及黄金制品进出口管理办法》等法律法规，对进出口黄金及其制品实施监督管理的行政行为。

中国人民银行根据国家宏观经济调控需求，可以对黄金及黄金制品进出口的数量进行限制性审批，会同海关总署制定、调整并公布《黄金及黄金制品进出口管理商品目录》。管理目录主要包括：氰化金、氰化金钾等［包括氰化亚金（Ⅰ）钾（含金 68.3%）、氰化亚金（Ⅲ）钾（含金 57%）］、其他金化合物（不论是否已有化学定义）、非货币用金粉、非货币用未锻造金、非货币用半制成金、货币用未锻造金（包括镀铂的金）、金的废碎料、镶嵌钻石的黄金制首饰及其零件（不论是否包、镀其他贵金属）、镶嵌濒危物种制品的金首饰及零件（不论是否包、镀其他贵金属）、其他黄金制首饰及其零件（不论是否包、镀其他贵金属）、黄金表壳（按重量计含金量在 80% 及以上）、黄金表带（按重量计含金量在 80% 及以上）等。

黄金及其制品进出口管理属于我国进出口许可管理制度中限制进出口管理范畴，中国人民银行为黄金及其制品进出口的管理机关。以一般贸易、加工贸易转内销及境内购置黄金原料以加工贸易方式出口黄金制品的，海关特殊监管区域、保税监管场所与境内区外之间进出口的，因公益事业捐赠进口黄金及黄金制品等贸易方式进出口黄金及黄金制品的，应当向中国人民银行或其授权的中国人民银行分支机构申领"黄金及其制品进出口准许证"，凭以办理海关手续。采用无纸报关的，应在固定栏目规范填报"黄金及其制品进出口准许证"的电子证书编号。

以加工贸易方式进出口的，海关特殊监管区域、保税监管场所与境外之间进出的，海关特殊监管区域、保税监管场所之间进出的，以及以维修、退运、暂时进出境方式进出境的，可暂免予办理"黄金及其制品进出口准许证"，由海关实施监管。

2. 有毒化学品管理

"有毒化学品"是指进入环境后通过环境蓄积、生物累积、生物转化或化学反应等方式损害健康和环境，或者通过接触对人体具有严重危害和具有潜在危险的化学品。

为了保护人体健康和生态环境，加强有毒化学品进出口的环境管理，国家根据《关于化学品国际贸易资料交换的伦敦准则》，发布了《中国严格限制的有毒化学品目录》，对进出口有毒化学品进行监督管理。

生态环境部在审批有毒化学品进出口申请时，对符合规定准予进出口的，签发有毒化学品环境管理放行通知单。

有毒化学品环境管理放行通知单是我国进出口许可管理制度中具有法律效力，用来证明对外贸易经营者经营列入《中国严格限制的有毒化学品目录》的化学品合法进出口的证明文件，是海关验放该类货物的重要依据。采用无纸报关的，应在固定栏目规范填报有毒化学品环境管理放行通知单的电子证书编号。

3. 农药进出口管理

农药进出口通知单是国家农业主管部门依据《农药管理条例》，对进出口用于预防、消灭或者控制危害农业、林业的病、虫、草和其他有害生物，有目的地调节植物、昆虫生长的化学合成或者来源于生物、其他天然物质的一种物质或者几种物质的混合物及其制剂实施管理的进出口许可证件，其国家主管部门是农业农村部。

我国对进出口农药实行目录管理，由农业农村部会同海关总署依据《农药管理条例》和《在国际贸易中对某些危险化学品和农药采用事先知情同意程序的鹿特丹公约》，制定《中华人民共和国进出口农药管理名录》（以下简称《农药名录》）。进出口列入上述目录的农药，应事先在中国国际贸易单一窗口网上办理农药进出口通知单，凭农药进出口通知单电子数据向海关办理进出口报关手续。

农药进出口通知单是我国进出口许可管理制度中具有法律效力，用来证明对外贸易经营者经营《农药名录》所列农药合法进出口的证明文件，是海关验放该类货物的重要依据。

海关特殊监管区域、保税监管场所与关境内的其他地区（海关特殊监管区域、保税监管场所除外）之间进出的农药，应当办理农药进出口通知单。海关特殊监管区域、保税监管场所与境外之间进出的农药，除列入《在国际贸易中对某些危险化学品和农药采用事先知情同意程序的鹿特丹公约》的应当办理农药进出口通知单外，其余无须办理农药进出口通知单。区内企业的农药生产经营活动应当符合国家相关法律法规和政策，由海关依法实施监督管理。

农药进出口通知单实行"一批一证"管理，进出口一批农药产品，办理一份通知单，对应一份海关进出口货物报关单。通知单采用无纸报关，申报时应在固定栏目规范填报"农药进出口通知单"的电子证书编号。

4. 兽药进口管理

兽药进口管理是指国家农业主管部门（即农业农村部）依据《兽药进口管理办法》，对进口兽药实施的监督管理。受管理的兽药是指用于预防、治疗、诊断畜禽等动物疾病，有目的地调节其生理机能并规定作用、用途、用法、用量的物质。

进口兽药实行目录管理，《进口兽药管理目录》由农业农村部会同海关总署制定、调整并公布。企业进口列入《进口兽药管理目录》的兽药，应向进口口岸所在地省级人民政府兽医行政管理部门申请办理"进口兽药通关单"，凭此向海关办理报关手续。"进口兽药通关单"实行"一单一关"制度，在30日有效期内只能一次性使用。采用无纸报关的，应在固定栏目规范填报"进口兽药通关单"的电子证书编号。

从境外进入保税区、出口加工区及其他海关特殊监管区域和保税监管场所的兽药及海关特殊监管区域、保税监管场所之间进出口的兽药，免予办理"进口兽药通关单"，由海关按照有关规定实施监管。从保税区、出口加工区及其他海关特殊监管区域和保税监管场所进入境内区外的兽药，应当办理"进口兽药通关单"。

兽药进口单位进口暂未列入《进口兽药管理目录》的兽药时，应如实申报，主动向海关出具"进口兽药通关单"；对进口同时列入《进口药品目录》的兽药，海关免予验核"进口药品通关单"；对进口的兽药，因企业申报不实或伪报用途所产生的后果，企业应承担相应的法律责任。

5. 水产品捕捞进口管理

我国已加入养护大西洋金枪鱼国际委员会、印度洋金枪鱼委员会和南极海洋生物资源养护委员会。为遏止非法捕鱼活动和有效养护有关渔业资源，上述政府间渔业管理组织已对部分水产品实施合法捕捞证明制度。根据合法捕捞证明制度的规定，国际组织成员进口部分水产品时有义务验核船旗国政府主管机构签署的合法捕捞证明，没有合法捕捞证明的水产品被视为非法捕捞产品，各成员方不得进口。

为有效履行我国政府相关义务，树立我国负责任渔业国际形象，农业农村部会同海关总署对部分水产品捕捞进口实施进口限制管理，并调整公布了《实施合法捕捞证明的水产品清单》。对进口列入《实施合法捕捞证明的水产品清单》的水产品（包括进境样品、暂时进口、加工贸易进口以及进入海关特殊监管区域和海关保税监管场所等），有关单位应向农业农村部申请"合法捕捞产品通关证明"。2014年11月1日，原农业部（现为农业农村部）与海关总署实现电子数据联网核查，不再签发纸质版"合法捕捞产品通关证明"。有关单位向农业农村部申请"合法捕捞产品通关证明"，办结后，农业农村部授权单位中国远洋渔业协会通知申请单位，并实时将"合法捕捞产品通关证明"电子数据传输至海关，海关凭电子数据接受企业报关。有关单位在申请"合法捕捞产品通关证明"时，应严格按照附件所列水产品清单内容如实申报，并保证在报关时相关申报内容与申请内容一致。

申请"合法捕捞产品通关证明"时应提交由船旗国政府主管机构签发的合法捕捞证明原件。如在船旗国以外的国家或地区加工的该目录所列产品进入我国，申请单位应提交由船旗国政府主管机构签发的合法捕捞产品副本和加工国或者地区授权机构签发的再出口证明原件。

二、自由进出口管理措施

除国家禁止、限制进出口货物、技术外的其他货物、技术，均属于自由进出口范围。自由进出口货物、技术的进出口不受限制，但基于监测进出口情况的需要，国家对部分属于自由进出口采取如下管理措施：

（一）自动进口许可管理

商务部根据监测货物进口情况的需要，对部分自由进口货物实行自动许可管理。许可证局、各地特派办、地方发证机构及地方机电产品进出口机构负责自动进口许可货物管理和自动进口许可证的签发工作。目前涉及的管理目录是商务部会同海关总署制定、调整并公布的《自动进口许可管理货物目录》，对应的许可证件为"中华人民共和国自动进口许可证"（以下简称"自动进口许可证"）。

1. 自动进口许可管理的货物范围

（1）2024 年实施自动进口许可管理的货物共计 45 类：

①由商务部签发"自动进口许可证"的货物有牛肉、猪肉、羊肉、鲜奶、奶粉、木薯、大麦、高粱、大豆、油菜籽、食糖、玉米酒精、豆粕、烟草、原油、成品油、部分化肥、二醋酸纤维丝束、烟草机械、移动通信产品、卫星广播电视设备及关键部件、部分汽车产品、部分飞机、部分船舶，涉及 24 类商品。

②由商务部授权的省级地方商务主管部门或地方、部门机电办负责签发"自动进口许可证"的货物有肉鸡、植物油、铁矿石、铜精矿、煤、部分成品油、四氯乙烯、部分化肥、聚氯乙烯、氯丁橡胶、钢材、工程机械、印刷机械、纺织机械、金属冶炼及加工设备、金属加工机床、电气设备、部分汽车产品、部分飞机、部分船舶、医疗设备，涉及 21 类商品。

（2）免交"自动进口许可证"的情形。

进口列入《自动进口许可管理货物目录》的商品，在办理报关手续时须向海关提交"自动进口许可证"，但下列情形免交：

①加工贸易项下进口并复出口的（原油、成品油、化肥除外）；

②外商投资企业作为投资进口或者投资额内生产自用的（旧机电产品除外）；

③货样广告品、实验品进口，每批次价值不超过 5000 元人民币的；

④暂时进口的海关监管货物；

⑤从境外进入保税区、出口加工区、保税仓库、保税物流中心等海关特殊监管区域和保税监管场所属自动进口许可证管理的货物；

⑥加工贸易项下进口的不作价设备监管期满后留在原企业使用的；

⑦国家法律法规规定其他免领自动进口许可证的。

2. 办理程序

进口属于自动进口许可管理的货物，收货人（包括进口商和进口用户）在办理海关报关手续前，应向所在地或相应的发证机构提交"自动进口许可证"申请，并取得"自动进口许可证"。其中属于法律法规规定应当招标采购的，收货人还应当依法招标。收货人申请"自动进口许可证"，应当提交自动进口许可证申请表、货物进口合同（属于委托代理进口的，应当提交委托代理进口协议正本）。法律法规对进口货物用途或者最终用户有特定规定的，应当提交进口货物用途或者最终用户符合国家规定的证明材料、针对不同商品在管理目录中列明的应当提交的材料，以及商务部规定的其他应当提交的材料。同时收货人应当对所提交材料的真实性负责，并保证其有关经营活动符合国家法律规定。

收货人可以直接向发证机构书面申请"自动进口许可证"，也可以通过网上申请。其中书面申请的，收货人可以到发证机构领取或者从相关网站下载自动进口许可证申请表（可复印）等有关材料，按要求如实填写，并采用送递、邮寄或者其他适当方式，与其他相关材料一并递交发证机构。采取网上申请的，收货人应当先到发证机构申领用于企业身份认证的电子钥匙。申请时，登录相关网站，进入相关申领系统，按要求如实在线填写自动进口许可证申请表等资料，同时向发证机构提交有关材料。

目前，在全国范围内可对属于自动进口许可管理的货物许可证件申领和通关作业实行无纸化。进口单位申请进口上述货物的，可自行选择有纸作业或者无纸作业方式。选择无纸作业方式的进口单位，应按规定向商务部或者商务部委托的机构申领"自动进口许可证"电子证书，以通关作业无纸化方式向海关办理报关验放手续。

3. 报关规范

以通关作业无纸化方式向海关办理报关验放手续的进口单位，可免于提交"自动进口许可证"纸质证书。因管理需要或者其他情形需验核"自动进口许可证"纸质证书的，进口单位应当补充提交纸质证书，或者以有纸作业方式向海关办理报关验放手续；海关以进口许可证件联网核查的方式验核"自动进口许可证"电子证书，不再进行纸面签注。"自动进口许可证"发证机构按照海关反馈的进口许可证件使用状态、清关数据等进行延期、变更、核销等操作。

"自动进口许可证"有效期为 6 个月，但仅限公历年度内有效；"自动进口许可证"项下货物原则上实行"一批一证"管理，对部分货物也可实行"非一批一证"管理。对实行"非一批一证"管理的，在有效期内可以分批次累计报关使用，但累计使用不得超过 6 次。每次报关时，海关在"自动进口许可证"原件"海关验放签注"栏内批注后，留存复印件，最后一次使用后，海关留存正本。同一进口合同项下，收货人可以申请并领取多份"自动进口许可证"；对实行"一批一证"的自动进口许可管理的大宗、散装货物，其溢装数量在货物总量 3% 以内的原油、成品油、化肥、钢材 4 种大宗散装货物予以免证，其他货物溢装数量在货物总量 5% 以内的予以免证；对"非一批一证"的大宗散装货物，每批货物进口时，按其实际进口数量核扣自动进口许可证额度数量，最后一批货物进口时，应按该自动进口许可证实际剩余数量的允许溢装上限内计算，即 5%（原油、成品油、化肥、钢材在溢装上限 3%）以内计算免证数额。

（二）技术进出口合同登记管理

为规范自由进出口技术的管理，建立技术进出口信息管理制度，促进我国技术进出口的发展，根据《技术进出口管理条例》和《技术进出口合同登记管理办法》，对技术进出口实行合同登记管理。

进出口属于自由进出口的技术，应当向国务院商务主管部门或者其委托的机构办理合同备案登记。国务院商务主管部门对技术进出口合同进行登记，颁发技术进出口合同登记证，申请人凭技术进出口合同登记证，办理外汇、银行、税务、海关等相关手续。

1. 管理范围

列入国家禁止和限制进出口技术目录以外的技术都属于自由进出口技术，技术进出口经营者进出口属自由进出口技术，须向商务部及其授权部门办理合同登记并领取"技术进口合同登记证"或"技术出口合同登记证"凭以办理通关手续。

技术进出口合同包括专利权转让合同、专利申请权转让合同、专利实施许可合同、技术秘密许可合同、技术服务合同和含有技术进出口的其他合同。

2. 登记程序

商务部负责对《政府核准的投资项目目录》和政府投资项目中由国务院或国务院投资主管部门核准或审批的项目项下的技术进口合同进行登记管理；各省、自治区、直辖市和计划单列市商务主管部门负责对《政府核准的投资项目目录》和政府投资项目中由国务院或国务院投资主管部门核准或审批的项目项下的自由进出口技术合同进行登记管理；中央管理企业的自由进出口技术合同，按属地原则到各省、自治区、直辖市和计划单列市商务主管部门办理登记。

国家对自由进出口技术合同实行网上在线登记管理。技术进出口经营者应登录商务部政府网站上的"技术进出口合同信息管理系统"进行合同登记，并持技术进（出）口合同登记申请书、技术进（出）口合同副本（包括中文译本）和签约双方法律地位的证明文件，到商务主管部门履行登记手续。商务主管部门在收到上述文件起3个工作日内，对合同登记内容进行核对，并向技术进出口经营者颁发"技术进口合同登记证"或"技术出口合同登记证"。

海关总署和商务部对"技术出口合同登记证"实行电子数据与进出口货物报关单电子数据的联网核查工作。商务部及其授权发证机构根据相关法律法规及有关规定签发"技术出口合同登记证"，并将有效电子数据传输至海关。海关在通关环节对证件信息进行比对核查，并按规定办理相关手续。

3. 报关规范

（1）技术进出口经营者应按照现行规定，如实、规范向海关申报，在固定栏目规范填报电子证书编号。

（2）因计算机管理系统、通信网络故障等原因，无法正常实施联网核查的，企业可提交纸本材料并按照要求办理相关手续。

（3）企业可登录中国国际贸易单一窗口查询证件电子数据传输状态。

三、进出境货物检验检疫管理措施

我国进出境货物检验检疫管理范围包括：《法检目录》所列明的商品即法定检验商品，国家其他有关法律、行政法规规定实施检验检疫的进出境货物及特殊物品等。具体管理措施见本教材相关章节。

第三章 国境卫生检疫

习近平总书记指出："健康是促进人的全面发展的必然要求，是经济社会发展的基础条件，是民族昌盛和国家富强的重要标志，也是广大人民群众的共同追求。""对鼠疫、埃博拉出血热等突发急性传染病，要强化动物源头治理，筑牢口岸检疫防线，减少人群发病可能。"

国境卫生检疫是指在中华人民共和国国际通航的港口、机场以及陆地边境和国界江河的口岸，设立国境卫生检疫机关，依法实施传染病检疫、监测和卫生监督。

国境卫生检疫防控的传染病是指检疫传染病和监测传染病。检疫传染病，是指鼠疫、霍乱、黄热病，以及国务院确定和公布的其他传染病。监测传染病，由国务院卫生行政部门确定和公布。入境、出境的人员、交通工具、运输设备，以及可能传播检疫传染病的行李、货物、邮包等物品，都应当接受检疫，经海关许可，方准入境或者出境。在国外或者国内有检疫传染病大流行的时候，国务院可以下令封锁有关的国境或者采取其他紧急措施。

第一节 进出境船舶卫生检疫

进境的船舶必须在最先抵达口岸的指定地点接受检疫，办理进境检疫手续。出境的船舶在最后离境口岸接受检疫，办理出境检疫手续。

一、申报

（一）进出境船舶动态

1. 航行计划

（1）航程在 4 小时以内的水路定期客运航线（以下简称"短途定期客运航线"）进境（港）船舶，在预计抵达境内第一目的港当日零时前申报航行计划；出境（港）船舶，在预计驶离出发港当日零时前申报航行计划。

（2）其他载有货物、物品的进境（港）船舶，在原始舱单主要数据传输以前申报航行计划；出境（港）船舶，在预配舱单主要数据传输以前申报航行计划。

（3）其他未载有货物、物品的进境（港）船舶，在预计抵港的 24 小时以前申报航行计划；出境（港）船舶，在预计驶离的 4 小时以前申报航行计划。

2. 预报动态

短途定期客运航线进出境（港）船舶，不需要预报动态。其他进境（港）船舶，在抵港以前预报动态。出境（港）船舶，不需要预报动态。

3. 确报动态

进境（港）船舶，在抵港后 2 小时以内确报动态；出境（港）船舶，在驶离后 2 小时以内确报动态。

4. 航次取消

进出境（港）船舶，在申报航行计划或预报动态后、确报动态前申报航次取消。

（二）进出境船舶申报单

1. "船舶进境预申报单"电子数据。在进境船舶预计进境的 24 小时以前申报。航程 24 小时以内的进境船舶，在驶离上一港以前申报。

2. "船舶进境（港）申报单"电子数据。在进境（港）船舶抵港后 2 小时以内申报。船舶负责人也可以在进境（港）船舶抵港前提前向海关办理申报手续。

3. "船舶出境（港）申报单"电子数据。在出境（港）船舶预计驶离前 4 小时以内。出境（港）船舶在口岸停泊时间不足 24 小时的，船舶负责人也可以在海关接收"船舶进境（港）申报单"电子数据后，申报"船舶出境（港）申报单"。

（三）航行中申报

受入境检疫的船舶，在航行中发现检疫传染病、疑似检疫传染病，或者有人非因意外伤害而死亡并死因不明的，船方必须立即向入境口岸海关报告下列事项：

1. 船名、国籍、预定到达检疫锚地的日期和时间；

2. 发航港、最后寄港；

3. 船员和旅客人数；

4. 货物种类；

5. 病名或者主要症状、患病人数、死亡人数；

6. 船上有无船医。

（四）入境船舶申报材料

办理入境检疫手续时，船方或者其代理人应当向海关提交航海健康申报书、总申报单、货物申报单、船员名单、旅客名单、船用物品申报单、压舱水报告单及载货清单，并应检验检疫人员的要求提交"船舶免予卫生控制措施证书/船舶卫生控制措施证书""交通工具卫生证书""预防接种证书""健康证书""航海日志"等有关资料。

（五）出境船舶重新申报

已办理出境检疫手续但出现人员、货物的变化或者因其他特殊情况 24 小时内不能离境的，须重新办理手续。

（六）出境船舶申报材料

办理出境检验检疫手续时，船方或者其代理人应当向海关提交航海健康申报书、总申报单、货物申报单、船员名单、旅客名单及载货清单等有关资料（入境时已提交且无变动的可免于提供）。

（七）非口岸入境

来自国外的船舶因故停泊在中国境内非口岸地点的时候，船舶的负责人应当立即向就近的海关或者当地卫生行政部门报告。除紧急情况外，未经海关或者当地卫生行政部门许可，任何人不准上下船舶，不准装卸行李、货物、邮包等物品。

二、检疫方式

（一）锚地检疫

存在下列情况之一的船舶应当实施锚地检疫：来自检疫传染病疫区的；有检疫传染病病人、疑似检疫传染病病人，或者有人非因意外伤害死亡并死因不明的；发现有啮齿动物异常死亡的；废旧船舶；未持有具有世界卫生组织认可的口岸当局签发的有效"船舶免予卫生控制措施证书/船舶卫生控制措施证书"的；船方申请锚地检疫的；海关工作需要的。

（二）靠泊检疫

对来自其他重点关注传染病受染国家（地区）、有其他传染病受染风险等情况的船舶，对未持有海关签发的有效"交通工具卫生证书"，且没有适用锚地检疫所列情况或者因天气、潮水等原因无法实施锚地检疫的船舶，应当实施靠泊检疫。

（三）随船检疫

对旅游船、军事船、要人访问所乘船舶等特殊船舶及遇有特殊情况的船舶，如船上有病人需要救治、特殊物资急需装卸、船舶急需抢修等，经船方或者其代理人申请，可以实施随船检疫。

（四）电讯检疫

持有海关签发的有效"交通工具卫生证书"，且没有适用锚地检疫所列情况的船舶，经船方或者其代理人申请，海关可实施电讯检疫。

三、检疫实施

（一）检疫地点

船舶的入境检疫，必须在港口的检疫锚地或者经海关同意的指定地点实施。检疫锚地由港务监督机关和海关会商确定，报国务院交通运输主管部门和海关总署备案。

（二）检疫信号

接受入境检疫的船舶，必须按照下列规定悬挂检疫信号等候查验，在海关发给入境检疫证前，不得降下检疫信号。

1. 昼间在明显处所悬挂国际通语信号旗：

（1）"Q"字旗表示本船没有染疫，请发给入境检疫证；

（2）"QQ"字旗表示本船有染疫或者染疫嫌疑，请即刻实施检疫。

2. 夜间在明显处所垂直悬挂灯号：

（1）红灯三盏表示本船没有染疫，请发给入境检疫证；

（2）红、红、白、红灯四盏表示本船有染疫或者染疫嫌疑，请即刻实施检疫。

（三）船舶待检

悬挂检疫信号的船舶，除引航员和经海关许可的人员外，其他人员不准上船，不准装卸行李、货物、邮包等物品，其他船舶不准靠近；船上的人员，除因船舶遇险外，未经海关许可，不准离船；引航员不得将船引离检疫锚地。

（四）电讯检疫

在收到海关给予电讯检疫批准和回复后，即视为已实施电讯检疫，入境船舶解除检疫信号，在抵达后可以直接上下人员、装卸货物，出境船舶可以直接离港。

（五）申办卫控证书

未持有效"船舶免予卫生控制措施证书/船舶卫生控制措施证书"的船舶，应申请办理该证书。

（六）预约登临

船舶负责人在收到锚地检疫（前置登临检查）通知或靠泊检疫（登临检查）通知后，将船舶具体停泊计划告知海关，预约登临检查，并安排所需的交通工具。船舶的船名、船旗应与申报一致，应按照确定的锚地或靠泊检疫方式在指定的地点待检，应按规定悬挂检疫信号，缆绳上应放置有效的防鼠板或者其他防鼠装置，夜间放置扶梯、桥板时，应采用强光照射，并遵守不得上下人员及作业等风险控制要求。

（七）配合施检

船舶负责人应配合海关开展单证核查、资料检查、船舶卫生状况查验、人员健康查验、病媒生物监测、食品饮用水监管、压舱水查验等工作。检查人员抵达船舶停泊地点后，船长或大副应陪同实施卫生检疫。

（八）如实报告

接受检疫船舶的船长，在检疫医师到达船上时，必须提交由船长签字或者有船医附签的航海健康申报书、船员名单、旅客名单、载货申报单，并出示"船舶免予卫生控制措施证书/船舶卫生控制措施证书"和其他有关检疫证件。船长、船医应如实回答检疫医师询问，书面回答须经船长签字和船医附签。

（九）等待离境

对船舶实施出境检疫完毕以后，除引航员和经海关许可的人员外，其他人员不准上船，不准装卸行李、货物、邮包等物品。如果违反上述规定，该船舶必须重新实施出境检疫。

四、检疫不合格判定

（一）染疫船舶

船舶到达时载有检疫传染病染疫人的。

（二）染疫嫌疑船舶

有下列情况之一的：

1. 到达时载有检疫传染病染疫嫌疑人的；
2. 船上有啮齿动物异常死亡，并且死亡原因不明的；
3. 来自黄热病受染地区，未持有有效灭蚊证书，且发现有蚊媒的。

（三）其他检疫不合格船舶

有下列情况之一的：

1. 到达时载有其他重点关注传染病病例或疑似病例的；
2. 船上有发热、皮疹、黄疸、出血、淋巴腺肿大、呕吐、腹泻等症状的人员；
3. 船上报告或发现有啮齿动物的；
4. 发现有蚊、蝇、蜚蠊等病媒生物的；

5. 发现公共场所卫生不合格；

6. 发现垃圾卫生管理不合格；

7. 发现"船舶免予卫生控制措施证书/船舶卫生控制措施证书"过期，或船上人员健康证明或预防接种证书不合格；

8. 发现违规排放压舱水；

9. 发现未申报意外死亡尸体或骸骨；

10. 发现其他卫生学问题。

五、检疫不合格处置

（一）卫生处理

有下列情况之一的船舶实施卫生处理：

1. 来自检疫传染病疫区的；

2. 被检疫传染病或者监测传染病污染的；

3. 发现有与人类健康有关的病媒生物，超过国家卫生标准的；

4. 装载散装废旧物品或者腐败变质、有碍公共卫生物品的；

5. 携带尸体、棺柩、骸骨入境的；

6. 废旧船舶；

7. 需排放来自疫区且国家明确规定应当实施卫生处理的压舱水的；

8. 需移下生活垃圾的；

9. 海关要求实施卫生处理的其他船舶。

（二）医学措施

船上的检疫传染病染疫人实施隔离，染疫嫌疑人实施留验或者就地诊验。船上有发热等传染病症状的人员，实施流行病学调查、医学排查，并视情况移交地方卫健部门。

（三）监督离境

外国船舶的负责人如果拒绝接受卫生处理，除有特殊情况外，该船舶可以在海关的监督下，立即离开中华人民共和国国境。

（四）特殊物品审批

船上未按要求办理审批的特殊物品，应按规定办理特殊物品卫生检疫审批。

（五）预防接种

船上未按要求持有相关"预防接种证书"的人员，应按规定接种相关疫苗。

（六）健康体检

船上未按要求持有"健康证书"的人员，应按规定接受健康体检。

六、证书签发

（一）入境证书

经检疫判定没有染疫的入境船舶，签发"船舶入境卫生检疫证"；经检疫判定应当实施卫生处理的或者有其他限制事项的入境船舶，在实施相应的卫生处理后，签发"船舶入境检疫证"。

（二）出境证书

船方提交的出境检疫资料符合规定或者经登轮检疫合格，签发"交通工具出境卫生检疫证书"。

（三）卫控证书

根据卫生检查结果，船舶有下列情形之一的，实施卫生控制措施，签发"船舶卫生控制措施证书"：

1. 发现传染病病人；

2. 发现鼠患，或其他媒介生物超过控制标准的；

3. 发现化学、生物、核辐射污染证据；

4. 发现有证据表明存在其他公共卫生风险，海关认为需要实施卫生控制措施的。

对没有上述情况的船舶签发"船舶免予卫生控制措施证书"。

（四）卫控证书延期

船舶如不能在港口进行检查或执行必要的控制措施，而且未发现感染或污染的证据，原"船舶免予卫生控制措施证书"上会加盖延期章，将其有效期延长1个月。

（五）两岸直航证书

海峡两岸直航船舶参照以上情形，会分别收到"船舶出港卫生检疫证书""船舶进港检疫证书""船舶进港卫生检疫证书"。

七、船舶卫生监督

（一）卫生检查

海关对航行或者停留于口岸的船舶实施卫生检查，若卫生状况不良、存在可能导致传染病传播或者病虫害传播扩散的因素，按要求整改或实施卫生处理。

（二）配合监督

船舶在口岸停留期间，未经海关许可，不得擅自排放压舱水、移下垃圾和污物等。船舶在境内停留及航行期间，未经许可不得擅自启封动用海关在船上封存的物品。

（三）卫控能力

船舶应当具备并按照规定使用消毒、除虫、除鼠药械及装置。

（四）临时检疫

来自国内疫区或在国内航行中发现检疫传染病、疑似检疫传染病或有人非因意外伤害死亡并死因不明的船舶，或发现船舶存在申报单证中未列明异常情况的，船舶负责人应当主动报告并接受临时检疫。

第二节 进出境航空器卫生检疫

一、申报

（一）进出境航空器动态

1. 当日飞行计划

进境航空器，在预计抵达境内第一目的港当日零时前申报当日飞行计划；出境航空器，在预计驶离出发港当日零时前申报当日飞行计划。

2. 预报动态

进境航程超过 4 小时的进境航空器，在抵达境内第一目的港的 4 小时以前预报动态；进境航程在 4 小时以内的进境航空器，在起飞时预报动态。出境航空器，在驶离设立海关地点的 2 小时以前预报动态。

3. 确报动态

进境航空器，在抵达境内第一目的港的 30 分钟以内确报动态；出境航空器，在驶离设立海关地点后 30 分钟以内确报动态。

4. 航班取消

如航班取消，进出境航空器应在申报当日飞行计划后、确报动态前申报。

（二）进出境航空器申报单

1. "航空器进境（港）申报单"电子数据。在进境航空器抵达境内第一目的港的 30 分钟以内申报；航空器负责人也可以在运输工具进境（港）确报前提前向海关办理申报手续。

2. "航空器出境（港）申报单"电子数据。在出境航空器驶离设立海关地点前 30 分钟以内申报。

（三）申报材料

航空器负责人向海关提交符合国际民航组织要求格式的总申报单、货物申报单（随附载货清单）、机组物品申报单、机组人员名单及海关要求的其他卫生检疫信息。

（四）非口岸入境

来自境外的航空器因故降落在中国境内非口岸地点的时候，航空器的负责人应当立即向就近的海关或者当地卫生行政部门报告。除紧急情况外，未经海关或者当地卫生行政部门许可，任何人不准上下航空器，不准装卸行李、货物、邮包等物品。

（五）航行中申报

受入境检疫的航空器，如果在飞行中发现检疫传染病、疑似检疫传染病，或者有人非因意外伤害死亡并死因不明时，机长应当立即向海关报告下列事项：

1. 航空器的国籍、机型、号码、识别标志、预定到达时间；

2. 出发站、经停站；

3. 机组和旅客人数；

4. 病名或者主要症状、患病人数、死亡人数。

二、检疫方式

（一）特定机位检疫

特定机位应为远离航站楼的停机坪机位，具体位置由海关与机场运营企业共同商定。符合以下条件之一的进出境航空器，应当停靠特定机位实施登临检查：

1. 来自或经停检疫传染病及按检疫传染病管理的受染国家（地区）；
2. 机上有检疫传染病染疫人或染疫嫌疑人；
3. 本航次有人非意外伤害死亡并死因不明的；
4. 本航次发现啮齿动物反常死亡或死因不明，或在机上发现活鼠、鼠迹、新鲜鼠粪的；
5. 来自黄热病受染国家（地区）的航空器但申报无有效灭蚊证书的；
6. 入境维修的航空器；
7. 航空公司申请特定机位检疫的；
8. 其他法律法规要求，或海关总署有要求的。

（二）普通机位检疫

普通机位是指能够满足海关监管要求的停机坪机位或廊桥机位。符合以下条件之一的进出境航空器，应当停靠普通机位实施登临检查：

1. 来自或途经重点关注传染病（不含检疫传染病）受染国家（地区）的；
2. 机上有健康异常人员的（检疫传染病染疫人或染疫嫌疑人除外）；
3. 其他法律法规要求，或海关总署有要求的。

（三）电讯检疫

不存在特定机位检疫和普通机位检疫所列条件且申报材料齐全的进出境航空器，经航空器运营企业申请，可实施电讯检疫。

（四）随航检疫

存在以下情况之一的，经航空器运营企业申请，并报直属海关同意后，可实施随航检疫：

1. 国外发生重大疫情或战争，需紧急转移成批驻外人员回国；
2. 某些前往国外疫区的大规模群体活动，如穆斯林朝觐、团体旅游等；
3. 国与国之间成批运送伤病员或其他严重疾病病人及染疫嫌疑人；
4. 进行有关流行病学科学研究调查等活动。

（五）专机检疫

专机是指国家领导人或外国政要乘坐的专用飞机，其卫生检疫原则上给予礼遇。非疫情状态下，经申请，可实施电讯检疫，由专机代理部门负责办理检疫申请和机上人员健康申报等手续。需要登临检查的，在与有关部门沟通后，在机上国家领导人下机后实施登临检查。

三、检疫实施

（一）检疫地点

入境的航空器必须在最先抵达口岸的指定地点接受检疫，办理入境检疫手续。出境的航空器在最后离境口岸接受检疫，办理出境检疫手续。航空器在飞行中，不得向下投掷或者任其坠下能传播传染病的任何物品。

（二）电讯检疫

航空器运营企业或航空器代理企业接到检疫方式确认为电讯检疫的通知后，航空器可在抵达后直接上下人员、装卸货物，出境航空器可直接离港。

（三）预约登临

航空器负责人在收到前置登临检查通知或登临检查通知后，应将航空器具体停靠计划告知海关并预约登临检查。

（四）检疫提示

对于申报机上有健康异常人员的出入境航空器，机组人员应在海关登临检查前，在飞机上播放卫生检疫提示。

（五）航空器待检

在检疫没有结束之前，除经海关许可外，任何人不得上下航空器，不准装卸行李、货物、邮包等物品。

（六）配合施检

航空器负责人应配合海关开展申报资料核查、医学巡查、重点人员检疫查验、卫生状况检查、病媒生物检查、食品饮用水监管、人员异常死亡调查等工作。现场检疫时，机长或者其授权的代理人，应提交总申报单、旅客名单、货物仓单和有效的灭蚊证书，以及其他有关检疫证件；应如实回答检疫医师提出的有关航空器上卫生状况的询问。

四、检疫不合格判定

（一）染疫航空器

航空器到达时载有检疫传染病染疫人的。

（二）染疫嫌疑航空器

有下列情况之一的：

1. 航空器到达时载有检疫传染病染疫嫌疑人的；
2. 航空器上有啮齿动物异常死亡，并且死亡原因不明的；
3. 来自黄热病受染地区，未持有有效灭蚊证书，且发现有蚊媒的。

（三）其他检疫不合格航空器

有下列情况之一的：

1. 航空器到达时载有其他重点关注传染病病例或疑似病例的；
2. 航空器上有发热、皮疹、黄疸、出血、淋巴腺肿大、呕吐、腹泻等症状的人员；
3. 航空器报告或发现有啮齿动物的；
4. 发现有蚊、蝇、蜚蠊等病媒生物的；

5. 发现公共场所卫生不合格；

6. 发现固液废弃物管理不合格；

7. 发现未申报意外死亡尸体或骸骨；

8. 发现其他卫生学问题。

五、检疫不合格处置

（一）卫生处理

有下列情况之一的航空器实施卫生处理：

1. 可能被可疑病例污染的；

2. 来自黄热病受染地区且无有效灭蚊证书的；

3. 报告或发现有啮齿动物及鼠迹、鼠粪等啮齿动物活动痕迹的；

4. 报告或发现有蚊、蝇等病媒生物的；

5. 携带尸体、棺柩、骸骨入境的；

6. 废旧航空器；

7. 需移下生活垃圾的；

8. 海关总署要求实施卫生处理的其他航空器。

（二）监督整改

环境卫生状况不合格的，应按要求进行整改。

（三）违法处置

逃避检疫的、不如实申报的、违规上下人员或货物的，以及有其他违法违规行为的，会被移交相关部门进一步处置。

（四）医学措施

机上的检疫传染病染疫人实施隔离，染疫嫌疑人实施留验或者就地诊验。机上有发热等传染病症状的人员，实施流行病学调查、医学排查，并视情况移交地方卫健部门。

（五）特殊物品审批

机上未按要求办理审批的特殊物品，按规定办理特殊物品卫生检疫审批。

（六）预防接种

机上未按要求持有相关"预防接种证书"的人员，按规定接种相关疫苗。

（七）健康体检

机上未按要求持有"健康证书"的人员，按规定接受健康体检。

六、证书签发

（一）入境证书

入境航空器没有染疫的，签发"航空器入境检疫证书"；染疫或者有染疫嫌疑的航空器，在卫生处理完毕后，签发"航空器入境卫生检疫证书"。

（二）出境证书

出境航空器没有染疫的，签发"交通工具出境卫生检疫证书"。

（三）两岸直航证书

海峡两岸直航航空器参照上述情形，分别签发"航空器进港检疫证书""航空器进港卫生检疫证书""航空器出港卫生检疫证书"。

第三节　进出境车辆卫生检疫

一、申报

（一）进出境铁路列车动态

1. 铁路列车进境计划表

载有货物、物品的进境铁路列车，在原始舱单主要数据传输以前申报铁路列车进境计划表；未装载货物、物品的进境铁路列车，在预计进境的 2 小时以前申报铁路列车进境计划表。

2. 铁路列车进境确报动态

在铁路列车进境后 1 小时以内，铁路列车进境确报动态。

3. 铁路列车出境确报动态

在铁路列车离境后 1 小时以内，铁路列车出境确报动态。

（二）进出境铁路列车申报单

1. "铁路列车进境申报单"电子数据，在进境铁路列车进境后 1 小时以内申报。铁路列车负责人也可以在列车进境前提前向海关办理申报手续。

2. "铁路列车出境申报单"电子数据，在出境铁路列车预计离境前 4 小时以内申报。

（三）备案管理

进出境车辆备案时应提交列车、客运车辆卫生管理制度。

（四）疫情状态申报

疫情状态下，所有出入境车辆均需按国家有关要求实施检疫申报。

（五）非疫情状态申报

非疫情状态（常态）下，实行异常申报制度，有以下情况的出入境车辆，需进行现场检疫申报：车上有疑似传染病病人或有发热、腹泻、呕吐等传染病症状者；车上有人员异常死亡；车上载有特殊物品、废旧物品、尸体骸骨等应检疫物品；车上发现异常死亡啮齿动物；车上有蚊、蝇、蜚蠊等病媒生物的；海关及国家有关部门发文要求的。对列车申报有前两项异常情况的，列车负责人应及时向海关通报（疑似）病人姓名、性别、国籍、证件号码、乘车席位号、用餐等基本情况和临床主要症状。

（六）行驶中申报

出入境列车和其他车辆，如果在行程中发现检疫传染病、疑似检疫传染病，或者有人非因意外伤害死亡并死因不明的，列车或者其他车辆到达车站、关口时，列车长或者其他车辆负责人应当向海关报告。

二、检疫方式

（一）登车检疫

疫情状态下，所有客运车辆均实施登车检疫。非疫情状态（常态）下，有下列情况之一的，实施登车检疫：被布控的，申报有异常情况的，体温监测或医学巡查发现有异常情况的，往返深港走读学童不下车经旅检大厅出入境的。

（二）不登车检疫

非疫情状态下，无异常申报及检疫发现的车辆，原则上实施不登车检疫。

（三）随车检疫

入境直通列车可以实施随车检疫。

三、检疫实施

（一）检疫地点

入境的车辆必须在最先抵达口岸的指定地点接受检疫，办理入境检疫手续。出境的车辆必须在最后离境口岸接受检疫，办理出境检疫手续。

（二）等候检疫

在检疫结束前，未经海关许可，任何人不准上下列车或者其他车辆，不准装卸行李、货物、邮包等物品。

（三）如实报告

现场检疫时，列车长或者其他车辆负责人，应当口头或者书面向海关申报该列车或者其他车辆上人员的健康情况，应当如实回答检疫医师提出的有关卫生状况和人员健康的询问。

（四）不登车检疫

不登车检疫时，司乘人员应配合海关开展体温监测和医学巡查，申报健康状况，必要时，填报"健康申明卡"。经旅检大厅出入境的司乘人员，在旅检大厅接受体温监测，进行健康申报。

（五）配合检疫

登车检疫时，司乘人员应配合海关开展的医学调查、医学巡查、证件查验、卫生状况检查、病媒生物检查、食品饮用水监管、人员异常死亡调查等工作。

四、检疫不合格判定

（一）染疫车辆

车辆到达时载有检疫传染病染疫人的。

（二）染疫嫌疑车辆

有下列情况之一的：

1. 到达时载有检疫传染病染疫嫌疑人的；
2. 车上有啮齿动物异常死亡，并且死亡原因不明的；
3. 来自黄热病受染地区，未持有有效灭蚊证书，且发现有蚊媒的。

（三）其他检疫不合格车辆

有下列情况之一的：

1. 到达时载有其他重点关注传染病病例或疑似病例的；
2. 车上有发热、皮疹、黄疸、出血、淋巴腺肿大、呕吐、腹泻等症状的人员；
3. 车上报告或发现有啮齿动物的；
4. 发现有蚊、蝇、蜚蠊等病媒生物的；
5. 发现公共场所卫生不合格；
6. 发现垃圾卫生管理不合格；
7. 发现未申报意外死亡尸体或骸骨；
8. 发现其他卫生学问题。

五、检疫不合格处置

（一）卫生处理

有下列情形之一的，实施卫生处理：

1. 来自检疫传染病疫区的；
2. 被检疫传染病污染的；
3. 发现传染病病例或疑似病例的；
4. 发现有啮齿动物或者病媒昆虫的；
5. 需移下生活垃圾的。

（二）医学措施

车上的检疫传染病染疫人实施隔离，染疫嫌疑人实施留验或者就地诊验。车上有发热等传染病症状的人员，实施流行病学调查、医学排查，并视情况移交地方卫健部门。

（三）监督整改

检查发现环境卫生状况不合格的，按要求进行整改。

（四）违法处置

逃避检疫的、不如实申报的，以及有其他违法违规行为的，移交相关部门进一步处置。

（五）特殊物品审批

车上未按要求办理审批的特殊物品，应按规定办理特殊物品卫生检疫审批。

（六）预防接种

车上未按要求持有相关"预防接种证书"的人员，应按规定接种相关疫苗。

（七）健康体检

车上未按要求持有"健康证书"的人员，应按规定接受健康体检。

第四节　进出境货物、集装箱、物品卫生检疫

一、申报

（一）入境申报

入境、出境的集装箱、货物、废旧物等物品在到达口岸的时候，承运人、代理人或者货主，必须向海关申报并接受卫生检疫。

（二）舱单申报

承载集装箱或者集装箱式货车车厢的运输工具在进出境时，承运人、营运人或者其代理人应当向海关如实申报并递交载货清单（舱单）。载货清单（舱单）上应当列明运输工具名称、航（班）次号或者集装箱式货车车牌号、国籍、卸货港口，集装箱箱号或者集装箱式货车车厢号、尺寸、总重、自重，以及箱（厢）体内装载货物的商品名称、件数、重量，经营人、收发货人、提（运）单或者装货单号等有关内容。营运人或者其代理人应当按照海关规定向海关传输相关载货清单（舱单）的电子数据。

（三）调运空箱

国际集装箱班轮公司或者其代理人凭交通主管部门的批准文件和自制的集装箱调运清单，向调出地海关申报。调运清单内容应当包括：承运集装箱原进境船舶名称、航（班）次号、日期，承运调运空箱的船舶名称，航（班）次号，集装箱箱号、尺寸，目的口岸，箱体数量等，并向调出地和调入地海关传输相关的电子数据。其他运输方式在境内调拨或者运输的空集装箱，不需办理海关手续。

二、审核

（一）动态风险管理

进出境货物、集装箱实施动态风险管理，根据风险评估，将风险划分为高风险、中风险、低风险等级。高风险和中风险的实施重点监管，低风险的实施一般监管。对不同风险类别的货物、集装箱、物品，分别按规定抽批、抽箱。

1. 高风险。来自海关总署发布的检疫传染病或参照检疫传染病管理疾病的疫情公告、警示通报、疫情防控通知所列国家（地区）的货物，海关总署明确列入高风险监管目录的货物按高风险类别管理；

2. 中风险。来自海关总署发布的重点关注传染病（检疫传染病除外）疫情公告、警示通报、疫情防控通知所列国家（地区）的货物，上一年度卫生检疫查验不合格率达20%以上的企业名下的货物，关区内连续 3 批次被查出卫生检疫不合格企业名下的货物按中风险类别管理；

3. 低风险。不属于高风险和中风险的货物按低风险类别管理。

（二）分类监管

对高风险和中风险类别实施重点监管，对低风险类别实施一般监管。对不同风险类别的货物、集装箱、物品，分别按规定抽批、抽箱。

（三）行李物品监管

入境、出境的旅客、员工个人携带或者托运可能传播传染病的行李和物品，应当接受卫生检查。

三、检疫实施

除法律法规另有规定的，从保税区输往非保税区的应检物、综合保税区与区外之间进出的货物及其外包装、集装箱不实施检疫。

（一）等候检疫

未经海关许可，任何人不得擅自开启或者损毁集装箱和集装箱式货车车厢上的海关封志，更改、涂抹箱（厢）号，取出或者装入货物，将集装箱或者集装箱式货车车厢及其所载货物移离海关监管场所。

（二）查验前卫生处理

对需实施查验前卫生处理的进出境货物、集装箱、物品，货主或代理人按照相关规定实施卫生处理。

（三）配合施检

货主或其代理人应配合海关开展病媒生物监测、卫生状况检查、病原体检测等工作。

四、检疫不合格判定

发现有下列情形之一的，判定为检疫不合格：
（一）被传染病病原体污染或有污染嫌疑；
（二）携带病媒生物；
（三）夹带禁止进口废旧物品；
（四）有腐败变质物品；
（五）有垃圾、动物尸体、粪便等；
（六）有其他公共卫生学问题。

五、检疫不合格处置

（一）追加查验

被判定为检疫不合格的，海关增加开箱率进行检疫查验，仍发现上述情形的继续扩大查验范围和比率，必要时采样送检。

（二）卫生处理

有下列情形之一的，实施卫生处理：
1. 来自疫区的；
2. 被检疫传染病污染的；
3. 可能成为检疫传染病传播媒介的；
4. 发现啮齿动物和病媒昆虫的；
5. 废旧物品；
6. 曾行驶于境外港口的废旧交通工具；
7. 发现有腐烂变质物品、生活垃圾、动物尸体、粪便的；

8. 国家法律、行政法规或国际条约规定必须作卫生处理的。

（三）退运或销毁

对检疫查验不合格，且经过卫生处理后无法达到卫生处理效果的货物，实施退运或销毁。对发现禁止进口的废旧物品的，实施退运。

第五节　出入境特殊物品检疫监管

一、风险评估

（一）评估目的

出入境特殊物品风险评估（以下简称"风险评估"）是指在出入境特殊物品卫生检疫审批前或审批时对特殊物品是否含有病原微生物等生物危害因素进行判定，对风险类别及危害程度进行识别与分析，对被评估单位的生物安全防护能力及水平进行评价，提出风险防控改进措施及是否准予入出境建议的过程。

（二）评估对象

需实施风险评估的特殊物品包括但不限于以下类别：

1. 科研、生产用途的出入境人体血液、血浆、血清，科研用途的入境组织、器官、细胞、骨髓等；

2. 含有《人间传染的病原微生物名录》中的第三类病原微生物的特殊物品，如含有登革病毒、乙肝病毒、流感病毒、麻疹病毒、幽门螺旋杆菌、肺炎支原体等；

3. 第一、二类病原微生物完整或修饰基因组核酸物质，如艾滋病毒核酸物质、西尼罗病毒核酸物质等；

4. 可能含有第一、二、三类病原微生物的；

5. 含有或可能含有寄生虫的特殊物品，如疟原虫、血吸虫、钩虫等；

6. 未经裂解或纯化工艺不完全的蛋白类产品，如未纯化的抗血清、多克隆抗体等；

7. 生物合成或基因编辑的特殊物品，可能转染第一、二、三类病原微生物的；

8. 由病原微生物所产生毒素制备的特殊物品，如肉毒杆菌毒素、黄曲霉毒素的产品；

9. 不能确定来源供体传染性风险的特殊物品；

10. 尚未认知其传染性的特殊物品。

（三）评估结果

微生物、人体组织、生物制品、血液及其制品等特殊物品按照致病性、致病途径、使用方式、用途和可控性等风险因素，经风险评估，由高到低划分为 A、B、C、D 4 个级别。

二、检疫审批

（一）审批申请

1. 申请时限

入境特殊物品的货主或者其代理人应当在特殊物品交运前向目的地直属海关申请特殊

物品审批。出境特殊物品的货主或者其代理人应当在特殊物品交运前向其所在地直属海关申请特殊物品审批。销售单位申请入境高风险特殊物品审批时，应在"特殊物品监管系统"中关联使用单位。

2. 申请条件

法律法规规定须获得相关部门批准文件的，应当获得相应批准文件；具备与出入境特殊物品相适应的生物安全控制能力。

3. 申请材料

（1）"入/出境特殊物品卫生检疫审批申请表"；

（2）出入境特殊物品描述性材料，包括特殊物品中英文名称、类别、成分、来源、用途、主要销售渠道、输出输入的国家或者地区、生产商等；

（3）入境用于预防、诊断、治疗人类疾病的生物制品、人体血液制品，应当提供国务院药品监督管理部门发给的进口药品注册证书和医疗器械注册证；

（4）出于人道主义、救死扶伤的目的，国内医疗机构需要使用的血液及特殊血液成分（如外周血造血干细胞、骨髓造血干细胞、脐带血造血干细胞等），应当提供国家红十字会出具的证明文件；

（5）入境、出境特殊物品含有或者可能含有病原微生物的，应当提供病原微生物的学名（中文和拉丁文）、生物学特性的说明性文件（中英文对照件），以及生产经营者或者使用者具备相应生物安全防控水平的证明文件；

（6）出境用于预防、诊断、治疗人类疾病的生物制品、人体血液制品，应当提供药品监督管理部门出具的销售证明，销售证明包含药品监督管理部门出具的"医疗器械出口备案表"和"医疗器械产品出口销售证明"，两者均可作为企业办理出入境特殊物品卫生检疫审批相关申请材料；

（7）出境特殊物品涉及人类遗传资源管理范畴的，应当取得人类遗传资源管理部门出具的批准文件，海关对有关批准文件电子数据进行系统自动比对验核；

（8）使用含有或者可能含有病原微生物的出入境特殊物品的单位，应当提供与生物安全风险等级相适应的生物安全实验室资质证明，BSL-3级以上实验室必须获得国家认可机构的认可；

（9）出入境高致病性病原微生物菌（毒）种或者样本的，应当提供省级以上人民政府卫生主管部门的批准文件。

（二）审批决定

1. 综合评定

根据产品生物学特性、含有及可能含有病原体情况、原料来源、制备工艺、用途流向及使用单位生物安全控制能力等情况，判定入出境特殊物品存在或潜在的病原微生物、生物毒素等生物危害程度，已有的生物安全风险控制措施与控制能力。综合评定特殊物品生物安全风险、申请单位的生物安全风险控制措施与控制能力，作出是否予以审批通过的决定。

2. 签发审批单

特殊物品申请人的申请符合法定条件、标准的，自受理之日起20日内签发"入/出境特殊物品卫生检疫审批单"。

3. 法律救济

申请人的申请不符合法定条件、标准的，自受理之日起 20 日内作出不予批准的书面决定并说明理由，告知申请人享有依法申请行政复议或者提起行政诉讼的权利。

4. 延长期限

20 日内不能作出审批或者不予审批决定的，经本行政机关负责人批准，可以延长 10 日，并应当将延长期限的理由告知申请人。

三、申报

（一）强制申报

入境、出境的微生物、人体组织、生物制品、血液及其制品等特殊物品的携带人、托运人或者邮递人，必须向海关申报并接受卫生检疫，凭海关签发的特殊物品审批单办理通关手续。未经海关许可，不准入境、出境。特殊物品生物安全风险较高，禁止过境。

（二）审批单有效期

A 级特殊物品审批单的有效期为 3 个月，一次使用，不能核销，现场批批查验，并实施后续监管。B 级特殊物品审批单的有效期为 6 个月，可多次使用，允许核销，现场抽批查验，并实施后续监管。C 级和 D 级特殊物品审批单的有效期为 12 个月，可多次使用，允许核销，现场抽批查验。

（三）名称编号

出入境特殊物品根据《特殊物品海关检验检疫名称和商品编号对应名录》进行申报。未列入对应名录的出入境特殊物品根据报关单填制规范要求进行申报。

四、检疫查验

（一）查验要点

1. 查验场地

应在符合特殊物品储存要求并具备相应的生物安全防护能力的场所中开展特殊物品查验。

2. 查验重点

（1）特殊物品有冷藏或冷冻运输要求的，是否用冷藏车运输，或放有干冰、湿冰、液氮等保温。

（2）核查货证是否相符。查验特殊物品包装标签列明的名称、成分、批号、规格、数量、输出/输入国（地区）和生产厂家等项目是否与特殊物品审批单的内容一致。

（3）检查特殊物品包装是否完整无破损，不渗、不漏。

（4）对含有病原微生物的特殊物品，如科研用菌（毒）种、其他感染性生物材料（如含有病原体的人体血液、人体组织等），应在做好个人防护的前提下，在查验其外包装是否完整、是否贴有相应的生物安全危害标识、包装材料是否符合感染性物质运输包装分类要求（在无生物安全防护能力的场所不得拆包查验）。

（5）查验过程应轻拿轻放，对标有"向上"字样的不得倒放，避免发生破损、泄漏，产生生物安全风险。

（二）采样送检

1. 根据布控规则，对抽中需采样的特殊物品进行采样，加贴样品标签，填写抽样凭证。

2. 抽采的样品应放入符合生物安全要求的冷链运输箱中，尽快送往符合相关要求的实验室进行检测，原则上应当天送样，最长不超过 24 小时。

五、检疫不合格判定

以下情况判定为检疫不合格：

（一）不符合冷藏或冷冻运输要求的；

（二）货证不相符的；

（三）包装破损的；

（四）对发现属于特殊物品，未取得检疫审批单的；

（五）属于禁止进出境的。

六、检疫不合格处置

（一）对发现属于特殊物品，未取得检疫审批单的，予以截留。

（二）对携带自用且仅限于预防或者治疗疾病用的血液制品或者生物制品出入境的，无须办理卫生检疫审批手续，出入境时应当向海关出示医院的有关证明；允许携带量以处方或者说明书确定的一个疗程为限。

（三）对发现属于禁止进出境的，按照相应法律规定办理。对发现属于涉嫌违法、涉恐的特殊物品，直接按规定程序移交相关机构和部门，并及时上报。

（四）邮递人或者携带人在截留期限内取得"特殊物品审批单"后，海关按照规定查验特殊物品名称、数量、规格等是否与审批单一致，特殊物品包装是否符合要求，经检疫查验合格的予以放行，同时予以核销。

（五）检疫查验过程中发现存在下列情况之一的，予以退运或者销毁：

1. 名称、批号、规格、生物活性成分等与特殊物品审批内容不相符的；

2. 超出卫生检疫审批的数量范围的；

3. 包装不符合特殊物品安全管理要求的；

4. 经检疫查验不符合卫生检疫要求的；

5. 被截留邮寄、携带特殊物品自截留之日起 7 日内未取得"特殊物品审批单"的，或者取得"特殊物品审批单"后，经检疫查验不合格的。

（六）违反《中华人民共和国人类遗传资源管理条例》规定，未经批准将我国人类遗传资源材料运送、邮寄、携带出境的，海关依照法律、行政法规的规定处罚，并将依法没收的人类遗传资源材料移送省、自治区、直辖市人民政府科学技术行政部门进行处理。

七、后续监管

进口 A、B 级高风险特殊物品的单位应当在特殊物品入境后 30 日内，向目的地属地海关申报。海关对 A、B 级高风险特殊物品在入境后 3 个月内实施后续监管，内容主要包括使用单位生物安全实验室等级、使用单位的实验室是否与"特殊物品审批单"一致，实验室操作人员资质，入境特殊物品是否与"特殊物品审批单"货证相符，以及入境特殊物品的流向、储存、使用情况等。后续监管过程中发现使用单位的实验室或入境特殊物品与特殊物品审批单不相符的，责令其退运或者销毁。

第六节　出入境尸体骸骨卫生检疫

一、检疫申报

入境尸体、骸骨在境外启运前，托运人或者其代理人应当向入境口岸海关申报。出境尸体、骸骨出境前，托运人或者其代理人应当向入殓地海关和出境口岸海关申报，按照要求提供卫生检疫申报单、死者身份证明、官方死亡证明、入殓证明、防腐证明及托运人或者其代理人身份证明等材料。

二、检疫实施

入境尸体、骸骨由入境口岸海关在申报资料核查合格后实施现场检疫查验。出境尸体、骸骨由入殓地海关进行材料核查并实施现场查验，由出境口岸海关在资料核查合格后现场核查。必要时，海关可向死者家属或其代理人了解死者死亡前的主要临床症状、精神状态、死亡原因、死亡过程及尸体处理经过等有关事项，要求提供死者就诊病历、尸体处理记录等相关证明材料。

对入境后再出境的尸体、骸骨，出境海关应当查验入境海关签发的"尸体/棺柩/骸骨入/出境卫生检疫证书"及相关材料。

三、结果判定

发现有外部包装不密闭等情况的，判定为卫生检疫不合格。对判定为卫生检疫不合格的，根据情况采取火化、卫生处理、改换包装、重新防腐处理、冷冻运输、禁止入出境等措施。符合卫生检疫要求的，准予入出境。

四、证书签发

本关区内经口岸入出境的尸体、骸骨，符合卫生检疫要求的，各隶属海关于入出境时签发"尸体/棺柩/骸骨入/出境卫生检疫证书"。经外地口岸出境的尸体、骸骨，符合卫生检疫要求的，属地隶属海关于入殓检疫后签发"尸体/棺柩/骸骨入/出境卫生检疫证书"。

第四章　进出境动植物检疫

进出境动植物检疫是国家生物安全的重要组成部分，生物安全是国家安全战略的重要组成部分。2020年2月14日，习近平在中央全面深化改革委员会第十二次会议上发表重要讲话指出：要从保护人民健康、保障国家安全、维护国家长治久安的高度，把生物安全纳入国家安全体系，系统规划国家生物安全风险防控和治理体系建设，全面提高国家生物安全治理能力。要尽快推动出台生物安全法，加快构建国家生物安全法律法规体系、制度保障体系。《习近平谈治国理政》第四卷"切实筑牢国家生物安全屏障"指出：生物安全关乎人民生命健康，关乎国家长治久安，关乎中华民族永续发展，是国家总体安全的重要组成部分，也是影响乃至重塑世界格局的重要力量。要深刻认识新形势下加强生物安全建设的重要性和紧迫性，贯彻总体国家安全观，贯彻落实生物安全法，统筹发展和安全，按照以人为本、风险预防、分类管理、协同配合的原则，加强国家生物安全风险防控和治理体系建设，提高国家生物安全治理能力，切实筑牢国家生物安全屏障。

进出境动植物检疫是国家主权的象征，通过对外行使国家主权、履行国际义务，执行动植物检疫法律法规，防止动物疫病和危险性植物有害生物传入、传出国境，保护农林牧渔业生产安全、生态安全、人和动物生命健康安全，所采取的强制性检查和处理措施。实施强制性的动植物检疫已成为世界各国的普遍制度。

进出境动植物检疫具有预防性、法制性、技术性、公益性、涉外性、应急性、风险性和敏感性等特点。

海关根据《进出境动植物检疫法》及其实施条例，参照世界贸易组织（WTO）关于《实施卫生与植物卫生措施协定》（SPS协定）和《国际植物保护公约》（IPPC）、世界动物卫生组织（WOAH）的有关规定，制定了相关进境动植物及其产品检验检疫部门规章。旅客携带物、邮寄物及跨境电商按照相关规定依法实施检疫，未出台部门规章的木材、植物源性肥料、生物质燃料及其他动植物产品按相关法律法规，以公告、规范性文件的形式向社会公布并实施检验检疫。

第一节　进境动植物及其产品的动植物检疫

进境动植物及其产品的动植物检疫主要包括检疫准入、检疫审批、境外预检、指定监管场地（指定口岸）、口岸查验、隔离检疫、实验室检测、检疫处理（包括指定监管加工）、后续监管等过程。

一、检疫准入

为防止外来植物检疫性有害生物传入，保护我国农、林业生产安全及生态环境，根据《进出境动植物检疫法》及其实施条例、国际公约，参照国际标准及国际惯例，海关制定了《进境植物和植物产品风险分析管理规定》和《进境动物和动物产品风险分析管理规定》，构成了我国的检疫准入制度的基本框架。检疫准入制度是中国海关根据中国法律法规，依据境内外动植物疫情疫病和安全卫生风险评估结果，结合拟申请国（地区）出口农产品官方监管体系的有效性评估，作出是否准许申请国（地区）某类动植物、动植物产品进入中国决定的制度。检疫准入制度是 WTO/SPS 的重要措施，是降低检疫性有害生物传入我国的第一道防线，通常包括：接到申请国（地区）官方申请后，向申请国（地区）进行问卷调查、组织专家进行风险评估、赴申请国（地区）进行体系考核、要求申请国（地区）官方对出口企业进行企业注册、确定植物检疫要求、签署双边协议（议定书）等内容。双边协议签署后，海关将双边协议中的植物检疫要求以公告的形式向社会公布。双边协议中的植物检疫要求是开展进境动植物检疫的重要依据。

进口企业在进口某国（地区）某动植物及其产品前，应先行了解该产品是否获得中国官方检疫准入，未获得准入的动植物及其产品不得进口。因出口国（地区）官方监管体系运行不符合我国要求或出现重大动植物疫情，我国采取临时检疫措施，暂停进口该国（地区）或企业的产品也不得进口。

二、检疫审批

按照国家部门的职责分工，检疫审批涉及农业农村、林业草原和海关 3 个部门。从境外引进农业种子、苗木和其他繁殖材料，由农业农村部门负责检疫审批；引进林业种子苗木由林草部门负责检疫审批；海关总署负责除农业农村和林业草原部门负责检疫审批范围以外的其他动植物产品和需要特许审批的禁止进境物以及科研用的种子的检疫审批。

海关总署为进一步加强对进境动植物检疫审批的管理工作，防止动物传染病、寄生虫病和植物危险性病虫杂草及其他有害生物的传入，根据《进出境动植物检疫法》及其实施条例的有关规定，制定了《进境动植物检疫审批管理办法》。检疫审批制度是国家为防止境外动植物传染病、有毒有害生物的传入，对进境（过境）动物及其产品、植物及其产品采取的一种行政管理程序。

（一）审批范围

审批管理办法适用于对《进出境动植物检疫法》及其实施条例以及国家有关规定需要审批的进境动物（含过境动物）、动植物产品和需要特许审批的禁止进境物的检疫审批。

海关总署根据法律法规的有关规定，以及国务院有关部门发布的禁止进境物名录，制定、调整并发布需要检疫审批的动植物及其产品名录。

1. 动物及其产品检疫审批范围

（1）活动物，指饲养、野生的活动物，如畜、禽、兽、蛇、龟、虾、蟹、贝、鱼、蚕、蜂等。

（2）动物繁殖材料，包括胚胎、精液、受精卵、种蛋及其他动物遗传物质。

（3）食用性动物产品（动物源性食品），包括动物肉类及其产品（含脏器），鲜蛋、鲜奶，动物源性中药材，特殊营养食品（如燕窝），动物源性化妆品原料，两栖类、爬行类、水生哺乳类动物及其他养殖水产品。不包括海捕水产品、蜂产品、蛋制品、奶制品、熟制肉类产品（如香肠、火腿、肉类罐头、食用高温炼制动物油脂）。

（4）非食用性动物产品，包括原毛（包括羽毛），原皮，生的骨、角、蹄，明胶，蚕茧，动物源性饲料及饲料添加剂，鱼粉、肉粉、骨粉、肉骨粉、油脂、血粉、血液等，含有动物成分的有机肥料。

2. 植物及其产品检疫审批范围

（1）果蔬类，包括新鲜水果、番茄、茄子、辣椒果实。

（2）烟草类，包括烟叶及烟草薄片。

（3）粮谷类，包括小麦、玉米、稻谷、大麦、黑麦、高粱等。

（4）豆类，包括大豆、绿豆、豌豆、赤豆、蚕豆、鹰嘴豆等。

（5）薯类，包括马铃薯、木薯、甘薯等。

（6）饲料类，包括麦麸、豆饼、豆粕等。

（7）植物繁殖材料，包括植物种子、种苗及其他繁殖材料。

（8）植物栽培介质，包括除土壤外的所有由一种或几种混合的具有储存养分、保存水分、透气良好和固定植物等作用的人工或天然固体物质组成的栽培介质。

3. 特许审批范围

（1）动植物病原体（包括菌种、毒种等）、害虫及其他有害生物。

（2）动植物疫情流行的国家和地区的有关动植物、动植物产品和其他检疫物。

（3）动物尸体。

（4）土壤。

4. 取消进境动植物检疫审批的产品清单

（1）商品编号 3105900000 其他肥料。

（2）商品编号 3101001910 未经化学处理的森林凋落物（包括腐叶、树皮、树叶、树根等森林腐殖质）。

（3）商品编号 3101009020 经化学处理的森林凋落物（包括腐叶、树皮、树叶、树根等森林腐殖质）。

（4）商品编号 2703000010 泥炭（草炭）［沼泽（湿地）中，地上植物枯死、腐烂堆积而成的有机矿体（不论干湿）］。

（5）商品编号 2703000090 泥煤（包括肥料用泥煤）（不论是否制成型）。

（6）商品编号 0604901000 其他苔藓及地衣。

（7）商品编号 0604201000 鲜的苔藓及地衣。

（8）商品编号 1404909010 椰糠（条/块）。

（9）商品编号 4501902000 碎的、粒状的或粉状的软木（软木碎、软木粒或软木粉）。

（10）商品编号 4401400000 锯末、木废料及碎片（未粘结成圆木段、块、片或类似形状）。

（11）商品编号 1404909000 其他编号未列名植物产品。

（12）商品编号 2302100000 玉米糠、麸及其他残渣。

（13）商品编号 2302400000 其他谷物糠、麸及其他残渣。

（14）商品编号 2302500000 豆类植物糠、麸及其他残渣。

（15）商品编号 2303100000 制造淀粉过程中的残渣及类似品。

（16）商品编号 2303200000 甜菜渣、甘蔗渣及类似残渣。

（17）商品编号 2305000000 花生饼及类似油渣。

（18）商品编号 2306100000 棉籽油渣饼及固体残渣（品目 2304 或 2305 以外提炼植物

油脂所得的）。

（19）商品编号2306200000 亚麻子油渣饼及固体残渣（品目2304或2305以外提炼植物油脂所得的）。

（20）商品编号2306300000 葵花子油渣饼及固体残渣（品目2304或2305以外提炼植物油脂所得的）。

（21）商品编号2306410000 低芥子酸油菜籽油渣饼及固体残渣（品目2304或2306以外提炼植物油脂所得的）。

（22）商品编号2306490000 其他油菜籽油渣饼及固体残渣（品目2304或2305以外提炼植物油脂所得的）。

（23）商品编号2306500000 椰子或干椰肉油渣饼及固体残渣（品目2304或2305以外提炼植物油脂所得的）。

（24）商品编号2306600010 濒危棕榈果或濒危棕榈仁油渣饼及固体残渣（品目2304或2305以外提炼植物油脂所得的）。

（25）商品编号2306600090 其他棕榈果或其他棕榈仁油渣饼及固体残渣（品目2304或2305以外提炼植物油脂所得的）。

（26）商品编号2306900000 其他油渣饼及固体残渣（品目2304或2305以外提炼植物油脂所得的）。

（27）商品编号2307000000 葡萄酒渣、粗酒石。

（28）商品编号0404100000 乳清及改性乳清（不论是否浓缩、加糖或其他甜物质）。

（29）商品编号2301209000 其他不适于供人食用的水产品渣粉。

（30）商品编号1504100010 濒危鱼鱼肝油及其分离品。

（31）商品编号1504100090 其他鱼鱼肝油及其分离品。

（32）商品编号1504200010 濒危鱼其他鱼油、脂及其分离品（鱼肝油除外）。

（33）商品编号1504200090 其他鱼油、脂及其分离品（鱼肝油除外）。

（34）商品编号1504300010 濒危哺乳动物的油、脂及其分离品（仅指海生）。

（35）商品编号1504300090 其他海生哺乳动物油、脂及其分离品。

（36）商品编号3503001001 明胶。

（37）商品编号3503001090 明胶的衍生物（包括长方形、正方形明胶薄片不论是否表面加工或着色）。

（38）商品编号3503009000 鱼鳔胶、其他动物胶（但不包括品目3501的酪蛋白胶）。

（39）商品编号2309101000 狗食或猫食罐头。

（40）商品编号2309901000 制成的饲料添加剂。

（41）商品编号0506100000 经酸处理的骨胶原及骨。

（42）商品编号0506909011 已脱胶的虎骨（指未经加工或经脱脂等加工的）。

（43）商品编号0506909019 未脱胶的虎骨（指未经加工或经脱脂等加工的）。

（44）商品编号0506909021 已脱胶的豹骨（指未经加工或经脱脂等加工的）。

（45）商品编号0506909029 未脱胶的豹骨（指未经加工或经脱脂等加工的）。

（46）商品编号0506909031 已脱胶的濒危野生动物的骨及角柱（不包括虎骨、豹骨，指未经加工或经脱脂等加工的）。

（47）商品编号0506909091 已脱胶的其他骨及角柱（不包括虎骨、豹骨，指未经加工或经脱脂等加工的）。

（48）商品编号 1505000000 羊毛脂及羊毛脂肪物质（包括纯净的羊毛脂）。

（49）商品编号 1506000010 其他濒危动物为原料制取的脂肪（包括河马、熊、野兔、海龟为原料的及海龟蛋油）。

（50）商品编号 1521901000 蜂蜡（不论是否精制或着色）。

（51）商品编号 1521909010 鲸蜡（不论是否精制或着色）。

（52）商品编号 1521909090 其他虫蜡（不论是否精制或着色）。

（53）商品编号 4102211000 浸酸退鞣不带毛绵羊或羔羊生皮（不包括生皮）。

（54）商品编号 4102219000 浸酸非退鞣不带毛绵羊或羔羊生皮（不包括生皮）。

（55）商品编号 5002001100 未加捻的桑蚕厂丝。

（56）商品编号 5002001200 未加捻的桑蚕土丝。

（57）商品编号 5002001300 未加捻的桑蚕双宫丝。

（58）商品编号 5002001900 其他未加捻的桑蚕丝。

（59）商品编号 5002002000 未加捻柞蚕丝。

（60）商品编号 5002009000 未加捻其他生丝。

（61）商品编号 5003001200 未梳的回收纤维。

（62）商品编号 5003001900 其他未梳废丝（包括不适于缫丝的废纱）。

（63）商品编号 5003009100 棉球。

（64）商品编号 5003009900 其他废丝（包括不适于缫丝的蚕茧、废纱及回收纤维）。

（65）商品编号 5021030000 猪鬃或猪毛的废料。

（66）商品编号 5029020900 其他獾毛及其他制刷用兽毛的废料。

（67）商品编号 5059010000 羽毛或不完整羽毛的粉末及废料。

（68）商品编号 5069011100 含牛羊成分的骨废料（未经加工或仅经脱脂等加工的）。

（69）商品编号 5069019100 其他骨废料（未经加工或仅经脱脂等加工的）。

（70）商品编号 5071000900 其他兽牙粉末及废料。

（71）商品编号 5119940100 废马毛（不论是否制成有或无衬垫的毛片）。

（72）商品编号 5103109090 其他动物细毛的落毛。

（73）商品编号 5103209090 其他动物细毛废料（包括废纱线，不包括回收纤维）。

（74）商品编号 5103300090 其他动物粗毛废料（包括废纱线，不包括回收纤维）。

（75）商品编号 5104009090 其他动物细毛或粗毛的回收纤维。

上述 75 类产品进口前，相关企业不需再申请办理"中华人民共和国进境动植物检疫许可证"（以下简称"进境动植物检疫许可证"），但货物入境时应当按照规定向海关申报，依法接受检验检疫。

海关总署负责全国进境动植物检疫审批管理工作，负责未授权产品检疫审批的终审工作，负责部分产品的检疫审批下放授权管理工作。

直属海关负责所辖地区海关总署授权的动植物及其产品的终审工作及初审工作，负责未授权产品的申请初审工作。

海关总署或者海关总署授权的直属海关负责签发"进境动植物检疫许可证"和"中华人民共和国进境动植物检疫许可证申请未获批准通知单"（以下简称"检疫许可证申请未获批准通知单"）。

（二）申请

1. 申请办理检疫审批手续的单位应当是具有独立法人资格并直接对外签订贸易合同或者协议的单位。

2. 过境动物的申请单位应当是具有独立法人资格并直接对外签订贸易合同或者协议的单位或者其代理人。

3. 申请单位应当在签订贸易合同或者协议前，向审批机构提出申请并取得"进境动植物检疫许可证"。

过境动物在过境前，申请单位应当向海关总署提出申请并取得"进境动植物检疫许可证"。

4. 申请单位应当按照规定如实填写并提交"中华人民共和国进境动植物检疫许可证申请表"（以下简称"检疫许可证申请表"），需要初审的，由进境口岸初审机构进行初审；加工、使用地不在进境口岸初审机构所辖地区内的货物，必要时还需由使用地初审机构初审。

申请单位应当向初审机构提供下列材料：

（1）申请单位的法人资格证明文件（复印件）；

（2）输入动物需要在临时隔离场检疫的，应当填写"进境动物临时隔离检疫场许可证申请表"；

（3）输入动物肉类，脏器，肠衣，原毛（含羽毛），原皮，生的骨、角、蹄，蚕茧和水产品等由海关总署公布的定点企业生产、加工、存放的，申请单位需提供与定点企业签订的生产、加工、存放的合同；

（4）办理动物过境的，应当说明过境路线，并提供输出国家或者地区官方检疫部门出具的动物卫生证书（复印件）和输入国家或者地区官方检疫部门出具的准许动物进境的证明文件；

（5）因科学研究等特殊需要，引进《进出境动植物检疫法》第五条第一款所列禁止进境物的，必须提交书面申请，说明其数量、用途、引进方式、进境后的防疫措施、科学研究的立项报告及相关主管部门的批准立项证明文件。

（三）审核批准

初审机构对申请单位检疫审批申请进行初审的内容包括：

1. 申请单位提交的材料是否齐全，是否符合申请条件；

2. 输出和途经国家或者地区有无相关的动植物疫情；

3. 是否符合中国有关动植物检疫法律法规和部门规章的规定；

4. 是否符合中国与输出国家或者地区签订的双边检疫协定（包括检疫协议、议定书、备忘录等）；

5. 进境后需要对生产、加工过程实施检疫监督的动植物及其产品，审查其运输、生产、加工、存放及处理等环节是否符合检疫防疫及监管条件，根据生产、加工企业的加工能力核定其进境数量；

6. 可以核销的进境动植物产品，应当按照有关规定审核其上一次审批的"进境动植物检疫许可证"的使用、核销情况。

初审合格的，由初审机构签署初审意见。同时对考核合格的动物临时隔离检疫场出具"进境动物临时隔离检疫场许可证"。对需要实施检疫监管的进境动植物产品，必要时出具对其生产加工存放单位的考核报告。由初审机构将所有材料上报海关总署审核。

初审不合格的，将申请材料退回申请单位。

（四）许可单证的管理和使用

1. "检疫许可证申请表""进境动植物检疫许可证""检疫许可证申请未获批准通知单"由海关总署统一印制和发放。

"进境动植物检疫许可证"由海关总署统一编号。

2. "进境动植物检疫许可证"的有效期分别为3个月或者一次有效。除对活动物签发的"进境动植物检疫许可证"外，不得跨年度使用。

3. 按照规定可以核销的进境动植物产品，在许可数量范围内分批进口、多次申报使用"进境动植物检疫许可证"的，进境口岸海关应当在"进境动植物检疫许可证"所附检疫物进境核销表中进行核销登记。

4. 有下列情况之一的，申请单位应当重新申请办理"进境动植物检疫许可证"：

（1）变更进境检疫物的品种或者超过许可数量5%以上的；

（2）变更输出国家或者地区的；

（3）变更进境口岸、指运地或者运输路线的。

5. 有下列情况之一的，"进境动植物检疫许可证"失效、废止或者终止使用：

（1）"进境动植物检疫许可证"有效期届满未延续的，海关总署应当依法办理注销手续；

（2）在许可范围内，分批进口、多次申报使用的，许可数量全部核销完毕的，海关总署应当依法办理注销手续；

（3）国家依法发布禁止有关检疫物进境的公告或者禁令后，海关总署可以撤回已签发的"进境动植物检疫许可证"；

（4）申请单位违反检疫审批的有关规定，海关总署可以撤销已签发的"进境动植物检疫许可证"。

6. 申请单位取得许可证后，不得买卖或者转让。口岸海关在受理申报时，必须审核许可证的申请单位与检验检疫证书上的收货人、贸易合同的签约方是否一致，不一致的不得受理报检。

7. 同一申请单位对同一品种、同一输出国家或者地区、同一加工、使用单位一次只能办理1份"进境动植物检疫许可证"。

8. 海关总署或者初审机构认为必要时，可以组织有关专家对申请进境的产品进行风险分析，申请单位有义务提供有关资料和样品进行检测。

9. 海关总署根据审核情况，自初审机构受理申请之日起20日内签发"进境动植物检疫许可证"或者"检疫许可证申请未获批准通知单"；20日内不能作出许可决定的，经海关总署负责人批准，可以延长10日，并应当将延长期限的理由告知申请单位。

三、指定监管场地（指定口岸）

（一）概念

指定监管场地指符合海关监管作业场所（场地）的设置规范，满足动植物疫病疫情防控需要，对特定进境高风险动植物及其产品实施查验、检验、检疫的监管作业场地。指定口岸是指原国家质量监督检验检疫总局根据有关法律法规规定，按照国家宏观调控和检验检疫特殊监管要求，规定特定货物必须从特定对外开放口岸进境，该进境口岸为检验检疫指定口岸。检验检疫业务划转海关后，指定口岸与原海关指定监管场地的管理理念相近，并入指定监管场地，"指定口岸管理"一词不在海关文件中体现。

（二）分类

1. 进境肉类指定监管场地；
2. 进境冰鲜水产品指定监管场地；
3. 进境粮食指定监管场地；
4. 进境水果指定监管场地；
5. 进境食用水生动物指定监管场地；
6. 进境植物种苗指定监管场地；
7. 进境原木指定监管场地；
8. 其他进境高风险动植物及其产品指定监管场地。

（三）管理要求

海关总署出台了海关指定监管场地管理规范，明确了各类指定监管场地的立项评估、直属海关预验收、海关总署验收及海关的监督管理等事项，明确了口岸经营单位的主体责任、设施设备、管理制度等要求，明确了主管海关的检测鉴定及查验能力要求。

四、进境植物繁殖材料检疫

为防止植物危险性有害生物随进境植物繁殖材料传入我国，保护我国农林生产安全，根据《进出境动植物检疫法》及其实施条例等有关法律、法规的规定，海关制定了《进境植物繁殖材料检疫管理办法》。

（一）适用范围

《进境植物繁殖材料检疫管理办法》适用于通过各种方式进境的贸易性和非贸易性植物繁殖材料（包括贸易、生产、来料加工、代繁、科研、交换、展览、援助、赠送，以及享有外交、领事特权与豁免权的外国机构和人员公用或自用的进境植物繁殖材料）的检疫管理。

办法所称植物繁殖材料是植物种子、种苗及其他繁殖材料的统称，指栽培、野生的可供繁殖的植物全株或者部分，如植株、苗木（含试管苗）、果实、种子、砧木、接穗、插条、叶片、芽体、块根、块茎、鳞茎、球茎、花粉、细胞培养材料（含转基因植物）等。

对进境植物繁殖材料的检疫管理以有害生物风险评估为基础，按检疫风险高低实行风险分级管理。

各类进境植物繁殖材料的风险评估由海关总署负责并公布其结果。

（二）检疫审批

输入植物繁殖材料的，必须事先办理检疫审批手续，并在贸易合同中列明检疫审批提出的检疫要求。进境植物繁殖材料的检疫审批根据以下不同情况分别由相应部门负责：

1. 因科学研究、教学等特殊原因，需从国外引进禁止进境的植物繁殖材料的，引种单位、个人或其代理人须按照有关规定向海关总署申请办理特许检疫审批手续。

2. 引进非禁止进境的植物繁殖材料的，引种单位、个人或其代理人须按照有关规定向国务院农业或林业行政主管部门及各省、自治区、直辖市农业（林业）厅（局）申请办理国外引种检疫审批手续。

3. 携带或邮寄植物繁殖材料进境的，因特殊原因无法事先办理检疫审批手续的，携带人或邮寄人应当向入境口岸所在地直属海关申请补办检疫审批手续。

4. 因特殊原因引进带有土壤或生长介质的植物繁殖材料的，引种单位、个人或其代理人须向海关总署申请办理输入土壤和生长介质的特许检疫审批手续。

5. 海关总署在办理特许检疫审批手续时，将根据审批物原产地的植物疫情、入境后的用途、使用方式，提出检疫要求，并指定入境口岸。入境口岸或该审批物隔离检疫所在地的直属海关对存放、使用或隔离检疫场所的防疫措施和条件进行核查，并根据有关检疫要求进行检疫。

6. 引种单位、个人或者其代理人应当在植物繁殖材料进境前取得"进境动植物检疫许可证"或者"引进种子、苗木检疫审批单"，并在进境前10~15日向入境口岸直属海关办理备案手续。

对不符合有关规定的检疫审批单，直属海关可拒绝办理备案手续。

（三）进境检疫

1. 海关总署根据需要，对向我国输出植物繁殖材料的国外植物繁殖材料种植场（圃）进行检疫注册登记，必要时商输出国（地区）官方植物检疫部门同意后，可派检疫人员进行产地疫情考察和预检。

2. 引种单位、个人或者其代理人在"进境动植物检疫许可证"或者"引进种子、苗木检疫审批单"核查备案后，应当在植物繁殖材料进境前7日凭输出国家（地区）官方植物检疫部门出具的植物检疫证书、产地证书、贸易合同、发票以及其他必要的单证向指定的海关申报。

受引种单位委托引种的，申报时还需提供有关的委托协议。

3. 植物繁殖材料到达入境口岸时，检疫人员要核对货证是否相符，按品种、数（重）量、产地办理核销手续。

4. 对进境植物繁殖材料的检疫，必须严格按照有关国家标准、行业标准及相关规定实施。

5. 进境植物繁殖材料经检疫后，根据检疫结果分别做如下处理：

（1）属于低风险的，经检疫未发现危险性有害生物，限定的非检疫性有害生物未超过有关规定的，给予放行；检疫发现危险性有害生物，或限定的非检疫性有害生物超过有关规定的，经有效的检疫处理后，给予放行；未经有效处理的，不准入境。

（2）属于高、中风险的，经检疫未发现检疫性有害生物，限定的非检疫性有害生物未超过有关规定的，运往指定的隔离检疫圃隔离检疫；经检疫发现检疫性有害生物，或限定的非检疫性有害生物超过有关规定，经有效的检疫处理后，运往指定的隔离检疫圃隔离检疫；未经有效处理的，不准入境。

（四）隔离检疫

1. 所有高、中风险的进境植物繁殖材料必须在海关指定的隔离检疫圃进行隔离检疫。

海关凭指定隔离检疫圃出具的同意接收函和隔离检疫方案办理调离检疫手续，并对有关植物繁殖材料进入隔离检疫圃实施监管。

2. 需调离入境口岸所在地直属海关辖区进行隔离检疫的进境繁殖材料，入境口岸海关凭隔离检疫所在地直属海关出具的同意调入函予以调离。

3. 进境植物繁殖材料的隔离检疫圃按照设施条件和技术水平等分为国家隔离检疫圃、专业隔离检疫圃和地方隔离检疫圃。海关对隔离检疫圃的检疫管理按照《进境植物繁殖材料隔离检疫圃管理办法》执行。

4. 高风险的进境植物繁殖材料必须在国家隔离检疫圃隔离检疫。

因科研、教学等需要引进高风险的进境植物繁殖材料，经报海关总署批准后，可在专业隔离检疫圃实施隔离检疫。

5. 海关对进境植物繁殖材料的隔离检疫实施检疫监督。未经海关同意，任何单位或个人不得擅自调离、处理或使用进境植物繁殖材料。

6. 隔离检疫圃负责对进境隔离检疫植物繁殖材料的日常管理和疫情记录，发现重要疫情应及时报告所在地海关。

7. 隔离检疫结束后，隔离检疫圃负责出具隔离检疫结果和有关检疫报告。隔离检疫圃所在地海关负责审核有关结果和报告，结合进境检疫结果作出相应处理，并出具相关单证。

在地方隔离检疫圃隔离检疫的，由负责检疫的海关出具隔离检疫结果和报告。

（五）检疫监督

1. 海关对进境植物繁殖材料的运输、加工、存放和隔离检疫等过程，实施检疫监督管理。承担进境植物繁殖材料运输、加工、存放和隔离检疫的单位，必须严格按照海关的检疫要求，落实防疫措施。

2. 引种单位或代理进口单位须向所在地海关办理登记备案手续，隔离检疫圃须经海关考核认可。

3. 进境植物繁殖材料到达入境口岸后，未经海关许可不得卸离运输工具。因口岸条件限制等原因，经海关批准，可以运往指定地点检疫、处理。在运输装卸过程中，引种单位、个人或者其代理人应当采取有效防疫措施。

4. 供展览用的进境植物繁殖材料，在展览期间，必须接受所在地海关的检疫监管，未经其同意，不得改作他用。展览结束后，所有进境植物繁殖材料须作销毁或退回处理，如因特殊原因，需改变用途的，按正常进境的检疫规定办理。展览遗弃的植物繁殖材料、生长介质或包装材料在海关监督下进行无害化处理。

5. 对进入海关特殊监管区域、保税监管场所的进境植物繁殖材料须外包装完好，并接受海关的监管。须离开海关特殊监管区域、保税监管场所在境内作繁殖用途的，按《进境植物繁殖材料检疫管理办法》规定办理。

6. 海关根据需要应定期对境内的进境植物繁殖材料主要种植地进行疫情调查和监测，发现疫情要及时上报。

五、进境粮食检验检疫

依据我国相关法律法规及国际标准，海关制定了《进出境粮食检验检疫监督管理办法》适用于加工、非繁殖用途的禾谷类、豆类、油料类等作物的籽实以及薯类的块根或者块茎等。海关总署统一管理全国进出境粮食检验检疫监督管理工作，主管海关负责所辖区域内进出境粮食的检验检疫监督管理工作；海关总署及主管海关对进出境粮食质量安全实施风险管理，包括在风险分析的基础上，组织开展进出境粮食检验检疫准入，包括产品携带有害生物风险分析、监管体系评估与审查、确定检验检疫要求、境外生产企业注册登记；进出境粮食收发货人及生产、加工、存放、运输企业应当依法从事生产经营活动，建立并实施粮食质量安全控制体系和疫情防控体系，对进出境粮食质量安全负责，诚实守信，接受社会监督，承担社会责任。

进境粮食境外生产企业及境内进口企业除应遵守《进出境粮食检验检疫监督管理办法》外，还应遵守我国与出口国（地区）签署的双边植物检疫要求议定书的要求。

出境用作非加工而直接销售粮食的检验检疫监督管理，由海关总署另行规定。以边贸互市方式的进出境小额粮食，参照海关总署相关规定执行。

（一）注册登记

海关总署对进境粮食境外生产、加工、存放企业（以下简称"境外生产加工企业"）实施注册登记制度。

境外生产加工企业应当符合输出国家（地区）法律法规和标准的相关要求，并达到我国有关法律法规和强制性标准的要求。

实施注册登记管理的进境粮食境外生产加工企业，经输出国家（地区）主管部门审查合格后向海关总署推荐。海关总署收到推荐材料后进行审查确认，符合要求的国家（地区）的境外生产加工企业，予以注册登记。

境外生产加工企业注册登记有效期为4年。

需要延期的境外生产加工企业，由输出国家（地区）主管部门在有效期届满6个月前向海关总署提出延期申请。海关总署确认后，注册登记有效期延长4年。必要时，海关总署可以派出专家到输出国家（地区）对其监管体系进行回顾性审查，并对申请延期的境外生产加工企业进行抽查。

注册登记的境外生产加工企业向我国输出粮食经检验检疫不合格，情节严重的，海关总署可以撤销其注册登记。

向我国出口粮食的境外生产加工企业应当获得输出国家（地区）主管部门的认可，具备过筛清杂、烘干、检测、防疫等质量安全控制设施及质量管理制度，禁止添加杂质。

根据情况需要，海关总署组织专家赴境外实施体系性考察，开展疫情调查，生产、加工、存放企业检查及预检监装等工作。

（二）检验检疫

1. 海关总署对进境粮食实施检疫准入制度。

首次从输出国家（地区）进口某种粮食，应当由输出国家（地区）官方主管机构向海关总署提出书面申请，并提供该种粮食种植及储运过程中发生有害生物的种类、危害程度及防控情况和质量安全控制体系等技术资料。特殊情况下，可以由进口企业申请并提供技术资料。海关总署可以组织开展进境粮食风险分析、实地考察及对外协商。

海关总署依照国家法律法规及国家技术规范的强制性要求等，制定进境粮食的具体检验检疫要求，并公布允许进境的粮食种类及来源国家（地区）名单。

对于已经允许进境的粮食种类及相应来源国家（地区），海关总署将根据境外疫情动态、进境疫情截获及其他质量安全状况，组织开展进境粮食具体检验检疫要求的回顾性审查，必要时派专家赴境外开展实地考察、预检、监装及对外协商。

2. 进境粮食应当从海关总署指定的口岸入境。指定口岸条件及管理规范由海关总署制定。

3. 海关总署对进境粮食实施检疫许可制度。进境粮食货主应当在签订贸易合同前，按照《进境动植物检疫审批管理办法》等规定申请办理检疫审批手续，取得"进境动植物检疫许可证"，并将国家粮食质量安全要求、植物检疫要求及"进境动植物检疫许可证"中规定的相关要求列入贸易合同。

因口岸条件限制等原因，进境粮食应当运往符合防疫及监管条件的指定存放、加工场所（以下简称"指定企业"），办理"进境动植物检疫许可证"时，货主或者其代理人应当明确指定场所并提供相应证明文件。

未取得"进境动植物检疫许可证"的粮食，不得进境。

4. 海关按照下列要求，对进境粮食实施检验检疫：

（1）中国政府与粮食输出国家（地区）政府签署的双边协议、议定书、备忘录以及其他双边协定确定的相关要求；

（2）中国法律法规、国家技术规范的强制性要求和海关总署规定的检验检疫要求；

（3）"进境动植物检疫许可证"列明的检疫要求。

5. 货主或者其代理人应当在粮食进境前向进境口岸海关申报，并按要求提供以下材料：

（1）粮食输出国家（地区）主管部门出具的植物检疫证书；

（2）产地证书；

（3）贸易合同、提单、装箱单、发票等贸易凭证；

（4）双边协议、议定书、备忘录确定的和海关总署规定的其他单证。

进境转基因粮食的，还应当取得"农业转基因生物安全证书"。海关对"农业转基因生物安全证书"电子数据进行系统自动比对验核。

鼓励货主向境外粮食出口商索取由输出国家或者地区主管部门，或者由第三方检测机构出具的品质证书、卫生证书、适载证书、重量证书等其他单证。

6. 进境粮食可以进行随航熏蒸处理。

现场查验前，进境粮食承运人或者其代理人应当向进境口岸海关书面申报进境粮食随航熏蒸处理情况，并提前实施通风散气。未申报的，海关不实施现场查验；经现场检查，发现熏蒸剂残留物，或者熏蒸残留气体浓度超过安全限量的，暂停检验检疫及相关现场查验活动；熏蒸剂残留物经有效清除且熏蒸残留气体浓度低于安全限量后，方可恢复现场查验活动。

7. 使用船舶装载进境散装粮食的，海关应当在锚地对货物表层实施检验检疫，无重大异常质量安全情况后船舶方可进港，散装粮食应当在港口继续接受检验检疫。

需直接靠泊检验检疫的，应当事先征得海关的同意。

以船舶集装箱、火车、汽车等其他方式进境粮食的，应当在海关指定的查验场所实施检验检疫，未经海关同意不得擅自调离。

8. 海关应当对进境粮食实施现场检验检疫，现场检验检疫包括以下几个方面。

（1）货证核查。核对证单与货物的名称、数（重）量、出口储存加工企业名称及其注册登记号等信息。船舶散装的，应当核查上一航次装载货物及清仓检验情况，评估对装载粮食的质量安全风险；集装箱装载的，应当核查集装箱箱号、封识等信息。

（2）现场查验。重点检查粮食是否水湿、发霉、变质，是否携带昆虫及杂草籽等有害生物，是否有混杂粮谷、植物病残体、土壤、熏蒸剂残渣、种衣剂污染、动物尸体、动物排泄物及其他禁止进境物等。

（3）抽取样品。根据有关规定和标准抽取样品送实验室检测。

（4）其他现场查验活动。

9. 海关应当按照相关工作程序及标准，对现场查验抽取的样品及发现的可疑物进行实验室检测鉴定，并出具检验检疫结果单。

实验室检测样品应当妥善存放并至少保留 3 个月。如检测异常需要对外出证的，样品应当至少保留 6 个月。

10. 进境粮食有下列情形之一的，应当在海关监督下，在口岸锚地、港口或者指定的检疫监管场所实施熏蒸、消毒或者其他除害处理：

（1）发现检疫性有害生物或者其他具有检疫风险的活体有害昆虫，且可能造成扩散的；

（2）发现种衣剂、熏蒸剂污染、有毒杂草籽超标等安全卫生问题，且有有效技术处理措施的；

（3）其他原因造成粮食质量安全受到危害的。

11. 进境粮食有下列情形之一的，作退运或者销毁处理：

（1）未列入海关总署进境准入名单，或者无法提供输出粮食国家（地区）主管部门出具的"植物检疫证书"等单证的，或者无"进境动植物检疫许可证"的；

（2）有毒有害物质以及其他安全卫生项目检测结果不符合国家技术规范的强制性要求，且无法改变用途或者无有效处理方法的；

（3）检出转基因成分，无"农业转基因生物安全证书"，或者与证书不符的；

（4）发现土壤、检疫性有害生物以及其他禁止进境物且无有效检疫处理方法的；

（5）因水湿、发霉等造成腐败变质或者受到化学、放射性等污染，无法改变用途或者无有效处理方法的；

（6）其他原因造成粮食质量安全受到严重危害的。

12. 进境粮食经检验检疫后，海关签发入境货物检验检疫证明等相关单证；经检验检疫不合格的，由海关签发"检验检疫处理通知书"、相关检验检疫证书。

13. 海关对进境粮食实施检疫监督。进境粮食应当在具备防疫、处理等条件的指定场所加工使用。未经有效的除害处理或加工处理，进境粮食不得直接进入市场流通领域。

进境粮食装卸、运输、加工、下脚料处理等环节应当采取防止撒漏、密封等防疫措施。进境粮食加工过程应当具备有效杀灭杂草籽、病原菌等有害生物的条件。粮食加工下脚料应当进行有效的热处理、粉碎或者焚烧等除害处理。

海关应当根据进境粮食检出杂草等有害生物的程度、杂质含量及其他质量安全状况，并结合拟指定加工、运输企业的防疫处理条件等因素，确定进境粮食的加工监管风险等级，并指导与监督相关企业做好疫情控制、监测等安全防控措施。

14. 进境粮食用作储备、期货交割等特殊用途的，其生产、加工、存放应当符合海关总署相应检验检疫监督管理规定。

15. 因科研、参展、样品等特殊原因而少量进境未列入海关总署准入名单内粮食的，应当按照有关规定提前申请办理进境特许检疫审批并取得"进境动植物检疫许可证"。

16. 进境粮食装卸、储存、加工涉及不同海关的，各相关海关应当加强沟通协作，建立相应工作机制，及时互相通报检验检疫情况及监管信息。

对于分港卸货的进境粮食，海关应当在放行前及时相互通报检验检疫情况。需要对外方出证的，相关海关应当充分协商一致，并按相关规定办理。

对于调离进境口岸的进境粮食，口岸海关应当在调离前及时向指运地海关开具进境粮食调运联系单。

17. 境外粮食需经我国过境的，货主或者其代理人应当提前向海关总署或者主管海关提出申请，提供过境路线、运输方式及管理措施等，由海关总署组织制订过境粮食检验检疫监管方案后，方可依照该方案过境，并接受主管海关的监督管理。

过境粮食应当密封运输，杜绝撒漏。未经主管海关批准，不得开拆包装或者卸离运输工具。

（三）风险及监督管理

1. 海关总署对进出境粮食实施疫情监测制度，相应的监测技术指南由海关总署制定。

海关应当在粮食进境港口、储存库、加工厂周边地区、运输沿线等粮食换运、换装易洒落地段，开展杂草等检疫性有害生物监测与调查。发现疫情的，应当及时组织相关企业采取应急处置措施，并分析疫情来源，指导企业采取有效的整改措施。相关企业应当配合实施疫情监测及铲除措施。

对于出境粮食，根据输入国家（地区）的检疫要求，海关应当在粮食种植地、出口储存库及加工企业周边地区开展疫情调查与监测。

2. 海关总署对进出境粮食实施安全卫生项目风险监控制度，制订进出境粮食安全卫生项目风险监控计划。

3. 海关总署及主管海关建立粮食质量安全信息收集报送系统，信息来源主要包括：

（1）进出境粮食检验检疫中发现的粮食质量安全信息；

（2）进出境粮食贸易、储存、加工企业质量管理中发现的粮食质量安全信息；

（3）海关实施疫情监测、安全卫生项目风险监控中发现的粮食质量安全信息；

（4）国际组织、境外政府机构、境内外行业协会及消费者反映的粮食质量安全信息；

（5）其他关于粮食质量安全风险的信息。

4. 海关总署及主管海关对粮食质量安全信息进行风险评估，确定相应粮食的风险级别，并实施动态的风险分级管理。依据风险评估结果，调整进出境粮食检验检疫管理及监管措施方案、企业监督措施等。

5. 进出境粮食发现重大疫情和重大质量安全问题的，海关总署及主管海关依照相关规定，采取启动应急处置预案等应急处置措施，并发布警示通报。当粮食安全风险已不存在或者降低到可接受的水平时，海关总署及主管海关应当及时解除警示通报。

6. 海关总署及主管海关根据情况将重要的粮食安全风险信息向地方政府、农业和粮食行政管理部门、国外主管机构、进出境粮食企业等相关机构和单位进行通报，并协同采取必要措施。粮食安全信息公开应当按照相关规定程序进行。

7. 拟从事进境粮食存放、加工业务的企业可以向所在地主管海关提出指定申请。

主管海关按照海关总署制定的有关要求，对申请企业的申请材料、工艺流程等进行检验评审，核定存放、加工粮食的种类、能力。

从事进境粮食储存、加工的企业应当具备有效的质量安全及溯源管理体系，符合防疫、处理等质量安全控制要求。

8. 海关对指定企业实施检疫监督。指定企业、收货人及代理人发现重大疫情或者公共卫生问题时，应当立即向所在地海关报告，海关应当按照有关规定处理并上报。

9. 从事进出境粮食的收发货人及生产、加工、存放、运输企业应当建立相应的粮食进出境、接卸、运输、存放、加工、下脚料处理、发运流向等生产经营档案，做好质量追溯和安全防控等详细记录，记录至少保存 2 年。

10. 进境粮食存在重大安全质量问题，已经或者可能会对人体健康或者农林牧渔业生产、生态安全造成重大损害的，进境粮食收货人应当主动召回。采取措施避免或者减少损失发生，做好召回记录，并将召回和处理情况向所在地海关报告。

收货人不主动召回的，由直属海关发出责令召回通知书并报告海关总署。必要时，海关总署可以责令召回。

11. 海关总署及主管海关根据质量管理、设施条件、安全风险防控、诚信经营状况，对企业实施分类管理。针对不同级别的企业，在粮食进境检疫审批、进出境检验检疫查验及日常监管等方面采取相应的检验检疫监管措施。具体分类管理规范由海关总署制定。

（四）法律责任

1. 有下列情形之一的，由海关按照《进出境动植物检疫法实施条例》规定处 5000 元以下罚款：

（1）未申报的；

（2）申报的粮食与实际不符的。

申报的粮食与实际不符的行为，已取得检疫单证的，予以吊销。

2. 进境粮食未依法办理检疫审批手续或者未按照检疫审批规定执行的，由海关按照《进出境动植物检疫法实施条例》规定处 5000 元以下罚款。

3. 擅自销售、使用未申报或者未经检验的列入《法检目录》的进出境粮食，由海关按照《进出口商品检验法实施条例》规定，没收非法所得，并处商品货值金额 5% 以上 20% 以下罚款。

4. 进出境粮食收发货人或者生产、加工、存放、运输企业未按照《进出境粮食检验检疫监督管理办法》第四十一条的规定建立生产经营档案并做好记录的，由海关责令改正，给予警告；拒不改正的，处 3000 元以上 1 万元以下罚款。

5. 有下列情形之一的，由海关按照《进出境动植物检疫法实施条例》规定，处 3000 元以上 3 万元以下罚款：

（1）未经海关批准，擅自将进境、过境粮食卸离运输工具，擅自将粮食运离指定查验场所的；

（2）擅自开拆过境粮食的包装，或者擅自开拆、损毁动植物检疫封识或者标志的。

6. 列入《法检目录》的进出境粮食收发货人或者其代理人、申报人员不如实提供进出境粮食真实情况，取得海关有关证单，或者不予申报，逃避检验，由海关按照《进出口商品检验法实施条例》规定，没收违法所得，并处商品货值金额 5% 以上 20% 以下罚款。

7. 伪造、变造、买卖或者盗窃检验证单、印章、标志、封识、货物通关单或者使用伪造、变造的检验证单、印章、标志、封识，尚不够刑事处罚的，由海关按照《进出口商品检验法实施条例》规定，责令改正，没收违法所得，并处商品货值金额等值以下罚款。

8. 有下列违法行为之一，尚不构成犯罪或者犯罪情节显著轻微依法不需要判处刑罚的，由海关按照《进出境动植物检疫法实施条例》规定，处 2 万元以上 5 万元以下的罚款：

（1）引起重大动植物疫情的；

（2）伪造、变造动植物检疫单证、印章、标志、封识的。

9. 依照《进出境粮食检验检疫监督管理办法》规定注册登记的生产、加工、存放单位，进出境的粮食经检疫不合格，除依照《进出境粮食检验检疫监督管理办法》有关规定作退回、销毁或者除害处理外，情节严重的，由海关按照《进出境动植物检疫法实施条例》规定，注销注册登记。

10. 擅自调换海关抽取的样品或者海关检验合格的进出境粮食的，由海关按照《进出口商品检验法实施条例》规定，责令改正，给予警告；情节严重的，并处商品货值金额10%以上50%以下罚款。

11. 提供或者使用未经海关适载检验的集装箱、船舱、飞机、车辆等运载工具装运出境粮食的，由海关按照《进出口商品检验法实施条例》规定，处10万元以下罚款。

提供或者使用经海关检验不合格的集装箱、船舱、飞机、车辆等运载工具装运出境粮食的，由海关按照《进出口商品检验法实施条例》规定，处20万元以下罚款。

12. 有下列情形之一的，由海关处3000元以上1万元以下罚款：

（1）进境粮食存在重大安全质量问题，或者可能会对人体健康或农林牧渔业生产生态安全造成重大损害，没有主动召回的；

（2）进境粮食召回或者处理情况未向海关报告的；

（3）进境粮食未在海关指定的查验场所卸货的；

（4）进境粮食有《进出境粮食检验检疫监督管理办法》第十七条所列情形，拒不做有效的检疫处理的。

13. 有下列情形之一的，由海关处3万元以下罚款：

（1）进出境粮食未按规定注册登记或者在指定场所生产、加工、存放的；

（2）买卖、盗窃动植物检疫单证、印章、标识、封识，或者使用伪造、变造的动植物检疫单证、印章、标识、封识的；

（3）使用伪造、变造的输出国家（地区）官方检疫证明文件的；

（4）拒不接受海关检疫监督的。

14. 海关工作人员滥用职权，故意刁难，徇私舞弊，伪造检验检疫结果，或者玩忽职守，延误检验出证，依法给予行政处分；构成犯罪的，依法追究刑事责任。

六、进境水果检验检疫

进境水果境外生产企业及境内进口企业应遵守《进境水果检验检疫监督管理办法》以及我国与出口国（地区）签署的双边植物检疫要求议定书的要求。

海关总署统一管理全国进境水果检验检疫监督管理工作，主管海关负责所辖地区进境水果检验检疫监督管理工作。禁止携带、邮寄水果进境，法律法规另有规定的除外。

（一）检疫申请

在签订进境水果贸易合同或协议前，应当按照有关规定向海关总署申请办理进境水果检疫审批手续，并取得"进境动植物检疫许可证"。

输出国（地区）官方检验检疫部门出具的植物检疫证书（以下简称"植物检疫证书"），应当在报关时由货主或其代理人向海关提供。

植物检疫证书应当符合以下要求：

1. 植物检疫证书的内容与格式应当符合国际植物检疫措施标准第12号《植物检疫证

书准则》的要求；

2. 用集装箱运输进境的，植物检疫证书上应注明集装箱号码；

3. 已与我国签订协定（含协议、议定书、备忘录等）的，还应符合相关协定中有关植物检疫证书的要求。

（二）检验检疫

1. 检验检疫要求

（1）不得混装或夹带植物检疫证书上未列明的其他水果。

（2）包装箱上须用中文或英文注明水果名称、产地、包装厂名称或代码。

（3）不带有我国禁止进境的检疫性有害生物、土壤及枝、叶等植物残体。

（4）有毒有害物质检出量不得超过中国相关安全卫生标准的规定。

（5）输出国（地区）与我国签订有协定或议定书的，还须符合协定或议定书的有关要求。

2. 现场检验检疫

（1）核查货证是否相符。

（2）核对植物检疫证书和包装箱上的相关信息及官方检疫标志。

（3）检查水果是否带虫体、病征、枝叶、土壤和病虫危害状，现场检疫发现可疑疫情的，应送实验室检疫鉴定。

（4）根据有关规定和标准抽取样品送实验室检测。

3. 实验室检验检疫

海关应当按照相关工作程序和标准实施实验室检验检疫。对在现场或实验室检疫中发现的虫体、病菌、杂草等有害生物进行鉴定，对现场抽取的样品进行有毒有害物质检测，并出具检验检疫结果单。

4. 检验检疫处理

根据检验检疫结果，海关对进境水果分别做以下处理：

（1）经检验检疫合格的，签发入境货物检验检疫证明，准予放行；

（2）发现检疫性有害生物或其他有检疫意义的有害生物，须实施除害处理的，签发检验检疫处理通知书，经除害处理合格的，准予放行；

（3）不符合有关要求的，货证不符的或经检验检疫不合格又无有效除害处理方法的，签发检验检疫处理通知书，在海关的监督下作退运或销毁处理。

需对外索赔的，签发相关检验检疫证书。

进境水果有下列情形之一的，海关总署将视情况暂停该种水果进口或暂停从相关水果产区、果园、包装厂进口：

（1）进境水果果园、加工厂地区或周边地区爆发严重植物疫情的；

（2）经检验检疫发现有进境检疫性有害生物的；

（3）经检验检疫发现有毒有害物质含量超过我国相关安全卫生标准规定的；

（4）不符合我国有关检验检疫法律法规、双边协定或相关国际标准的。

上述暂停进口的水果需恢复进口的，应当经海关总署依照有关规定进行确认。

（三）特殊情况下检验检疫

1. 经我国香港特别行政区、澳门特别行政区（以下简称"港澳地区"）中转进境的水果，应当以集装箱运输，按照原箱、原包装和原植物检疫证书（简称"三原"）进境。进境前，应当经海关总署认可的港澳地区检验机构对是否属允许进境的水果种类及"三原"进行确认。经确认合格的，经海关总署认可的港澳地区检验机构对集装箱加施封识，出具相应的确认证明文件，并注明所加封识号、原证书号、原封识号，同时将确认证明文件及时传送给入境口岸海关。对于一批含多个集装箱的，可附有一份植物检疫证书，但应当同时由海关总署认可的港澳地区检验机构进行确认。

2. 因科研、赠送、展览等特殊用途需要进口国家禁止进境水果的，货主或其代理人须事先向海关总署或海关总署授权的海关申请办理特许检疫审批手续；进境时，应向入境口岸海关申报，并接受检疫。

对于展览用水果，在展览期间，应当接受海关的监督管理，未经海关许可，不得擅自调离、销售、使用；展览结束后，应当在海关的监督下作退回或销毁处理。

3. 海关总署根据工作需要，并商输出国家（地区）政府检验检疫机构同意，可以派海关人员到产地进行预检、监装或调查产地疫情和化学品使用情况。

4. 未完成检验检疫的进境水果，应当存放在海关指定的场所，不得擅自移动、销售、使用。

进境水果存放场所由所在地海关依法实施监督管理，并应符合以下条件：

（1）有足够的独立存放空间；

（2）具备保质、保鲜的必要设施；

（3）符合检疫、防疫要求；

（4）具备除害处理条件。

七、进境木材检验检疫

进境木材境外生产企业及境内进口企业除应遵守我国的法律、法规及部门规章外，还应遵守我国与出口国（地区）签署的双边植物检疫要求议定书的要求。

（一）检验检疫要求

进口商应将进境木材的检疫要求列入贸易合同中。

1. 进口原木须附有输出国家（地区）官方检疫部门出具的植物检疫证书，证明不带有我国关注的检疫性有害生物或双边植物检疫协定中规定的有害生物和土壤。

2. 进口原木带有树皮的，应当在输出国家（地区）进行有效的除害处理，并在植物检疫证书中注明除害处理方法、使用药剂、剂量、处理时间和温度；进口原木不带树皮的，应在植物检疫证书中作出声明。

3. 进口原木未附有植物检疫证书的，以及带有树皮但未进行除害处理的，不准入境。出入境检验检疫机构对进口原木进行检疫，发现检疫性有害生物的，监督进口商进行除害处理，处理费用由进口商承担。无法作除害处理的，作退运处理。

4. 进口商应将上述检疫要求列入贸易合同中。

5. 进口原木不带树皮的不要求在境外进行除害处理，但输出国（地区）官方检疫部门须出具植物检疫证书。单根原木带树皮表面积不超过5%，且整批原木带树皮表面积不超过2%的，该批原木可视为不带树皮原木。

6. 对于输出国（地区）检疫部门已经出具植物检疫证书的进口原木，经入境口岸检验检疫仍发现检疫性有害生物的，由海关总署向输出国（地区）通报，连续多次发现问题的，将暂停接受该检疫机构出具的检疫证书，直到其采取措施并符合中方检疫要求为止。

（二）境外疫情调查和预检

对于来自周边国家（地区）同一生态区的原木，海关总署在输出国（地区）检疫部门提供原木发生有害生物名单的基础上，可根据情况组织开展境外疫情调查和预检工作。

1. 境外预检未发现检疫性有害生物的原木，准许入境；经境外预检的原木以入境口岸检验检疫结果为准。

2. 对于寒带地区冬季（10月至翌年4月）采伐并在本季节内入境的原木，经入境口岸检验检疫合格的予以放行；进境后经检疫仍发现检疫性有害生物的，应在指定的"木材加工区"或"木材检验检疫区"进行初加工、深加工或进行除害处理。

八、进境非食用动物产品检验检疫

（一）境外生产加工企业注册登记

1. 向我国输出非食用动物产品的境外生产加工企业应当符合输出国家（地区）法律法规和标准的相关要求，并达到我国有关法律法规和强制性标准的要求。

2. 实施注册登记管理的非食用动物产品境外生产加工企业，经输出国家（地区）主管部门审查合格后向海关总署推荐。海关总署收到推荐材料并经书面审查合格后，必要时经与输出国家（地区）主管部门协商，派出专家到输出国家（地区）对其监管体系进行评估或者回顾性审查，对申请注册登记的境外生产加工企业进行检查。符合要求的国家（地区）的境外生产加工企业，经检查合格的予以注册登记。

3. 境外生产加工企业注册登记有效期为5年。需要延期的境外生产加工企业，由输出国家（地区）主管部门在有效期届满6个月前向海关总署提出延期申请。海关总署可以派出专家到输出国家（地区）对其监管体系进行回顾性审查，并对申请延期的境外生产加工企业进行抽查。对回顾性审查符合要求的国家（地区），抽查符合要求的及未被抽查的其他申请延期的境外生产加工企业，注册登记有效期延长5年。

4. 注册登记的境外生产加工企业不再向我国输出非食用动物产品的，输出国家（地区）主管部门应当通报海关总署，海关总署注销其注册登记。

5. 注册登记的境外生产加工企业向我国输出的非食用动物产品经检验检疫不合格，情节严重的，海关总署可以撤销其注册登记。

（二）检验检疫

1. 进境非食用动物产品应当符合下列要求：

（1）双边协议、议定书、备忘录以及其他双边协定确定的相关要求；

（2）双方确认的检验检疫证书规定的相关要求；

（3）我国法律法规规定和强制性标准要求；

（4）进境动植物检疫许可证列明的要求；

（5）海关总署规定的其他检验检疫要求。

2. 进境非食用动物产品需要办理检疫许可证的，货主或者其代理人应当按照相关规定办理。

产品风险级别较高的非食用动物产品，因口岸条件限制等原因，进境后应当运往指定的存放、加工场所（以下简称"指定企业"）检疫的，办理检疫许可证时，货主或者其代理人应当明确指定企业并提供相应证明文件。

3. 货主或者其代理人应当在非食用动物产品进境前或者进境时向进境口岸海关申报，申报时应当提供原产地证书、贸易合同、发票、提单、输出国家（地区）主管部门出具的检验检疫证书等单证，须办理检疫审批的应当取得检疫许可证。

4. 进境口岸海关对货主或者其代理人申报时所提供的单证进行审核，并对检疫许可证的批准数（重）量进行核销。

对有证书要求的产品，如无有效检疫许可证或者输出国家（地区）主管部门出具的有效检验检疫证书的，作退回或者销毁处理。

5. 进境非食用动物产品，由进境口岸海关实施检验检疫。

因口岸条件限制等原因，进境后应当运往指定企业检疫的非食用动物产品，由进境口岸海关实施现场查验和相应防疫消毒处理后，通知指定企业所在地海关。货主或者其代理人将非食用动物产品运往检疫许可证列明的指定企业后，应当向指定企业所在地海关申报，由指定企业所在地海关实施检验检疫，并对存放、加工过程实施检疫监督。

6. 海关按照以下要求对进境非食用动物产品实施现场查验：

（1）查询启运时间、港口、途经国家（地区）、装载清单等，核对单证是否真实有效，单证与货物的名称、数（重）量、输出国家（地区）、包装、唛头、标记等是否相符；

（2）包装、容器是否完好，是否带有动植物性包装、铺垫材料并符合我国相关规定；

（3）有无腐败变质现象，有无携带有害生物、动物排泄物或者其他动物组织等；

（4）有无携带动物尸体、土壤及其他禁止进境物。

7. 现场查验时，海关应当对运输工具有关部位、装载非食用动物产品的容器、包装外表、铺垫材料、污染场地等进行防疫消毒处理。

8. 现场查验有下列情形之一的，海关签发"检验检疫处理通知书"，并作相应检疫处理：

（1）属于法律法规禁止进境的、带有禁止进境物的、货证不符的、发现严重腐败变质的，作退回或者销毁处理；

（2）对散包、容器破裂的，由货主或者其代理人负责整理完好，方可卸离运输工具，海关对受污染的场地、物品、器具进行消毒处理；

（3）带有检疫性有害生物、动物排泄物或者其他动物组织等的，按照有关规定进行检疫处理，不能有效处理的，作退回或者销毁处理；

（4）对疑似受病原体和其他有毒有害物质污染的，封存有关货物并采样进行实验室检测，对有关污染现场进行消毒处理。

9. 转关的非食用动物产品，应当在进境前或者进境时由货主或者其代理人向进境口岸海关申报，根据产品的不同要求提供输出国家（地区）主管部门出具的检验检疫证书等单证。

进境口岸海关对提供的单证进行书面审核。审核不合格的，作退回或者销毁处理。审核合格的，依据有关规定对装载非食用动物产品的集装箱体表、运输工具实施防疫消毒处理。货物到达结关地后，货主或者其代理人应当向结关地海关申报。结关地海关对货物实施检验检疫和检疫监督。

10. 海关按照对非食用动物产品的检验检疫要求抽取样品，出具"抽/采样凭证"，送实验室进行有关项目的检测。

11. 进境非食用动物产品经检验检疫合格，海关签发"进境货物检验检疫证明"后，方可销售、使用或者在指定企业加工。

经检验检疫不合格的，海关签发"检验检疫处理通知书"，由货主或者其代理人在海关的监督下，作除害、退回或者销毁处理，经除害处理合格的准予进境。需要对外索赔的，由海关出具相关证书。

进境非食用动物产品检验检疫不合格信息应当上报海关总署。

12. 未经海关同意，不得将进境非食用动物产品卸离运输工具或者运递。

13. 进境非食用动物产品在从进境运输工具上卸离及运递过程中，货主或者其代理人应当采取措施，防止货物的容器、包装破损而造成渗漏、散落。

14. 运往指定企业检疫的非食用动物产品，应当在检疫许可证列明的指定企业存放、加工。因特殊原因，需要变更指定企业的，货主或者其代理人应当办理检疫许可证变更，并向变更后的指定企业所在地海关申报，接受检验检疫和检疫监督。

15. 经我国港澳地区转运的目的地为内地的进境非食用动物产品，在我国港澳地区卸离原运输工具并经港澳陆路、水路运输到内地的，发货人应当向海关总署指定的检验机构申请中转检验。未经检验或者检验不合格的，不得转运内地。

指定的检验机构应当按照海关总署的要求开展中转检验，检验合格后加施封识并出具中转检验证书，进境口岸海关受理报检时应当同时核查中转检验证书和其他有关检验检疫单证。

（三）监督管理

1. 海关对进境非食用动物产品的存放、加工过程，实施检疫监督制度。

2. 拟从事产品风险级别较高的进境非食用动物产品存放、加工业务的企业可以向所在地直属海关提出指定申请。

直属海关按照海关总署制定的有关要求，对申请企业的申请材料、工艺流程、兽医卫生防疫制度等进行检查评审，核定存放、加工非食用动物产品种类、能力。

3. 指定企业应当符合动物检疫和兽医防疫的规定，并遵守下列规定：

（1）按照规定的兽医卫生防疫制度开展防疫工作；

（2）按照规定的工艺加工、使用进境非食用动物产品；

（3）按照规定的方法对废弃物进行处理；

（4）建立并维护企业档案，包括出入库、生产加工、防疫消毒、废弃物处理等记录，档案至少保留2年；

（5）如实填写"进境非食用动物产品生产、加工、存放指定企业监管手册"；

（6）涉及安全卫生的其他规定。

4. 海关按照指定企业应当符合动物检疫和兽医防疫的规定对指定企业实施日常监督管理。

指定企业应当按照要求向所在地直属海关提交年度报告，确保其符合海关总署制定的有关要求。

5. 海关应当建立指定企业、收货人及其代理人诚信档案，建立良好记录企业名单和不良记录企业名单。

6. 指定企业、收货人及其代理人发现重大动物疫情或者公共卫生问题时，应当立即向所在地海关报告，海关应当按照有关规定处理并上报。

7. 指定企业名称、地址、法定代表人、进境非食用动物产品种类、存放、生产加工能力、加工工艺以及其他兽医卫生、防疫条件发生变化的，应当及时向所在地直属海关报告并办理变更手续。

8. 海关发现指定企业出现以下情况的，取消指定：

（1）企业依法终止的；

（2）不符合《进出境非食用动物产品检验检疫监督管理办法》第三十四条规定，拒绝整改或者未整改合格的；

（3）未提交年度报告的；

（4）连续 2 年未从事进境非食用动物产品存放、加工业务的；

（5）未按照《进出境非食用动物产品检验检疫监督管理办法》第三十八条规定办理变更手续的；

（6）法律法规规定的应当取消指定的其他情形。

9. 直属海关应当在完成存放、加工企业指定、变更后 30 日内，将相关信息上报海关总署备案。

九、进境活动物检验检疫

进境活动物境外生产企业及境内进口企业除应遵守我国的法律、法规及部门规章外，还应遵守我国与出口国（地区）签署的双边动物检疫要求议定书的要求。

为做好进境动物隔离检疫场（以下简称"隔离场"）的管理工作，根据我国相关法律法规的规定，制定了《进境动物隔离检疫场使用监督管理办法》，与进境动物检疫准入、检疫审批、境外预检、口岸查验、实验室检测、监督管理、检疫处理、疫病监测、安全风险监控、风险预警与处置等制度构成了陆生动物检疫制度体系。

（一）隔离场设置

1. 隔离场是专用于进境动物隔离检疫的场所，包括两类：一是海关总署设立的动物隔离检疫场所（以下简称"国家隔离场"）；二是由各直属海关指定的动物隔离场所（以下简称"指定隔离场"）。

2. 申请使用隔离场的单位或者个人（以下简称"使用人"）和国家隔离场或者指定隔离场的所有单位或者个人（以下简称"所有人"）应当遵守《进境动物隔离检疫场使用监督管理办法》的规定。

3. 隔离场的选址、布局和建设，应当符合国家相关标准和要求。相关标准与要求由海关总署另行发文明确。

（二）隔离场使用

使用国家隔离场，应当经海关总署批准。使用指定隔离场，应当经所在地直属海关批准。进境种用大中动物应当在国家隔离场隔离检疫，当国家隔离场不能满足需求，需要在指定隔离场隔离检疫时，应当报经海关总署批准。进境种用大中动物之外的其他动物应当在国家隔离场或者指定隔离场隔离检疫。进境种用大中动物隔离检疫期为 45 天，其他动物隔离检疫期为 30 天。需要延长或者缩短隔离检疫期的，应当报海关总署批准。

1. 申请使用国家隔离场的，使用人应当向海关总署提交如下材料：

（1）填制真实准确的"中华人民共和国进境动物隔离检疫场使用申请表"；

（2）使用人（法人或者自然人）身份证明材料复印件；

（3）进境动物从入境口岸进入隔离场的运输安排计划和运输路线。

2. 申请使用指定隔离场的，应当建立隔离场动物防疫、饲养管理等制度。使用人应当在办理"进境动植物检疫许可证"前，向所在地直属海关提交如下材料：

（1）填制真实准确的"中华人民共和国进境动物隔离检疫场使用申请表"；

（2）使用人（法人或者自然人）身份证明材料复印件；

（3）隔离场整体平面图及显示隔离场主要设施和环境的照片或者视频资料；

（4）进境动物从入境口岸进入隔离场的运输安排计划和运输路线；

（5）当隔离场的使用人与所有人不一致时，使用人还须提供与所有人签订的隔离场使用协议。

3. 海关总署、直属海关应当按照规定对隔离场使用申请进行审核。

隔离场使用人申请材料不齐全或者不符合法定形式的，应当当场或者在 5 个工作日内一次告知使用人需要补正的全部内容，逾期不告知的，自收到申请材料之日起即为受理。

受理申请后，海关总署、直属海关应当根据规定，对使用人提供的有关材料进行审核，并对申请使用的隔离场组织实地考核。

申请使用指定隔离场用于隔离检疫种用大中动物的，由直属海关审核提出审核意见报海关总署批准；用于种用大中动物之外的其他动物隔离检疫的，由直属海关审核、批准。

4. 海关总署、直属海关应当自受理申请之日起 20 个工作日内出具书面审批意见。经审核合格的，直属海关受理的，由直属海关签发"隔离场使用证"。海关总署受理的，由海关总署在签发的"进境动植物检疫许可证"中列明批准内容。20 个工作日内不能作出决定的，经本机构负责人批准，可以延长 10 个工作日，并应当将延长期限的理由告知使用人。其他法律、法规另有规定的，依照其规定执行。

不予批准的，应当书面说明理由，告知申请人享有依法申请行政复议或者提起行政诉讼的权利。

5. "隔离场使用证"有效期为 6 个月。隔离场使用人凭有效"隔离场使用证"向隔离场所在地直属海关申请办理"进境动植物检疫许可证"。

6. "隔离场使用证"的使用一次有效。同一隔离场再次申请使用的，应当重新办理审批手续。两次使用的间隔期间不得少于 30 天。

7. 已经获得"隔离场使用证"，发生下列情形之一时，隔离场使用人应当重新申请办理：

（1）"隔离场使用证"超过有效期的；

（2）"隔离场使用证"内容发生变更的；

（3）隔离场设施和环境卫生条件发生改变的。

8. 已经获得"隔离场使用证"，发生下列情况之一时，由发证机关撤回：

（1）隔离场原有设施和环境卫生条件发生改变，不符合隔离动物检疫条件和要求的；

（2）隔离场所在地发生一类动物传染病、寄生虫病或者其他突发事件的。

9. 使用人以欺骗、贿赂等不正当手段取得"隔离场使用证"的，海关应当依法将其"隔离场使用证"撤销。

（三）检疫准备

1. 隔离场经批准使用后，使用人应当做好隔离场的维护，保持隔离场批准时的设施完整和环境卫生条件，保证相关设施的正常运行。

2. 动物进场前，海关应当派员实地核查隔离场设施和环境卫生条件的维护情况。

使用人应当确保隔离场使用前符合下列要求。

（1）动物进入隔离场前10天，所有场地、设施、工具必须保持清洁，并采用海关认可的有效方法进行不少于3次的消毒处理，每次消毒之间应当间隔3天。

（2）应当准备供动物隔离期间使用的充足的饲草、饲料和垫料。饲草、垫料不得来自严重动物传染病或者寄生虫病疫区，饲料应当符合法律法规的规定，并建立进场检查验收登记制度；饲草、饲料和垫料应当在海关的监督下，由海关认可的单位进行熏蒸消毒处理；水生动物不得饲喂鲜活饵料，遇特殊需要时，应当事先征得海关的同意。

（3）按照海关的要求，适当储备必要的防疫消毒器材、药剂、疫苗等，并建立进场检查验收和使用登记制度。

（4）饲养人员和隔离场管理人员，在进入隔离场前，应当到具有相应资质的医疗机构进行健康检查并取得健康证明。未取得健康证明的，不准进入隔离场。健康检查项目应当包括活动性肺结核、布氏杆菌病、病毒性肝炎等人畜共患病。

（5）饲养人员和管理人员在进入隔离场前应当接受海关的动物防疫、饲养管理等基础知识培训，经考核合格后方可上岗。

（6）人员、饲草、饲料、垫料、用品、用具等应当在隔离场作最后一次消毒前进入隔离检疫区。

（7）用于运输隔离检疫动物的运输工具及辅助设施，在使用前应当按照海关的要求进行消毒，人员、车辆的出入通道应当设置消毒池或者放置消毒垫。

（四）隔离检疫

1. 经入境口岸海关现场检验检疫合格的进境动物方可运往隔离场进行隔离检疫。

2. 海关对隔离场实行监督管理，监督和检查隔离场动物饲养、防疫等措施的落实。对进境种用大中动物，隔离检疫期间实行24小时海关工作人员驻场监管。

3. 海关工作人员、隔离场使用人应当按照要求落实各项管理措施，认真填写"进出境动物隔离检疫场检验检疫监管手册"。

4. 海关负责隔离检疫期间样品的采集、送检和保存工作。隔离动物样品采集工作应当在动物进入隔离场后7天内完成。样品保存时间至少为6个月。

5. 海关按照有关规定，对动物进行临床观察和实验室项目的检测，根据检验检疫结果出具相关的单证，实验室检疫不合格的，应当尽快将有关情况通知隔离场使用人并对阳性动物依法及时进行处理。

6. 海关按照相关的规定对进口动物进行必要的免疫和预防性治疗。隔离场使用人在征得海关同意后可以对患病动物进行治疗。

7. 动物隔离检疫期间，隔离场使用人应当做到以下几个方面。

（1）门卫室实行24小时值班制，对人员、车辆、用具、用品实行严格的出入登记制度，发现有异常情况及时向海关报告。

（2）保持隔离场完好和场内环境清洁卫生，做好防火、防盗和灭鼠、防蚊蝇等工作。

（3）人员、车辆、物品出入隔离场的应当征得海关的同意，并采取有效的消毒防疫措施后，方可进出隔离区；人员在进入隔离场前15天内未从事与隔离动物相关的实验室工作，也未参观过其他农场、屠宰厂或者动物交易市场等。

（4）不得将与隔离动物同类或者相关的动物及其产品带入隔离场内。

（5）不得饲养除隔离动物以外的其他动物。特殊情况需使用看门犬的，应当征得海关同意。犬类动物隔离场，不得使用看门犬。

（6）饲养人员按照规定作息时间做好动物饲喂、饲养场地的清洁卫生，定期对饲养舍、场地进行清洗、消毒，保持动物、饲养舍、场区和所有用具的清洁卫生，并做好相关记录。

（7）隔离检疫期间所使用的饲料、饲料添加剂与农业投入品应当符合法律、行政法规的规定和国家强制性标准的规定。

（8）严禁转移隔离检疫动物和私自采集、保存、运送检疫动物血液、组织、精液、分泌物等样品或者病料。未经海关同意，不得将生物制品带入隔离场内，不得对隔离动物进行药物治疗、疫苗注射、人工授精和胚胎移植等处理。

（9）隔离检疫期间，严禁将隔离动物产下的幼畜、蛋及乳等移出隔离场。

（10）隔离检疫期间，应当及时对动物栏舍进行清扫，粪便、垫料及污物、污水应当集中放置或者及时进行无害化处理。严禁将粪便、垫料及污物移出隔离场。

（11）发现疑似患病动物或者死亡动物，应当立即报告所在地海关，并立即采取下列措施：将疑似患病动物移入患病动物隔离舍（室、池），由专人负责饲养管理；对疑似患病动物和死亡动物停留过的场所和接触过的用具、物品进行消毒处理；禁止自行处置（包括解剖、转移、急宰等）患病、死亡动物；死亡动物应当按照规定作无害化处理。

8. 隔离检疫期间，隔离场内发生重大动物疫情的，应当按照《进出境重大动物疫情应急处置预案》处理。

（五）后续监管

1. 隔离场使用完毕后，应当在海关的监督下，做如下处理：

（1）动物的粪便、垫料及污物、污水进行无害化处理确保符合防疫要求后，方可运出隔离场；

（2）剩余的饲料、饲草、垫料和用具等应当作无害化处理或者消毒后方可运出场外；

（3）对隔离场场地、设施、器具进行消毒处理。

2. 隔离场使用人及隔离场所在地海关应当按照规定记录动物流向和"隔离场检验检疫监管手册"，档案保存期至少5年。

3. 种用大中动物隔离检疫结束后，承担隔离检疫任务的直属海关应当在2周内将检疫情况书面上报海关总署并通报目的地海关。检疫情况包括：隔离检疫管理、检疫结果、动物健康状况、检疫处理情况及动物流向。

（六）法律责任

1. 动物隔离检疫期间，隔离场使用人有下列情形之一的，由海关按照《进出境动植物检疫法实施条例》第六十条规定予以警告；情节严重的，处以3000元以上3万元以下罚款：

（1）将隔离动物产下的幼畜、蛋及乳等移出隔离场的；

（2）未经海关同意，对隔离动物进行药物治疗、疫苗注射、人工授精和胚胎移植等处理；

（3）未经海关同意，转移隔离检疫动物或者采集、保存其血液、组织、精液、分泌物等样品或者病料的；

（4）发现疑似患病动物或者死亡动物，未立即报告所在地海关，并自行转移和急宰患病动物，自行解剖和处置患病动物、死亡动物的；

（5）未将动物按照规定调入隔离场的。

2. 动物隔离检疫期间，隔离场使用人有下列情形之一的，由海关予以警告；情节严重的，处以1万元以下罚款：

（1）人员、车辆、物品未经海关同意，并未采取有效的消毒防疫措施，擅自进入隔离场的；

（2）饲养隔离动物以外的其他动物的；

（3）未经海关同意，将与隔离动物同类或者相关动物及其产品、动物饲料、生物制品带入隔离场内的。

3. 隔离场使用完毕后，隔离场使用人有下列情形的，由海关责令改正；情节严重的，处以1万元以下罚款：

（1）未在海关的监督下对动物的粪便、垫料及污物、污水进行无害化处理，不符合防疫要求即运出隔离场的；

（2）未在海关的监督下对剩余的饲料、饲草、垫料和用具等作无害化处理或者消毒后即运出隔离场的；

（3）未在海关的监督下对隔离场场地、设施、器具进行消毒处理的。

4. 隔离场检疫期间，有下列情形之一的，由海关对隔离场使用人处以1万元以下罚款：

（1）隔离场发生动物疫情隐瞒不报的；

（2）存放、使用我国或者输入国家（地区）禁止使用的药物或者饲料添加剂的；

（3）拒不接受海关监督管理的。

5. 隔离场使用人有下列违法行为之一的，由海关按照《进出境动植物检疫法实施条例》第六十二条规定处2万元以上5万元以下的罚款；构成犯罪的，依法追究刑事责任：

（1）引起重大动物疫情的；

（2）伪造、变造动物检疫单证、印章、标志、封识的。

（七）其他

我国与进口国家（地区）政府主管部门签署的议定书中规定或者进口国家（地区）官方要求对出境动物必须实施隔离检疫的，出境动物隔离检疫场使用监督工作按照进口国（地区）的要求并参照《进境动物隔离检疫场使用监督管理办法》执行。

十、进境水生动物检验检疫

为了防止水生动物疫病传入我国国境，保护渔业生产、人体健康和生态环境，根据《进出境动植物检疫法》及其实施条例、《进出口商品检验法》及其实施条例、《中华人民共和国农产品质量安全法》、《国务院关于加强食品等产品安全监督管理的特别规定》等法律法规的规定，制定了《进境水生动物检验检疫监督管理办法》，适用于进境水生动物的检验检疫监督管理。

海关总署主管全国进境水生动物检验检疫和监督管理工作，主管海关负责所辖地区进境水生动物的检验检疫和监督管理工作。海关对进境水生动物在风险分析基础上实施检验检疫风险管理，对进境有关企业实施分类管理和信用管理。进境水生动物企业应当按照法律法规和有关标准从事生产经营活动，对社会和公众负责，保证进境水生动物的质量安全，接受社会监督，承担社会责任。

（一）检疫准入

1. 海关总署对进境水生动物实施检疫准入制度，包括产品风险分析、安全卫生控制体系评估与审查、检验检疫要求确定、境外养殖和包装企业注册登记。

2. 海关总署分类制定、公布进境水生动物的检验检疫要求。根据检验检疫要求，对首次向我国输出水生动物的国家（地区）进行产品风险分析和安全卫生控制体系评估，对曾经或者正在向我国输出水生动物的国家（地区）水生动物安全卫生控制体系进行回顾性审查。

海关总署可以派出专家组到输出国家（地区）对其水生动物安全卫生控制体系进行现场审核评估。

3. 海关总署根据风险分析、评估审查结果和检验检疫要求，与向我国输出水生动物的国家（地区）官方主管部门协商签订有关议定书或者确定检验检疫证书。

海关总署制定、调整并公布允许进境水生动物种类及输出国家（地区）名单。

4. 海关总署对向我国输出水生动物的养殖和包装企业实施注册登记管理。向我国输出水生动物的境外养殖和包装企业（以下简称"注册登记企业"）应当符合输出国家（地区）有关法律法规，输出国家（地区）官方主管部门批准后向海关总署推荐。推荐材料应当包括以下几个方面。

（1）企业信息：企业名称、地址、输出国家（地区）官方主管部门批准编号、养殖、包装能力说明等。

（2）水生动物信息：养殖和包装的水生动物品种学名、用途等。

（3）监控信息：企业最近一次疫病、有毒有害物质的官方监控结果。

5. 海关总署应当对推荐材料进行审查。审查不合格的，通知输出国家（地区）官方主管部门补正；审查合格的，海关总署可以派出专家组对申请注册登记企业进行抽查。对抽查不符合要求的企业不予注册登记；对抽查符合要求的及未被抽查的其他推荐企业，结合水生动物安全卫生控制体系评估结果，决定是否给予注册登记。

海关总署定期公布、调整注册登记企业名单。

6. 境外养殖和包装企业注册登记有效期为3年。

需要延期注册登记的企业，应当在有效期届满前至少6个月，由输出国家（地区）主管部门向海关总署提出延期申请。海关总署可以派出专家组到输出国家（地区）对其安全卫生控制体系进行回顾性审查，并对申请延期的境外养殖和包装企业进行抽查。

对回顾性审查符合要求的国家（地区），抽查符合要求的及未被抽查的其他申请延期的注册登记企业，注册登记有效期延长3年。

7. 逾期未提出注册登记延期申请的，海关总署注销其注册登记。

8. 注册登记企业向我国输出的水生动物检验检疫不合格，情节严重的，海关总署可以撤销其注册登记。

（二）境外检验检疫

1. 注册登记企业和相关捕捞区域应当符合输出国家（地区）有关法律法规，并处于输出国家（地区）官方主管部门的有效监管之下。

种用、养殖和观赏水生动物的注册登记企业，应当由输出国家（地区）官方主管部门按照世界动物卫生组织（WOAH）推荐的方法和标准，按照输出国家（地区）的规定和双边检验检疫协定规定连续监测 2 年以上，未发现有关疫病。

食用水生动物的注册登记企业，应当经过输出国家（地区）官方主管部门有关水生动物疫病、有毒有害物质和致病微生物监测，结果符合双边检验检疫协定规定、我国强制性标准或者海关总署指定标准的要求。

2. 向我国输出水生动物的国家（地区）发生重大水生动物疫病，或者向我国输出水生动物的注册登记企业、捕捞区域发生水生动物不明原因的大规模死亡时，输出国家（地区）官方主管部门应当主动停止向我国出口并向海关总署通报相关信息。

3. 向我国输出的水生动物精液和受精卵，必须来自健康的亲代种群。种用、养殖和观赏水生动物输出前，应当在输出国家（地区）官方主管部门认可的场所实施隔离检疫。隔离检疫期间，不得与其他水生动物接触。

海关总署可以派遣检疫官员赴输出国家（地区）协助开展出口前隔离检疫。

4. 向我国输出水生动物的注册登记企业和隔离检疫场所应当具备有效的生物安全防护设施和防疫管理制度，能有效防止其他水域的水生动物入侵，确保输出水生动物的安全卫生。

5. 不同养殖场或者捕捞区域的水生动物应当分开包装，不同种类的水生动物应当独立包装，能够满足动物生存和福利需要。包装容器应当是全新的或者经消毒处理，能够防止渗漏，内包装应当透明，便于检查。

6. 向我国输出水生动物的包装用水或者冰及铺垫材料应当符合安全卫生要求，不能含有危害动植物和人体健康的病原微生物、有毒有害物质以及可能破坏水体生态环境的水生生物。

7. 向我国输出的水生动物在运输前 48 小时内，不得有动物传染病和寄生虫病的临床症状。必要时，应当使用输出国家（地区）官方主管部门批准的有效药物进行消毒和驱虫。

8. 输出国家（地区）官方主管部门应当按照与海关总署确认的检验检疫证书格式和内容对向我国输出的水生动物出具检验检疫证书。

（三）进境检验检疫

1. 进境水生动物应当符合下列要求：
（1）我国法律法规规定和强制性标准要求；
（2）海关总署分类制定的检验检疫要求；
（3）双边检验检疫协定确定的相关要求；
（4）双方确认的检验检疫证书规定的相关要求；
（5）进境动植物检疫许可证列明的要求；
（6）海关总署规定的其他检验检疫要求。

2. 食用水生动物应当从海关总署公布的指定口岸进境。海关总署定期考核指定口岸，公布指定口岸名单。

进境食用水生动物指定口岸相关要求由海关总署另行制定。

3. 进境水生动物收货人或者其代理人应当按照相关规定办理检疫许可证。

进境水生动物自输出国家（地区）出境后中转第三方国家（地区）进境的，收货人或者其代理人办理检疫许可证时应当详细填写运输路线及在第三方国家（地区）中转处理情况，包括是否离开海关监管区、更换运输工具、拆换包装以及进入第三方国家（地区）水体环境等。

进境种用、养殖和观赏水生动物收货人或者其代理人，应当在指定隔离场所在地海关办理检疫许可证，办理前应当按照《进境动物隔离检疫场使用监督管理办法》的规定取得隔离场使用证；进境食用水生动物的，应当在进境口岸海关办理检疫许可证。

4. 水生动物进境前或者进境时，收货人或者其代理人应当凭检疫许可证、输出国家（地区）官方主管部门出具的检验检疫证书正本、贸易合同、提单、装箱单、发票等单证向进境口岸海关申报。

检疫许可证上的申请单位、国外官方主管部门出具的检验检疫证书上的收货人和货运提单上的收货人应当一致。

5. 海关对收货人或者其代理人提交的相关单证进行审核，符合要求的受理申报，并按照有关规定对检疫许可证批准的数量进行核销。

6. 进境口岸海关按照下列规定对进境水生动物实施现场查验。

（1）箱查验比例：进境种用、养殖和观赏水生动物，低于10件的全部开箱，10件以上的每增加10件，开箱数增加2件，最高不超过20件；进境食用水生动物，开箱比率不高于10%，最低不少于3件。发现问题的，适当提高开箱查验比率。

海关总署有分类管理规定的，按照有关规定开箱查验。

（2）核对货证：品名、数（重）量、包装、输出日期、运输工具信息、输出国家（地区）、中转国家（地区）等是否相符。

（3）包装和标签检查：包装容器是否完好；包装容器上是否有牢固、清晰易辨的中文或者英文标识，标明水生动物的品名、学名、产地、养殖或者包装企业批准编号等内容，活鱼运输船、活鱼集装箱等难以加贴标签的除外。

（4）临床检查：水生动物的健康状况，主要包括游动是否异常，体表有无溃疡、出血、囊肿及寄生虫感染，体色是否异常，鱼类腹部有无肿胀、肛门有无红肿，贝类闭壳肌收缩有无异常，甲壳类体表和头胸甲是否有黑斑或者白斑、鳃部发黑等。

（5）包装用水或者冰、铺垫材料：是否带有土壤及危害动植物和人体健康的有害生物等法律法规规定的禁止进境物。

7. 海关应当按照有关规定对装载进境水生动物的外包装、运输工具和装卸场地进行防疫消毒处理。

8. 现场查验发现有下列情形的，海关按照有关规定进行处理。

（1）发现内包装容器损坏并有装载水洒漏的，要求货主或者其代理人对包装容器进行整理、更换包装或者对破损包装内的水生动物作销毁处理，并对现场及包装容器等进行消毒。

（2）现场需要开拆包装加水或者换水的，所用水必须达到我国规定的渔业水质标准，并经消毒处理，对废弃的原包装、包装用水或者冰及铺垫材料，按照有关规定实施消毒处理。

（3）对发现的禁止进境物进行销毁处理。

（4）临床检查发现异常时可以抽样送实验室进行检测。

（5）对已经死亡的水生动物，监督货主或者其代理人作无害化处理。

9. 受理报关或者现场查验发现有下列情形之一的，海关签发"检验检疫处理通知书"，由收货人或其代理人在海关的监督下，作退回或者销毁处理：

（1）未被列入允许进境水生动物种类及输出国家（地区）名单的；

（2）无有效检疫许可证的；

（3）无输出国家（地区）官方主管部门出具的有效检验检疫证书的；

（4）检疫许可证上的申请单位、检验检疫证书上的收货人和货运提单上的收货人不一致的，实际运输路线与检疫许可证不一致的；

（5）来自未经注册登记企业的；

（6）货证不符的，包括品种不符、进境水生动物数（重）量超过检验检疫证书载明数（重）量、谎报用途、无标签、标签内容不全或者与检验检疫证书载明内容不符的；

（7）临床检查发现异常死亡且出现水生动物疫病临床症状的；

（8）临床检查发现死亡率超过 50% 的。

10. 进境食用水生动物的，进境口岸海关按照有关标准、监控计划和警示通报等要求对其实施采样，对下列项目进行检验或者监测：

（1）水生动物疫病病原、食源性致病微生物、寄生虫；

（2）贝类毒素等生物毒素；

（3）重金属、农兽药残留；

（4）其他要求的项目。

11. 进境食用水生动物，经海关现场查验合格后予以放行；查验不合格的，作退回或者销毁处理。监控计划和警示通报有要求的，按照要求实施抽样检测。

12. 实验室检测不合格的，进境食用水生动物收货人或其代理人应当主动召回不合格食用水生动物并采取有效措施进行处理。

13. 根据风险监控不合格发生频次和危害程度，经风险评估，对海关总署采取扣留检测措施的进境食用水生动物，收货人或者其代理人应当将进境食用水生动物调运至海关指定扣检暂存场所，实验室检测合格后方可放行。实验室检测不合格的，作退回或者销毁处理。

14. 进境种用、养殖和观赏水生动物应当在指定隔离场进行至少 14 天的隔离检疫。现场查验合格后，由进境口岸海关出具"入境货物调离通知单"，运抵指定隔离场所在地后，收货人或其代理人应当向海关申报。指定隔离场所在地海关应当核对货证，并实施以下检验检疫措施：

（1）对已经死亡的水生动物作无害化处理；

（2）对原包装、装载用水或者冰和铺垫材料做消毒处理；

（3）隔离检疫期间，海关按照年度水生动物疫病监测计划、检疫许可证要求和其他有关规定抽样，实施水生动物疫病检测。

隔离检疫合格的，签发"入境货物检验检疫证明"，予以放行；不合格的，签发"检验检疫处理通知书"，对同一隔离设施内全部水生动物实行扑杀或者销毁处理，并对隔离场所进行消毒。

第二节　出境动植物及其产品的动植物检疫

出境动植物及其产品的动植物检疫一般包括注册登记、疫情疫病监测、安全风险监控、溯源管理、出口查验、实验室检测、风险预警与快速反应等过程。

一、出境水果检验检疫

为规范出境水果检验检疫和监督管理工作，提高出境水果质量和安全，海关根据《进出境动植物检疫法》及其实施条例、《进出口商品检验法》及其实施条例和《食品安全法》等有关法律法规规定，制定了《出境水果检验检疫管理办法》。

出境水果种植、加工、运输企业除应遵守《出境水果检验检疫监督管理办法》外，还应符合进口国（地区）的安全卫生要求及我国与进口国（地区）签署的双边植物检疫要求议定书的要求。

（一）适用范围

适用于出境新鲜水果（含冷冻水果，以下简称"水果"）的检验检疫与监督管理工作。我国与输入国家（地区）签订的双边协议、议定书等明确规定，或者输入国家（地区）法律法规要求对输入该国家（地区）的水果果园和包装厂实施注册登记的，海关应当按照规定对输往该国家（地区）的出境水果果园和包装厂实行注册登记。我国与输入国家（地区）签订的双边协议、议定书未有明确规定，且输入国家（地区）法律法规未明确要求的，出境水果果园、包装厂可以向海关申请注册登记。

（二）注册登记

1. 申请注册登记的出境水果果园应当具备以下条件：

（1）连片种植，面积在 100 亩以上；

（2）周围无影响水果生产的污染源；

（3）有专职或者兼职植保员，负责果园有害生物监测防治等工作；

（4）建立完善的质量管理体系，质量管理体系文件包括组织机构、人员培训、有害生物监测与控制、农用化学品使用管理、良好农业操作规范等有关资料；

（5）近 2 年未发生重大植物疫情；

（6）双边协议、议定书或者输入国家（地区）法律法规对注册登记有特别规定的，还须符合其规定。

2. 申请注册登记的出境水果包装厂应当具备以下条件：

（1）厂区整洁卫生，有满足水果贮存要求的原料场、成品库；

（2）水果存放、加工、处理、储藏等功能区相对独立、布局合理，且与生活区采取隔离措施并有适当的距离；

（3）具有符合检疫要求的清洗、加工、防虫防病及除害处理设施；

（4）加工水果所使用的水源及使用的农用化学品均须符合有关食品卫生要求及输入国家（地区）的要求；

（5）有完善的卫生质量管理体系，包括对水果供货、加工、包装、储运等环节的管理，对水果溯源信息、防疫监控措施、有害生物及有毒有害物质检测等信息有详细记录；

（6）配备专职或者兼职植保员，负责原料水果验收、加工、包装、存放等环节防疫措施的落实、有毒有害物质的控制、弃果处理和成品水果自检等工作；

（7）有与其加工能力相适应的提供水果货源的果园，或者与供货果园建有固定的供货关系；

（8）双边协议、议定书或者输入国家（地区）法律法规对注册登记有特别规定的，还须符合其规定。

3. 申请注册登记的果园，应当向所在地海关提出书面申请，并提交以下材料：

（1）"出境水果果园注册登记申请表"；

（2）果园示意图、平面图。

4. 申请注册登记的包装厂，应当向所在地海关提出书面申请，并提交以下材料：

（1）"出境水果包装厂注册登记申请表"；

（2）包装厂厂区平面图，包装厂工艺流程及简要说明；

（3）提供水果货源的果园名单及包装厂与果园签订的有关水果生产、收购合约复印件。

5. 审核。

海关按照规定对申请材料进行审核，确定材料是否齐全、是否符合有关规定要求，作出受理或者不受理的决定，并出具书面凭证。提交的材料不齐全或者不规范的，应当当场或者在接到申请后 5 个工作日内一次告知申请人补正。逾期不告知的，自收到申请材料之日起即为受理。

受理申请后，海关应当对申请注册登记的出境水果果园和包装厂提交的申请资料进行审核，并组织专家组进行现场考核。

10 个工作日内，完成对申请资料的初审工作；初审合格后，提交直属海关，直属海关应当在 10 个工作日内作出准予注册登记或者不予注册登记的决定。

直属海关应当将注册登记的果园、包装厂名单报海关总署备案。

6. 换证复查。

注册登记证书有效期为 3 年，注册登记证有效期满前 3 个月，果园、包装厂应当向所在地海关申请换证。

7. 变更。

注册登记的果园、包装厂出现以下情况之一的，应当向海关办理申请变更手续：

（1）果园种植面积扩大；

（2）果园承包者或者负责人、植保员发生变化；

（3）包装厂法人代表或者负责人发生变化；

（4）向包装厂提供水果货源的注册登记果园发生改变；

（5）包装厂加工水果种类改变；

（6）其他较大变更情况。

8. 重新注册登记。

注册登记的果园、包装厂出现以下情况之一的，应当向海关重新申请注册登记：

（1）果园位置及种植水果种类发生变化；

（2）包装厂改建、扩建、迁址；

（3）其他重大变更情况。

9. 对外推荐。

我国与输入国家（地区）签订的双边协议、议定书等明确规定，或者输入国家（地区）法律法规要求对输入该国家（地区）的水果果园和包装厂实施注册登记的，出境水果果园、包装厂应当经海关总署集中组织推荐，获得输入国家（地区）检验检疫部门认可后，方可向有关国家（地区）输出水果。

（三）监督管理

1. 海关对所辖地区出境水果果园、包装厂进行有害生物监测、有毒有害物质监控和监督管理。监测结果及监管情况作为出境水果检验检疫分类管理的重要依据。

2. 出境水果果园、包装厂应当采取有效的有害生物监测、预防和综合管理措施，避免和控制输入国家（地区）关注的检疫性有害生物产生。出境水果果园和包装厂应当遵守相关法规标准，安全合理使用农用化学品，不得购买、存放和使用我国或者输入国家（地区）禁止在水果上使用的化学品。

出境水果包装材料应当干净卫生、未使用过，并符合有关卫生质量标准。输入国家（地区）有特殊要求的，水果包装箱应当按照要求，标明水果种类、产地以及果园、包装厂名称或者代码等相关信息。

3. 海关对出境水果果园实施监督管理内容包括：

（1）果园周围环境、水果生长状况、管理人员情况；

（2）果园有害生物产生、监测、防治情况及有关记录；

（3）果园农用化学品存放状况，购买、领取及使用记录；

（4）果园水果有毒有害物质检测记录；

（5）双边协议、议定书或者输入国家（地区）法律法规相关规定的落实情况。

4. 海关对出境水果包装厂实施监督管理内容包括：

（1）包装厂区环境及卫生状况、生产设施及包装材料的使用情况、管理人员情况；

（2）化学品存放状况，购买、领取及使用记录；

（3）水果的来源、加工、自检、存储、出口等有关记录；

（4）水果有毒有害物质检测控制记录；

（5）冷藏设施使用及防疫卫生情况、温湿度控制记录；

（6）双边协议、议定书或者输入国家（地区）法律法规相关规定的落实情况。

5. 出境果园和包装厂出现下列情况之一的，海关应责令其限期整改，并暂停受理报检，直至整改符合要求：

（1）不按规定使用农用化学品的；

（2）周围有环境污染源的；

（3）包装厂的水果来源不明的；

（4）包装厂内来源不同的水果混放，没有隔离防疫措施，难以区分的；

（5）未按规定在包装上标明有关信息或者加施标识的；

（6）包装厂检疫处理设施出现较大技术问题的；

（7）海关检出境外关注的有害生物或者有毒有害物质超标的；

（8）输入国家（地区）检出检疫性有害生物或者有毒有害物质超标的。

6. 海关在每年水果采收季节前对注册登记的出境水果果园、包装厂进行年度审核，对年审考核不合格的果园、包装厂限期整改。

7. 已注册登记的出境水果果园、包装厂出现以下情况之一的，取消其注册登记资格：

（1）限期整改不符合要求的；

（2）隐瞒或者瞒报质量和安全问题的；

（3）拒不接受海关监督管理的；

（4）未按规定重新申请注册登记的。

8. 出境水果果园、包装厂应当建立稳定的供货与协作关系。包装厂应当要求果园加强疫情、有毒有害物质监测与防控工作，确保提供优质安全的水果货源。

注册登记果园向包装厂提供出境水果时，应当随附产地供货证明，注明水果名称、数量及果园名称或者注册登记编号等信息。

（四）出境检验检疫

1. 出境水果应当向包装厂所在地海关报关，按报关规定提供有关单证及产地供货证明；出境水果来源不清楚的，海关不予受理报关。

2. 根据输入国家（地区）进境水果检验检疫规定和果园、包装厂的注册登记情况，结合日常监督管理，海关实施相应的出境检验检疫措施。

3. 海关根据下列要求对出境水果实施检验检疫：

（1）我国与输入国家（地区）签订的双边检疫协议（含协定、议定书、备忘录等）；

（2）输入国家（地区）进境水果检验检疫规定或者要求；

（3）国际植物检疫措施标准；

（4）我国出境水果检验检疫规定；

（5）贸易合同和信用证等订明的检验检疫要求。

4. 海关依照相关工作程序和技术标准实施现场检验检疫和实验室检测：

（1）核查货证是否相符；

（2）植物检疫证书和包装箱的相关信息是否符合输入国家（地区）的要求；

（3）检查水果是否带虫体、病症、枝叶、土壤和病虫为害状，发现可疑疫情的，应及时按有关规定和要求将相关样品和病虫体送实验室检疫鉴定。

5. 海关对出境水果实施出境检验检疫及日常监督管理。

出境水果经检验检疫合格的，按照有关规定签发检验检疫证书、出境货物换证凭单等有关检验检疫证单。未经检验检疫或者检验检疫不合格的，不准出境。

出境水果经检验检疫不合格的，海关应当向出境水果果园、包装厂反馈有关信息，并协助调查原因，采取改进措施。出境水果果园、包装厂不在本辖区的，实施检验检疫的海关应当将有关情况及时通知出境水果果园、包装厂所在地海关。

6. 术语。

（1）"果园"，是指没有被障碍物（如道路、沟渠和高速公路）隔离开的单一水果的连续种植地。

（2）"包装厂"，是指水果采收后，进行挑选、分级、加工、包装、储藏等一系列操作的固定场所，一般包括初选区、加工包装区、储藏库等。

（3）"冷冻水果"，是指加工后，在-18℃以下储存、运输的水果。

7. 行政处罚。

有以下情况之一的，海关处以3万元以下罚款：

（1）来自注册果园、包装厂的水果混有非注册果园、包装厂水果的；

（2）盗用果园、包装厂注册登记编号的；

（3）伪造或变造产地供货证明的；

（4）经检验检疫合格后的水果被调换的；

（5）其他违反管理办法规定导致严重安全、卫生质量事故的。

二、出口饲料和饲料添加剂检验检疫

出口饲料和饲料添加剂除应遵守《进出口饲料和饲料添加剂检验检疫监督管理办法》外，还应符合进口国家（地区）的安全卫生要求及我国与进口国家（地区）签署的双边植物检疫要求议定书的要求。

（一）注册登记

海关总署对出口饲料的出口生产企业实施注册登记制度，出口饲料应当来自注册登记的出口生产企业。

1. 申请注册登记的企业应当符合下列条件。

（1）厂房、工艺、设备和设施。厂址应当避开工业污染源，与养殖场、屠宰场、居民点保持适当距离；厂房、车间布局合理，生产区与生活区、办公区分开；工艺设计合理，符合安全卫生要求；具备与生产能力相适应的厂房、设备及仓储设施；具备有害生物（啮齿动物、苍蝇、仓储害虫、鸟类等）防控设施。

（2）具有与其所生产产品相适应的质量管理机构和专业技术人员。

（3）具有与安全卫生控制相适应的检测能力。

（4）具有合适的管理制度。包括岗位责任制度，人员培训制度，从业人员健康检查制度，按照危害分析与关键控制点（HACCP）原理建立质量管理体系，在风险分析的基础上开展自检自控，标准卫生操作规范（SSOP），原辅料、包装材料合格供应商评价和验收制度，饲料标签管理制度和产品追溯制度，废弃物、废水处理制度，客户投诉处理制度，质量安全突发事件应急管理制度。

（5）满足海关总署按照饲料产品种类分别制定的出口检验检疫要求。

2. 出口生产企业应当向所在地直属海关申请注册登记，并提交下列材料：

（1）"出口饲料生产、加工、存放企业检验检疫注册登记申请表"；

（2）国家饲料主管部门有审查、生产许可、产品批准文号等要求的，须提供获得批准的相关证明文件；

（3）生产工艺流程图，并标明必要的工艺参数（涉及商业秘密的除外）；

（4）厂区平面图，并提供重点区域的照片或者视频资料；

（5）申请注册登记的产品及原料清单。

3. 直属海关应当对申请材料及时进行审查，根据下列情况在 5 日内作出受理或者不予受理决定，并书面通知申请人：

（1）申请材料存在可以当场更正的错误的，允许申请人当场更正；

（2）申请材料不齐全或者不符合法定形式的，应当当场或者在 5 日内一次书面告知申请人需要补正的全部内容，逾期不告知的，自收到申请材料之日起即为受理；

（3）申请材料齐全、符合法定形式或者申请人按照要求提交全部补正申请材料的，应当受理申请。

4. 直属海关应当在受理申请后组成评审组，对申请注册登记的出口生产企业进行现场评审。评审组应当在现场评审结束后向直属海关提交评审报告。

5. 直属海关应当自受理申请之日起 20 日内对申请人的申请事项作出是否准予注册登记的决定；准予注册登记的，颁发"出口饲料生产、加工、存放企业检验检疫注册登记证"（以下简称"注册登记证"）。

直属海关自受理申请之日起 20 日内不能作出决定的，经直属海关负责人批准，可以延长 10 日，并应当将延长期限的理由告知申请人。

6. "注册登记证"自颁发之日起生效，有效期 5 年。

属于同一企业、位于不同地点、具有独立生产线和质量管理体系的出口生产企业应当分别申请注册登记。

每一注册登记出口生产企业使用一个注册登记编号。经注册登记的出口生产企业的注册登记编号专厂专用。

7. 出口生产企业变更企业名称、法定代表人、产品品种、生产能力等的，应当在变更后 30 日内向所在地直属海关提出书面申请，填写"出口饲料生产、加工、存放企业检验检疫注册登记申请表"，并提交与变更内容相关的资料。

变更企业名称、法定代表人的，由直属海关审核有关资料后，直接办理变更手续。

变更产品品种或者生产能力的，由直属海关审核有关资料并组织现场评审，评审合格后，办理变更手续。

企业迁址的，应当重新向直属海关申请办理注册登记手续。

因停产、转产、倒闭等原因不再从事出口饲料业务的，应当向所在地直属海关办理注销手续。

8. 获得注册登记的出口生产企业需要延续注册登记有效期的，应当在有效期届满前 3 个月按照相关规定提出申请。

9. 直属海关应当在完成注册登记、变更或者注销工作后 30 日内，将相关信息上报海关总署备案。

10. 进口国家（地区）要求提供注册登记的出口生产企业名单的，由直属海关审查合格后，上报海关总署。海关总署组织进行抽查评估后，统一向进口国家（地区）主管部门推荐并办理有关手续。

（二）检验检疫

1. 海关按照下列要求对出口饲料实施检验检疫：

（1）输入国家（地区）检验检疫要求；

（2）双边协议、议定书、备忘录；

（3）我国法律法规、强制性标准和相关检验检疫要求；

（4）贸易合同或者信用证注明的检疫要求。

2. 饲料出口前，货主或者代理人应当凭贸易合同、出厂合格证明等单证向产地海关申报。海关对所提供的单证进行审核，符合要求的受理。

3. 受理后，海关按照下列规定实施现场检验检疫。

（1）核对货证：核对单证与货物的名称、数（重）量、生产日期、批号、包装、唛头、出口生产企业名称或者注册登记号等是否相符。

（2）标签检查：标签是否符合要求。

（3）感官检查：包装、容器是否完好，有无腐败变质，有无携带有害生物，有无土壤、动物尸体、动物排泄物等。

4. 海关对来自不同类别出口生产企业的产品按照相应的检验检疫监管模式抽取样品，出具"抽/采样凭证"，送实验室进行安全卫生项目的检测。

5. 经检验检疫合格的，海关出具"出境货物换证凭单"、检验检疫证书等相关证书；

检验检疫不合格的，经有效方法处理并重新检验检疫合格的，可以按照规定出具相关单证，予以放行；无有效方法处理或者虽经处理重新检验检疫仍不合格的，不予放行，并出具"出境货物不合格通知单"。

6. 出境口岸海关按照出境货物换证查验的相关规定查验，重点检查货证是否相符。查验不合格的，不予放行。

7. 产地海关与出境口岸海关应当及时交流信息。

在检验检疫过程中发现安全卫生问题，应当采取相应措施，并及时上报海关总署。

（三）监督管理

1. 取得注册登记的出口饲料生产、加工企业应当遵守下列要求：

（1）有效运行自检自控体系。

（2）按照进口国家（地区）的标准或者合同要求生产出口产品。

（3）遵守我国有关药物和添加剂管理规定，不得存放、使用我国和进口国家（地区）禁止使用的药物和添加物。

（4）出口饲料的包装、装载容器和运输工具应当符合安全卫生要求。标签应当符合进口国家（地区）的有关要求。包装或者标签上应当注明生产企业名称或者注册登记号、产品用途。

（5）建立企业档案，记录生产过程中使用的原辅料名称、数（重）量及其供应商、原料验收、半产品及成品自检自控、入库、出库、出口、有害生物控制、产品召回等情况，记录档案至少保存2年。

（6）如实填写"出口饲料监管手册"，记录海关监管、抽样、检查、年审情况以及境外官方机构考察等内容。

取得注册登记的饲料存放企业应当建立企业档案，记录存放饲料名称、数（重）量、货主、入库、出库、有害生物防控情况，记录档案至少保留2年。

2. 海关对辖区内注册登记的出口生产企业实施日常监督管理，内容包括：

（1）环境卫生；

（2）有害生物防控措施；

（3）有毒有害物质自检自控的有效性；

（4）原辅料或者其供应商变更情况；

（5）包装物、铺垫材料和成品库管理情况；

（6）生产设备、用具、运输工具的安全卫生；

（7）批次及标签管理情况；

（8）涉及安全卫生的其他内容；

（9）"出口饲料监管手册"记录情况。

3. 海关对注册登记的出口生产企业实施年审，年审合格的在"注册登记证"（副本）上加注年审合格记录。

4. 海关对饲料出口企业（以下简称"出口企业"）实施备案管理。出口企业应当在首次报关前或者报关时向所在地海关备案。

出口与生产为同一企业的，不必办理备案。

5. 出口企业应当建立经营档案并接受海关的核查。档案应当记录出口饲料的报关号、品名、数（重）量、包装、进口国家（地区）、境外进口商、供货企业名称及其注册登记号等信息，档案至少保留 2 年。

6. 海关应当建立注册登记的出口生产企业以及出口企业诚信档案，建立良好记录企业名单和不良记录企业名单。

7. 出口饲料被境内外海关检出疫病、有毒有害物质超标或者其他安全卫生质量问题的，海关核实有关情况后，实施加严检验检疫监管措施。

8. 注册登记的出口生产企业和备案的出口企业发现其生产、经营的相关产品可能受到污染并影响饲料安全，或者其出口产品在境外涉嫌引发饲料安全事件时，应当在 24 小时内报告所在地海关，同时采取控制措施，防止不合格产品继续出厂。海关接到报告后，应当于 24 小时内逐级上报至海关总署。

9. 已注册登记的出口生产企业发生下列情况之一的，由直属海关撤回其注册登记：

（1）准予注册登记所依据的客观情况发生重大变化，达不到注册登记条件要求的；

（2）注册登记内容发生变更，未办理变更手续的；

（3）年审不合格的。

10. 有下列情形之一的，直属海关根据利害关系人的请求或者依据职权，可以撤销注册登记：

（1）直属海关工作人员滥用职权、玩忽职守作出准予注册登记的；

（2）超越法定职权作出准予注册登记的；

（3）违反法定程序作出准予注册登记的；

（4）对不具备申请资格或者不符合法定条件的出口生产企业准予注册登记的；

（5）依法可以撤销注册登记的其他情形。

出口生产企业以欺骗、贿赂等不正当手段取得注册登记的，应当予以撤销。

11. 有下列情形之一的，直属海关应当依法办理注册登记的注销手续：

（1）注册登记有效期届满未延续的；

（2）出口生产企业依法终止的；

（3）企业因停产、转产、倒闭等原因不再从事饲料出口业务的；

（4）注册登记依法被撤销、撤回或者吊销的；

（5）因不可抗力导致注册登记事项无法实施的；

（6）法律、法规规定的应当注销注册登记的其他情形。

三、出境货物木质包装检疫处理管理

为规范木质包装检疫监督管理，确保出境货物使用的木质包装符合输入国家或者地区检疫要求，依据《进出境动植物检疫法》及其实施条例，参照国际植物检疫措施标准第 15 号《国际贸易中木质包装材料管理准则》（以下简称"第 15 号国际标准"）的规定，制定了《出境货物木质包装检疫处理管理办法》。

（一）定义

所称木质包装，是指用于承载、包装、铺垫、支撑、加固货物的木质材料，如木板箱、木条箱、木托盘、木框、木桶、木轴、木楔、垫木、枕木、衬木等。

经人工合成或者经加热、加压等深度加工的包装用木质材料（如胶合板、纤维板等）除外。薄板旋切芯、锯屑、木丝、刨花等以及厚度等于或者小于 6 毫米的木质材料除外。

（二）分工

海关总署统一管理全国出境货物木质包装的检疫监督管理工作，主管海关负责所辖地区出境货物木质包装的检疫监督管理。

（三）要求

对木质包装实施除害处理并加施标识的企业（以下简称"标识加施企业"）应当建立木质包装生产防疫制度和质量控制体系。

出境货物木质包装应当按照《出境货物木质包装除害处理方法及标识要求》列明的检疫除害处理方法实施处理，并加施专用标识。

（四）管理

1. 资格申请

标识加施企业应当向所在地海关提出除害处理标识加施资格申请并提供以下材料：

（1）"出境货物木质包装除害处理标识加施申请考核表"；

（2）厂区平面图，包括原料库（场）、生产车间、除害处理场所、成品库平面图；

（3）热处理或者熏蒸处理等除害设施及相关技术、管理人员的资料。

直属海关对标识加施企业的热处理或者熏蒸处理设施、人员及相关质量管理体系等进行考核，符合《出境货物木质包装除害处理标识加施企业考核要求》的，颁发除害处理标识加施资格证书，并公布标识加施企业名单，同时报海关总署备案，标识加施资格有效期为3年；不符合要求的，不予颁发资格证书，并连同不予颁发资格证书的理由一并书面告知申请企业。未取得资格证书的，不得擅自加施除害处理标识。

标识加施企业出现以下情况之一的，应当向海关重新申请标识加施资格：

（1）热处理或者熏蒸处理设施改建、扩建；

（2）木质包装成品库改建、扩建；

（3）企业迁址；

（4）其他重大变更情况。

未重新申请的，海关暂停直至取消其标识加施资格。

2. 加施标识

标识加施企业应当将木质包装除害处理计划在除害处理前向所在地海关申报，海关对除害处理过程和加施标识情况实施监督管理。

（1）除害处理结束后，标识加施企业应当出具处理结果报告单。经海关认定除害处理合格的，标识加施企业按照规定加施标识。

再利用、再加工或者经修理的木质包装应当重新验证并重新加施标识，确保木质包装材料的所有组成部分均得到处理。

（2）标识加施企业对加施标识的木质包装应当单独存放，采取必要的防疫措施防止有害生物再次侵染，建立木质包装销售、使用记录，并按照海关的要求核销。

（3）未获得标识加施资格的木质包装使用企业，可以从海关公布的标识加施企业购买木质包装，并要求标识加施企业提供出境货物木质包装除害处理合格凭证。

海关对出境货物使用的木质包装实施抽查检疫。海关对标识加施企业实施日常监督检查。

3. 法律责任

标识加施企业出现下列情况之一的，海关责令整改，整改期间暂停标识加施资格：

（1）热处理/熏蒸处理设施、检测设备达不到要求的；

（2）除害处理不符合规定温度、剂量、时间等技术指标的；

（3）经除害处理合格的木质包装成品库管理不规范，存在有害生物再次侵染风险的；

（4）木质包装标识加施不符合规范要求的；

（5）木质包装除害处理、销售等情况不清的；

（6）相关质量管理体系运转不正常，质量记录不健全的；

（7）未按照规定向海关申报的；

（8）其他影响木质包装检疫质量的。

因标识加施企业方面原因出现下列情况之一的，海关将暂停直至取消其标识加施资格，并予以公布：

（1）在境外遭除害处理、销毁或者退货的；

（2）未经有效除害处理加施标识的；

（3）有倒卖、挪用标识等弄虚作假行为的；

（4）出现严重安全质量事故的；

（5）其他严重影响木质包装检疫质量的。

伪造、变造、盗用标识的，依照《进出境动植物检疫法》及其实施条例的有关规定处罚。

输入国家（地区）对木质包装有其他特殊检疫要求的，按照输入国家（地区）的规定执行。

四、出境竹木草制品检疫

为规范出境竹木草制品的检疫管理工作，根据我国法律法规制定了《出境竹木草制品检疫管理办法》，适用于出境竹木草制品（包括竹、木、藤、柳、草、芒等制品）的检疫及监督管理。海关总署主管全国出境竹木草制品检疫和监督管理工作，主管海关负责所辖区域内出境竹木草制品的检疫和监督管理工作。海关总署对出境竹木草制品及其生产加工企业（以下简称"企业"）实施分级分类监督管理。

（一）分级分类管理

1. 根据生产加工工艺及防疫处理技术指标等，竹木草制品分为低、中、高 3 个风险等级。

（1）低风险竹木草制品：经脱脂、蒸煮、烘烤及其他防虫、防霉等防疫处理的。

（2）中风险竹木草制品：经熏蒸或者防虫、防霉药剂处理等防疫处理的。

（3）高风险竹木草制品：经晾晒等其他一般性防疫处理的。

2. 海关对出境竹木草制品的企业进行评估、考核，将企业分为一类、二类、三类 3 个企业类别。

3. 一类企业应当具备以下条件：

（1）遵守检验检疫法律法规等有关规定；

（2）应当建立完善的质量管理体系，包括生产、加工、存放等环节的防疫措施及厂检员管理制度等；

（3）配备专职的厂检员，负责生产、加工、存放等环节防疫措施的监督、落实及产品厂检工作；

（4）在生产过程中采用防虫、防霉加工工艺，并配备与其生产能力相适应的防虫、防霉处理设施及相关的检测仪器；

（5）原料、生产加工、成品存放场所，应当专用或者相互隔离，并保持环境整洁、卫生；

（6）年出口批次不少于100批；

（7）检验检疫年批次合格率达99%以上；

（8）海关依法规定的其他条件。

4. 二类企业应当具备以下条件：

（1）遵守检验检疫法律法规等有关规定；

（2）企业建立质量管理体系，包括生产、加工、存放等环节的防疫措施及厂检员管理制度等；

（3）配备专职或者兼职的厂检员，负责生产、加工、存放等环节防疫措施的监督、落实及产品厂检工作；

（4）在生产过程中采用防虫、防霉加工工艺，具有防虫、防霉处理设施；

（5）成品存放场所应当独立，生产加工环境整洁、卫生；

（6）年出口批次不少于30批次；

（7）检验检疫年批次合格率达98%以上；

（8）海关依法规定的其他条件。

5. 不具备一类或者二类条件的企业以及未申请分类考核的企业定为三类企业。

6. 企业本着自愿的原则，向所在地海关提出实施分类管理的书面申请，并提交以下资料：

（1）"出境竹木草制品生产加工企业分类管理考核申请表"；

（2）企业厂区平面图；

（3）生产工艺及流程图。

7. 海关自接到申请资料之日起10个工作日内，完成对申请资料的初审。

企业提交的申请资料不齐全的，应当在规定期限内补齐；未能在规定期限补齐的，视为撤回申请。

8. 初审合格后，海关在10个工作日内完成对申请企业的考核。根据考核结果，由直属海关确定企业类别，并及时公布。

9. 有以下情况之一的，企业应当重新提出申请：

（1）申请企业类别升级的；

（2）企业名称、法定代表人或者生产加工地点变更的；

（3）生产工艺和设备等发生重大变化的。

（二）出境检疫

1. 输出竹木草制品的检疫依据：

（1）我国与输入国家（地区）签订的双边检疫协定（含协议、备忘录等）；

（2）输入国家（地区）的竹木草制品检疫规定；

（3）我国有关出境竹木草制品的检疫规定；

（4）贸易合同、信用证等订明的检疫要求。

2. 企业或者其代理人办理出境竹木草制品报关手续时，应当按照检验检疫申报规定提供有关单证。一类、二类企业报关时应当同时提供"出境竹木草制品厂检记录单"（以下简称"厂检记录单"）。

3. 根据企业的类别和竹木草制品的风险等级，出境竹木草制品的批次抽查比率为：

（1）一类企业的低风险产品，抽查比率 5%~10%；

（2）一类企业的中风险产品、二类企业的低风险产品，抽查比率 10%~30%；

（3）一类企业的高风险产品、二类企业的中风险产品和三类企业的低风险产品，抽查比率 30%~70%；

（4）二类企业的高风险产品、三类企业的中风险和高风险产品，抽查比率 70%~100%。

4. 海关根据企业日常监督管理情况、出口季节和输往国家（地区）的差别以及是否出具"植物检疫证书"或者"熏蒸/消毒证书"等，在规定范围内，确定出境竹木草制品的批次抽查比率。

5. 出境竹木草制品经检疫合格的，按照有关规定出具相关证单；经检疫不合格的，经过除害、重新加工等处理合格后方可放行；无有效处理方法的，不准出境。

（三）监督管理

1. 海关对出境竹木草制品的生产、加工、存放实施全过程的监督管理。

2. 海关对企业实施日常监督管理，内容主要包括：

（1）检查企业质量管理体系有效运行和生产、加工、存放等环节的防疫措施执行情况；

（2）检查企业生产、加工、存放等条件是否符合防疫要求；

（3）检查厂检记录以及厂检员对各项防疫措施实施监督的情况和相应记录；

（4）企业对质量问题的整改情况；

（5）其他应当检查的内容。

在实施日常监督管理中，海关应当填写"出境竹木草制品监管记录"。

3. 海关应当建立竹木草制品企业的检疫管理档案。

4. 海关对企业的分类实行动态管理，有以下情况之一的，对企业做类别降级处理：

（1）生产、加工、存放等环节的防疫措施不到位；

（2）厂检员未按要求实施检查与监督；

（3）海关对出境竹木草制品实施检疫，连续 2 次以上检疫不合格；

（4）1 年内出境检验检疫批次合格率达不到所在类别要求；

（5）其他不符合有关检验检疫要求的。

对做类别降级处理的企业限期整改，经整改合格的，可恢复原类别。

5. 企业不如实填写厂检记录单或者伪造、变造、出售和盗用厂检记录单的，直接降为三类企业管理。

6. 海关对企业厂检员进行培训，厂检员经考核合格方可上岗。厂检员应当如实填写厂检记录单，并对厂检结果负责。

五、出境水生动物检验检疫

海关根据我国法律法规规定和国际条约规定，制定了《出境水生动物检验检疫监督管理办法》，适用于对养殖和野生捕捞出境水生动物的检验检疫和监督管理。从事出境水生动物养殖、捕捞、中转、包装、运输、贸易的企业应当遵守该办法。海关总署主管全国出境水生动物的检验检疫和监督管理工作，主管海关负责所辖区域出境水生动物的检验检疫和监督管理工作。

（一）注册登记

1. 注册登记条件

（1）出境水生动物养殖场、中转场申请注册登记，应当符合下列条件：

①周边和场内卫生环境良好，无工业、生活垃圾等污染源和水产品加工厂，场区布局合理，分区科学，有明确的标识；

②养殖用水符合国家渔业水质标准，具有政府主管部门或者海关出具的有效水质监测或者检测报告；

③具有符合检验检疫要求的养殖、包装、防疫、饲料和药物存放等设施、设备和材料；

④具有符合检验检疫要求的养殖、包装、防疫、疫情报告、饲料和药物存放及使用、废弃物和废水处理、人员管理、引进水生动物等专项管理制度；

⑤配备有养殖、防疫方面的专业技术人员，有从业人员培训计划，从业人员持有健康证明；

⑥中转场的场区面积、中转能力应当与出口数量相适应。

（2）出境食用水生动物非开放性水域养殖场、中转场申请注册登记除符合上述第（1）款中注册登记规定的条件外，还应当符合下列条件：

①具有与外部环境隔离或者限制无关人员和动物自由进出的设施，如隔离墙、网、栅栏等；

②养殖场养殖水面应当具备一定规模，一般水泥池养殖面积不少于 20 亩，土池养殖面积不少于 100 亩；

③养殖场具有独立的引进水生动物的隔离池，各养殖池具有独立的进水和排水渠道，养殖场的进水和排水渠道分设。

（3）出境食用水生动物开放性水域养殖场、中转场申请注册登记除符合上述第（1）款中注册登记规定的条件外，还应当符合下列条件：

①养殖、中转、包装区域无规定的水生动物疫病；

②养殖场养殖水域面积不少于 500 亩，网箱养殖的网箱数一般不少于 20 个。

（4）出境观赏用和种用水生动物养殖场、中转场申请注册登记除符合上述第（1）款中注册登记规定的条件外，还应当符合下列条件：

①场区位于水生动物疫病的非疫区，过去 2 年内没有发生世界动物卫生组织（WOAH）规定应当通报和农业农村部规定应当上报的水生动物疾病；

②养殖场具有独立的引进水生动物的隔离池和水生动物出口前的隔离养殖池，各养殖池具有独立的进水和排水渠道，养殖场的进水和排水渠道分设；

③具有与外部环境隔离或者限制无关人员和动物自由进出的设施，如隔离墙、网、栅栏等；

④养殖场面积水泥池养殖面积不少于 20 亩，土池养殖面积不少于 100 亩；

⑤出口淡水水生动物的包装用水必须符合饮用水标准；出口海水水生动物的包装用水

必须清洁、透明并经有效消毒处理；

⑥养殖场有自繁自养能力，并有与养殖规模相适应的种用水生动物；

⑦不得养殖食用水生动物。

2. 注册登记申请

（1）出境水生动物养殖场、中转场应当向所在地直属海关申请注册登记，并提交下列材料：

①注册登记申请表；

②养殖许可证或者海域使用证（不适用于中转场）；

③场区平面示意图，并提供重点区域的照片或者视频资料；

④水质检测报告；

⑤废弃物、废水处理程序；

⑥进口国家（地区）对水生动物疾病有明确检测要求的，需提供有关检测报告。

（2）直属海关应当对申请材料及时进行审查，根据下列情况在 5 日内作出受理或者不予受理决定，并书面通知申请人：

①申请材料存在可以当场更正的错误的，允许申请人当场更正；

②申请材料不齐全或者不符合法定形式的，应当当场或者在 5 日内一次书面告知申请人需要补正的全部内容，逾期不告知的，自收到申请材料之日即为受理；

③申请材料齐全、符合法定形式或者申请人按照要求提交全部补正申请材料的，应当受理申请。

（3）每一注册登记养殖场或者中转包装场使用一个注册登记编号，同一企业所有的不同地点的养殖场或者中转场应当分别申请注册登记。

3. 注册登记审查与决定

（1）直属海关应当在受理申请后组成评审组，对申请注册登记的养殖场或者中转场进行现场评审。评审组应当在现场评审结束后向直属海关提交评审报告。

（2）直属海关应当自受理申请之日起 20 日内对申请人的申请事项作出是否准予注册登记的决定；准予注册登记的，颁发"出境水生动物养殖场/中转场检验检疫注册登记证"（以下简称"注册登记证"），并上报海关总署。

直属海关自受理申请之日起 20 日内不能作出决定的，经直属海关负责人批准，可以延长 10 日，并应当将延长期限的理由告知申请人。

（3）进口国家（地区）有注册登记要求的，直属海关评审合格后，报海关总署，由海关总署统一向进口国家（地区）政府主管部门推荐并办理有关手续。进口国家（地区）政府主管部门确认后，注册登记生效。

（4）"注册登记证"自颁发之日起生效，有效期 5 年。

经注册登记的养殖场或者中转场的注册登记编号专场专用。

4. 注册登记变更与延续

（1）出境水生动物养殖场、中转场变更企业名称、法定代表人、养殖品种、养殖能力等的，应当在 30 日内向所在地直属海关提出书面申请，填写"出境水生动物养殖场/中转包装场检验检疫注册登记申请表"，并提交与变更内容相关的资料。

变更养殖品种或者养殖能力的，由直属海关审核有关资料并组织现场评审，评审合格后，办理变更手续。

养殖场或者中转场迁址的，应当重新向海关申请办理注册登记手续。

因停产、转产、倒闭等原因不再从事出境水生动物业务的注册登记养殖场、中转场，应当向所在地海关办理注销手续。

（2）获得注册登记的出境水生动物养殖场、中转包装场需要延续注册登记有效期的，应当在有效期届满30日前按照相关规定提出申请。

（3）直属海关应当在完成注册登记、变更或者注销工作后30日内，将辖区内相关信息上报海关总署备案。

（二）检验检疫

1. 海关按照下列依据对出境水生动物实施检验检疫：

（1）我国法律法规规定的检验检疫要求、强制性标准；

（2）双边检验检疫协议、议定书、备忘录；

（3）进口国家（地区）的检验检疫要求；

（4）贸易合同或者信用证中注明的检验检疫要求。

2. 出境野生捕捞水生动物的货主或者其代理人应当在水生动物出境3天前向出境口岸海关申报，并提供捕捞渔船与出口企业的供货协议（含捕捞船只负责人签字）。

进口国家（地区）对捕捞海域有特定要求的，申报时应当申明捕捞海域。

3. 出境养殖水生动物的货主或者其代理人应当在水生动物出境7天前向注册登记养殖场、中转场所在地海关申报。

4. 除捕捞后直接出口的野生捕捞水生动物外，出境水生动物必须来自注册登记养殖场或者中转场。

注册登记养殖场、中转场应当保证其出境水生动物符合进口国家（地区）的标准或者合同要求，并出具"出境水生动物供货证明"。

中转场凭注册登记养殖场出具的"出境水生动物供货证明"接收水生动物。

5. 产地海关受理申报后，应当查验注册登记养殖场或者中转场出具的"出境水生动物供货证明"，根据疫病和有毒有害物质监控结果、日常监管记录、企业分类管理等情况，对出境养殖水生动物进行检验检疫。

6. 经检验检疫合格的，海关对装载容器或者运输工具加施封识，并按照进口国家（地区）的要求出具"动物卫生证书"。

7. 出境水生动物用水、冰、铺垫和包装材料、装载容器、运输工具、设备应当符合国家有关规定、标准和进口国家（地区）的要求。

8. 出境养殖水生动物外包装或者装载容器上应当标注出口企业全称，注册登记养殖场和中转场名称和注册登记编号，出境水生动物的品名、数（重）量、规格等内容。来自不同注册登记养殖场的水生动物，应当分开包装。

9. 经检验检疫合格的出境水生动物，不更换原包装异地出口的，经离境口岸海关现场查验，货证相符、封识完好的准予放行。

需在离境口岸换水、加冰、充氧、接驳更换运输工具的，应当在离境口岸海关监督下，在海关指定的场所进行，并在加施封识后准予放行。

出境水生动物运输途中需换水、加冰、充氧的，应当在海关指定的场所进行。

10. 产地海关与口岸海关应当及时交流出境水生动物信息，对在检验检疫过程中发现疫病或者其他卫生安全问题，应当采取相应措施，并及时上报海关总署。

（三）监督管理

1. 海关对辖区内取得注册登记的出境水生动物养殖场、中转场实行日常监督管理和年度审查制度。

2. 海关总署负责制订出境水生动物疫病和有毒有害物质监控计划。

直属海关根据监控计划制订实施方案，上报年度监控报告。

取得注册登记的出境水生动物养殖场、中转场应当建立自检自控体系，并对其出口水生动物的安全卫生质量负责。

3. 取得注册登记的出境水生动物养殖场、中转场应当建立完善的养殖生产和中转包装记录档案，如实填写"出境水生动物养殖场/中转场检验检疫监管手册"，详细记录生产过程中水质监测、水生动物的引进、疫病发生、药物和饲料的采购及使用情况，以及每批水生动物的投苗、转池/塘、网箱分流、用药、用料、出场等情况，并存档备查。

4. 养殖、捕捞器具等应当定期消毒。运载水生动物的容器、用水、运输工具应当保持清洁，并符合动物防疫要求。

5. 取得注册登记的出境水生动物养殖场、中转场应当遵守国家有关药物管理规定，不得存放、使用我国和进口国家（地区）禁止使用的药物；对允许使用的药物，遵守药物使用和停药期的规定。

中转、包装、运输期间，食用水生动物不得饲喂和用药，使用的消毒药物应当符合国家有关规定。

6. 出境食用水生动物饲用饲料应当符合下列规定：

（1）《出口食用动物饲用饲料检验检疫管理办法》；

（2）进口国家（地区）的要求；

（3）我国其他有关规定。

鲜活饵料不得来自水生动物疫区或者污染水域，且须经海关认可的方法进行检疫处理，不得含有我国和进口国家（地区）政府规定禁止使用的药物。

观赏和种用水生动物禁止饲喂同类水生动物（含卵和幼体）鲜活饵料。

7. 取得注册登记的出境水生动物养殖场应当建立引进水生动物的安全评价制度。

引进水生动物应当取得所在地海关批准。

引进水生动物应当隔离养殖30天以上，根据安全评价结果，对疫病或者相关禁用药物残留进行检测，经检验检疫合格后方可投入正常生产。

引进的食用水生动物，在注册登记养殖场养殖时间需达到该品种水生动物生长周期的三分之一且不少于2个月，方可出口。

出境水生动物的中转包装期一般不超过3天。

8. 取得注册登记的出境水生动物养殖场、中转场发生世界动物卫生组织（WOAH）规定需要通报或者农业农村部规定需要上报的重大水生动物疫情时，应当立即启动有关应急预案，采取紧急控制和预防措施并按照规定上报。

9. 海关对辖区内注册登记的养殖场和中转场实施日常监督管理的内容包括：

（1）环境卫生；

（2）疫病控制；

（3）有毒有害物质自检自控；

（4）引种、投苗、繁殖、生产养殖；

（5）饲料、饵料使用及管理；

（6）药物使用及管理；

（7）给、排水系统及水质；

（8）发病水生动物隔离处理；

（9）死亡水生动物及废弃物无害化处理；

（10）包装物、铺垫材料、生产用具、运输工具、运输用水或者冰的安全卫生；

（11）"出口水生动物注册登记养殖场/中转场检验检疫监管手册"记录情况。

10. 海关每年对辖区内注册登记的养殖场和中转场实施年审，年审合格的在"注册登记证"上加注年审合格记录。

11. 海关应当给注册登记养殖场、中转场、捕捞、运输和贸易企业建立诚信档案。根据上一年度的疫病和有毒有害物质监控、日常监督、年度审核和检验检疫情况，建立良好记录企业名单和不良记录企业名单，对相关企业实行分类管理。

12. 从事出境水生动物捕捞、中转、包装、养殖、运输和贸易的企业有下列情形之一的，海关可以要求其限期整改，必要时可以暂停受理报关：

（1）出境水生动物被境内外检验检疫机构检出疫病、有毒有害物质或者其他安全卫生质量问题的；

（2）未经海关同意擅自引进水生动物或者引进种用水生动物未按照规定期限实施隔离养殖的；

（3）未按照相关规定办理注册登记变更或者注销手续的；

（4）年审中发现不合格项的。

13. 注册登记养殖场、中转场有下列情形之一的，海关应当注销其相关注册登记：

（1）注册登记有效期届满，未按照规定办理延续手续的；

（2）企业依法终止或者因停产、转产、倒闭等原因不再从事出境水生动物业务的；

（3）注册登记依法被撤销、撤回或者"注册登记证"被依法吊销的；

（4）年审不合格且在限期内整改不合格的；

（5）1 年内没有水生动物出境的；

（6）因不可抗力导致注册登记事项无法实施的；

（7）检验检疫法律、法规规定的应当注销注册登记的其他情形。

（四）法律责任

1. 从事出境水生动物捕捞、养殖、中转、包装、运输和贸易的企业有下列情形之一的，由海关处 3 万元以下罚款，情节严重的，吊销其注册登记证书：

（1）发生应该上报的疫情隐瞒不报的；

（2）在海关指定的场所之外换水、充氧、加冰、改变包装或者接驳更换运输工具的；

（3）人为损毁检验检疫封识的；

（4）存放我国或者进口国家（地区）禁止使用的药物的；

（5）拒不接受海关监督管理的。

2. 从事出境水生动物捕捞、养殖、中转、包装、运输和贸易的企业有下列情形之一的，由海关按照《国务院关于加强食品等产品安全监督管理的特别规定》予以处罚：

（1）以非注册登记养殖场水生动物冒充注册登记养殖场水生动物的；

（2）以养殖水生动物冒充野生捕捞水生动物的；

（3）提供、使用虚假"出境水生动物供货证明"的；

（4）违法使用饲料、饵料、药物、养殖用水及其他农业投入品的；

（5）有其他逃避检验检疫或者弄虚作假行为的。

六、出境非食用动物产品检验检疫

出境非食用动物产品，是指非直接供人类或者动物食用的动物副产品及其衍生物、加工品，如非直接供人类或者动物食用的动物皮张、毛类、纤维、骨、蹄、角、油脂、明胶、标本、工艺品、内脏、动物源性肥料、蚕产品、蜂产品、水产品、奶产品等，不包括动物源性饲料和饲料添加剂、动物遗传物质、动物源性生物材料及制品。

（一）风险管理

1. 海关总署对出境非食用动物产品实施风险管理，在风险分析的基础上，实施产品风险分级、企业分类、检疫准入、风险警示及其他风险管理措施。

2. 海关总署根据出境非食用动物产品动物卫生和公共卫生风险，确定产品风险级别。产品风险级别及检疫监督模式在海关总署网站公布。

3. 海关根据企业诚信程度、质量安全控制能力等，对进出境非食用动物产品生产、加工、存放企业实施分类管理，采取相应检验检疫监管措施。

4. 海关总署根据出境非食用动物产品质量安全形势、检验检疫中发现的问题、境内外相关组织机构的通报以及境内外发生的动物卫生和公共卫生问题，在风险分析的基础上发布风险警示信息并决定采取启动应急处置预案、限制进出境和暂停进出境等风险管理措施。

（二）出境检验检疫

1. 出境生产加工企业注册登记

（1）输入国家（地区）要求我国对向其输出非食用动物产品生产、加工、存放企业（以下简称"出境生产加工企业"）注册登记的，海关总署对出境生产加工企业实行注册登记。

（2）申请注册登记的出境生产加工企业应当符合进境国家（地区）的法律法规有关规定，并遵守下列要求：

①建立并维持进境国家（地区）有关法律法规规定的注册登记要求；

②按照建立的兽医卫生防疫制度组织生产；

③按照建立的合格原料供应商评价制度组织生产；

④建立并维护企业档案，确保原料、产品可追溯；

⑤如实填写"出境非食用动物产品生产、加工、存放注册登记企业监管手册"；

⑥符合我国其他法律法规规定的要求。

（3）出境生产加工企业应当向所在地直属海关申请注册登记。申请注册登记时，应当提交下列材料：

①"出境非食用动物产品生产、加工、存放企业检验检疫注册登记申请表"；

②厂区平面图，并提供重点区域的照片或者视频资料；

③工艺流程图，包括生产、加工的温度，使用化学试剂的种类、浓度和 pH 值，处理

的时间和使用的有关设备等情况。

（4）直属海关对申请人提出的申请，应当根据下列情况分别作出处理：

①申请事项依法不需要取得行政许可的，应当即时告知申请人；

②申请事项依法不属于本行政机关职权范围的，应当即时作出不予受理的决定，并告知申请人向有关行政机关申请；

③申请材料存在可以当场更正的错误的，应当允许申请人当场更正；

④申请材料不齐全或者不符合法定形式的，应当当场或者在 5 个工作日内一次告知申请人需要补正的全部内容，逾期不告知的，自收到申请材料之日起即为受理；

⑤申请材料齐全、符合法定形式或者申请人按照要求提交全部补正申请材料的，应当受理申请；

⑥直属海关受理或者不予受理申请，应当出具加盖本行政机关专用印章和注明日期的书面凭证。

（5）直属海关应当在受理申请后组成评审组，对申请注册登记的出境生产加工企业进行现场评审。评审组应当在现场评审结束后及时向直属海关提交评审报告。

（6）直属海关应当自受理申请之日起 20 日内对申请人的申请事项作出是否准予注册登记的决定；准予注册登记的，颁发"出境非食用动物产品生产、加工、存放企业检验检疫注册登记证"（以下简称"注册登记证"）。

直属海关自受理申请之日起 20 日内不能作出决定的，经直属海关负责人批准，可以延长 10 日，并应当将延长期限的理由告知申请人。

（7）直属海关应当将准予注册登记企业名单上报海关总署。海关总署组织进行抽查评估，统一向进境国家（地区）主管部门推荐并办理有关手续。

（8）"注册登记证"自颁发之日起生效，有效期 5 年。

（9）注册登记的出境生产加工企业变更企业名称、法定代表人、产品种类、存放、生产加工能力等的，应当在变更后 30 日内向准予注册登记的直属海关提出书面申请，填写"出境非食用动物产品生产、加工、存放企业检验检疫注册登记申请表"，并提交与变更内容相关的资料。

变更企业名称、法定代表人的，由直属海关审核有关资料后，直接办理变更手续。

变更产品种类或者生产能力的，由直属海关审核有关资料并组织现场评审，评审合格后，办理变更手续。

企业迁址的，应当重新向直属海关申请办理注册登记手续。

（10）获得注册登记的出境生产加工企业需要延续注册登记有效期的，应当在有效期届满 3 个月前按照相关规定提出申请。

（11）海关对注册登记的出境生产加工企业实施年审，年审合格的在"注册登记证"（副本）上加注年审合格记录。

（12）注册登记的出境生产加工企业发生下列情况之一，准予注册登记所依据的客观情况发生重大变化，达不到注册登记条件要求的，由直属海关撤回其注册登记：

①注册登记内容发生变更，未办理变更手续的；

②年审不合格的；

③所依据的客观情况发生其他重大变化的。

（13）有下列情形之一的，直属海关根据利害关系人的请求或者依据职权，可以撤销其注册登记：

①直属海关工作人员滥用职权、玩忽职守作出准予注册登记的；

②超越法定职权作出准予注册登记的；

③违反法定程序作出准予注册登记的；

④对不具备申请资格或者不符合法定条件的出境生产加工企业准予注册登记的；

⑤依法可以撤销注册登记的其他情形；

⑥出境生产加工企业以欺骗、贿赂等不正当手段取得注册登记的，应当予以撤销。

（14）出境生产加工企业有下列情形之一的，直属海关应当依法办理注册登记的注销手续：

①注册登记有效期届满未申请延续的；

②出境生产加工企业依法终止的；

③出境生产加工企业因停产、转产、倒闭等原因不再从事出境非食用动物产品生产、加工或者存放业务的；

④注册登记依法被撤销、撤回或者吊销的；

⑤因不可抗力导致注册登记事项无法实施的；

⑥法律、法规规定的应当注销注册登记的其他情形。

2. 检验检疫

（1）海关按照下列要求对出境非食用动物产品实施检验检疫：

①双边协议、议定书、备忘录和其他双边协定；

②输入国家（地区）检验检疫要求；

③我国法律法规、强制性标准和海关总署规定的检验检疫要求；

④贸易合同或者信用证注明的检疫要求。

（2）非食用动物产品出境前，货主或者其代理人应当向产地海关报关，并提供贸易合同、自检自控合格证明等相关单证。海关对所提供的单证进行审核，符合要求的受理报关。

（3）受理报关后，海关按照下列规定实施现场检验检疫。

①核对货证：核对单证与货物的名称、数（重）量、生产日期、批号、包装、唛头、出境生产企业名称或者注册登记号等是否相符。

②抽样：根据相应标准、输入国家（地区）的要求进行抽样，出具"抽/采样凭证"。

③感官检查：包装、容器是否完好，外观、色泽、组织状态、黏度、气味、异物、异色及其他相关项目。

（4）海关对需要进行实验室检验检疫的产品，按照相关规定，抽样送实验室检测。

（5）经检验检疫合格的，海关出具检验检疫证书。检验检疫不合格的，经有效方法处理并重新检验检疫合格的，可以按照规定出具相关单证，准予出境；无有效方法处理或者虽经处理重新检验检疫仍不合格的，不予出境，并出具"出境货物不合格通知单"。

（6）出境口岸海关按照相关规定查验，重点核查货证是否相符。查验不合格的，不予放行。

（7）产地海关与出境口岸海关应当及时交流信息。

在检验检疫过程中发现重大安全卫生问题，应当采取相应措施，并及时上报海关总署。

3. 监督管理

（1）取得注册登记的出境生产加工企业应当遵守下列规定：

①有效运行自检自控体系；

②按照输入国家（地区）的标准或者合同要求生产出境产品；

③按照海关认可的兽医卫生防疫制度开展卫生防疫工作；

④企业档案维护，包括出入库、生产加工、防疫消毒、废弃物检疫处理等记录，记录档案至少保留 2 年；

⑤如实填写"出境非食用动物产品生产、加工、存放注册登记企业监管手册"。

（2）海关对辖区内注册登记的出境生产加工企业实施日常监督管理，内容包括：

①兽医卫生防疫制度的执行情况；

②自检自控体系运行，包括原辅料、成品自检自控情况、生产加工过程控制、原料及成品出入库及生产、加工的记录等；

③涉及安全卫生的其他有关内容；

④"出境非食用动物产品生产、加工、存放注册登记企业监管手册"填写情况。

（3）海关应当建立注册登记的出境生产加工企业诚信档案，建立良好记录企业名单和不良记录企业名单。

（4）出境非食用动物产品被检出疫病、有毒有害物质超标或者其他安全卫生问题的，海关核实有关情况后，实施加严检验检疫监管措施。

（5）注册登记的出境生产加工企业发现相关产品可能受到污染并影响非食用动物产品安全，或者其出境产品在境外涉嫌引发非食用动物产品安全事件时，应当在 24 小时内报告所在地海关，同时采取控制措施，防止不合格产品继续出厂。所在地海关接到报告后，应当于 24 小时内逐级上报至海关总署。

4. 法律责任

按照《进出境非食用动物产品检验检疫监督管理办法》第六章相关条款承担法律责任。

第五章　进出口食品、化妆品检验检疫

　　食品安全事关人民群众的身体健康和生命安全。习近平总书记多次指出："确保食品安全是民生工程、民心工程，是各级党委、政府义不容辞之责。"习近平总书记历来高度重视食品安全工作，多次强调，要用最严谨的标准、最严格的监管、最严厉的处罚、最严肃的问责，确保广大人民群众"舌尖上的安全"。习近平总书记还指出："能不能在食品安全上给老百姓一个满意的交代，是对我们执政能力的重大考验。"

　　进出口食品、化妆品在我国产业和供应链中占据重要地位。据统计，进口食品约占我国城市居民人均每日消费食品总量的27.21%，还是我国相关行业生产原料的主要来源，与国内消费者健康、国内食品生产息息相关。出口食品则直接关系我国出口贸易和经济发展，一旦出现问题将直接导致出口食品企业的巨大经济损失，引起国际贸易纠纷，甚至给国家形象造成负面影响。《食品安全法》第九十一条规定："国家出入境检验检疫部门对进出口食品安全实施监督管理。"《进出口商品检验法》第三条规定："商检机构和依法设立的检验机构（以下称其他检验机构），依法对进出口商品实施检验。"《进出口商品检验法实施条例》第九条规定："出入境检验检疫机构对进出口商品实施检验的内容，包括是否符合安全、卫生、健康、环境保护、防止欺诈等要求以及相关的品质、数量、重量等项目。"食品和化妆品作为商品，法律法规赋予海关进出口食品、化妆品安全监管的职能。进出口食品、化妆品安全监管，是指海关为保证进出口食品、化妆品安全，保障公众身体健康和生命安全，根据法律法规的规定，对进出口食品、化妆品生产经营活动，进出口食品、化妆品生产经营者和输华食品国家（地区）食品安全管理体系等实施的行政监督管理，督促检查进出口食品、化妆品相关方执行食品、化妆品法律法规的情况，并对其违法行为进行约束的过程。

第一节　进出口食品、化妆品概述

一、进出口食品、化妆品的基本概念

（一）食品

　　"食品"之概念随着社会和经济的发展也在不断变化。古人曰："食，命也。"意思是说，凡是能够延续人体生命的物质，都称为食品。《现代汉语词典》（第7版）里"食品"的概念是"用于出售的经过加工制作的食物"。国际食品法典委员会（CAC）的定义为，"食品"（food），指用于人食用或者饮用的经加工、半加工或者未经加工的物质，并包括饮料、口香糖和已经用于制造、制备或处理食品的物质，但不包括化妆品、烟草或者只作为药品使用的物质。

　　在我国，《食品安全法》第一百五十条将"食品"定义为："食品，指各种供人食用

或者饮用的成品和原料以及按照传统既是食品又是中药材的物品，但是不包括以治疗为目的的物品。"该定义包括了成品、原料和不以治疗为目的的药食同源的食品。

《食品工业基本术语》对"食品"的定义为可供人类食用或饮用的物质，包括加工食品、半成品和未加工食品，不包括烟草或只作药品用的物质。

从食品安全立法和监管的角度而言，广义的"食品"概念还涉及生产食品的原料、食品原料种植、养殖过程接触的物质和环境、食品的添加物质、所有直接或间接接触食品的包装材料设施以及影响食品原有品质的环境。随着食品工业的发展，"食品"概念的外延正在不断扩大。

（二）化妆品

根据《进出口化妆品检验检疫监督管理办法》中的定义，化妆品是指以涂、擦、散布于人体表面任何部位（表皮、毛发、指趾甲、口唇等）或者口腔黏膜、牙齿，以达到清洁、消除不良气味、护肤、美容和修饰目的的产品；化妆品半成品是指除最后一道"灌装"或者"分装"工序外，已完成其他全部生产加工工序的化妆品；化妆品成品包括销售包装化妆品成品和非销售包装化妆品成品；销售包装化妆品成品是指以销售为主要目的、已有销售包装，与内装物一起到达消费者手中的化妆品成品；非销售包装化妆品成品是指最后一道接触内容物的工序已经完成，但尚无销售包装的化妆品成品。

二、进出口食品、化妆品检验检疫的监管依据

（一）国际规则

迄今为止，我国已加入世界贸易组织（WTO）、国际食品法典委员会（CAC）、亚太植物保护委员会（APPPC）、亚太经合组织（APEC）等国际组织，签署了《技术性贸易壁垒协定》（TBT协定）、《实施卫生与植物卫生措施协定》（SPS协定）等多边贸易协定。此外，我国还与世界上许多国家和地区签订了大量双边检验检疫协定、备忘录等。这些多边和双边贸易协定均秉承了优先适用原则，是我国进出口食品立法及执行必须首先遵守的规则。

1. 世界贸易组织（WTO）

世界贸易组织（WTO），英文全称为World Trade Organization，中文简称世贸组织。世界贸易组织（WTO）是一个独立于联合国的永久性国际组织。

世界贸易组织（WTO）帮助开展平稳、自由、公平的贸易，建立一个完整的、更具有活力的和永久性的多边贸易体制。它具有法人地位，在调解成员争端方面具有更高的权威性和有效性。它遵循最惠国待遇原则、国民待遇原则、互惠互利原则（也称权利与义务的平衡原则）、扩大市场准入原则、促进公平竞争与贸易原则、鼓励发展和经济改革原则、贸易政策法规透明度原则等基本原则。

（1）《技术性贸易壁垒协定》（TBT协定）

TBT协定是各成员为避免技术法规、标准及合格评定程序活动给国际贸易带来不必要障碍而签署的一项多边贸易协定，旨在防止和消除国际贸易中的技术性贸易壁垒。TBT协定的基本原则包括最少贸易限制原则、非歧视原则、协调一致原则、等效和相互认可原则、特殊和差别待遇原则、透明度原则。TBT协定不涉及SPS措施涵盖领域，但进出口食品相关管理措施、市场准入措施、风险管理等，应遵循上述原则。

（2）《实施卫生与植物卫生措施协定》（SPS 协定）

SPS 协定是世界贸易组织（WTO）成员为确保卫生与植物卫生措施（SPS 措施）的合理性，并对国际贸易不构成变相限制所制定的实施 SPS 措施时应遵循的一套规定、原则和规范。其所涵盖的领域中卫生措施是指与人类或动物健康有关的措施，植物卫生措施则是指与植物卫生有关的措施。根据其管辖范围，以期达到四个方面的目的，即：保护人类或动物的生命或健康免受由食品中添加剂、污染物、毒素或致病有机体所产生的风险；保护人类的生命免受动植物携带的疫病的侵害；保护动物或植物的生命免受害虫、疫病或致病有机体传入的侵害；保护一个国家免受有害生物的传入、定居或传播所引起的危害。SPS 协定适用于为实现上述所定义的目标之一所采取的任何类型的措施，如确定可允许的最大农残限量水平，或对食品中的某种单独的添加剂的使用规定等。其主要原则包括科学原则、协调原则、等效原则、透明原则、一致原则、区域原则、特殊与差别待遇原则。SPS 协定原则及要求尽管没有强制约束力，但作为世界贸易组织（WTO）成员，我国在制定和实施进出口食品安全法律法规过程中应予以考虑并尽量遵守。

2. 国际食品法典委员会（CAC）

国际食品法典委员会（CAC）作为食品安全领域的国际组织，其所制定的标准、导则、指南等已成为国际规则，也成为各国、各地区食品安全监管机构构建本国、本地区食品安全监管体系的最重要的依据。按照国际规则的理念，全食物链管理是国家食品控制体系的一个基本原则，在国际食品法典委员会（CAC）的《食品进口控制体系指南》中就指出，对进口食品的控制可在食品链各环节展开，包括生产源头、入境口岸、再加工环节、转运和分销环节、储存环节及售卖环节等。各国、各地区尽管政治经济体制各异，进口食品贸易情况不同，但均在上述国际规则的基础上，以风险为基础，实施全过程管理，并将之融入进口前、进口时和进口后各环节具体管理制度的设计中。

3. 世界动物卫生组织（WOAH）

世界动物卫生组织（WOAH），英文全称为 World Organization for Animal Health，是一个旨在促进和保障全球动物卫生和健康工作的政府间国际组织，总部位于巴黎，由 28 个国家和地区于 1924 年根据签署的国际协议产生。世界动物卫生组织（WOAH）主要任务是：收集全球动物疫情和控制措施等动物卫生信息，及时向各成员通报；促进和协调国际协作，支持动物疫病监测和防控技术研究；协调各成员动物及动物产品卫生标准和贸易规定，促进国际贸易发展。

4. 《国际植物保护公约》（IPPC）

《国际植物保护公约》（IPPC），英文全称为 International Plant Protection Convention，是 1951 年联合国粮食及农业组织（FAO）通过的一个有关植物保护的多边国际协议，1952 年生效。1979 年、1997 年和 1999 年，FAO 分别对 IPPC 进行了 3 次修改。IPPC 由设在粮农组织植物保护处的 IPPC 秘书处负责执行和管理。我国于 2005 年 10 月正式成为 IPPC 成员。IPPC 的目的是确保全球农业安全，并采取有效措施防止有害生物随植物和植物产品传播和扩散，发展有害生物控制措施。IPPC 为区域和国家植物保护组织提供了一个国际合作、协调一致和技术交流的框架和论坛。由于认识到 IPPC 在植物卫生方面所起的重要作用，SPS 协定规定 IPPC 组织为影响贸易的植物卫生国际标准（植物检疫措施国际标准，International Standard for Phytosanitary Measures，ISPMs）的制定机构，并且是在

SPS 协定下唯一的植物检疫标准制定组织，在植物卫生领域起着重要的协调一致的作用。ISPMs 由 IPPC 植物检疫措施委员会（CPM）通过，并分发给其所有成员及区域植物保护组织执行，是各成员进行植物和植物产品国际贸易的指南和标准。

（二）进出口食品安全相关多双边协议、法律法规及部门规章

1. 多双边协议、法律法规

随着我国进出口食品安全法律法规体系日渐完善，初步形成以国际条约、法律为基础，以诸多配套法规为主体，以部门规章及食品安全国家标准为补充的进出口食品安全法律法规及标准体系。

（1）多双边协议与议定书

多双边协议与议定书是我国与相关贸易伙伴就市场准入条件及监管措施要求签订的政府间协议。协议所定要求和条件原则上应符合本国国内法律法规要求，但可以作出更细致、更具操作性的安排，如对官方证书的样本、评语进行约定等。这些多边和双边贸易协定均秉承了优先适用原则，是我国进出口食品立法及执行必须首先遵守的规则。

（2）法律

现行我国有关进出口食品安全的法律包括《食品安全法》《进出口商品检验法》《进出境动植物检疫法》《国境卫生检疫法》《中华人民共和国农产品质量安全法》《海关法》等。

（3）行政法规

与进出口食品安全有关的行政法规包括《国务院关于加强食品等产品安全监督管理的特别规定》（国务院令第 503 号）、《食品安全法实施条例》、《中华人民共和国认证认可条例》、《进出口商品检验法实施条例》、《进出境动植物检疫法实施条例》等。

2. 部门规章

2009 年，《食品安全法》发布后，我国进出口食品安全部门规章建设得到迅速推进，制定、修订、出台系列进出口食品安全专门规章。目前，我国正根据新食品安全法要求，进一步制修订基于风险、覆盖全程的进出口食品安全规章体系。根据管辖范围的不同，与进出口食品安全管理相关的规章和规范性文件可分为综合性规章和规范性文件，以及针对不同类别食品的专门性规章和规范性文件两类。2021 年 4 月 12 日发布新版《进出口食品安全管理办法》《中华人民共和国进口食品境外生产企业注册管理规定》。

（三）食品安全国家标准

进口食品应当符合我国法律法规和食品安全国家标准，我国缔结或者参加的国际条约、协定有特殊要求的，还应当符合国际条约、协定的要求。进口尚无食品安全国家标准的食品，应当符合国务院卫生行政部门公布的暂予适用的相关标准要求。

出口食品生产企业应当保证其出口食品符合进口国家（地区）的标准或者合同要求；我国缔结或者参加的国际条约、协定有特殊要求的，还应当符合国际条约、协定的要求。进口国家（地区）暂无标准，合同也未作要求，且我国缔结或者参加的国际条约、协定无相关要求的，出口食品生产企业应当保证其出口食品符合我国食品安全国家标准。

（四）化妆品法律法规及标准

1. 法律

《进出口商品检验法》是我国进出口化妆品实施监管的上位法。

2. 法规

《化妆品监督管理条例》是为加强化妆品的卫生监督、保证化妆品的卫生质量和使用安全、保障消费者健康制定的，是我国针对化妆品卫生监督管理的法律法规文件，也是我国化妆品卫生监督管理的核心。

3. 部门规章

《进出口化妆品检验检疫监督管理办法》规范了进出口化妆品检验检疫、非贸易性化妆品检验检疫及监督管理等具体要求。

4. 化妆品标准

化妆品卫生标准以《化妆品卫生标准》（GB 7916—1987）为主要内容，规定了化妆品卫生质量要求和卫生指标的检验方法，建立了化妆品原料及产品的安全性评价程序和方法。化妆品卫生标准是国家标准，是强制性标准，必须执行，是进口化妆品安全监督的技术依据。由于《化妆品卫生标准》的标龄过长，很多指标和要求与现代化妆品工业不相符合，在进口化妆品安全监管中，原国家食品药品监督管理总局发布的《化妆品安全技术规范》（2015 年版）也是重要的监管依据。

出口化妆品生产企业应当保证其出口化妆品符合进口国家（地区）标准或者合同要求。进口国家（地区）无相关标准且合同未有要求的，可以由海关总署指定相关标准。

第二节　进口食品检验检疫

进口的食品应当经出入境检验检疫机构依照进出口商品检验相关法律、行政法规的规定检验合格。海关总署以《食品安全法》为基本依据，以"预防在先、风险管理、全程管控、国际共治"为基本原则，以推动各相关方责任为出发点，推动落实输华食品国家（地区）官方主管部门监督责任、进口食品境外生产企业主体责任，压紧压实进出口食品企业主体责任，认真履行海关监管责任，推动构建进口食品安全国际共治格局，建立起了一套进口食品全供应链安全管理体系，确保进口食品安全。

一、进口食品实施合格评定

海关依据进出口商品检验相关法律、行政法规的规定对进口食品实施合格评定。

进口食品合格评定活动包括：向我国境内出口食品的境外国家（地区）〔以下简称"境外国家（地区）"〕食品安全管理体系评估和审查；向我国输出食品的境外生产、加工、储存企业（以下统称"境外生产企业"）注册；向我国出口食品的境外出口商或者代理商、食品进口商（以下统称"进出口商"）备案和合格保证；进境动植物检疫审批、随附合格证明检查、单证审核、现场查验、监督抽检、进口和销售记录检查以及各项的组合。

二、检验检疫准入

（一）输华食品国家（地区）食品安全管理体系审查

此项制度由《食品安全法》确立，是向输华食品的国家（地区）政府传导食品安全责任、保障输华食品安全的根本性、起点性制度，也是国际通行做法。有下列情形之一的，海关总署可以对境外国家（地区）启动评估和审查：

1. 境外国家（地区）申请向我国首次输出某类（种）食品的；
2. 境外国家（地区）食品安全、动植物检疫法律法规、组织机构等发生重大调整的；
3. 境外国家（地区）主管部门申请对其输往我国某类（种）食品的检验检疫要求发生重大调整的；
4. 境外国家（地区）发生重大动植物疫情或者食品安全事件的；
5. 海关在输华食品中发现严重问题，认为存在动植物疫情或者食品安全隐患的；
6. 其他需要开展评估和审查的情形。

海关总署组织专家通过资料审查、视频检查、现场检查等形式及其组合，实施评估和审查。评估和审查完成后，海关总署向接受评估和审查的国家（地区）主管部门通报评估和审查结果。

（二）输华食品生产企业注册管理

此项制度由《食品安全法》确立，是同时向输华国家（地区）政府及输华食品生产企业传导食品安全责任的基本制度。由输华食品国家（地区）主管部门向海关总署推荐注册或进口食品境外生产企业自行申请，提交相关材料。海关总署组织专家通过书面检查、视频检查、现场检查等形式及其组合，对申请注册的输华食品生产企业是否符合注册条件进行审查。符合注册条件的，准予注册，并在网站上对外予以公布。此项制度已发布实施，并扩展至《食品安全法》规定的全类别食品生产企业。

（三）输华食品境外出口商备案管理

此项制度由《食品安全法》确立，是向输华食品境外出口商或代理商传导食品安全责任的基本制度。由输华食品境外出口商或代理商通过因特网向海关总署进行备案，备案信息主要包括：出口商或者代理商名称，所在国家（地区）、地址，联系人姓名、电话，输华食品种类，填表人姓名、电话等信息。由海关总署在官方网站上对外公布输华食品境外出口商或代理商名单。

（四）输华食品进口商备案管理

此项制度由《食品安全法》确立，是向输华食品进口商或代理商传导食品安全责任的基本制度。由输华食品进口商或代理商通过因特网向所在地检验检疫机构进行备案，备案内容主要包括：进口商或代理商名称、地址，联系人姓名、电话，经营食品种类，填表人姓名、电话，以及承诺书等信息。由海关总署在官方网站上对外公布输华食品进口商名单。

（五）输华食品进口商对境外食品生产企业审核

此项制度由《食品安全法》确立，是向输华食品进口商或代理商传导食品安全责任的基本制度。由输华食品进口商或代理商对向其供货的境外出口商、生产企业进行审核。审核内容包括制定和执行食品安全风险控制措施情况和保证食品符合中国法律法规和食品安全国家标准的情况。海关依法对食品进口商实施审核活动的情况进行监督检查。食品进口商或代理商应当积极配合，如实提供相关情况和材料。

（六）进境动植物源性食品检疫审批

此项制度由《进出境动植物检疫法》确立，是保障每批次输华食品符合动植物检疫要求的制度。由输华食品进口商或代理商在签署贸易合同前向检验检疫机构申请检疫审批，并提交规定的材料。检验检疫机构对提交材料进行初审，海关总署进行终审。符合规定要求的，海关总署签发"进境动植物检疫许可证"。

（七）指定口岸要求

海关可以根据风险管理需要，对进口食品实施指定口岸进口，指定监管场地检查。指定口岸、指定监管场地名单由海关总署公布。

三、检验检疫申报

食品进口商或者其代理人进口食品时应当依法向海关如实申报下列内容：

（一）合同、发票、装箱单、提单等必要的凭证；

（二）监管证件，如保健食品的注册证书或者备案凭证、特殊医学用途配方食品注册证书和婴幼儿配方乳粉产品配方注册证书等特殊食品需要的监管证件、转基因食品农业转基因生物安全证书、食品进口应当获得的其他监管证件等；

（三）进境动植物检疫许可证等批准文件；

（四）合格证明材料，如符合性声明或者合格保证、实验室检验报告、出口国家（地区）主管部门签发的检验检疫证书、出口国家（地区）主管部门或者其授权机构出具的证明文件、食品进口应当持有的其他合格证明材料等；

（五）海关总署规定的其他进口单证。

四、口岸检验检疫实施

（一）进口现场查验

海关根据监督管理需要，对进口食品实施现场查验，现场查验包括但不限于以下内容：

1. 运输工具、存放场所是否符合安全卫生要求；

2. 集装箱号、封识号、内外包装上的标识内容、货物的实际状况是否与申报信息及随附单证相符；

3. 动植物源性食品、包装物及铺垫材料是否存在《进出境动植物检疫法实施条例》第二十二条规定的情况；

4. 内外包装是否符合食品安全国家标准，是否存在污染、破损、湿浸、渗透；

5. 内外包装的标签、标识及说明书是否符合法律、行政法规、食品安全国家标准以及海关总署规定的要求；

6. 食品感官性状是否符合该食品应有性状；

7. 冷冻冷藏食品的新鲜程度、中心温度是否符合要求、是否有病变、冷冻冷藏环境温度是否符合相关标准要求、冷链控温设备设施运作是否正常、温度记录是否符合要求，必要时可以进行蒸煮试验。

（二）监督抽检

海关制订年度国家进口食品安全监督抽检计划和专项进口食品安全监督抽检计划，并组织实施。直属海关按照进口食品安全监督抽检计划和专项进口食品安全监督抽检计划要求，结合所辖区域实际情况，制订本辖区实施方案，并可以根据所辖区域进口食品安全状况制订补充计划，报海关总署备案后实施。隶属海关负责年度国家进口食品安全监督抽检计划、专项进口食品安全监督抽检计划和所属直属海关进口食品监督抽检补充计划的实施。

海关根据监督抽检计划等相关要求对进口食品实施监督抽检，对进口食品开展抽样、检验和处置。其中，取样应根据食品的不同种类、数量、包装形式和检验要求确定抽采样方案，实施抽采样，抽采样要有充分的代表性。实验室检测则由海关技术机构按照食品安全国家标准对进口食品进行检验。

进口食品的包装和标签、标识应当符合我国法律法规和食品安全国家标准；依法应当有说明书的，还应当有中文说明书。

（三）检验检疫处置

进口食品经海关合格评定合格的，准予进口。进口食品经海关合格评定不合格的，由海关出具不合格证明；涉及安全、健康、环境保护项目不合格的，由海关书面通知食品进口商，责令其销毁或者退运；其他项目不合格的，经技术处理符合合格评定要求的，方准进口。相关进口食品不能在规定时间内完成技术处理或者经技术处理仍不合格的，由海关责令食品进口商销毁或者退运。

（四）风险控制措施

境外发生食品安全事件可能导致我国境内食品安全隐患，或者海关实施进口食品监督管理过程中发现不合格进口食品，或者发现其他食品安全问题的，海关总署和经授权的直属海关可以依据风险评估结果对相关进口食品实施提高监督抽检比例等控制措施。

海关依照前款规定对进口食品采取提高监督抽检比例等控制措施后，再次发现不合格进口食品，或者有证据显示进口食品存在重大安全隐患的，海关总署和经授权的直属海关可以要求食品进口商逐批向海关提交有资质的检验机构出具的检验报告。海关应当对食品进口商提供的检验报告进行验核。

1. 有下列情形之一的，海关总署依据风险评估结果，可以对相关食品采取暂停或者禁止进口的控制措施：

（1）出口国家（地区）发生重大动植物疫情，或者食品安全体系发生重大变化，无法有效保证输华食品安全的；

（2）进口食品被检疫传染病病原体污染，或者有证据表明能够成为检疫传染病传播媒介，且无法实施有效卫生处理的；

（3）海关实施《进出口食品安全管理办法》第三十四条第二款规定控制措施的进口食品，再次发现相关安全、健康、环境保护项目不合格的；

（4）境外生产企业违反我国相关法律法规，情节严重的；

（5）其他信息显示相关食品存在重大安全隐患的。

2. 进口食品安全风险已降低到可控水平时，海关总署和经授权的直属海关可以按照以下方式解除相应控制措施：

（1）实施《进出口食品安全管理办法》第三十四条第一款控制措施的食品，在规定的时间、批次内未被发现不合格的，在风险评估基础上可以解除该控制措施；

（2）实施《进出口食品安全管理办法》第三十四条第一款控制措施的食品，出口国家（地区）已采取预防措施，经海关总署风险评估能够保障食品安全、控制动植物疫情风险，或者从实施该控制措施之日起规定时间、批次内未发现不合格食品的，海关在风险

评估基础上可以解除该控制措施;

(3)实施暂停或者禁止进口控制措施的食品,出口国家(地区)主管部门已采取风险控制措施,且经海关总署评估符合要求的,可以解除暂停或者禁止进口措施。恢复进口的食品,海关总署视评估情况可以采取《进出口食品安全管理办法》第三十四条规定的控制措施。

五、后续监管

(一)进口和销售记录

食品进口商应当建立食品进口和销售记录制度,如实记录食品名称、净含量/规格、数量、生产日期、生产或者进口批号、保质期、境外出口商和购货者名称、地址及联系方式、交货日期等内容,并保存相关凭证。记录和凭证保存期限不得少于食品保质期满后 6 个月;没有明确保质期的,保存期限为销售后 2 年以上。

(二)召回

食品进口商发现进口食品不符合法律、行政法规和食品安全国家标准,或者有证据证明可能危害人体健康,应当按照《食品安全法》相关规定,立即停止进口、销售和使用相关食品,实施召回,通知相关生产经营者和消费者,记录召回和通知情况,并将食品召回、通知和处理情况向所在地海关报告。

六、风险管理

(一)进出口食品安全风险信息管理

海关总署及直属海关建立信息收集网络,收集、汇总下列各类食品安全信息,及时对收集的进出口食品安全信息来源和内容进行核准、处置,同时开展风险研判,拟定信息级别,并按规定及时报送,特别是重要风险信息必须按时按要求报送。

(二)进出口食品安全风险预警及快速反应

境内外发生食品安全事件或者疫情疫病可能影响到进出口食品安全的,或者在进出口食品中发现严重食品安全问题的,直属海关应当及时上报海关总署;海关总署根据情况进行风险预警,在海关系统内发布风险警示通报,并向国务院食品安全监督管理、卫生行政、农业行政部门通报,必要时向消费者发布风险警示通告。

(三)进出口食品安全风险监测

海关总署组织专家制订年度进出口食品安全风险监测计划,系统和持续收集进出口食品中食源性疾病、食品污染和有害因素的监测数据及相关信息。对于发现的问题,由海关通报国务院相关部门或地方政府。

(四)进出口食品安全事件应急处置

海关总署建立统一的进出口食品质量安全突发事件监测、预警与报告体系,不断完善监测预警机制,加强对监测工作的管理和监督,保证监测质量。直属海关是进出口食品质量安全突发事件责任报告单位,负责本辖区突发质量安全事件的日常监测工作。突发事件信息披露由海关总署统一对外。超出本级应急处置能力时,海关要及时报请上级部门提供指导和支持。

第三节 出口食品检验检疫

出口食品生产企业应当保证其出口食品符合进口国家（地区）的标准或者合同要求；我国缔结或者参加的国际条约、协定有特殊要求的，还应当符合国际条约、协定的要求。进口国家（地区）暂无标准，合同也未作要求，且我国缔结或者参加的国际条约、协定无相关要求的，出口食品生产企业应当保证其出口食品符合我国食品安全国家标准。

海关依法对出口食品实施监督管理。出口食品监督管理措施包括：出口食品原料种植养殖场备案、出口食品生产企业备案、企业核查、单证审核、现场查验、监督抽检、口岸抽查、境外通报核查以及各项的组合。

一、出口食品原料种植、养殖场备案

出口食品原料种植、养殖场应当向所在地海关备案。海关总署统一公布原料种植、养殖场备案名单，备案程序和要求由海关总署制定。海关依法采取资料审查、现场检查、企业核查等方式，对备案原料种植、养殖场进行监督。

二、出口食品生产企业备案

出口食品生产企业应当向住所地海关备案，备案程序和要求由海关总署制定。境外国家（地区）对我国输往该国家（地区）的出口食品生产企业实施注册管理且要求海关总署推荐的，出口食品生产企业须向住所地海关提出申请，住所地海关进行初核后报海关总署。

海关总署结合企业信用、监督管理以及住所地海关初核情况组织开展对外推荐注册工作，对外推荐注册程序和要求由海关总署制定。

海关应当对辖区内出口食品生产企业的食品安全卫生控制体系运行情况进行监督检查。监督检查包括日常监督检查和年度监督检查。监督检查可以采取资料审查、现场检查、企业核查等方式，并可以与出口食品境外通报核查、监督抽检、现场查验等工作结合开展。

三、监管申请

出口食品应当由产地海关实施检验检疫。海关总署根据便利对外贸易和出口食品检验检疫工作需要，可以指定其他地点实施检验检疫。出口食品生产企业、出口商应当按照法律、行政法规和海关总署规定，向产地或者组货地海关提出出口申报前监管申请。产地或者组货地海关受理食品出口申报前监管申请后，依法对需要实施检验检疫的出口食品实施现场检查和监督抽检。

四、检验检疫实施

海关总署制订年度国家出口食品安全监督抽检计划。直属海关按照出口食品安全监督抽检计划要求，结合实际情况，制订本辖区实施方案，并根据本辖区出口食品安全状况制订本辖区出口食品监督抽检计划，报海关总署备案后实施。隶属海关负责国家出口食品安

全监督抽检计划和所属直属海关出口食品安全监督抽检计划的实施。

海关根据监督抽检计划等相关要求对出口食品实施监督抽检，对出口食品开展抽样、检验和处置。

五、检验检疫处置

出口食品经海关现场检查和监督抽检符合要求的，由海关出具证书，准予出口。进口国家（地区）对证书形式和内容要求有变化的，经海关总署同意可以对证书形式和内容进行变更。

出口食品经海关现场检查和监督抽检不符合要求的，由海关书面通知出口商或者其代理人。相关出口食品可以进行技术处理的，经技术处理合格后方准出口；不能进行技术处理或者经技术处理仍不合格的，不准出口。

食品出口商或者其代理人出口食品时应当依法向海关如实申报。海关对出口食品在口岸实施查验，查验不合格的，不准出口。

六、后续监管

出口食品因安全问题被国际组织、境外政府机构通报的，海关总署应当组织开展核查，并根据需要实施调整监督抽检比例、要求食品出口商逐批向海关提交有资质的检验机构出具的检验报告、撤回向境外官方主管机构的注册推荐等控制措施。

出口食品存在安全问题，已经或者可能对人体健康和生命安全造成损害的，出口食品生产经营者应当立即采取相应措施，避免和减少损害发生，并向所在地海关报告。

海关在实施出口食品监督管理时发现安全问题的，应当向同级政府和上一级政府食品安全主管部门通报。

第四节　进口化妆品检验检疫

海关根据我国国家技术规范的强制性要求以及我国与出口国家（地区）签订的协议、议定书规定的检验检疫要求，对进口化妆品实施检验检疫。尚未制定国家技术规范强制性要求的，可以参照海关总署指定的国外有关标准进行检验。

一、进口化妆品收货人备案

海关对进口化妆品的收货人实施备案管理。进口化妆品的收货人应当向海关提出备案申请，其提供的备案申请材料信息应完备属实。进口化妆品的收货人应当如实记录进口化妆品流向。

二、进口化妆品审批备案

进口非特殊用途化妆品境内责任人注册地在天津、辽宁、上海、浙江、福建、河南、湖北、广东、重庆、四川、陕西等前期已经开展自由贸易试验区试点，实施进口非特殊用途化妆品备案管理的省（直辖市）行政区域范围内的，在备案系统填报上传完成电子版资料后，向所在地省级食品药品监督管理部门办理备案；境内责任人注册地在其他省（自治区、直辖市）行政区域范围内的，在网上备案系统填报上传完成电子版资料后，向国家药品监督管理部门办理备案。办理备案后方可进口。进口特殊用途化妆品需经国家药品监督管理部门审批方可进口。

三、进口化妆品资料审查

进口化妆品的收货人或者其代理人应当按照海关总署相关规定申报，同时提供收货人备案号。

首次进口的化妆品应当按照《进出口化妆品检验检疫监督管理办法》的规定提供文件。首次进口的离境免税化妆品，应当按要求提供相应材料。

四、检验检疫申报

进口化妆品的收货人或者其代理人经海关备案后，应当依照法律、行政法规规定及海关总署要求提交随附单证及收货人备案号向海关申报。

首次进口的化妆品应当符合下列要求：

（一）国家实施卫生许可的化妆品，应当取得国家相关主管部门批准的进口化妆品卫生许可批件，海关对进口化妆品卫生许可批件电子数据进行系统自动比对验核。

（二）国家实施备案的化妆品，应当凭备案凭证办理申报手续。

（三）国家没有实施卫生许可或者备案的化妆品，应当提供下列材料：

1. 具有相关资质的机构出具的可能存在安全性风险物质的有关安全性评估资料；

2. 在生产国家（地区）允许生产、销售的证明文件或者原产地证明。

（四）销售包装化妆品成品还应当提交中文标签样张和外文标签及翻译件。

（五）非销售包装的化妆品成品还应当提供包括产品的名称、数（重）量、规格、产地、生产批号和限期使用日期（生产日期和保质期），加施包装的目的地名称，加施包装的工厂名称、地址、联系方式。

五、检验检疫实施

海关接受申报后，对进口化妆品进行检验检疫，包括现场查验、抽样留样、实验室检验等。

（一）现场查验

核查商品名称、规格、包装、标记、生产日期和批号是否与合同/信用证及所提供的相关资料相符；最小包装是否完整、清洁；核查化妆品包装容器是否符合产品的性能及安全卫生要求，其包装材料必须是无毒和清洁的；属于危险品的进口化妆品运输包装，应核查是否通过海关的包装性能鉴定和使用鉴定。

检查样品的色泽、气味是否正常，有无异物，有无霉变现象；液体样品有无沉淀成分及浑浊变质现象；粉状样品有无水湿、结块现象。

（二）监督抽检

进口化妆品应当按照国家进口化妆品监督抽检计划实施抽样检验。

1. 抽样

样品数量应当满足检验、复验、备查等使用需要。

2. 实验室检验

海关应当确定检验项目和检验要求，并将样品送具有相关资质的机构检验。检验机构应当按照要求实施检验，并在规定时间内出具检验报告。

六、检验检疫处置

进口化妆品经检验检疫合格的，海关出证放行。进口化妆品经检验检疫不合格，涉及安全、健康、环境保护项目的，海关责令当事人销毁，或者出具退货处理通知单，由当事人办理退运手续。其他项目不合格的，可以在海关的监督下进行技术处理，经重新检验检疫合格后，方可销售、使用。进口化妆品在取得"入境货物检验检疫证明"之前，应当存放在海关指定或者认可的场所，未经海关许可，任何单位和个人不得擅自调离、销售、使用。

七、后续监管

进口化妆品存在安全问题，可能或者已经对人体健康和生命安全造成损害的，收货人应当主动召回并立即向所在地海关报告。收货人应当向社会公布有关信息，通知销售者停止销售，告知消费者停止使用，做好召回记录。收货人不主动召回的，主管海关可以责令召回。必要时，由海关总署责令其召回。

主管海关应当将辖区内召回情况及时向海关总署报告。

第五节　出口化妆品检验检疫

出口化妆品生产企业应当保证其出口化妆品符合进口国家（地区）标准或者合同要求。进口国家（地区）无相关标准且合同未有要求的，可以由海关总署指定相关标准。

一、企业生产备案管理

海关总署对出口化妆品生产企业实施备案管理。出口化妆品生产企业应当建立质量管理体系并持续有效运行。海关对其进行日常监督检查。

二、检验检疫申报

出口化妆品生产企业向海关备案后，应当保证其出口化妆品符合进口国家（地区）标准或者合同要求，并应当按照海关总署相关规定申报。首次出口的化妆品应当按《进出口化妆品检验检疫监督管理办法》规定提供相关文件。

三、检验检疫实施

海关接受申报后，对出口化妆品进行检验检疫，包括现场查验、抽样留样、实验室检验等。

现场查验内容包括货证相符情况、产品感官性状、产品包装、运输工具、集装箱或者存放场所的卫生状况。

四、检验检疫处置

出口化妆品经检验检疫合格，进口国家（地区）对检验检疫证书有要求的，应当按照要求同时出具有关检验检疫证书。出口化妆品经检验检疫不合格的，可以在海关的监督下进行技术处理，经重新检验检疫合格的，方准出口；不能进行技术处理或者技术处理后重新检验仍不合格的，不准出口。

五、后续监管

出口化妆品存在安全问题，可能或者已经对人体健康和生命安全造成损害的，出口化妆品生产企业应当采取有效措施并立即向所在地海关报告。

第六章　进出口商品检验

　　进出口商品检验工作随着国际贸易的产生而产生，随着经济全球化的发展而发展。国际贸易虽然源于市场需求，但国际贸易中互供商品的质量安全管理和检验把关，不仅仅是一个贸易链条，更是一个责任链条，如果没有居中管理，仅凭市场自我调节，贸易秩序就容易出现紊乱，国家经济利益就会受损。正是如此，商品检验体现的是一种国家利益的管理行为，这是与商业检验行为的显著区别。直至今日，世界各国（地区）为了发展开放型经济和维护正常的国际贸易秩序，实行公平竞争，都在不断完善和加强进出口商品检验工作。

　　现代意义上的中国进出口商品检验也是与对外贸易相伴相生的。1864 年，上海仁记洋行代办英商劳合氏的商品检验业务，这是中国第一个商品检验机构。随后一些规模较大的外国检验机构，在重要口岸设立机构专门办理商品检验业务，充当贸易关系居间人，袒护本国商人经济利益，逐渐控制了我国的商品检验主权。辛亥革命后，国民政府为形势所迫，逐步设立了若干官方检验所，并形成一些法律制度。中华人民共和国成立后，我国建立并逐步形成了具有中国特色的进出口商品检验工作体系。1949 年 11 月，中央贸易部设立商品检验处，统一领导全国商检工作，确立了中国检验机构独立自主行使检验主权的制度。1989 年，全国人民代表大会制定《进出口商品检验法》，并在 2002 年根据世界贸易组织（WTO）相关规则进行了修订。党的十八大以来，按照职能转变要求，商品检验领域不断探索建立新的检验模式和工作机制，建立中国特色的进出口商品质量安全风险预警和快速反应监管体系，实现维护贸易安全与促进贸易便利的协调统一。

第一节　进出口商品检验基本概念

　　我国《对外贸易法》和《进出口商品检验法》对国家行使进出口商品检验主权的主要目的进行了描述，这构成了进出口商品检验工作的国内法理基础。世界贸易组织（WTO）《技术性贸易壁垒协定》构成了国家实施进出口商品检验的国际法理基础。《对外贸易法》和《进出口商品检验法》在我国加入世界贸易组织（WTO）后都进行了相应调整并保持一致，将世界贸易组织（WTO）有关原则转化为国内法，充分保护我国的国家利益。在实践中，我国逐步形成了较为完备的商品检验法律制度体系，主要分为法律法规、部门规章（包括联合发布的部门规章）、配套规范性文件、标准及技术规范 4 个层级，以及需要履行的国际公约或政府间协议等。

一、商品检验范围

　　商品检验的范围包括列入《进出口商品检验法》第四条所述商品目录（即《法检目录》）内的商品，以及其他法律法规规定需要实施商品检验的商品（称为"法定检验商品"），也包括法定检验以外的、根据国家规定实施抽查检验的进出口商品。

《进出口商品检验法实施条例》进一步明确：进出口药品的质量检验、计量器具的量值检定、锅炉压力容器的安全监督检验、船舶（包括海上平台、主要船用设备及材料）和集装箱的规范检验、飞机（包括飞机发动机、机载设备）的适航检验以及核承压设备的安全检验等项目，由有关法律、行政法规规定的机构实施检验。进出境的样品、礼品、暂时进出境的货物以及其他非贸易性物品，免予检验。但是，法律、行政法规另有规定的除外。

二、商品检验实施主体

《进出口商品检验法》规定："国务院设立进出口商品检验部门（以下简称'国家商检部门'），主管全国进出口商品检验工作。国家商检部门设在各地的进出口商品检验机构（以下简称'商检机构'）管理所辖地区的进出口商品检验工作。""商检机构和依法设立的检验机构（以下称'其他检验机构'），依法对进出口商品实施检验。"

三、商品检验的技术依据

对列入《法检目录》的进出口商品，按照国家技术规范的强制性要求进行检验；尚未制定国家技术规范的强制性要求的，应当依法及时制定，未制定之前，可以参照国家商检部门指定的国外有关标准进行检验。

四、商品检验的主要方式

商品检验是指确定列入《法检目录》的进出口商品是否符合国家技术规范的强制要求的合格评定活动，包括是否符合安全、卫生、健康、环境保护、防止欺诈等要求以及相关的品质、数量、重量等项目。合格评定程序包括：抽样、检验和检查；评估、验证和合格保证；注册、认可和批准以及各项的组合。

抽样，一般是指取出部分物质、材料或者商品作为整体的代表性样品进行测试或者校准的规定过程，样品的抽取应遵循一定的规范。检验，在合格评定程序中一般是指通过观察和测量、测试、度量等手段，判断某个商品、过程或者服务满足规定要求的程度。检查，在合格评定程序中一般是指对每个单项商品的评估，或者说这是一种严格的达标评估方式。

在合格评定程序中，验证一般是指通过检查和提供论据来证实规定的要求已得到满足；合格保证，则是对商品、过程或者服务满足规定要求的置信程度采取一定的方式作出说明。

注册也作为一种程序，包含在合格评定程序中；认可，是指由权威的团体对团体或者个人执行特定任务的胜任能力给予正式的承认的程序；批准，是指允许商品、过程或者服务按照其说明的目的或者按照其说明的条件销售、使用。

合格评定程序内容中涉及的技术措施，在实际运用中有些是单项运用，有的则是几项形成一个组合。

五、商品检验的地点

法定检验的一般进口商品原则上应当在目的地检验，大宗散装商品、易腐烂变质商品及已发生残损、短缺的商品，应当在卸货口岸检验。法定检验的出口商品应当在商品的生产地检验；在商品生产地检验的出口商品需要在口岸报关提供电子底账的，由商品生产地海关按照规定签发电子底账。实施商品检验的地点，主要是统筹考虑风险控制和贸易便利需要作出决定；海关总署也可以根据便利对外贸易和进出口商品检验工作的需要，指定在其他地点检验。

第二节　进出口工业制成品检验

一、工业制成品检验概述

工业制成品，一般指经复杂加工用于生产或消费的工业产品，主要包括机电产品、轻工产品、纺织产品等。根据产品质量安全风险程度的不同，海关对列入《法检目录》的工业制成品实施法定检验，检验监管方式包括装运前检验、口岸查验、目的地检验、验证管理等。对《法检目录》以外的工业制成品，实施抽查检验。

（一）检验内容

检验内容主要包括安全、卫生、环保和品质检验项目。其中，安全检验项目包括机械安全、电气安全、有毒有害化学物质等；卫生检验项目包括微生物指标和毒理学试验指标等；环保检验项目包括排放、噪声等；品质检验项目包括外观质量、产品标识及内在质量检测。

（二）检验监管方式

1. 装运前检验

装运前检验指进口产品在启运之前，由海关或其委托的检验机构进行初步评价的过程。国家根据需要，对价值较高、涉及人身财产安全、健康、环境保护项目的高风险产品，启运前实施装运前检验，包括组织实施监造或者监装。装运前检验不能代替到货后的商品检验，收货人保留到货后最终检验和索赔的权利。

2. 口岸查验

口岸查验指产品运抵口岸后，由口岸海关对产品数量、标签、许可证件，以及是否携带土壤、有害生物、有害杂质等进行查核、验证。

3. 目的地检验

目的地现场检验项目包括产品的外观、包装、标识、货证一致性等，对需查验送检的产品，除现场检验外，还应按照指令要求抽取代表性样品送实验室，根据国家技术规范的强制性要求，进行安全、卫生等项目的检测。根据现场检验情况和实验室检测结果进行合格评定。

4. 验证管理

一般指列入《强制性产品认证目录》的进口产品，按照《进口许可制度民用商品入境验证管理办法》的规定实施验证管理。对需实施验证管理的进口工业制成品，现场查验单证，核对证货是否相符，并根据需要抽取一定数量的样品实施检测。类似实施验证管理的，还包括医疗器械、特种设备、能源效率认证等。

（三）后续监管

对进口产品收货人及其代理人、进口商及其代理人、装运前检验机构及相关活动实施监督管理。

（四）后续处置

除法律、行政法规另有规定外，法定检验的进口工业制成品经检验，涉及人身财产安全、健康、环境保护项目不合格的，由海关责令当事人销毁，或者出具退货处理通知单，办理退运手续；其他项目不合格的，可以在海关的监督下进行技术处理，经重新检验合格的，方可销售或者使用。

（五）风险管理

进出口工业制成品风险管理包括风险监测、评估、预警、处置和应用，参见本章第五节。

二、进出口机电产品检验

实施法定检验的进口机电产品主要有机械设备、电子电器产品、机动车辆、医疗器械、特种设备、成套设备、旧机电产品等，实施法定检验的出口机电产品主要是医疗物资。

（一）机械设备

机械设备主要是由若干个零、部件连接构成并具有特定应用目的的组合，其中至少有一个零、部件是可运动的，并且配备或预定配备动力系统。按照行业，机械设备大致可分为机床、起重及输送装置、工程机械、轻工机械、纺织印染机械、农牧业机械、通用机械、动力设备、焊接设备等，其商品编号主要分布在第八十四章。进口机械设备实施目的地检验。

（二）电子电器产品

电子电器产品主要包括家用和类似用途的电器产品、音视频产品、信息技术产品、照明器具、电动工具等，其商品编号主要分布在《中华人民共和国进出口税则》（以下简称《税则》）第八十五章。进口电子电器产品实施验证管理和目的地检验。

家用和类似用途的家用电器检验标准是 GB 4706 系列，音视频设备检验标准是 GB 8898，信息技术设备检验标准是 GB 4943，照明器具检验标准是 GB 7000 系列，电动工具检验标准是 GB 3883 系列。

（三）机动车辆

进口整车必须由经国务院批准并经海关总署等管理部门验收通过的指定口岸进口。实施检验监管的汽车是指列入《法检目录》，适用于我国道路行驶的进口汽车。汽车列入《强制性产品认证目录》，进口机动车辆实施验证管理和目的地检验。

汽车应符合《机动车运行安全技术条件》（GB 7258）、《轻型汽车燃料消耗量标识》（GB 22757）等法律、法规及国家标准要求，符合对安全、卫生、健康、环保、节约能源等方面的规定。

对进口汽车的主要监管工作有准入审核、口岸检验、整改监管、风险监测。入境口岸海关负责进口汽车检验和验证管理，属地海关负责进口汽车的后续监督管理工作。海关总署利用进口汽车检验监管信息化系统对进口汽车实施验证和核销等管理工作。

（四）医疗器械

医疗器械是指直接或者间接用于人体的仪器、设备、器具、体外诊断试剂及校准物、材料以及其他类似或者相关的物品，包括所需要的计算机软件。国家对进口医疗器械按照风险程度实行分类管理，分为第一类医疗器械、第二类医疗器械和第三类医疗器械。对第一类医疗器械实行产品备案管理，对第二类、第三类医疗器械实行产品注册管理。进口医疗器械实施验证管理和目的地检验。出口《法检目录》内的医疗器械主要包括医用口罩、医用防护服、呼吸机等。

（五）特种设备

特种设备是指对人身和财产安全有较大危险性的锅炉、压力容器（含气瓶）、压力管道、电梯、起重机械、客运索道、大型游乐设施、场（厂）内专用机动车辆，以及法律、行政法规规定的其他特种设备，分为承压类特种设备和机电类特种设备两大类。承压类特种设备包括锅炉、压力容器、压力管道等，机电类特种设备包括电梯、起重机械、客运索道、大型游乐设施、场（厂）内专用机动车辆等。进口特种设备需获得生产许可，目前，承压类特种设备生产企业需获得国家市场监督管理总局颁发的特种设备生产许可证，进口机电类特种设备使用前需通过型式试验。海关对进口特种设备实施验证管理和目的地检验。

（六）成套设备

符合以下两个条件中任意一个的产品，即为成套设备：

1. 完整的生产线、成套装置设施（含工程项目和技术改造项目中的成套装置设施和与国产设备配套组成的成套设备中的进口关键设备）；

2. 能够生产、制造、加工/转换某种能源、原材料、半成品、成品的系列机械电气设备或为某一整体目的服务而配置的由机械电气设备构成的系统。

进口成套设备门类繁多，没有对应《协调制度》编码，检验监管工作按照项目管理的原则实行，具体流程包括：装运前检验、口岸查验、目的地检验和监督管理。

（七）旧机电产品

旧机电产品，是指具有下列情形之一的机电产品：

1. 已经使用（不含使用前测试、调试的设备），仍具备基本功能和一定使用价值的；

2. 未经使用，但是超过质量保证期（非保修期）的；

3. 未经使用，但是存放时间过长，部件产生明显有形损耗的；

4. 新旧部件混装的；

5. 经过翻新的。

根据旧机电产品对国家安全、社会公共利益以及安全、卫生、健康、环境保护可能产生危害的程度，旧机电产品分为禁止进口、限制进口和自由进口。目前，我国禁止进口的旧机电产品包括旧锅炉、旧压力容器、旧机动车辆、旧医疗器械等。

进口旧机电产品应当符合我国法律法规对安全、卫生、健康、环境保护、防止欺诈、节约能源等方面的规定，以及国家技术规范的强制性要求。

进口旧机电检验依据《进口旧机电产品检验监督管理办法》以及《关于调整进口旧机电产品检验监管的公告》，包括装运前检验、口岸查验、目的地检验以及监督管理。

三、进口轻纺产品

列入法定检验的进口轻纺产品包括童车、玩具、儿童安全座椅、童鞋、食品接触产品、一次性卫生用品、服装、牙刷、家具等。

（一）童车

童车主要包括儿童自行车、儿童三轮车、儿童推车和婴儿学步车等，童车列入《强制性产品认证目录》。进口童车实施验证管理和目的地检验。童车应符合《儿童自行车安全要求》（GB 14746）、《儿童三轮车安全要求》（GB 14747）、《儿童推车安全要求》（GB 14748）和《婴儿学步车安全要求》（GB 14749）的要求，但是供特技骑行的自行车、玩具三轮车或设计用于其他特殊目的的三轮车（如游乐三轮车）、玩具推车或设计用于其他特殊用途推车、医疗用学步车以及气垫支撑婴儿的学步车除外。现场检验关注认证标志和标识要求，实验室检测关注结构、制动装置、束缚系统等。

（二）玩具

玩具包括电玩具、塑胶玩具、金属玩具、弹射玩具、娃娃玩具等，玩具列入《强制性产品认证目录》，但充气玩具、口动玩具、类似文具玩具、水上玩具、软体填充玩具除外。进口玩具实施验证管理和目的地检验，进口玩具检验依据是《进出口玩具检验监督管理办法》。玩具应符合 GB 6675 系列安全标准要求。电玩具（包括电动玩具、视频玩具、声光玩具、热源玩具、实验型玩具等），还应符合《电玩具的安全》（GB 19865）的要求。现场检验关注认证标志和包装标注内容（如年龄范围）、标识字体和字号要求等，实验室检测关注机械物理（小零件、锐利边缘等）、阻燃性能、化学（锑、砷、钡、铅、汞、铬、镉、硒 8 个可迁移重金属元素）、电气安全项目等。

（三）儿童安全座椅

儿童安全座椅，也称为"机动车儿童乘员用约束系统"，儿童安全座椅列入《强制性产品认证目录》，但安装在折叠座椅或侧向座椅上的儿童约束系统除外。进口儿童安全座椅实施验证管理和目的地检验。儿童安全座椅检验标准是《机动车儿童乘员用约束系统》（GB 27887）。现场检验关注认证标志、产品标识，实验室检测关注动态试验等。

（四）童鞋

进口童鞋实施目的地检验。童鞋检验标准是《儿童鞋安全技术规范》（GB 30585），实验室检测关注甲醛含量，优先采用色谱法检测。

（五）食品接触产品

进口食品接触产品实施目的地检验。食品接触产品根据材质可分为橡胶、搪瓷、陶瓷、玻璃、塑料树脂、纸、金属材料等，安全要求应符合 GB 4806.1 ~ 11 标准的要求。《食品安全国家标准　食品接触材料及制品通用安全要求》（GB 4806.1）是食品接触产品的通用要求。现场检验关注产品标识，实验室检测关注总迁移量、特定迁移量和残留量等指标等。

（六）一次性使用卫生用品

进口一次性使用卫生用品实施目的地检验。一次性使用卫生用品检验标准是《一次性使用卫生用品卫生标准》（GB 15979）。现场检验关注产品的标识和说明、产品标签、包装等，实验室检测关注细菌菌落总数、大肠菌群、致病性化脓菌等卫生指标。

（七）服装

进口服装实施目的地检验。服装检验依据是《国家纺织产品基本安全技术规范》（GB 18401）和《婴幼儿及儿童纺织产品安全技术规范》（GB 31701）。现场检验关注产品外观（绳带、小附件等）和标签（产品号型、纤维成分与含量等），实验室检测关注甲醛含量、pH 值、染色牢度、可分解致癌芳香胺染料、重金属、邻苯二甲酸酯等安全指标。

（八）牙刷

进口牙刷实施目的地检验。牙刷检验标准是《牙刷》（GB 19342）、《儿童牙刷》（GB 30002）和《磨尖丝牙刷》（GB 30003），包括产品标识、外观等要求，检测项目包括有害元素、磨毛、毛束强度等。

（九）家具

进口家具实施目的地检验。家具检验标准是《室内装饰装修材料 木家具中有害物质限量》（GB 18584）、《室内装饰装修材料 人造板及其制品中甲醛释放限量》（GB 18580）和《儿童家具通用技术条件》（GB 28007），现场检验关注标识、标签、外观等项目，检测关注甲醛释放量、重金属含量等。

四、进口商品验证管理

（一）工作概述

验证是一种合格评定程序。进口商品验证管理（以下简称"验证管理"）就是对实施许可制度和国家规定必须经过认证的进口商品查验单证，核对证货，以确定其是否符合国家技术规范的强制性要求的合格评定活动。

（二）工作依据

1. 《进出口商品检验法》及其实施条例、《中华人民共和国节约能源法》、《中华人民共和国特种设备安全法》、《中华人民共和国认证认可条例》、《医疗器械监督管理条例》等法律法规。

2. 《进口许可制度民用商品入境验证管理办法》《强制性产品认证管理规定》《能源效率标识管理办法》《水效标识管理办法》等部门规章。

3. 《进口许可制度民用商品入境验证工作程序》《进口能源效率标识产品入境验证工作要求（试行）》等规范性文件。

（三）工作内容

验证管理的主要内容是查验申报项目与许可证明文件属性是否符合，核对实际货物与许可证明文件对应内容是否一致。对需要核对特定标识/标签要求的产品核对标识/标签真伪。目前具体内容主要包括：

1. 进口强制性认证产品，查验强制性产品认证证书、免予办理强制性产品认证证明或其他证明文件，核对证货是否相符。必要时核查认证标志或抽查检测。

2. 进口医疗器械，查验注册或备案证明，核对证货是否相符。

3. 进口特种设备，查验特种设备制造许可证或型式试验合格证，核对证货是否相符。

4. 进口能效标识产品，查验备案证明材料或免于实施备案/验证材料，核对证货是否相符。必要时抽检商品，核查标识真实性。

5. 进口水效标识产品，查验备案证明材料，核对证货是否相符。必要时抽检商品，核查标识真实性。

（四）不合格处置

验证管理的商品不合格的，按对应适用的法律法规要求处置，监督当事人进行技术整改，或责令当事人作出退运/销毁处理。

五、法定检验商品以外的进出口商品抽查检验

海关对法定检验商品的进出口商品，根据国家规定实施抽查检验。抽查检验的重点是涉及安全、卫生、环境保护，境内外消费者投诉较多，退货数量较大，发生过较大质量事故及境内外有新的特殊技术要求的进出口商品。进出口商品抽查检验项目合格评定的依据是国家技术规范的强制性要求或者海关总署指定的其他相关技术要求。

对实施抽查检验的进口商品，海关可以在进口商品的卸货口岸、到达站或者收用货单位所在地进行抽样；对实施抽查检验的出口商品，海关可以在出口商品的生产单位、货物集散地或者发运口岸进行抽样。抽取的进出口商品的样品，由被抽查单位无偿提供。样品应当随机抽取，并应当具有一定的代表性。销售商应当及时通知供货商向海关说明被抽查检验进口商品的技术规格、供销情况等。无正当理由拒绝抽查检验以及不寄或者不送被封样品的单位，其产品视为不合格，根据相关规定对拒绝接受抽查检验的企业予以公开曝光。海关不得对同一批商品进行重复抽查检验，被抽查单位应当妥善保管有关被抽查的证明。

经海关抽查合格的进口商品，签发抽查情况通知单；对不合格的进口商品，签发抽查不合格通知单，并按照法定检验商品不合格处置要求进行处理。经海关抽查合格的出口商品，签发抽查情况通知单；不合格的，签发抽查不合格通知单，并在海关的监督下进行技术处理，经重新检测合格后，方准出口；不能进行技术处理或者经技术处理后，重新检测仍不合格的，不准出口。被抽查单位对海关作出的抽查结论有异议时，可以按照《进出口商品复验办法》申请复验。

第三节　进出口资源及化矿产品检验

一、一般资源性商品检验

（一）产品范围

进口资源及化工商品主要有矿产品、能源类商品、再生资源产品、棉花、涂料、食品添加剂等。

（二）进口棉花检验

棉花是我国国计民生的重要经济作物和战略物资，是国家进口检验检疫的重要商品。进口棉花实施"事前登记+事中检验+事后评估"的检验监管体系。

1. 事前登记

境外供货企业按照自愿原则向海关总署申请登记。申请登记的境外供货企业（以下简称"申请人"）应当具备以下条件：

（1）具有所在国家（地区）合法经营资质；

（2）具有固定经营场所；

（3）具有稳定供货来源，并有相应质量控制体系；

（4）熟悉中国进口棉花检验相关规定。

申请人申请登记时应当向海关总署提交下列书面材料：进口棉花境外供货企业登记申请表（以下简称"登记申请表"）；合法商业经营资质证明文件复印件；组织机构图及经营场所平面图；质量控制体系的相关材料；质量承诺书；以上材料应当提供中文或者中外文对照文本。

境外供货企业可以委托代理人申请登记。代理人申请登记时，应当提交境外供货企业的委托书。海关总署受理境外供货企业登记申请后，应当组成评审组，开展书面评审，必要时开展现场评审。上述评审应当自受理之日起 3 个月内完成。经审核合格的，海关总署应当对境外供货企业予以登记，颁发"进口棉花境外供货企业登记证书"（以下简称"登记证书"）并对外公布。经审核不合格的，海关总署对境外供货企业不予登记，并书面告知境外供货企业。不予登记的境外供货企业自不予登记之日起 2 个月后方可向海关总署重新申请登记。登记证书有效期为 3 年。

2. 事中检验

检验流程主要包括：现场查验—抽样—实验室检测。

进口棉花依企业申请实施抽样检验。海关根据企业申请对进口棉花实施数重量检验、品质检验，按照规定进行残损鉴定，并出具检验证书。进口棉花收货人或代理人不需要海关出具棉花品质证书的，海关在对进口棉花实施现场检验检疫合格后直接放行。

（1）现场查验

海关在入境口岸或货物存放场所，对进口棉花实施现场查验。查验时应当核对进口棉花批次、规格、标记等，确认货证相符；查验包装是否符合合同等相关要求，有无包装破损；查验货物是否存在残损、异性纤维、以次充好、掺杂掺假等情况。对集装箱装载的，检查集装箱铅封是否完好。

（2）抽样

海关根据境外供货企业的质量信用层级，按照下列方式对进口棉花实施检验：对 A 级境外供货企业的棉花，应当在收货人报关时申报的目的地检验，由目的地海关按照标准实施抽样检验；对 B 级境外供货企业的棉花，应当在收货人报关时申报的目的地检验，由目的地海关实施两倍抽样量的加严检验；对 C 级境外供货企业的棉花，海关在入境口岸实施两倍抽样量的加严检验。未获得登记证书的境外供货企业，按 C 级监管。

（3）实验室检测

海关对承担进口棉花品质检验的实验室实行考核批准制度，未经考核批准的实验室不能开展棉花品质检验工作。目前，经批准具有进出口棉花品质检验资格的海关系统内实验室共 17 家。实验室检测项目主要包括品级、长度、马克隆值和强力。

进口棉花的收货人或者发货人对检验结果有异议的，可以按照《进出口商品复验办法》的规定申请复验。

3. 事后评估

海关建立进口棉花境外供货企业质量信用评估机制，根据到货棉花实际质量情况和境外供货企业履约情况，对进口棉花境外供货企业评定质量信用等级，进行信用评估和动态层级名单管理。从而实现对不同层级企业有针对性地实施不同的检验监管措施。

按照质量信用，境外供货企业分为 A、B、C 3 个层级。

A 级：境外供货企业自获得海关总署登记后即列为 A 级。

B 级：A 级境外供货企业发生评估准则所列情形之一的降为 B 级。

C 级：未获得海关总署登记的境外供货企业默认为 C 级，B 级境外供货企业发生评估准则所列情形之一的降为 C 级。

（三）进口大宗资源商品检验

进口大宗资源可分为能源矿产、金属矿产与非金属矿产。能源矿产，包括煤、石油、天然气等。金属矿产指从中提取某种供工业利用的金属元素或化合物的矿产。非金属矿产是指在经济上有用的某种非金属元素，或可直接利用矿物、岩石的某种化学、物理或工艺性质的矿产资源。

1. 进口低风险矿产品（铁矿、锰矿、铬矿、铅矿及其精矿、锌矿及其精矿）检验

（1）现场检验检疫

进口金属矿产品原则上应当在卸货口岸检验。对于列入《关于调整部分进口矿产品监管方式的公告》（海关总署公告 2018 年第 134 号）的进口铁矿、锰矿、铬矿、铅矿及其精矿、锌矿及其精矿，适用"先放后检"政策，即进口矿产品经现场检验检疫符合要求后，即可提离海关监管作业场所。现场检验检疫包括放射性检测、外来夹杂物检疫、数（重）量鉴定（依企业申请）、外观检验以及取制样等。

（2）固体废物属性排查

水运进口铁矿按照《水运进口铁矿固体废物排查作业指导书（试行）》的规定实施"锚地初筛""泊位排查""卸货全过程排查"，其他矿产品按指令要求进行现场排查。排查中，发现货物品相异常、疑似固体废物的，应按照《进口货物的固体废物属性鉴别程序》（生态环境部、海关总署公告 2023 年第 2 号）的规定，实施固体废物属性鉴别，判定属于国家禁止进口的固体废物，实施退运。

（3）实验室检测

实验室检测即对进口矿产品进行品质检验。以进口铁矿石为例，实验室对"铁含量、水分、粒度、磷、硫"等合同规定的品质指标进行检测，不符合合同规定的，出具品质证书，供企业索赔。目前进口铁矿品质检验为依企业申请实施，进口铁矿收货人或者代理人需海关出具进口铁矿品质证书的，向海关提出申请，海关对进口铁矿实施现场检验检疫合格后实施现场抽样、实验室检测、出具品质证书。进口铁矿收货人或者代理人不需要海关出具进口铁矿品质证书的，海关在对进口铁矿实施现场检验检疫合格后直接放行。

2. 进口铜精矿检验

（1）现场检验检疫

现场检验检疫包括放射性检测、外来夹杂物检疫、数（重）量鉴定（依企业申请）、外观检验以及取制样等。

（2）固体废物属性排查

进口铜精矿按指令要求进行现场排查，发现货物品相异常、疑似固体废物的，应按照《进口货物的固体废物属性鉴别程序》（生态环境部、海关总署公告 2023 年第 2 号）的规定，实施固体废物属性鉴别，判定属于国家禁止进口的固体废物，实施退运。

（3）实验室检测

实验室检测项目分为环保项目和品质项目。

①环保项目。按照《关于公布进口铜精矿中有毒有害元素限量的公告》（国家质量监督检验检疫总局、环境保护部、商务部联合公告 2017 年第 106 号）规定，对进口铜精矿中"铅、砷、氟、镉、汞" 5 项有毒有害元素进行实验室检测，不符合国家技术规范强制性要求的，实施退运。

②品质项目。包括"铜、水分、金、银"等合同指标。进口铜精矿的收货人或其代理人需海关出具品质证书的，在现场检验及环保项目检测符合要求的前提下，可申请提离海关监管作业场所，海关可在货物提离后实施品质项目检测并出具品质证书；不申请海关出具品质证书的，不再实施品质项目检测，现场检验及环保项目符合要求后即可通关放行。

3. 进口煤炭检验

（1）现场检验检疫

包括放射性检测、外来夹杂物检疫、数（重）量鉴定（依企业申请）、外观检验以及取制样等。

（2）实验室检测

包括环保项目、合同指标以及风险布控抽中的商品分类要素。

①环保项目：按《商品煤质量管理暂行办法》（国家发展改革委、环境保护部、商务部、海关总署、国家工商行政管理总局、国家质量监督检验检疫总局令第 16 号）的规定，对进口煤炭中的"灰分、硫分、发热量、汞、砷、磷、氯、氟" 8 项环保项目进行检验，不符合国家技术规范强制性要求的，不得进口、销售和远距离运输。

②合同指标：对合同约定的指标进行检验，经检验与合同不符的出具品质证书，供企业索赔。

③商品归类：对风险布控抽中需送实验室检验以核对商品归类的，按照报关要素对商品分类指标进行检验。

（四）再生资源类商品检验

我国自 2021 年 1 月 1 日起，全面禁止进口固体废物。为规范再生黄铜原料、再生铜原料、再生铸造铝合金原料、再生钢铁原料等再生资源的进口管理，推动再生金属产业高质量发展，根据生态环境部等部委联合发布的《关于规范再生黄铜原料、再生铜原料和再生铸造铝合金原料进口管理有关事项的公告》《关于规范再生钢铁原料进口管理有关事项的公告》，符合《再生黄铜原料》（GB/T 38470—2019）、《再生铜原料》（GB/T 38471—2019）、《再生铸造铝合金原料》（GB/T 38472—2019）、《再生钢铁原料》（GB/T 39733—2020）标准的再生黄铜原料、再生铜原料、再生铸造铝合金原料和再生钢铁原料，不属于固体废物，可自由进口。

根据《进口再生黄铜原料检验规程》（SN/T 5417—2022）、《进口再生铜原料检验规程》（SN/T 5416—2022）、《进口再生铸造铝合金原料检验规程》（SN/T 5418—2022）、《进口再生钢铁原料检验规程》（SN/T 5353—2021）的规定，海关在第一入境口岸对进口再生金属原料（进口再生黄铜原料、再生铜原料、再生铸造铝合金原料、再生钢铁原料）实施检验，一般不接受转关申请，对由境外运往特殊监管区域的进口再生金属原料经检验不合格的不得入区。

二、出口危险货物及其包装检验

(一) 危险货物运输包装检验制度

为了保障危险货物运输安全，并使各国和国际上对各种运输方式的管理规定能够统一发展，联合国经济和社会理事会危险货物运输专家委员会，组织编写了适用于所有运输形式的危险货物运输最低要求的《关于危险货物运输的建议书 规章范本》（以下简称《规章范本》），于 1956 年正式出版。《规章范本》包括分类原则和各类别的定义、主要危险货物的列表、一般包装要求、试验程序、标记、标签式揭示牌、运输单据等，此外，还有与特定类别货物有关的特殊要求。我国依据《规章范本》相关技术性要求，建立了具有中国特色并与国际规则一致的危险货物运输包装检验制度。

(二) 出口危险货物性能鉴定和使用鉴定

1. 性能鉴定

为出口危险货物生产包装容器的企业，必须向海关申请包装容器的性能鉴定。海关对出口危险货物包装容器性能鉴定实施周期性检验制度。性能鉴定周期按照包装容器预期运输方式的不同而各有不同。周期检验合格的，在周期内申请性能鉴定，海关可直接出具"出入境货物包装性能检验结果单"。

2. 使用鉴定

生产出口危险货物的企业，必须向海关申请包装容器的使用鉴定。使用未经鉴定合格的包装容器的危险货物，不准出口。海关对出口危险货物包装使用鉴定按照检验批实施逐批检验，检验合格的出具"出境货物包装使用鉴定结果单"。

需要提醒的是，危险货物包装性能鉴定是针对危险货物包装生产企业，而危险货物包装使用鉴定则是针对危险货物生产企业。例如，出口使用纸箱盛装的锂电池，纸箱生产厂需向海关申请纸箱的性能鉴定，锂电池生产厂则需向海关申请纸箱的使用鉴定。

(三) 出口危险货物包装生产企业代码管理

根据联合国《规章范本》的规定，出口危险货物包装应带有联合国规定的危险货物包装标记，该标记应包括生产企业信息。《国际海运危险货物规则》和以其他运输方式的国际规章也有相应的要求。海关作为出口危险货物包装检验主管部门，对生产企业实施代码管理。需要注意的是，代码管理不属于行政许可项目。

(四) 出口烟花爆竹检验监管

海关对出口烟花爆竹的检验和监督管理工作以产地检验与口岸查验相结合为原则。检验包括交收检验和烟火药剂安全性检验。对出口烟花爆竹包装逐批实施使用鉴定。

(五) 出口打火机检验监管

海关对出口打火机的检验和监督管理工作以产地检验与口岸查验相结合为原则。检验内容为型式试验和常规检验。

三、进出口危险化学品及其包装检验

(一) 《全球化学品统一分类和标签制度》（GHS）

GHS 是一套标准化的统一协调的化学品分类标签制度，它明确定义了化学品的物理危险、健康危害和环境危害，创造性地提出了对照化学品危险性分类标准，利用可提供的数据进行分类的程序方法。"全球统一制度"的实施，目的在于通过提供一种都能理解的国际系统来补充化学品的危害，提高对人类和环境的保护；为没有相关系统的国家提供一种公认的系统框架；减少对化学品测试和评定的需要；方便危险性已适当评定和以国际基础识别过的化学品的国际贸易。

（二）《危险化学品安全管理条例》

2013年，修订的《危险化学品安全管理条例》（国务院令第591号）对危险化学品生产、储存、使用、经营和运输等环节的安全管理进行了全面规范和系统规定。根据其第六条第三款规定，质量监督检验检疫部门（现海关）负责对进出口危险化学品及其包装实施检验。2012年，我国《危险化学品安全管理条例》明确采用GHS的主要技术要素；2015年，新版《危险化学品目录》的发布，标志我国在危险化学品管理领域全面实施了GHS。

（三）《危险化学品目录》

2015年，原国家安全监管总局会同有关部门制定了《危险化学品目录》（2015版）。《危险化学品目录》是落实《危险化学品安全管理条例》的重要基础性文件，是企业落实危险化学品安全管理主体责任，以及相关部门实施监督管理的重要依据。海关对列入《危险化学品目录》（最新版）的危险化学品及其包装实施检验。

（四）进出口危险化学品的申报

进口危险化学品的收货人或者其代理人报关时，填报事项应包括危险类别、包装类别（散装产品除外）、联合国危险货物编号（UN编号）、联合国危险货物包装标记（包装UN标记）（散装产品除外）等，还应提供下列材料："进口危险化学品企业符合性声明"；对需要添加抑制剂或稳定剂的易燃固体，应提供实际添加抑制剂或稳定剂的名称、数量等情况说明；中文危险公示标签（散装产品除外）、中文安全数据单的样本。

出口危险化学品的发货人或者其代理人向海关报检时，应提供下列材料："出口危险化学品生产企业符合性声明"；"出境货物运输包装性能检验结果单"（散装产品及国际规章豁免使用危险货物包装的除外）；危险特性分类鉴别报告；危险公示标签（散装产品除外）、安全数据单样本，如是外文样本，应提供对应的中文翻译件；对需要添加抑制剂或稳定剂的易燃固体，应提供实际添加抑制剂或稳定剂的名称、数量等情况说明。

（五）进出口危险化学品及其包装检验

根据海关总署公告2020年第129号，海关对进出口危险化学品及其包装实施检验。检验内容主要包括：产品的主要成分/组分信息、物理及化学特性、危险类别等是否符合相关规定；产品包装上是否有危险公示标签（进口产品应有中文危险公示标签），是否随附安全数据单（进口产品应附中文安全数据单）；危险公示标签、安全数据单的内容是否符合相关规定。

（六）危险化学品检验安全防护

危险化学品的检验应在符合相关安全要求的环境和安全防护条件下进行，检验人员应接受过危险品相关检验工作安全培训并具备进出口危险货物及其包装检验岗位资质。检验前应仔细阅读危险公示标签和安全数据单中的内容，了解所检商品的危险特性、安全操作的有关知识及处理方法。

第四节　进出口商品检验鉴定业务管理

一、进出口商品鉴定业务概述

进出口商品鉴定业务是国际贸易发展的产物，是国际贸易、运输、保险等经济活动中不可或缺的环节之一。1954 年，中央人民政府颁布《输出输入商品检验暂行条例》，建立了我国自己的对外贸易检验鉴定机构，以立法的形式开创了我国的对外贸易鉴定工作。进出口商品鉴定业务主要包括数（重）量鉴定、进口商品残损鉴定等。

二、进出口商品数（重）量鉴定业务

进出口商品数（重）量鉴定业务主要包括衡器计重、水尺计重、容量计重等。为优化口岸营商环境，海关总署发布了《关于调整进口大宗商品重量鉴定监管方式的公告》（海关总署公告 2019 年第 159 号），将进口大宗商品重量鉴定监管方式由海关批批实施改为依企业申请实施和海关依职权实施，大幅度降低了海关实施重量鉴定的比例，为企业快速通关提供了便利，增强了企业的获得感。

（一）衡器计重

衡器计重就是使用准确的衡器，采用科学的方法，通过正确的操作和规范的计算，确认商品的准确重量。衡器计重是进出口商品数重量鉴定的主要形式之一，它本质上属于称量，广泛应用于进出口散装商品、包装商品、裸装商品、贵希商品及集装箱装载的商品的重量鉴定工作。

衡器的选择是确保衡器计重工作准确性的重要因素之一，进出口商品重量鉴定用衡器应根据商品的不同特性和要求，选用符合条件的相关衡器。常用的衡器包括机械台案秤、汽车衡、轨道衡、料斗秤、吊秤、台秤等等。衡器应有县级以上人民政府计量行政部门所属或者授权的计量检定机构实行定期检定。

（二）水尺计重

水尺计重是在船舶装/卸货前后分别测定船舶艏、艉、舯六面吃水、船用淡水、压载水及燃油的储存量，同时测定船舶所在水域的港水密度，然后根据船方提供的排水量表或载重量表以及有关的静水力曲线图表、水油舱计量表和校正表等图表，计算船舶载运货物的重量。英文为 Checking Draft 或者 Draft Survey，即通过对船舶吃水的测定进行计重。水尺计重应用了"阿基米德定律"，即浸在液体里的物体所受浮力的大小等于物体所排开液体的重量。船舶的吃水和排水量是有一定的对应关系的，船舶在建造时，就在船舷刻上水尺标志，将不同吃水的船舶入水部分的体积制成图表，即载重标尺，以供查算，这样，通过对装/卸前、后吃水的观测和船用物料重量的测定，就能够计算出货物的重量。

水尺计重是一种科学的计算方法，在国际上已经得到广泛的应用，其计算结果可作为商品的交接计算、理赔、索赔、计算运费和通关计税之依据。如果船舶制表精度在 1‰，则水尺计重的准确度可以在 5‰之内。水尺计重的优点是省时、省力、省费用，并能避免装卸损耗误差因素，迅速计算出整船货物的重量。它在扩大散装货物运输、降低成本、提高运输效率、加速运输周转和港口疏运、促进对外贸易发展等方面，均发挥着积极作用。

近年来，部分海关探索应用"互联网＋无人机"技术，使水尺计重更加智能、便捷、高效。

（三）容量计重

容量计重，也称容器计重，是通过测量经计量检定合格的容器内的液位高度（或空距）和液体温度，结合液体密度，经必要的修正后计算出被测液体重量的一种计重方法。容量计重中经常用到的计量容器包括经计量检定合格的油罐、油驳、罐车、槽车或船舱等，通过测量容器内的液位（液体深度或空距），求取液体的体积，并结合容器内液体的温度和密度，经过相应的修正，计算出该液体货物的重量。

容量计重主要用于液体商品或液化气体商品的重量鉴定，如各类油品、液体化工品的岸罐计重、船舱计重等。容量计重工作应当结合液体商品的易燃、易爆、易产生静电、有毒、有腐蚀性等特性，采取相应计量容器和安全防护措施，严格遵守作业区域的安全防护规定。

三、进口商品残损鉴定业务

进口商品的残损鉴定是指鉴定人对发生残损的进口商品进行鉴定，查明事实状态，确定残损商品的受损程度、致损原因和责任归属，并出具相关报告的过程。

（一）残损鉴定申请

法定检验进口商品发生残损需要实施残损检验鉴定的，收货人应当向主管海关申请残损检验鉴定。法定检验以外的进口商品发生残损需要实施残损检验鉴定的，收货人或者其他贸易关系人可以向主管海关或者经海关总署许可的检验机构申请残损检验鉴定。进口商品收货人或者其他贸易关系人可以自行向海关申请残损检验鉴定，也可以委托办理申请手续。

需由海关实施残损检验鉴定的进口商品，申请人应当在海关规定的地点和期限内办理残损检验鉴定申请手续。进口商品发生残损或者可能发生残损需要进行残损检验鉴定的，进口商品收货人或者其他贸易关系人应当向进口商品卸货口岸所在地海关申请残损检验鉴定。

进口商品在运抵进口卸货口岸前已发现残损或者其运载工具在装运期间存在、遭遇或者出现不良因素而可能使商品残损、灭失的，进口商品收货人或者其他贸易关系人应当在进口商品抵达进口卸货口岸前申请，最迟应当于船舱或者集装箱的拆封、开舱、开箱前申请。进口商品在卸货中发现或者发生残损的，应当停止卸货并立即申请。

（二）残损鉴定

海关根据需要对进口商品发生残损时实施残损检验鉴定，残损鉴定根据对外贸易有关各方的责任范围和申请人的不同要求，以及商品残损鉴定的特点，可分为以下具体项目：

1. 监装监卸；
2. 船舱或集装箱检验；
3. 集装箱拆箱过程检验；
4. 其他相关的检验项目。

海关按国家技术规范的强制性要求实施残损检验鉴定。进口商品发生残损需要对外索赔出证的，进口商品收货人或者其他贸易关系人应当在索赔有效期届满 20 日前申请。

需由海关实施残损检验鉴定的进口商品，收货人或者其他贸易关系人应当保护商品及其包装物料的残损现场现状，将残损商品合理分卸分放、收集地脚，妥善保管；对易扩大损失的残损商品或正在发生的残损事故，应当及时采取有效施救措施，中止事故和防止残损扩大。

四、进出口商品检验鉴定机构管理

（一）检验机构监管

进出口商品检验鉴定机构是指依据我国有关法律法规，接受对外贸易关系人或者国内外检验机构及其他有关单位的委托，办理进出口商品检验鉴定业务的机构（以下简称"检验机构"）。区别于商检机构，检验机构主要从事《法检目录》外商品的委托检验鉴定业务。海关依据《进出口商品检验法》及其实施条例对检验机构实施监督管理，维护进出口商品检验鉴定市场秩序，保护进出口贸易各方的合法权益，促进对外贸易发展。

（二）采信检验机构管理

根据国务院"证照分离"改革部署，取消海关"进出口商品检验鉴定机构的检验许可"事项。对列入必须实施进出口商品检验目录的进出口商品，海关可以采信检验鉴定机构的检验结果，对采信的检验检测机构实施目录管理。海关总署发布了《中华人民共和国海关进出口商品检验采信管理办法》（海关总署令第259号），明确对进出口商品检验采信检验机构实施目录管理。符合条件的检验机构可以向海关总署申请列入采信检验机构目录，经海关总署评估审查符合规定的，纳入采信检验机构目录并对外公布。海关对采信检验机构实施监督管理并进行动态调整。

五、政府间协议类商品监管

（一）概述

装运（船）前检验协议（Pre-shipment Inspection，简称PSI），是关贸总协定乌拉圭回合所达成的非关税壁垒协议之一，也是世界贸易组织（WTO）成员方进行装运前检验时所必须遵守的协议。政府间协议装运前检验，是指基于装运（船）前检验协议，通过国家（地区）政府间签署双边协议的形式，由政府官方装运前检验机构或其授权的机构进行装运前检验活动的一项制度。自2002年起，为促进中非国际贸易的健康发展，确保出口非洲等不发达国家或地区的产品质量，原国家质量监督检验检疫总局先后与塞拉里昂、埃塞俄比亚、埃及、阿尔及利亚、伊朗、苏丹、也门等国家（地区）的相关部门签署政府间协议。2018年9月，中非合作论坛北京峰会召开，习近平主席作了主旨发言，与会各国（地区）签署了《关于构建更加紧密的中非命运共同体的北京宣言》，制订了《中非合作论坛—北京行动计划（2019—2021）》，指出要扩大与非洲国家海关的通关便利、执法和能力建设合作，打击濒危物种及其制品走私、假冒侵权、商业瞒骗等违法行为，为非洲实施50个贸易畅通项目，促进中非贸易健康顺利发展。政府协议装运前检验工作进入了一个新的历史时期。目前，实施政府间协议装运前检验的国家有塞拉里昂、埃塞俄比亚、阿尔及利亚、伊朗、也门。

（二）政府间协议装运（船）前检验内容

海关依据有关双边协议对出口工业产品实施装运（船）前检验。装运（船）前检验活动指所有与核实出口到用户成员领土的产品的质量、数量、价格，包括汇率和金融条件，和/或海关对商品的归类等有关的活动。通常包括品质、数（重）量、包装、外观、标贴的检验，核价，监装，海关税则分类与税率，审核进口货物是否符合进口国（地区）法令，检验结果清洁报告的签发等内容。具体活动内容根据双边协议确定。其目的是保证出口商品质量、数量和价格的真实性，防止欺诈行为，打击假冒伪劣产品出口，方便进出口贸易，促进我国与双边协议国家（地区）贸易的顺利发展。

（三）海关职责

政府协议装运（船）前检验工作是对《装运前检验协议》的继承和发展。其更侧重于对商品的质量、规格、重量、数量、包装、安全及卫生等方面进行检查，并作出合格与否的判定。出口政府协议国家（地区）装运（船）前检验是保障输双边协议国家（地区）产品质量安全，维护我国制造国际形象、开拓海外新市场的重要手段。海关忠实履行政府间协议，强化风险分析研判，优化批批检验/查验、监装等装运前检验工作，有助于实现优化营商环境和输双边协议国家（地区）产品质量双提升、双促进。

六、打击进出口假冒伪劣商品

国际市场对打击假冒伪劣商品有共同诉求。近些年，跨国组织造假也日益猖獗，侵权行为国际化倾向明显。随着中转贸易、中欧班列、跨境贸易电子商务的兴起，贸易更加便利的同时，贩卖假冒伪劣商品的途径变得更加便捷，形式更加隐蔽，手段持续更新，假冒侵权行为变得更加复杂和多样化，打击进出口假冒侵权工作面临着困境。《国务院关于完善进出口商品质量安全风险预警和快速反应监管体系　切实保护消费者权益的意见》（国发〔2017〕43号，以下简称"国发43号文件"）印发实施以来，进出口商品质量安全风险预警和快速反应监管体系虽初具规模，但仍存在信息采集渠道有限、评估能力不足、预警制度不健全、处置机制不完善、社会共治有待加强等问题，打击进出口假冒伪劣商品仍任重道远。

打击进出口假冒伪劣商品是《进出口商品检验法》赋予海关的法定职责，打击进出口假冒伪劣商品的法律法规依据还包括：《最高人民法院、最高人民检察院关于办理生产、销售伪劣商品刑事案件具体应用法律若干问题的解释》《国务院关于加强食品等产品安全监督管理的特别规定》《中华人民共和国认证认可条例》等。《进出口商品检验法》第三十三条规定："进口或者出口属于掺杂掺假、以假充真、以次充好的商品或者以不合格进出口商品冒充合格进出口商品的，由商检机构责令停止进口或者出口，没收违法所得，并处货值金额百分之五十以上三倍以下的罚款；构成犯罪的，依法追究刑事责任。"

第五节　进出口商品质量安全风险管理

一、进出口商品质量安全风险管理概述

加强进出口商品质量安全风险管理，科学预防和有效控制质量安全风险，是加强全面质量管理、促进质量提升、增强人民群众获得感的重要途径，是深化简政放权、放管结合、优化服务改革的重要内容，对加快新旧动能接续转换，推进供给侧结构性改革、质量

安全治理体系和治理能力现代化具有重要意义。《进出口商品检验法实施条例》第十四条规定："海关总署建立进出口商品风险预警机制，通过收集进出口商品检验方面的信息，进行风险评估，确定风险的类型，采取相应的风险预警措施及快速反应措施。"海关总署制定了《进出口工业品风险管理办法》，进一步明确相关工作要求。2017年9月，国务院发布了国发43号文件，对完善我国进出口商品质量安全风险预警和快速反应监管体系（以下简称"风险预警监管体系"）提出相关意见。

（一）定义

风险是指某种对管理目标将产生影响（主要指负面影响）的事情发生的机会和可能性；风险的大小可根据事情发生的可能性及其后果的严重程度这两个因素加以测度。

进出口商品质量安全风险是指进出口商品对人身财产安全、动植物生命和健康、环境保护、卫生以及对进出口贸易有关各方合法权益造成危害的可能和程度。

进出口商品质量安全风险管理是指在进出口商品检验过程中，运用风险管理理念和方法，建立的以风险防控为目标，以风险监测、风险评估与风险处置为核心流程的管理模式。

（二）定位

进出口商品质量安全风险管理是建立在对历史经验做法总结的基础上，借鉴发达国家先进经验，建立的一套既符合国际通行规则，又具有中国特色的进出口商品质量安全管理模式，是新海关安全风险防控体系中的重要组成部分。

（三）工作原理

在进出口商品中，质量安全体现为防范某种特定的危险，而这种危险是对人或动植物的安全健康、对国家的环境保护以及对贸易双方的合法权益产生一定的伤害或破坏。进出口商品质量安全风险管理的工作原理就是对上述危险进行风险识别与分析，根据风险程度来采取风险应对与监控措施，从而将危险发生的概率及产生的后果降低到最低点。

（四）总体构架

风险管理一般包括风险识别、风险分析、风险应对计划、风险监控与回顾4个环节，并通过风险交流相互关联、顺序推进、循环往复、形成闭环。

按照风险管理理论，结合国发43号文件要求，风险预警监管体系包含风险监测、风险评估技术支撑、风险预警以及快速反应4个主要部分；管理流程有风险监测与识别、风险研判、风险处置、风险商品及风险削减措施有效性评价5个环节。

二、进出口商品质量安全风险监测、评估与处置

（一）风险监测

风险监测是风险管理的一项基础性工作，包括主动性的风险监测计划和被动性的风险信息监测。其目的是掌握进出口商品质量安全风险的危害程度、波及范围以及演变趋势。

1. 监测目标

凡是与进出口商品检验职责相关，涉及生命健康和财产安全，危害社会安全，可能形成系统性、区域性危害，对进出口贸易、相关产业可能产生影响，或者对安全、卫生、环境、反欺诈等方面形成危害的信息均应是采集的目标。

2. 风险信息分类

按信息类别分为：进出口商品检验信息、境外通报召回信息、出口退运信息、境外监管机构通报信息、伤害报告信息、消防安全事故信息、技术法规标准信息、舆情信息、企业主动报告信息、消费者投诉信息以及其他信息。

3. 监测原则

采集应遵循及时性原则、客观性原则、合法性原则、可追溯性原则和全面性原则。

4. 监测渠道

除主动性的风险监测计划外，被动性的风险信息采集的主要渠道有：日常管理工作；企业报告；消费者投诉；相关行业或研究组织；政府部门；主流媒体。

5. 监测方法

主动性风险监测计划由海关总署制定并按一定程序公告实施。风险信息监测则由目前在各地设立的进出口商品质量安全风险监测点负责采集，采集方法包括调查法、信息抓取法、定向采集法和实验室检测验证法。

（二）风险评估

风险评估是对进出口商品质量安全风险信息，按照科学的方法，根据产品危害可能发生的概率、范围、产生及产生后果的危害程度等风险要素进行预测评估。

风险评估的方法很多，目前 IEC 31010《风险管理　风险评估技术》标准推荐的国际上通用的风险评估方法有 30 多种。在进出口商品质量安全风险管理工作中，常用的风险评估方法包括：风险矩阵法、基于贝叶斯定理的移动加权平均模型以及层次分析法等。

风险评估的流程主要包括：风险分析准备、风险信息收集、风险项目识别、风险项目危害程度确定、风险项目危害概率确定、风险评价、风险等级确认和结果应用。

（三）风险处置

对于进出口商品质量安全风险而言，风险处置措施大致可分为风险预警与快速反应措施两类。

1. 风险预警措施

风险预警是指为使国家、社会公众和使用者免受进出口商品可能存在的质量安全风险或者潜在危害而采取的一种预防性安全保障措施，具体包括警示通报、警示通告和警示公告。

2. 快速反应措施

快速反应措施是为有效阻止、控制和消除安全风险，依据法定程序可采取快速反应措施，具体包括：

（1）依法有条件地限制产品进出口，查封、扣押、停止销售和使用、退运、监督销毁不符合法定要求的进出口商品；

（2）通报有关部门和机构；

（3）依法对违反法律和行政法规的生产经营企业进行处置，查封违法使用的原料、辅料、添加剂以及用于违法生产的工具、设备，查封出口工业产品生产经营或储存场所；

（4）组织调查特定时间段中同类产品或者相关行业或者关联区域内的产品质量安全状况；

（5）对有关生产经营者采取更加严格的检验措施。

第七章 进出口商品归类

进出口商品归类是指在《商品名称及编码协调制度的国际公约》（以下简称《协调制度公约》）商品分类目录体系下，以我国《税则》为基础，按照《进出口税则商品及品目注释》（以下简称《品目注释》）、《中华人民共和国进出口税则本国子目注释》（以下简称《本国子目注释》），以及海关总署发布的关于商品归类的行政裁定、商品归类决定的要求，确定进出口货物商品编号的活动。

进出口商品归类是海关监管、海关征税及海关统计的基础，正确申报商品的归类编码是进出口收发货人或其代理人应尽的法律义务，归类的正确与否与报关人的切身利益也密切相关，并直接影响到进出口货物的通关效率。因此，进出口商品归类是报关员必须掌握的基本技能之一。

第一节 《协调制度》简介

一、《协调制度》的产生

进出口商品归类是建立在进出口商品分类目录基础上的。早期的国际贸易商品分类目录只是因为对进出本国（地区）的商品征收关税而产生的，其结构较为简单。后来随着社会化大生产的发展，进出口商品品种与数量的增加，除了税收的需要，人们还要了解进出口贸易情况，即还要进行贸易统计，因此，海关合作理事会（1994 年更名为世界海关组织）与联合国统计委员会分别编制了两个独立的商品分类目录，即《海关合作理事会商品分类目录》（简称 CCCN）和《国际贸易标准分类目录》（简称 SITC）。

由于商品分类目录的不同，一种商品有时在一次国际贸易过程中要使用不同的编码，给国际贸易带来极大的不便。因此，海关合作理事会于 1983 年 6 月通过了《协调制度公约》及其附件《协调制度》。《协调制度》既满足了海关税则和贸易统计需要，又兼顾了运输及制造业等要求，该目录自 1988 年 1 月 1 日起正式生效后，即被广泛应用于海关税则、国际贸易统计、原产地规则、国际贸易谈判、贸易管制等多个领域。目前，已有 200 多个国家、地区、经济体和国际组织采用《协调制度》分类目录，国际贸易中超过 98% 的商品按《协调制度》分类。

随着新产品的不断出现和国际贸易结构的变化，《协调制度》一般每隔若干年就要修订一次。自 1988 年生效以来，《协调制度》共进行了多次修订，目前使用的是 2022 年版本。

为了帮助人们正确理解和运用《协调制度》，世界海关组织（WCO）还制定了《商品名称及编码协调制度注释》（Explanatory Notes to the Harmonized Commodity Description and Coding System，简称《协调制度注释》）。《协调制度注释》不是《协调制度公约》的组成部分，但经世界海关组织理事会批准，成为国际上对《协调制度》的官方解释，是对《协调制度》不可或缺的补充。我国海关将《协调制度注释》翻译成中文后取名为《品目注释》，并且在《中华人民共和国海关进出口货物商品归类管理规定》（海关总署令第252号）中将其作为商品归类的依据。

二、《协调制度》的基本结构

《协调制度》将国际贸易涉及的各种商品按照生产类别、自然属性和不同功能用途等分为21类97章。每一章由若干品目构成，2022版《协调制度》共有1228个4位数品目；品目项下又细分出若干一级子目和二级子目，2022版《协调制度》共有5609个6位数子目。

为了避免各品目和子目所列商品发生交叉归类，在类、章下加有类注、章注和子目注释。为了保证《协调制度》解释的统一性，设立了归类总规则，作为整个《协调制度》商品归类的总原则。

《协调制度》是一部系统的国际贸易商品分类目录，所列商品名称的分类和编排是有一定规律的。

从类来看，它基本上按社会生产的分工分类，如农业在第一、二类，化学工业在第六类，纺织工业在第十一类，冶金工业在第十五类，机电制造业在第十六类等。

从章来看，基本上按商品的自然属性或功能、用途来划分。第一章至第八十三章（第六十四章至第六十七章除外）基本上是按商品的自然属性来分章，第六十四章至第六十六章和第八十四章至第九十七章则是按商品的用途或功能来分章的。

从品目的排列看，一般也是原材料先于成品，加工程度低的产品先于加工程度高的产品。如在第三十九章内，品目3901至3914是初级形状的塑料，品目3916至3921是塑料半制品，品目3922至3926是塑料制成品。

第二节　我国海关进出口商品分类目录简介

一、我国海关进出口商品分类目录的产生

我国海关自1992年1月1日起开始采用《协调制度》，进出口商品归类工作成为我国海关最早实现与国际接轨的执法项目之一。

根据海关征税和海关统计工作的需要，我国在《协调制度》的基础上增设本国子目（三级子目和四级子目），形成了我国海关进出口商品分类目录，然后分别编制出《税则》和《统计商品目录》。

为了明确增设的本国子目的商品含义和范围，我国又制定了《本国子目注释》，作为归类时确定三级子目和四级子目的依据。

二、我国海关进出口商品分类目录的基本结构

《税则》中的商品号列称为税则号列（简称"税号"），为征税需要，每项税号后列出了该商品的税率；《统计商品目录》中的商品号列称为商品编号，为统计需要，每项商

品编号后列出了该商品的计量单位，并增加了第二十二类第九十八章"特殊交易品及未分类商品"。

《协调制度》中的编码只有6位数，而我国《税则》中的编码为8位数，其中第7位、第8位是我国根据实际情况加入的"本国子目"。2024版《税则》共有8957个8位数税号。

编码的编排是有一定规律的，以0301.9210"鳗鱼苗"为例说明如下：

编码：0　3　　　0　1　　　　9　　　　　2　　　　　1　　　　　0

位数：$\boxed{1\ 2}$　$\boxed{3\ 4}$　　$\boxed{5}$　　$\boxed{6}$　　$\boxed{7}$　　$\boxed{8}$

含义：章号　顺序号　一级子目　二级子目　三级子目　四级子目

从以上可以看出：第5位编码代表一级子目，第6位编码代表二级子目，第7位、第8位依此类推。需要指出的是，若第5~8位上出现数字"9"，则通常情况下代表未具体列名的商品，即在"9"的前面一般留有空序号以便用于修订时增添新商品。如上述编码0301.9210中第5位的"9"代表除观赏鱼以外的其他活鱼，其中1~9之间的空序号可以用于将来增添新的其他需要具体列名的活鱼。

我国进出口商品分类目录的8位数编码是根据征税与统计工作的需要而设，但对于监管证件管理及其他管理的需求，8位数编码已经满足不了，故我国海关在8位数编码的基础上又进一步细分出10位数编码。例如"无绳电话机"的子目是8517.1100，但监管要求对于加密电话机要申领"两用物项和技术进口许可证"，故在8位数子目后又增加2位数，细分为10位数编码8517.1100.10"无绳加密电话机"和8517.1100.90"其他无绳电话机"。进出口企业在向海关报关时必须根据海关要求按《中国海关报关实用手册》中的10位数编码来填报。

第三节　进出口货物商品归类的海关管理

为了规范进出口货物的商品归类，保证商品归类结果的准确性和统一性，根据《海关法》《关税条例》，海关总署制定了《中华人民共和国海关进出口货物商品归类管理规定》《海关商品归类工作制度》，以及有关归类的其他规定。

一、归类的依据

进出口货物的商品归类应当遵循客观、准确、统一的原则。具体来说，对进出口货物进行商品归类的依据是：

（一）《税则》；

（二）《品目注释》；

（三）《本国子目注释》；

（四）海关总署发布的商品归类决定；

（五）海关总署发布的关于商品归类的行政裁定。

二、归类决定

海关总署可以根据有关法律、行政法规规定，对进出口货物作出具有普遍约束力的商品归类决定。进出口相同货物，应该适用相同的商品归类决定。商品归类决定由海关总署对外公布。

作出商品归类决定所依据的法律、行政法规及其他相关规定发生变化的，商品归类决定同时失效。商品归类决定失效的，应当由海关总署对外公布。

海关总署发现商品归类决定需要修改或存在错误的，应当及时予以修改或予以撤销并对外公布。

三、归类裁定

在海关注册登记的进出口货物经营单位，可以在货物实际进出口的 3 个月前，向海关总署或者直属海关书面申请就其拟进出口的货物预先进行商品归类裁定。

海关总署自受理申请之日起 60 日内作出裁定并对外公布。

归类裁定具有普遍约束力。但对于裁定生效前已经办理完毕裁定事项的进出口货物，不适用该裁定。

四、归类预裁定

根据《中华人民共和国海关预裁定管理暂行办法》（以下简称《海关预裁定管理暂行办法》），在货物实际进出口前，申请人可以向海关申请归类预裁定。具体办法如下：

（一）申请人资格

预裁定的申请人应当是与实际进出口活动有关，并且在海关注册登记的对外贸易经营者。

（二）申请时间及受理单位

申请人应当在货物拟进出口 3 个月之前向其注册地直属海关提出预裁定申请。特殊情况下，申请人确有正当理由的，可以在货物拟进出口前 3 个月内提出预裁定申请。

（三）申请程序及要求

1. 申请人向海关提交"预裁定申请书"及与归类有关的商品资料，一份"预裁定申请书"应当仅包含一项商品的归类。

2. 申请人提交的材料如果需要海关为其保守商业秘密，应当以书面方式向海关提出要求，并且列明需保密的具体内容。海关按照国家有关规定承担保密义务。

3. 申请人应当对提交材料的真实性、准确性、完整性、规范性承担法律责任。

4. 海关自收到"预裁定申请书"及相关材料之日起 10 日内审核决定是否受理该申请，制发"中华人民共和国海关预裁定申请受理决定书"或者"中华人民共和国海关预裁定申请不予受理决定书"。

申请材料不符合有关规定的，海关制发"中华人民共和国海关预裁定申请补正通知书"。申请人未在规定期限内提交材料进行补正的，视为未提出预裁定申请。

5. 海关自受理之日起 60 日内制发"预裁定决定书"。

（四）有效期及有效范围

1. "预裁定决定书"自送达之日起生效，有效期为 3 年。但对于其生效前已经实际进出口的货物没有溯及力。

2. "预裁定决定书"全国范围内有效。

（五）异议

申请人对预裁定决定不服的，可以向海关总署申请行政复议；对复议决定不服的，可以依法向人民法院提起行政诉讼。

五、归类的修改

收发货人或者其代理人申报的商品编号需要修改的，应当按照进出口货物报关单修改和撤销的相关规定办理。

六、其他归类管理规定

纳税义务人对海关确定的商品归类有异议的，可以申请行政复议。

因商品归类引起退税或者补征、追征税款，以及征收滞纳金的，按照有关法律、行政法规及海关总署规章的规定办理。

违反《中华人民共和国海关进出口货物商品归类管理规定》，构成走私行为，违反海关监管规定行为或者其他违反《海关法》行为的，由海关依照《海关法》和《海关行政处罚实施条例》的有关规定予以处理；构成犯罪的，依法追究刑事责任。

第四节　《协调制度》归类总规则

一、规则一

（一）条文内容

类、章及分章的标题，仅为查找方便而设；具有法律效力的归类，应按品目条文和有关类注或章注确定，如品目、类注或章注无其他规定，按以下规则确定。

（二）条文解释

1. 由于各类、章、分章所包含的商品种类繁多，类、章、分章的标题不可能将其一一列出而全部包括进去，并且类、章、分章的标题只是一个大概，无法规定具体内容，即同一类的商品在不同条件下可能有不同的分类，而这种情况在标题上是无法得到体现的，所以类、章、分章的标题所列出的商品也有可能不归入该类、章、分章。例如第一章的标题是"活动物"，但实际上，马、牛、羊等活动物归入该章，而活的鱼、甲壳动物、软体动物及其他水生无脊椎动物却是归入第三章。

另外，标题之间还会产生交叉，例如"塑料鞋"既属于第三十九章标题"塑料及其制品"所列的商品，又属于第六十四章标题"鞋靴、护腿和类似品及其零件"所列的商品，所以仅根据这两章的标题无法确定"塑料鞋"应归入第三十九章还是第六十四章。

综上所述，类、章、分章标题只为方便查找，本身不是归类的依据。

2. 归类的法律依据应该是品目条文和类注、章注。例如"针织女式胸衣"，如果直接看标题，似乎符合第六十一章的标题"针织或钩编的服装及衣着附件"而可以归入第六十一章，但由于标题不是归类依据，所以应根据品目条文和类注、章注来确定。按第六十一章章注二（一）、第六十二章章注一和6212品目条文的规定，该商品应归入品目6212。

3. 如果按品目条文、类注或章注还无法确定归类，则按下面的其他规则（规则二、三、四、五）确定品目的归类。

二、规则二

（一）条文内容

（一）品目所列货品，应视为包括该项货品的不完整品或未制成品，只要在进口或出口时该项不完整品或未制成品具有完整品或制成品的基本特征；还应视为包括该货品的完整品或制成品（或按本款可作为完整品或制成品归类的货品）在进口或出口时的未组装件或拆散件。

（二）品目中所列材料或物质，应视为包括该种材料或物质与其他材料或物质混合或组合的物品。品目所列某种材料或物质构成的货品，应视为包括全部或部分由该种材料或物质构成的货品。由一种以上材料或物质构成的货品，应按规则三归类。

（二）条文解释

1. 规则二（一）将所有列出某一些物品的品目范围扩大为不仅包括完整的物品，而且还包括该物品的不完整品或未制成品，只要报验时它们具有完整品或制成品的基本特征。

不完整品指货品缺少某些部分、不完整；未制成品指货品尚未完全制成，需进一步加工才成为制成品。

但是，"基本特征"的判断有时是很困难的，例如缺少了多少零部件的冰箱仍具有冰箱的基本特征，仍可以按冰箱归类？由于商品的繁杂，寄希望于通过制定几条一刀切的规则来确定货品的基本特征是行不通的，所以对于具体的某种不完整品或未制成品，需要综合结构、性能、价值、作用等方面的因素进行具体分析才能确定。但作为一般原则可以这样判断：

对于不完整品而言，主要是看其关键部件是否存在，以冰箱为例，如果压缩机、蒸发器、冷凝器、箱体这些关键部件存在，则可以判断为具有冰箱的基本特征。当以上办法仍然难以判断时，实践中常采用价值判断方法，即如果不完整品的价值占到完整品价值的60%及以上，就可以认为具有完整品的基本特征。

对于未制成品而言，主要看其是否具有制成品的特征，例如齿轮的毛坯，须经进一步完善方可作为制成品或制成零件使用，但已具有制成品或制成零件的大概形状或轮廓，则可以判断为具有齿轮的基本特征。

2. 规则二（一）的第二部分规定，完整品或制成品的未组装件或拆散件应归入已组装物品的同一品目。例如，品目8517不仅包括已组装好的电话机，还应包括电话机的未组装件或拆散件。

未组装件或拆散件指货品尚未组装或已拆散。货品以未组装或拆散形式报验，通常是为了便于包装、装卸或运输。

这款规则也适用于以未组装或拆散形式报验的不完整品或未制成品，只要按照这款规则第一部分的规定，它们可作为完整品或制成品看待。例如，缺少某些非关键零件（如螺丝、螺帽、垫圈等）的电话机的散件，同样应按电话机归入品目8517。

鉴于第一类至第六类各品目的商品范围，规则二（一）的规定一般不适用于这六类所包括的货品。

3. 规则二（二）是针对混合及组合的材料或物质，以及由两种或多种材料或物质构成的货品而设的，目的在于将任何列出某种材料或物质的品目扩大为包括该种材料或物质与其他材料或物质的混合品或组合品，同时还将任何列出某种材料或物质构成的货品的品目扩大为包括部分由该种材料或物质构成的货品。它所适用的是列出某种材料或物质的品目。

例如，品目4503是"天然软木制品"，该品目属于"某种材料或物质构成的货品"，根据本规则，如果是"涂蜡的热水瓶软木塞子"（已加入了其他材料或物质），则仍应归入品目4503。

但是，这款规则绝不意味着将品目范围扩大到不按照规则一的规定，将不符合品目条文的货品也包括进来，即由于添加了另外一种材料或物质，使货品丧失了原品目所列货品特征的情况。例如，稻谷中加入了杀鼠剂，已经成为一种用于杀灭老鼠的毒饵，就不能再按品目1006的"稻谷"归类。

4. 只有在规则一无法解决时，方能运用规则二。例如，品目1503的品目条文规定为"液体猪油，未经混合"，而混合了其他油的液体猪油，不能运用规则二（二）归入品目1503。

三、规则三

（一）条文内容

当货品按规则二（二）或由于其他原因看起来可归入两个或两个以上品目时，应按以下规则归类：

（一）列名比较具体的品目，优先于列名一般的品目。但是如果两个或两个以上品目都仅述及混合或组合货品所含的某部分材料或物质，或零售的成套货品中的某些货品，即使其中某个品目对该货品描述得更为全面、详细，这些货品在有关品目的列名应视为同样具体。

（二）混合物，不同材料构成或不同部件组成的组合物以及零售的成套货品，如果不能按照规则三（一）归类时，在本款可适用的条件下，应按构成货品基本特征的材料或部件归类。

（三）货品不能按照规则三（一）或（二）归类时，应按号列顺序归入其可归入的最末一个品目。

（二）条文解释

1. 对于根据规则二（二）或其他原因看起来可归入两个或两个以上品目的货品，这款规则规定了3条归类办法。这3条办法应按照其在这款规则的先后次序加以运用。即，它们的次序为：（1）具体列名；（2）基本特征；（3）从后归类。

2. 只有在品目条文和类注、章注无其他规定的条件下，才能运用这款规则。例如，对于超过100年的油画，似乎既可以归入品目9701"油画"，又可以归入品目9706"超过100年的古物"，此时应该根据第九十七章章注五（二）"品目9706不适用于可以归入本章其他各品目的物品"的规定，将该油画归入品目9701，而不能根据规则三（三）"从后归类"的原则而归入品目9706。

3. 规则三（一）是这款规则的第一条归类办法，它规定列名比较具体的品目应优先于列名比较一般的品目。一般来说：

（1）列出品名比列出类名更为具体。例如，电动剃须刀应归入品目 8510 "电动剃须刀、电动毛发推剪及电动脱毛器"，而不应归入品目 8509 "家用电动器具"。

（2）如果某一品目所列名称更为明确地述及某一货品，则该品目要比所列名称不那么明确述及该货品的其他品目更为具体。例如，用于小汽车的簇绒地毯，不应作为小汽车附件归入品目 8708 "机动车辆的零件、附件"，而应归入品目 5703 "簇绒地毯及纺织材料的其他簇绒铺地制品，不论是否制成的"，因为品目 5703 所列地毯更为具体。

4. 如果两个或两个以上品目都仅述及混合或组合货品所含的某部分材料或物质，或零售成套货品中的某些货品，即使其中某个品目比其他品目对该货品描述得更为全面、详细，这些货品在有关品目的列名应视为同样具体。在这种情况下，货品应按规则三（二）或（三）的规定进行归类。例如，由一面是塑料另一面是硫化橡胶的复合材料制成的传动带，该传动带属于不同材料的组合物，不能因为品目 4010 "硫化橡胶制的传动带或输送带"是具体列名，而第三十九章并无传动带的列名，据此运用规则三（一）将该传动带归入品目 4010；而应该运用规则三（二）或（三）进行归类。

5. 规则三（二）是指不能按规则三（一）归类的混合物、组合物以及零售的成套货品的归类。它们应按构成货品基本特征的材料或部件归类。

但是，不同的货品，确定其基本特征的因素会有所不同。例如，可根据其所含材料或部件的性质、体积、数量、重量或价值来确定货品的基本特征，也可根据所含材料对货品用途的作用来确定货品的基本特征。例如，由快熟面条、调味包、塑料小叉构成的碗面，由于其中的快熟面条构成了这个零售成套货品的基本特征，所以应按面食归入品目 1902。

还要注意，这款规则所称"零售的成套货品"，是指同时符合以下 3 个条件的货品：

（1）由至少两种看起来可归入不同品目的不同物品构成的，例如，六把乳酪叉不能作为这款规则所称的成套货品；

（2）为了迎合某项需求或开展某项专门活动而将几件产品或物品包装在一起的；

（3）其包装形式适于直接销售给用户而货物无须重新包装的，例如，装于盒、箱内或固定于板上。

例如，成套理发工具，由一个电动理发推子、一把梳子、一把剪子、一把刷子及一条毛巾，装于一个皮匣子内组成，符合上述的 3 个条件，所以属于"零售的成套货品"。

不符合以上 3 个条件时，不能看成是规则三（二）中的零售成套货品。例如，"包装在一起的手表与打火机"，由于不符合以上第 2 个条件，所以只能分开归类。

6. 货品如果不能按照规则三（一）或（二）归类时，应按号列顺序归入其可归入的最后一个品目。

例如，"等量的大麦与燕麦的混合麦"，由于其中大麦与燕麦含量相等，"基本特征"无法确定，所以应"从后归类"，即按品目 1003 与品目 1004 中的后一个品目 1004 归类。

四、规则四

（一）条文内容

根据上述规则无法归类的货品，应归入与其最相类似的货品的品目。

（二）条文解释

由于时代的发展，科技的进步，可能会出现一些《协调制度》在分类时无法预见的情况，这时按以上规则一至规则三仍无法归类的货品，只能用最相类似的货品的品目来替代，即将报验货品与类似货品加以比较以确定其与哪种货品最相类似，然后将所报验的货品归入与其最相类似的货品的同一品目。所以，其实这是一条"替代原则"，即用"最相类似"的商品替代待归类商品进行归类。这里的"最相类似"指名称、特征、功能、用途、结构等因素，需要综合考虑才能确定。

需要注意的是，由于《协调制度》分类结构中一般都设置有"其他"品目（例如品目3824"其他品目未列名的化学产品"），一般情况下待归类货品不符合任何一个品目条文规定，并且运用规则一至规则三都无法归类这样的情况非常少见，故规则四一般不能轻易使用，尤其不要因为归类时遇到疑难问题就轻易运用规则四将待归类货品用"最相类似"货品的品目去"替代"归类。

五、规则五

（一）条文内容

除上述规则外，本规则适用于下列货品的归类：

（一）制成特殊形状仅适用于盛装某个或某套物品并适合长期使用的照相机套、乐器盒、枪套、绘图仪器盒、项链盒及类似容器，如果与所装物品同时进口或出口，并通常与所装物品一同出售的，应与所装物品一并归类。但本款不适用于本身构成整个货品基本特征的容器。

（二）除规则五（一）规定的以外，与所装货品同时进口或出口的包装材料或包装容器，如果通常是用来包装这类货品的，应与所装货品一并归类。但明显可重复使用的包装材料和包装容器可不受本款限制。

（二）条文解释

1. 规则五（一）仅适用于同时符合以下各条规定的容器：

（1）制成特定形状或形式，专门盛装某一物品或某套物品的，即专门按所要盛装的物品进行设计的，有些容器还制成所装物品的特殊形状；

（2）适合长期使用的，即容器的使用期限与所盛装的物品相比是相称的，在物品不使用期间（例如，运输或储藏期间），这些容器还起保护物品的作用；

（3）与所装物品一同报验的（单独报验的容器应归入其所应归入的品目）；

（4）通常与所装物品一同出售的；

（5）本身并不构成整个货品基本特征的。

例如，与所装电动剃须刀一同报验的电动剃须刀的皮套，应与电动剃须刀一并归入品目8510。

但是，这款规则不适用于本身构成整个货品基本特征的容器，例如，装有茶叶的银质茶叶罐。

2. 规则五（二）仅适用于同时符合以下各条规定的包装材料及包装容器：

（1）规则五（一）以外的；

（2）通常用于包装有关货品的；

（3）与所装物品一同报验的（单独报验的包装材料及包装容器应归入其所应归入的品目）；

（4）不属于明显可重复使用的。

例如，装有电视机的瓦楞纸箱，应与电视机一并归入品目8528。

但是，如果是明显可重复使用的包装材料和包装容器，则这款规定不适用。例如，"装有液化煤气的煤气罐"，由于具有明显可重复使用的特性，所以应与液化煤气分开归类。

六、规则六

（一）条文内容

货品在某一品目项下各子目的法定归类，应按子目条文或有关的子目注释以及以上各条规则来确定，但子目的比较只能在同一数级上进行。除条文另有规定的以外，有关的类注、章注也适用于本规则。

（二）条文解释

这款规则是关于子目应当如何确定的一条原则，子目归类首先按子目条文和子目注释确定；如果按子目条文和子目注释还无法确定归类，则上述各规则的原则同样适用于子目的确定；除条文另有规定的以外，有关的类注、章注也适用于子目的确定。

在具体确定子目时，还应当注意以下两点：

1. 确定子目时，一定要按先确定一级子目，再二级子目，然后三级子目，最后四级子目的顺序进行。

2. 确定子目时，应遵循"同级比较"的原则，即一级子目与一级子目比较，二级子目与二级子目比较，依此类推。

例如，"中华绒螯蟹种苗"在归入品目 0306 项下子目时，应按以下步骤进行：

（1）先确定一级子目，即将三个一级子目"冻的""活、鲜或冷的""其他"进行比较后归入"活、鲜或冷的"（因为种苗肯定是"活的"）；

（2）再确定二级子目，即将二级子目"岩礁虾和其他龙虾""螯龙虾""蟹""挪威海螯虾""冷水小虾及对虾""其他小虾及对虾""其他"进行比较后归入"蟹"；

（3）然后确定三级子目，即将两个三级子目"种苗"与"其他"进行比较后归入"种苗"。

所以，中华绒螯蟹种苗应归入子目 0306.3310。

第五节　商品归类的一般方法

进出口商品归类尽管复杂，但任何事情总是有一定的方法可循。一般情况下，归类应该按照以下步骤：

一、确定品目（4位数）

商品特性分析—初判大概位置—查品目条文—查类注、章注—运用规则二、三—确定品目。具体如下：

第一步，根据有关资料分析商品特性（如组成、结构、加工、用途等）；

第二步，根据《协调制度》的分类规律初步分析该商品可能涉及的类、章和品目（可能有几个）；

第三步，查找涉及的几个有关品目的品目条文；

第四步，查看所涉及的品目所在章和类的注释，检查一下相关章注和类注是否有特别的规定；

第五步，仍然有几个品目可归而不能确定时，运用规则二、三（主要是规则三）。

通过以上几个步骤，一般即可确定该商品的品目归类。

例如，对于商品"食用调和油（含大豆油 60%、花生油 20%、菜籽油 15%、棕榈油 5%）"的归类，运用以上方法，按照以下步骤进行：

第一步，该商品为植物油，由几种不同植物材料的油脂混合而成，属于混合的植物食用油；

第二步，该商品可以考虑第十五章"动、植物油、脂及其分解产品；精制的食用油脂"；

第三步，在第十五章查找合适的品目，该商品符合品目 1517"本章各种动、植物油、脂及其分离品混合制成的食用油、脂或制品"（注意不能误认为该商品符合品目 1507"豆油及其分离品"，因为该商品是混合油而不是单独的豆油）；

第四步，查第十五章章注，没有发现对该商品的归类有其他规定，故确定该商品应归入品目 1517。

再如，对于商品"纯金烟斗"的归类，运用以上方法，按照以下步骤进行：

第一步，该商品的材料为纯金，用途为烟斗；

第二步，金为贵金属，"纯金烟斗"属于贵金属制品，可以考虑第七十一章"贵金属及其制品"，而如果按"烟斗"的用途考虑，则可以考虑第九十六章"杂项制品"；

第三步，分别在第七十一章和第九十六章查找有关的品目，品目 7114 的条文为"贵金属或包贵金属制的金银器及其零件"，品目 9614 的条文为"烟斗（包括烟斗头）和烟嘴及其零件"，显然，仅仅根据品目条文无法确定该商品应该归入品目 7114 还是 9614；

第四步，查阅第七十一章和第九十六章的有关注释，其中第七十一章章注三（十四）规定，第七十一章不包括"根据第九十六章章注四应归入该章的物品"，第九十六章章注四为"除品目 9601 至 9606 或 9615 的货品以外，本章的物品还包括全部或部分用贵金属、包贵金属、天然或养殖珍珠、宝石或半宝石制成的物品"。根据这两个注释可知，品目 9614 的烟斗可以用贵金属制成，因此本例商品应归入品目 9614，而不能按材料归入品目 7114。

二、确定子目（8 位数）

品目确定之后就是子目的确定，由于品目需要在很大的范围之内确定，并且还要仔细查找和对比很多有关的章注、类注，而相比较而言，子目只需要在品目项下确定，其范围要小得多，所以很多情况下子目的确定是很容易的。

但是有时子目的确定也是有一定难度的，尤其是子目比较多的时候，所以掌握正确的方法仍然是关键。具体方法是：

查一级子目条文—查子目注释—查二级子目条文—……—确定子目。

例如，对于商品"猪肉制的婴儿均化食品，罐头装，重量 250 克"的归类，运用以上方法，按照以下步骤进行：

第一步，该商品应该归入品目 1602 项下。在确定其子目时，查一级子目条文，发现该商品同时符合两个一级子目 1602.1000"均化食品"和 1602.4000"猪的"的规定；

第二步，查第十六章子目注释一"子目 1602.10 的'均化食品'，是指用肉、食用杂碎或动物血经精细均化制成供婴幼儿食用或营养用的零售包装食品（每件净重不超过 250 克）。归类时该子目优先于品目 1602 的其他子目"，该商品符合该子目注释的规定，所以该商品应该归入子目 1602.1000。

再如，对于商品"针织印花棉制床单"的归类，很多人往往会犯盲目"跳级"的错误：

品目 6302 项下的子目列名如下：

6302	床上、餐桌、盥洗及厨房用的织物制品：
	−针织或钩编的床上用织物制品：
6302.1010	−−−棉制
6302.1090	−−−其他纺织材料制
	−其他印花的床上用织物制品：
	−−棉制：
6302.2110	−−−床单
6302.2190	−−−其他
……	

很多人在归品目 6302 项下的子目时，容易直接按"棉制床单"的列名归入子目 6302.2110，其错误的根源在于看到"床单"的列名就迫不及待地"跳级"归类，而没有按照"子目的比较只能在同一数级上进行"这一规则，先确定一级子目，再二级子目，然后三级子目，最后四级子目的步骤进行。如果按照正确的步骤，先确定一级子目，由于该床单是针织的，所以应归入品目 6302 项下的第一个一级子目"针织或钩编的床上用织物制品"，然后再确定三级子目（这里没有二级子目），由于该床单是棉制的，所以应归入三级子目 6302.1010。

第六节　各类进出口商品的归类

第一类　活动物；动物产品（第一章至第五章）

（一）活动物的归类

鱼、甲壳动物（各种虾和蟹）、软体动物（例如，蜗牛、牡蛎、贻贝、蚌等贝壳类的水生动物及墨鱼、鱿鱼、章鱼）及其他水生无脊椎动物（例如，海胆、海参及海蜇）归入第三章；其他的活动物（例如，马、牛、猪、羊、鸡、狗、蛇、蜂）归入第一章。

根据第一章章注三的规定，属于第一章的活动物如果与流动马戏团及流动动物园的设备同时报验并作为其组成部分，则应归入品目 9508。

（二）动物杂碎的归类

1. 适合供人食用的杂碎归入第二章、第三章，例如新鲜猪蹄归入品目 0206，冻的鱼肝归入品目 0303，但适合供人食用的昆虫归入品目 0410；不适合供人食用的（如因保存不善导致变质）则归入第五章。

2. 根据第二章章注二的规定，动物的肠、膀胱、胃或动物血必须按不可食用的动物产品归入第五章。

3. 供制药用的杂碎如用酒精、甲醛等临时保藏的，归入品目0510；干制的归入品目3001。

（三）动物加工产品的归类

对于动物产品的归类，其关键是根据加工程度判断是可以归入本类的简单加工，还是应归入后面其他类（如第四类）的进一步深加工。

但是，由于第二章至第五章的动物产品种类比较多，各有关章的产品加工程度规定的标准也各不相同，应根据有关各章的注释和品目条文的规定来确定。

例如，"用盐腌制的咸鸡"应归入品目0210，而"油炸鸡腿"，经查第二章的品目条文与章注得知，其加工程度已超出第二章的范围，因此应归入品目1602。

再如，"经烫洗后冷冻真空包装的青口贝"，由于仅经过在运输或冷冻之前的瞬时热处理（但并不致其烹煮），故仍应按"冻的软体动物"归入品目0307。

第二类 植物产品（第六章至第十四章）

（一）干蔬菜的归类

品目0712包括干制的归入品目0701至0711的各种蔬菜，但要注意第七章章注三提到的除外情况。

例如，马铃薯细粉尽管属于制成粉状的干蔬菜（马铃薯属于蔬菜），符合0712品目条文的规定，但根据该章注的规定，应归入品目1105。

另外，鲜辣椒属于蔬菜，归入品目0709，但是，根据第七章章注四的规定，辣椒干及辣椒粉则应作为调味香料归入品目0904。

（二）混合调味香料的归类

根据第九章章注一的规定，品目0904至0910所列产品的混合物，应按下列规定归类：

1. 同一品目的两种或两种以上产品的混合物仍应归入该品目；
2. 不同品目的两种或两种以上产品的混合物应归入品目0910。

品目0904至0910的产品如添加了其他物质，只要保持了原产品的基本特性，其归类应不受影响；基本特性已经改变的，则不应归入该章，构成混合调味品的，应归入品目2103。

例如，肉桂（占70%）与丁香（占30%）的混合物，应归入品目0910。而胡椒粉（占70%）与辣椒粉（占30%）的混合物，仍应归入品目0904。

（三）种植用种子的归类

根据第十二章章注三的规定，甜菜子、草本植物种子、观赏用花的种子、蔬菜种子、林木种子、果树种子等，可一律视为种植用种子，归入品目1209。

但本章注中也提到一些例外。例如，种用蚕豆属于豆类蔬菜，但根据该章注的规定，应归入品目0713。

（四）植物加工产品的归类

植物产品与动物产品的归类思路基本一致，即对本类的植物产品也需特别注意其加工程度。只有简单加工的植物产品才归入本类，如果超出这一范围而进行了进一步的深加工，则应归入后面的其他类，如第四类。

具体方法仍是首先在第二类相应章的有关品目条文与章注中查找，如果相符则归入本类，否则视为其加工程度已超出允许范围，应作为深加工而归入其他类。

例如，"生花生仁"归入品目1202，而"水煮花生仁"应归入品目2008。

第三类 动、植物或微生物油、脂及其分解产品；精制的食用油脂；动、植物蜡（第十五章）

（一）动、植物、微生物油脂加工产品的归类

动、植物、微生物油脂根据其加工程度归类如下：

$$
\left\{
\begin{array}{l}
\text{油脂（初榨、精制）} \left\{
\begin{array}{l}
\text{动物} \cdots\cdots\cdots \text{品目 } 1501\sim1506 \\
\text{植物、微生物} \cdots\cdots\cdots \text{品目 } 1507\sim1515
\end{array}
\right. \\
\text{油脂（化学改性）} \cdots\cdots\cdots \text{品目 } 1516、1518 \\
\text{混合食用油脂} \cdots\cdots\cdots \text{品目 } 1517 \\
\text{混合非食用油脂} \cdots\cdots\cdots \text{品目 } 1518 \\
\text{油脂分解产品（粗甘油）} \cdots\cdots\cdots \text{品目 } 1520 \\
\text{动、植物蜡} \cdots\cdots\cdots \text{品目 } 1521 \\
\text{残渣} \cdots\cdots\cdots \text{品目 } 1522
\end{array}
\right.
$$

例如，"初榨的豆油""精制的豆油""氢化的豆油""氧化的豆油""混合的豆油"，它们的归类应随着加工方式和加工程度的不同而分别归入子目1507.1000、1507.9000、1516.2000、1518.0000、1517.9090。

（二）动、植物、微生物油、脂分解产品的归类

动、植物、微生物油、脂分解产品中的粗甘油归入品目1520，经过提纯的精制甘油则应按有机化合物归入品目2905；而其他分解产品如脂肪酸、脂肪醇等粗产品归入品目3823，如果经过提纯的精制产品则应按有机化合物归入第二十九章。

第四类 食品；饮料、酒及醋；烟草、烟草及烟草代用品的制品（第十六章至第二十四章）

（一）混合食品的归类

根据第十六章章注二的规定，对于混合食品，如果动物类原料（即香肠、肉、食用杂碎、动物血、昆虫、鱼、甲壳动物、软体动物或其他水生无脊椎动物及其混合物）的含量在20%以上（其中不同的动物原料的含量可以相加）则应归入第十六章。对于含有两种或两种以上前述产品的食品，则应按其中重量最大的产品归入第十六章的相应品目。

例如，"猪肉占15%，牛肉占20%，马铃薯占65%的罐头食品"，因为猪肉加牛肉超过了20%，所以可归入品目1602，又因为牛肉含量超过猪肉，所以应按牛肉食品归入子目1602.5010。但是，如果该混合食品属于品目1902的包馅食品和品目2103、2104的食品，则不论其中的动物类原料的含量是否在20%以上，一律不再归入第十六章，而应归入品目1902、2103、2104。

例如，"猪肉占30%，白菜占20%，面粉占50%的水饺"，尽管其中猪肉的含量在

20%以上，但仍应归入品目 1902。

（二）均化食品的归类

《协调制度》中的"均化食品"，是指用一种基本配料如肉、食用杂碎、蔬菜、水果等经精细均化制成供婴幼儿食用或营养用的零售包装食品，但每件净重不超过 250 克。

例 1 由猪肉经精细均化制成供婴幼儿食用的净重 250 克的食品，应作为"均化食品"归入子目 1602.1000。但是，如果该商品为净重 350 克的包装，则应归入子目 1602.40。

例 2 由马铃薯经精细均化制成供婴幼儿食用的净重 200 克的食品，应作为"均化食品"归入子目 2005.1000。

（三）均化混合食品的归类

根据第二十一章章注三的规定，"均化混合食品"是指由两种或两种以上的基本配料，如肉、鱼、蔬菜或果实等，经精细均化制成供婴幼儿食用或营养用的零售包装食品，但每件净重不超过 250 克。符合上述条件的食品必须按"均化混合食品"归入品目 2104。例如，猪肉占 60%、青菜占 30%，加上调料制成的 150 克包装专供婴幼儿食用的食品，由于其是由猪肉和青菜两种基本配料制成，应归入品目 2104。

（四）糖的归类

各种糖（例如，蔗糖、乳糖、麦芽糖、葡萄糖及果糖），以及糖浆、人造蜜、焦糖、提取或精炼糖时所剩的糖蜜以及糖食应归入第十七章。

但是，化学纯糖（蔗糖、乳糖、麦芽糖、葡萄糖及果糖除外）应归入品目 2940。糖食中如果含有可可，则应归入品目 1806 "巧克力及其他含可可的食品"。

（五）可可食品的归类

第十八章"可可食品"的归类应注意该章章注一的规定，含可可的食品有些可归入该章，有些则应归入其他章。例如，含可可的饮料不能按含可可食品归入品目 1806，而应按饮料归入品目 2202。

（六）面食的归类

品目 1902 的面食是用面粉、玉米粉、米粉、土豆粉等制成的未发酵产品。这些粉（或混合粉）先用水混合，然后揉成面团，也可加入其他配料（例如，菜汁、蛋、乳等），揉好的面团通过挤出后切割、滚轧后切割、压制、模制等方法加工成为特定形状（例如，管状、条状、字母状）。面条、空心粉、饺子等就属于这一类。

（七）饮料的归类

主要用于补充人体水分的属于饮料，最基本的就是水。如果是没有添加的天然水或者仅仅加有矿物质的人造矿泉水和加气的汽水归入品目 2201；加味、加糖或其他甜物质的水，例如可乐、果味汽水归入子目 2202.1000；而果汁，例如品目 2009 的苹果汁、橙汁如果用水稀释后成为苹果饮料、橙汁饮料则应作为饮料归入子目 2202.9900；如果是需要冲泡才能饮用的饮料粉，则一般作为"其他品目未列名的食品"归入品目 2106。

（八）酒的归类

应在能够正确区别各种常见酒的加工方法的基础上掌握不同酒的归类，即发酵酒归入品目 2203～2206，而蒸馏酒归入品目 2207～2208。例如，黄酒属于发酵酒，应归入品目

2206，而威士忌酒属于蒸馏酒，应归入品目 2208，茅台酒也是属于蒸馏酒，故也应该归入品目 2208。

（九）其他食品的归类

本类商品中第十六章至第二十一章的各种食品的归类难点主要在于与第一、第二类的动物、植物产品的区别。判断方法仍然是加工程度。具体方法见第一、第二类的相关部分。

（十）烟草的归类

收获的烟草原料归入品目 2401，加工成的卷烟或雪茄烟归入品目 2402，加工成的其他烟草制品（如烟丝、鼻烟、烟草和甘油混合制成的水烟料）归入品目 2403。

电子烟是通过电子加热、化学反应、碳热源或其他方式使"烟弹（或称烟油）"受热后产生烟雾或挥发性气体，供吸烟者吸用的新一代兴起的烟草产品。与传统香烟不同，其特点是吸烟者用燃烧之外的其他"非经燃烧"的方式吸用烟雾。这种电子烟所用的"烟弹"或"烟油"归入品目 2404，前提条件是必须含有烟草或尼古丁。

除吸用外，通过咀嚼、溶解、嗅闻、透皮吸收等其他任何方式将尼古丁摄入人体的含尼古丁但不含烟草的其他产品归入品目 2404。

例如，含有尼古丁的戒烟口香糖，该口香糖使用方式是通过咀嚼摄入人体，故应归入子目 2404.9100。

要注意的是，电子烟的烟具及类似的个人电子雾化设备是一种电子器具，而不是与本章烟草有关的产品，故应归入品目 8543"其他品目未列名的电气装置"。

第五类 矿产品（第二十五章至第二十七章）

（一）第二十五章矿物的归类

除条文及章注四另有规定的以外，第二十五章的矿产品只包括原产状态，或只经过简单加工。如果加工程度超出了上述范围、该章品目条文及该章章注四的规定，则不能再归入该章。例如，"经简单切割的大理石"归入品目 2515，"表面经磨平的大理石"则因为进行了进一步的加工而应归入品目 6802。

（二）第二十六章矿物的归类

第二十六章尽管是"金属矿"，但这里的"金属矿"不是全部，而是有例外。根据第二十六章章注二的规定，品目 2601 至 2617 所称"矿砂"，是指冶金工业中提炼汞、品目 2844 的金属以及第十四类、第十五类金属的矿物，即使这些矿物不用于冶金工业，也被包括在内。例如，"稀土金属矿"就不能归入第二十六章而应归入品目 2530。

与第二十五章类似，该章金属矿产品的加工也有一定的限定，即品目 2601 至 2617 不包括以非冶金工业正常加工方法处理的各种矿物。

（三）第二十七章矿物的归类

与第二十五章、第二十六章不同，第二十七章的煤、石油、天然气可以进行化学提取和其他加工，但经化学提取得到的矿物能归入该章的一般是一些粗产品，如果经进一步的化学提纯，则应归入第二十九章。例如，"粗苯"归入品目 2707，"精苯"则因加工程度已超出该章范围而应归入品目 2902。

（四）其他归类注意事项

1. 注意有少数"纯的"化工产品不归入第六类而归入本类，例如"纯的氯化钠""纯的氧化镁""纯的甲烷""纯的丙烷"，这些是特例。

2. 石油是一种重要的能源，石油原油应归入品目 2709，由石油原油加工得到的成品油应归入品目 2710。但生物柴油是指从动植物油脂（不论是否使用过）得到的用作燃料的脂肪酸单烷基酯（第三十八章章注七），所以应作为一种化工产品归入品目 3826。如果将生物柴油与石油成品油进行混合，则当石油含量 ≥70% 时，应归入品目 2710；当石油含量 <70% 时，应归入品目 3826。

第六类　化学工业及其相关工业的产品（第二十八章至第三十八章）

（一）化工品中的优先归类原则

1. 除了放射性矿砂以外，所有的放射性化学元素、同位素及它们的化合物，即使本来可以归入其他品目，也应一律归入品目 2844 或 2845。例如，放射性甘油应归入品目 2844 而不归入品目 2905。

2. 除了品目 2844、2845 外，如果某化工产品既可以归入品目 2843、2846 或 2852，又可以归入本类的其他品目，也应一律归入品目 2843、2846 或 2852。例如，"硝酸银"即使已制成零售包装供摄影用，也应归入品目 2843 而不归入品目 3707。

3. 除上述第 1、2 项外，凡由于按一定剂量或作为零售包装而可归入品目 3004、3005、3006、3212、3303、3304、3305、3306、3307、3506、3707 或 3808 的货品，应分别归入以上品目，而不归入《协调制度》的其他品目。例如，零售包装的染料应归入品目 3212。

一般情况下，如果一种化工品是单独的化学元素及单独的已有化学定义的化合物（包括无机化合物和有机化合物），则应归入第二十八章或第二十九章；如果不符合这一点，而是由几种不同化学成分混合配制而成的，则主要按其用途归类，应归入第三十章至第三十八章，如果按其用途找不到相符的品目条文时，则按照未列名化工产品归入子目 3824.9999。当然，品目条文、章注、类注另有规定的除外。

（二）第二十八章无机化工商品的归类

除条文另有规定外，第二十八章仅限于单独的化学元素及单独的已有化学定义的化合物。

单独的已有化学定义的化合物是由一分子种类组成的物质，此种物质的各种组成元素的比例是固定的而且可以用确定的结构图进行表示。

含有杂质或溶于水的单独化学元素和已有化学定义的单独化合物仍归入第二十八章。

1. 化学元素

化学元素可分为两类：非金属元素及金属元素。非金属元素中，卤素归入品目 2801，硫黄归入品目 2802，碳归入品目 2803，氢、稀有气体和其他非金属归入品目 2804。金属元素中的碱金属、碱土金属、稀土金属、钪及钇、汞归入品目 2805，其他的金属元素则归入其他分章或其他章。

2. 无机化合物

根据分子结构的不同特征，可对无机化合物进行如下归类：

（1）无机酸及非金属无机氧化物归入品目 2806～2811；

（2）非金属卤化物及硫化物归入品目 2812～2813；

（3）无机碱和金属氧化物、氢氧化物及过氧化物归入品目 2814～2825；

（4）无机酸盐、无机过氧酸盐及金属酸盐、金属过氧酸盐归入品目 2826～2842；

（5）其他杂项产品归入品目 2843～2853。

（三）第二十九章有机化工商品的归类

根据分子结构的不同特征，可对有机化合物进行如下归类：

1. 烃归入品目 2901～2902；

2. 烃的卤化、磺化、硝化、亚硝化衍生物归入品目 2903～2904；

3. 醇归入品目 2905～2906；

4. 酚归入品目 2907～2908；

5. 醚归入品目 2909～2911；

6. 醛、酮归入品目 2912～2914；

7. 羧酸及其酸酐、酰卤化物、过氧化物和过氧酸归入品目 2915～2918；

8. 非金属无机酸酯归入品目 2919～2920；

9. 含氮基化合物归入品目 2921～2929；

10. 有机—无机化合物归入品目 2930～2931；

11. 杂环化合物及核酸归入品目 2932～2934；

12. 磺胺归入品目 2935；

13. 其他杂项有机产品（维生素、激素、生物碱、化学纯糖、抗菌素等）归入品目 2936～2942。

（四）药品的归类

1. 治病、防病用的一般药品，如果是已配定剂量或已制成零售包装，则归入品目 3004；如果是未配定剂量也未制成零售包装，则要看其是未混合产品还是混合产品，前者按其成分归入第二十九章或第二十八章，后者则归入品目 3003。例如，"安乃近原药，粉状，5 千克装"，由于该商品未配定剂量也未制成零售包装，并且是未混合产品，所以应归入品目 2933。再如，"安乃近药片"，由于已配成一定剂量，所以应归入品目 3004。

2. 细菌、病毒、疫苗、细胞培养物、免疫制品归入品目 3002；医疗过程中用的辅助材料，如砂布、绷带、橡皮膏、无菌缝合线、X 光检查造影剂等归入品目 3005 或 3006。

3. 药物研制过程中使用的安慰剂和盲法临床试验试剂盒，并且是已配定剂量的，如果用于经许可（即持有相应的进口监管证件）的临床试验，归入品目 3006；但如果不满足进口相应监管要求的，则应根据其不同的成分和形式，分别归入其他品目（例如，品目 1704、2106、3824）。

另外，还需注意以下问题：

第一，除供静脉摄入用的滋养品可作为药品归入第三十章以外，营养品、糖尿病食品、保健食品等，即使具有某些有利于身体健康、抵御疾病的作用，也不能作为药品归入第三十章，只能作为食品、饮料而归入第四类。

第二，戒烟用的咀嚼胶或透皮贴片同样不能作为药品归入第三十章。如果含有尼古丁，则应作为"非经燃烧的、其他供人体吸用的烟草产品"归入品目 2404；如果不含尼古丁，则应分别按"其他未列名食品"和"其他未列名化工品"归入品目 2106 和 3824。

第三，品目3303~3307的化妆盥洗品，即使具有治疗及预防疾病的某些作用，也不能作为药品归入第三十章，仍应按化妆盥洗品归入第三十三章。

第四，非直接用于人体的疾病诊断及化验试剂不归入本章，而应归入品目3822。例如，新冠病毒抗原检测试剂盒，属于疾病诊断用试剂，应归入品目3822。再如，血型鉴定用试剂，也应归入品目3822。

（五）肥料的归类

单独的已有化学定义的化合物，即使属于氮肥、磷肥、钾肥或其他肥料，只有符合第三十一章有关章注的规定，才能归入第三十一章，否则应归入第二十八章或第二十九章。例如，"氯化铵肥料"不符合第三十一章章注二的规定，所以应作为无机化学品归入子目2827.1010。如果是归入第三十一章的肥料，但制成片剂及类似形状或每包毛重不超过10千克，则应归入品目3105。例如，"5千克包装的氯化钾"应归入品目3105。

（六）染料和颜料的归类

1. 按染料和颜料的来源和加工归入品目3203~3206。

2. 要注意，如果是无机颜料（不包括用作发光体的无机产品）并且是单独的符合化学定义的，则不能归入该章而应归入第二十八章。例如，二氧化钛不能归入品目3206，而应作为无机化合物归入品目2823。

（七）油漆的归类

1. 以合成聚合物或化学改性天然聚合物之外的其他原料为基本成分制成的油漆，应归入品目3210。

2. 以合成聚合物或化学改性天然聚合物为基本成分制成的油漆，则再看其所用介质，其中分散于或溶于非水介质的归入品目3208，分散于或溶于水介质的归入品目3209。

3. 根据第三十二章章注四的规定，由品目3901至3913所列产品溶于挥发性有机溶剂的溶液（胶棉除外），如果溶剂重量超过溶液重量的50%，则应归入品目3208。

（八）香料的归类

1. 天然香料，归入品目3301，化学合成的单独化学成分的香料，则应归入第二十九章。例如，"天然的薄荷油"归入品目3301，而人工合成的"薄荷醇"则归入品目2906。

2. 几种香料的混合物或香料与其他成分的混合物，则一般应归入品目3302。

（九）化妆品的归类

化妆品一般按其用途归入品目3303~3307。例如，唇膏属于唇用化妆品，应归入子目3304.1000。隐形眼镜片专用护理液，根据章注四规定，应作为"芳香料制品及化妆盥洗品"归入子目3307.9000。

根据本章章注一"本章不包括（二）品目3401的肥皂及其他产品"的规定，含有表面活性剂零售包装的洗手液、沐浴剂应归入品目3401而不归入品目3307。

（十）表面活性剂的归类

通常我们将具有表面活性的一类物质称为表面活性剂，但是只有符合章注三规定条件的化工品才能归入品目3402（肥皂除外）。

表面活性剂可根据其在水中电离的性质相应地归入子目3402.3100~3402.4900。但是，归入子目3402.3100~3402.4900的表面活性剂须仅含一种表面活性剂，如果同时含几种表面活性剂或表面活性剂溶于有机溶剂中，则应作为表面活性剂制品归类。

（十一）洗涤用品的归类

1. 肥皂和作肥皂用或作洁肤用的表面活性剂产品制成的洗涤用品，如果符合 3401 品目条文的规定，则应归入品目 3401。

2. 其他表面活性剂产品制成的洗涤用品，如果符合 3405 品目条文的规定，则应归入品目 3405，否则归入品目 3402。

3. 如果表面活性剂产品属于洗发剂、洁齿品、剃须膏及沐浴用制剂，则必须优先归入第三十三章的相应品目。例如，"含有表面活性剂的洗发香波"应归入品目 3305。

（十二）照相用品的归类

1. 对于未曝光的照相用品根据其基材来判断归类，如果是纸、纸板、纺织物制的，归入品目 3703，其他材料制的，归入品目 3701 或品目 3702。

2. 在品目 3701 与品目 3702 中，如果是平片，归入品目 3701，如果是卷片，归入品目 3702。例如，"医用 X 光卷片"，由于其基材是塑料，并且是卷片，所以应归入品目 3702。

（十三）农药的归类

农药按其列名归入品目 3808，但如果是农药原药（未混合，未制成零售包装）则应归入第二十九章或第二十八章。例如，农药原药 DV 菊酸甲酯应归入子目 2916.2010。

（十四）杂项化学产品的归类

1. 第三十八章属于按用途分类时前面几章未涉及的杂项化工产品，归类时要特别注意与第二十八章、第二十九章的区别。例如，用作增塑剂的邻苯二甲酸二辛酯应归入品目 2917。

2. 在第六类的有关品目中未列名的化工品，应作为"其他品目未列名的化工品"归入"兜底"的品目 3824。

第七类　塑料及其制品；橡胶及其制品（第三十九章至第四十章）

（一）共聚物的归类

1. 品目的确定

首先，将属于同一品目下的单体单元的含量相加；其次，按含量高的品目归类，如果含量相等则"从后归类"。

例 1　由 45% 乙烯、35% 丙烯及 20% 异丁烯的单体单元组成的初级形状的共聚物，由于丙烯与异丁烯的聚合物同属品目 3902，二者的比例相加为 55%，超过乙烯单体单元的含量，所以应归入品目 3902。

例 2　由 50% 乙烯与 50% 苯乙烯的单体单元组成的初级形状的共聚物，由于乙烯单体单元的含量与苯乙烯单体单元的含量相等，所以应归入品目 3903。

2. 子目的确定

第三十九章子目注释一规定，属于该章任一品目项下的聚合物（包括共聚物）应按下列规则归类：

（1）在同级子目中有一个"其他"子目的

①子目所列聚合物名称冠有"聚（多）"的（例如，聚乙烯及聚酰胺-6,6），是指列

名的该种聚合物单体单元含量在整个聚合物中按重量计必须占95%及以上。

②子目3901.30、3901.40、3903.20、3903.30及3904.30所列的共聚物，如果该种共聚单体单元含量在整个聚合物中按重量计占95%及以上，即应归入上述子目。

③不符合上述A、B两款规定的聚合物，应按聚合物中重量最大的那种单体单元所构成的聚合物归入该级其他相应子目。为此，归入同一子目的聚合物单体单元应作为一种单体单元对待。只有在同级子目中的聚合物共聚单体单元才可以进行比较。

例1 由95%乙烯与5%丙烯的单体单元组成的共聚物粒子（比重0.93），应按聚乙烯归入子目3901.1000。

例2 由45%乙烯、35%丙烯及20%异丁烯的单体单元组成的初级形状的共聚物，由于丙烯与异丁烯的聚合物同属品目3902，二者相加为55%，超过乙烯单体单元的含量，所以应归入品目3902。又由于丙烯单体单元的含量超过了异丁烯单体单元的含量，所以应归入子目3902.3090。

（2）在同级子目中没有"其他"子目的

聚合物应按聚合物中重量最大的那种单体单元（与其他各种单一的共聚单体单元相比）所构成的聚合物归入该级相应子目。为此，归入同一子目的聚合物单体单元应作为一种单体单元对待。只有在同级子目中的聚合物共聚单体单元才可以进行比较。

（二）聚合物混合体的归类

1. 聚合物混合体应按聚合物中重量最大的那种共聚单体单元所构成的聚合物归入相应品目。归入同一品目的聚合物的共聚单体单元应作为一种单体单元对待。

2. 如果没有任何一种共聚单体单元重量是最大的，聚合物混合体应按税则号列顺序归入其可归入的最末一个品目。

3. 聚合物混合体应按单体单元比例相等、种类相同的聚合物归入相应子目。

例1 由96%的聚乙烯和4%的聚丙烯组成，比重大于0.94的聚合物混合体，应归入子目3901.2000。

例2 由60%的聚酰胺-6和40%的聚酰胺-6,6组成的聚合物混合体不能归入子目3908.10（"聚酰胺-6"或"聚酰胺-6,6"），而应归入子目3908.90（"其他"子目），因为聚合物中两者的单体单元含量均未达到整个聚合物含量的95%及以上。

（三）塑料半制品和制品的归类

1. 根据加工形状、程度判断属于塑料半制品还是塑料制品。

2. 塑料半制品根据其具体形状归入3916~3921的有关品目，而塑料制品则根据其用途归入3922~3926的有关品目。

例如，塑料管属于半制品，所以应归入品目3917。再如，塑料茶杯属于制品，所以应归入品目3924。

（四）塑料的废碎料和下脚料的归类

对于塑料的废碎料和下脚料，一般情况下可直接按3915的品目条文"塑料的废碎料及下脚料"归入该品目。但是如果其同时满足初级形状、单一种类、热塑性这3个条件，则不能归入品目3915，而应归入3901~3914的相应品目。

例如，由回收的饮料瓶（材质为聚对苯二甲酸乙二酯）打碎后再重新制成的废料粒子，应归入品目3907。

（五）天然橡胶和合成橡胶的归类

有一些橡胶由于不符合第四十章章注四关于"合成橡胶"的定义，所以尽管取了个"橡胶"的名称，还是要按"塑料"归入第三十九章。例如，"乙丙橡胶""硅橡胶"等。

天然橡胶或合成橡胶根据其是否经硫化而分成未硫化橡胶和硫化橡胶，前者归入品目4001~4006，后者归入品目4007~4017。例如，新的轿车用橡胶轮胎属于硫化橡胶制品，应归入品目4011。

第八类 生皮、皮革、毛皮及其制品；鞍具及挽具；旅行用品、手提包及类似容器；动物肠线（蚕胶丝除外）制品（第四十一章至第四十三章）

（一）带毛生皮或已鞣制带毛皮张的归类

一般情况下，带毛的生皮或已鞣制的带毛皮张归入第四十三章，但有些动物的生皮即使带毛也不归入第四十三章，而归入第四十一章，具体种类见第四十一章章注一（三）。例如，生的带毛兔皮归入品目4301，已鞣制的兔毛皮张归入品目4302；而带毛的生绵羊皮归入品目4102，已鞣制的带毛绵羊皮归入品目4302。

（二）品目4202所含容器的归类

品目4202的条文分为两部分。

第一部分：衣箱、提箱、小手袋、公文箱、公文包、书包、眼镜盒、望远镜盒、照相机套、乐器盒、枪套及类似容器。这些容器基本上都装有固定的物品并长期使用，除第四十二章章注二（一）和二（二）另有规定的以外，这一部分所包括的物品可用任何材料制成。

第二部分：旅行包、食品或饮料保温包、化妆包、帆布包、手提包、购物袋、钱夹、钱包、地图盒、瓶盒、首饰盒、粉盒、刀叉餐具盒及类似容器，只能用皮革或再生皮革、塑料片、纺织材料、钢纸或纸板制成，或者全部或主要用上述材料或纸包覆制成。

（三）皮革服装和毛皮服装的归类

1. 皮革或再生皮革制的服装归入品目4203。

2. 毛皮制服装归入品目4303，即使毛皮作衬里的服装也归入品目4303；人造毛皮服装归入品目4304，即使人造毛皮作衬里的服装也归入品目4304。

毛皮或人造毛皮仅作为装饰的服装一般不归入本类，按其服装的面料归入相应品目。例如，貂皮大衣为毛皮制的服装，归入子目4303.1010；羊皮夹克为皮革制的服装，归入子目4203.1000。

3. 用皮革与毛皮或用皮革与人造毛皮制成的分指手套、连指手套及露指手套应归入品目4203，不应误归入第四十三章。

（四）用作机器零件的皮革制品的归类

用作机器零件的皮带、皮制垫圈等应归入子目4205.0020，而不按机器零件归入第十六类。

第九类 木及木制品；木炭；软木及软木制品；稻草、秸秆、针茅或其他编结材料制品；篮筐及柳条编结品（第四十四章至第四十六章）

（一）木板材的归类

一般木头板材按其厚度归入品目 4407 或 4408；若在其端部和侧面制成连续形状（如带有槽、榫等）则归入品目 4409；若将木材加工产生的木片或木粒压制而成的木质碎料板，或者将木头中分离出的纤维再压制而成的木纤维板，则归入品目 4410 或 4411；由两层及以上木板（包括木质碎料板和纤维板）胶合及压制而成的多层板，则归入品目 4412。

但要注意的是，品目 4411 项下的一级子目是按木质纤维板的生产工艺分类的。其中，子目 4411.1 的中密度纤维板（MDF）是指用干法生产工艺获得的纤维板，按其厚度和密度进行归类；而子目 4411.9 的其他木纤维板是指用湿法生产工艺获得的纤维板，只按其密度进行归类。

例 1 木纤维板（原料为花旗松），密度为每立方厘米 0.8 克，未经机械加工，规格为（长×宽×厚）2400 毫米×1200 毫米×8 毫米，采用湿法生产。此纤维板因采用湿法生产，所以归入子目 4411.9，然后根据其密度归入 4411.9390。

例 2 表面为巴栲红柳桉木薄板，其他两层为针叶木薄板制的三合板（每层厚度为 1 毫米）。此胶合板为仅由薄板制成的胶合板，且每层厚度不超过 6 毫米，所以归入子目 4412.3，又因巴栲红柳桉木属于热带木，所以归入子目 4412.3100。

（二）木地板的归类

天然木地板（又称实木地板，其侧面带有槽和榫）归入品目 4409；碎料板制木地板（其侧面不论是否制成品目 4409 所列的连续形状）归入品目 4410；纤维板制木地板（其侧面不论是否制成品目 4409 所列的连续形状）归入品目 4411；胶合板制木地板（其侧面不论是否制成品目 4409 所列的连续形状）归入品目 4412；已拼装的拼花木地板归入品目 4418。

（三）木制品的归类

大部分木制品归入品目 4414~4421，其中品目 4421 为其他木制品，但不是所有未列名的木制品都归入此品目，必须是其他品目未列名及该章章注一未排除的。例如，木制的衣箱应归入品目 4202；木制的家具应归入第九十四章，木制衣架归入子目 4421.1000，但若是落地式木制衣架，因具有家具的特征，应归入品目 9403。

（四）编结产品的归类

编结产品一般归入第四十六章，但归入该章的编结品所用材料范围具有一定的限制，即只适用于第四十六章章注一所列的"编结材料"。同时应注意，只有截面尺寸大于 1 毫米的塑料单丝及表观宽度大于 5 毫米的塑料扁条的编结制品才归入该章；截面尺寸不超过 1 毫米的塑料单丝及表观宽度不超过 5 毫米的塑料扁条制品，要按纺织品归入第十一类。

第十类 木浆及其他纤维状纤维素浆；回收（废碎）纸或纸板；纸、纸板及其制品（第四十七章至第四十九章）

（一）纸张的归类

1. 第四十八章根据纸的加工程度来排列，结构规律如下：

未涂布的机制或手工纸…………………品目 4801～4805

未涂布但经进一步加工的纸…………品目 4806～4808

经涂布的纸……………………………品目 4809～4811

特定用途的纸及其制品………………品目 4812～4823

2. 品目 4801～4805 所列的纸张不能超出该章章注三所规定的加工方法。新闻纸和牛皮纸必须符合该章章注四和章注六规定的规格和纤维含量。

3. 若属于品目 4803～4809 列名的品种，还要判断其规格尺寸是否符合该章章注八的条件。例如，宽度为 120 厘米成卷的卫生纸归入品目 4803，而宽度为 12 厘米（在 36 厘米以下）成卷的卫生纸应归入品目 4818。

4. 在确定部分子目时，有些还要考虑所含纸浆的种类。木浆是造纸的主要原料，根据加工方法的不同可分为 3 种：机械浆、化学浆和化学—机械浆。如子目 4802.5 要求不含机械浆或化学—机械浆，或这些纸浆的含量不超过全部纤维含量的 10%。

（二）涂布纸的归类

涂布纸是指在纸的单面或双面施以涂料，以使纸面产生特殊的光泽或使其适合特定需要。若是涂布高岭土或其他无机物质，则归入品目 4810，如铜版纸等；若是涂布塑料、沥青、焦油、蜡或其他有机物质，则归入品目 4811，如涂塑相纸、绝缘纸和热敏纸等。

（三）壁纸的归类

只有成卷状且宽度在 45～160 厘米之间的壁纸才归入品目 4814。若不符合这些条件，即使用做壁纸也不能归入品目 4814。若既可铺地又可作壁纸用则按铺地制品归入品目 4823。

（四）已印刷的壁纸及标签的归类

品目 4814 的壁纸及品目 4821 的纸或纸板制各种标签，即使已经印制仍归入第四十八章，而不归入第四十九章。

（五）纸卫生巾的归类

纸制的卫生巾（护垫）、婴儿尿布、尿布衬里和类似品不按材料归类，而应归入品目 9619。

（六）报纸、杂志的归类

一般的报纸、杂志归入品目 4902。但是，第四十九章章注三规定，用纸以外的材料装订成册的报纸、杂志和期刊，以及一期以上装订在同一封面里的成套报纸、杂志和期刊，应归入品目 4901，不论是否有广告材料。例如，装订成册的《半月谈》杂志全年合订本应归入品目 4901。

（七）邮票的归类

我国发行未使用的新邮票按印刷品归入品目 4907；我国发行已使用的旧邮票按收藏品归入品目 9704；外国发行但我国不承认其面值的邮票（即在我国不能用于邮寄的外国邮票），不论是否已使用均按收藏品归入品目 9704。

第十一类　纺织原料及纺织制品（第五十章至第六十三章）

（一）纺织产品的结构规律

在对本类商品归类时，首先要对本类商品有一个基本认识，掌握其结构规律，从而为正确归类打下基础。

第一部分：第五十章至第五十五章（纤维、普通纱线、普通机织物）

$$
\left.\begin{array}{l}
天然\left\{\begin{array}{l}
丝\cdots\cdots\cdots第五十章\\
毛\cdots\cdots\cdots第五十一章\\
棉\cdots\cdots\cdots第五十二章\\
麻\cdots\cdots\cdots第五十三章
\end{array}\right.\\
化学\left\{\begin{array}{l}
长丝\cdots\cdots第五十四章\\
短纤\cdots\cdots第五十五章
\end{array}\right.
\end{array}\right.
$$

第二部分：第五十六章至第六十三章（特种纱线、特种织物、制成品）

无纺织物、特种纱线等……………………第五十六章

地毯等………………………………………第五十七章

特种机织物、刺绣品等……………………第五十八章

特殊处理的织物、工业用纺织制品………第五十九章

针织物、钩编织物…………………………第六十章

服装（针织或钩编）………………………第六十一章

服装（非针织、非钩编）…………………第六十二章

其他制成品…………………………………第六十三章

（二）纺织材料的分类

纺织纤维分为天然纤维与化学纤维，天然纤维主要有丝、毛、棉、麻，化学纤维又分为合成纤维和人造纤维。

合成纤维是将有机单体物质加以聚合而制成聚合物，例如聚酰胺、聚酯、聚丙烯、聚氨基甲酸酯；或通过上述加工将聚合物经化学改性制得，例如聚乙酸乙烯酯水解制得的聚乙烯醇。

人造纤维是将天然有机聚合物（如纤维素）溶解或化学处理制成聚合物，例如，铜铵纤维或粘胶纤维；或将天然有机聚合物（例如纤维素、酪蛋白及其他蛋白质、藻酸）经化学改性制成聚合物，例如，醋酸纤维素纤维或藻酸盐纤维。

常见的合成纤维有聚酯（俗称涤纶）和聚酰胺（俗称尼龙）等，常见的人造纤维有粘胶纤维和醋酸纤维等。

（三）混纺材料的归类

首先确定所在章，并将属于同一章的不同纺织材料的重量合并后与其他章做比较，再归入重量较大的那一章，如果重量相等则从后归类。同时考虑到纺织纤维的特性，第五十四章和第五十五章同属化学纤维，所以当这两章与其他章比较时，这两章纺织材料的重量应合并计算。

其次确定品目，与确定章的方法一样，将属于同一品目的不同纺织材料的重量合并后与其他品目做比较，归入重量较大的那个品目，如果重量相等则从后归类。

特殊纱线，如马毛粗松螺旋花线和含金属纱线均作为一种单一的纺织材料计算，其重量应为它们在纱线中的合计重量，金属线视作一种纺织材料。

例1 按重量含65%棉、35%聚酯短纤的每平方米重80克且漂白的平纹机织物。由

于棉的含量超过了聚酯短纤（化学纤维短纤）的含量，所以归入第五十二章，然后根据棉的含量（65%，在85%以下）和每平方米克重（80克，不超过200克）及主要与化学纤维混纺的条件归入品目5210，最后按漂白、平纹的机织物归入子目5210.2100。

例2 按重量计含40%合成纤维短纤、35%精梳羊毛、25%精梳兔毛的机织物。由于精梳羊毛和精梳兔毛同属于第五十一章的纤维，应合并计算（即35%+25%=60%），其含量超过了第五十五章的合成纤维短纤，所以按动物毛的机织物归入第五十一章，在确定品目时，因精梳羊毛的含量超过了精梳兔毛的含量，故按精梳羊毛的机织物归入品目5112，然后根据羊毛含量（35%，在85%以下）和主要与化学纤维短纤混纺的条件归入子目5112.3000。

（四）纱线的归类

1. 纱线的细度

纱线细度在《协调制度》中一般用"特克斯"表示。

"特克斯"指1000米长的纱线、长丝等在公定回潮率下的重量，属于定长制。如1000米长的纱线重8克（在公定回潮率下），则该纱线的细度为8特克斯（或80分特）。

表示细度的另一个计量指标为"公支"。公支指1克重的纱线的长度（米），属于定重制。如1克重的纱线长为14米，则该纱线的细度为14公支。

2. 纱线的捻向、捻度

捻向即加捻的方向，分为顺时针捻（又称"S"捻）和逆时针捻（又称"Z"捻）。

捻度指每米长纱线加捻的转数。

3. 纱线的归类

在对纱线归类时，首先确定其是特种纱线还是普通纱线，如果是普通纱线再按纱线原料的性质在相应章（第五十章至第五十五章）中寻找合适的品目，具体分布如下：

```
                    ┌─缝纫线(符合类注五) ……………………………相应品目
普通纱线(第五十章   │
      至第五十五章) │ 非缝纫线,供零售用(符合类注四) ………相应品目
  ┌                └─非供零售用 ……………………………………相应品目
  │
  │                 ┌─与橡胶或塑料复合的纱线 ………………………品目5604
  │ 特种纱线        │ 含金属纱线 ………………………………………品目5605
  │(第五十六章)     │ 绳绒线、粗松螺旋花线、纵行起圈纱线等 ………品目5606
  └                 └─线、绳、索、缆(符合类注三) …………………品目5607
```

（五）织物的归类

与纱线的归类相似，首先确定其是属于普通机织物还是属于其他织物，前者归入第五十章至第五十五章，后者归入第五十六章至第六十章。

织物按制法分以下几种：

机织物 { 普通 ……………………… 第五十章至第五十五章
　　　　特种 ……………………… 第五十八章
絮胎、毡呢、无纺织物 ………… 第五十六章
地毯 ………………………………… 第五十七章
针织物、钩编织物 ……………… 第六十章
其他特殊加工的织物 …………… 第五十八章至第五十九章

例如，普通的棉机织物归入第五十二章，棉针织物归入第六十章，用塑料涂布的棉机织物归入第五十九章。

（六）纺织制成品的归类

应根据类注七判断一种纺织产品是否属于"制成的"纺织品。例如，仅从大块布料裁剪下来的长方形（包括正方形）物品，如果未经加工和不带剪断分隔联线形成的流苏，不应视为"制成的"纺织品；而纺织材料的服装式样则可视为"制成的"纺织品。

（七）服装及衣着附件的归类

服装及衣着附件的归类是本类中较重要的内容。一般可采用以下归类方法：

1. 按织法判断应归入第六十一章还是第六十二章；

2. 在第六十一章或第六十二章内，优先考虑婴儿服装及衣着附件，然后再考虑用塑料、橡胶或其他材料处理过的织物制成的服装。第六十二章还包括用毡呢、无纺布制成的服装。

3. 注意服装及衣着附件的结构规律。以第六十一章为例：一般是由外到内，同类服装先男后女，再到不分性别的服装，然后是婴儿服装、其他服装、衣着附件。

对于服装，凡门襟为左压右的，应视为男式；右压左的，应视为女式。但本规定不适用于其式样已明显为男式或女式的服装。无法区别是男式还是女式的服装，应按女式服装归入有关品目。

4. 如果是套装（如西服套装、便服套装、滑雪套装）必须符合相应的章注规定，才能作为套装一并归类，否则必须分开归类。例如，"西服套装"是指面料用完全相同的织物制成的两件套或三件套的成套服装。西服套装各件面料质地、颜色及构成必须完全相同，其款式、尺寸大小也须相互般配。

此外，品目6109的"T恤衫"一般以较薄的面料制成，无领，无扣，领口无门襟且下摆不能收紧。我们通常所穿的带领T恤应作为针织衬衫归类。

（八）婴儿服装及衣着附件的归类

所称"婴儿服装及衣着附件"，是指用于身高不超过86厘米幼儿的服装。

1. 针织或钩编的归类

既可归入品目6111，也可归入第六十一章其他品目的物品，应归入品目6111。例如，婴儿穿着的针织袜子，应归入品目6111。

2. 非针织或非钩编的归类

既可归入品目6209，也可归入第六十二章其他品目的物品，应归入品目6209。

（九）特殊面料制作的服装的归类

1. 既可归入品目6113，也可归入第六十一章其他品目的服装，除品目6111所列的仍

归入该品目外，其余的应一律归入品目 6113。

2. 既可归入品目 6210，也可归入第六十二章其他品目的服装，除品目 6209 所列的仍归入该品目外，其余的应一律归入品目 6210。

例如，由单面涂布高分子树脂的涤纶机织物面料（涂层可明显看出）制成的雨衣，应归入品目 6210。

（十）纺织物与机电组件形成的组合产品的归类

随着科技与加工技术的发展，纺织物与化学、机械或电子组件的组合情况越来越常见。无论它们是作为内置组件还是组合在纤维或织物内，只要其基本特征是纺织物，则应按本类的纺织品、服装和其他纺织物归类。

例如，带有加热装置的男式机织上衣应归入品目 6203。

第十二类　鞋、帽、伞、杖、鞭及其零件；已加工的羽毛及其制品；人造花；人发制品（第六十四章至第六十七章）

（一）鞋靴及其零件的归类

1. 鞋靴一般按其外底和鞋面的材料归入不同的品目。当鞋面和鞋底由不同材料构成时，则鞋面的材料应以占表面面积最大的那种材料为准，而鞋底的材料应以与地面接触最广的那种材料为准。例如，尺寸为 26 码的旅游鞋，鞋面由皮革和帆布构成且皮革的表面积大于帆布的表面积，鞋底材料为橡胶。由于鞋底为橡胶，鞋面主要为皮革材料，所以该旅游鞋应归入子目 6403.9900。

2. 当按"运动鞋靴"归类时应符合第六十四章子目注释的条件。例如，我国习惯所称的某些运动鞋，若不符合第六十四章子目注释规定的条件，仍不能按"运动鞋靴"归类。

3. 某些鞋靴不能误归入第六十四章。例如，装有冰刀或轮子的滑冰鞋应按运动用鞋归入第九十五章；明显已穿过的旧鞋应归入品目 6309；石棉制的鞋应归入品目 6812。

4. 鞋靴的零件不包括第六十四章章注二所列的货品。例如，鞋带、鞋钉等不能按鞋靴的零件归类，一般按材料属性归类。

（二）帽的归类

一般的帽类归入第六十五章，但下列帽类不归入该章，即旧的帽类归入品目 6309，石棉制的帽类归入品目 6812，玩偶用帽及其他玩具用帽或狂欢节的用品归入第九十五章。

第十三类　石料、石膏、水泥、石棉、云母及类似材料的制品；陶瓷产品；玻璃及其制品（第六十八章至第七十章）

（一）第六十八章产品的归类

第六十八章包括石料、石膏、水泥、石棉等制品，主要来源于第五类的原料，并且一般只是对第五类的矿产品改变原来的形状，而不改变其原料的性质，这也是该章的产品与后面两章产品的主要区别。另外，品目 6812 包括石棉织造的服装、鞋帽，因此注意不要将石棉织造的服装按纺织品归入第十一类。

（二）陶瓷制品的归类

有些陶瓷制品已在第六十九章章注二被排除的，不归入该章，例如，陶瓷制的电器用绝缘子归入品目8546。但也有一些陶瓷制品即使具有第十六类机器或零件的特征，仍应归入该章，例如陶瓷泵、陶瓷水龙头等均归入该章。

（三）玻璃及其制品的归类

第七十章既包括玻璃的半制成品（玻璃板、片、球等），也包括玻璃制品。该章的某些玻璃制品虽具专有用途，若已在该章列名，仍归入该章，例如，钟表玻璃仍归入该章的品目7015，而不按钟表零件归入第九十一章；玩偶等用的玻璃假眼仍归入该章的品目7018，而不按玩具的零件归入第九十五章。

只有玻璃纤维和未经光学加工的光学元件才归入品目7019和7014，而光导纤维、经光学加工的光学元件应归入品目9001，不归入该章；只有不带外壳的保温瓶胆才归入该章的品目7020，带外壳的保温瓶应归入品目9617，不归入该章。

火车、汽车、飞机等交通工具所用窗户玻璃，如果已经加有边框，或者装有加热装置或其他电气或电子装置的，则应该按这些交通工具的零件归入第十七类；否则，即使已经切割成窗户的规格形状，仍按玻璃归入本章。

例如，镀膜加热汽车前挡风玻璃，由夹有几片金属薄膜的夹层玻璃组成，当开关启动后，薄膜起到加热电阻器的作用，加热玻璃表面以除霜除雪。该玻璃由于装有加热装置，故根据本章章注一（五）的规定，应按汽车零件归入品目8708。

第十四类 天然或养殖珍珠、宝石或半宝石、贵金属、包贵金属及其制品；仿首饰、硬币（第七十一章）

（一）贵金属的归类

本类所称贵金属，包括银、金及铂，其中"铂"指铂族元素，包括铂、铱、锇、钯、铑及钌。例如，品目7110的品目条文中的"铂"及子目7112.92的子目条文中的"铂"，均指铂族元素。但是，子目7110.1所指的"铂"只包括铂本身，不包括铂族元素的其他元素。例如，子目7110.1910的"板、片"只包括铂本身这一种元素的板、片。

（二）贵金属合金的归类

根据第七十一章章注五的规定，首先，只要铂含量在2%及以上的，就按铂合金归类，铂含量不一定为合金中含量最高的贵金属；其次，只要金含量在2%及以上的，不含铂或铂含量小于2%，就按金合金归类，金含量不一定为合金中含量最高的贵金属；最后，银含量在2%及以上的其他合金，按银合金归类。

因此，贵金属合金归类的先后顺序为：铂合金最优先，其次是金合金，最后银合金。

（三）包贵金属和镀贵金属的归类

包贵金属是指以贱金属为底料，在其一面或多面用焊接、熔接、热轧或类似机械方法覆盖一层贵金属的材料，它与镀贵金属的区别及归类情况如下：

名称	相同点	加工方式	归类
包贵金属	表面均为贵金属	通过焊接、熔接、热轧等机械方法制得	按所包的贵金属(外层材料)归类
镀贵金属		通过电镀等化学方法制得	按被镀的材料(内层材料)归类

（四）首饰、金银器具的归类

首饰、金银器具及其他制品归入品目7113~7116。

1. 首饰

首饰是指个人用小饰物（例如，戒指、手镯、项圈、饰针、耳环、表链、表链饰物、垂饰、领带别针、袖扣、饰扣、宗教性或其他勋章及徽章）以及通常放置在衣袋、手提包或佩戴在身上的个人用品（例如，烟盒、粉盒、链袋、口香丸盒、念珠）。

其中，完全由贵金属或包贵金属制的首饰归入品目7113；完全由珍珠、宝石制的首饰归入品目7116；镶嵌珍珠、宝石的贵金属或包贵金属制的首饰归入品目7113。

2. 金银器具

金银器具，包括装饰品、餐具、梳妆用具、吸烟用具及类似的家庭、办公室或宗教用的其他物品，应归入品目7114。

（五）仿首饰的归类

"仿首饰"是用珠宝、贵金属或包贵金属以外的物品制成的，其范围仅为个人用小饰物。例如，铂制的戒指归入品目7113，而铜制的戒指应归入品目7117。

第十五类 贱金属及其制品（第七十二章至第八十三章）

（一）"通用零件"的归类

1. 第十五类类注二明确了《协调制度》"通用零件"的范围，主要包括：

（1）品目7307的钢铁制管子附件，品目7312的线、绳、索、缆，品目7315的链，品目7317或7318的各种钉及其他贱金属制的类似品，但医疗专用的植入物除外，其应作为特殊物品而归入品目9021；

（2）品目7320的钢铁制弹簧及弹簧片及其他贱金属制的弹簧及弹簧片；

（3）品目8301的锁等，品目8302的家具等用的五金件，品目8306的框架及贱金属镜子，品目8308的管形铆钉等，品目8310的标志牌等。

2. 由于《协调制度》中第十六类、第十七类、第十八类、第十九类、第二十类的类注或章注中均将第十五类类注二的"通用零件"排除掉，因此，即使这些零件作为其他机器设备、器具的零件，仍归入本类。例如，内燃机排气门用合金钢制螺旋弹簧，应归入子目7320.2090。

（二）第八十二章、第八十三章列名制品的归类

只要是贱金属制的第八十二章、第八十三章列名的制品，应优先归入这两章，而不再按材料属性归入前面各章。例如，铝制的易拉罐盖应归入品目8309，而不按铝制品归入第七十六章。

（三）钢及钢材的分类

第七十二章按钢的加工程度和类型分为四个分章。在《协调制度》中，钢按所含元素的不同分为非合金钢和合金钢。一般只含碳元素的钢称为非合金钢，或称为碳钢；除碳元素外，还含有其他元素的钢称为合金钢。

其中，合金钢中最常见的为不锈钢，只有符合下列条件的合金钢才视为不锈钢：按重量计含碳量在1.2%及以下，含铬量在10.5%及以上，不论是否含有其他元素。

钢材在《协调制度》中一般分为平板轧材、条杆、丝和各种型材、异型材等。

（四）非合金钢平板轧材的归类

1. 截面为矩形（正方形除外）并且不符合第七十二章章注一（九）所述定义的下列

形状实心轧制产品才能作为平板轧材归类：

（1）层叠的卷材；

（2）平直形状，其厚度如果在 4.75 毫米以下，则宽度至少是厚度的 10 倍；其厚度如果在 4.75 毫米及以上，其宽度应超过 150 毫米，并且至少应为厚度的 2 倍。

2. 非合金钢平板轧材归类时还要考虑其他因素，如规格（宽度、厚度）、轧制方式（热轧还是冷轧）、有无镀涂层和包覆层、报验状态（卷状、非卷状）等。例如，非合金钢镀锌（热浸镀）平板轧材，长度为 2400 毫米，宽度为 1200 毫米，厚度为 1.2 毫米，抗拉强度 650 牛顿/平方毫米。该钢材符合平板轧材的条件，且宽度大于 600 毫米，所以归入子目 7210.4910。

（五）非合金钢条杆、型材、丝及空心材的归类

对这些钢材归类时，必须符合第七十二章章注一（十一）至（十四）的条件。

非合金钢条杆、型材、丝及空心材的归类归纳如下：

名称		特点	归类
条杆类	盘条	热轧不规则盘卷状	品目 7213
	热轧条杆	热轧直条状	品目 7214
	冷轧条杆	冷轧直条状	品目 7215
角材/型材/异型材		符合第七十二章章注一（十三）的要求	品目 7216
丝		冷加工规则盘卷状	品目 7217
空心材	空心钻钢	用于钻探，且外形尺寸在 15～52 毫米之间，最大内孔小于最大外形的 1/2	品目 7228
	管	全长截面相同并且只有一个闭合空间的同心中空产品	品目 7304～7306
	空心异型材	不符合"管"的定义，且主要是内外截面形状不同的空心产品	品目 7306

（六）钢铁容器的归类

盛装物料用的钢铁囤、柜、罐、桶、盒及类似容器一般按其容积的不同归入品目 7309～7310，但这两个品目并不是包括所有的钢铁容器，一般只包括非家用的；若是家庭或厨房用的钢铁容器，如粗腰饼干桶、茶叶罐、糖听及类似容器应归入品目 7323，这些容器不能误按容积小于 300 升的容器归入品目 7310。

（七）可互换工具及刀具的归类

机床用可互换工具及刀具，如锻压、冲压用模具，机床上用的各种刀具，虽作为第十六类机器的零件，但仍要归入第八十二章。例如，钻床用的钻头、车床用的车刀、铣床用的铣刀等归入品目 8207，但锯床用的锯片要归入品目 8202。

（八）成套工具及餐具的归类

1. 由品目 8205 中不同种类的货品构成的成套工具仍归入该品目内，即子目 8205.9000；

2. 由品目 8202～8205 中两个或多个品目所列工具组成的零售包装成套工具归入品

目 8206；

3. 由品目 8211 中不同种类的刀构成的成套刀具仍归入该品目内，即子目 8211.1000；

4. 由品目 8211 中的一把或多把刀具与品目 8215 至少数量相同的物品构成的成套餐具，以及由品目 8215 中不同种类的贱金属货品构成的成套餐具，应归入品目 8215。

例如，由 10 把品目 8211 的西餐用刀具和 10 把品目 8215 的西餐用餐叉（均为不锈钢制）组成成套餐具后一并归入子目 8215.2000。

（九）手动机械器具的归类

手动机械器具一般归入第八十二章，有的还有重量的限制。例如，手摇的钻孔工具归入品目 8205；用于加工或调制食品或饮料的手动机械器具（且重量不超过 10 千克）归入品目 8210。

第十六类　机器、机械器具、电器设备及其零件；录音机及放声机、电视图像、声音的录制和重放设备及其零件、附件（第八十四章至第八十五章）

（一）组合机器、多功能机器的归类

组合机器是指由两部及两部以上机器装配在一起形成的机器。一般是一台机器装在另一台机器的内部或上面，或者两者装在同一底座、支架上或同一个机壳内，且这组机器必须是永久性地连在一起。

多功能机器是指具有两种及两种以上互补或交替功能的机器。

组合机器与多功能机器的归类原则：按机器的主要功能归类，当不能确定其主要功能时，按"从后归类"的原则归类。

例如，智能手机具有通话、拍照、上网、游戏等多种功能，但无线通话是其基本功能，即手机的主要功能仍然是通话，故应按电话机归入品目 8517。

（二）功能机组的归类

功能机组是由几个具有不同功能的机器（包括机组部件）结合在一起而构成的。这些机器通常由管道、传动装置、电缆或其他装置连接起来。

功能机组的归类原则：组合后的功能明显符合第八十四章或第八十五章某个品目所列功能时，全部机器或部件均归入该品目，而不再分别归类。

例如，番茄酱的成套加工设备，由番茄破碎设备、番茄汁浓缩设备、杀菌设备、电气控制柜等组成。这套设备的主要功能是食品加工，符合功能机组的条件，应将成套设备一并归入子目 8438.6000。

（三）机器零件的归类

本类机器所属零件归类的一般步骤为：

1. 考虑是否是本类类注一、第八十四章章注一和第八十五章章注一排他条款中的商品，若已排除，则不能归入本类；

2. 考虑是否是第八十四、第八十五章列名的商品，若已列名，则按列名归类；

3. 考虑是否是专用零件，若符合条件则与机器一并归类，或归入指定的专用零件品目；

4. 考虑是否可归入品目 8487 或 8548。

例 1　电冰箱用压缩机，作为电冰箱的一个部件，在品目 8414 内有列名，故应归入

8414.30 项下的相关子目。

例 2　电冰箱用壳体，作为冰箱的专用零件，应归入 8418.99 项下的相关子目。

（四）可归入多个品目的机器或零件的归类

1. 当出现既可按列名的功能归入品目 8401～8424 或 8486，又可按应用行业归入品目 8425～8480 的情况时，优先归入品目 8401～8424 或 8486。例如，工业用火腿蒸煮器，既可按利用温度变化工作的机器归入品目 8419，又可按食品（肉类）的加工机器归入品目 8438，应优先归入品目 8419。

2. 在对特种机床归类时，也会出现可归入多个品目的情况：既可按特种机床归入品目 8456，同时又可按功能归入品目 8457～8465，此时应优先按特种机床归入品目 8456。

3. 对于集成电路、晶体管等半导体器件，也会出现可归入多个品目的情况。即使其功能符合其他品目的规定（例如品目 8504 的变流器），此时仍应优先归入品目 8542 或 8541。

（五）第八十四章结构规律

第八十四章主要包含非电气的机器、机械器具及其零件，是《协调制度》中品目最多的一章，有 87 个品目，其结构主要按下列规律排列。

1. 品目 8401～8424，主要按商品的功能列目：

核反应堆等······································品目 8401

锅炉及其他气体发生器························品目 8402～8405

动力机器····································品目 8406～8412

液体泵、气体泵或压缩机···················品目 8413～8414

能量的转化机器·····························品目 8415～8419

其他按功能列名的机器······················品目 8420～8424

2. 品目 8425～8478，主要按商品的应用行业列目：

起重与搬运机器·····························品目 8425～8431

农、林、食品加工机器······················品目 8432～8438

造纸、印刷机器·····························品目 8439～8443

纺织及相关机器·····························品目 8444～8452

皮革加工机器·······························品目 8453

冶金制造机器·······························品目 8454～8455

机床···品目 8456～8466

办公机器····································品目 8469～8473

其他···品目 8474～8478

3. 品目 8479 包括不能归入该章该品目以前任何品目的机器及机械器具；品目 8480 包括金属铸造用的型箱及阳模，还包括模制某些材料用的手工模具或机器模具（锭模除外）；品目 8481～8484 包括某些可作为机器零件使用或可用做其他章货品零件的通用物品；品目 8485 是增材制造机器，也就是通常所称的"3D 打印机"；品目 8486 包括专用于或主要用于制造半导体单晶柱或圆片、半导体器件、集成电路或平板显示器的机器及装置，以及该章章注九（三）所列的机器及装置；品目 8487 包括其他品目未列名的非电气零件。

（六）动力机器及其零部件的归类

动力机器（电动机除外）归入品目 8406~8412。其中，内燃机为最广泛的动力机器之一，点燃式内燃发动机（主要包括汽油机）归入品目 8407，压燃式内燃发动机（即柴油机）归入品目 8408。

液压、气压动力装置（即以液体能或压缩气体作为动力源的装置）也作为动力装置，归入品目 8412。

电动机（将电能转变成机械能的动力装置）归入品目 8501。

只有"主要用于或专用于"内燃机的零部件才归入品目 8409，如活塞、连杆、气缸体、气缸盖等。

例1 别克轿车用发动机，气缸容量为 1.6 升，发动机为点燃往复式内燃发动机，应归入子目 8407.3410。

例2 摩托车用气缸盖，属于内燃机专用的零件，应归入品目 8409，又因摩托车用的发动机一般为点燃式内燃发动机，所以归入子目 8409.9199。

（七）液体泵、气体泵和压缩机的归类

液体泵、气体泵和压缩机是应用较广泛的通用机器。

液体泵归入品目 8413，气泵、压缩机等归入品目 8414。

例1 活塞式内燃机冷却用水泵。该水泵属于液体泵，按其功能归入品目 8413，然后根据其用途按活塞式内燃机用冷却剂泵归入子目 8413.3090。

例2 轿车空调用压缩机。该压缩机用于制冷设备，按其功能归入品目 8414，又因轿车用的压缩机一般由发动机直接驱动，属于非电动机驱动的压缩机，所以归入子目 8414.3090。

（八）制冷设备的归类

制冷设备主要包括空调器和电冰箱等。空调器及其专用零件归入品目 8415，其他制冷设备及其零件归入品目 8418。

例1 家用壁式分体空调器，具有制冷和制热功能，制冷量为 3200 大卡/小时。此空调器应归入品目 8415，根据分体式和制冷量再归入子目 8415.1021。

例2 办公室用立柜式空调，具有制冷和制热功能，制冷量为 5200 大卡/小时。此空调器属于"置于地板上的分体式空调"，故应归入子目 8415.1022。

（九）利用温度变化处理材料的设备的归类

利用温度变化处理材料的设备一般归入品目 8419，但品目 8419 的条文分成两部分，分号前面的商品必须是非家用的，不论是否用电加热，而分号后面的商品必须是非电热的，不论是否家用。例如，电热医用消毒设备（将要消毒的物品或材料放入设备内加热至高温以杀灭细菌）。该消毒设备属于利用温度变化处理材料的设备，根据其功能归入品目 8419。

（十）印刷机械及打印、复印、传真等多功能机器的归类

印刷（打印）、复印、传真等机器归入品目 8443。归入本品目的机器在确定子目时，主要考虑的因素有：是否是传统的印刷机器，是否可与自动数据处理设备或网络（这里的网络既包括计算机网络，也包括电话网络、电报网络等）相连，是否具有打印、复印、传真等多种功能。

这里应注意，具有单一功能的打印机不能按自动数据处理设备的输出部件归入品目

8471，具有单一功能的传真机不能按通信设备归入品目 8517。例如，激光打印机（只有打印功能），该打印机可与自动数据处理设备相连，归入子目 8443.3212。

3D 打印机，是基于数字模型形成物体的增材制造机器（Machines for additive manufacturing）。该机器根据设计文件，以金属、塑料、橡胶、石膏、水泥、陶瓷、玻璃、木材、纸等为原材料，通过材料的连续添加、堆叠、凝结和固化来制造三维物体。由于 3D 打印机的原理、结构、功能与传统的打印机完全不同，故《协调制度》对其单独设置了一个新的品目 8485。

（十一）各种加工机床及零件的归类

各种加工机床归入品目 8456~8465，机床的一般归类方法如下：

1. 判断其是否符合该章章注九有关品目 8486 的设备和装置的规定，若符合则优先归入品目 8486。

2. 判断其是否是用激光、光子束、超声波等加工各种材料的特种加工机床，若是则优先归入品目 8456；若不是，则根据加工对象的不同归类，加工金属的机床归入品目 8457~8463，加工其他材料的机床归入品目 8464~8465。而加工金属的机床，还要区分是金属切削机床（即加工过程中有切屑产生）还是压力加工机床或其他非切削加工机床，前者按加工方式归入品目 8457~8461，后者则按压力加工机床或其他非切削加工机床归入品目 8462~8463。

品目 8457 的加工中心不包括车削中心，因为车削中心以车削为主要加工方式，因此仍按车床归入品目 8458。

3. 确定某些子目时还要考虑是立式机床还是卧式机床，立式指机床的回转主轴为垂直方向，卧式指机床的回转主轴为水平方向。

4. 品目 8464 的机床加工对象包括石料、陶瓷、混凝土、石棉水泥、玻璃等矿物质；品目 8465 的加工对象包括木材、软木、骨、硬质橡胶、硬质塑料等。例如，木工用刨床、钻床、铣床等应归入品目 8465。

5. 只有专用于上述机床的零件、附件才归入零件专用品目 8466，如工具夹具、工件夹具及分度头等；若是在其他品目列名的零件、附件，则归入其他相关品目，例如，机床上用的刀具（如车刀、铣刀、钻头等）归入品目 8207。

例 1　数控齿轮磨床。加工普通工件的一般磨床（如平面磨床、外圆磨床等）归入品目 8460，但在品目 8460 的条文中已明确品目 8461 的用于加工齿轮的磨床除外，所以将此磨床归入品目 8461，然后按功能及数控的条件归入子目 8461.4011。

例 2　非数控卷板机（用于将较厚的板材卷成圆筒状）。此卷板机通过压力使板材弯曲，属于通过压力加工金属的设备，应归入品目 8462，然后按功能和非数控的条件归入子目 8462.2990。

（十二）自动数据处理设备及零部件的归类

1. 自动数据处理设备只有符合章注五的规定才能归入品目 8471。

2. 自动数据处理设备的部件如果单独报验，应归入品目 8471。例如，一起报验的微电脑主机（含 CPU、主板、硬盘等）、键盘（输入设备）和显示器（输出设备）一并按"系统"归入子目 8471.49，而单独报验的微电脑主机（含 CPU、主板、硬盘等）归入子目 8471.50，单独报验的键盘归入 8471.6071，单独报验的微电脑用内存条应作为自动数据处理设备的零件归入 8473.3090，而单独报验的显示器则应归入品目 8528 的相关子目。

3. 配有自动数据处理设备，或与数据处理设备连用，但却从事数据处理以外的某项专门功能的机器、仪器或设备不归入品目8471，应按其功能归入相应的品目。例如，与电脑连接使用的名片印刷机，主要功能是印刷，应归入品目8443。

（十三）半导体、集成电路及平板显示器制造设备的归类

半导体、集成电路及平板显示器制造设备归入品目8486。根据第八十四章章注九（四），符合品目8486规定的设备和装置在归类时优先于《协调制度》的其他所有品目。

（十四）通用机械零部件的归类

通用机械零部件归入品目8480~8484及8487，其中：

1. 模具（包括金属铸造、玻璃热加工、陶瓷、水泥制品、橡胶、塑料制品等用的模具）归入品目8480。

2. 机器设备用的各种阀门及龙头归入品目8481。

3. 机器设备用的传动装置（如传动轴、变速箱及单个齿轮、离合器及联轴器等）归入品目8483。

4. 滚动轴承和滑动轴承都属于轴承，但前者归入品目8482，后者归入品目8483，安装这些轴承的轴承座归入品目8483。

5. 只有用金属片与其他材料制成或用双层或多层金属片制成的密封垫或类似接合衬垫才归入品目8484，而用单一材料制的密封垫不归入品目8484，应按所用材料归类；只有成套的各式密封垫（必须至少配有两个及两个以上由不同材料制成）才归入品目8484。

6. 该章其他品目未列名的通用机器零件归入品目8487，如不同行业的机器上可通用的手轮就归入品目8487。

（十五）第八十五章结构规律

第八十五章主要包含电气电子产品及其零件，基本上是按商品的功能排列的。详见下列结构：

> 电能的产生、变换及储存设备 ………品目8501~8504、8506~8507
> 电动机械器具 ………………………品目8508~8510
> 依靠电性能工作的设备 ……………品目8505、8511~8518、8525~8531、8543
> 声音、图像录放设备 ………………品目8519~8522
> 记录媒体 ……………………………品目8523
> 电子元器件、电路开关、连接设备 …品目8532~8542、8545
> 绝缘电导体及绝缘体 ………………品目8544、8546~8547

（十六）电池的归类

电池按其是否可充电分为原电池和蓄电池，不可充电的原电池归入品目8506，可以充电的蓄电池归入品目8507。例如，石英手表用的扣式锂电池为不可充电的电池，归入子目8506.5000，而手机用锂离子电池为可充电电池，归入子目8507.6000。但与这两类电池工作原理不同的光电池、太阳能电池则要归入品目8541。

（十七）电动机械器具的归类

1. 一般电动机械器具归入品目8508~8510。

2. 品目8509仅适用于"家用"和"电动"的器具，还应注意归入该品目的有些家用

电动器具要受重量的限制（不超过 20 千克）。例如，小于 20 千克的家用电动绞肉机归入品目 8509，大于 20 千克的电动绞肉机则要按工业用的食品加工机器归入品目 8438，不超过 10 千克的手摇绞肉机则应按手工工具归入品目 8210。

另外，其他品目已列名的家用电动器具不归入本品目。例如，家用洗衣机归入品目 8450。

（十八）加热器具的归类

加热器具归类时一般要考虑的因素包括：工业或实验室用还是家用，是炉具还是一般加热器具，是电加热还是非电加热。

一般将电加热的工业或实验室用炉具归入品目 8514，而非电加热的工业或实验室用炉具归入品目 8417；一般家用的电加热器具归入品目 8516，家用非电热的器具归入品目 7321、7322、7418 或 8419，非家用的加热器具归入品目 8419 或 7322。例如，燃气热水器，由于其为非电热的，故应归入品目 8419。再如，农产品干燥用的器具，由于其为非家用的，故应归入品目 8419。

（十九）焊接设备的归类

对焊接设备归类时，首先判断其工作方式，若是以电气、激光、光子束、超声波、电子束、等离子弧等方式工作的焊接设备，归入品目 8515；若是以其他方式工作的焊接设备（例如气焊设备、摩擦焊设备），则归入品目 8468。

（二十）通信设备的归类

不论是有线通信设备还是无线通信设备，一律归入品目 8517，只有在确定子目时才区分是有线通信设备还是无线通信设备。常见的通信设备包括有线电话、蜂窝网络电话或其他无线网络电话（主要指手机），基站，电话交换机，光通信用设备（如光端机等），计算机网络通信用设备（如以太网交换机、路由器、集线器等），其他声音、图像或其他数据的转换及接收设备和发送设备。

用于声音、图像或其他数据的发送设备不要误归入品目 8525，计算机通信用的路由器、集线器等不要误按自动数据处理设备的部件归入品目 8471；其他品目已列名的通信设备，不归入品目 8517，例如，传真机已在品目 8443 列名，不要误按通信设备归入本品目。

（二十一）音像设备及无线广播、电视接收设备的归类

音像设备主要包括声音的录制、播放设备，转化设备（话筒和喇叭）等，图像的录制、播放设备，摄像机等。音像设备及无线广播、电视接收设备的归类情况归纳如下：

信号种类	变换方式	归类
声音	话筒和喇叭（声音⇄电信号）	品目 8518
	放音（记录媒体→声音）	品目 8519
	录音（声音→记录媒体）	品目 8519
	收音（无线电广播信号→声音）	品目 8527
图像	录放像（图像电信号⇄记录媒体）	品目 8521
	摄像（图像→记录媒体）	品目 8525
	电视（无线电电视信号→图像、声音）	品目 8528

（二十二）信息记录媒体的归类

目前常见的记录媒体主要包括磁性媒体、光学媒体和半导体媒体。磁性媒体常见的类型为磁带、磁盘及磁卡；光学媒体常见的类型主要是光盘；半导体媒体常见的类型有 U 盘、数码相机用的记忆棒、SD 卡、CF 卡、SM 卡等。例如，DVD 光盘（内含国外获奖影片），此光盘属光学记录媒体，归入品目 8523，因它既包含声音信息，又包含图像信息，所以归入子目 8523.4990。

这里应注意，微电脑用内存条不能作为记录媒体归入品目 8523，应作为自动数据处理设备的零件归入 8473.3090；移动硬盘不能作为记录媒体归入品目 8523，应作为自动数据处理设备的存储部件归入 8471.7010（其中，固态硬盘归入 8471.7011，机械硬盘归入 8471.7019）。

（二十三）灯、灯具的归类

对灯、灯具进行归类时，一般考虑的因素包括：是否带有灯座、何种用途等。不带灯座的各种灯泡、灯管等电光源归入品目 8539；带有灯座的灯具归入品目 9405；机动车辆（不含火车、飞机）的照明灯、信号灯归入品目 8512；火车和飞机的前灯等归入品目 9405；自供电源的灯（如手电筒、手提式应急灯）归入品目 8513；交通管理用的信号灯（交叉路口的红绿灯等）归入品目 8530；照相机用的闪光灯及灯泡归入品目 9006。

近几年发展迅速的 LED 灯泡、灯管按列名归入品目 8539，但是安装有 LED 灯泡或灯管的灯具仍然应归入品目 9405。

（二十四）通用电子元器件的归类

1. 通用电子元器件一般按其不同的特性归入品目 8532~8533、8540~8542，这些元器件一般作为电气设备的零件。其中，无源元件主要包括归入品目 8532 的电容器，归入品目 8533 的电阻器，还有归入品目 8504 的电感器；有源元件主要包括归入品目 8540 的热电子管、冷阴极管或光阴极管，归入品目 8541 的半导体器件（二极管、晶体管等）。

2. 集成电路归入品目 8542。首先，按其用途（处理器、控制器用、存储器、放大器等）归入不同的子目；其次，集成电路按技术的发展分为单片集成电路、混合集成电路、多芯片集成电路和多元件集成电路（具体概念及区别方法由第八十五章章注十二确定），所以对于集成电路的归类，还需要按该章注的规定确定属于哪种类型。

3. 发光二极管（即 LED）是一种可把电能变成可见光线、红外线或紫外线的半导体器件，可在控制系统中用作显示或传输数据，或用于照明和发光应用。

由于 LED 是一种半导体器件，无论是单个还是封装了多个 LED 芯片的 LED 器件，都归入品目 8541；将 LED 器件安装在印刷电路板上形成的 LED 组件，也归入品目 8541；如果再加上控制电路（目的是对交流电电源进行整流或将直流电控制在 LED 可用水平）则超出品目 8541 的范围，而应按 LED 模块归入子目 8539.5100；如果还带有便于安装在灯座上的灯头（例如，螺旋式、卡口式或双引脚式），则应按 LED 灯泡或灯管归入子目 8539.5210 或 8539.5220。

（二十五）简单电器装置的归类

简单的电器装置一般分为高压电器（电压>1000 伏）和低压电器（电压≤1000 伏），前者归入品目 8535，后者归入品目 8536。例如，耳机插座，属于连接电路的电气装置，且为低压电器（电压小于 1000 伏），归入品目 8536，然后按插座归入子目 8536.6900。

而由品目8535的高压电器或品目8536的低压电器组成的通常装于盘、板、台上或柜子里的组合体，应归入品目8537，如一些电器控制柜、数控装置等，本品目同时也包含一些较为复杂的装置，如可编程序控制器等。例如，耳机插座，属于连接电路的电气装置，且为低压电器（电压小于1000伏），归入品目8536，然后按插座归入子目8536.6900。

控制装置存在于很多自动化设备中，一般的控制装置例如洗衣机、微波炉的操作控制面板归入品目8537，但是自动控制装置应该归入品目9032。两者的区别在于：品目8537的控制装置是操作者设定一个"值"，例如设置洗衣的时间、水温、清洗力度等，启动后洗衣机即按该设定工作而无须人为干涉；品目9032的自动控制装置是设定一个"值"，例如设置温度自动控制器的水温为80℃，启动后当水在加热时，温度自动控制器中的测量部件（常用的是温度传感器）将测量到的水温转换为电信号并传递到控制部件，然后与设定值80℃进行比较后发出电信号给启停或操作部件（继续加热或者停止加热），从而使得水温始终保持在80℃的设定值。

（二十六）平板显示模组的归类

平板显示模组是指用于显示信息的装置或器具，该装置的基本组成是至少含有一个使用液晶（LCD）、有机发光二极管（OLED）、发光二极管（LED）或其他显示技术的显示屏。之所以称之为"模组"，是因为该装置设计为在使用前安装于其他品目所列货品中，例如安装于计算机、手机、摄像机、监视器、电视机上用作信息显示。

以LED显示屏为例，由液晶层夹于两片玻璃或塑料板片中制成，无论是否装有电子连接件或偏光板，这样的液晶装置归入子目8524.1100"不含驱动器或控制电路的液晶平板显示模组"。如果在此基础上增加驱动器或控制电路（驱动器用于接收视频信号或其他信号并控制显示屏各个像素点的开关，控制电路用于显示模组的电源供应或时序控制），则归入子目8524.91。

但是，根据第八十五章章注七的规定，如果在上述平板显示模组的基础上再增加装有转换视频信号的组件（例如，图像缩放集成电路、解码集成电路或程序处理器），则超出品目8524的范围，应归入其他品目（例如品目8528的监视器）。

另外，如果将平板显示模组集成到其他装置中，则应按该装置的整机归入相应的品目。例如，装有平板显示模组的视频游戏控制器应按"电子游戏机"归入品目9504。

（二十七）具有独立功能未列名机电产品的归类

具有独立功能且其他品目未列名的机电产品一般归入品目8479（机械设备）或8543（电气设备）。这两个品目又可看作第八十四章和第八十五章的兜底品目。

第十七类 车辆、航空器、船舶及有关运输设备（第八十六章至第八十九章）

（一）运输设备零件、附件的归类

根据本类类注二，其他类已列名的零件、附件不归入本类，常见的有第八十四章、第八十五章列名的机电产品，第十五类类注二规定的"通用零件"及塑料制的类似品。例如，汽车发动机是车辆的一个部件，在第八十四章有列名，故归入第八十四章，而不归入第八十七章。

只有专用于本类设备的零件、附件才与设备一并归类或归入零件专用的品目。同时应注意，本类只有第八十六章至第八十八章包括这些运输设备的零件、附件，第八十九章不包括零件、附件，只包括船舶及浮动结构体等运输设备，所以即使能确定专用于或主要用于船舶也不归入该章，一般按主要用途归入前面各章。例如，船舶用舵机作为船舶的一个部件，应归入子目8479.8910，而不归入第八十九章。

（二）客车、货车的归类

1. 用于载人的机动车辆按座位数分为两种：10座及以上的车辆和10座以下的车辆，其中座位数包括驾驶员座位和折叠椅座位数。

传统汽车使用汽油或柴油作为燃料，新能源汽车则全部或部分使用电力作为汽车动力来源。目前，新能源汽车主要分为纯电动汽车、非插电式混合动力汽车和插电式混合动力汽车。

纯电动汽车，特点是动力仅由电动机提供，用蓄电池存储电力。

混合动力汽车，特点是动力由传统的内燃发动机和电动机混合提供。具体又分为两种：

（1）非插电式混合动力汽车（如丰田的"普锐斯"），电池容量很小，仅在起/停、加/减速的时候供应/回收能量，不能外部充电，不能用纯电模式较长距离行驶；

（2）插电式混合动力汽车（如比亚迪的"秦"），是采用外接电源（充电桩甚至接线板）对蓄电池进行直接充电的混合动力车。电池容量相对比较大，通过外部充电，可以用纯电模式长途行驶，也可适时向电池充电。

点燃式活塞内燃发动机主要包括用火花塞点火的汽油发动机，压燃式活塞内燃发动机主要包括柴油发动机。

2. 用于载货的车辆按发动机类型（点燃式活塞内燃发动机、压燃式活塞内燃发动机）和车辆总重量归入品目8704项下的相关子目。

车辆的总重量＝车辆的自重+最大设计载荷+加满油的油箱重量+驾驶员的重量

（三）特种车辆的归类

不以载人、载货为主要目的的特种车辆归入品目8705，例如，消防车、起重车等。

而有些特殊用途的车辆仍以载人、载货为主要目的，例如，囚车、警车、灵车、赛车等仍以载人为主要目的，要归入品目8702~8703，不按特种车辆归类；冷藏货车、液罐车、运钞车、自动装卸货车（装有绞车、提升机等装置，但主要用于运输）等仍以载货为主要目的，要归入品目8704，不按特种车辆归类。

用于展示、教学用而无其他用途的未剖开或已剖开的模型车辆及真实车辆不归入第八十七章，而归入品目9023。

（四）汽车零件、附件的归类

通常所称的汽车零件、附件，一般指品目8701~8705所列机动车辆用的零件、附件。

对这些零件、附件进行归类时，首先判断是否是本类类注二已排除掉的（即在其他类已列名），只有确定在其他类未列名的情况下，才归入品目8708；其次根据零件所在车辆的部位（车身、制动器、变速箱、驱动桥、车轮、悬挂系统等）确定第5位子目；最后确定第6位至第8位子目，由于我国所列的某些第7位、第8位子目是按前面整车类型所列，所以在确定这些子目前必须先确定整车的编码。

例1 变速箱（车辆总重量为12吨的重型货车用，柴油发动机），应按货车专用零件归入品目8708，然后按列名归入子目8708.4，又因该货车整车归入子目8704.2230，故最后将此变速箱归入子目8708.4040。

例2　带充气系统的安全气囊（小轿车用）。安全气囊属于轿车专用的零件，归入品目8708，比较该品目下的一级子目，归入子目8708.9，然后按列名归入子目8708.9500。

例3　轿车用的传动轴，由于传动轴属于汽车的传动系统，不是发动机所用，不符合第十七类类注二"本类所称零件及零件、附件，不适用于下列货品，不论其是否确定为供本类货品使用：（五）……品目8483的物品（这些物品是构成发动机或其他动力装置所必需的）"，故不能归入品目8483，而应作为汽车零件归入品目8708。

例4　轿车用铁皮制烟灰缸，尽管是汽车专用的烟灰缸，但烟灰缸属于品目8302所列"用于……车厢……的贱金属附件及架座"，并且品目8302的物品属于第十五类类注二（三）所规定的"通用零件"，再根据第十七类类注二"本类所称零件及零件、附件，不适用于下列货品，不论其是否确定为供本类货品使用：（二）第十五类注释二所规定的贱金属制通用零件（第十五类）"，故该烟灰缸应归入品目8302而不能按汽车零件归入品目8708。

（五）摩托车和自行车的归类

摩托车和自行车分别归入品目8711和8712。摩托车按发动机类型和气缸容量归入不同的子目，自行车按用途和车轮直径（以英寸为单位）归入不同的子目。

电动自行车应按装有辅助动力的脚踏车归入子目8711.6000。

摩托车及自行车的零件、附件归入品目8714，但摩托车用的发动机及发动机的零件因在第八十四章已有列名，不归入本品目。

第十八类　光学、照相、电影、计量、检验、医疗或外科用仪器及设备、精密仪器及设备；钟表；乐器；上述物品的零件、附件（第九十章至第九十二章）

（一）第九十章的结构规律

第九十章的光学、计量、医疗仪器、精密仪器，在结构编排上有一定规律，掌握这个规律，有助于正确归类。其结构规律如下：

光学仪器设备
 简单光学元件（分未装配和已装配）……………………品目9001～9002
 简单光学器具（眼镜、眼镜架、望远镜）……………品目9003～9005
 复杂光学器具（照相机、摄影机、显微镜等）………品目9006～9013
计量、测绘等仪器及器具……………………品目9014～9017及9028、9029
医疗仪器及器械……………………………………品目9018～9022
专供示范而无其他用途的仪器、装置及模型………品目9023
其他测试分析仪器及自动调节和控制装置…………品目9024～9027、9030～9032

（二）光学元件的归类

对于玻璃制的光学元件，只有经过光学加工的光学元件（但未装配的）才归入品目9001，未经光学加工的光学元件应按材料归入品目7014；其他材料（如有机玻璃）制的光学元件不论是否经过光学加工，一律归入品目9001。

已装配（即带有镜筒或框架）同时还要"作为仪器装置的零件、配件"的光学元件才归入品目 9002。例如，已装配的用于显微镜的物镜归入子目 9002.1990；而已装框的放大镜，因其不作为仪器装置的零件、配件，所以不归入本品目，应归入子目 9013.8010。

（三）光学仪器的归类

光学仪器一般按其功能和用途归入品目 9005～9013。其中：

1. 双筒望远镜、单筒望远镜等普通望远镜归入品目 9005，但用于机床上的校直望远镜和坦克上的潜望镜要归入品目 9013。

2. 印刷制版用的电子分色机、激光照相排版设备归入品目 9006，不能按制版的设备归入品目 8442。

（四）医疗器械及器具的归类

医疗器械及器具一般归入品目 9018～9022。

在确定其品目时，一般要根据其工作原理、特性及用途等因素。同样用于疾病诊断的医疗器械，因其工作原理不同而归入不同的品目。例如，B 型超声波检查仪、核磁共振成像仪和 X 射线断层检查仪均是通过影像进行疾病诊断的仪器，但因其成像原理不同而归入不同的品目，B 型超声波检查仪、核磁共振成像仪归入品目 9018，而 X 射线断层检查仪（又称"CT 机"），利用 X 射线进行扫描成像，归入品目 9022。

机械疗法、氧疗法、臭氧疗法、吸入疗法、人工呼吸及按摩等用的设备及装置归入品目 9019。

矫形用具、人造假肢及骨折用具（包括兽用）、弥补人体生理缺陷的器具归入品目 9021。

X 射线或 α 射线、β 射线、γ 射线的应用设备归入品目 9022，不仅包括用于医疗上的，还包括用于其他行业（如工业）上的。例如，冶金工业中用于检查合金均匀性的 X 射线设备仍归入此品目。但是，用于探测 X 射线或 α 射线、β 射线、γ 射线的设备不归入本品目，应归入品目 9030。

其他用于医疗、外科、牙科或兽医的仪器及器具（未在其他品目列名）归入品目 9018。例如，电子眼压记录仪属于电子诊断设备，应归入品目 9018。但也有部分医疗仪器已在其他品目列名。例如，测量体温的体温表归入品目 9025，观察病理切片的生物显微镜归入品目 9011 或 9012，分析、检验血液、组织液、尿液等的仪器设备和检镜切片机归入品目 9027，眼底照相机归入品目 9006。

（五）第九十章设备所用零件、附件的归类

第九十章设备用零件、附件的归类与第十六类机电产品零件的归类原则相似。

（六）钟表及计时器具的归类

用于计时或与时间有关的某些操作器具（如考勤钟、定时开关等）及其零件归入第九十一章。

品目 9101 与 9102 所列手表的区别：只有表壳全部用贵金属或包贵金属制得的表才归入品目 9101；若是表壳用贵金属或包贵金属以外的材料制成，表壳用贵金属或包贵金属制成而表背面用钢制成，或表壳用镶嵌贵金属的贱金属制成的表均归入品目 9102。

某些钟表零件已在第九十一章章注一中排除，不要归入该章。

（七）乐器的归类

各种乐器及其零件归入第九十二章。乐器归类的关键是确定其种类（弦乐器、管乐

器、打击乐器、电子乐器、其他未列名乐器），例如，普通钢琴归入品目9201，而目前市场上销售的电钢琴，不能按普通钢琴归类，因它属于电子乐器，应归入品目9207。

第十九类　武器、弹药及其零件、附件（第九十三章）

归类时应注意以下两点：

一是装甲战斗车辆不能作为武器归入该章，应按车辆归入品目8710；弓、箭、钝头击剑等不能作为武器归入该章，应作为运动用品归入第九十五章。

二是其他章已列名的武器及零件不应归入该章，例如，第九十章的武器瞄准用的望远镜。

第二十类　杂项制品（第九十四章至第九十六章）

（一）家具及其零件的归类

具有实用价值的落地式可移动的家具（如桌、椅等），落地式或悬挂的、固定在墙壁上叠摞的碗橱、书柜、其他架式家具（包括与将其固定于墙上的支撑物一同报验的单层搁架）、坐具及床归入品目9401~9403；单独报验的组合家具各件均归入第九十四章，但落地灯不能按家具归类，应按灯具归入品目9405。

品目9402的医疗、外科、牙科或兽医用的家具不能带有医疗器械（设备），如带有牙科器械的牙科用椅不能归入本品目，而应按医疗器械归入品目9018。

具有特定用途或为安装特定用途的装置、设备而特制的家具，一般按特定用途的装置、设备归类。例如，有象棋盘桌面的桌子和台球桌归入品目9504，作为缝纫机台架用的家具归入品目8452。

专用于或主要用于第九十四章家具的零件归入该章相应品目；单独报验的玻璃或镜子、大理石等按材料归类。

第九十四章也包括机动车辆、飞机等用的坐具及零件（如座椅调角器），这些坐具及零件不能按车辆或飞机的零件归入第十七类。

（二）床上用品及寝具的归类

装有弹簧或内部填充棉花、羊毛、马毛、羽绒、合成纤维等，或以海绵橡胶或泡沫塑料制成的床上用品及寝具，如褥垫、被褥及床罩（内含填充物）、鸭绒被、棉被、枕头、靠垫、坐垫、睡袋等归入品目9404。

未装有内部填充物的床上用品及寝具，例如，床单、床罩、枕头套、鸭绒被套、靠垫套、毯子等则按纺织品归入第六十三章。

（三）玩具的归类

儿童乘骑的带轮玩具（如三轮车、踏板车、踏板汽车等），玩偶车，玩偶及其零件、附件（如玩偶的服装、鞋、靴、帽等）和其他供儿童或成人娱乐用的各种智力玩具或其他玩具均归入品目9503，但宠物玩具（指专供宠物使用的玩具）不归入品目9503。

（四）体育用品和游乐场用娱乐设备的归类

一般体育用品归入品目9506或9507，游乐场用娱乐设备归入品目9508。

（五）杂项制品的归类

各种纽扣归入品目9606，拉链归入品目9607，梳子归入品目9615。这些不应按制成材料的属性归入其他类。

打字机色带归入品目 9612，不应按打印机的零件归入第八十四章。

裁缝用和商品陈列或广告宣传用的人体活动模型归入品目 9618，不应按专供示范用模型归入品目 9023。

卫生巾（护垫）、婴儿尿布及尿布衬里，以及具有吸收性的卫生护理垫、用于大小便失禁的成人尿布及内裤衬垫，不管是何种材料制成的，都应归入品目 9619。

由于越来越多的设备需要利用脚架来达到使用用途的多样性，且此类脚架的通用性越来越强，故本章为脚架单独设立了品目。因此，脚架不再考虑其用途、形式（独脚架、双脚架、三脚架等），都属于品目 9620 的范围。例如，我们平时拍照喜欢用的"手机自拍杆"应归入品目 9620。

第二十一类 艺术品、收藏品及古物（第九十七章）

（一）超过 100 年古物的归类

除天然或养殖珍珠、宝石和半宝石以及品目 9701~9705 以外的物品，若超过 100 年则优先归入品目 9706。例如，超过 100 年的乐器不按乐器归入第九十二章，而应归入品目 9706；而品目 9701~9705 的物品即使超过 100 年，仍归入原品目。

（二）雕版画、印制画、石印画原本和雕塑品原件的归类

只有完全用手工制作的印版直接印制出的原本才归入品目 9702，而使用机器或照相制版方法制作的印版印制出的原本不能归入本品目。

只有各种材料制的雕塑品原件才归入品目 9703，而成批生产的复制品不能归入本品目。

（三）其他艺术品、收藏品的归类

对于已装框的油画、粉画，若框架的种类、价值与作品相称，此时一并按作品归类，若框架种类、价值与作品不相称，则框架与作品应分别归类。

该章与第四十九章未使用过的邮票的区别：该章邮票具有收藏价值，以收藏为主要目的，不能用于正常邮寄信件或包裹的商业行为。例如，日本邮票在中国境内不能用于邮寄，只能用于个人收藏。

第八章 进出口税费

第一节 进出口税费概述

进出口税费是指在进出口环节中由海关依法征收的关税、消费税、增值税等税费。依法征收税费是海关的任务之一。依法缴纳税费是有关纳税义务人的基本义务。学会如何缴纳进出口税费是报关人员应该具备的报关技能之一。

进出口税费征收的法律依据主要是《海关法》《关税条例》及其他有关法律、行政法规。

另外，按照《中华人民共和国船舶吨税法》，船舶吨税由海关征收，因此相关内容也在本章一并介绍。

一、关税

（一）关税的含义

关税是由海关代表国家，按照国家制定的关税政策和公布实施的税法及进出口税则，对进出关境的货物和物品征收的一种流转税。海关征收关税的依据是国家制定的法律和行政法规。

关税是国家税收的重要组成部分，是国家中央财政收入的重要来源，也是世界贸易组织（WTO）允许缔约方保护其境内经济的一种手段，其基本作用在于体现国家主权，推动国家的经济建设。关税的起征点为50元人民币，低于50元的免征。

（二）关税的要素

1. 关税征税主体

关税征税主体，亦称关税征收主体。根据《海关法》的规定，行使征收关税职能的国家机关是中华人民共和国海关，征收关税是海关的一项主要任务。未经法律的授权，其他任何单位和个人均无权征收关税。

2. 关税征收对象

关税征收对象，亦称关税征收客体。法律规定，作为征收关税的标的物，是进出一国（地区）关境的货物或物品，它是区别关税和其他税种的重要标志。

3. 关税纳税义务人

关税纳税义务人，亦称关税纳税人或关税纳税主体，是指依法负有直接向国家缴纳关税义务的法人或自然人。《关税条例》规定，进口货物的收货人、出口货物的发货人、进出境物品的所有人是关税的纳税义务人。①

以下情形相关责任人应承担缴纳税款责任：

（1）报关企业接受纳税义务人的委托，以纳税义务人的名义办理报关纳税手续，因报关企业违反规定而造成海关少征、漏征税款的，报关企业对少征或者漏征的税款、滞纳金与纳税义务人承担纳税的连带责任。

（2）报关企业接受纳税义务人的委托，以报关企业的名义办理报关纳税手续的，报关企业与纳税义务人承担纳税的连带责任。

（3）除不可抗力外，在保管海关监管货物期间，海关监管货物损毁或者灭失的，对海关监管货物负有保管义务的人应当承担相应的纳税责任。

（4）欠税的纳税义务人，有合并、分立情形的，在合并、分立前，应当向海关报告，依法缴清税款。纳税义务人合并时未缴清税款的，由合并后的法人或者其他组织继续履行未履行的纳税义务；纳税义务人分立时未缴清税款的，分立后的法人或者其他组织对未履行的纳税义务承担连带责任。

（5）纳税义务人在减免税货物、保税货物监管期间，有合并、分立或者其他资产重组情形的，应当向海关报告。按照规定需要缴税的，应当依法缴清税款；按照规定可以继续享受减免税、保税待遇的，应当到海关办理变更纳税义务人的手续。

（6）纳税义务人欠税或者在减免税货物、保税货物监管期间，有撤销、解散、破产或者其他依法终止经营情形的，应当在清算前向海关报告。海关应当依法对纳税义务人的应缴税款予以清缴。

（7）在海关注册登记的跨境电子商务平台企业、物流企业或申报企业作为税款的代收代缴义务人，代为履行纳税义务，并承担相应的补税义务及相关法律责任。

（三）关税的分类

按照不同的标准可对关税进行多种分类，本教材从应用角度将关税做如下划分。

1. 按照货物的流向，可分为进口关税、出口关税和过境关税

（1）进口关税

进口关税是指一国（地区）海关以进入其境内的货物和物品为课税对象所征收的关税，这是关税中最主要的一种。我国征收的关税主要是进口关税。

（2）出口关税

出口关税是指一国（地区）海关以出境货物、物品为课税对象所征收的关税。

为鼓励出口，世界各国（地区）一般不征收出口关税或仅对少数商品征收出口关税。征收出口关税的主要目的是限制和调控某些商品的过度、无序出口，特别是防止本国一些重要自然资源和原材料的无序出口。

（3）过境关税

过境关税亦称通过税，指一国（地区）海关对通过其关境的外国货物所征收的一种关税。

---

① 跨境电子商务零售进口商品，消费者（订购者）为纳税义务人。在海关注册登记的跨境电子商务平台企业、物流企业或申报企业作为税款的代收代缴义务人，代为履行纳税义务，并承担相应的补税义务及相关法律责任。参见《关于完善跨境电子商务零售进口税收政策的通知》（财关税〔2018〕49号）。

征收过境关税的目的是增加财政收入。随着国际贸易的发展，特别是交通条件的改善，目前过境关税已很少见，大多采取税款担保形式操作，以保障过境货物依法原状运出关境。

2. 按照计征标准或计税方法，可分为从价税、从量税、复合税、滑准税

（1）从价税

从价税是以货物、物品的价格作为计税标准，以应征税额占货物价格的百分比为税率，价格和税额成正比例关系的关税。我国对进出口货物征收关税主要采用从价税计税标准。

从价税计征公式为：

应纳关税税额＝完税价格×进口关税税率

其中，对出口货物征收关税时：

货物完税价格＝FOB（中国境内口岸）÷（1+出口关税税率）

（2）从量税

从量税是以货物和物品的计量单位（如重量、数量、容量等）作为计税标准，按每一计量单位的应征税额计征的征收关税方式。

从量税计征公式为：

应纳关税税额＝完税数（重）量×进（出）口从量关税税率

（3）复合税

复合税是在《税则》中，一个税目中的商品同时使用从价、从量两种标准计税，计税时按两者之和作为应征税额的征收关税方式。目前，我国仅对进口货物采用该种计税方式。

复合税计征公式为：

关税税额＝完税价格×进口关税税率+完税数（重）量×进口从量关税税率

（4）滑准税

滑准税是在《税则》中预先按产品的价格高低分档制定若干不同的税率，然后根据进口商品价格变动而增减税率的征收关税方式。当商品价格上涨时采用较低税率，当商品价格下跌时则采用较高税率，其目的是使该种商品的国内市场价格保持稳定。

我国目前仅对关税配额外进口的一定数量棉花适用滑准税形式暂定税率。

3. 按照是否施惠，可分为普通关税、优惠关税

（1）普通关税

普通关税又称一般关税，是指对与本国没有签署贸易或经济互惠等友好协定的国家或地区原产货物征收的非优惠关税。目前我国对非原产于适用最惠国待遇税率、协定优惠税率、特惠税率的国家或地区的进口货物，以及无法判明原产地的进口货物，适用普通税率。

（2）优惠关税

优惠关税是指对来自特定国家或地区的进口货物在关税方面给予优惠待遇，按照比普通关税税率低的税率征收的关税。

优惠关税一般有最惠国待遇关税、协定优惠关税、特定优惠关税、普遍优惠关税4种。

①最惠国待遇关税

我国规定，原产于共同适用最惠国待遇条款的世界贸易组织（WTO）成员的进口货物、原产于与我国签订含有相互给予最惠国待遇条款的双边贸易协定的国家或地区的进口货物，以及原产于我国关境内的进口货物，适用最惠国待遇关税。

②协定优惠关税

我国规定，原产于与我国签订含有关税优惠条款的区域性贸易协定的国家或地区的进口货物，适用协定税率。

③特定优惠关税

特定优惠关税又称特惠关税，原产于与我国签订含有特殊关税优惠条款的贸易协定国家或地区的进口货物，适用特惠税率。

④普遍优惠制关税

普遍优惠制关税指发达国家对进口原产于发展中国家的工业制成品、半制成品和某些初级产品降低或取消进口关税待遇的一种关税优惠。我国是发展中国家，对进口货物不存在普惠税率。

4. 按照是否根据《税则》征收，分为正税和附加税

（1）正税

正税是按照《税则》中的进口税率征收的关税。正税具有规范性、相对稳定性的特点。从价税、从量税、复合税、滑准税等都属于正税。

（2）附加税

附加税指国家由于特定需要，对货物除征收关税正税之外另行征收的关税，一般具有临时性特点。附加税包括反倾销税、反补贴税、保障措施关税、报复性关税等。

世界贸易组织（WTO）不准其成员方在一般情况下随意征收附加税，只有符合世界贸易组织（WTO）反倾销、反补贴等有关规定的，才可以征收。

①反倾销税

反倾销税是为抵制外国商品倾销进口，保护国内相关产业而征收的一种进口附加税，即在倾销商品进口时除征收进口关税外，另外加征反倾销税。根据我国《反倾销条例》的规定，凡进口产品以低于其正常价值出口到我国且对我国相关企业造成实质性损害的即为倾销。

反倾销税由商务部提出建议，国务院关税税则委员会作出决定，海关负责征收，其税额不超出倾销幅度。我国目前征收的进口附加税主要是反倾销税。

②反补贴税

反补贴税是指为抵消进口商品在制造、生产和输出时直接或间接接受的任何奖金或补贴而征收的附加税，即在补贴商品进口时除征收进口关税外，另外加征反补贴税。根据我国《反补贴条例》的规定，出口国（地区）政府或者任何公共机构提供的为接受者带来利益等的财政资助以及任何形式的收入或者价格支持的为补贴。进口产品存在补贴，并对已经建立的国内产业造成实质损害或者产生实质损害威胁，或者对建立国内产业造成实质阻碍的，采取反补贴措施。

反补贴税由商务部提出建议，国务院关税税则委员会作出决定，海关负责征收，其税额不超出补贴幅度。

③保障措施关税

保障措施关税是指因进口产品数量增加，并对生产同类产品或直接竞争产品的国内产业造成严重损害或严重威胁而征收的关税，分临时保障措施关税和最终保障措施关税两类。其不分国别，对来自所有国家和地区的同一产品，一般只适用一个税率。

根据我国《保障措施条例》的规定，保障措施关税由商务部提出建议，国务院关税税则委员会作出决定，海关负责征收。

④报复性关税

报复性关税是指当他国对本国出口货物有不利或歧视性待遇时，对从该国进口的货物予以报复而征收的一种附加税。

《关税条例》规定：任何国家或者地区违反与中华人民共和国签订或者共同参加的贸易协定及相关协定，对中华人民共和国在贸易方面采取禁止、限制、加征关税或者其他影响正常贸易的措施的，对原产于该国家或者地区的进口货物可以征收报复性关税，适用报复性关税税率。征收报复性关税的货物、适用国别、税率、期限和征收办法，由国务院关税税则委员会决定并公布。

反倾销、反补贴等附加税的征收公式均一致，以反倾销税为例：

应纳反倾销税税额＝完税价格×反倾销税税率

征收反补贴等附加税税款计算时替换成相应反补贴税率。需要注意，同一货物同时征收关税正税与附加税时应分别计算正税及附加税；同一货物同时执行反倾销和反补贴措施及其他附加关税时，不同附加税亦应分别计算，最后合计的总额方为应缴关税额。

以上按照是否施惠及是否按税则征收标准对关税的分类，均只适用于进口关税。

（四）关税税率设置

1. 进口关税税率

（1）从价方式税率设置

我国对进口关税设置最惠国税率、协定税率、特惠税率、关税配额税率、普通税率等正税税率，在正常最惠国税率及关税配额等税率基础上，还可实施暂定进口关税。

①最惠国税率

原产于共同适用最惠国待遇条款的世界贸易组织（WTO）成员的进口货物，原产于与中华人民共和国签订含有相互给予最惠国待遇条款的双边贸易协定的国家或者地区的进口货物，以及原产于中华人民共和国境内的进口货物，适用最惠国税率。

在最惠国税率中，还包含非全税目信息技术产品最惠国税率，适用范围以货品名称栏中描述为准。

②协定税率

原产于与中华人民共和国签订含有关税优惠条款的贸易协定的国家或者地区的进口货物，适用协定税率。2024年，按照中国与新西兰、秘鲁、哥斯达黎加、瑞士、冰岛、韩国、澳大利亚、巴基斯坦、毛里求斯、柬埔寨的自由贸易协定和《区域全面经济伙伴关系协定》（RCEP）进一步降税；按照中国与东盟、智利、新加坡、格鲁吉亚的自由贸易协定、中国与尼加拉瓜的自由贸易协定早期收获，以及《内地与香港关于建立更紧密经贸关系的安排》（以下简称"香港CEPA"）、《内地与澳门关于建立更紧密经贸关系的安排》

（以下简称"澳门 CEPA"）等已完成降税，继续实施协定税率；亚太贸易协定继续实施；《海峡两岸经济合作框架协议》（ECFA）已完成降税，继续实施协定税率，但《国务院关税税则委员会关于中止〈海峡两岸经济合作框架协议〉部分产品关税减让的公告》（税委会公告 2023 年第 9 号）所涉及货物除外。

③特惠税率

原产于与中华人民共和国签订含有特殊关税优惠条款的贸易协定的国家或者地区的进口货物，或者原产于中华人民共和国自主给予特别优惠关税待遇的国家或者地区的进口货物，适用特惠税率。2024 年，我国对孟加拉国、老挝、缅甸、柬埔寨、埃塞俄比亚等 43 个国家（地区）的部分进口商品实施特惠关税。

④关税配额税率

国家对部分重要商品（2024 年范围是小麦、玉米、稻谷和大米、糖、羊毛、毛条、棉花、化肥 8 类货物）实施关税配额管理。关税配额内的，适用关税配额税率。其中，对尿素、复合肥、磷酸氢铵 3 种化肥的配额税率继续实施 1% 的暂定税率。

⑤暂定税率

在最惠国税率、协定税率、特惠税率和关税配额率基础上，国家在一定时期内可对进口的某些重要工农业生产原材料和机电产品关键部件制定暂时的关税税率。这种税率一般按照年度制定，并且随时可以根据需要恢复按照法定税率征税。

我国暂定关税还有一种特殊的形式。国家规定，对配额外进口的一定数量棉花，适用滑准税形式暂定关税。

⑥普通税率

上述之外的国家或者地区的进口货物及原产地不明的进口货物，适用普通税率。

除以上关税正税税率设置外，国务院设立的关税税则委员会还根据形势变化在不同时期设置反倾销税、反补贴税、保障措施关税、报复性关税等附加关税税率。

（2）从量方式税率设置

目前我国对冻整鸡及鸡产品、啤酒、石油原油、胶片等进口商品征收从量税①。

（3）复合关税税率设置

我国以复合方式计征关税目前仅针对进口货物，且最惠国税率已降为零。

2. 出口关税税率

国家对少数出口货物征收出口关税，在正常的出口关税税率基础上，对其中部分出口货物还施行暂定出口关税税率。暂定出口税率一般按照年度制订，并且随时可以根据需要恢复按照法定税率征税。自 2024 年 1 月 1 日起继续对铬铁等 107 项商品征收出口关税，对其中 68 项商品实施出口暂定税率。我国目前对出口货物均以从价方式计征关税。

以上进口、出口关税税率设置详情见 2024 年《税则》。

二、进口环节代征税

进口货物、物品在办理海关手续放行后，进入国内流通领域，与国内货物同等对待，需缴纳应征的国内税。进口货物、物品的国内税依法由海关在进口环节征收。目前，进口

---

① 啤酒和原油的最惠国从量税率已为零。

环节海关代征税（简称"进口环节代征税"）主要有增值税①、消费税两种，其中增值税征收采用从价计征方式，消费税征收采用从价、从量、复合3种计征方式，不同的应征消费税商品的计税方式均有明确规定。多数进口商品仅仅涉及关税及进口环节增值税的计算，少数特定范围的商品同时征收消费税。同一商品同时征收关税及进口环节代征增值税和消费税的，先计算关税（如有附加关税也先于进口环节代征税计算），后计算进口环节消费税，最后计算进口环节增值税。

（一）进口环节增值税

1. 含义

增值税是以商品的生产、流通和劳务服务各个环节所创造的新增价值为课税对象的一种流转税。进口环节增值税是在货物、物品进口时，由海关依法向进口货物的法人或自然人征收的一种增值税。

采用并全面推行国际通行的增值税制，有利于促进专业分工与协作，体现税负的公平合理，稳定国家财政收入，同时也有利于出口退税的规范操作。

2. 征纳规定

进口环节增值税由海关依法向进口货物的法人或自然人征收，其他环节的增值税由税务机关征收。在中华人民共和国境内销售货物或者提供加工、修理修配劳务及进口货物的单位和个人，为增值税的纳税义务人，应当依照《中华人民共和国增值税暂行条例》缴纳增值税。进口货物由纳税义务人（进口人或者其代理人）向办理进口手续的海关申报纳税。

进口环节增值税税率的调整及增值税的免税、减税项目由国务院规定，任何地区、部门均不得规定免税、减税项目。进口环节增值税的起征点为50元人民币，低于50元的免征。进口环节增值税的征收管理，适用关税征收管理的规定。

进口环节增值税组成计税价格中包含关税税额和消费税税额（不征收消费税的，消费税为零）。

应纳税额＝增值税组成计税价格×增值税税率

其中：

增值税组成计税价格＝关税完税价格＋关税税额＋消费税税额

3. 征收范围和税率

在我国境内销售货物（销售不动产或免征的除外）或提供加工、修理修配劳务以及进口货物的单位和个人，都要依法缴纳增值税。在我国境内销售货物，是指所销售的货物启运地和所在地都在我国境内。

我国增值税的征收原则是中性、简便、规范，采取基本税率再加一档低税率的征收模式。适用基本税率（13%）的范围包括：纳税人销售或者进口除适用低税率的货物以外的货物，以及提供加工、修理修配劳务。

适用低税率（9%）的范围是指纳税人销售或者进口下列货物：

农产品（含粮食）、自来水、暖气、石油液化气、天然气、食用植物油、冷气、热水、

---

① 自2018年6月1日起，租赁进口飞机增值税的征收管理，由国内税务机关实施，海关不再代征。

煤气、居民用煤炭制品、食用盐、农机、饲料、农药、农膜、化肥、沼气、二甲醚、图书、报纸、杂志、音像制品、电子出版物。

（二）进口环节消费税

1. 含义

消费税是以消费品或消费行为的流转额作为课税对象而征收的一种流转税。我国开征消费税的目的是调节我国的消费结构，引导消费方向，确保国家财政收入，它是在对货物普遍征收增值税的基础上，选择少数消费品再予征收的税。进口环节消费税是在货物、物品进口时，由海关依法向进口货物的法人或自然人征收的一种消费税。

2. 征纳规定

在中华人民共和国境内生产、委托加工和进口《中华人民共和国消费税暂行条例》（以下简称《消费税暂行条例》）规定的消费品（以下简称应税消费品）的单位和个人，以及国务院确定的销售《消费税暂行条例》规定的消费品的其他单位和个人，为消费税的纳税义务人。我国的消费税由税务机关征收，进口的应税消费品的消费税由海关代征，由纳税义务人（进口人或者其代理人）在报关进口时向报关地海关申报纳税。

进口环节消费税的税目、税率，依照《消费税暂行条例》所附的"消费税税目税率表"执行；消费税税目、税率的调整，由国务院决定。进口环节消费税的起征点为 50 元人民币，低于 50 元的免征。进口环节消费税的征收管理，适用关税征收管理的规定。进口至我国的应税消费品的消费税，根据商品的不同有从价定率、从量定额、从价定率和从量定额的复合计税三种计征方式，计算时需要根据具体的应税商品选择正确的计税方法。不属于应征消费税征收范围的，无须进行消费税计算。

（1）从价定率方式计算公式

消费税应纳税额＝消费税组成计税价格×消费税比例税率

其中：

消费税组成计税价格＝（关税完税价格+关税税额）÷（1−消费税比例税率）

（2）从量定额方式计算公式

消费税应纳税额＝应征消费税进口数量×消费税定额税率

目前，我国对啤酒、黄酒、成品油、生物柴油等进口商品实行从量计征方式。

（3）复合计税方式计算公式

消费税应纳税额＝消费税组成计税价格×消费税比例税率+应征消费税进口数量×消费税定额税率

其中：

消费税组成计税价格＝（关税完税价格+关税税额+应征消费税进口数量×消费税定额税率）÷（1−消费税税率）

目前，我国对香烟、白酒、威士忌、白兰地等烈性酒等进口商品实行复合计税方式，应缴税款是从价定率与从量定额方式应缴税款的总和。

3. 征收范围

消费税的征税范围，主要是根据我国经济社会发展现状和现行消费政策、人民群众的消费结构，以及财政需要，并借鉴国外的通行做法确定的。

消费税的征收范围，仅限于少数消费品。应税消费品大体可分为以下 4 种类型：

（1）一些过度消费会对人的身体健康、社会秩序、生态环境等方面造成危害的特殊消费品，如烟、酒、鞭炮、焰火、电池、涂料等；

（2）奢侈品、非生活必需品，如贵重首饰及珠宝玉石、化妆品等；

（3）高能耗消费品，如小轿车、气缸容量 250 毫升以上摩托车等；

（4）不可再生和替代的资源类消费品，如汽油、柴油等。

三、船舶吨税

按照《中华人民共和国船舶吨税法》的规定，自中华人民共和国境外港口进入境内港口的船舶，应当缴纳船舶吨税。

（一）含义

船舶吨税（简称吨税）是由海关在设关口岸对自中华人民共和国境外港口进入境内港口的船舶（简称应税船舶）征收的一种使用税，是对船舶使用港口助航设施征收的税款，征收吨税的目的是用于航道设施的建设。

（二）征纳规定

1. 计征规定

吨税按照船舶净吨位（指由船籍国或地区政府签发或者授权签发的船舶吨位证明书上标明的净吨位）和吨税执照期限（指按照公历年、日计算的期间，分 1 年、90 天与 30 天期缴纳三种）征收。应税船舶负责人在每次申报纳税时，可以自行选择申领一种期限的吨税执照。定期班轮选择 1 年期吨税期限为宜，单航程租船运输多选择 30 天期限缴纳吨税。

吨税纳税义务发生时间为应税船舶进入港口的当日。其中，进境后驶达锚地的，以船舶抵达锚地之日起计算；进境后直接靠泊的，以靠泊之日起计算。应税船舶在吨税执照期满后尚未离开港口的，应当申领新的吨税执照，自上一次执照期满的次日起续缴吨税。应税船舶在吨税执照有效期间进入境内其他港口的，免于缴纳吨税。

2. 税率设置

吨税的税目、税率依照"吨税税目税率表"执行。吨税设置优惠税率和普通税率，中华人民共和国籍的应税船舶，船籍国（地区）与中华人民共和国签订含有相互给予船舶税费最惠国待遇条款的条约或者协定的应税船舶，适用优惠税率。其他应税船舶，适用普通税率。

选用适用税率时根据"吨税税目税率表"中船舶净吨位与 1 年期、90 天期和 30 天期对应的优惠税率或普通税率交叉点确定。

应税船舶在吨税执照期限内，因税目税率调整或者船籍改变而导致适用税率变化的，吨税执照继续有效。因船籍改变而导致适用税率变化的，应税船舶在办理出入境手续时，应当提供船籍改变的证明文件。

吨税税目税率表

税目 (按船舶净吨位划分)	税率 (元/净吨)					
	普通税率 (按执照期限划分)			优惠税率 (按执照期限划分)		
	1 年	90 日	30 日	1 年	90 日	30 日
不超过 2000 净吨	12.6	4.2	2.1	9.0	3.0	1.5
超过 2000 净吨，但不超过 10000 净吨	24.0	8.0	4.0	17.4	5.8	2.9
超过 10000 净吨，但不超过 50000 净吨	27.6	9.2	4.6	19.8	6.6	3.3
超过 50000 净吨	31.8	10.6	5.3	22.8	7.6	3.8
备注：拖船和非机动驳船分别按相同净吨位船舶税率的 50% 计征税款。						

3. 计税公式

船舶吨税税额 = 船舶净吨位 × 适用税率 (元/净吨)

船舶净吨位按照船舶吨位证明书上标明的净吨位确定。适用税率按照"吨税税目税率表"确定。

特殊情形下的净吨位确定：

（1）应税船舶在吨税执照期限内，因修理、改造导致净吨位变化的，吨税执照继续有效。应税船舶办理出入境手续时，应当提供船舶经过修理、改造的证明文件。

（2）应税船舶为拖船或无法提供净吨位证明文件的游艇的，应税船舶负责人还应提供发动机功率（千瓦）等相关材料。其中，对申报为拖船的，应按照发动机功率每 1 千瓦折合净吨位 0.67 吨进行折算；申报为游艇的，按照发动机功率每 1 千瓦折合净吨位 0.05 吨进行折算。

（三）吨税执照申领

应税船舶负责人应通过"互联网+海关"、国际贸易"单一窗口"等关企事务平台登录"海关船舶吨税执照申请系统"，录入并向海关发送船舶吨税执照申请信息，如实填写"船舶吨税执照申请书"，同时应当交验如下证明文件：船舶国籍证书或者海事部门签发的船舶国籍证书收存证明，船舶吨位证明。由海关审核确定吨税金额。

在吨税执照有效期内的应税船舶，应税船舶负责人可选择申请验核船舶吨税执照电子信息。选择验核电子信息的，海关运输工具管理系统将予以自动验核；未选择验核吨税执照电子信息的，应税船舶负责人需要提交纸质船舶吨税执照。海关确认无误的，免于缴纳吨税。

（四）税款缴纳

吨税可通过柜台支付或电子形式支付（应根据海关总署公告 2014 年第 6 号的要求完成船舶吨税电子支付备案）。吨税的缴款期限为自海关填发海关船舶吨税专用缴款书之日起 15 日。缴款期限届满日遇星期六、星期日等休息日或者法定节假日的，顺延至休息日或者法定节假日之后的第一个工作日。国务院临时调整休息日与工作日的，按照调整后的情况计算缴款期限。未按期缴纳税款的，从滞纳税款之日起，按日加收滞纳税款 0.5‰的滞纳金。吨税税款、滞纳金以人民币计算。

（五）免征吨税

免征吨税的情形如下：

1. 应纳税额在 50 元人民币以下的船舶；

2. 自境外以购买、受赠、继承等方式取得船舶所有权的初次进口到港的空载船舶；

3. 吨税执照期满后 24 小时内不上下客货的船舶；

4. 非机动船舶（不包括非机动驳船）；

5. 捕捞、养殖渔船；

6. 避难、防疫隔离、修理、终止运营或者拆解，并不上下客货的船舶；

7. 军队、武装警察部队专用或者征用的船舶；

8. 警用船舶；

9. 依照法律规定应当予以免税的外国驻华使领馆、国际组织驻华代表机构及其有关人员的船舶；

10. 国务院规定的其他船舶。

对于符合上述第 2~4 项免征吨税规定的应税船舶，应税船舶负责人应当向海关提供书面免税申请，申明免税的依据和理由。

对于符合上述第 5~10 项规定的船舶，应税船舶负责人应当向海关提供海事部门、渔业船舶管理部门或机构出具的具有法律效力的证明文件或者使用关系证明文件，申明免税的依据和理由。

（六）延长吨税执照期限

在吨税执照期限内，应税船舶发生下列情形之一的，海关按照实际发生的天数批注延长吨税执照期限：

1. 避难、防疫隔离、修理、改造，并不上下客货；

2. 军队、武装警察部队征用。

应税船舶负责人应当向海关提供海事、渔业船舶管理等部门或机构出具的具有法律效力的证明文件或者使用关系证明文件申请延长吨税执照期限。

（七）办理担保

1. 办理担保情形

（1）申请先行申报。应税船舶到达我国境内港口前，应税船舶负责人经海关核准，可办理先行申报手续。

（2）申请先行签发吨税执照。应税船舶负责人在缴纳船舶吨税前可申请先行签发船舶吨税执照。

以上情形，均应当向海关提供与其依法履行吨税缴纳义务相适应的担保。

2. 担保期限

船舶吨税担保期限一般不超过 6 个月，特殊情况需要延期的，应当经主管海关核准。应税船舶负责人应当在海关核准的船舶吨税担保期限内履行纳税义务。

3. 担保的财产、权利

（1）人民币、可自由兑换货币；

（2）汇票、本票、支票、债券、存单；

（3）银行、非银行金融机构的保函；

（4）海关依法认可的其他财产、权利。

（八）船舶吨税的补征和退还

海关发现少征或者漏征税款的，应当自应税船舶应当缴纳税款之日起 1 年内，补征税款。但因应税船舶违反规定造成少征或者漏征税款的，海关可以自应当缴纳税款之日起 3 年内追征税款，并自应当缴纳税款之日起按日加征少征或者漏征税款 0.5‰ 的滞纳金。

海关发现多征税款的，应当在 24 小时内通知应税船舶办理退还手续，并加算银行同期活期存款利息。应税船舶发现多缴税款的，可以自缴纳税款之日起 3 年内以书面形式要求海关退还多缴的税款并加算银行同期活期存款利息。应税船舶负责人或其代理人向海关申请退还税款及利息时，应当提交退税申请书及原船舶吨税缴款书和可以证明应予退税的材料。海关自受理退税申请之日起 30 日内查实并通知应税船舶办理退税手续或者不予退税的决定。应税船舶负责人或其代理人应当自收到海关准予退税的通知之日起 3 个月内办理退税手续。

第二节　进出口货物完税价格的确定

我国海关税收征管主要使用从价税计税方式，即以货物的价格为基础确定纳税义务人需向海关缴纳的税款。审定完税价格是海关根据一定的法律规范和判定标准，确定进出口货物海关计税价格的过程。准确认定进出口货物完税价格是贯彻关税政策的重要环节，也是海关依法行政的重要体现。

进出口关税、进口环节代征税的完税价格以人民币计算，采用四舍五入法计算至分。

一、我国海关审价的法律依据

我国已加入世界贸易组织（WTO），并已全面实施世界贸易组织（WTO）《海关估价协议》。目前，我国已基本建立起既与《海关估价协议》相衔接，又与我国国情相适应的审价体系。海关审价的依据大致可分为 3 个层次：

第一是法律层次，即《海关法》。《海关法》规定："进出口货物的完税价格，由海关以该货物的成交价格为基础审查确定。成交价格不能确定时，完税价格由海关估定。"

第二是行政法规层次，即《关税条例》。其作为《海关法》的配套法规，对估价定义、估价方法、海关和纳税义务人之间的权利义务做了原则性的规定。

第三是部门规章层次，如海关总署颁布施行的《中华人民共和国海关审定进出口货物完税价格办法》（以下简称《进出口货物审价办法》）和《中华人民共和国海关审定内销保税货物完税价格办法》（以下简称《内销保税货物审价办法》）。上述办法结合我国加入世界贸易组织（WTO）以来在探索实施《海关估价协议》过程中的经验及我国审价工作实际，完整、明确地体现了《海关估价协议》的基本原则和主要内容，进一步增强了规定的指导性和操作性，是较低层次的执法依据。需要注意的是，准许进口的进境旅客行李物品、个人邮递物品及其他个人自用物品的完税价格和涉嫌走私的进出口货物、物品计税价格的核定不适用《进出口货物审价办法》，涉嫌走私的内销保税货物计税价格的核定不适用《内销保税货物审价办法》，上述特殊情况的货物及物品完税价格的审定方法由海关总署另行制定。

二、《进出口货物审价办法》关于完税价格审定的规定

（一）进口货物完税价格的审定

按照货物交易形式的不同，《进出口货物审价办法》将进口货物主要划分为两大类，一类是特殊交易形式进口货物，另一类是特殊交易形式之外进口的其他货物。为便于理解，此处分别称之为特殊进口货物和一般进口货物。《进出口货物审价办法》对一般进口货物规定了6种完税价格的审核方法，对特殊进口货物的完税价格审核方法，区分不同交易形式分别作出了规定。

1. 一般进口货物完税价格的审定

《进出口货物审价办法》规定：进口货物的完税价格，由海关以该货物的成交价格为基础审查确定，并应包括货物运抵中华人民共和国境内输入地点起卸前的运输及相关费用、保险费。"相关费用"主要是指与运输有关的费用，如装卸费、搬运费等属于广义运费范围内的费用。

海关确定进口货物完税价格共有进口货物成交价格估价方法、相同货物成交价格估价方法、类似货物成交价格估价方法、倒扣价格估价方法、计算价格估价方法、合理方法6种估价方法。上述估价方法应当依次采用，纳税义务人向海关提供有关资料后，可以申请颠倒倒扣价格法和计算价格法的适用次序。

（1）进口货物成交价格估价方法

进口货物成交价格估价方法是《进出口货物审价办法》规定的第一种估价方法，进口货物的完税价格应首先以成交价格估价方法审查确定。

进口货物的成交价格，是指卖方向中华人民共和国境内销售该货物时买方为进口该货物向卖方实付、应付的，并按有关规定调整后的价款总额，包括直接支付的价款和间接支付的价款。

需要注意的是，成交价格不完全等同于贸易实际中的发票或合同价格。贸易中的发票或合同价格取决于买卖双方的约定，它的定价是自由的，但成交价格有其特定含义，必须符合"销售"的要求，并由实付、应付价格和直接、间接支付及调整因素构成，还要满足一定的条件。

①成交价格定义方面

A. 关于"向中华人民共和国境内销售"

《进出口货物审价办法》要求：向中华人民共和国境内销售，是指将进口货物实际运入中华人民共和国境内，货物的所有权和风险由卖方转移给买方，买方为此向卖方支付价款的行为。成交价格存在的一个重要前提就是买卖双方之间存在销售行为。按照《进出口货物审价办法》，"销售"必须要同时符合：货物实际进入中华人民共和国关境内、货物的所有权和风险由卖方转移给买方、买方为此向卖方支付价款3个要件。例如，以下情形，可能导致海关拒绝使用成交价格方法进行审核：进口时不存在销售行为的寄售交易，境外卖方由于种种原因，未在境内设立子公司开展业务，这时，它通常会委托一家境内企业负责进口申报，但是销售行为全部控制在境外卖方手中。因此，在名义上，境内销售由委托人或代理人负责，但是货物的实际所有权及货物损益的风险均由境外卖方承担，境内的委托人或代理人只收取固定的代理费。在寄售情况下，境外卖方的申报行为只是为了把

货物运至境内，而国内实际购买人在进口时尚未确定。此时，由于不存在导致货物跨越关境的销售，不符合成交价格中"出口销售"的概念，海关应认定上述货物不存在成交价格，应使用其他方法估定货物的完税价格。其他诸如免费赠送、捐赠的货物，经营租赁进口货物，免费提供样品等交易方式均不同时符合上述 3 个条件，同样不能适用成交价格方法审核确定完税价格。

B. 关于"买方""卖方"

《进出口货物审价办法》规定，买方是指通过履行付款义务购入货物，并且为此承担风险、享有收益的自然人、法人或者其他组织，其中进口货物的买方是指向中华人民共和国境内购入进口货物的自然人、法人或者其他组织。卖方是指销售货物的自然人、法人或者其他组织，其中进口货物的卖方是指向中华人民共和国境内销售进口货物的自然人、法人或者其他组织。

《进出口货物审价办法》强调，判断"买方"不应简单地以进口单证上出现的名称为标准，而应以其在交易中承担的功能确定。"买方"可以是进口报关的企业，也可以是国内的最终用户，关键在于销售对应的主体。如果某一自然人、法人或其他组织通过与卖方进行交易，导致"向中华人民共和国境内销售"的条件成立，则该自然人、法人或其他组织应成为海关估价中的"买方"，其支付的款项应成为海关审核的对象，其中既包括根据实付或应付价格进行审核，也包括根据价格调整项目进行审核。即使"买方"没有出现在进口货物报关单相关栏目内，也不能免除其接受海关审核并估价的义务。例如，国内最终用户直接与国外卖方达成交易，并委托国内代理负责报关事宜，根据成交价格和"买方"的定义，则无论报关单上的经营单位和收货单位体现该国内最终用户与否，海关估价时均应按该国内最终用户与国外卖家达成交易的价格为基础审核认定成交价格，进而确定完税价格。与"买方"相对应，《进出口货物审价办法》把"卖方"定义为销售货物的自然人、法人或者其他组织，其中进口货物的卖方是指向中华人民共和国境内销售进口货物的卖方。这一定义同样是以其在交易中承担的功能为标准，判断是否符合估价中"卖方"的定义。

C. 关于"实付、应付价格"

按照《进出口货物审价办法》的要求，成交价格不仅应包括实付价格，还要包括应付价格，即作为卖方销售进口货物的条件，由买方向卖方或者为履行卖方义务向第三方已经支付或者将要支付的全部款项。实付或应付价格强调的是，只要买方为了获得进口货物，而承担了对应付款义务，则无论支付以何种形式发生，包括现金、信用证或可转让有价证券等，或者在进口申报之时支付行为是否发生，都不影响海关的估价结论。海关应根据买方承担的付款义务确定完税价格。

D. 关于"直接、间接支付"

成交价格应包括直接支付和间接支付，其中直接支付是买方直接向卖方支付的款项，而间接支付是指买方根据卖方的要求，将货款全部或者部分支付给第三方，或者冲抵买卖双方之间的其他资金往来的付款方式。对于买方为自己利益而非受卖方限制进行的活动而支付的费用，尽管有可能使卖方受益，但它还是不属于买方向卖方的间接支付，如由买方负担的市场调研和营销费用、广告费用、参展费用、检测费用或开立信用证的费用等。

E. 关于"调整因素"

调整因素包括计入项目和扣除项目。

a. 计入项目

下列项目若由买方支付，必须计入完税价格。

ⓐ由买方负担的费用

——除购货佣金以外的佣金和经纪费

佣金通常可分为购货佣金和销售佣金。购货佣金指买方向其采购代理人支付的佣金，按照规定，购货佣金不应该计入进口货物的完税价格中。销售佣金指卖方向其销售代理人支付的佣金，但上述佣金如果由买方直接付给卖方的代理人，按照规定应该计入完税价格中。

经纪费指买方为购进进口货物向代表买卖双方利益的经纪人支付的劳务费用，根据规定应计入完税价格中。

——与进口货物作为一个整体的容器费

"与货物视为一体的容器"是指用于盛装某个或某套物品并与所装物品同时使用，且通常与所装物品一同出售的容器。一般情况下，其价值已经包含在被估货物的完税价格内。如果合同规定买方需另外支付容器费用的，或买方另行向第三方支付容器费用的，则应将该费用计入进口货物的完税价格。

——包装材料费用和包装劳务费用

按照商业惯例，除裸装、散装货物不需包装外，一般在销售时卖方均会提供货物的包装，且包装费（包括包装材料和包装劳务的成本、费用）一般已包含在合同货价内，不另行计算。如果合同规定包装费由买方在合同货价之外另行支付，或者买方为了运输或再销售的目的而额外对被估货物进行包装，这些费用应调整计入货物成交价格中。

ⓑ协助的价值

在国际贸易中，买方以免费或以低于成本价的方式向卖方提供了一些货物或者服务，这些货物或服务的价值被称为协助的价值。

协助价值计入进口货物完税价格中应满足以下条件：

——由买方以免费或低于成本价的方式直接或间接提供；

——未包括在进口货物的实付或应付价格之中；

——与进口货物的生产和向中华人民共和国境内销售有关；

——可按适当比例分摊。

下列4项协助费用应计入：

——进口货物所包含的材料、部件、零件和类似货物的价值；

——在生产进口货物过程中使用的工具、模具和类似货物的价值；

——在生产进口货物过程中消耗的材料的价值；

——在境外完成的为生产该进口货物所需的工程设计、技术研发、工艺及制图等工作的价值。

协助费用计入的标准：

——由买方从与其无特殊关系的第三方购买的，应当计入的价值为购入价格；

——由买方自行生产或者从有特殊关系的第三方获得的，应当计入的价值为生产成本；

——由买方租赁获得的，应当计入的价值为买方承担的租赁成本；

——生产进口货物过程中使用的工具、模具和类似货物的价值，应当包括其工程设计、技术研发、工艺及制图等费用。

如果货物在被提供给卖方前已经被买方使用过，应当计入的价值为根据国内公认的会计原则对货物进行折旧后的价值。

ⓒ特许权使用费

特许权使用费是指进口货物的买方为取得知识产权权利人及权利人有效授权人关于专利权、商标权、专有技术、著作权、分销权或者销售权的许可或者转让而支付的费用。

以成交价格为基础审查确定进口货物的完税价格时，未包括在该货物实付、应付价格中的特许权使用费需计入完税价格，但是符合下列情形之一的除外：一是特许权使用费与该货物无关，二是特许权使用费的支付不构成该货物向中华人民共和国境内销售的条件。买方认为属于上述特许权使用费不应计入进口货物完税价格情形的，应保留作出上述判断的证据，并在进口申报时向海关出示特许权使用费与该货物无关，或者特许权使用费的支付不构成该货物向中华人民共和国境内销售的条件的证据。如果买方无法提供上述证据的，则海关将不接受其申报，并将该笔特许权使用费计入进口货物的完税价格。

符合下列条件之一的特许权使用费，应当视为与进口货物有关：一是特许权使用费是用于支付专利权或者专有技术使用权，且进口货物含有专利或者专有技术的，或用专利方法或者专有技术生产的，或为实施专利或者专有技术而专门设计或者制造的；二是特许权使用费是用于支付商标权，且进口货物附有商标的，或进口后附上商标直接可以销售的，或进口时已含有商标权，经过轻度加工后附上商标即可以销售的；三是特许权使用费是用于支付著作权，且进口货物含有软件、文字、乐曲、图片、图像或者其他类似内容的（包括磁带、磁盘、光盘或者其他类似载体的形式），或含有其他享有著作权内容的；四是特许权使用费是用于支付分销权、销售权或者其他类似权利，且进口货物进口后可以直接销售的，或经过轻度加工即可以销售的。

买方不支付特许权使用费则不能购得进口货物或该货物不能以合同议定的条件成交的，应当视为特许权使用费的支付构成进口货物向中华人民共和国境内销售的条件。

ⓓ返回给卖方的转售收益

如果买方在货物进口之后，把进口货物的转售、处置或使用的收益的一部分返还给卖方，这部分收益的价格应该计入完税价格中。

上述所有项目的费用或价值计入完税价格中，必须同时满足3个条件：由买方负担，未包括在进口货物的实付或应付价格中，有客观量化的数据资料。如果缺乏客观量化的数据，导致无法确定应计入完税价格的准确金额的，则不应使用成交价格方法而使用其他估价方法确定货物的完税价格。

b. 扣减项目

进口货物的价款中单独列明的下列税收、费用，不计入该货物的完税价格：

ⓐ厂房、机械或者设备等货物进口后发生的建设、安装、装配、维修或者技术援助费用，但是保修费用除外；

ⓑ货物运抵境内输入地点起卸后发生的运输及其相关费用、保险费；

ⓒ进口关税、进口环节代征税及其他国内税；

ⓓ为在境内复制进口货物而支付的费用；

ⓔ境内外技术培训及境外考察费用。

此外，同时符合下列条件的利息费用不计入完税价格：

ⓐ利息费用是买方为购买进口货物而融资所产生的；

ⓑ有书面的融资协议的；

ⓒ利息费用单独列明的；

ⓓ纳税义务人可以证明有关利率不高于在融资当时当地此类交易通常具有的利率水平，且没有融资安排的相同或者类似进口货物的价格与进口货物的实付、应付价格非常接近的。

进口货物的价款中单独列明的上述税收、费用，不计入该货物的完税价格，必须同时满足3个条件：一是有关税收或费用已经包括在进口货物的实付、应付价格中；二是有关费用是分列的，并且纳税义务人可以向海关提供客观量化的资料；三是有关费用应在合理范围内。如果贸易中存在上述规定的税收或费用之一的，但是买卖双方在贸易安排中未单独分列上述费用，或者缺乏客观量化资料，则本条所述的各项费用不得予以扣除。例如，买卖双方在交易中规定卖方应承担厂房、机械或者设备等货物进口后发生的建设、安装、装配、维修或者技术援助费用，且费用已经包括在合同总价中，卖方不再另行向买方收取。但是贸易单证中未单列厂房、机械或者设备等货物进口后发生的建设、安装、装配、维修或者技术援助的费用清单，同时买方也无法向海关提供上述费用的实际发生金额，则即使卖方承担了上述行为，其费用也不得从完税价格中进行扣除。

需注意，只有在使用成交价格估价方法时，海关才需使用本条所述的价格调整项目对买卖双方的交易价格进行调整。在使用其他估价方法时，因已不再使用买卖双方的交易金额，而另行参照其他价格估定，因此也不再涉及上述加项及减项价格调整项目。

②成交价格本身须满足的条件方面

成交价格必须满足一定的条件才能被海关所接受，否则不能适用成交价格估价方法。根据规定，成交价格必须具备以下4个条件：

A. 买方对进口货物的处置和使用不受限制。

如果买方对进口货物的处置权或者使用权受到限制，则进口货物就不适用成交价格估价方法。

有下列情形之一的，视为对买方处置或者使用进口货物进行了限制：

a. 进口货物只能用于展示或者免费赠送的；

b. 进口货物只能销售给指定第三方的；

c. 进口货物加工为成品后只能销售给卖方或者指定第三方的；

d. 其他经海关审查，认定买方对进口货物的处置或者使用受到限制的。

但是以下3种限制并不影响成交价格的成立：国内法律、行政法规规定的限制，对货物转售地域的限制，对货物价格无实质影响的限制。

B. 进口货物的价格不应受到某些条件或因素的影响而导致该货物的价格无法确定。

有下列情形之一的，视为进口货物的价格受到了使该货物成交价格无法确定的条件或者因素的影响：

a. 进口货物的价格是以买方向卖方购买一定数量的其他货物为条件而确定的；

b. 进口货物的价格是以买方向卖方销售其他货物为条件而确定的；

c. 其他经海关审查，认定货物的价格受到使该货物成交价格无法确定的条件或者因素影响的。

C. 卖方不得直接或间接从买方获得因转售、处置或使用进口货物而产生的任何收益，除非上述收益能够被合理确定。

如果买方在购得进口货物后，仍需将部分再销售收益返还给卖方，则上述需返还的利润或收益应计入进口货物的完税价格。转售收益可视同于销售中的分期付款，即在进口时，买卖双方仅约定了部分款项，余额部分由买方在货物进口以后再逐步返还。判断是否存在转售收益的关键在于买方是否承担了未来的付款义务，上述款项向谁支付、支付行为是否发生并不是判断的依据。

D. 买卖双方之间没有特殊关系，或虽有特殊关系但不影响成交价格。

根据规定，有下列情形之一的，应当认定买卖双方有特殊关系：

a. 买卖双方为同一家族成员；

b. 买卖双方互为商业上的高级职员或董事；

c. 一方直接或间接地受另一方控制；

d. 买卖双方都直接或间接地受第三方控制；

e. 买卖双方共同直接或间接地控制第三方；

f. 一方直接或间接地拥有、控制或持有对方5%以上（含5%）公开发行的有表决权的股票或股份；

g. 一方是另一方的雇员、高级职员或董事；

h. 买卖双方是同一合伙的成员。

此外，买卖双方在经营上相互有联系，一方是另一方的独家代理、经销或受让人，若与以上规定相符，也应当视为有特殊关系。

买卖双方有特殊关系这个事实本身并不能构成海关拒绝成交价格的理由。买卖双方之间存在特殊关系，但能通过价格测试或销售环境测试的，视为特殊关系未对进口货物的成交价格产生影响。

一是价格测试。

纳税义务人能证明其成交价格与同时或者大约同时发生的下列任何一款价格相近的，视为特殊关系未对进口货物成交价格产生影响：

——向境内无特殊关系的买方出售的相同或者类似进口货物的成交价格；

——按照倒扣价格估价方法所确定的相同或者类似进口货物的完税价格；

——按照计算价格估价方法所确定的相同或者类似进口货物的完税价格。

海关在使用上述价格进行比较时，需考虑商业水平和进口数量的不同，以及买卖双方有无特殊关系造成的费用差异。

二是销售环境测试。

海关对与货物销售有关情况进行审查，认为符合一般商业惯例的，可以确定特殊关系未对进口货物的成交价格产生影响。

进口货物成交价格估价方法是海关估价中使用最多的一种估价方法，但是如果货物的进口价格不符合成交价格定义及条件方面的规定，就不能采用成交价格估价方法，而应该依次采用下列方法审查确定货物的完税价格。

（2）相同及类似货物成交价格估价方法

相同及类似进口货物成交价格估价方法，即以与被估货物同时或大约同时向中华人民共和国境内销售的相同货物及类似货物的成交价格为基础，审查确定进口货物完税价格的方法。

①相同货物和类似货物

"相同货物"，指与进口货物在同一国家或者地区生产的，在物理性质、质量和信誉等所有方面都相同的货物，但是表面的微小差异允许存在。

"类似货物"，指与进口货物在同一国家或者地区生产的，虽然不是在所有方面都相同，但是却具有相似的特征、相似的组成材料、相同的功能，并且在商业中可以互换的货物。

②相同或类似货物的时间要素

时间要素是指相同或类似货物必须与进口货物同时或大约同时进口，其中的"同时或大约同时"指在海关接受申报之日的前后各45天以内。

③关于相同及类似货物成交价格估价方法的运用

在运用这两种估价方法时，首先应使用和进口货物处于相同商业水平、大致相同数量的相同或类似货物的成交价格，只有在上述条件不满足时，才可采用以不同商业水平和不同数量销售的相同或类似进口货物的价格，但不能将上述价格直接作为进口货物的价格，还须对由此而产生的价格方面的差异作出调整。

此外，对进口货物与相同或类似货物之间由于运输距离和运输方式不同而在成本和其他费用方面产生的差异应进行调整。

上述调整都必须建立在客观量化的数据资料的基础上。

同时还应注意，在采用相同或类似货物成交价格估价方法确定进口货物完税价格时，首先应使用同一生产商生产的相同或类似货物的成交价格，只有在没有同一生产商生产的相同或类似货物的成交价格的情况下，才可以使用同一生产国或地区不同生产商生产的相同或类似货物的成交价格。如果有多个相同或类似货物的成交价格，应当以最低的成交价格为基础估定进口货物的完税价格。需要注意，本处的"同一生产国或地区"是指一个国家或其组成部分，包括某一国家规定的特别关税区；而由几个国家组成的关税同盟或地区联盟不属于相同或类似货物中的"同一生产国或地区"，例如欧盟、东盟等。

（3）倒扣价格估价方法

倒扣价格估价方法即以进口货物、相同或类似进口货物在境内第一环节的销售价格为基础，扣除境内发生的有关费用来估定完税价格。上述"第一环节"是指有关货物进口后进行的第一次转售，且转售者与境内买方之间不能有特殊关系。

①用以倒扣的上述销售价格应同时符合的条件

A. 在被估货物进口时或大约同时，将该货物、相同或类似进口货物在境内销售的价格；

B. 按照该货物进口时的状态销售的价格；

C. 在境内第一环节销售的价格；

D. 向境内无特殊关系方销售的价格；

E. 按照该价格销售的货物合计销售总量最大。

②倒扣价格法的核心要素

A. 按进口时的状态销售

必须首先以进口货物、相同或类似进口货物按进口时的状态销售的价格为基础。如果没有按进口时的状态销售的价格，应纳税义务人要求，可以使用经过加工后在境内销售的价格作为倒扣的基础。

B. 时间要素

必须是在被估货物进口时或大约同时转售给国内无特殊关系方的价格，其中"进口时或大约同时"为在进口货物接受申报之日的前后各45天以内。如果进口货物、相同或者类似货物没有在海关接受进口货物申报之日前后45天内在境内销售，可以将在境内销售的时间延长至接受货物申报之日前后90天内。

C. 合计的货物销售总量最大

必须使用被估的进口货物、相同或类似进口货物售予境内无特殊关系方合计销售总量最大的价格为基础估定完税价格。

③倒扣价格法的倒扣项目

确定销售价格以后，在使用倒扣价格法时，还必须扣除一些费用，这些倒扣项目根据规定有以下4项：

A. 该货物的同级或同种类货物在境内第一环节销售时通常支付的佣金及利润和一般费用；

B. 货物运抵境内输入地点之后的运输及其相关费用、保险费；

C. 进口关税、进口环节代征税及其他国内税；

D. 加工增值额，如果以货物经过加工后在境内转售的价格作为倒扣价格的基础，则必须扣除上述加工增值部分。

加工增值额应当依据与加工成本有关的客观量化数据资料，该行业公认的标准、计算方法及其他的行业惯例计算。

按照上述规定确定扣除的项目时，应当使用与国内公认的会计原则相一致的原则和方法。

（4）计算价格估价方法

计算价格估价方法既不是以成交价格，也不是以在境内的转售价格作为基础，它是以发生在生产国或地区的生产成本作为基础的价格。

①计算价格的构成项目

按有关规定采用计算价格法时，进口货物的完税价格由下列各项目的总和构成：

A. 生产该货物所使用的料件成本和加工费用。

"料件成本"是指生产被估货物的原料成本，包括原材料的采购价值及原材料投入实际生产之前发生的各类费用。"加工费用"是指将原材料加工为制成品过程中发生的生产费用，包括人工成本、装配费用及有关间接成本。

B. 向境内销售同等级或者同种类货物通常的利润和一般费用（包括直接费用和间接费用）。

C. 货物运抵中华人民共和国境内输入地点起卸前的运输及其相关费用、保险费。

②运用计算价格法的注意事项

按照上述方法确定有关价值或者费用时，应当使用与生产国或者地区公认的会计原则相一致的原则和方法。此外，海关在征得境外生产商同意并提前通知有关国家或者地区政府后，可以在境外核实该企业提供的有关资料。

（5）合理方法

合理方法，是指当海关不能根据成交价格估价方法、相同货物成交价格估价方法、类似货物成交价格估价方法、倒扣价格估价方法和计算价格估价方法确定完税价格时，根据公平、统一、客观的估价原则，以客观量化的数据资料为基础审查确定进口货物完税价格的估价方法。

合理方法本身不是一种具体的估价方法，实际运用时，应按顺序合理、灵活使用成交价格估价方法、相同货物成交价格估价方法、类似货物成交价格估价方法、倒扣价格估价方法和计算价格估价方法。例如，使用相同或类似货物成交价格估价方法估价时，必须采用与被估货物同一原产地的货物价格，依次使用合理方法时就可采用与被估货物国家发展程度相当的其他国家相同或类似货物价格估定。又如使用倒扣价格估价方法时有时间要素的要求限制，不得采用被估货物进口前后90天外的价格作为倒扣价格的基础，按照合理方法，这个期限就可以突破，只要不违背客观、公平、统一的海关估价原则。

在运用合理方法估价时，禁止使用以下6种价格：

①境内生产的货物在境内的销售价格；

②在两种价格中较高的价格；

③依据货物在出口地市场的销售价格；

④以计算价格法规定之外的价值或者费用计算的相同或者类似货物的价格；

⑤依据出口到第三国或地区货物的销售价格；

⑥依据最低限价或武断、虚构的价格。

进口货物确定完税价格流程图：

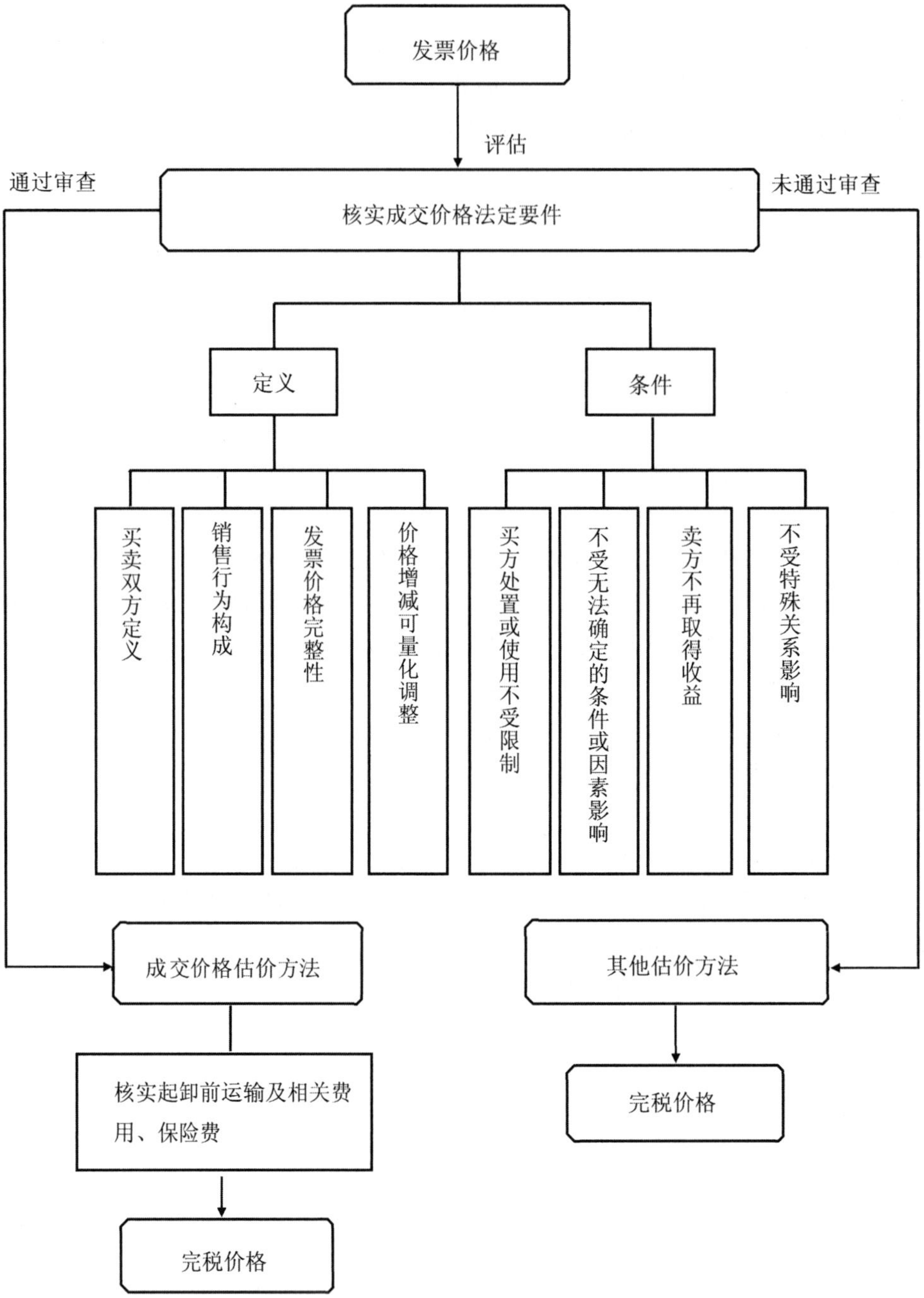

```
                        ┌──────────────┐
                        │   发票价格    │
                        └──────┬───────┘
                               │ 评估
  通过审查            ┌──────────┴──────────┐            未通过审查
 ┌───────────────────┤  核实成交价格法定要件  ├───────────────────┐
 │                   └──────────┬──────────┘                   │
 │              ┌───────────────┴───────────────┐              │
 │          ┌───┴───┐                       ┌───┴───┐          │
 │          │ 定义  │                       │ 条件  │          │
 │          └───┬───┘                       └───┬───┘          │
```

买卖双方定义	销售行为构成	发票价格完整性	价格增减可量化调整	买方处置或使用不受限制	不受无法确定的条件或因素影响	卖方不再取得收益	不受特殊关系影响

```
 │                                                            │
 ▼                                                            ▼
┌──────────────────┐                          ┌──────────────────┐
│   成交价格估价方法   │                          │    其他估价方法    │
└────────┬─────────┘                          └────────┬─────────┘
         │                                             │
         ▼                                             ▼
┌──────────────────────┐                      ┌──────────────────┐
│ 核实起卸前运输及相关费    │                      │    完税价格       │
│ 用、保险费             │                      └──────────────────┘
└────────┬─────────────┘
         │
         ▼
  ┌──────────────┐
  │   完税价格    │
  └──────────────┘
```

2. 特殊进口货物完税价格的审定

（1）出境修理复运进境货物的估价方法

运往境外修理的机械器具、运输工具或者其他货物，出境时已向海关报明，并在海关规定的期限内复运进境的，海关以境外修理费和料件费审查确定完税价格。需注意，此时确定完税价格无须计入运输及相关费用、保险费。

出境修理货物复运进境超过海关规定期限的，由海关按照审定一般进口货物完税价格的规定审查确定完税价格。

（2）出境加工复运进境货物的估价方法

运往境外加工的货物，出境时已向海关报明，并在海关规定期限内复运进境的，海关以境外加工费和料件费，以及该货物复运进境的运输及其相关费用、保险费审查确定完税价格。

出境加工货物复运进境超过海关规定期限的，由海关按照审定一般进口货物完税价格的规定审查确定完税价格。

（3）暂时进境货物的估价方法

经海关批准的暂时进境货物，应当缴纳税款的，由海关按照本节审定一般进口货物完税价格的规定审查确定完税价格。

经海关批准留购的暂时进境货物，以海关审查确定的留购价格作为完税价格。

（4）租赁进口货物的估价方法

①以租金方式对外支付的租赁货物，在租赁期间以海关审定的该货物的租金作为完税价格，利息予以计入。

②留购的租赁货物以海关审定的留购价格作为完税价格。

③纳税义务人申请一次性缴纳税款的，可以选择申请按照规定估价方法确定完税价格，或者按照海关审查确定的租金总额作为完税价格。

（5）减免税货物的估价方法

特定减免税货物在监管年限内不能擅自出售、转让，如果有特殊情况，经过海关批准可以出售、转让，须向海关办理纳税手续。减税或免税进口的货物需予征税时，海关以审定的该货物原进口时的价格，扣除折旧部分价值作为完税价格。

（6）无成交价格货物的估价方法

以易货贸易、寄售、捐赠、赠送等不存在成交价格的方式进口的货物，总体而言都不适用成交价格估价方法，海关与纳税义务人进行价格磋商后，依照《进出口货物审价办法》第六条列明的相同货物成交价格估价法、类似货物成交价格估价法、倒扣价格估价法、计算价格估价法及合理方法审查确定完税价格。

（7）软件介质的估价方法

进口载有专供数据处理设备用软件的介质，具有下列情形之一的，以介质本身的价值或者成本为基础审查确定完税价格：

①介质本身的价值或者成本与所载软件的价值分列；

②介质本身的价值或者成本与所载软件的价值虽未分列，但是纳税义务人能够提供介质本身的价值或者成本的证明文件，或者能提供所载软件价值的证明文件。

含有美术、摄影、声音、录像、影视、游戏、电子出版物的介质不适用上述规定，该类货物完税价格应为介质与介质所载内容的总价值。

（8）跨境电子商务零售进口商品的估价方法

跨境电子商务零售进口商品按照实际交易价格作为货物完税价格，实际交易价格包括货物零售价格、运费和保险费。

3. 进口货物完税价格中的运输及其相关费用、保险费的计算

（1）运费及其相关费用的计算标准

进口货物的运费及其相关费用，按照实际支付或应当支付的费用计算。如果进口货物的运费及其相关费用无法确定，海关应当按照该货物进口同期的正常运输成本审查确定。运输费用已包含在向海关申报的货物价格中的，不再重复计算。

运输工具作为进口货物，利用自身动力进境的，海关在审查确定完税价格时，不再另行计入运输及其相关费用。

（2）保险费的计算标准

进口货物的保险费，按照实际支付的费用计算。如果进口货物的保险费无法确定或者未实际发生，海关按照"货价加运费"两者总额的3‰计算保险费，其计算公式如下：

保险费 =（货价+运费）×3‰

保险费用已包含在向海关申报的货物价格中的，不再重复计算。

（3）邮运货物运费计算标准

邮运进口的货物，以邮费作为运输及其相关费用、保险费。

邮运进口的商品因超过一定价值而按货物属性进行管理的，其实际支付的邮费即为运保费。如邮费已包含在向海关申报的货物价格中，不再重复计算。

（二）出口货物完税价格的审定

出口货物的完税价格由海关以该货物的成交价格为基础审查确定，包括货物运至中华人民共和国境内输出地点装载前的运输及其相关费用、保险费。

1. 成交价格估价方法

出口货物成交价格估价方法是《进出口货物审价办法》规定的第一种出口估价方法。出口货物的成交价格，是指该货物出口销售时，卖方为出口该货物应当向买方直接收取和间接收取的价款总额。

判断出口货物申报价格是否符合成交价格的要求，需考虑以下几个方面：

（1）出口销售是否符合《进出口货物审价办法》的规定

出口销售是确定出口货物是否存在成交价格的前提条件。交易是否符合销售定义，应根据以下3项标准作出判断：

①所有权是否发生转移，是否由该交易的卖方转移给买方；

②买方是否为了获得该货物支付对价；

③货物的风险是否发生了转移，包括货物灭失的风险和货物损益的风险。

如果一项交易不能导致前述3个条件同时发生，则销售不存在，因此也就不能使用成交价格方法估价，而应采用其他方法估价。

（2）直接收取和间接收取是否符合《进出口货物审价办法》的规定

出口货物的成交价格应包括我国卖方向境外买方直接收取和间接收取的款项总额，其中直接收取是指我国卖方直接向境外买方收取款项，而间接收取是指境外买方根据我国卖方的要求，将货款全部或部分支付给第三方，或冲抵买卖双方之间的其他资金往来。通常情况下，我国卖方会要求境外买方直接向其支付款项。但是，如果卖方出于某种考虑，要求买方将全部或部分款项支付给第三方，只要上述支付义务是买方为了购买被估的出口货物而必须承担的，则无论买方根据我国卖方的要求将货款支付给谁，均应以买方应支付的全部款项确定完税价格。

但应注意，需征收出口关税的货物销售价格中多包含了出口关税税额，按照相关规定，确定完税价格时应将出口货物价格中包含的出口关税税额予以扣除。此外，货物价款中单独列明的货物运至中华人民共和国境内输出地点装载后的运输及其相关费用、保险费也应扣除。但前述费用如未单独列明或无法证明各段费用则不予扣除。

2. 成交价格估价方法以外的其他估价方法

在审查出口单位合同或发票金额中，包括但不限于以下情况，则不能使用成交价格估价方法确定完税价格，应在磋商后依次使用其他估价方法进行确定：一是申报价格不符合出口货物成交价格的定义，例如出口货物不存在成交价格，我国出口商将货物交付给国外卖方时，不要求对方承担付款义务；二是海关对申报价格的真实性或准确性有怀疑，启动质疑程序，出口商不能作出合理的解释，或者未能在法定的期限内作出合理解释的。其他估价方法具体为：

（1）同时或者大约同时向同一国家或者地区出口的相同货物的成交价格；

（2）同时或者大约同时向同一国家或者地区出口的类似货物的成交价格；

（3）根据境内生产相同或者类似货物的成本、利润和一般费用（包括直接费用和间接费用）、境内发生的运输及其相关费用、保险费计算所得的价格；

（4）按照合理方法估定的价格。

操作层面，我国出口货物完税价格以 FOB 价格为基础审核确定，如出口货物采用其他术语成交，均需视情况将其他术语转换为 FOB 术语价格，并且按照规定，需将出口货物价格中包含的出口关税税额扣除，故出口货物完税价格＝FOB（中国境内口岸）价格－出口关税。而出口关税＝出口货物完税价格×出口关税税率，由此得到：出口货物完税价格＝ FOB／（1+出口关税税率）。

出口货物以其他贸易术语成交时，例如，在 CIF 术语下成交时，出口货物完税价格＝（CIF－国际运输及相关费用、保险费）／（1+出口关税税率），在 EXW 术语下成交时，出口货物完税价格＝EXW+国内运输及相关费用、保险费。

出口货物确定完税价格流程图：

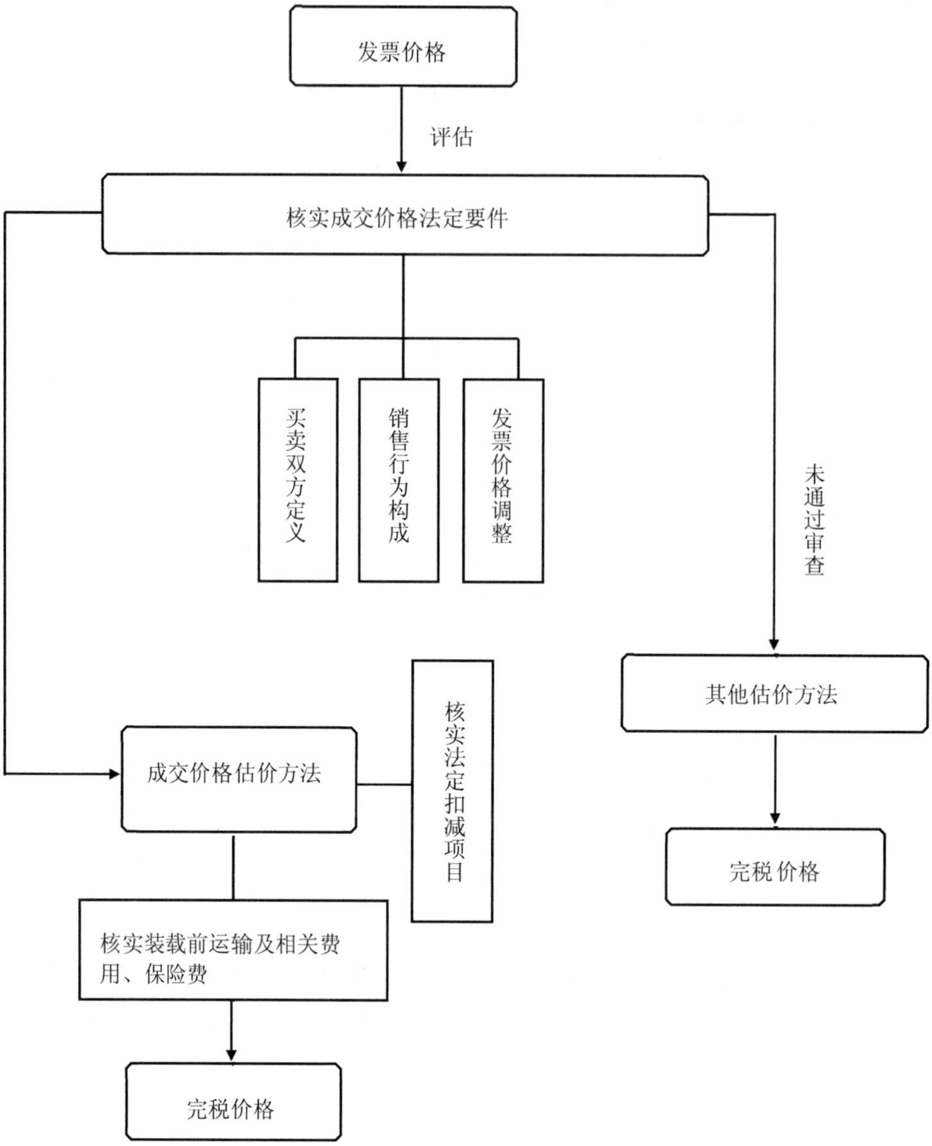

```
                          ┌──────────────┐
                          │   发票价格    │
                          └──────┬───────┘
                                 │ 评估
          ┌──────────────────────┴──────────────────────┐
          │            核实成交价格法定要件               │
          └──┬────────────┬──────────────────────────┬──┘
             │      ┌─────┼─────┬─────┐               │
       通    │    ┌─┴─┐ ┌─┴─┐ ┌─┴─┐              未
       过    │    │买 │ │销 │ │发 │               通
       审    │    │卖 │ │售 │ │票 │               过
       查    │    │双 │ │行 │ │价 │               审
             │    │方 │ │为 │ │格 │               查
             │    │定 │ │构 │ │调 │               │
             │    │义 │ │成 │ │整 │               │
             │    └───┘ └───┘ └───┘               │
             │                                    ┌─┴────────────┐
      ┌──────┴──────┐        ┌──────┐            │  其他估价方法  │
      │ 成交价格估价方法 │      │核   │            └──────┬───────┘
      └──────┬──────┘        │实法  │                   │
             │               │定扣  │            ┌──────┴───────┐
      ┌──────┴──────────┐    │减项  │            │   完税价格    │
      │核实装载前运输及相关费 │    │目   │            └──────────────┘
      │用、保险费         │    └──────┘
      └──────┬──────────┘
             │
      ┌──────┴───────┐
      │   完税价格    │
      └──────────────┘
```

三、《内销保税货物审价办法》关于完税价格审定的规定

内销保税货物，包括因故转为内销需要征税的加工贸易货物、海关特殊监管区域内货物、保税监管场所内货物和因其他原因需要按照内销征税办理的保税货物，但不包括以下项目：海关特殊监管区域、保税监管场所内生产性的基础设施建设项目所需的机器、设备和建设所需的基建物资；海关特殊监管区域、保税监管场所内企业开展生产或综合物流服务所需的机器、设备、模具及其维修用零配件；海关特殊监管区域、保税监管场所内企业和行政管理机构自用的办公用品、生活消费用品和交通运输工具。

《内销保税货物审价办法》规定，内销保税货物的完税价格，由海关以该货物的成交价格为基础审查确定。

（一）非海关特殊监管区域（保税监管场所）内加工贸易企业内销货物一般估价方法

1. 进料加工进口料件或者其制成品（包括残次品）内销时，海关以料件原进口成交价格为基础审查确定完税价格。

（1）属于料件分批进口，并且内销时不能确定料件原进口对应批次的，海关可按照同项号、同品名和同税号的原则，以其合同有效期内或电子账册核销周期内已进口料件的成交价格计算所得的加权平均价为基础审查确定完税价格。

（2）合同有效期内或电子账册核销周期内已进口料件的成交价格加权平均价难以计算或者难以确定的，海关以客观可量化的当期进口料件成交价格的加权平均价为基础审查确定完税价格。

2. 来料加工进口料件或者其制成品（包括残次品）内销时，因来料加工料件在原进口时没有成交价格，所以海关以接受内销申报的同时或者大约同时进口的与料件相同或者类似的保税货物的进口成交价格为基础审查确定完税价格。需注意，前述情形下确定完税价格时，不能采用相同或者类似货物一般贸易价格作为进口成交价格。

3. 加工企业内销的加工过程中产生的边角料或者副产品，以其内销价格为基础审查确定完税价格。副产品并非全部使用保税料件生产所得的，海关以保税料件在投入成本核算中所占比重计算结果为基础审查确定完税价格。边角料、副产品经海关允许采用拍卖方式内销时，海关以其拍卖价格为基础审查确定完税价格。

4. 按照规定需要以残留价值征税的受灾保税货物，海关以其内销价格为基础审查确定完税价格。按照规定应折算成料件征税的，海关以各项保税料件占构成制成品（包括残次品）全部料件的价值比重计算结果为基础审查确定完税价格。按照规定需要以残留价值征税的受灾保税货物经海关允许采用拍卖方式内销时，海关以其拍卖价格为基础审查确定完税价格。

5. 深加工结转货物内销时，海关以该结转货物的结转价格为基础审查确定完税价格。

（二）海关特殊监管区域及保税监管场所内销货物一般估价方法

1. 海关特殊监管区域保税加工货物内销估价办法

（1）保税区内保税加工企业内销进口料件或者其制成品

保税区内企业内销的保税加工进口料件或者其制成品，海关以其内销价格为基础审查确定完税价格。保税区内企业内销的保税加工制成品中，如果含有从境内采购的料件，海关以制成品所含从境外购入料件的原进口成交价格为基础审查确定完税价格。保税区内企业内销的保税加工进口料件或者其制成品的完税价格依据前述两种方法不能确定的，海关以接受内销申报的同时或者大约同时内销的相同或者类似的保税货物的内销价格为基础审查确定完税价格。

（2）除保税区以外海关特殊监管区域内保税加工企业内销进口料件或者其制成品

除保税区以外的海关特殊监管区域内保税加工企业内销的保税加工料件或者其制成品，以其内销价格为基础审查确定完税价格。上述内销价格不能确定的，海关以接受内销申报的同时或者大约同时内销的相同或者类似的保税货物的内销价格为基础审查确定完税价格。前述与企业内销的保税加工制成品、相同或者类似的保税货物内销价格不能确定的，海关以生产该货物的成本、利润和一般费用计算所得的价格为基础审查确定完税价格。

（3）海关特殊监管区域内保税加工企业内销边角料、废品、残次品和副产品

海关特殊监管区域内企业内销的保税加工过程中产生的边角料、废品、残次品和副产品，以其内销价格为基础审查确定完税价格。经海关允许采用拍卖方式内销的边角料、废品、残次品和副产品，海关以其拍卖价格为基础审查确定完税价格。

需注意，上述边角料、废品、残次品和副产品的估价办法无须区分保税区内外。

2. 海关特殊监管区域、保税监管场所内保税物流货物内销估价办法

海关特殊监管区域、保税监管场所内企业内销的保税物流货物，海关以该货物运出海关特殊监管区域、保税监管场所时的内销价格为基础审查确定完税价格，该内销价格包含的能够单独列明的海关特殊监管区域、保税监管场所内发生的保险费、仓储费和运输及其相关费用，不计入完税价格。

3. 海关特殊监管区域内企业内销的研发货物，检测、展示货物估价方法

海关特殊监管区域内企业内销的研发货物，检测、展示货物，海关以其内销价格为基础审查确定完税价格。

上述内销价格是指向境内企业销售保税货物时买卖双方订立的价格，是境内企业为购买保税货物而向卖方（保税企业）实际支付或者应当支付的全部价款，但不包括关税和进口环节海关代征税。拍卖价格是指国家注册的拍卖机构对海关核准参与交易的保税货物履行合法有效的拍卖程序，竞买人依拍卖规定获得拍卖标的物的价格。结转价格是指深加工结转企业间买卖加工贸易货物时双方订立的价格，是深加工结转转入企业为购买加工贸易货物而向深加工结转转出企业实际支付或者应当支付的全部价款。

（三）内销保税货物的其他估价方法

内销保税货物完税价格不能依照以上估价方法确定时，应依次按照下列价格估定其完税价格：

1. 与该货物同时或者大约同时向中华人民共和国境内销售的相同货物的成交价格。

2. 与该货物同时或者大约同时向中华人民共和国境内销售的类似货物的成交价格。

3. 与该货物进口的同时或者大约同时，将该进口货物、相同或者类似进口货物在第一级销售环节销售给无特殊关系买方最大销售总量的单位价格，但应当扣除以下项目：

（1）同等级或者同种类货物在中华人民共和国境内第一级销售环节销售时通常的利润和一般费用及通常支付的佣金；

（2）进口货物运抵境内输入地点起卸后的运输及其相关费用、保险费；

（3）进口关税及国内税收。

4. 按照下列各项总和计算的价格：生产该货物所使用的料件成本和加工费用，向中华人民共和国境内销售同等级或者同种类货物通常的利润和一般费用，该货物运抵境内输入地点起卸前的运输及其相关费用、保险费。

5. 以合理方法估定的价格。

纳税义务人向海关提供有关资料后，可以申请颠倒前述第 3 项和第 4 项的适用次序。

四、海关在审定货物完税价格中的价格质疑和价格磋商程序

（一）价格质疑程序

1. 价格质疑提出

在确定完税价格过程中，海关对进出口单位申报价格的真实性或准确性有疑问，或有理由认为买卖双方的特殊关系可能影响到成交价格时，将向纳税义务人或者其代理人制发"中华人民共和国海关价格质疑通知书"，将质疑的理由书面告知纳税义务人或者其代理人。

价格质疑程序的履行是为了核实成交价格的真实性、准确性和完整性，如进出口货物没有成交价格，如卖方以免费提供方式交由买方进口的货物、易货贸易货物、寄售货物等，海关可无须履行价格质疑程序，可直接进入价格磋商程序。

2. 价格质疑应对

（1）规定期限内提供资料

纳税义务人或者其代理人应自收到价格质疑通知书之日起 5 个工作日内，以书面形式提供相关资料或者其他证据，证明其申报价格真实、准确或者双方之间的特殊关系未影响成交价格。纳税义务人或者其代理人确有正当理由无法在规定时间内提供资料或证据的，可以在规定期限届满前以书面形式向海关申请延期。除特殊情况外，延期不得超过 10 个工作日。

（2）确保证据资料齐全有效

在规定时间内提交的证明申报价格真实性及准确性或者是否受到特殊关系影响的证据资料，务必保证按照海关质疑通知书上列明的需要提供的单证项目，逐一核对，避免遗漏。提交的单证之间能够相互印证，不发生矛盾。

（二）价格磋商程序

1. 价格磋商程序启动

价格磋商是指海关在使用除成交价格以外的估价方法时，在保守商业秘密的基础上，与纳税义务人交换彼此掌握的用于确定完税价格的数据资料的行为，也即在利用成交价格方法确定进出口货物完税价格时，无须价格磋商。

海关制发价格质疑通知书后，有下列情形之一的，海关应进行价格磋商程序，按照相关规定列明的方法审查确定进出口货物的完税价格：

（1）纳税义务人未在海关规定期限内，提供进一步说明的；

（2）纳税义务人提供有关资料、证据后，海关经审核其所提供的资料、证据后仍有理由怀疑申报价格的真实性、准确性的；

（3）纳税义务人提供有关资料、证据后，海关经审核其所提供的资料、证据后仍有理由认为买卖双方之间的特殊关系影响成交价格的。

2. 价格磋商时限

海关按照相关规定通知纳税义务人进行价格磋商时，纳税义务人需自收到"中华人民共和国海关价格磋商通知书"之日起 5 个工作日内与海关进行价格磋商。纳税义务人未在规定的时限内与海关进行磋商的，视为其放弃价格磋商的权利，海关可以直接按照规定的方法审查确定进出口货物的完税价格。

海关与纳税义务人进行价格磋商时，将制作"中华人民共和国海关价格磋商记录表"，

将价格磋商中相互提交的价格信息等内容书面记录并双方签字。

3. 保证权益的重要渠道

进行价格磋商的目的不是为了达成一个海关与纳税义务人都可以接受的价格，而是交换彼此掌握的价格信息。比如，有时海关掌握着纳税义务人所不知道的相同或类似货物的成交价格，有时则恰好相反，只有通过双方的充分交流，才便于得到海关估价的适当依据。因此，进出口货物的纳税义务人应重视价格磋商环节，积极配合海关履行价格磋商程序，如实填报进出口货物有关情况并提供相关的信息资料，争取对己方最有利的磋商结果。

（三）价格质疑与价格磋商的特殊情形

对符合下列情形之一的，经纳税义务人书面申请，海关可以不进行价格质疑或价格磋商，直接依法审查确定进出口货物的完税价格：

1. 同一合同项下分批进出口的货物，海关对其中一批货物已经实施估价的；

2. 进出口货物的完税价格在 10 万元人民币以下或者关税及进口环节代征税总额在 2 万元人民币以下的；

3. 进出口货物属于危险品、鲜活品、易腐品、易失效品、废品、旧品等的。

海关径行审定货物完税价格有严格的作业要求，主要有：申报货物属于上述三种情形之一，申报价格低于海关掌握的同类商品价格，经进出口企业书面提出申请海关可不经质疑和磋商程序。不满足上述任何情形之一，则不会发生海关径行审定完税价格情形。

（四）价格质疑与磋商程序的无纸化

为配合全国海关通关一体化改革，进一步提高通关效率，海关总署已于 2018 年年初在全国海关推广审价作业单证无纸化。进口货物纳税义务人可通过"海关事务联系系统"接收和反馈海关价格质疑通知书、价格磋商通知书、价格磋商记录表等审价文书及随附单证资料的电子数据，并可接收和查看估价告知书。在无纸模式下，海关与企业间互相发送电子文书的发送时间即视为对方接收时间，相关电子文书上生成的海关和进口货物纳税义务人经办人员信息即视为具有法律效力的电子签名。随附单证资料的电子扫描或转换文件格式标准，参照海关总署公告 2014 年第 69 号相关规定执行。

海关根据管理需要要求提供纸质单证资料的，进口货物纳税义务人应积极配合并按要求提供。进口货物纳税义务人需要纸本盖章文书的，可打印电子文书后到海关盖章。

五、纳税义务人在海关审定完税价格时的权利和义务

（一）纳税义务人的权利

1. 要求具保放行货物的权利，即在海关审查确定进出口货物的完税价格期间，纳税义务人可以在依法向海关提供担保后，先行提取货物。

2. 选择估价方法的权利，即纳税义务人向海关提供有关资料后，可以提出申请，颠倒倒扣价格估价法和计算价格估价法的适用次序。

3. 对海关如何确定进出口货物完税价格的知情权，即纳税义务人可以提出书面申请，要求海关就如何确定其进出口货物的完税价格作出书面说明。

4. 获得救济的权利，即对海关估价决定有权提出复议、诉讼。

（二）纳税义务人的义务

1. 如实提供单证及其他相关资料的义务，即纳税义务人向海关申报时，应当按照有

关规定，向海关如实提供发票、合同、提单、装箱清单等单证。根据海关要求，纳税义务人还应当如实提供与货物买卖有关的支付凭证，以及证明申报价格真实、准确的其他商业单证、书面资料和电子数据。

2. 如实申报及提供相关资料的义务，即货物买卖中发生相关规定中所列的价格调整项目的，纳税义务人应当如实向海关申报。价格调整项目如果需要分摊计算的，纳税义务人应当根据客观量化的标准进行分摊，并同时向海关提供分摊的依据。

六、价格预裁定

进出口货物收发货人，应当在货物拟进出口3个月前（确有正当理由的，可以在货物拟进出口前3个月内提出）通过单一窗口"海关事务联系系统"或"互联网+海关"提交"中华人民共和国海关预裁定申请书"及规定的所需资料，向其注册地直属海关提出进出口货物完税价格相关要素或估价方法的预裁定申请。完税价格相关要素主要指特殊关系、特许权使用费、运保费、佣金、其他与审定完税价格有关的要素。

海关将自收到预裁定申请书及相关材料之日起10日内作出是否受理的决定，如决定受理，自受理之日起60日内制发预裁定决定书，并送达申请人，自送达之日起在全国关境内生效，但对决定下发前已经进出口的货物，没有溯及力。已作出价格预裁定决定的货物，自预裁定生效之日起3年内申请人进出口预裁定合同项下的进出口货物，应按预裁定决定向海关申报，经海关审核其实际进出口的货物与预裁定决定所述情形相符，海关不再重新确定估价方法及调整完税价格要素认定结果。经海关审核其实际进出口的货物与预裁定决定所述情形不相符的，海关应当重新审核确定该进出口货物的估价方法及相关完税价格要素。需要注意，海关受理价格预裁定申请后，并不针对申请裁定的合同完税价格具体金额予以审定，而仅是裁定使用何种估价方法或有关涉税要素是否应计入完税价格。

预裁定属于海关的具体行政行为，仅对申请人有效，但除涉及商业秘密情形外，海关可以将预裁定决定对外公开，为从事进出口相关贸易活动的从业者提供借鉴参考。

第三节　进出口货物原产地的确定

在国际贸易中，原产地这个概念是指货物生产的国家（地区），就是货物的"国籍"。

随着经济全球化和生产国际化的发展，准确认定进出口货物的"国籍"变得更为重要。因为确定了进口货物"国籍"，就确定了其依照进口国的贸易政策所适用的关税和非关税待遇。原产地的不同决定了进口商品所享受的待遇不同。

一、原产地规则的含义

为适应国际贸易的需要，并为执行本国关税及非关税方面的贸易措施，进口国必须对进出口商品的原产地进行认定。为此，各国以本国立法形式制定出其鉴别货物"国籍"的标准，这就是原产地规则。

世界贸易组织（WTO）《原产地规则协议》将原产地规则定义为：一国（地区）为确定货物的原产地而实施的普遍适用的法律、法规和行政决定。

二、原产地规则的类别

从是否适用优惠贸易协定来分，原产地规则分为两大类：一类为优惠原产地规则，另一类为非优惠原产地规则。这是当今世界上最普遍的原产地规则分类方法。

（一）优惠原产地规则

优惠原产地规则是指一国为了实施国别优惠政策而制定的法律、法规，是以优惠贸易协定通过双边、多边协定形式或者是由本国自主制定的一些特殊原产地认定标准，因此也称为协定原产地规则。优惠原产地规则具有很强的排他性，优惠范围以原产地为受惠国（地区）的进口产品为限，其目的是促进协议方之间的贸易发展。优惠原产地规则主要有以下两种实施方式：一是通过自主方式授予，如欧盟普惠制（GSP）、中国对最不发达国家的特别优惠关税待遇；二是通过协定以互惠性方式授予，如《北美自由贸易协定》、《中华人民共和国与东南亚国家联盟全面经济合作框架协议》（以下简称《中国—东盟自由贸易协定》）等。由于优惠原产地规则是用于认定进口货物能否享受比最惠国更优惠待遇的依据，因此其认定标准通常会与非优惠原产地规则不同，其宽或严完全取决于成员方。进口国（地区）为了防止此类优惠措施被滥用或规避，一般都制定了货物直接运输的条款。

我国加入世界贸易组织（WTO）后，为了进一步改善所处的贸易环境，推进市场多元化进程，目前，共签订了《亚太贸易协定》（即原《亚洲及太平洋经济和社会理事会发展中国家成员国关于贸易谈判的第一协定》，又称《曼谷协定》）、《中国—东盟自由贸易协定》、香港CEPA、澳门CEPA、对我国台湾地区农产品零关税优惠措施、《中华人民共和国政府与巴基斯坦伊斯兰共和国政府自由贸易协定》（以下简称《中国—巴基斯坦自由贸易协定》）、《中华人民共和国政府与智利共和国政府自由贸易协定》（以下简称《中国—智利自由贸易协定》）、《中华人民共和国政府和新西兰政府自由贸易协定》（以下简称《中国—新西兰自由贸易协定》）、《中华人民共和国政府和新加坡共和国政府自由贸易协定》（以下简称《中国—新加坡自由贸易协定》）、《中华人民共和国政府和秘鲁共和国政府自由贸易协定》（以下简称《中国—秘鲁自由贸易协定》）、对埃塞俄比亚等最不发达国家给予的特别优惠关税待遇（以下称最不发达国家特别优惠关税待遇）、《海峡两岸经济合作框架协议》（ECFA）、《中华人民共和国政府和哥斯达黎加共和国政府自由贸易协定》（以下简称《中国—哥斯达黎加自由贸易协定》）、《中华人民共和国政府和冰岛政府自由贸易协定》（以下简称《中国—冰岛自由贸易协定》）、《中华人民共和国政府和瑞士联邦政府自由贸易协定》（以下简称《中国—瑞士自由贸易协定》）、《中华人民共和国政府和澳大利亚政府自由贸易协定》（以下简称《中国—澳大利亚自由贸易协定》）、《中华人民共和国政府和大韩民国政府自由贸易协定》（以下简称《中国—韩国自由贸易协定》）、《中华人民共和国政府和格鲁吉亚政府自由贸易协定》（以下简称《中国—格鲁吉亚自由贸易协定》）、《中华人民共和国政府和毛里求斯共和国政府自由贸易协定》（以下简称《中国—毛里求斯自由贸易协定》）、《区域全面经济伙伴关系协定》（RCEP）、《中华人民共和国政府和柬埔寨王国政府自由贸易协定》（以下简称《中国—柬埔寨自由贸易协定》）、《中华人民共和国政府和尼加拉瓜共和国政府自由贸易协定》（以下简称《中国—尼加拉瓜自由贸易协定》）等自由贸易协定及优惠贸易安排。上述自由贸易协定中均包含有相应的优惠原产地规则。

上述贸易协定中，《亚太贸易协定》适用国家包括中国、韩国、印度、斯里兰卡、孟加拉国、老挝和蒙古国；《中国—东盟自由贸易协定》适用国家包括中国、越南、泰国、新加坡、马来西亚、印度尼西亚、文莱、缅甸、老挝、柬埔寨和菲律宾。《区域全面经济伙伴关系协定》适用国家包括东盟成员和中国、日本、韩国、澳大利亚、新西兰。

（二）非优惠原产地规则

非优惠原产地规则，是一国根据实施其海关税则和其他贸易措施的需要，由本国立法自主制定的，因此也称为自主原产地规则。按照世界贸易组织（WTO）的规定，适用于非优惠性贸易政策措施的原产地规则，其实施必须遵守最惠国待遇原则，即必须普遍地、无差别地适用于所有原产地为最惠国的进口货物。它包括实施最惠国待遇、反倾销和反补贴税、保障措施、数量限制或关税配额、原产地标记或贸易统计、政府采购时所采用的原产地规则。《WTO协调非优惠原产地规则》正由各国进行磋商，待谈判达成一致并正式实施后，世界贸易组织（WTO）成员将实施统一的协调非优惠原产地规则，以取代各国自主制定的非优惠原产地规则。

三、原产地认定标准

在认定货物的原产地时，会出现以下两种情况：一种是货物完全是在一个国家（地区）获得或生产制造，另一种是货物由两个或两个以上国家（地区）生产或制造。目前，世界各国（地区）原产地规则，无论是优惠原产地规则还是非优惠原产地规则，都包含这两种货物的原产地认定标准。

（一）完全获得标准

对于完全在一国（地区）获得的产品，如农产品或矿产品，各国（地区）的原产地认定标准基本一致，即以产品的种植、开采或生产国（地区）为原产国（地区），这一标准通常称为"完全获得标准"（Wholly Obtained Standard）。

世界海关组织（WCO）《京都公约》规定可视为完全获得产品的各种情况有：

1. 在该国土地、领水或海床开采的矿产品；

2. 在该国收获或采集的植物产品；

3. 在该国出生和饲养的活动物；

4. 在该国从活动物所得产品；

5. 在该国狩猎或捕捞所得产品；

6. 海上捕捞所得产品及该国船只在海上得到的其他产品；

7. 由该国加工船完全使用上述第6项的产品加工制得产品；

8. 在该国领水以外的海洋积土或底土开采的产品，只要该国对这些海洋积土或底土拥有单独开发权；

9. 在该国收集并只适于原材料回收的、在制造或加工过程中得到的废碎料及废旧物品；

10. 在该国完全使用上述第1项至第9项的产品生产而制得的货物。

在确定货物是否在一个国家（地区）完全获得时，为运输、储存期间保存货物而做的加工或者处理，为货物便于装卸而进行的加工或者处理，为货物销售而进行的包装等加工或者处理等，不予考虑。

（二）实质性改变标准

对于经过几个国家（地区）加工、制造的产品，各国（地区）多以最后完成实质性加工的国家为原产国（地区），这一标准通常称为"实质性改变标准"（Substantial Transformation Standard）。

实质性改变标准包括税则归类改变标准、从价百分比标准（或称增值百分比标准、区域价值成分标准等）、加工工序标准、混合标准等。

1. 税则归类改变标准是指在某一国家（地区）对非该国（地区）原产材料进行加工、制造后，所得货物在《协调制度》中的某位数级税目归类发生了变化。

2. 从价百分比标准是指在某一国家（地区）对非该国（地区）原产材料进行加工、制造后的增值部分超过了所得货物价值的一定比例。

3. 加工工序标准是指在某一国家（地区）进行的赋予制造、加工后所得货物基本特征的主要工序。

4. 混合标准是指将上述两种或两种以上标准结合起来制定货物的原产地标准。

另外，在国际通行的原产地规则中，除了原产地标准外，还包括一些补充或辅助规则，以确保原产地规则的完整性。补充规则或辅助规则主要分为累积规则、微小加工及处理规则、微小含量规则等。累积规则主要用于优惠原产地规则当中。

为保障缔约各方的优惠贸易利益，目前大多数国家的优惠原产地规则中都设有直接运输规则条款。

四、我国优惠原产地管理

为加强我国优惠原产地的统一管理，海关总署于 2009 年 1 月发布了《中华人民共和国海关进出口货物优惠原产地管理规定》（以下简称《优惠原产地管理规定》）。《优惠原产地管理规定》与各项自由贸易协定和优惠贸易安排项下的原产地管理办法，初步构成我国优惠原产地管理的基本框架。

（一）适用范围

适用于对优惠贸易项下进出口货物原产地管理。

（二）原产地标准

《优惠原产地管理规定》就优惠贸易项下普遍适用的原产地认定作了统领性规定。对于完全在一国（地区）获得或者生产的货物，适用完全获得标准。对于非完全在一国（地区）获得或者生产的货物，适用实质性改变标准。

1. 完全获得标准

完全获得，即从优惠贸易协定成员方（以下简称"成员方"）直接运输进口的货物是完全在该成员方获得或者生产的，这些货物指：

（1）在该成员方境内收获、采摘或者采集的植物产品；

（2）在该成员方境内出生并饲养的活动物；

（3）在该成员方领土或者领海开采、提取的矿产品；

（4）其他符合相应优惠贸易协定项下完全获得标准的货物。

原产于优惠贸易协定某一成员方的货物或者材料在同一优惠贸易协定另一成员方境内用于生产另一货物，并构成另一货物组成部分的，该货物或者材料应当视为原产于另一成员方境内。

为便于装载、运输、储存、销售进行的加工、包装、展示等微小加工或者处理，不影响货物原产地确定。在货物生产过程中使用，本身不构成货物物质成分，也不成为货物组成部件的材料或者物品，其原产地不影响货物原产地确定。

2. 实质性改变标准

主要分税则归类改变标准、区域价值成分标准、制造加工工序标准、其他标准。

（1）税则归类改变，是指原产于非成员方的材料在出口成员方境内进行制造、加工后，所得货物在《协调制度》中税则归类发生了变化。

（2）区域价值成分，是指出口货物船上交货价格（FOB）扣除该货物生产过程中该成员方非原产材料价格后，所余价款在出口货物船上交货价格（FOB）中所占的百分比。

区域价值成分=［货物的出口价格(FOB)-非原产材料价格］÷货物的出口价格(FOB)×100%

不同协定框架下的优惠原产地规则均包含区域价值成分标准，但各有不同。

（3）制造加工工序，是指赋予加工后所得货物基本特征的主要工序。

（4）其他标准，是指除上述标准之外，成员方一致同意采用的确定货物原产地的其他标准。

（三）直接运输规则

"直接运输"是指优惠贸易协定项下进口货物从该协定成员方直接运输至中国境内，途中未经过该协定成员方以外的其他国家或者地区。

原产于优惠贸易协定成员方的货物，经过其他国家或者地区运输至中国境内，不论在运输途中是否转换运输工具或者作临时储存，同时符合下列条件的，视为"直接运输"：

1. 该货物在经过其他国家或者地区时，未做除使货物保持良好状态所必须处理以外的其他处理；

2. 该货物在其他国家或者地区停留的时间未超过相应优惠贸易协定规定的期限；

3. 该货物在其他国家或者地区作临时储存时，处于该国家或者地区海关监管之下。

不同协定框架下的优惠原产地规则均包含"直接运输"规则。

为便利各优惠贸易安排中"直接运输"条款的实施，对于经中国香港或澳门之外的第三方中转的自由贸易协定项下货物，进口单位申报适用协定税率或特惠税率时向海关提交符合要求的运输单证；对经中国香港或澳门中转的货物，可提交"中转确认书"或符合规定的运输单证，海关可不再要求提交中转地海关出具的证明文件。

（四）原产地证书及签证机构

原产地证书是证明产品原产地的书面文件，是受惠国的产品出口到给惠国时享受关税优惠的重要凭证。香港CEPA、澳门CEPA、《海峡两岸经济合作框架协议》项下原产地证书所列货物税则号列与海关认定的实际进口货物税则号列前8位原则上应当相同；其他优惠贸易协定货物原产地证书所列货物税则号列与海关认定的实际进口货物税则号列前6位原则上应当相同。为便利自由贸易协定和其他优惠贸易安排实施，进一步推动原产地管理从单证管理向实体管理转变，在进口货物原产地无疑问且无其他不符合相应自由贸易协定或者其他优惠贸易安排项下规定的情况下，符合一定条件情形的（例如，原产地证书载明货物适用完全获得或生产标准；原产地证书载明货物适用完全从原产材料生产标准；原产地证书载明货物适用加工工序标准，与海关认可的《协调制度》编码所适用的加工工序标准一致等），不仅因《协调制度》编码不一致而认定原产地证书无效。进口原产地证书签发机构在各自由贸易协定或优惠贸易安排中均有明确的规定，进口申报时必须提供指定机构签发的原产地证书。另外，部分自由贸易协定项下进口货物规定了可凭规定格式的原产地声明代替原产地证书。对低于一定金额的货物，部分自由贸易协定还规定了可免于提交原产地证书或原产地声明。各自规定的具体情形见后附的"各优惠贸易协定代码、电子信息交换、免原产地证书限额、原产地声明情况表"。

按照规定，我国海关、中国国际贸易促进会及其地方分会（以下称贸促机构）有权签发优惠贸易协定项下出口货物原产地证书。

出口优惠原产地证书申领流程与非优惠原产地证书基本一致（参见本节"五、我国非优惠原产地管理"中相应内容）。但需要注意以下主要区别：优惠原产地证书项下原产地的确定依据是各优惠贸易协定或安排规定的标准，有资质签证机构签发的原产地证书需要按照协议约定签字盖章。对需要在原产地证书上手工签字的，申请人需要注意签证机构手签笔迹是否工整、清晰、易于识别，并与备案笔迹一致。目前，我国签发《中国—东盟自由贸易协定》原产地证书和中国—巴基斯坦优惠原产地证书，需要手工签字且与备案一致。

（五）申报及审核要求

1. 申报要求

货物申报进口时，进口货物收货人或者其代理人（以下称"进口人"）应当按照海关的申报规定填制"中华人民共和国海关进口货物报关单"，申明适用协定税率或者特惠税率。

（1）选择"通关无纸化"方式申报

对尚未实现原产地电子信息交换的优惠贸易协定项下进口货物，通过"优惠贸易协定原产地要素申报系统"填报原产地证据文件电子数据和直接运输规则承诺事项，在申报进口时以电子方式扫描上传原产地证明。电子方式提交的原产地证明应当与纸质文件一致，必要时，应按照海关要求补充提交纸质文件。进口货物具备优惠贸易协定有关原产资格但进口人未按照规定以电子方式上传原产地证明的，应当在办结海关手续前，就进口货物具备优惠贸易协定有关原产资格事宜补充申报并提供税款担保。商业发票、运输单证和未再加工证明文件等单证正本也应以电子方式上传。

对已实现原产地电子信息交换的优惠贸易协定项下进口货物，无须填报原产地证明电子数据和直接运输规则承诺事项，也无须以电子方式提交原产地证明。

（2）选择"有纸报关"方式申报

进口人按规定提交原产地单证纸质文件及提交符合直接运输规则的证明文件。

除以上直接自境外进口货物外，列入有关优惠协定或安排下的保税监管转内销货物同样适用《优惠原产地管理规定》。其中，非海关特殊监管区域及保税监管场所内的保税货物内销时拟适用协定税率或者特惠税率的，需要满足以上直接自境外进口货物的所有条件。对于海关特殊监管区域及保税监管场所内销的保税货物，应当如实填报报关单商品项"优惠贸易协定享惠"类栏目，同时在商品项对应的"原产国（地区）"栏如实正确填报货物原产地。自境外首次进入区域（场所）时无须按照有关优惠贸易协定项下进口货物填制要求填报进境备案清单商品项"优惠贸易协定享惠"类栏目，在转为内销时进口人应按照优惠贸易协定项下报关单填制要求填报，并可自行选择"通关无纸化"或"有纸报关"方式申报原产地单证。但需注意，对于《中国—新西兰自由贸易协定》和《中国—澳大利亚自由贸易协定》项下实施特殊保障措施的农产品出区域（场所）内销申请适用协定税率的，进口人仍应当在有关货物从境外首次入区域（场所）时按照优惠贸易协定项下报关单填制要求填报进口报关单或者进境备案清单，并以"通关无纸化"方式申报原产地单证。

上述保税货物内销拟适用协定税率或者特惠税率时，货物实际报验状态与其从境外入区域（场所）时的状态相比，如超出相关优惠贸易协定所规定的微小加工或处理范围的，则不得享受协定税率或者特惠税率。另外，进口人也务必注意，内销货物适用协定税率或者特惠税率时原产地证书需在有效期内。

我国货物申报出口时，出口货物发货人应当按照海关的申报规定填制"中华人民共和国海关出口货物报关单"，并向海关提交原产地证书电子数据或者原产地证书正本的复印件。

2. 审核要求

进口人向海关提交的原产地证书，应当符合相应优惠贸易协定关于证书格式、填制内容、签章、提交期限等规定，并与商业发票、报关单等单证的内容相符。报关单所列货物数量不得超过原产地证书上该商品的数量。原产地证书"收货人"栏（或"货物运至"栏）所列的收货人应当为中国境内企业。当"收货人"栏（或"货物运至"栏）不是我方实际收货人或者非中国境内企业时，我方境内实际收货人应当出示合同、发票等商业单证，证明其与原产地证书上的收货人存在商业贸易关系。出具货物商业发票的出口商是否为货物原产地的出口商，不影响海关对货物原产地的认定。在进口货物原产地无疑问且无其他不符合相应自由贸易协定或者其他优惠贸易安排项下规定的情况下，可有条件接受海关审定后的进口货物商品编号与原产地证书所载商品编号不一致情形，或视情启动对外核查程序。

原产地证书与报关单的关系：一份报关单应当对应一份原产地证书；一份原产地证书应当对应同一批次进口货物。"同一批次"进口货物指由同一运输工具同时运抵同一口岸，并且属于同一收货人，使用同一提单的进口货物。对于客观原因（集装箱货物因海河联运需大船换小船、因海陆联运需分车运输，陆路运输集装箱货物需大车换小车以及其他多式联运情况下同一批次货物在中转地需要分拆由多个小型运输工具进行中转运输的情况等）导致有关进口货物在运抵中国关境（运抵口岸）前必须分批运输的情况，不影响同一批次的认定。同一批次出口货物比照上述规定进行审核认定。

海关对上述单证有疑问的，进出口人应当补充提交相关资料。

（六）补充申报及保证金收取

进口申报时未按照规定提交原产地证书或原产地声明的，进口货物收货人或其代理人应就货物是否具备原产地资格进行补充申报。按照规定补充申报的，海关可根据申请，按照协定税率或特惠税率收取等值保证金后放行货物。保证期限内提交相应原产地证书或原产地声明的，正常核销结案；超过保证期限的，海关将不准予适用协定税率计征税款。

（七）原产地标记

优惠贸易协定项下进出口货物及其包装上标有原产地标记的，其原产地标记所标明的原产地应当与依照《优惠原产地管理规定》有关规定确定的货物原产地一致。

（八）货物查验

按照规定，为确定货物原产地是否与进出口货物收发货人提交的原产地证书及其他单证相符，海关可以对进出口货物进行查验，通过验核原产地标记、规格型号、品质、货柜号码及封志，必要时采取取样化验等方式判定货物原产地。具体程序依照《中华人民共和国海关进出口货物查验管理办法》的有关规定办理。

（九）原产地核查

海关认为需要对进口货物收货人或其代理人提交的原产地证书的真实性、货物是否原产于优惠贸易协定成员方进行核查的，应当按照该货物适用的最惠国税率、普通税率或者其他税率收取相当于应缴税款的等值保证金放行货物。

海关认为必要时，可以对优惠贸易协定项下出口货物原产地进行核查，以确定其原产地。应优惠贸易协定成员方要求，海关可以对出口货物原产地证书或者原产地进行核查，并应当在相应优惠贸易协定规定的期限内反馈核查结果。

（十）不适用协定或者特惠税率情形

1. 进口货物收货人或其代理人在货物申报进口时没有提交有效原产地证书、原产地声明，也未就进口货物是否具备原产地资格向海关补充申报的。

2. 进口货物收货人或其代理人未提供商业发票、运输单证等其他商业单证，也未提交其他证明文件的。

3. 经查验或原产地核查，确认货物原产地与申报内容不符，或者无法确定货物真实原产地的。

4. 未按补充申报相关规定，在货物申报进口之日起一年内补交有效的原产地证书的。

5. 我国海关已要求优惠贸易协定有关成员方签证机构或原产地主管机构开展核查，在规定期限内未收到核查反馈结果的。

（十一）原产地预裁定

进出口货物收发货人，应当在货物拟进出口3个月前（确有正当理由的，可以在货物拟进出口前3个月内提出）通过单一窗口"海关事务联系系统"或"互联网+海关"提交"中华人民共和国海关预裁定申请书"及规定的所需资料，向其注册地直属海关提出原产地或原产资格预裁定申请。

海关将自收到预裁定申请书及相关材料之日起10日内作出是否受理的决定，如决定受理，自受理之日起60日内制发预裁定决定书，并送达申请人，自送达之日起在全国关境内生效，但决定下发前已经进出口的货物，没有溯及力。已作出原产地预裁定决定的货物，自预裁定生效之日起3年内实际进出口时，申请人进出口预裁定列明的同一厂商使用相同材料生产的同一型号货物，应按原产地预裁定决定向海关申报。经海关审核其实际进出口的货物与预裁定决定所述货物相符，且原产地确定标准未发生变化的，海关不再重新确定该进出口货物的原产地；经海关审核其实际进出口的货物与预裁定决定所述货物不相符的，海关应当重新审核确定该进出口货物的原产地。

我国目前实施的各个优惠贸易协定
"实质性改变"标准的基本判定标准比较表

优惠贸易协定名称	"实质性改变"标准的基本判定标准
亚太贸易协定	大于45%区域价值成分，并制定部分税号商品的清单列出具体标准（包括税则归类改变标准、加工工序标准与混合标准）
中国—东盟自由贸易协定	不小于40%区域价值成分，并制定部分税号商品的清单列出具体标准（包括税则归类改变标准、加工工序标准与混合标准）
香港 CEPA／澳门 CEPA	以清单列出具体标准（包括加工或制造工序、4位税号归类改变标准、区域价值成分按扣减法计算不小于40%或按累加法计算不小于30%加工增值标准、其他标准或混合标准）
中国—巴基斯坦自由贸易协定	不小于40%区域价值成分，并制定部分税号商品的清单列出具体标准（包括税则归类改变标准、加工工序标准与混合标准）
中国—智利自由贸易协定	不小于40%区域价值成分，并制定部分税号商品的清单列出具体标准（包括税则归类改变标准与50%的区域价值成分标准）
中国—新西兰自由贸易协定	以清单列出具体标准（包括税则归类改变标准、区域价值成分标准、加工工序标准与混合标准）
中国—新加坡自由贸易协定	不小于40%区域价值成分，并制定部分税号商品的清单列出具体标准（包括税则归类改变标准、加工工序标准与混合标准）
中国—秘鲁自由贸易协定	以清单列出具体标准（包括税则归类改变标准、区域价值成分标准、加工工序标准与混合标准）
对最不发达国家特别关税优惠措施	4位税号归类改变或者不小于40%区域价值成分
海峡两岸经济合作框架协议	以清单列出具体标准（包括税则归类改变标准、区域价值成分标准、加工工序标准与混合标准）
中国—哥斯达黎加自由贸易协定	以清单列出具体标准（包括税则归类改变标准、区域价值成分标准、加工工序标准与混合标准）
中国—冰岛自由贸易协定	以清单列出具体标准（包括税则归类改变标准、区域价值成分标准、加工工序标准与混合标准）
中国—瑞士自由贸易协定	以清单列出具体标准（包括税则归类改变标准、区域价值成分标准、加工工序标准与混合标准）
中国—澳大利亚自由贸易协定	以清单列出具体标准（包括税则归类改变标准、区域价值成分标准、加工工序标准与混合标准）
中国—韩国自由贸易协定	以清单列出具体标准（包括税则归类改变标准、区域价值成分标准、加工工序标准与混合标准）
中国—格鲁吉亚自由贸易协定	以清单形式列出特定原产地规则具体标准（包括税则归类改变标准、区域价值成分标准、加工工序标准与其他规定）
中国—毛里求斯自由贸易协定	以清单形式列出特定原产地规则具体标准（包括税则归类改变标准、区域价值成分标准、加工工序标准与其他规定）
区域全面经济伙伴关系协定	以清单形式列出特定原产地规则具体标准（包括税则归类改变标准、区域价值成分标准、加工工序标准与其他规定）

优惠贸易协定名称	"实质性改变"标准的基本判定标准
中国—柬埔寨自由贸易协定	以清单形式列出特定原产地规则具体标准（包括税则归类改变标准、区域价值成分标准、加工工序标准与其他规定）
中国—尼加拉瓜自由贸易协定	以清单形式列出特定原产地规则具体标准（包括税则归类改变标准、区域价值成分标准）

各优惠贸易协定代码、电子信息交换、免原产地证书限额、原产地声明情况表

优惠贸易协定名称	协定代码	是否实现电子信息交换	同批次货物免原产地证书限额	同批次货物限额下是否需原产地申明	原产地声明有无固体格式
亚太贸易协定	01	是（仅限韩国）	无	—	无
		否（其他成员）			
中国—东盟自由贸易协定	02	是（新加坡、印尼）	≤FOB 200 美元	需要	无
		否（其他成员）			
香港 CEPA	03	是	无	—	无
澳门 CEPA	04	是	无	—	无
大陆对台湾地区部分农产品零关税措施	06	否	≤600 美元	需要	有
中国—巴基斯坦自由贸易协定	07	是	≤FOB 200 美元	需要	无
中国—智利自由贸易协定	08	是	≤1000 美元	无需	无
中国—新西兰自由贸易协定	10	是（仅限原产地证书）	≤1000 美元	需要	有（由经核准出口商出具；基于预裁定货物英文填制原产地声明）
中国—新加坡自由贸易协定	11	是	≤FOB 600 美元	需要	无
中国—秘鲁自由贸易协定	12	否	≤600 美元	需要	有

优惠贸易协定名称	协定代码	是否实现电子信息交换	同批次货物免原产地证书限额	同批次货物限额下是否需原产地申明	原产地声明有无固定格式
对最不发达国家特别优惠关税待遇	13	是（孟加拉国、尼日尔、埃塞俄比亚、莫桑比克、东帝汶，在线签发的"E"作为首位编号的证书） 否（其他国家）	≤6000元人民币	无需	有（中文填制，且经预裁定的货物可用原产地申明代替原产地证书）
海峡两岸经济合作框架协议	14	是	无	—	无
中国—哥斯达黎加自由贸易协定	15	否	≤600美元	需要	有
中国—冰岛自由贸易协定	16	否	≤600美元	无需	有（由经核准出口商出具）
中国—瑞士自由贸易协定	17	否	≤600美元	无需	有（由经核准出口商出具，且可代替原产地证书）
中国—澳大利亚自由贸易协定	18	否	≤6000元人民币	无需	有（中文填制，且经过预裁定的货物可用原产地申明代替原产地证书）
中国—韩国自由贸易协定	19	是	≤700美元	无需	无
中国—格鲁吉亚自由贸易协定	20	是	≤600美元	无需	无
中国—毛里求斯自由贸易协定	21	否	无	—	有（英文填制，由经核准出口商出具，且可代替原产地证书）
区域全面经济伙伴关系协定	22	否	无	—	有（由经核准出口商出具）
中国—柬埔寨自由贸易协定	23	否	≤FOB 200美元	无需	无

续表2

优惠贸易协定名称	协定代码	是否实现电子信息交换	同批次货物免原产地证书限额	同批次货物限额下是否需原产地申明	原产地声明有无固体格式
中国—尼加拉瓜自由贸易协定	24	否	无	—	无

五、我国非优惠原产地管理

为加强我国原产地的统一管理，国务院颁布了《原产地条例》。条例适用于实施最惠国待遇、反倾销和反补贴、保障措施、原产地标记管理、国别数量限制、关税配额等非优惠性贸易措施，以及进行政府采购、贸易统计等活动对进出口货物原产地的确定。实施优惠贸易措施进出口货物的原产地规则，依照我国缔结或参加的国际条约、协定的有关规定另行制定。依据《原产地条例》，海关总署会商商务部、原国家质量监督检验检疫总局发布了《关于非优惠原产地规则中实质性改变标准的规定》（以下称《实质性改变标准规定》），与《原产地条例》同时实施。《原产地条例》与《实质性改变标准规定》初步构成了我国非优惠进出口货物原产地管理的法制框架。

（一）原产地认定标准

分完全获得标准和实质性改变标准。

1. 完全获得标准

适用于完全在一个国家（地区）获得的货物。符合以下条件的，视为在一国（地区）"完全获得"，以该国（地区）为原产地：

（1）在该国（地区）出生并饲养的活的动物；

（2）在该国（地区）野外捕捉、捕捞、收集的动物；

（3）从该国（地区）的活的动物获得的未经加工的物品；

（4）在该国（地区）收获的植物和植物产品；

（5）在该国（地区）采掘的矿物；

（6）在该国（地区）获得的上述第（1）～（5）项范围之外的其他天然生成的物品；

（7）在该国（地区）生产过程中产生的只能弃置或者回收用作材料的废碎料；

（8）在该国（地区）收集的不能修复或者修理的物品，或者从该物品中回收的零件或者材料；

（9）由合法悬挂该国旗帜的船舶从其领海以外海域获得的海洋捕捞物和其他物品；

（10）在合法悬挂该国旗帜的加工船上加工上述第（9）项所列物品获得的产品；

（11）从该国领海以外享有专有开采权的海床或者海床底土获得的物品；

（12）在该国（地区）完全从上述第（1）～（11）项所列物品中生产的产品。

在确定货物是否在一个国家（地区）完全获得时，为运输、储存期间保存货物而做的加工或者处理，为货物便于装卸而进行的加工或者处理，为货物销售而进行的包装等加工或者处理等，不予考虑。

2. 实质性改变标准

该实质性改变标准规定适用于非优惠性贸易措施项下两个及以上国家（地区）所参与

生产货物原产地的确定，确定时以最后一个对货物进行实质性改变的国家（地区）作为原产地。实质性改变标准以税则归类改变为基本标准，税则归类改变不能反映实质性改变的，以从价百分比、制造或者加工工序等为补充标准。

税则归类改变标准，是指在某一国家（地区）对非该国（地区）原产材料进行制造、加工后，所得货物在《税则》中的 4 位级税目归类发生了改变。

"制造、加工工序"标准，是指在某一国家（地区）进行的赋予制造、加工后所得货物基本特征的主要工序。

从价百分比标准，是指在某一国家（地区）对非该国（地区）原产材料进行制造、加工后的增值部分超过了所得货物的 30%。用公式表示如下：

$$\frac{工厂交货价-非该国（地区）原产材料价值}{工厂交货价} \times 100\% \geqslant 30\%$$

这里应注意：上述"工厂交货价"是指支付给制造厂所生产的成品的价格；"非该国（地区）原产材料价值"是指直接用于制造或装配最终产品而进口原料、零部件的价值（含原产地不明的原料、零配件），以其进口的成本、保险费加运费价格（CIF 价）计算。

以上述"制造、加工工序"和"从价百分比"作为标准来判定实质性改变的货物在《实质性改变标准规定》所附的"适用制造或者加工工序及从价百分比标准的货物清单"中具体列明，并按列明的标准判定是否发生实质性改变。对未列入上述清单货物的，其实质性改变的判定，应当适用税则归类改变标准。

"适用制造或者加工工序及从价百分比标准的货物清单"由海关总署会同商务部根据实施情况修订并公告。

（二）原产地预裁定

非优惠原产地预裁定，在程序方面与"四、我国优惠原产地管理中（一）11"内容一致，但货物原产地预裁定的依据有所不同，非优惠贸易协定或安排项下原产地预裁定的依据是我国的《原产地条例》和《实质性改变标准规定》，而优惠原产地预裁定的依据是《优惠原产地管理规定》及各自由贸易协定或安排下的原产地规则与管理办法。

（三）原产地证书申领

非优惠原产地项下，出口货物发货人申请领取出口货物原产地证书。进口方要求出具官方机构签发的原产地证书的，申请人应当向海关申请办理；未明确要求的，申请人可以向海关、中国国际贸易促进委员会或者其地方分会申请办理。

1. 申请

申请人应当于货物出运前向申请人所在地、货物生产地或者出境口岸的签证机构申请办理原产地证书签证。申请原产地证书应提交：

（1）按规定填制的"中华人民共和国非优惠原产地证书"；

（2）出口货物商业发票；

（3）申请签证的货物属于异地生产的，应当提交货源地签证机构出具的异地货物原产地调查结果；

（4）对含有两个以上国家（地区）参与生产或者签证机构需核实原产地真实性的货物，申请人应当提交"产品成本明细单"。

一批货物只能申领一份原产地证书，申请人对于同一批货物不得重复申请原产证书。

国家鼓励申请人采用电子方式申办原产地证书。以电子方式申请原产地证书的，还应当提交"原产地证书电子签证申请表"和"原产地证书电子签证保证书"。

2. 签证申请审核

签证机构接到原产地证书签证申请后，签证人员应当按照《原产地条例》和《实质性改变标准规定》规定，对申请人的申请进行审核，并可以对申请人申报的产品进行实地调查，核实生产设备、加工工序、原料及零部件的产地来源、制成品及其说明书和内外包装等，填写"原产地调查记录"。申请签证的货物属于异地生产的，申请人应当向货源地签证机构申请出具货物原产地调查结果。

3. 证书签发

签证机构应当在受理签证申请之日起 2 个工作日内完成审核。审核合格的，按照国家有关规定收取费用后签发证书。原产地证书为正本 1 份、副本 3 份，证书内容用英文填制。其中，正本和两份副本交申请人，另一份副本及随附资料由签证机构存档 3 年。原产地证书自签发之日起有效期为 1 年。

4. 证书更改、重发、补发

（1）更改、重发。在货物出运前，原产地证书有效期内，申请人可提供相应资料申请更改、重发。申请人可凭"中华人民共和国非优惠原产地证书更改申请书"，并退回原发证书申请更改。已签发的证书正本遗失或者毁损，申请人可凭"中华人民共和国非优惠原产地证书重发申请书"申请重发。更改、重发证书的有效期同原签发证书。

（2）补发。特殊情况下，申请人可以在货物出运后申请补发原产地证书。申请补发原产地证书，除原申请签发产地证书提供的相关资料外，还应当提交下列资料：

①补发原产地证书申请书；

②申请补发证书原因的书面说明；

③货物的提单等货运单据。

签证机构应当在原产地证书的签证机构专用栏内加注"补发"字样。

（四）原产地验核

海关在审核确定进口货物原产地时，可以要求进口货物的收货人提交该进口货物的原产地证书，并予以审验；必要时，可以请求该货物出口国（地区）的有关机构对该货物的原产地进行核查。

应出口货物进口国（地区）有关机构的请求，海关、签证机构可以对出口货物的原产地情况进行核查，并及时将核查情况反馈进口国（地区）有关机构。

（五）原产地标记管理

国家对出口货物原产地标记实施管理。申请原产地证书的货物及其内、外包装或者说明书上，不得出现其他国家或者地区制造、生产的字样或者标记。出口货物的原产地标记标明的原产地与真实原产地不一致的，海关应当责令当事人改正。

（六）适用非优惠原产地规则的原产地证书

1. 对适用反倾销、反补贴措施的进口商品原产地证要求

（1）进口经营单位申报进口与反倾销、反补贴措施相同的货物时，应向海关提交原产地证书，对于原产地证标注为涉案国（地区）的，进口货物收货人还需向海关提交原厂商发票，包括通过境外贸易商间接进口的，仅能提交由境外贸易商制发的商业发票时，发票应包含原厂商名称和原厂商发票编号；对于涉案国（地区）企业已经与商务部签署价格承诺协议的，进口货物收货人还应提交签署价格承诺协议企业出具的出口证明信。同时符合前述要求的，可免于征收反倾销税，否则仍应按照规定征收。

进口货物收货人应当以电子方式提交上述所有单证。进口货物收货人以电子方式提交的单证内容应当与持有的单证正本一致；单证纸质文件无须提交，但应当按照海关有关规定留存。海关认为必要时，进口货物收货人应当补充提交单证纸质正本。

（2）对于进口经营单位确实无法提交原产地证书，经海关实际查验也不能确定货物原产地的，海关按与该货物相同的被诉产品的最高反倾销、反补贴税率或保证金征收比率征收反倾销、反补贴税或现金保证金。

（3）进口经营单位在反倾销、反补贴保证金或其他临时措施存续期间补交原产地证明或原厂商发票的，海关可以接受，并根据查证核实后的原产地证明或原厂商发票，对征收的保证金或实施的其他临时措施予以调整。

（4）进口经营单位在海关征收反倾销、反补贴税后补交原产地证明或原厂商发票的，海关不予接受，对已征税款不予调整。

2. 对适用保障措施的进口商品的要求

进口企业申报进口涉案产品时，不能提供不适用保障措施的国家（地区）的原产地证书或尚不应加征关税的适用保障措施的国家（地区）的原产地证书，或者海关对其所提供的原产地证书的真实性有怀疑的，如经海关审核有关单证（包括合同、发票、提运单等）及对货物实际验估能够确定原产地的，应按照相关规定处理；如仍不能确定原产地，且进口企业也不能进一步提供能够证明原产地的其他材料的，应在现行适用的关税税率基础上，按照相应的涉案产品适用的加征关税税率加征关税。

在海关审核认定原产地期间，进口企业可在提供相当于全部税款的保证金担保后，要求先行验放货物。

原产地证书并不是确定货物原产地的唯一标准。若海关通过查验货物或审核单证认为所提供的原产地证书可能不真实，海关可以请求出口国（地区）的有关机构对该货物的原产地进行核查。

第四节　进出口税收征管作业

一、税收征管方式改革

按照海关深化改革总体方案，全国海关通关作业一体化改革已经全面铺开。按照改革方案，货物通关作业已实现由进出口企业自行确定涉税要素向海关申报，由海关分析验证货物品名、数量、禁限等准入属性，通过安全准入风险排查后，企业按照自行申报的税款缴税或提供有效担保后海关放行货物。海关在放行前对安全准入等风险进行排查，通关环节原则上不对涉税要素进行审核①，进出口企业的货物流将基本不受海关行政审核的影响。货物放行后，再由海关分析验证货物归类、价格、原产地等税收属性，通过批量抽核与事后验估、核查、稽查等手段完成货物放行后的税收征管作业。海关的管理模式已由逐票审定企业申报要素是否准确，变为企业自主按照规则申报归类、价格、原产地等涉税要素，并自行完成应缴税款核算及自行办理税款支付的作业流程。因为作业流程的调整，进出口企业通关成本大大降低，通关时效得以提高。

二、税费征缴方式

税费征缴方式是指海关征收税费和纳税义务人缴纳税费的方法和形式。税费征缴方式包括税费征收和税费缴纳两个方面。

（一）税费征收方式

税费征收方式是指海关确定关税纳税义务具体内容的方式。2017年7月1日后，海关税费征收方式由海关审核方式已全面向自报自缴方式转变，仅存个别类型单据实施海关审核纳税方式。

1. 自报自缴方式

"自主申报、自行缴纳"以企业诚信管理为前提，企业自主申报报关单的涉税要素，自行完成税费金额的核算，自行完成税费缴纳后，货物即可放行（放行前如需查验则查验后放行）。海关在放行后根据风险分析结果对纳税义务人申报的价格、归类、原产地等税收要素进行抽查审核。

2. 审核纳税方式

审核纳税方式，是指海关在货物放行前对纳税义务人申报的价格、归类、原产地等税收要素进行审核，并进行相应的查验（如需要），确定货物的完税价格后核定应缴税款，纳税义务人缴纳税款后货物方予放行。

（二）税费缴纳方式

按照不同角度，缴纳海关税费可有不同区分方式：

1. 以支付方式为区分点，可分为柜台支付方式、电子支付方式

电子支付方式，是目前税费支付的主要方式，通过联网操作，因便捷、高效等优势明显。

（1）电子支付方式

电子支付系统通过财、关、库、银横向联网，实现海关税费信息在海关、国库、商业银行等部门之间的电子流转和税款电子入库。使用电子支付方式缴纳税款，需要具备一定的条件，并通过"单一窗口""互联网+海关"与海关和经批准的商业银行签订电子支付三方合作协议，在报关前事先进行资格备案，进出口环节通过电子支付税费后货物即可放行。

电子支付以税单为单位，对同一份报关单所发生的税费，报关人员可全部选择电子支付，也可部分选择电子支付。目前，通过电子支付方式可以缴纳进出口关税、反倾销税、

---

① 海关总署税收征管局针对部分高税收风险单据下达事中验估指令，由相关现场完成并反馈至海关总署税收征管局最终确认。

反补贴税、进口环节代征税、废弃电器电子产品处理基金、缓税利息、滞纳金、船舶吨税、税款类保证金、滞报金等。

（2）柜台支付方式

海关税款传统的缴纳方式为柜台支付。海关作出征税决定后，海关填发税款缴款书，纳税义务人或其代理报关人员办理签收手续。海关税款缴款书一式六联。第一联为收据联，由银行收款签章后交缴款单位或者纳税义务人；第二联为付款凭证联，由缴款单位开户银行作为付出凭证；第三联为收款凭证联，由收款国库作为收入凭证；第四联为回执联，由国库盖章后退回海关财务部门；第五联为报查联，由国库收款后，关税专用缴款书退回海关，海关代征税专用缴款书送当地税务机关；第六联为存根联，由填发单位存查。

签收后，纳税义务人或其代理报关人应在规定的时限内前往指定银行，在指定银行缴纳税款后，相关人员应当及时将盖有证明银行已收讫税款业务印章的税款缴款书第一联原件送交填发海关验核，海关据此办理核注及货物放行等后续手续。

2. 以缴纳频度为区分点，可分为逐票缴纳方式、汇总征税缴纳方式

（1）逐票缴纳方式

逐票缴纳方式即海关以纳税义务人纳税申报行为为单元，针对每一次申报应纳税款单独计征。逐票缴纳税费，可以是柜台方式支付，也可以是电子支付方式。

（2）汇总征税方式

除海关企业信用管理中"失信企业"外，所有在海关备案的进出口报关单上的收发货人均可申请适用汇总征税模式，即在一定的时限内多次进出口产生的税款集中进行汇总计征的方式，以满足进出口企业对通关时效的需要。有汇总征税需求的企业需要在进出口货物通关前向属地直属海关提交税款总担保，总担保应当依法以担保机构提交的保函等海关认可的形式，通过后即可在申请的多个直属海关范围内通用。应税企业采用无纸化申报时选择汇总征税模式的，无布控查验等海关要求事项的汇总征税报关单担保额度扣减成功，海关即放行。应税企业采用有纸申报时选择汇总征税模式的，同无纸化申报流程一致，在担保额度扣减成功后货物即放行。适用汇总征税的企业需在每月第五个工作日结束前，完成上月应缴税款的汇总电子支付。

汇总征税是海关对进出口税收征缴的一种新型作业模式，其支付方式本质上也属于电子支付。海关对符合条件的进出口纳税义务人某一段时间内多次进出口产生的税款集中进行汇总计征，这与电子支付及柜台支付下的逐票征缴税方式明显不同。

三、税率及汇率的适用

（一）税率适用

税率适用是指进出口货物在征税、补税、追税或退税时选择适用的各种税率。

1. 关税正税税率适用

我国实行复式进口税则，即同一进口商品对应两种及以上的税率设置，实际工作中应按照一定的原则和步骤选择正确的适用税率。一般情况下，选择适用税率需要遵从以下基本程序：

（1）适用时间

按照《关税条例》规定，进出口货物应当适用海关接受该货物申报进口或者出口之日实施的税率。确定进出口货物关税税率应首先确定货物被海关接受申报的时间。

（2）选用税率

按照以上规定确定完毕海关适用税率的时间后，对照《税则》复式税率设置及随附关税税率附表，并从中选取正确适用税率。

①从低选用税率

对同时适用协定税率、特惠税率的进口货物有暂定税率的，应当从低适用税率。当最惠国税率低于或等于协定税率时，协定有规定的，按相关协定的规定执行；协定无规定的，二者从低适用。

②暂定税率优先

对适用最惠国税率、关税配额税率的进口货物同时设有暂定税率的，应当适用暂定税率；出口货物征收出口关税并同时设有出口暂定税率的，适用出口暂定税率。

需注意几点特别规定：

A. 实行关税配额管理的进口货物，如能提供关税配额证明，则应适用关税配额税率①；

B. 执行国家有关进出口关税减征政策时，首先应当在最惠国税率基础上计算有关税目的减征税率，然后根据进口货物的原产地及各种税率形式的适用范围，将这一税率与同一税目的特惠税率、协定税率、进口暂定税率进行比较，税率从低执行，但不得在暂定税率基础上再进行减免；

C. 适用普通税率的进口货物，其他税率均不适用，此时税率是"从高适用"。

同时有两种及以上税率可适用的进口货物最终适用税率汇总表

货物可选用的税率	适用税率
同时适用最惠国税率、进口暂定税率	应当适用暂定税率
同时适用最惠国税率、减征税率	优先适用减征税率
同时适用减征税率、进口暂定税率、协定税率、特惠税率	应当从低适用税率
适用普通税率的进口货物，存有进口暂定等税率	适用普通税率
适用关税配额税率、其他税率	关税配额内的，适用关税配额税率，配额税率基础上，还设有暂定税率的，适用暂定税率；关税配额外的，根据具体情况可从低适用不同税率

2. 关税附加税税率

国家规定对某类商品征收反倾销等附加关税的，应在选择关税正税税率适用基础上，同时加征附加税。

（1）反倾销、反补贴、保障措施等附加税率

按照有关法律、行政法规的规定对进口货物采取反倾销、反补贴、保障措施的，除征收关税正税外，其附加关税税率的适用按照《反倾销条例》《反补贴条例》《保障措施条

---

① 8类货物中，国家对尿素、复合肥、磷酸氢铵3种化肥在关税配额税率基础上又实施了1%的进口暂定税率，此时优先执行暂定税率。

例》的有关规定执行。其中，凡进口原产于与我国达成优惠贸易协定的国家或地区并享受协定税率的商品，同时该商品又属于我国实施反倾销或反补贴措施范围内的，应按照优惠贸易协定税率计征进口关税，并同时实施反倾销税、反补贴措施；凡进口原产于与我国达成优惠贸易协定的国家或地区并享受协定税率的商品，同时该商品又属于我国采取保障措施范围内的，应在该商品全部或部分中止、撤销、修改关税减让义务后所确定的适用税率基础上计征进口关税。

（2）报复性关税附加税率

任何国家或者地区违反与中华人民共和国签订或者共同参加的贸易协定及相关协定，对中华人民共和国在贸易方面采取禁止、限制、加征关税或者其他影响正常贸易的措施的，对原产于该国家或者地区的进口货物可以加征报复性关税，在正常的关税正税之外加征报复性关税税率。征收报复性关税的货物、适用国别、税率、期限和征收办法，由国务院关税税则委员会决定并公布。

3. 退、补税税率适用

进出口货物关税的补征和退还时适用的税率，适用按照上述规定确定的原税率适用日税率。

4. 报关单撤销后重新申报报关单税率适用

符合《中华人民共和国海关进出口货物报关单修改和撤销管理办法》第九条规定情形的，撤销后重新申报的报关单按照海关接受该货物重新申报时应适用的税率计征税款。除前述规定以外的撤销情形，撤销后重新申报的报关单应按原报关单适用的税率计征税款。

（二）汇率的适用

进出口货物的成交价格及有关费用以外币计价的，海关按照该货物适用税率之日所适用的计征汇率折合为人民币计算完税价格。完税价格采用四舍五入法计算至分。

海关每月使用的计征汇率为上一个月第三个星期三（第三个星期三为法定节假日的，顺延采用第四个星期三）中国人民银行公布的外币对人民币的基准汇率；以基准汇率币种以外的外币计价的，采用同一时间中国银行公布的现汇买入价和现汇卖出价的中间值（人民币元后采用四舍五入法保留4位小数）。如果上述汇率发生重大波动，海关总署认为必要时，可另行规定计征汇率，并对外公布。

四、纳税期限及滞纳金

为保证海关作出的征税决定得到执行，保证税款及时入库，必须规定纳税义务人缴纳税款的时间限制，逾期缴纳即构成滞纳。

（一）纳税期限

1. 法定纳税期限

《关税条例》规定，进出口货物的纳税义务人应当自海关填发税款缴款书之日起15日内向指定银行缴纳税款。

2. 延期纳税期限

纳税义务人因不可抗力或者国家税收政策调整不能按期缴纳税款的，依法提供税款担保后，可以直接向海关办理延期缴纳税款手续。延期缴纳税款的期限，自货物放行之日起最长不超过6个月。6个月内未缴纳税款的，海关应按照规定征收滞纳金，并在必要时采取税收保全和税收强制措施。

(二)滞纳金

1. 征收范围

按照规定，关税、进口环节增值税、进口环节消费税的纳税义务人或其代理人，应当自海关填发税款缴款书之日起 15 日内向指定银行缴纳税款，逾期缴纳的，海关依法在原应纳税款的基础上，按日加收滞纳税款万分之五的滞纳金。

2. 滞纳期间

税款缴纳期限内含有星期六、星期日或法定节假日不予扣除。缴纳期限届满日遇星期六、星期日等休息日或者法定节假日的，应当顺延至休息日或法定节假日之后的第一个工作日。国务院临时调整休息日与工作日的，则按照调整后的情况计算缴款期限。例如，缴款期限的最后一天是 9 月 30 日，该日恰好是星期日，国务院决定将 9 月 29 日、30 日与 10 月 4 日、5 日互相调换，即 9 月 29 日、30 日成为工作日，如果纳税义务人在 9 月 30 日仍未缴纳税款，则从 10 月 1 日开始即构成滞纳。

海关征收滞纳金自缴款期限届满之次日起，至纳税义务人缴纳税款之日止，按照滞纳税款的万分之五按日征收，滞纳期限内的星期六、星期日或法定节假日一并计算。

3. 征收标准

滞纳金按每票货物的关税、进口环节增值税和消费税单独计算，起征点为 50 元人民币，不足 50 元人民币的免予征收。

其计算公式为：

关税滞纳金金额＝滞纳关税税额×0.5‰×滞纳天数

进口环节海关代征税滞纳金金额＝滞纳进口环节海关代征税税额×0.5‰×滞纳天数

五、税款退还、追补

(一)税款退还

纳税义务人按照规定缴纳税款后，因误征、溢征及其他国家政策调整应予退还的税款可由海关依法退还。进出口税收的起退点为 0 元。①

1. 多征税款退税

(1)海关发现多征税款的，应立即通知纳税义务人办理退税手续。纳税义务人应当自收到海关通知之日起 3 个月内办理退税手续。

(2)纳税义务人发现多征税款的，自缴纳税款之日起 1 年内，可以向海关申请退还多缴的税款并加算银行同期活期存款利息。

"多征税款"一般指由于某种差错或工作失误，造成海关所征收的税款大于应征税款，不包括由于政策调整导致的征税差异。

2. 品质或者规格原因退税

(1)已缴纳税款的进口货物，因品质或者规格原因原状退货复运出境的，纳税义务人

---

① 本处所述退税不包含根据国家鼓励出口政策对出口产品退还已缴纳税款内容，该部分退税主管部门是国家税务机关。

自缴纳税款之日起 1 年内，可以向海关申请退税。

（2）已缴纳出口关税的出口货物，因品质或者规格原因原状退货复运进境并已重新缴纳因出口而退还的国内环节有关税收的，纳税义务人自缴纳税款之日起 1 年内，可以向海关申请退税。

3. 退关退税

已缴纳出口关税的货物，因故未装运出口申报退关的，纳税义务人自缴纳税款之日起 1 年内，可申请退税。

4. 短装退税

散装进出口货物发生短装并已征税放行的，如该货物发货人、承运人、保险公司已对短装部分退还或者赔偿相应货款，纳税义务人自缴纳税款之日起 1 年内，可申请退还短装部分相应税款。

5. 赔偿退税

因进出口货物残损、品质不良、规格不符等原因或发生上述散装货物短装以外的货物短少情形，由进出口货物的发货人、承运人或保险公司赔偿相应货款的，纳税义务人自缴纳税款之日起 1 年内，可申请退还赔偿货款部分的相应税款。

上述申请退税情形，海关应当自受理退税申请之日起 30 日内查实并通知纳税义务人办理退还手续。纳税义务人应当自收到通知之日起 3 个月内办理有关退税手续。

退税必须在原征税海关办理。办理退税时，纳税义务人应填写"退税申请表"并持凭原进口或出口报关单、原盖有银行印章的税款缴纳书正本及其他必要单证（如合同、发票、协议、第三方商检机构证明、已经赔偿货款的证明文件、税务机关出具证明等）送海关审核。海关同意后，应按原征税或者补税之日所实施的税率计算退税额。

进口环节增值税已予抵缴的，除国家另有规定外不予退还。已征收的滞纳金不予退还。

（二）税款追补

1. 补税

（1）少征税款补税

进出口货物放行后，海关发现少征税款，即海关对该进出口货物实际征收的税款少于应当征收的税款的，应当自纳税义务人缴纳税款之日起 1 年内，由海关补征。

（2）漏征税款补税

海关发现漏征税款，即海关对进出口货物应当征收但未征收税款的，应当自货物放行之日起 1 年内，向纳税义务人补征漏征的税款。

2. 追税

（1）少征税款追税

因纳税义务人违反规定导致海关对进出口货物少征税款的，海关应当自缴纳税款之日起 3 年内追征税款。因纳税义务人违反规定造成海关监管货物少征税款的，海关应当自纳税义务人应缴纳税款之日起 3 年内追征税款。

（2）漏征税款追税

因纳税义务人违反规定导致海关对进出口货物漏征税款的，海关应当自该货物放行之日起 3 年内追征税款。因纳税义务人违反规定造成海关监管货物漏征税款的，海关应当自纳税义务人应缴纳税款之日起 3 年内追征税款。

"应缴纳税款之日"是指纳税义务人违反规定的行为发生之日,该行为发生之日不能确定的,应当以海关发现该行为之日作为应缴纳税款之日。

少征或漏征税款部分涉及滞纳金的应一并征收。补征关税、进口环节代征税、滞纳金起征点均为 50 元。

六、税款担保

税款担保是海关事务担保的一种,是指纳税义务人以法定形式向海关承诺在一定期限内履行其纳税义务的行为。

(一)办理税款担保的情形

纳税义务人针对以下情形要求海关先放行货物的,应当按照海关初步确定的应缴税款向海关提供足额税款担保:

1. 海关尚未确定商品归类、完税价格、原产地等征税要件的;

2. 正在海关办理减免税审核确认手续的;

3. 正在海关办理延期缴纳税款手续的;

4. 暂时进出境的;

5. 进境修理和出境加工的,按保税货物实施管理的除外;

6. 因残损、品质不良或者规格不符,纳税义务人申报进口或者出口无代价抵偿货物时,原进口货物尚未退运出境或者尚未放弃交由海关处理的,或者原出口货物尚未退运进境的;

7. 其他按照有关规定需要提供税款担保的。

(二)担保期限及方式

1. 担保期限

除另有规定外,税款担保期限一般不超过 6 个月,特殊情况需要延期的,应当经主管海关核准。税款保函明确规定保证期间的,保证期间应当不短于海关批准的担保期限。

2. 担保方式

海关税款担保一般采用保证金、银行及非银行金融机构出具连带责任保证保函方式。采用保证金形式办理的担保,一般采取逐票方式。采用银行及非银行金融机构出具保函办理的担保,可采取逐票方式,也可采取办理汇总征税及循环担保方式。

目前,银行类金融机构均可办理汇总征税担保,其中可进行汇总征税担保数据电子传输的银行有中国银行、兴业银行、中国民生银行、招商银行、光大银行、广发银行、中国农业银行、杭州银行、交通银行、瑞穗银行、浦发银行、华夏银行、宁波银行、青岛银行、平安银行、花旗银行、江苏银行、中信银行和浙商银行。经批准的保险公司类机构也可办理汇总征税担保,目前,海关总署、国家金融监督管理总局批准参与税款类担保的关税保证保险改革试点保险公司有中国人民财产保险股份有限公司[①]、中国太平洋财产保险股份有限公司、中银保险有限公司等 8 家公司。企业可凭"关税保证保险单"办理汇总征税业务,并可根据企业税款缴纳情况在保险期间内循环使用。

---

① 因该公司存有未依约行为,自 2020 年 11 月 21 日起被暂停业务。

第五节　进出口税费计算实例

进出口货物完税价格、关税、进口环节代征税、滞纳金、船舶吨税一律以人民币计征，采用四舍五入法计算至分。

一、进口关税的计算

（一）从价税

1. 计算公式

进口关税税额=进口货物完税价格×进口从价关税税率

减税征收的进口关税税额=进口货物完税价格×减按进口从价关税税率

其中：

（1）进口货物完税价格使用 CIF 贸易术语成交并经海关审定

进口关税税额=CIF×进口从价关税税率

（2）进口货物完税价格使用 FOB 贸易术语成交并经海关审定

进口关税税额=（FOB+运输及相关费用+保险费）×进口从价关税税率

（3）进口货物完税价格使用 CFR 贸易术语成交并经海关审定

进口关税税额=（CFR+保险费）×进口从价关税税率或 $\dfrac{CFR}{1-保险费率}$ ×进口从价关税税率

2. 计算程序

（1）按照归类原则确定税则归类，将应税货物归入适当的税号。

（2）根据原产地规则和税率适用规定，确定应税货物所适用的税率。

（3）根据审定完税价格办法的有关规定，确定应税货物的 CIF 价格。

（4）根据汇率适用规定，将以外币计价的 CIF 价格折算成人民币（完税价格）。

（5）按照计算公式正确计算应征税款。

3. 计算实例

实例一：

国内某企业于 2018 年 4 月中旬申报进口美国产瓶装葡萄酒 1 批，成交价格为 FOB 洛杉矶 150000 美元。已知运费 2000 美元，保险费 150 美元，设 1 美元=6.5 元人民币，计算应征进口关税。

计算方法：

（1）确定税则归类，瓶装葡萄酒归入税号 2204.2100；

（2）原产国美国适用最惠国税率 14%，4 月 2 日起加征关税 15%；

（3）审定 CIF 价格为 150000 美元+2000 美元+150 美元=152150 美元；

（4）审定完税价格为 152150 美元×6.5=988975.00 元；

（5）计算应征税款：

应征进口关税税额＝完税价格×关税税率
$$=988975.00×（14\%+15\%）$$
$$=286802.75（元）$$

实例二：

国内某企业于 2019 年 1 月申报进口韩国产低密度聚乙烯颗粒 100 吨，成交价格为 CFR 上海 151600 美元，保险费金额 380 元人民币，卖方提供了符合《亚太贸易协定》规定的原产地证书，协定税率 6%。设 1 美元＝6.85 元人民币，计算应征进口关税。

计算方法：

（1）确定税则归类，该塑料颗粒归入税号 3901.1000；

（2）原产国韩国适用最惠国税率 6.5%，且韩国属于《亚太贸易协定》成员方，故按协定税率 6% 计征；

（3）审定 CIF 价格为 151600 美元+380 元；

（4）审定完税价格为 151600 美元×6.85+380 元=1038840.00 元；

（5）计算应征税款：

应征进口关税税额＝完税价格×协定税率
$$=1038840.00×6\%$$
$$=62330.40（元）$$

实例三：

国内某企业于 2017 年 4 月自德国购进国内性能不能满足需要的船用导航设备 3 台，成交价格为 FOB 汉堡 145503 美元，运费 896 美元，保险费金额 256 元人民币。经批准该船用导航设备进口关税税率减按 1% 计征。已知适用的外汇折算价为 1 美元＝6.2716 元人民币，计算应征进口关税。

计算方法：

（1）确定税则归类，该设备归入税号 8526.9190；

（2）原产国德国适用最惠国税率 2%，减按 1% 计征；

（3）审定 CIF 价格为 145503 美元+896 美元+256 元；

（4）审定完税价格为（145503 美元+896 美元）×6.2716+256 元=918411.97 元；

（5）计算应征税款：

应征进口关税税额＝完税价格×减按进口关税税率
$$=918411.97×1\%$$
$$=9184.12（元）$$

（二）从量税

1. 计算公式

应征税额＝进口货物数量×单位税额

2. 计算程序

（1）按照归类原则确定税则归类，将应税货物归入适当的税号。

（2）根据原产地规则和税率适用规定，确定应税货物所适用的税率。

（3）确定其实际进口量。

（4）如需计征进口环节代征税，根据审定完税价格的有关规定，确定应税货物的 CIF 价格。

（5）根据汇率适用规定，将外币折算成人民币（完税价格）。

（6）按照计算公式正确计算应征税款。

3. 计算实例

实例四：

内地某公司从香港购进巴西产冻带骨鸡块 100 吨，成交价格为 CIF 境内某口岸 7800 港币/吨。设 1 港币=0.8032 元人民币，计算应征进口关税。

计算方法：

（1）确定税则归类，冻带骨鸡块归入税号 0207.1411；

（2）冻带骨鸡块适用从量关税，巴西产冻带骨鸡块适用最惠国税率 0.6 元/千克；

（3）确定其实际进口量 100 吨=100000 千克；

（4）计算应征关税税款：

$$应征进口关税税额 = 货物数量 \times 单位税额$$
$$= 100000 \times 0.6$$
$$= 60000.00（元）$$

（三）复合关税

1. 计算公式

$$应征税额 = 进口货物数量 \times 单位税额 + 进口货物完税价格 \times 进口从价税税率$$

2. 计算程序

（1）按照归类原则确定税则归类，将应税货物归入适当的税号。

（2）根据原产地规则和税率适用规定，确定应税货物所适用的税率。

（3）确定其实际进口量。

（4）根据审定完税价格的有关规定，确定应税货物的 CIF 价格。

（5）根据汇率适用规定，将外币折算成人民币（完税价格）。

（6）按照计算公式正确计算应征税款。

3. 计算实例

实例五：

国内某公司于 2019 年 1 月 7 日申报进口日本产非特种用途的广播级电视摄像机 100 台，其中有 20 台成交价格为 CIF 境内某口岸 4900 美元/台，其余 80 台成交价格为 CIF 境内某口岸 5800 美元/台。设 1 美元=6.85 元人民币，计算应征进口关税。

计算方法：

（1）确定税则归类，该批非特种用途的广播级电视摄像机归入税号 8525.8012。

（2）货物适用复合税率。原产国为日本，适用最惠国税率，经查关税税率为 17.5%或"完税价格不高于 5000 美元/台的，关税税率为单一从价率 35%；完税价格高于 5000 美元/台的，关税税率为 3%，每台加 9728 元从量税"，从低执行。对价格低于 5000 美元/台的，从低适用 17.5%关税。对价格高于 5000 美元/台的，按照 17.5%和复合税率计算后的税款，从低选择适用税率。

（3）审定CIF价格分别合计为98000美元（20台×4900美元）和464000美元（80台×5800美元）。

（4）审定完税价格分别为98000美元×6.85＝671300.00元和464000美元×6.85＝3178400.00元。

（5）按照计算公式分别计算进口关税税款：

①对20台单价低于5000美元/台的摄像机从低适用17.5%税率

20台单一从价进口关税税额＝完税价格×关税税率
　　　　　　　　　　　　　＝671300.00×17.5%
　　　　　　　　　　　　　＝117477.50（元）

②对80台单价高于5000美元/台的摄像机的税率计算后从低适用

A. 80台复合税计征方式进口关税税额＝货物数量×单位税额＋完税价格×关税税率
　　　　　　　　　　　　　　　　　＝80×9728＋3178400.00×3%
　　　　　　　　　　　　　　　　　＝778240＋95352
　　　　　　　　　　　　　　　　　＝873592.00（元）

B. 80台从价计征进口关税税额＝完税价格×关税税率
　　　　　　　　　　　　　　　＝3178400.00×17.5%
　　　　　　　　　　　　　　　＝556220.00

③100台合计进口关税税额

100台合计进口关税税额＝从价进口关税税额＋从价进口关税税额
　　　　　　　　　　　＝117477.50＋556220.00
　　　　　　　　　　　＝673697.50（元）

（四）反倾销税

1. 计算公式

反倾销税税额＝完税价格×反倾销税税率

2. 计算程序

（1）按照归类原则确定税则归类，将应税货物归入适当的税号。
（2）根据反倾销税有关规定，确定应税货物所适用的反倾销税税率。
（3）根据审定完税价格的有关规定，确定应税货物的CIF价格。
（4）根据汇率适用规定，将外币折算成人民币（完税价格）。
（5）按照计算公式正确计算应征反倾销税税款。

3. 计算实例

实例六：

国内某公司于2019年1月7日申报进口韩国LG化学公司产初级形状丁腈橡胶一批，成交总价为CIF国内某口岸68000美元。已知该货物需要征收反倾销税15%，设1美元＝6.85元人民币，计算应征的反倾销税税款。

计算方法：

（1）确定税则归类，该货物归入税号 4002.5910；

（2）根据该批货物原产国和原产商确定，反倾销税税率为 15%；

（3）审定 CIF 价格为 68000 美元；

（4）审定完税价格为 68000 美元×6.85＝465800.00 元；

（5）计算应征税款：

$$反倾销税税额＝完税价格×反倾销税税率$$
$$＝465800.00×15\%$$
$$＝69870.00（元）$$

二、出口关税的计算

（一）计算公式

出口关税税额＝出口货物完税价格×出口关税税率

其中：

$$出口货物完税价格＝\frac{FOB（中国境内口岸）}{1+出口关税税率}$$

即出口货物是以 FOB 价成交的，应以该价格扣除出口关税后作为完税价格。如果以其他价格成交的，应换算成 FOB 价后再按上述公式计算，具体如下：

以 CIF 方式成交，出口关税计算公式为：

出口关税税额＝出口货物完税价格×出口关税税率

其中：

$$出口货物完税价格＝\frac{CIF-运费-保险费}{1+出口关税税率}$$

以 CFR 方式成交，出口关税计算公式为：

出口关税税额＝出口货物完税价格×出口关税税率

其中：

$$出口货物完税价格＝\frac{CFR-运费}{1+出口关税税费}$$

（二）计算程序

1. 按照归类原则确定税则归类，将应税货物归入适当的税号。

2. 根据审定完税价格的有关规定，确定应税货物 FOB 价格。

3. 根据汇率适用规定，将外币折算成人民币。

4. 按照计算公式正确计算应征出口关税税款。

（三）计算实例

实例七：

国内某企业于 2019 年 1 月 7 申报出口活鳗鱼苗一批，合同采用 CIF 贸易术语。已知成交总价为 9090 美元，运费为 987 美元，保险费用 50 美元，适用的外汇折算价为 1 美元 = 6.85 元人民币，计算出口关税。

计算方法：

1. 确定税则归类，该批货物归入税号 0301.9210，出口税率为 20%；

2. 审定 FOB 美元价格为 8053 美元（9090 美元−987 美元−50 美元）；

3. 将外币价格折算成人民币为 55163.05 元（8053 美元×6.85）；

4. 计算应征税款：

$$
\begin{aligned}
出口关税税额 &= [成交价格÷(1+出口关税税率)]×出口关税税率 \\
&= [55163.05÷(1+20\%)]×20\% \\
&= 45969.21×20\% \\
&= 9193.84（元）
\end{aligned}
$$

三、进口环节消费税的计算

（一）计算公式

1. 实行从价定率办法计算纳税额，采用价内税的计税方法，即计税价格的组成中包括了消费税税额。其计算公式为：

消费税应纳税额＝消费税组成计税价格×消费税比例税率

其中：

$$消费税组成计税价格＝\frac{关税完税价格+关税税额}{1-消费税比例税率}$$

2. 从量定额征收的消费税的计算公式为：

消费税应纳税额＝应征消费税进口数量×消费税定额税率

3. 实行从价定率和从量定额复合计税办法计算纳税的组成计税价格，其计算公式为：

消费税应纳税额＝消费税组成计税价格×消费税比例税率+应征消费税进口数量×消费税定额税率

其中：

消费税组成计税价格＝（关税完税价格+关税税额+应征消费税进口数量×消费税定额税率）÷（1−消费税税率）

（二）计算程序

1. 按照归类原则确定税则归类，将应税货物归入适当的税号。

2. 根据有关规定，确定应税货物所适用的消费税税率/消费税税额。

3. 根据审定完税价格的有关规定，确定应税货物的 CIF 价格。

4. 根据汇率适用规定，将外币折算成人民币（完税价格）。

5. 按照计算公式正确计算消费税税款。

（三）计算实例

实例八：

国内某公司于 2018 年 12 月申报进口英国产某品牌香烟 10 标准箱（1 标准箱＝250 标准条，1 标准条＝200 支），成交价格为 CIF 国内某口岸 2200 英镑/标准箱。设 1 英镑＝8.75 元人民币，关税税率 25%，计算应征的进口环节消费税税款。

计算方法：

1. 确定税则归类，香烟归入税号 2402.2000。

2. 香烟征收复合消费税：每标准条进口完税价格≥70 元人民币时，按 56% 从价税率＋150 元/标准箱从量税征收；每标准条进口完税价格＜70 元人民币时，按 36% 从价税率＋150 元/标准箱从量税征收。

3. 计算完税价格：2200 英镑×10 标准箱×8.75＝192500.00 元。

4. 每标准条完税价格：192500.00 元÷10 箱÷250 条＝77.00 元/条。

5. 适用消费税税率为 56%＋150 元/标准箱。

6. 按照公式计算进口环节消费税：

关税＝192500.00×25%＝48125.00（元）

从量消费税＝10×150＝1500（元）

消费税组成计税价格＝（关税完税价格＋关税税额＋应征消费税进口数量×消费税定额税率）÷（1－消费税税率）

＝（192500.00＋48125.00＋1500）÷（1－56%）

＝550284.09（元）

消费税应纳税额＝消费税组成计税价格×消费税比例税率＋应征消费税进口数量×消费税定额税率

＝550284.09×56%＋10×150

＝309659.09（元）

四、进口环节增值税的计算

（一）计算公式

应纳税额＝增值税组成计税价格×增值税税率

增值税组成计税价格＝关税完税价格＋关税税额＋消费税税额

（二）计算程序

1. 按照归类原则确定税则归类，将应税货物归入适当的税号。

2. 根据有关规定，确定应税货物所适用的关税及增值税税率、消费税税率。

3. 根据审定完税价格的有关规定，确定应税货物的 CIF 价格。

4. 根据汇率适用规定，将外币折算成人民币（完税价格）。

5. 按照计算公式正确计算关税税款。

6. 按照计算公式正确计算消费税税款、增值税税款。

(三）计算实例

实例九：

国内某公司于 2019 年 1 月 7 日申报进口加拿大产扫雪机 1 台，申报价格为 CIF 境内某口岸 90000 美元。设 1 美元＝6.85 元人民币，计算应征增值税税额。

计算方法：

1. 确定税则号列，扫雪机归类在 8430.2000；

2. 加拿大产扫雪机适用最惠国关税率 10%，增值税率为 16%，无须征收消费税。

3. 审定扫雪机成交价格为 90000 美元；

4. 将外币折算为人民币，完税价格为 616500.00（90000 美元×6.85）；

5. 应征关税税额＝关税完税价格×关税税率

$$=616500.00×10\%$$
$$=61650.00（元）$$

6. 应征增值税税额＝（关税完税价格＋关税税额）×增值税税率

$$=（616500.00+61650.00）×16\%$$
$$=678150×16\%$$
$$=108504.00（元）$$

实例十：

国内某公司于 2019 年 1 月 7 日申报进口西班牙产散装葡萄酒一批，经海关审核其成交价格总值为 CIF 境内某口岸 32640 欧元。已知该批货物的关税税率为 20%，消费税税率为 10%，增值税税率为 16%，设 1 欧元＝7.85 元人民币，计算应征增值税税额。

计算方法：

首先计算关税税额，然后计算消费税税额，最后再计算增值税税额。

1. 审定完税价格为 32640 欧元×7.85＝256224.00 元；

2. 计算关税税额：

应征关税税额＝关税完税价格×关税税率

$$=256224.00×20\%$$
$$=51244.80（元）$$

3. 计算消费税税额：

应征消费税税额＝[（关税完税价格＋关税税额）÷（1−消费税税率）]×消费税税率

$$=[（256224.00+51244.80）÷（1-10\%）]×10\%$$
$$=341632×10\%$$
$$=34163.20（元）$$

4. 计算增值税税额：

应征增值税税额＝(关税完税价格＋关税税额＋消费税税额)×增值税税率

$$=(256224.00+51244.80+34163.20)×16\%$$
$$=341632×16\%$$
$$=54661.12（元）$$

五、滞纳金的计算

滞纳金需按每票货物的关税、进口环节增值税、消费税单独计算。

（一）计算公式

关税滞纳金＝滞纳关税税额×0.5‰×滞纳天数

进口环节消费税滞纳金＝滞纳消费税税额×0.5‰×滞纳天数

进口环节增值税滞纳金＝滞纳增值税税额×0.5‰×滞纳天数

（二）计算程序

1. 根据有关规定，确定滞纳关税及代征税税额。

2. 根据滞纳金管理规定，确定滞纳天数。

3. 按照公式分别正确计算关税、进口环节增值税、消费税滞纳金。

（三）计算实例

实例十一：

国内某公司于 2019 年 1 月 7 日申报进口西班牙产散装葡萄酒一批，经海关审核其成交价格总值为 CIF 境内某口岸 32640 欧元。已知该批货物的关税税率为 20%，消费税税率为 10%，增值税税率为 16%，设 1 欧元＝7.85 元人民币，滞纳天数为 5 天。计算进口环节海关代征增值税滞纳金。

计算方法：

首先计算关税税额，然后计算消费税税额，最后再计算增值税税额。

1. 审定完税价格为 32640 欧元×7.85＝256224.00 元；

2. 计算关税税额：

应征关税税额＝关税完税价格×关税税率

　　　　　　＝256224.00×20%

　　　　　　＝51244.80（元）

3. 计算消费税税额：

应征消费税税额＝[（关税完税价格＋关税税额）÷（1−消费税税率）]×消费税税率

　　　　　　　＝[（256224.00＋51244.80）÷（1−10%）]×10%

　　　　　　　＝341632×10%

　　　　　　　＝34163.20（元）

4. 计算增值税税额：

应征增值税税额＝（关税完税价格＋关税税额＋消费税税额）×增值税税率

　　　　　　　＝（256224.00＋51244.80＋34163.20）×16%

　　　　　　　＝341632×16%

　　　　　　　＝54661.12（元）

5. 计算应缴滞纳金：

进口环节增值税滞纳金＝滞纳增值税税额×0.5‰×滞纳天数

$$=54661.12×0.5‰×5$$
$$=136.65（元）$$

六、船舶吨税的计算

（一）计算公式

船舶吨税税额＝船舶净吨位×适用税率（元/净吨）

（二）计算程序

1. 确定适用的税率种类。
2. 确定船舶吨位和申报纳税期所适用的税率额。
3. 按照计算公式计算应征税额。

（三）计算实例

实例十二：

一艘进入我国境内某口岸的希腊籍船舶（净吨位58000），船舶负责人申报纳税期90日。计算应征税额。

计算方法：

首先，确定适用的税率种类，希腊与我国签订了船舶税费最惠国待遇条款的条约或者协定，适用优惠税率；其次，确定船舶吨位和申报纳税期所适用的税率额为7.6元/净吨；最后，按照计算公式计算应征税额。

船舶吨税税额＝船舶净吨位×适用税率（元/净吨）

$$=58000×7.6$$
$$=440800.00（元）$$

第九章　进出境货物通关

依据《对外贸易法》《海关法》《国境卫生检疫法》《进出境动植物检疫法》《食品安全法》《进出口商品检验法》和其他有关法律法规的规定，海关负责对进出境货物、物品、运输工具进出境实施监督管理，并分别制定进出境货物、进出境运输工具、进出境旅客行李物品、进出境邮递物品通关管理制度。进出境货物通关作业流程以进出境货物向海关申报及获得海关放行为起讫时间，可分别为：前期作业阶段、现场作业阶段、后续作业阶段。

本章主要介绍进出境货物管理制度及进出境货物通关作业流程。

第一节　进出境货物适用通关管理制度

进出境货物通关中，海关根据货物属性分类实施监督管理。对不同属性的货物制定了不同的通关管理制度。

一、一般进出口货物通关管理制度

（一）一般进出口货物的含义

适用一般进出口通关管理制度办理进出境手续的货物可称为"一般进出口货物"。

一般进出口通关管理制度作为一种程序性制度的标志，主要是易于与适用进出口保税或免税通关以及适用其他程序性通关制度相区别。一般进出口通关管理制度，是指货物应在进出境阶段如实申报、交验单证、接受海关检查、完纳进出口税费，经海关放行，进口货物可以在境内自行处置，出口货物运离关境，可以自由流通的海关管理规程或准则。

（二）一般进出口货物的范围

一般进出口货物的基本特点是需要实际进出口，且进境、出境后不再复运出境、复运进境。实际进出口的货物，属于一般进出口货物的范围，主要有以下几类：

1. 一般贸易进口货物；
2. 一般贸易出口货物；
3. 转为实际进口的保税货物、暂时进境货物，转为实际出口的暂时出境货物；
4. 易货贸易、补偿贸易进出口货物；
5. 不批准保税的寄售代销贸易货物；
6. 承包工程项目实际进出口货物；
7. 外国驻华商业机构进出口陈列用的样品；
8. 外国旅游者小批量订货出口的商品；
9. 随展览品进境的展卖品；
10. 免费提供的进口货物，例如，外商在经济贸易活动中赠送的进口货物，外商在经济贸易活动中免费提供的试车材料等，我国在境外的企业、机构向境内单位赠送的进口货物等。

（三）一般进出口货物的通关管理

1. 进出口时提交相关的许可证件

货物进出口时，受国家法律、行政法规管制并需要申领进出口许可证件的，进出口货物当事人应当向海关提交相关的进出口许可证件。

2. 进出口时应接受检验检疫

货物进出口时，须受国家进出境检验检疫管理的，进出口货物当事人应当向海关报检，提交相关的随附单证。

3. 进出境时缴纳进出口税费

一般进出口货物的当事人应当按照《海关法》和其他有关法律、行政法规的规定，在货物进出境时向海关申报，并按规定缴纳税费。

一般进口货物在当事人办结所有必要的海关手续，完全履行了法律规定的与进口有关的义务后，可以直接进入生产和消费领域流通；一般出口货物在报关单位完全履行了法律规定的与出口有关的义务后可以运出境外。

二、保税进出口货物通关管理制度

保税进出口货物是指经海关批准，货物进境时未办理纳税手续，在境内按规定储存或加工后复运出境或办理进口内销报关纳税手续后，经核销办结海关手续的货物。

保税货物通关管理详见本教材第十章相关内容。

三、暂时进出境货物通关管理制度

（一）暂时进出境的含义

暂时进出境是指经海关批准，为特定使用目的进出口，在海关规定的时间内按原状复出口或复进口（除因使用而产生的正常损耗外）。

（二）暂时进出境货物的范围

1. 在展览会、交易会及类似活动中展示或者使用的货物；
2. 文化、体育交流活动中使用的表演、比赛用品；
3. 进行新闻报道或者摄制电影、电视节目使用的仪器、设备及用品；
4. 开展科研、教学、医疗活动使用的仪器、设备和用品；
5. 在前述第 1~4 项所列活动中使用的交通工具及特种车辆；
6. 货样；
7. 慈善活动使用的仪器、设备及用品；
8. 专业设备，供安装、调试、检测、修理设备时使用的仪器及工具；
9. 盛装货物的包装材料；
10. 旅游用自驾交通工具及其用品；
11. 工程施工中使用的设备、仪器及用品；
12. 测试用产品、设备、车辆；
13. 海关总署批准的其他暂时进出境货物。

（三）暂时进出境货物通关管理

1. 性质确认

ATA 单证册持证人、非 ATA 单证册项下暂时进出境货物收发货人可以在申报前向主管地海关提交"暂时进出境货物确认申请书"，申请对有关货物是否属于暂时进出境货物进行预审核确认，并办理相关手续，也可以在申报环节直接向主管地海关办理暂时进出境货物的有关手续。

使用货物暂准进口单证册（以下称"ATA 单证册"）暂时进境的货物限于我国加入的有关货物暂准进口的国际公约中规定的货物。

2. 担保提交

ATA 单证册项下暂时出境货物，由中国国际贸易促进委员会（中国国际商会）向海关总署提供总担保。除另有规定外，非 ATA 单证册项下暂时进出境货物收发货人应当按照有关规定向主管地海关提供担保。

3. 税款征收

并不是所有列入暂时进出境范围的货物均暂时免税。对属于《关税条例》第四十二条第一款所列范围的，在海关允许期限内可以暂时免税，超过规定期限，按月征税；第四十二条第一款所列范围以外的其他暂时进出境货物应当按照该货物的完税价格和其在境内滞留时间与折旧时间的比例计算征收进口关税。

4. 复运出境或者复运进境

暂时进出境货物应当在进出境之日起 6 个月内复运出境或者复运进境。因特殊情况需要延长期限的，持证人、收发货人应当向主管地海关办理延期手续，当事人申请延期最多不超过 3 次，每次延期不超过 6 个月。延期届满应当复运出境、复运进境或者办理进出口手续。国家重点工程、国家科研项目使用的暂时进出境货物，以及参加展期在 24 个月以上展览会的展览品，延期届满后仍需要延期的，由主管地直属海关批准。

货物复运出境、复运进境后，当事人应当向主管地海关办理结案手续。从境外暂时进境的货物（ATA 单证册项下暂时进境货物除外）转入海关特殊监管区域（场所）的，不属于复运出境，不能用于办理原暂时进境货物担保核销及结案手续。暂时进出境货物需要进出口的，当事人应当在货物复运出境、复运进境期限届满前向主管地海关办理进出口手续。

5. 受损、灭失的处置

暂时进出境货物因不可抗力的原因受损，无法原状复运出境、复运进境的，应当及时向主管地海关报告，可凭有关部门出具的证明材料办理复运出境、复运进境手续；因不可抗力的原因灭失的，经主管地海关核实后可以视为该货物已经复运出境、复运进境。

暂时进出境货物因不可抗力以外其他原因受损或者灭失的，当事人应按货物进出口有关规定办理报关纳税等手续。

四、特定减免税货物通关管理制度

（一）特定减免税货物的含义

特定减免税货物是指货物在进口时减或免纳税款，进口后必须在特定的条件和规定的范围内使用，直至监管时限到期经核销后（或自行）解除监管的货物。

（二）特定减免税货物的分类

特定减免税货物，是指《海关法》第五十七条规定适用的减免税范围的货物，主要有特定地区、特定企业和特定用途的进出口货物。

"特定地区"是指我国关境内，由国家规定的某一特别限定区域，享受减免税的货物只能在这一专门规定的区域内使用。"特定企业"是指国家专门规定的企业，享受减免税优惠的货物只能由这些规定的企业使用。"特定用途"是指货物用于国家规定的用途，如残疾人康复用的训练设备等。

特定地区进口减免税货物主要包括保税区、出口加工区、保税物流园区、保税港区、自由贸易试验区等特定区域进口的区内生产性基础设施项目所需的机器、设备和基建物资等，区内企业进口企业自用的生产、管理设备等，区内管理机构自用合理数量的管理设备和办公用品等。

特定企业减免税进口货物主要包括外商投资项目属于《外商投资产业指导目录》中鼓励类项目等产业条目项下的如下货物：投资额度内进口自用设备及随设备进口的配套技术、配件、备件，国家重点鼓励发展产业的国内投资项目在投资总额内进口的自用设备，外国政府贷款和国际金融组织贷款项目进口的自用设备等。

特定用途减免税进口货物主要包括具备资格的科研机构和大专院校进口的国内不能生产或者性能不能满足需要的科学研究和教学用品、残疾人专用品及残疾人组织和单位进口的货物等。

（三）特定减免税货物的通关管理

1. 申请人及主管海关

（1）申请人

特定减免税须经符合资格的申请人向主管地海关申请才可享受减免税。进出口货物减免税申请人，是指根据有关进出口税收优惠政策和相关法律、行政法规的规定，可以享受进出口税收优惠，并依照规定向海关申请办理减免税相关业务的具有独立法人资格的企事业单位、社会团体、民办非企业单位、基金会、国家机关。

（2）主管海关

减免税申请人为企业法人的，主管海关是指其办理企业法人备案地的海关；减免税申请人为事业单位、社会团体、民办非企业单位、基金会、国家机关等非企业法人组织的，主管海关是指其住所地海关；减免税申请人为投资项目单位所属非法人分支机构的，主管海关是指其办理营业登记地的海关。对于投资项目所在地海关与减免税申请人办理企业备案地海关不是同一海关的，投资项目所在地海关为主管海关；投资项目所在地涉及多个海关的，有关海关的共同上级海关或者共同上级海关指定的海关为主管海关。

2. 特定减免税的申请与审核确认

减免税申请人按照有关进出口税收优惠政策的规定申请减免税进出口相关货物，应当在货物申报进出口前，取得相关政策规定的享受进出口税收优惠政策资格的证明材料，并凭"进出口货物征免税申请表"、事业单位法人证书或者国家机关设立文件、社会团体法人登记证书、民办非企业单位法人登记证书、基金会法人登记证书等证明材料，进出口合同、发票及相关货物的产品情况资料等，向主管海关申请办理减免税审核确认手续。除有关进出口税收优惠政策或者其实施措施另有规定外，进出口货物征税放行后，减免税申请人申请补办减免税审核确认手续的，海关不予受理。

主管海关应当自受理减免税审核确认申请之日起 10 个工作日内，对减免税申请人主体资格、投资项目和进出口货物相关情况是否符合有关进出口税收优惠政策规定等情况进行审核，并出具进出口货物征税、减税或者免税的确认意见，制发"中华人民共和国海关进出口货物征免税确认通知书"。

3. 特定减免税货物的通关

进口货物申报时，进口单位应按规定将征免税确认通知书编号填写在进口货物报关单"备案号"栏目中。对有下列情形之一的，减免税申请人可以向海关申请办理有关货物凭税款担保先予放行手续：有关进出口税收优惠政策或者其实施措施明确规定的；主管海关已经受理减免税审核确认申请，尚未办理完毕的；有关进出口税收优惠政策已经国务院批准，具体实施措施尚未明确，主管海关能够确认减免税申请人属于享受该政策范围的；其他经海关总署核准的情形。

减免税申请人需要办理税款担保手续的，应当在货物申报进口前向主管海关提出申请，并按照有关税收优惠政策的规定向海关提交相关材料。主管海关在受理申请之日起 5 个工作日内，作出是否准予担保的决定。准予担保的，进出口地海关凭主管海关出具的"准予办理税款担保证明"，办理货物的税款担保和验放手续。国家对进出口货物有限制性规定，应当提供许可证件而不能提供的，以及法律、行政法规规定不得担保的其他情形，进出口地海关不予办理减免税货物凭税款担保放行手续。减免税申请人在减免税货物税款担保期限届满前取得征免税确认通知书，并已向海关办理征税、减税或者免税相关手续的，申报地海关应当解除税款担保。

4. 特定减免税进口货物的后续管理

除海关总署另有规定外，进口特定减免税货物的海关监管年限为：船舶、飞机为 8年，机动车辆为 6年，其他货物为 3年。监管年限自货物进口放行之日起计算。

在海关监管年限内，减免税申请人应当于每年 6月 30日（含当日）以前向主管海关提交"减免税货物使用状况报告书"，报告减免税货物使用状况。超过规定期限未提交的，海关按照有关规定将其列入信用信息异常名录。在海关监管年限内，减免税货物应当在主管海关审核同意的地点使用。除有关进口税收优惠政策实施措施另有规定外，减免税货物需要变更使用地点的，减免税申请人应当向主管海关提出申请，并说明理由；经主管海关审核同意的，可以变更使用地点。

对海关监管年限内的减免税货物，减免税申请人要求提前解除监管的，应当向主管海关提出申请，并办理补缴税款手续。进口时免予提交许可证件的减免税货物，按照国家有关规定需要补办许可证件的，减免税申请人在办理补缴税款手续时还应当补交有关许可证件。有关减免税货物自办结上述手续之日起，解除海关监管。减免税货物海关监管年限届满的，自动解除监管。

在海关监管年限内及其后 3年内，海关依照《海关法》《海关稽查条例》等有关规定，对有关企业、单位进口和使用减免税货物情况实施稽查。

五、其他进出境货物通关管理制度

（一）过境、转运、通运货物通关管理

1. 过境货物的通关管理制度

（1）过境货物的含义

过境货物是指从境外启运，在我国境内不论是否换装运输工具，通过陆路运输，继续运往境外的货物。

与我国签有过境货物协定的国家（地区）的过境货物，或同我国签有铁路联运协定的国家（地区）收、发货的过境货物，按有关协定准予过境；未与我国签有过境货物协定的国家（地区）的货物，经国家商务、交通运输主管部门批准，并向入境地海关备案后准予过境。下列货物禁止过境：

①来自或运往我国停止或禁止贸易的国家（地区）的货物；

②各种武器、弹药、爆炸品及军需品（另有规定的除外）；

③各种烈性毒药、麻醉品和鸦片、吗啡、海洛因、可卡因等毒品；

④医学微生物、人体组织、生物制品、血液及其制品类特殊物品；

⑤我国法律、法规禁止过境的其他货物、物品。

（2）过境货物的通关管理

对过境货物实施海关监管，目的是为了防止过境货物在我国境内运输过程中滞留在境内，或将我国货物混入过境货物随运出境，同时防止禁止类货物从我国过境。

①对过境货物运输工具、经营者、运输单位的规定

装载过境货物的运输工具，应当具有海关认可的加封条件或装置，海关认为必要时可对过境货物及装载装置进行加封，任何人不得擅自开启或损毁；运输单位和过境货物经营人应当按海关规定提供担保。

②对过境货物管理的其他规定

A. 民用爆炸品、医用麻醉品等的过境运输，应经海关总署商有关部门批准后，方可过境。

B. 有伪报货名和国别（地区），借以运输我国禁止过境货物的，以及其他违反我国法律、行政法规情事的，海关可依法将货物作扣留处理。

C. 过境动植物产品必须以原包装过境。在我国境内更换包装的，按入境产品处理。

D. 过境货物在境内发生损毁或者灭失的（不可抗力原因除外），经营人应当负责向出境地海关补办进口纳税手续。

（3）进出境报关

过境货物进境时，当事人应办理过境货物申报手续。进境地海关审核无误后在提运单上加盖"海关监管货物"戳记，并制作关封连同提运单交由当事人交出境地海关验核。

过境货物出境时，当事人应及时向出境地海关申报，出境地海关审核确认后监管货物出境。

（4）过境期限

过境货物的过境期限为 6 个月，经海关同意后，可延期 3 个月。过境货物逾期未出境的，海关按规定依法提取变卖处理。

（5）在境内暂存和运输

过境货物进境后因换装运输工具等原因须卸下储存时，应当经海关批准并在海关监管

下存入指定仓库；过境货物在进境以后出境以前，应按照运输主管部门规定的路线运输。海关可以对过境货物实施派员押运、查验。

2. 转运货物的通关管理

（1）转运货物的含义

转运货物是指由境外启运，通过我国境内设立海关的地点换装运输工具，不通过境内陆路运输，继续运往境外的货物。

（2）办理转运货物应具备的条件

①持有转运或联运提货单的。

②进口载货清单上注明是转运货物的。

③持有普通提货单，但在卸货前向海关声明转运的。

④误卸下的进口货物，经运输工具经理人提供确实证件的。

⑤因特殊原因申请转运，获海关批准的。

（3）转运货物的管理规定

对转运货物的通关管理，目的在于防止货物在口岸换装过程中误进口或混装出口。转运货物承运人应确保其原状、如数运往境外。

①申报进境及存放

载有转运货物的运输工具进境后，承运人应当在进口载货清单上列明转运货物的名称、数量、启运地和到达地，并向海关申报进境，在海关指定的地点换装运输工具。

外国转运货物在中国口岸存放期间，不得开拆、改换包装或进行加工；海关对转运的外国货物有权进行查验。

②转运出境

转运货物必须在3个月之内办理海关有关手续并转运出境，超出规定期限3个月仍未转运出境或办理其他海关手续的，海关将提取依法变卖处理。

3. 通运货物的通关管理

通运货物是指从境外启运，不通过我国境内陆路运输，运进境后由原运输工具载运出境的货物。

运输工具进境时，当事人应凭注明通运货物名称和数量的船舶进口报告书或国际民用航空器进口载货舱单向进境地海关申报；进境地海关在运输工具抵、离境时对申报的货物予以核查，并监管货物实际离境。

运输工具因装卸货物须搬运或倒装货物时，应向海关申请并在海关监管下进行。

（二）适用特殊用途与属性进出境货物的通关管理制度

1. 租赁货物的通关管理制度

（1）含义

租赁是指资产所有者（出租人）按契约规定，将物件出租给使用人（承租人），使用人在规定期限内支付租金并享有物件使用权的一种经济行为。跨越国（地区）境的租赁就是国际租赁，以国际租赁方式进出境的货物，即为租赁进出口货物。

（2）分类

租赁进口货物一般包括融资租赁进口货物和经营租赁进口货物两类。

融资租赁进口货物一般不复运出境，租赁期满，以较低的名义价格转让给承租人，承租人按合同规定分期支付租金，租金总额一般大于货价。经营租赁进口货物一般是暂时性的，按合同规定期限复运出境，承租人按合同规定支付租金，租金总额一般小于货价。

（3）通关管理

①证件管理

租赁贸易进出口货物实行许可证件管理的，海关凭许可证件验放。以租赁贸易方式进口属于自动进口许可机电产品的，应当交验"自动进口许可证"；租赁出口后复运进境属于自动进口许可机电产品的，免予交验"自动进口许可证"。

②申报及缴税程序

融资租赁货物进口时，当事人应向海关提供租赁合同、进口许可证件和其他单证，按海关审定的货物租金总额作为完税价格，缴纳进口税费。

当事人申请按租金分期缴纳税款的，按照第一期应付租金和货物实际价格分别填制报关单向海关申报，按海关审定的第一期租金作为完税价格，缴纳税费。

③后续管理

分期缴税的租赁进口货物在口岸放行后，海关对货物进行后续监管。当事人在每次支付租金后 15 日内（含第 15 日）按支付租金金额向海关申报并缴纳进口税费，直到最后一期租金支付完毕。

分期缴税租赁进口货物应在租期届满之日起 30 日内，向海关申请办结退运出境、留购、续租等手续。

对申报进口监管方式代码为"1500"（租赁不满一年）、"1523"（租赁贸易）、"9800"（租赁征税）的进口租赁飞机（税则品目 8802）的增值税，由税务机关按照现行政策征收。

2. 无代价抵偿货物的通关管理制度

（1）含义

无代价抵偿货物是指进出口货物在海关放行后，因残损、短少、品质不良或者规格不符，由进出口货物当事人、承运人或者保险公司免费补偿或者更换的与原货物相同或者与合同规定相符的货物。

当事人申报进出口的无代价抵偿货物，与退运出境或者退运进境的原货物不完全相同或者与合同规定不完全相符的，经当事人说明理由，海关审核认为理由合理且税则号列未发生改变的，仍属于无代价抵偿货物范围。

当事人申报进出口的免费补偿或者更换的货物，其税则号列与原进出口货物的税则号列不一致的，不属于无代价抵偿货物范围，而属于一般进出口货物范围。

（2）特征

无代价抵偿货物海关监管的基本特征为：进出口无代价抵偿货物，免予交验进出口许可证件，不征收进出口税费。但是，进出口与原货物或合同规定不完全相符的无代价抵偿货物，应当按规定计算与原进出口货物的税款差额，高出原征收税款数额的应当征收超出部分的税款；低于原征收税款数额，原进出口货物的发货人、承运人或者保险公司同时补偿货款的，应当退还补偿货款部分的税款，未补偿货款的，不予退还。

（3）通关管理

①残损、品质不良或规格不符引起的无代价抵偿货物，进出口前，应当先办理被更换

的原进出口货物中残损、品质不良或规格不符货物的有关海关手续。

A. 被更换的原进口货物退运出境时不征收出口关税，被更换的原出口货物退运进境时不征收进口税费。

B. 原进口货物不退运出境，放弃交由海关处理的，海关依法处置，当事人凭有关证明材料申报进口无代价抵偿货物。

C. 被更换的原进口货物中残损、品质不良或规格不符的货物不退运出境且不放弃交由海关处理的，原进口货物的收货人应当按照海关接受无代价抵偿货物申报进口之日适用的有关规定申报进口，并按照海关对原进口货物重新估定的价格计算的税额缴纳进口关税和进口环节海关代征税，属于许可证件管理的商品还应当交验相应的许可证件。被更换的原出口货物中残损、品质不良或规格不符的货物不退运进境，原出口货物的发货人应当按照海关接受无代价抵偿货物申报出口之口适用的有关规定申报出口，并按照海关对原出口货物重新估定的价格计算的税额缴纳出口关税，属于许可证件管理的商品还应当交验相应的许可证件。

②向海关申报进出口无代价抵偿货物应当在原进出口合同规定的索赔期内，而且不超过原货物进出口之日起 3 年。

③无代价抵偿货物报关应当提供的特殊单证：

A. 进口申报需要提交的特殊单证：原进口货物报关单；原进口货物退运出境报关单，或者原进口货物的放弃销毁处置证明，或已办理纳税手续的单证（短少抵偿的除外）；原进口货物税款缴纳书或者进出口货物征免税确认通知书；买卖双方签订的索赔协议。海关认为需要时，当事人还应提交合法有效的原进口货物检验、理赔证明文件等。

B. 出口申报需要提交的特殊单证：原出口货物报关单；原出口货物退运进境报关单，或已办理纳税手续的单证（短少抵偿的除外）；原出口货物税款缴纳书；买卖双方签订的索赔协议。海关认为需要时，当事人还应提交合法有效的原出口货物检验、理赔证明文件等。

3. 进出境修理货物的通关管理制度

（1）含义

进出境修理货物是指进境或出境进行维护修理后，复运出境或复运进境的机械器具、运输工具或者其他货物，以及为维修这些货物需要进口、出口的原材料、零部件。

（2）通关管理

①进境修理货物

当事人持维修合同或含有保修条款的原出口合同办理进口申报手续，并提供进口税款担保，接受海关后续监管。

进境修理货物所需原材料、零部件申报时，当事人应向海关提交维修合同或含有保修条款的原出口合同、进境修理货物报关单（与进境修理货物同时申报进口的除外），并向海关提供进口税款担保或申请海关按保税货物监管。进口原材料、零部件只限用于进境修理货物，修理剩余的原材料、零部件应复运出境。

货物进境后在境内维修的期限为进境之日起 6 个月，延长期限不超过 6 个月。

办理进境修理货物及剩余原材料、零部件复运出境手续时，应向海关提交原进口报关单和维修合同（或者含有保修条款的原出口合同）等单证。海关凭复运出境报关单办理解除货物监管和税款担保、保税监管手续。

②出境修理货物

货物出境时，当事人向海关提交维修合同或含有保修条款的原进口合同，办理出境申报手续。境外维修期限为出境之日起 6 个月，延长期限不超过 6 个月。

出境修理货物进境时，在保修期内并由境外免费维修的，可以免征进口税费；在保修期外或在保修期内境外收取维修费用的，应按境外修理费和材料费审定完税价格计征进口税费。

超过海关规定期限复运进境的，海关按一般进口货物计征进口关税和进口环节海关代征税。修理货物进出境时，免予交验许可证件。

4. 退运货物的通关管理制度

（1）含义

退运货物是指已办理申报手续且海关已放行，因各种原因造成退运进口或退运出口的货物，分为退运进口货物和退运出口货物。

（2）退运进口货物的通关管理

①报关

A. 原出口货物已收汇。退运进境时，当事人应交验原出口货物报关单，海关凭税务部门出具的"出口商品退运已补税证明"，保险公司证明或承运人溢装、漏卸的证明等有关资料，办理退运进口手续。

B. 原出口货物未收汇。退运进境时，当事人应交验原出口货物报关单、税务部门出具的"出口货物未退税证明"等有关资料，向海关申报退运进口。

②税收

因品质或者规格原因，出口货物自出口之日起 1 年内原状退货复运进境的，经海关核实后不予征收进口税费；原出口时已经征收出口关税的，只要重新缴纳原出口退税，自缴纳出口税款之日起 1 年内准予退还。

（3）退运出口货物的通关管理

①报关

因故退运出口的进口货物，当事人应交验原货物进口货物报关单、保险公司证明或承运人溢装、漏卸的证明等有关资料，经海关核实无误后，验放有关货物出境。

②税收

因品质或者规格原因，进口货物自进口之日起 1 年内原状退货复运出境的，经海关核实后可以免征出口税费；已征收的进口关税和进口环节海关代征税，自缴纳进口税款之日起 1 年内准予退还。

5. 直接退运货物的通关管理制度

（1）含义

直接退运货物是指货物进境后、办结海关放行手续前，当事人将全部或部分货物直接退运境外，以及海关根据国家有关规定责令直接退运的货物。

进口转关货物在进境地海关放行后，当事人申请办理退运手续的，不属于直接退运货物，应当按照一般退运货物办理退运手续。

（2）分类

①以下情况，企业可以申请直接退运：

A. 因为国家贸易管理政策调整，收货人无法提供相关证件的；

B. 属于错发、误卸或者溢卸货物，能够提供发货人或者承运人书面证明文书的；

C. 收发货人双方协商一致同意退运，能够提供双方同意退运书面证明文书的；

D. 有关贸易发生纠纷，能够提供已生效的法院判决书、仲裁机构仲裁决定书或者无争议的有效货物所有权凭证的；

E. 货物残损经海关鉴定确认或经检验检疫后不予准入的。

对在当事人办理直接退运前，海关已确定查验或认为有走私违规嫌疑的货物，不予办理直接退运；布控、查验或者案件处理完毕后，按照海关有关规定处理。

②以下情况，海关责令直接退运：

A. 货物属于国家禁止进口货物，已经海关依法处理的；

B. 违反海关有关检验检疫政策法规，已经海关行政处理的；

C. 违反国家有关法律、行政法规，应当责令直接退运的其他情形。

对需要责令进口货物直接退运的，海关向当事人制发"海关责令进口货物直接退运通知书"。

（3）通关管理

①当事人申请直接退运

由当事人向海关申报并提交相关材料。当事人收到系统回执后，办理直接退运手续。

办理直接退运手续的进口货物未向海关申报的，当事人应向海关提交"进口货物直接退运表"及证明进口实际情况的相关单证、证明文书，经海关核准后，办理直接退运的申报手续。

办理直接退运手续的进口货物已向海关申报的，当事人应当向海关提交"进口货物直接退运表"、原报关单或者转关单，以及证明进口实际情况的相关单证、证明文书，先行办理报关单或者转关单删除手续后，办理直接退运的申报手续。

②海关责令直接退运

当事人收到"海关责令进口货物直接退运通知书"之日起30日内，按照海关要求办理直接退运手续。

对直接退运货物，海关不验核进口许可证或其他监管证件，免予征收进口税费及滞报金。进口货物直接退运应当从原进境口岸退运出境。因故需要改变运输方式或由另一口岸退运出境的，应当经由原进境地海关审核同意后，以转关运输方式监管出境。

（三）适用特殊经营方式进出境货物的通关管理制度

1. 跨境电商进出口货物的监管制度

（1）跨境电商的含义

国际上一般认为，跨境电商是指分属不同关境的交易主体，通过电子商务平台达成交易、进行支付结算，并通过跨境物流送达商品、完成交易的一种国际商业活动。

（2）模式分类

①跨境电商零售进出口

跨境电商企业、消费者（订购人）通过跨境电商交易平台实现零售进出口商品交易，根据海关要求传输相关交易电子数据，接受海关监管。其主要有网购保税进口、直购进口、一般出口、特殊区域出口4种模式。

A. 网购保税进口模式

符合条件的电子商务企业或平台与海关联网，电子商务企业将整批商品运入海关特殊监管区域或保税物流中心（B 型）内并向海关申报，海关实施账册管理，境内个人网购区内商品后，电子商务企业或平台将电子订单、支付凭证、电子运单等传输给海关，电子商务企业或代理人向海关提交清单，海关按照跨境电商零售进口商品征收税款，验放后账册自动核销。

B. 直购进口模式

符合条件的电子商务企业或平台与海关联网，境内个人跨境网购后，电子商务企业将电子订单、支付凭证、电子运单等传输给海关，电子商务企业或代理人向海关提交清单，商品以邮件、快件方式运送，通过海关邮件、快件监管场所入境，海关按照跨境电商零售进口商品征收税款。

C. 一般出口模式

符合条件的电子商务企业或平台与海关联网，境外个人跨境网购后，电子商务企业将电子订单、电子运单等传输给海关，电子商务企业或代理人向海关提交申报清单，商品以邮件、快件方式运送出境，跨境电商综合试验区海关采用"简化申报、清单核放、汇总统计"方式通关，其他海关采用"清单核放、汇总申报"方式通关。

D. 特殊区域出口模式

符合条件的电子商务企业或平台与海关联网，电子商务企业把整批商品按一般贸易报关进入海关特殊监管区域，企业实现退税。对于已入区退税商品，境外个人网购后，海关凭清单核放，出区离境后，海关定期将已放行清单归并形成出口报关单，电商凭此办理结汇手续。

②跨境电商企业对企业出口

跨境电商企业对企业出口（以下简称"跨境电商 B2B 出口"）是指境内企业通过跨境物流将货物运送至境外企业或海外仓，并通过跨境电商平台完成交易的贸易形式。境内企业通过跨境电商平台与境外企业达成交易后，通过跨境物流将货物直接出口送达外企业（以下简称"跨境电商 B2B 直接出口"，监管方式代码"9710"），或境内企业将出口货物通过跨境物流送达海外仓，通过跨境电商平台实现交易后从海外仓送达购买者（以下简称"跨境电商出口海外仓"，监管方式代码"9810"），并根据海关要求传输相关电子数据的，接受海关监管。

（3）管理规定

①跨境电商零售进出口管理

A. 进口商品清单与限额管理

a. 正面清单管理。跨境电商零售进口商品需在财政部、国家发展改革委、工业和信息化部等部委发布的《关于调整跨境电子商务零售进口商品清单的公告》所列范围之内，海关根据正面清单旁注及尾注规定进行监管。

b. 限额管理。跨境电商零售进口商品的单次交易限值为 5000 元人民币，年度交易限值为 26000 元人民币，海关以订购人身份证号为单元进行限额管理。

B. 检疫监管

海关对跨境电商直购进口商品及适用"网购保税进口"（监管方式代码"1210"）进口政策的商品，按照个人自用进境物品监管，不执行有关商品首次进口许可批件、备案要求，但对相关部门明令暂停进口的疫区商品和对出现重大质量安全风险的商品启动风险应急处置时除外。适用"网购保税进口 A"（监管方式代码"1239"）进口政策的商品，按《跨境电子商务零售进口商品清单》尾注中的监管要求执行。

海关对跨境电商零售进出口商品及其装载容器、包装物按照相关法律法规实施检疫，并根据相关规定实施必要的监管措施。对须在进境口岸实施的检疫及检疫处理工作，应在完成后方可运至跨境贸易电子商务监管作业场所。

C. 税收征管

a. 对跨境电商零售进口商品，海关按照国家关于跨境电商零售进口税收政策征收关税和进口环节增值税、消费税，完税价格为实际交易价格，包括商品零售价格、运费和保险费。

b. 跨境电商零售进口商品消费者（订购人）为纳税义务人。在海关备案的跨境电商平台企业、物流企业或申报企业作为税款的代收代缴义务人，代为履行纳税义务，并承担相应的补税义务及相关法律责任。

代收代缴义务人应当如实、准确地向海关申报跨境电商零售进口商品的商品名称、规格型号、税则号列、实际交易价格及相关费用等税收征管要素。

跨境电商零售进口商品的申报币制为人民币。

②跨境电商企业对企业出口管理

跨境电商 B2B 出口监管模式，充分考虑了跨境电商新业态信息化程度高、平台交易数据留痕等特点，采用企业一次登记、一点对接、简化申报、便利通关、优先查验、退货底账管理等有针对性的监管创新措施。

A. 企业通关全程无纸化，海关通关系统实时验放

跨境电商企业或其委托的代理报关企业、境内跨境电商平台企业、物流企业应当通过国际贸易"单一窗口"或"互联网 + 海关"向海关提交申报数据，传输电子信息，并对数据真实性承担相应法律责任。

B. 符合检验检疫规定

跨境电商 B2B 出口货物应当符合检验检疫相关规定。

C. 优先查验，保障快速通关

海关实施查验时，跨境电商企业或其代理人、监管作业场所经营人应当按照有关规定配合海关查验。海关按规定实施查验，对跨境电商 B2B 出口货物可优先安排查验。

D. 适用"全国通关一体化"模式

根据跨境电商通关和物流模式多元化的实际，明确跨境电商 B2B 出口货物适用全国通关一体化，也可采用"跨境电商"模式进行转关。

E. 顺应新业态经营特点，简化监管要求

顺应跨境电商企业批量出口的需求，解决企业必须在出口前单独包装并贴好面单的问题，降低企业出口前操作和物流成本。

③跨境电商进出口退货管理

A. 跨境电商零售进口商品退货管理

跨境电商企业境内代理人或其委托的报关企业申请退货，退回的商品应当符合二次销售要求并在海关放行之日起 30 日内以原状运抵原监管作业场所，相应税款不予征收，并调整个人年度交易累计金额。

进口退货企业可以对原《跨境电子商务零售进口申报清单》内全部或部分商品申请退货。

对超过保质期或有效期、商品或包装损毁、不符合我国有关监管政策等不适合境内销售的跨境电商零售进口商品，以及海关责令退运的跨境电商零售进口商品，按照有关规定退运出境或销毁。

B. 跨境电商出口商品退货管理

跨境电商出口企业、特殊区域内跨境电商相关企业或其委托的报关企业可向海关申请开展跨境电商零售出口、跨境电商特殊区域出口、跨境电商出口海外仓商品的退货业务，具体包括以下 5 种情形：跨境电商特殊区域包裹零售出口退货；跨境电商特殊区域出口海外仓零售退货；跨境电商出口商品（包括"9610"出口、"1210"出口、"0110"出口）仅需退回特殊区域再复出境的退货；境内出口入区的跨境电商商品再退运至境内区外的退货；跨境电商海外仓现存货物的退货（"9810"出口）。

出口退货企业可以对原"中华人民共和国海关出口货物报关单"、"中华人民共和国海关跨境电子商务零售出口申报清单"或"中华人民共和国海关出境货物备案清单"所列全部或部分商品申请退货。

跨境电商出口退货商品可单独运回也可批量运回，退货商品应在出口放行之日起 1 年内退运进境。

2. 市场采购贸易方式进出口货物的通关管理制度

（1）含义及范围

市场采购是指在经认定的市场集聚区采购商品，由符合条件的经营者办理出口通关手续的贸易方式。市场采购的海关监管方式代码为"1039"，全（简）称"市场采购"。

市场采购贸易方式单票报关单的货值最高限额为 15 万美元。以下出口商品不适用市场采购贸易方式：国家禁止或限制出口的商品；未经市场采购商品认定体系确认的商品；贸易管制主管部门确定的其他不适用市场采购贸易方式的商品。

（2）通关管理

从事市场采购贸易的对外贸易经营者，应按照海关相关规定在海关办理进出口货物收发货人备案。

对外贸易经营者对其代理出口商品的真实性、合法性承担责任。经市场采购商品认定体系确认的商品信息应当通过市场综合管理系统与海关实现数据联网共享。对市场综合管理系统确认的商品，海关按照市场采购贸易方式实施监管。

①申报方式

每票报关单所对应的商品清单所列品种在 5 种以上的可以按以下方式实行简化申报：货值最大的前 5 种商品，按货值从高到低在出口报关单上逐项申报；其余商品以《税则》中"章"为单位进行归并，每"章"按价值最大商品的税号作为归并后的税号，货值、数量等也相应归并。

有下列情形之一的商品不适用简化申报：需征收出口关税的；实施检验检疫的；海关另有规定不适用简化申报的。

②申报地点

市场采购贸易出口商品应当在采购地海关申报，对于转关运输的市场采购贸易出口商品，由出境地海关负责转关运输的途中监管。采购地海关是指市场集聚区所在地的主管海关。市场集聚区是指经国家商务主管等部门认定的各类从事专业经营的商品城、专业市场和专业街。

③检验检疫

需在采购地实施检验检疫的市场采购贸易出口商品，其对外贸易经营者应建立合格供应方、商品质量检查验收、商品溯源等管理制度，提供经营场所、仓储场所等相关信息，并在出口申报前向采购地海关提出检验检疫申请。

对外贸易经营者应履行产品质量主体责任，对出口市场在生产、加工、存放过程等方面有监管或官方证书要求的农产品、食品、化妆品，应符合相关法律法规规定或双边协议要求。

（四）特殊物流形态进出境货物、物品的通关管理制度（进出境快件）

1. 含义

进出境快件是指进出境快件运营人以向客户承诺的快速商业运作方式承揽、承运的进出境货物、物品。

进出境快件运营人是指在我国境内依法注册，在海关登记备案的从事进出境快件运营业务的国际货物运输代理企业。

2. 分类

（1）文件类进出境快件（简称"A类快件"），指无商业价值的文件、单证、票据和资料（依照法律、行政法规，以及国家有关规定应当予以征税的除外）。

（2）个人物品类进出境快件（简称"B类快件"），指境内收寄件人（自然人）收取或者交寄的个人自用物品（旅客分离运输行李物品除外）。

（3）低值货物类进出境快件（简称"C类快件"），指价值在5000元人民币（不包括运费、保费、杂费等）及以下的货物（涉及许可证件管制的，须办理出口退税、收汇或者进口付汇的除外）。

3. 通关管理

根据海关总署"两类通关"改革要求，低值货物类进出境快件（C类快件）纳入一体化通关管理，推动实施统一申报，税收征管，物流、查验管理；推动实施邮件和文件类进出境快件（A类快件）、个人物品类进出境快件（B类快件）通关整合，统一申报规范，统一风险管控和税收管控。

（1）A类快件报关，应向海关提交总运单（复印件）和海关需要的其他单证。

（2）B类快件报关，应向海关提交每一进出境快件的分运单、进境快件收件人或出境快件发件人身份证影印件和海关需要的其他单证。B类快件的限量、限值、税收征管等事项应当符合海关总署关于邮递进出境个人物品相关规定。

（3）C类快件报关，应向海关提交代理报关委托书、每一进出境快件的分运单、发票和海关需要的其他单证，并按照进出境货物规定缴纳税款。监管方式为"一般贸易"或"货样广告品A"，征免性质为"一般征税"，征减免税方式为"照章征税"。有检验检疫监管要求的部分转普通货物报关，样品等法律法规规定免予检验的除外。

进出境快件运营人按照上述规定提交复印件（影印件）的，海关可要求提供原件验核。

通过快件渠道进出境的其他货物、物品，按照海关对进出境货物、物品的规定办理海关手续。

第二节　进出境货物通关作业流程之前期作业

对于特殊类别的海关监管货物，进出口货物收发货人、报关企业应根据海关监管要求，在货物进出口之前办理相关进出境业务的备案核准、单证准备、担保备案等事项。重点内容包括：进口货物（含过境货物）的检疫准入、检疫审批、境外装运前预先检验，出口货物的检疫审批等须在申报前根据规定办理的相关手续，取得相应的进出口批准文件及证明文件；对企业有资质要求的，应该进行相应的注册登记和备案；对进出口货物有监管证件要求的，企业应在申报前根据相关规定办理进出口所需的监管证件；涉税货物提前办理税款担保等。

进行进出境货物报关前期准备时，主要作业有：

一、根据货物属性，确定适用的通关管理制度

在报关前期作业准备阶段，为准确适用货物通关管理制度及正确填报与贸易管制、海关税收征管、检验检疫等相关进出口报关单栏目，可以根据进出境货物呈现的特性确认报关货物的进出境属性，并以此为基础去对应税收征管状态，选择确定本次报关货物适用的通关管理制度。如货物成交后由境外输入境内或由境内输往境外，其流转呈现单向状态，进口或出口后即投入消费使用，不再复出口或复进口，其就属于实际进出口的货物，应适用一般进出口货物通关管理制度。如货物进境目的是在境内进行储存或加工后复运出境的，则应适用保税货物通关管理制度。如货物为展示目的进出口并在规定时间内原状复出口或复进口（除因使用而产生的正常损耗外）的，适用暂时进出境货物通关管理制度。其他类型进出境货物适用通关管理制度详细介绍参见本章第一节。

二、获取货物相应信息，确定进出口商品归类

进出口货物的商品归类直接关系到整个报关过程，应根据与货物归类有关的单证材料准确进行归类。如仅凭合同、发票等单据无法最终确定申报货物商品归类，还需获得产品说明书、照片、加工流程、加工工艺等资料。对于某些特殊货物，如果仅凭文字资料无法确定商品归类或对货物的品名、规格、数量有疑义的，可通过向海关申请申报前看货取样的方式进一步了解货物信息，或向海关申请归类预裁定确定归类。确定商品归类的方法详见本教材第七章。

三、根据货物属性及商品归类，办妥监管证件

（一）贸易管制许可证件

我国对外贸易管制是一种综合制度，其中进出口许可制度、对外贸易救济措施等涉及的管制，需要通过报关活动的申报环节由收发货人或其代理人向海关递交事先获得的相关许可证件或批准文件，又通过收发货人或其代理人配合海关的单证核验和检查（查验）货物，来确认"单""证""货"是否相符。

1. 进出境货物实施贸易管制的基本原则

"实际进出口"货物的贸易管制。从货物进出境与境内经济间的关系角度考虑，因"实际进出口"的货物，对境内经济秩序、经济循环将产生直接影响，在向海关申报时，若已列入相关的进出境贸易管制商品目录，应交验各类相关许可证件。

"暂时进出境"货物的贸易管制。"暂时进出境"的货物，对境内经济秩序、经济循环尚未产生直接影响，在向海关申报时，若已列入相关的进出境贸易管制商品目录，除与公共道德、公共安全、公共卫生等相关的进出境管制外，在向海关申报进出口时，原则上可免予交验相关的经济限制性贸易管制许可证件。

2. 判断进出境货物贸易管制状况的主要依据

在实践中，贸易管制的适用货物范围主要是通过各类许可证件管理目录加以列明。与此同时，应注意结合与进出境货物属性及与其直接相关的"监管方式"来进一步确认实施贸易管制的项目范围。必须注意，通过目录列明及监管方式结合的方法仅是判断是否实施贸易管制的主要依据而非全部依据，因实际进出口时货物情况十分复杂，无法简单通过以上方式唯一确定是否需要实施贸易管制，对部分特定货物，国家有关部门还通过专门的规范性文件对货物是否需要实施贸易管制加以明确。例如，新的小汽车允许有条件进口，但使用过的二手小汽车则禁止进口。

3. 确认进出境货物贸易管制实施状态的方法

在货物申报前，进出口企业应核实确认货物的报验状态及其商品编号，比对确认其已列入相关许可证件管理目录，同时通过货物的"监管方式"，在准确识别货物的"进出境属性"及适用的海关程序性管理制度的基础上，确定应接受全部或部分（仅限与公共道德、公共安全、公共卫生等相关）的贸易管制措施。例如，货物进出境属性为"实际进出口"，原则上适用全部贸易管制措施；货物为"临时进出口"，原则上仅须实施涉及公共道德、公共安全、公共卫生等的贸易管制措施。

（二）检验检疫单证

1. 进出境货物实施检验检疫的基本原则

进出境货物实施检验检疫的基本原则与贸易管制大体相同，即海关对进出境货物已列入相关检验检疫范围的实施检验检疫：属于"实际进出口"的货物，原则上适用与其相关的全部检验检疫措施；属于"临时进出境"的货物，原则上仅须实施涉及公共道德、公共安全、公共卫生等的检验检疫措施。

2. 判断进出境货物检验检疫实施的主要依据

在实践中，检验检疫的适用货物范围主要是通过各类检验检疫商品法定检验管理目录加以列明，同时应注意结合货物进出境的"监管方式"来进一步确认检验检疫是否真正予以实施。与列入贸易管制范围的货物相同，通过目录列明及监管方式结合的方法也仅是判断是否实施检验检疫的主要依据而非全部依据。例如，部分货物进口状态为新的时，无须检验检疫，但使用过的旧的相同货物则需要报检。

3. 确认进出境货物检验检疫实施状态的方法

在货物申报前，进出口企业应核实货物的报验状态及其商品编号，比对确认其已列入相关检验检疫商品管理目录，同时在准确识别货物的"进出境属性"及适用的海关程序性管理制度的基础上，确定应接受全部或部分（仅限与公共道德、公共安全、公共卫生等相关）的检验检疫措施。例如，进口食品境外生产企业应当获得海关总署注册，海关总署自行或者委托有关机构组织评审组评估审查，通过后对符合要求的进口食品境外生产企业予以注册并给予在华注册编号，书面通知所在国家（地区）主管当局或进口食品境外生产企业；对不符合要求的进口食品境外生产企业不予注册，书面通知所在国家（地区）主管当局或进口食品境外生产企业。进口动植物、动植物产品及其他需要法定检疫的货物的，除确认进口准入条件外，还需提供检疫合格证明或者书面批准证明。部分货物需实施前置检验检疫。例如，进口货物：对动植物及其产品产地疫情调查等境外预检、旧机电境外装运前检验、监装，进境动植物及其产品检疫核准，特殊物品检疫审批等。出口货物：出境危险货物运输包装性能检验、鉴定，政府协议装运前检验，出境动植物及其产品的动植物检疫核准等。具体内容详见本教材第四章、第六章。

四、确认税收征管状态，办妥备案审批或担保手续

（一）备案审批

货物进出境的海关通关手续，除受制于进出境贸易管制外，在相当程度上还取决于进出口货物的税收征管状况。目前，我国海关对进出境货物的关税征收状况，大致包括以下几种：法定征或免税，适用于不享受特定减免税优惠的进口或出口货物；特定减免税，适用于按国务院特别规定可享受减免税的进口货物；暂予免税（亦称暂缓办理纳税手续），适用于进出口加工、储存的货物以及暂时进出口货物；不予征税，适用通过我国关境的货物。

对进出境货物涉及特定减免税、暂予免税情形的，应在确定适用的海关程序性管理制度后提前办妥相应的"保税""减免税"前期备案审批手续。

（二）税款担保备案

申请办理某些海关业务时，海关通关流程要求先行办理担保手续，常见情形主要包括适用汇总征税模式的税款总担保、两步申报模式的税款担保等。

汇总征税是海关对进出口税收进行征缴的一种作业模式，其支付方式本质上也属于电子支付，是海关对符合条件的进出口纳税义务人于某一段时期内多次进出口产生的税款集中进行汇总计征，这与电子支付/电子支付银行担保缴税及柜台支付逐票征税、缴税方式明显不同。目前，除海关企业信用管理中的"失信企业"外，所有在海关备案的进出口货物收发货人均可申请适用汇总征税模式。有汇总征税需求的企业需要在进出口货物通关前向备案地海关对应的直属海关关税职能部门提交总担保，总担保应当依法采用担保机构提交的保函等海关认可的形式，通过后即可在申请的多个直属海关范围内通用。

对于采用"两步申报"模式且进口应税货物的，企业需在进行概要申报前向备案地直属海关关税职能部门提交税收担保备案申请，担保额度可根据企业税款缴纳情况循环使用。

以上税款担保除可由银行类金融机构出具外，在指定范围内的非银行类机构也可出具。目前，经海关总署、国家金融监督管理总局同意，中国太平洋财产保险股份有限公司、中银保险有限公司等多家保险公司可出具关税保证保险办理纳税期限担保与涉税要素担保。

五、申报前看货取样

进口货物的收货人向海关申报前，因确定货物的品名、规格、型号、归类等原因，可以向海关提出查看货物或者提取货样的书面申请。海关审核同意的，派员到场实际监管。查看货物或提取货样时，海关开具取样记录和取样清单；提取货样的货物涉及动植物及其产品，以及其他需依法提供检疫证明的，应当按照国家的有关法律规定，在取得主管部门签发的书面批准证明后提取。提取货样后，到场监管的海关关员与报关人员在取样记录和取样清单上签字确认。

申报前经海关同意可查看货物或者提取货样，这是进口货物收货人的权利。但对于法律赋予的"权利"，收货人也可以不予行使或放弃行使。

收货人申报前向海关提出查看货物、提取货样的申请应具备一定的条件，如果货物进境已有走私违法嫌疑并被海关发现，海关将不予同意。同时，只有在通过外观无法确定货物的归类等情况时，海关才会同意收货人提取货样。对收货人借查看货物或提取货物之机进行违法活动的行为，法律上也有相应规定，将严厉查处。

六、申请涉税要素预裁定

在货物实际进出口前，当事人可以就进出口货物的商品价格、归类、原产地等涉税要素，在货物拟进出口3个月之前向其备案地直属海关提出预裁定申请。特殊情况下确有正当理由的，可以在货物拟进出口前3个月内提出预裁定申请。申请预裁定的商品信息描述应翔实、客观，便于海关快速且准确理解商品。海关将在规定时限内书面回复预裁定意见。具体内容详见本教材第十二章。

第三节　进出境货物通关作业流程之现场作业

根据海关通关监管作业要求，在此阶段主要有进出口货物申报（包括缴纳税费）、接受海关检查、卡口提离及放行等作业。

一、如实申报，交验单证

（一）申报的一般规定

1. 申报的含义

"申报"是指进出口货物收发货人、受委托的报关企业，依照《海关法》及有关法律、行政法规和规章的要求，在规定的期限、地点，采用电子数据报关单或纸质报关单形式，向海关报告实际进出口货物的情况，并且接受海关审核的行为。

2. 申报的主体

进出口货物收发货人，可以自行向海关申报，也可以委托报关企业向海关申报。

向海关办理申报手续的进出口货物收发货人、受委托的报关企业应当预先在海关依法办理备案。为进出口货物收发货人、受委托的报关企业办理申报手续的人员，应当是在海关备案的报关人员。

3. 申报的形式

申报采用电子数据报关单证申报形式或纸质报关单证申报形式。电子数据报关单证和纸质报关单证均具有法律效力。

电子数据报关单证申报形式是指进出口货物收发货人、受委托的报关企业，通过计算机系统按照《中华人民共和国海关进出口货物报关单填制规范》（以下简称《报关单填制规范》）的要求，向海关传送报关单电子数据及随附单证电子数据的申报方式。

纸质报关单证申报形式是指进出口货物收发货人、受委托的报关企业，按照海关的规定填制纸质报关单，备齐随附单证，向海关当面递交的申报方式。

进出口货物收发货人、受委托的报关企业应当优先以电子数据报关单形式向海关申报，与随附单证一并递交的纸质报关单的内容应当与电子数据报关单一致；特殊情况下经海关同意，允许先采用纸质报关单形式申报，电子数据事后补报，补报的电子数据应当与纸质报关单内容一致。在向未使用海关信息化管理系统作业的海关申报时可以采用纸质报关单申报形式。

随着全面深化海关业务改革的不断推进，近年来，海关还推出了"一次申报，分步处置"和"两步申报"的申报模式。

（二）申报的基本要求

1. 申报期限

（1）进口申报期限

进口货物收货人、受委托的报关企业应当自运输工具申报进境之日起 14 日内，向海关申报。

进口转关运输货物收货人、受委托的报关企业应当自运输工具申报进境之日起 14 日内，向进境地海关办理转关运输手续，有关货物应当自运抵指运地之日起 14 日内向指运地海关申报。

进口货物收货人超过规定期限向海关申报的，由海关征收滞报金。进口货物滞报金按日计征，日征收金额为进口货物完税价格的 0.5‰，以人民币"元"为计征单位，不足 1 元人民币的部分免予计收。滞报金的起征点为 50 元人民币。

（2）出口申报期限

出口货物发货人、受委托的报关企业应当在货物运抵海关监管场所后、装货的 24 小时以前向海关申报。

2. 申报日期

进出口货物收发货人或其代理人的申报数据自被海关接受之日起，其申报的数据就产生法律效力，即进出口货物收发货人或其代理人应当承担"如实申报""如期申报"的法律责任。

（1）申报日期的含义

申报日期是指申报数据被海关接受的日期。不论以电子数据报关单方式申报或者以纸质报关单方式申报，海关以接受申报数据的日期为申报日期。

（2）正常情况下的申报日期

以电子数据报关单方式申报的，申报日期为海关计算机系统接受申报数据时记录的日期，该日期将反馈给原数据发送单位，或者公布于海关业务现场，或者通过公共信息系统发布。

以纸质报关单方式申报的，申报日期为海关接受纸质报关单并且对报关单进行登记处理的日期。

（3）修改、退单并重新申报的申报日期

电子数据报关单经过海关计算机检查被退回的，视为海关不接受申报，进出口货物收发货人、受委托的报关企业应当按照要求修改后重新申报，申报日期为海关接受重新申报的日期。

海关已接受申报的报关单电子数据，人工审核确认需要退回修改的，进出口货物收发货人、受委托的报关企业应当在 10 日内完成修改并且重新发送报关单电子数据，申报日期仍为海关接受原报关单电子数据的日期；超过 10 日的，原报关单无效，进出口货物收发货人、受委托的报关企业应当另行向海关申报，申报日期为海关再次接受申报的日期。

3. 申报的地点

全国海关通关作业一体化作业模式全面启动后，消除了申报关区限制，除某些特殊情况外，进出口企业可在任一海关进行报关，即企业可根据实际需要，自主选择在货物进出的口岸海关、企业属地海关或第三地海关申报并办理相应的进出口手续。

在口岸海关申报，即报关单位向货物实际进出境地海关办理申报并办理相应的进出口手续，若货物涉及查验，由货物进出境地海关实施。

在属地海关申报，即报关单位向企业主管地海关办理申报及相应的进出口手续，货物在口岸海关实际进出境。若货物涉及查验，由货物实际进出境的口岸海关实施。

在口岸及属地海关以外第三地海关申报，即报关单位还可以根据业务需要，选择在口岸及属地海关以外的第三地海关申报。若货物涉及查验，由货物实际进出境的口岸海关实施。

特殊情况下的申报地点规定如下：

在限定口岸申报。例如，以一般贸易方式进出口钻石的（品目 7102、7104、7105 项下，工业用钻石及加工贸易方式项下除外），应当在上海钻石交易所办理进出口报关手续；加工贸易项下钻石转内销的，也应当参照一般贸易方式在上海钻石交易所海关办理报关手续。汽车整车限定在大连、天津、上海、广州、深圳、青岛、福州、满洲里、阿拉山口等口岸申报。国家还对药品和进口麻醉药品、精神药品、蛋白同化制剂、肽类激素等产品进行限定口岸申报。

在货物所在地的主管海关申报。以保税货物、特定减免税货物和暂准进境货物申报进境的货物，因故改变使用目的从而改变性质转为一般进口时，进口货物收货人或其代理人应当在货物所在地的主管海关申报，并办结相应的进口手续。

（三）申报模式

目前，海关通关系统有两种电子申报模式，分别为"一次申报，分步处置"模式和"两步申报"模式。在申报界面可以根据海关规定及当事人实际需要自行选择适用。

1. "一次申报，分步处置"申报模式

"一次申报，分步处置"是指报关企业一次性完成报关单全部项目的录入，并完成税款的自报自缴或提供税款担保，海关在口岸通关现场完成安全准入风险处置，税收风险主要在货物放行后进行处置的通关管理模式。

申报环节，在系统界面选择"一次申报，分步处置"申报模式。

（1）自主申报

进出口货物收发货人及其代理人在办理海关预录入时，应当如实、规范填报报关单各项目，利用预录入系统的海关计税（费）服务工具计算应缴纳的相关税费，并于当日对系统显示的税费计算结果进行确认，不予确认的，可重新申报，确认后连同报关单预录入内容一并提交海关。

（2）自缴自打

进出口货物收发货人及其代理人在收到海关通关系统发送的回执后，根据自身情况自行办理相关税费缴纳手续。

申报时选择电子支付的，进出口货物收发货人及其代理人应在电子税费信息生成之日起10日内，通过电子支付平台向商业银行发送税费预扣指令。未在上述期限内发送预扣指令的，申报地海关现场将直接转为柜台支付并打印税款缴款书。

申报时选择"汇总征税"模式的，进出口货物收发货人及其代理人应提前办理总担保备案，申报时在报关单上填写总担保备案编号。企业应于每月第5个工作日结束前完成上月应纳税款的汇总支付。企业办理汇总征税时，有滞报金等其他费用的，应在货物放行前缴清。

还可选择柜台支付模式支付税款，进出口货物收发货人及其代理人在收到申报地海关现场打印的纸质税款缴款书后，到银行柜台办理税费缴纳手续，该种形式支付税款已较为少见。

进出口货物收发货人及其代理人可自行打印税款缴款书。税款缴款书注明"自报自缴"字样，该税款缴款书属于缴税凭证，不具有海关行政决定属性。

2."两步申报"模式

"两步申报"是海关为适应国际贸易特点和安全便利需要，在深化海关通关一体化改革及实施"一次申报，分步处置"通关模式基础上的改革延续，是指货物通关时，企业申报由"一次"变为"两步"，即企业可先凭提单进行概要申报，货物符合安全准入条件即可快速提离，在规定时间内再进行完整申报的通关模式。采用该模式申报的，应税货物需要事先办理税款担保，概要申报后凭担保允许货物提离，完成完整申报后再予缴税。

（1）概要申报

概要申报报关信息通过国际贸易"单一窗口"上传，也可以通过"互联网+海关"办事平台申报。企业应自运输工具申报进境之日起14日内，按照报关单填制规范完成报关单的概要申报。企业在概要申报前应确认向海关申报进口货物是否属于禁限管制、是否依法需要检验或检疫（是否属《法检目录》内商品及法律法规规定需检验或检疫的商品）、是否需要缴纳税款。对于不属于禁限管制且不属于依法需检验或检疫的，申报9个项目，并确认涉及物流的2个项目；属于禁限管制的需增加申报2个项目；依法需检验或检疫的需增加申报5个项目；应税的须选择符合要求的担保备案编号。

（2）完整申报

企业在概要申报货物被允许提离监管场所后，需在运输工具申报进境之日起14日内，向接受概要申报的海关补充申报报关单完整信息及随附单证电子数据。

按照系统设计，"两步申报"支持在概要申报阶段选择一次录入辅助提交模式下一次性完成报关单全部申报要素及随附单证电子信息的录入申报，一次性完成的，可不必再进行完整申报，相关单位视情决定选择申报操作。

"一次申报，分步处置"适用于进口及出口货物的申报，对申报前办理税款担保无硬性要求；"两步申报"仅适用于进口货物申报，必须在申报前办妥税款担保。"一次申报，分步处置"模式已能较好地满足进出口企业通关需求，加之海关对可适用"两步申报"模式货物范围有所限定，因此，目前"一次申报，分步处置"是应用较多的申报模式。

（四）申报的修改和撤销

海关接受进出口货物申报后，报关单证及其内容不得修改或者撤销。符合规定情形的，应当按照进出口货物报关单修改和撤销的相关规定办理，能通过修改形式操作的，不予撤销。

1. 进出口货物收发货人或其代理人申请修改或撤销

有以下情形之一的，进出口货物收发货人或其代理人可以向原接受申报的海关办理进（出）口货物报关单修改或者撤销手续：

（1）出口货物放行后，由于装运、配载等原因造成原申报货物部分或者全部退关、变更运输工具的；

（2）进出口货物在装载、运输、存储过程中发生溢短装，或者由于不可抗力因素造成灭失、短损等，导致原申报数据与实际货物不符的；

（3）由于办理退补税、海关事务担保等其他海关手续而需要修改或者撤销报关单数据的；

（4）根据贸易惯例先行采用暂时价格成交，实际结算时按商检品质认定或者国际市场实际价格付款方式需要修改申报内容的；

（5）已申报进口货物办理直接退运手续，需要修改或者撤销原进口货物报关单的；

（6）由于计算机、网络系统等技术原因导致电子数据申报错误的。

发生上述情形需要修改或者撤销的，进出口货物收发货人或其代理人应当通过系统以无纸化形式向海关提交进（出）口货物报关单修改/撤销表及相应的证明材料。必须以纸质形式提交的进（出）口货物报关单修改/撤销表和进（出）口货物报关单修改/撤销确认书与无纸化形式提交的信息效力一致。

2. 海关发现并通知修改或者撤销进（出）口货物报关单

海关发现进（出）口货物报关单需要修改或者撤销，会采取以下方式主动要求进出口货物收发货人或其代理人修改或者撤销，进出口货物收发货人或其代理人应按下列办法对相关内容进行修改或确认：海关向进出口货物收发货人或其代理人制发进（出）口货物报关单修改/撤销确认书，通知其要求修改或者撤销的内容，进出口货物收发货人或其代理人应当在5日内对进（出）口货物报关单修改或者撤销的内容进行确认，确认后海关完成对报关单的修改或者撤销。

3. 海关直接撤销电子数据报关单

除不可抗力因素外，进出口货物收发货人或其代理人有以下情形之一的，海关会直接撤销相应的电子数据报关单：

（1）海关审结电子数据报关单后，进出口货物收发货人或其代理人未在10日规定期限内递交纸质报关单的；

（2）出口货物申报后未在规定期限内运抵海关监管场所的；

（3）海关总署规定的其他情形。

4. 关于修改与撤销的其他规定

海关已经决定布控、查验及涉嫌走私或者违反海关监管规定的进出口货物，在办结相关手续前进出口货物收发货人或其代理人不得申请修改或撤销报关单及其电子数据；已签发报关单证明联的进出口货物，当事人办理报关单修改或者撤销手续时，应当向海关交回报关单证明联；由于修改或者撤销进（出）口货物报关单导致需要变更、补办进出口许可证件的，进出口货物收发货人或其代理人应当向海关提交相应的进出口许可证件。

（五）特殊申报

1. 提前申报

（1）提前申报的条件

经海关批准，进出口货物收发货人、受委托的报关企业可以在有确定的货物信息后于进口货物入境前、出口货物集港前向海关提前申报，以获得更佳的通关效率。

（2）提前申报的时限

在进出口货物的品名、规格、数量等已确定无误的情况下，经批准的企业可以在进口货物启运后、抵港前或者出口货物运入海关监管作业场所前 3 日内，提前向海关办理报关手续，并且按照海关的要求交验有关随附单证、进出口货物批准文件及其他需提供的证明文件。

（3）许可证件有效期与税率、汇率的适用

验核提前申报的进出口货物许可证件有效期以海关接受申报之日为准。提前申报的进出口货物税率、汇率的适用，按照《关税条例》的有关规定办理。

"一次申报，分步处置"及"两步申报"模式均可适用提前申报，海关鼓励符合条件的企业采用提前申报方式进行申报。

2. 转关申报

目前，仅有邮件、快件、暂时进出口货物（含 ATA 单证册项下货物）、过境货物、中欧班列载运货物、市场采购方式出口货物、跨境电商零售进出口商品、免税品，以及外交、常驻机构和人员公自用物品，收发货人可按照海关要求正常申请办理转关手续，开展转关运输。通过转关形式申报进出口的货物，应在办妥转关手续后，再办理货物进出口申报手续。

除上述可以正常进行转关作业的货物之外，自 2018 年起仅以下范围内的货物可办理转关手续：

（1）多式联运及具有全程提（运）单货物

多式联运货物，以及具有全程提（运）单需要在境内换装运输工具的进出口货物，其收发货人可以向海关申请办理多式联运手续，有关手续按照联程转关模式办理。

（2）不宜在口岸海关查验的货物

易受温度、静电、粉尘等自然因素影响或者因其他特殊原因，不宜在口岸海关监管区实施查验的进出口货物，满足以下条件的，经主管地海关（进口为指运地海关，出口为启运地海关）批准后，其收发货人可按照提前报关方式办理转关手续：收发货人为高级认证企业；转关运输企业最近一年内没有因走私违法行为被海关处罚；转关启运地或指运地与货物实际进出境地不在同一直属关区内；货物实际进境地已安装非侵入式查验设备。

进口转关货物应当直接运输至收货人所在地，出口转关货物应当直接在发货人所在地启运。按照规定办妥转关手续后，进出口货物收发货人再按照报关单填制规范及申报管理向海关申报进出口。

3. 集中申报

（1）集中申报的含义

集中申报是指经海关备案，进出口货物收发货人在同一口岸多批次进出口规定范围内货物，可以先以集中申报清单方式申报货物进出口，再以报关单集中办理海关手续的特殊通关方式。

（2）集中申报的适用

经海关备案，下列进出口货物可以适用集中申报通关方式：图书、报纸、期刊类出版物等时效性较强的货物；危险品或者鲜活、易腐、易失效等不宜长期保存的货物；公路口岸进出境的保税货物。

（3）凭担保以清单形式先予提取货物

集中申报企业应当向海关提供有效担保，并且在每次货物进、出口时，按照集中申报清单向海关报告货物的进出口日期、运输工具名称、提（运）单号、税号、品名、规格型号、价格、原产地、数量、重量、收（发）货单位等海关监管所必需的信息，海关可准许先予查验和提取货物。

（4）限期进行报关单申报

集中申报企业提取货物后，应当自装载货物的运输工具申报进境之日起1个月内采用电子数据报关单申报的方式向海关办理集中申报及征税、放行等海关手续。对适用集中申报通关方式的货物，企业按照接受清单申报之日实施的税率、汇率计税报税。超过规定期限未向海关申报的，按照《中华人民共和国海关征收进口货物滞报金办法》征收滞报金。

4. 补充申报

有下列情形的，进出口货物收发货人、受委托的报关企业应当向海关进行补充申报：

（1）海关对申报的货物的价格、商品编号等内容进行审核时，为确定申报内容的完整性和准确性，要求进行补充申报的；

（2）海关对申报货物的原产地进行审核时，为确定货物原产地的准确性，要求收发货人提交原产地证书，并进行补充申报的；

（3）海关对已放行货物的价格、商品编号和原产地等内容进行进一步核实时，要求进行补充申报的。

进出口货物收发货人或受委托的报关企业可以主动向海关进行补充申报，并在递交报关单时一并提交补充申报单。补充申报的内容是对报关单申报内容的有效补充，不能与报关单填报的内容相抵触。

（六）申报的单证

申报的单证可以分为报关单和随附单证两大类，其中随附单证包括基本单证和特殊单证。

报关单是由报关人员按照海关规定格式填制的申报单，是指进（出）口货物报关单或者带有进（出）口货物报关单性质的单证，比如特殊监管区域进出境备案清单、进出口货物集中申报清单、ATA单证册、过境货物报关单、快件报关单，等等。一般来说，任何货物的申报，都必须有报关单。

基本单证是指进出口货物的货运单据和贸易单据，主要包括进口提货单据、出口装货单据、商业发票、装箱单、进出口合同等。一般来说，任何货物的申报，都必须有基本单证。

特殊单证主要包括进出口许可证件、保税核注清单、中华人民共和国海关进出口货物征免税确认通知书、原产地证明、原产地声明等。某些货物的申报，必须有特殊单证，如货物进口申报须有进口许可证。

货物实际进出口前，海关已对该货物的商品归类、原产地、完税价格作出预裁定决定书的，进出口货物收发货人、受委托的报关企业在货物实际进出口申报时应当向海关提交预裁定决定书。

进出口货物收发货人或其代理人应向报关人员提供基本单证、特殊单证，报关人员审核这些单证后据以填制进（出）口货物报关单。

目前，按照海关通关作业无纸化申报要求，进出口报关单位需要在申报环节将纸质的报关随附单证扫描，保存为海关规定的电子数据格式的文件。

无纸化申报模式下，进出口报关企业以电子文件方式保存或向海关上传的报关单随附单证包括合同、发票、装箱清单、载货清单（舱单）、提（运）单、代理报关授权委托协议、进出口许可证件等。

根据《关于深入推进通关作业无纸化改革工作有关事项的公告》（海关总署公告 2014 年第 25 号）的相关规定，海关在申报环节试点简化上传单据种类，具体规定如下：

1. 进口货物

加工贸易及保税报关单必备单证为发票、进口许可证件、代理报关授权委托协议等。对于合同、装箱清单、提（运）单等随附单证，企业在申报时可不向海关提交，海关审核时如需要再提交。

非加工贸易及保税类报关单必备单证为合同、发票、进口许可证件、代理报关授权委托协议等。对于装箱清单、提（运）单等随附单证，企业在申报时可不向海关提交，海关审核时如需要再提交。

2. 出口货物

企业向海关申报出口货物报关单时，需提交出口许可证件、代理报关授权委托协议等。对于合同、发票、装箱清单、载货清单（舱单）等随附单证，企业在申报时可不提交，海关审核时如需要再提交。

（七）申报人及其申报责任

进出口货物收发货人、受委托的报关企业应当依法如实向海关申报，对申报内容的真实性、准确性、完整性和规范性承担相应的法律责任。

1. 收发货人及其申报责任

进出口货物收发货人以自己的名义向海关申报的，报关单应当由进出口货物收发货人签名盖章，并且随附有关单证。

2. 报关企业及其申报责任

报关企业接受进出口货物收发货人委托办理报关手续的，应当与进出口货物收发货人签订有明确委托事项的委托协议，进出口货物收发货人应当向报关企业提供委托报关事项的真实情况。报关企业应当对委托人所提供情况的真实性、完整性进行合理审查，包括：证明进出口货物的实际情况的资料，如进出口货物的品名、规格、用途、产地、贸易方式等；有关进出口货物的合同、发票、运输单据、装箱单等商业单据；进出口所需的许可证件及随附单证；海关要求的加工贸易手册（纸质或电子数据的）及其他进出口单证。报关企业未对进出口货物收发货人提供情况的真实性、完整性履行合理审查义务或者违反海关规定申报的，应当承担相应的法律责任。

申报时，报关企业应当向海关提交由委托人签署的授权委托书，并且按照委托书的授权范围办理有关海关手续。

二、接受海关对货物检查

进出口货物应当接受海关检查，海关检查是法律赋予海关的一项重要的执法权力。

（一）海关检查的含义

海关检查是指海关为验证进出境货物是否存在安全准入/出、检验检疫、重大税收风险，依法对其实施查验、检验、检疫的执法行为。

（二）海关检查的实施

1. 海关检查的一般规定

海关实施检查可以彻底检查，也可以抽查。彻底检查，是指逐件开拆包装、验核货物实际状况的检查方式。抽查，是指按照一定比例有选择地对一票货物中的部分货物验核实际状况的检查方式。

按照操作方式，检查可以分为人工检查和机检检查。

人工检查包括外形检查、开箱检查等方式。其中，外形检查，是指对外部特征直观、易于判断基本属性的货物的包装、唛头和外观等状况进行验核的检查方式；开箱检查，是指将货物从集装箱、货柜车箱等箱体中取出并拆除外包装后，对货物实际状况进行验核的检查方式。

机检检查，是指以利用技术检查设备为主，对货物实际状况进行验核的检查方式。

海关可以根据货物情况以及实际执法需要，确定具体的检查方式，并应当由 2 名以上海关检查人员共同实施。其中，涉及检验检疫类要求的指令，采取相应的施检方式包括现场感官检验、临床检疫、抽样检测、核查货证等，符合要求的予以合格判定，出口货物形成电子底账数据，进口货物在系统中反馈结果，允许进出口。不符合要求的，视情进行技术处理，无法技术处理的予以不合格判定，视情况退货、销毁或不允许进出口。

2. 海关检查的特别实施

（1）复查复验

海关可以对已检查货物进行复查复验，主要情形有：经初次检查未能查明货物的真实属性，需要对已检查货物的某些性状做进一步确认的；货物涉嫌走私违规，需要重新检查的；进出口货物收发货人对海关检查结论有异议，提出复验要求并经海关同意的；其他海关认为必要的情形。

已经参加过检查的检查人员不得参加对同一票货物的复验。

（2）径行开验

海关可以在进出口货物收发货人或者其代理人不在场的情况下，对进出口货物进行径行开验：进出口货物有违法嫌疑的；经海关通知检查，进出口货物收发货人或者其代理人届时未到场的。海关径行开验时，存放货物的海关监管场所经营人、运输工具负责人应当到场协助，并在检查记录上签名确认。

（3）优先检查

对于危险品或者鲜活、易腐、易烂、易失效、易变质等不宜长期保存的货物，以及因其他特殊情况需要紧急验放的货物，经进出口货物收发货人或者其代理人申请，海关可以优先安排检查；对高级认证企业进出口货物，海关可以优先安排查验。

（三）配合海关实施检查

海关对货物进行检查时，进出口货物收发货人或其代理人应当抵达海关查验的现场，为配合海关查验做好有关准备工作。在实际查验中，收发货人或其代理人应根据海关的要求，自行或委托口岸、码头或者仓库的搬运公司搬移、开拆和重封货物。当海关对相关单证或货物有疑问时，应负责解释说明，回答询问。

海关对进出口货物取样化验的，收发货人或者其代理人应当按照海关要求及时提供样品的相关单证和技术资料，并对其真实性和有效性负责。因货物取样送检而提供的技术资料涉及商业秘密的，报关人员应事先声明，要求海关保守其商业秘密。

为确定商品归类、价格、原产地等涉税要素，海关可能通过对货物进行实地验估形式进行查验，如接到海关验估人员现场验货通知，应到查验现场配合海关查验。

海关检查结束后，检查记录应当由在场的进出口货物收发货人或者其代理人签名确认。进出口货物收发货人或者其代理人拒不签名的，检查人员应当在检查记录中予以注明，并由货物所在监管场所的经营人签名证明。

作为扶持贸易便利化措施之一，近年来海关积极推行查验时收发货人或其代理人免于到场做法。免于到场的，需要委托监管作业场所经营人代为履行配合查验的相关手续。

（四）"两段准入"制度下的海关检查

海关总署实施"两段准入"监管制度。"两段准入"以进境货物准予提离口岸海关监管作业场所（场地）为界，分段实施"是否允许货物入境"和"是否允许货物进入国内市场销售或使用"监管。根据进口货物不同的风险状况，对准入风险较高的在海关口岸监管区内实施口岸检查；符合一定条件的其他类型货物，可在口岸监管区以外实施检查。

按照监管区内外的检查地点分类，分为口岸检查和目的地检查。

1. 口岸检查

针对"是否允许货物入境"情形的货物，海关检查原则上应在口岸监管区内实施。有以下几种特殊情形的，进口人及其代理人可根据海关规定并结合不同货物情形申请提离口岸监管区实施检查。

①转场查验

对需要在口岸实施检查但口岸监管区内不具备检查条件的，如隔离检疫、冷链仓储监管、粮谷加工监管、危险货物及其包装检验等，由企业提出申请，口岸海关审核同意，准予将货物提离至海关监管卡口外场地实施检查，上述做法即"转场查验"。

"转场查验"虽不在口岸内进行，但本质上仍属于口岸检查范围。

②附条件提离

根据海关建立的《可实施附条件提离监管清单》，对已经完成口岸监管区内检查且检查结果正常的货物，已取样送检尚未反馈实验室结果，但准入风险可控的，准予企业先行提离卡口，待实验室反馈检验检测结果合格后，方可销售或使用。

③先放后检

"先放"指进口大宗产品经现场检验检疫（包括放射性检测、外来夹杂物检疫、数重量鉴定、外观检验以及取制样等）符合要求后，即可提离海关监管作业场所；"后检"指进口大宗产品提离后实施实验室检测并签发证书。海关完成合格评定并签发证书后，企业方可销售、使用进口产品。目前，对风险程度较低的进口铁矿、锰矿、铬矿、铅矿及其精矿、锌矿及其精矿、原油等产品，采取"先验放后检测"监管措施。现场检验检疫中如发现货物存在放射性超标、疑似或掺杂固体废物、货证不一致、外来夹杂物等情况，则不适用该监管措施。

④依申请实施

海关规定，大宗商品重量鉴定依企业申请实施，企业需要海关出具重量证书的，向海关提出申请，海关依照申请实施重量鉴定并出具重量证书。未提出申请的，海关不实施重量鉴定。对涉及品质检测项目的进口铁矿、铅矿砂及其精矿、锌矿砂及其精矿、铜精矿等依照企业申请实施。申请的，应在申报时选择一次性完整申报模式，通过勾选"品质证书"的方式向海关提出。在海关完成现场检验等项目后可将货物提离海关监管作业场所，海关后续实施品质检测并出具品质证书。未提出申请的，在口岸其他检疫项目或实验室环保项目结束并无异常的，即可通关放行。

2. 目的地检查

针对"是否允许货物进入国内市场销售或使用"情形的货物，海关检查原则上在目的地海关实施。被海关目的地检查指令布控命中，或同时被口岸检查指令布控命中但已经完成口岸检查，且满足口岸提离条件的，海关作业系统会发送"转目的地查验"指令，遇该类指令时，企业应及时将货物提离并运至目的地等待海关检查，在目的地海关检查完成前，不得销售或使用。命中目的地检查指令，但企业自愿申请在进境地口岸完成目的地查验的，应向海关提出，系统自动将目的地指令转发至口岸海关，由口岸海关完成查验作业。

（五）海关检查的费用

海关在监管区内实施检查不收取费用。因检查而产生的进出口货物搬移、开拆或者重封包装等费用，无异常的，无须由进出口货物收发货人承担。

（六）海关检查损坏的赔偿

海关在检查进出口货物时造成被检查货物损坏的，由海关按照《海关法》《中华人民共和国海关行政赔偿办法》的规定承担赔偿责任。

三、配合海关现场验估

现场海关税收征管作业过程中根据指令，为确定商品归类、完税价格、原产地等税收征管要素需要验核进出口货物单证资料或报验状态，并对涉税要素申报的完整性和规范性进行评估。现场验估适用于难以确定商品归类和价格等核心涉税要素的报关单，通关过程中需要验估的比例较低。

海关现场实施验估作业并进行相应处置及反馈，包括：验核有关单证资料、样品；验核进出口货物报验状态，做好取样、留像等存证工作或在取样后送检化验；开展质疑、磋商，收集和补充单证资料等工作；录入验估作业记录及结果，按要求反馈处置结果等。现场海关验估时，会结合实际情况视情进行验估查验，海关验估查验可与上述其他查检作业统筹安排，提高作业效率。

遇海关验估作业要求时，进出口货物收货人或其代理人应认真准备相关的单证材料并尽快到通关现场验估岗位递交有关书面材料，出示有关工作证件、委托书等。对海关发出的"质疑通知书"应按照要求签收，并及时对海关提出的质疑进行书面答复，逾期视为自动放弃有关权利。如接到现场实货验估通知，应及时到查验现场配合海关查验。海关要求就有关完税价格进行磋商时，应准备好资料，及时到验估岗位进行价格磋商。

四、配合海关进行综合业务处理

（一）现场单证核验

报关单申报后，对需要进行报关单修改或撤销、退补税、联系企业补充提交税款担保等事务性辅助操作以及办理许可证人工核扣等手续的报关单，转入现场综合业务岗位处置，现场海关根据不同情形分别作出处置。在此期间，进出口企业应针对海关提出的疑问及时作出妥善回应。无单证作业指令的，系统自动审核。

（二）办理担保备案

部分特定海关业务，可在申报后按照海关要求提供税款担保，如暂时进口货物、租赁贸易及修理物品等方式进口的货物；对于在申报环节暂时无法提供符合要求的优惠贸易协定项下原产地证明文件的，可在现场通关环节通过补充申报的形式向海关申请办理税款担保；对商品价格、归类等涉税要素暂时无法确定，进出口货物收发货人或其代理人也可向海关提出办理税款担保。国家对进出境货物、物品有限定性规定，应当提供许可证而不能提供的，以及法律、行政法规规定不得担保的其他情形，海关不予办理担保放行。

（三）修改或撤销报关单

对海关在风险甄别中以及实货查验中发现需修改或撤销相关报关单的，申报地海关通知进出口货物收发货人，由进出口货物收发货人进行报关单修改或撤销确认。企业因故主动向海关申请修改或撤销进出口货物报关单的，应当提交"进出口货物报关单修改/撤销申请表"，并根据实际情况提交可以证明进出口实际情况的合同、发票、装箱单以及外汇管理、国税、银行等有关部门出具的单证予以证实。

进出口货物收发货人及其代理人在办理报关单修改或撤销业务时应注意以下问题：

一是须准确填写修改或撤销报关单的理由及需要修改的内容，同时提供书面的情况说明及相关证明资料，减少因填写不规范或资料不齐全导致退单的可能性。

二是通过预录入系统留存准确的联系方式，避免由于联系不畅导致审批延误；及时查询预录入系统海关反馈的办理意见，特别对海关发起的报关单修改或撤销要求须在5日内进行确认，否则海关有权径行进行报关单修改或撤销。

三是涉及税费的报关单修改或撤销，因部分税费已在海关接受申报后缴纳，在对报关单进行修改或撤销时会同步发生退税或补税。发生退补税的，按照海关要求做好工作配合。

在上述各个作业环节，海关发现存有违反海关监管规定或走私嫌疑、卫生检疫异常、动植物检疫异常、食品检验检疫不合格或商检检验不合格（包含假冒伪劣）等异常情况的，将被海关转入异常处置程序，主要包括：停止装卸、补税、补证（监管证件）、知识产权处理、检疫处理、技术整改、监督退运、监督销毁、罚款、没收、移交缉私等。经过异常处置后，仍需继续通关的，返回原通关流程；无须继续通关的，做报关单撤销、报关单转结案等处理。

五、卡口提离及货物放行

（一）卡口提离

卡扣提离是指进口货物完成口岸安全准入、口岸检查及税费缴纳（或提供担保）手续获准提离口岸海关卡口。卡口提离也称口岸提离或口岸放行，允许货物提离即意味着完成了"两段准入"中"允许货物入境"的第一段监管。因还涉及后续查检作业或等待实验室检测结果出具，卡口提离不应视为海关将货物放行，此时货物不得销售或使用。但针对不涉及后续作业的进口货物而言，卡口提离即为货物放行。

卡口提离对应"两段准入"中"是否允许货物入境"的第一段监管。对系统自动审核或经人工审核通过的报关单，符合以下条件之一的，可获准提离口岸海关卡口，海关通知监管作业场所货物可予提离。

1. 无布控放行

货物未被布控命中且满足口岸放行条件的，准予提离，可以销售或使用（涉证或未完成合格评定的除外）。

2. 合规放行

货物被口岸监管区内检查布控命中，检查结果正常且满足口岸放行条件的，企业货物准予提离，可以销售或使用（涉证或未完成合格评定的除外）。

3. 附条件提离

需取样送实验室检测的"口岸检查"检验或检疫布控指令，符合条件的可以实施附条件提离，准予企业先行提离货物。实验室反馈检验检测结果合格后，货物方可销售或使用。

4. 转场检查

对满足口岸放行条件的，海关向卡口发送"转场检查"指令，企业将货物提离后运至卡口外场地等待海关实施检查。若属于《可实施附条件提离监管清单》范围的，参照"附条件提离"的有关程序实施。

5. 转目的地检查

货物被目的地检查布控命中，或同时被口岸检查布控命中但已完成口岸检查，且满足口岸放行条件的，准予企业提离货物并运至目的地等待海关检查。

需要特别注意：准予提离，允许货物由企业自行运出海关监管作业场所，并非意味着海关对货物作出放行的决定，对货物提离后有目的地检查要求、监管证件核销、合格评定等要求的，必须待海关通知后方可销售或使用。此时的允许提离不应视为海关放行。

（二）货物放行

货物放行是指海关接受进出口货物收发货人或其代理人的申报，完成报关单证审核、货物检查、征税作业，进口货物准予国内销售或使用、出口货物准予装载的行为。进口货物放行即意味着完成了"两段准入"中"允许货物进入国内市场销售或使用"的第二段监管，也称结关放行。出口货物允许装运即意味着海关对货物放行，但不代表一定结关放行。针对实际出境货物，海关需在确认理货正常后方为结关放行。

1. 货物可予放行的情形

经海关信息处理系统自动研判符合放行条件的，通常包括但不限于：未被各类安全准入风险布控命中，或已解除布控；未被海关指令捕中，或已处置完毕；无须缴纳有关税费，或已按规定完成缴纳，已提供相关担保等；无须提供有关监管证件，或已提供有效监管证件或电子数据；有关舱单、监管作业场所（场地）等物流底账核销无误；有关保税账册等数据核注核销无误；未进入异常处置程序，或已完成异常处置继续通关；口岸提离（放行）后续检查作业已完成；其他。

2. 货物不予放行的情形

除经海关信息处理系统自动研判不符合上述放行条件的，以及有下列情况之一的，海关将不予放行进出口货物：违反海关和其他进出境管理的法律、法规，非法进出境的；单证不齐或应税货物未办理纳税手续，且又未提供担保的；包装不良，继续运输足以造成海关监管货物丢失的；尚有其他未了手续尚待处理的［如口岸提离（放行）后续检查作业未完成、违规罚款未交的］等。

适用"一次申报，分步处置"通关作业程序的进口货物，卡口提离后如还涉及转场查验、附条件提离、目的地查验等情形的，在完成相关检查等手续后方为货物放行，货物可销售或使用。适用"两步申报"通关作业程序的进口货物完成概要申报，自卡口提离后如还有转场查验、附条件提离、目的地查验等情形的，还应该在规定时限内进行完整申报并缴纳税费，在完成相关检查等手续后方为货物放行。

在现场通关阶段的作业，还包含因各类原因产生的报关单修改或撤销等综合事务以及因为各类异常导致的案件办理。

第四节　进出境货物通关作业流程之后续作业

进出境货物通关作业流程后续作业阶段是针对货物放行后实施的。不能认为在进出境货物放行后，进口货物准予在境内销售或使用、出口货物已装载出运，海关通关手续就已全部完结，包括但不限于以下情形仍需配合海关进行相应处置。

一、报关单结关异常

有时海关已经放行出口货物，但报关单查询结果显示"未结关"，导致后续申请报关单证明联、出口退税等手续无法办理。造成此种情况的原因比较复杂，归结起来主要包括舱单数据异常，无核销标志、加工贸易手册超量等。舱单类的，主要需与代理公司及船公司确定具体原因，由其处理相关数据信息。因加工贸易手册超量造成无法结关的，通知客户作手册数量变更处理。

进口货物已放行，办理后续付汇等手续时，银行、外管等相关部门查询不到结关数据的，一般是报关单放行时发生异常。对于此种情况，企业可向海关申请报关单修改，由海关通过重审报关单的形式解决。

二、申请签发货物进口证明书

货物进口证明书是指依据国家有关法律、行政法规、规章和国际公约的要求，海关在办结进口货物放行手续后，应进口货物收货人的申请签发的证明文书。

收货人可在办结进口货物放行手续后向海关申请签发证明书情形包括：货物为进口汽车和摩托车整车；有特殊管理规定明确需签发证明书的；我国加入或缔结的国际公约要求签发证明书的；其他。

进口汽车、摩托车整车证明书实行"一车一证"管理，即一辆汽车或摩托车仅签发一份证明书。目前，需签发货物进口证明书的货物主要是进口车辆。为加强对进口车辆的管理，海关对贸易性渠道进口的车辆在办结验放手续后签发货物进口证明书，作为货主办理上牌手续的重要依据之一。

其他进口货物证明书实行"一批一证"管理，即一份进口报关单仅签发一份证明书，因报关单申报商品项较多而无法打印在一份证明书上的，实行分页签发。

下列情况，海关不予签发证明书：暂时进境、修理物品、加工贸易、租赁贸易等将复运出境的（包括进口汽车和摩托车整车）；复运进境的原出口货物；自境外进入海关特殊监管区域或保税监管场所的保税货物；海关特殊监管区域或保税监管场所之间进出的保税货物。

收货人应自进口货物放行之日起3年内向海关提出签发证明书申请。

三、货物放行后报关单修改或撤销

货物放行后报关单修改或撤销的情形主要包括：

（一）出口货物放行后，由于装运、配载等因素造成原申报货物部分或者全部退关、变更运输工具的。

（二）由于办理退补税、海关事务担保等其他海关手续而需要修改或者撤销报关单数据的。

（三）根据贸易惯例先行采用暂定价格成交、实际结算时按商检品质认定或者国际市场实际价格付款需要修改申报内容的。

（四）现场海关统计监督、后续稽查、归类、估价等工作中发现涉及品名、商品编号、数量、价格、原产国（地区）等数据方面的问题，需要修改申报内容的。

其中，前3种情形应由当事人向海关提出修改或撤销报关单的申请，最后一种情形由海关向报关人提出修改或撤销报关单的要求。

当事人应填写进（出）口货物报关单修改/撤销表向海关提出申请，同时还需要根据不同的情况提交相应资料。上述情形（一）应当提交退关、变更运输工具证明材料；情形（二）应当提交签注海关意见的相关材料；情形（三）应当提交全面反映贸易实际状况的发票、合同、提单、装箱单等单证，并如实提供与货物买卖有关的支付凭证及证明申报价格真实、准确的其他商业单证、书面资料和电子数据等；情形（四）由海关向经营单位或相关报关企业出具进（出）口货物报关单修改/撤销确认书，通知要求修改或者撤销的内容。对于情形（四），报关企业协同经营单位在5日内对进（出）口货物报关单修改或者撤销的内容进行确认或不予确认，对经过当事人确认的内容，由海关完成对报关单的修改或撤销。当事人不同意修改或者撤销，经海关核实确实无须修改或者撤销的，由海关撤回相关作业；经海关复核认为仍需要修改或者撤销的，海关将对当事人再次发起确认程序。

四、办理海关事务担保销案

担保销案主要涉及海关手续未办结前，因进出口货物的商品归类、完税价格、原产地等尚未确定或报关资料不齐全而申请担保放行货物、取得相关证明文件，以及因适用暂时进出口、修理物品等海关监管方式通关而申请担保放行等情形。

报关人员在限期内履行有关义务或者海关依法收取担保的情形不再存在的，海关将即时书面通知报关人办理财产、权利凭证退还手续，报关人须于规定的担保期限届满前，凭海关保证金收据，或者留存的保证函或其他担保凭证向海关办理销案手续。因此，担保人履行了向海关承诺的义务或者海关依法收取担保的情形不再存在，是担保销案的前提。

由于进出口货物的商品归类、完税价格、原产地尚未确定，海关实施担保放行的，此类担保在货物进出口后须向海关提交可以证明申报货物的商品归类、完税价格，以及原产地信息正确、真实、符合规定的相关资料，在海关确认其资料符合要求后方可办理销案手续。

对于暂时进出口及修理物品等特定海关事务担保放行的，此类货物担保进口后，应在规定期限内复运出境或办理转实际进口，在此基础上可以办理相关销案手续。

担保销案后，有些情况下还需要办理报关单修改手续。例如，进境修理物品无法修理而经批准留在境内，以及进出口货物因商品归类、完税价格、原产地尚未确定等情况收取保证金先放行的，报关人在取得相关证明材料并办理完销案手续后，应通过"单一窗口"的"修撤单办理/确认"功能向海关办理进口货物报关单修改手续。担保销案进行报关单修改时，还有可能涉及退补税等操作。

五、配合海关事后核（稽）查作业

（一）综合事务类

进出口货物报关单经海关放行后，部分报关单会转现场海关综合业务部门进行事后核实。经海关确认，对确定存在申报差错的，海关将下发修改或撤销、退补税通知，进出口企业应积极予以配合并妥善维护自身权益。在此过程中，相关单位需要及时按照海关要求提供相关材料、说明，做好解释工作。现场综合业务处置环节涉及事项较多，且报关单修改或撤销、海关事务担保、退补税等事务对进出口企业影响较大，并且有些关键业务，如报关单修改与撤销可能会导致海关认为进出口企业在报关过程中存在违法违规嫌疑，根据《海关行政处罚实施条例》等规定，现场海关将按照相关规定进行案件移交、处罚。

（二）税收征管类

报关单放行后，在事后复核单据等过程中发现存在税收风险的报关单，海关将进行事后验估，对商品归类、价格、原产地等涉税要素进行核实。其中，认为可能存在涉税要素申报差错的，现场验估关员需要对进出口单位提供的相关说明材料进行审核确认，并据核实结果分别进行处置。需要下达报关单修改或撤销、退补税指令的，由现场海关综合业务部门办理有关手续。需要通过收集并验核有关单证资料、样品，开展质疑、磋商等方式确定税收征管要素的，由现场海关验估部门进行处置。在此过程中，进出口企业要做好配合工作，及时提供海关需要的单证及说明材料。在货物放行后的海关验估过程中，进出口企业存在的常见问题是配合海关工作不及时，提供的资料不齐全、不完整。货物放行后，因为已经没有了货物通关时效方面的压力，以及随之而来的其他更为需要人手的工作要完成，进出口报关单位往往有意或无意忽视海关事后验估的要求，提供的货物说明资料偏简略、粗糙，无法准确印证原申报货物的商品归类、价格、原产地等涉税要素情况，导致海关不能及时完成验估作业，经常超出时效要求。对不予积极配合事后验估的进出口企业，海关有权在系统中设置标志，取消该企业的通关便利。

对需要核查与进出口货物直接有关的企业的有关账簿、单证等有关资料和有关进出口货物的，海关稽查部门将开展实地稽查作业。实地稽查一般需进入被核查人的生产经营场所、货物存放场所，检查与进出口活动有关的生产经营和货物情况。海关稽查人员可查阅、复制进出口货物有关的合同、发票、账册等反映买卖双方关系及交易活动的商业单证、书面资料和电子数据；向进出口货物的纳税义务人等调查进出口货物归类、价格、原产地等关键涉税问题；提取货样进行检验或者化验等。企业在配合与应对海关稽（核）查时，如果确实有事实和法理支持企业的合规性，应该据理力争，向海关说明有关情况。如果企业确实存在问题，也应实事求是，争取对自己最有利的结果。

六、配合海关放行后立案调查

对于已放行的货物，海关在税收风险排查过程中，若发现违法嫌疑，会根据企业存在问题的不同性质，采取不同处置措施。企业属于过错但不违法的，海关一般定性为申报错误，给予企业纠正改过的机会，仅做报关单修改或撤销即可，不作为案件处理。海关认定企业行为违法，情节严重构成犯罪的，一般交由缉私部门立案侦查，走刑事诉讼程序；如果违法行为不构成刑事犯罪，则进行行政立案调查。在行政处罚程序中，如果企业存在违法的主观故意，偷逃国家税款或逃避外贸管制的，则构成走私行为，将面临较为严厉的行政处罚；如果企业出于过失，不存在偷逃国家税款或逃避外贸管制的主观故意，海关将以违规案件立案调查，作出较为轻微的处罚。行政处罚案件中的简快类案件由海关业务现场办理，一般行政处罚案件由缉私部门办理。

涉嫌申报不实行为的企业在配合海关缉私部门立案调查时：一是应积极查找原因，做好解释的准备，每一个申报不实行为的背后定会有其客观原因，或是因为货主信息传递失误，或是由于报关部门操作失误，不管何种原因都应及时查找，全面收集证据，做好解释的准备；二是对行为性质须准确定位，对被海关立案调查涉嫌申报不实的案件属于何种性质作出准确的判断，收集相关证据，积极争取从轻、减轻处罚。对海关的处罚定性或适用幅度有异议的，要依法申辩、申请听证、复议，甚至诉讼，采取必要的救济手段，维护自身利益。

七、其他海关后续作业

其他后续作业，包含但不限于以下内容：

（一）加工贸易货物，当事人应在规定期限内办理报核手续。具体内容详见本教材第十章。

（二）特定减免税货物，当事人应在海关监管期满，或者在海关监管期内经海关批准出（转）让、退运、放弃并办结有关手续后，向海关申请办理解除监管手续。

（三）检验检疫类货物，包含法定检验检疫货物放行后申请出具检验检疫证明文件；配合海关在放行后对商品检验、进出口食品安全、动植物检疫进行后续监管。具体内容详见本教材第四、五、六章。

进出境货物通关前期作业、现场作业、后续作业构成一个完整的流程体系。但需要注意的是，并非所有进出境货物都需经以上全部阶段。例如，不涉及安全准入且无须检验检疫的一般进口货物及大多数出口货物，不需要前期作业阶段，甚至也无须后续作业阶段，而保税货物、特定减免税货物、部分涉及法定检验货物等则要经过 3 个阶段才能办结海关手续。

第十章　保税与自贸区监管

第一节　海关保税监管概述

海关保税监管是海关依据法律、行政法规及部门规章，对享受保税政策的进出口货物、物品在保税状态下进行实际监管的行政执法行为，是海关监管的重要组成部分。本章主要介绍加工贸易、保税监管场所、综合保税区及自由贸易试验区的相关内容。

一、保税监管的含义

（一）保税监管基本概念

保税是指纳税义务人进口应税货物，在符合海关监管特定条件下，经申请并经海关同意，海关暂缓征收进口关税和进口环节税，同时保留征收税款的权力，而纳税义务人得以暂缓履行缴纳相关税款义务的一种状态。

保税监管是海关依据法律、行政法规及部门规章，对享受保税政策的进出口货物、物品，实施备案、审核、核准、查验、查检、核查、核销等实际监管的行政执法行为。国家以法律、行政法规、部门规章及规范性文件等形式，规定有关纳税义务人在保税货物进、出、产、存、转、销等过程应遵守的法定程序和管理制度，确保保税货物按国家有关法律规定实施流转和处置。纳税义务人在保税状态下开展加工（含深加工结转）、装配、制造、研发、检测、维修等产业链的全过程，以及采购、运输、存储、包装、刷唛、改装、组拼、集拼、分销、分拨、中转、转运、配送、调拨等供应链的全过程，都应遵守国家有关法律规定。

（二）保税监管业务类型

保税加工（也称为"加工贸易"，以下统称"加工贸易"），在产业链上体现为来料加工、进料加工等常规形式。

保税物流，包括进口货物在口岸与海关特殊监管区域、保税监管场所或在海关特殊监管区域、保税监管场所的内部和这些区域、场所之间，以及境内区外出口货物与海关特殊监管区域、保税监管场所之间的流转。保税物流监管体现为海关对供应链的过程监管。

保税服务，主要指适用保税政策的研发、检测、维修、展示等产品前后端配套活动等生产性服务产业。随着对外经济贸易的发展，保税政策适用范围持续扩大，保税服务还包括保税交易（如期货保税交割）、融资租赁、离岸结算等其他新兴业态。

二、保税监管的基本制度

（一）备案核销制度

加工贸易、保税物流、保税服务经营企业以保税方式进口货物前，需要向所在地主管海关办理必要的手册、账册设立和货物备案手续。海关依据国家有关法律、法规和政策，对企业提交的材料进行审核，决定是否核准予以保税。这是货物以保税方式进口的前提，也是海关实施全过程保税监管的开始。海关对手册、账册按合同或周期核销，据此验证相关企业对保税货物管理是否符合海关监管要求，是保税监管后期管理的核心。

（二）保税核查制度

保税核查指海关依法对加工贸易货物、保税物流货物、保税服务货物进行验核查证，检查核实海关特殊监管区域区内区外企业、保税监管场所企业，经营保税业务行为的真实性、合法性。海关实行"多查合一"的业务管理，保税监管部门负责保税核查的选查，稽查部门负责实施相关业务核查。随着检验检疫职责划入海关后，核查的内容也相应增加了检验检疫相关内容。

（三）保税担保制度

保税担保是指与保税相关的经营企业向海关申请从事或办理加工贸易、保税物流、保税服务业务时，以向海关提交保证金、保证函、企业集团财务公司担保等符合海关规定的担保方式，保证其行为合法，保证在一定期限内履行其承诺的义务的法律行为。

（四）内销征税制度

保税货物经营企业，因故将保税货物转为内销，海关依法对内销保税货物征收进口关税和进口环节增值税、消费税。内销保税货物完税价格由企业据实申报，海关依法审定。海关规定应征收缓税利息的，经营企业应按规定缴纳缓税利息。内销保税货物，涉及进口贸易管制的，经营企业应按规定提交相关进口许可证件。

（五）风险监控制度

海关保税监管风险监控制度是指海关以保税业务监控分析系统、风险管理平台，以及执法评估、执法监督等信息化系统为依托，对经营企业资信状况、内部经营、保税货物经营信息、经营方式等风险要素，进行定量或定性风险识别、区分和分析，评估、确认海关保税监管风险管理目标实施管控的措施和方法。

三、金关工程（二期）保税监管系统简介

金关工程（二期）（简称"金关二期"）是经国务院批准立项的国家重大电子政务工程项目，保税监管系统是其中的应用系统。金关二期保税监管系统是海关对保税业务实施管理的新一代作业平台，共包括8个子系统：保税物流管理系统、海关特殊监管区域管理分系统、加工贸易手册管理分系统、加工贸易账册管理分系统、保税综合管理分系统、保税流转管理系统、保税业务监控分析系统、自由贸易试验区海关管理系统。

第二节　加工贸易监管基本规定

本节介绍加工贸易的前期手册（账册）设立，中期专项业务办理、报核，后期核销监管的要点。

一、加工贸易发展概述

改革开放以后，中国对外经贸发展迅速，货物贸易进出口总值从 1978 年的 206.4 亿

美元增长至 2022 年的 63096 亿美元，稳居世界第一货物贸易大国地位。其中，加工贸易作为对外贸易的一种重要形式，在中国对外经济发展中占据着重要地位。加工贸易进出口总值从 1981 年的 25 亿美元，增长到 2022 年的 12683 亿美元。根据海关统计，1998 年加工贸易出口达到当年出口商品总额的 56.84%。2022 年，加工贸易出口总值占比降低至 20.1%，但仍是我国目前第二大贸易方式和贸易顺差的主要来源。

改革开放 40 多年来，我国积极探索中国特色的加工贸易发展道路。改革开放之初，加工贸易的发展带来了很多新的产品、技术和现代化的管理方式，解决了制约发展中国家工业化的外汇缺口困难，有力地推动了工业化进程；同时，加工贸易在开拓国际市场，利用海外需求带动国内经济增长方面发挥了重要作用，也推动了国内配套产业的发展，增强了我国制造业的国际竞争力，有力地促进我国成为世界制造中心。

二、加工贸易基本概念

（一）加工贸易的经营形式

加工贸易是指经营企业进口全部或者部分原辅材料、零部件、元器件、包装物料（统称为"料件"），经过加工或者装配后，将制成品复出口的经营活动。

加工贸易的经营形式，包括来料加工和进料加工。

1. 来料加工，是指进口料件由境外企业提供，经营企业不需要付汇进口，按照境外企业的要求进行加工或者装配，只收取加工费，制成品由境外企业销售的经营活动。

来料加工通常由境外企业提供原料、辅料和包装材料，境内企业也可采购部分原料、辅料和包装材料，按照双方商定的质量、规格、款式加工成成品交给境外企业，境内企业收取加工费。

2. 进料加工，是指进口料件由经营企业付汇进口，制成品由经营企业外销出口的经营活动。

进料加工由经营企业购入境外的原材料、辅料，利用境内的技术、设备和劳力，加工成成品后，销往境外市场。这类业务中，经营企业以购买方名义与境外签订购买原材料的合同，又以销售方名义签订成品的出口合同。两个合同体现为两笔交易，它们都是以所有权转移为特征的货物买卖。

（二）加工贸易企业

加工贸易企业，包括经海关注册登记的经营企业和加工企业。

经营企业，是指负责对外签订加工贸易进出口合同的各类进出口企业和外商投资企业，以及经批准获得来料加工经营许可的对外加工装配服务公司。

加工企业，是指接受经营企业委托，负责对进口料件进行加工或者装配，并且具有法人资格的生产企业，以及由经营企业设立的虽不具有法人资格，但是实行相对独立核算并已经办理工商营业证（执照）的工厂。

海关对企业实行信用管理，分为高级认证企业、失信企业、其他海关注册登记和备案企业。对于同一本加工贸易手册，如果经营企业和加工企业的信用类别不一致，海关按较低的信用类别对企业进行管理。

三、加工贸易商品范围

可以开展加工贸易的商品范围，包括专为加工、装配出口产品而从境外进口且海关准予保税的原材料、零部件、元器件、包装物料、辅助材料。商品范围受以下规定限制：

（一）加工贸易禁止类商品

加工贸易禁止类商品是指禁止以加工贸易方式进出口的商品，包括《对外贸易法》规定禁止进出口的商品，以及海关无法实行保税监管的商品。

1. 《加工贸易禁止类商品目录》商品。《加工贸易禁止类商品目录》由商务部、海关总署会同国家其他有关部门定期公布。加工贸易禁止类商品目录中的第八十四章、第八十五章商品均指旧机电产品进口，并包括零部件、拆散件。列入《加工贸易禁止类商品目录》的，除特别标注的以外，不予设立手册。

2. 参照加工贸易禁止类管理的商品。以下情况不在《加工贸易禁止类商品目录》中单列，但按照加工贸易禁止类进行管理：

（1）为种植、养殖等出口产品而进口种子、种苗、种畜、饲料、添加剂、抗生素等；

（2）生产出口的仿真枪支；

（3）属于国家已经发布的《禁止进口货物目录》和《禁止出口货物目录》的商品。

以上规定适用于海关特殊监管区域。但在相关管理规定发布之日前经工商行政管理部门注册登记，在海关特殊监管区域内设立从事相关商品加工贸易的企业除外。

自2021年起，中国全面禁止固体废物进口，生态环境部将不再受理和审批固体废物进口相关申请。固体废物，海关按照加工贸易禁止类商品管理。

3. 加工贸易禁止类商品管理的特殊规定：

（1）凡用于深加工结转转入，或从具有保税加工功能的海关特殊监管区域内企业经实质性加工后进入区外的商品，不按加工贸易禁止类进口商品管理；

（2）凡用于深加工结转转出，或进入具有保税加工功能的海关特殊监管区域内企业加工生产的商品，不按加工贸易禁止类出口商品管理。这些商品未经实质性加工不得直接出境。

（二）加工贸易限制类商品

《加工贸易限制类商品目录》由商务部、海关总署会同国家其他部门定期公布。目前公布的加工贸易进口限制类商品，主要包括冻鸡、植物油、初级形状聚乙烯、聚酯切片、天然橡胶、糖、棉、棉纱、棉坯布和混纺坯布、化纤短纤、铁和非合金钢材、不锈钢、电子游戏机等。加工贸易出口限制类商品，主要包括线型低密度聚乙烯、初级形状聚苯乙烯、初级形状环氧树脂、初级形状氨基树脂等化工品，玻璃管、棒、块、片及其他型材和异型材，羊毛纱线，部分有色金属等。

以加工贸易深加工结转方式转出、转入的商品属于限制类的，按允许类商品管理。

（三）消耗性物料

消耗性物料，是指加工贸易企业为加工出口成品而进口，且为加工出口成品所必需，直接用于生产过程，但又完全不物化于成品中的物料。物化是指料件通过物理或化学的方式存在于成品中并构成商品基本特性的转化过程。海关对消耗性物料按照保税方式进行监管。

消耗性物料商品如因动态调整被增列入《加工贸易禁止类商品目录》的，按加工贸易禁止类商品进行管理，不实行保税监管。

以下商品不按加工贸易消耗性物料保税方式进行监管：加工贸易企业生产设备、工具的易损件，如钻头、钻嘴、砂轮、刀片、磨具等；易耗品，如机油、润滑油、印刷用的菲林、PS 版等；检测物料，如检测纸、检测带、检测光盘、检测针等；劳保防护用品，如工作衣、帽、手套等；印制电路板用的干膜和生产高尔夫球头和飞机发动机叶片用模具所需进口的软金属、蜡、耐火材料等。

加工贸易项下进口料件同时符合以下条件的，不纳入消耗性物料管理，企业按照保税料件的相关规定办理有关手续：

1. 料件在加工过程中通过物理变化或化学反应存在或转化到成品中；

2. 料件存在或转化到成品中的量是保持成品性能不可缺少的组成成分，而非残留物。

消耗性物料相关规定不适用于海关特殊监管区域加工贸易业务。

（四）特殊商品管理

1. 关税配额农产品管理。根据商务部、国家发展改革委发布的《农产品进口关税配额管理暂行办法》，实施进口关税配额管理的农产品品种为小麦（包括其粉、粒）、玉米（包括其粉、粒）、大米（包括其粉、粒）、食糖、棉花、羊毛及毛条。

"农产品进口关税配额证"适用于一般贸易、加工贸易、易货贸易、边境小额贸易、援助、捐赠等贸易方式进口。

加工贸易进口实行关税配额管理的农产品，企业须事先向国家主管部门申领加工贸易"农产品进口关税配额证"。由境外进入保税仓库、保税区、出口加工区、综合保税区等海关特殊监管区域的产品，免予领取"农产品进口关税配额证"。

加工贸易手册（账册）进口上述商品时期限不超过 6 个月（食糖为不超过 3 个月）。

2. 涉及相关主管部门核准的商品管理。铜精矿、生皮、卫星电视接收设施、成品油、易制毒化学品等商品，国家有关部门设定了企业资质或数量等限制条件，企业在加工贸易手册（账册）设立前，需向相关主管部门申领核准文件。

音像制品、印刷品、冻鸡、附有地图的产品等，企业在进行加工贸易手册设立前需申领相关管理部门的批准证件。黄金及其制品在内销前需申领相关管理部门的批准证件。

四、加工贸易监管制度

（一）单耗管理

单位耗料量，是指加工贸易企业在正常生产条件下加工生产单位成品所耗用的进口料件的数量，简称"单耗"。单耗包括净耗和工艺损耗。

净耗，是指在加工后，料件通过物理变化或者化学反应存在或者转化到单位成品中的量。

工艺损耗，是指因加工工艺原因，料件在正常加工过程中除净耗外所必须耗用，但不能存在或者转化到成品中的量，包括有形损耗和无形损耗。

无形损耗，是指在加工生产过程中，由于物质自身性质或者经济、技术方面的原因，以气体、液体或者粉尘形态进行排放的不能或者不再回收的部分。工艺损耗中，无形损耗以外的部分即是有形损耗。

不列入工艺损耗的情形有：因突发停电、停水、停气或者其他人为原因造成保税料件、半成品、成品的损耗，因丢失、破损等原因造成的保税料件、半成品、成品的损耗，因不可抗力造成保税料件、半成品、成品的灭失、损毁或者短少的损耗，因进口保税料件和出口成品的品质、规格不符合合同要求造成用料量增加的损耗，因工艺性配料所用的非保税料件所产生的损耗，以及加工过程中消耗性材料的损耗。

工艺损耗率，是指工艺损耗占所耗用料件的百分比。

上述几个概念之间的关系可用公式表示为：

单耗＝净耗÷（1−工艺损耗率）

加工贸易企业应当在成品出口、深加工结转或者内销前，向海关如实申报单耗。因生产工艺原因无法在出口前申报单耗的加工贸易企业，如企业内部管理规范、相关样品和资料保存完整，能够保证海关在成品出口后核定单耗的，也可以向海关申请在报核前申报单耗。

加工贸易企业申报单耗时应填写"中华人民共和国海关加工贸易单耗申报单"，具体内容包括：

1. 加工贸易项下料件和成品的商品名称、商品编号、计量单位、规格型号和品质；

2. 加工贸易项下成品的单耗（净耗和工艺损耗率）；

3. 加工贸易同一料件有保税和非保税的，应当申报非保税料件的比重。

海关对加工贸易企业申报单耗的真实性、准确性有疑问的，可以制发"中华人民共和国海关加工贸易单耗质疑通知书"。加工贸易企业收到质疑通知书后，应当在规定时限内向海关提供有关资料。

（二）限制类商品保证金管理

加工贸易涉及风险保证金征收，按海关事务担保事项办理。

1. 对限制类商品的加工贸易保证金征收管理

企业在规定的期限内加工出口并办理核销后，海关将保证金及利息予以退还。具体规定如下：高级认证企业免征保证金；东部地区其他海关注册登记和备案企业按 50%征收，中西部地区其他海关注册登记和备案企业免征；失信企业 100%征收。东部地区是指辽宁省、北京市、天津市、河北省、山东省、江苏省、上海市、浙江省、福建省、广东省。中西部地区指东部地区以外的中国其他地区。失信企业从事加工贸易业务，按 100%征收保证金。

（1）进口料件属限制类商品或进口料件、出口成品均属限制类商品，保证金计算公式：

保证金＝（进口限制类料件的关税+进口限制类料件的增值税）×50%

（2）出口成品属限制类商品，保证金计算公式：

保证金＝进口料件备案总值×（限制类成品备案总值÷全部出口成品备案总值）×综合税率×50%

（3）失信企业从事加工贸易业务，保证金计算公式：

保证金＝（进口全部料件的进口关税+进口全部料件的进口增值税）×100%

2. 担保形式

担保形式有保函或保证金等形式。保函包括银行或者非银行金融机构的保函，保函担保期限应为办结手册项下全部海关手续，以保函形式办理担保的，企业将保函交于海关保税部门保管。担保形式为保证金的，企业以人民币缴纳保证金，保证金金额由海关财务部门核算管理。

3. 保证金核定与交付

海关保税部门负责核定应征保证金金额，开具"海关交（付）款通知书"，企业将款项交至海关财务部门指定代保管款账户办理保证金交款手续，由海关财务部门确认保证金款项到账并反馈加贸部门，保税部门向企业开具"海关保证金专用收据"。

因手册变更导致担保金额增加或担保期限延长的，企业办理担保事项变更手续。因变更手册导致担保金额减少的，待手册核销结案后，由海关一并退还。

4. 保证金、保函退还

担保形式为保证金的，海关保税部门向财务部门制发"海关交（付）款通知书"和"海关保证金专用收据"（退款联），财务部门凭企业提交的加盖企业财务专用章的合法收据，办理保证金本金及利息退还手续。

担保形式为保函的，企业在保函收据上签注签收人姓名和时间，并将相关材料一并归档存查。

5. 保证金转税款

海关保税部门凭"海关专用缴款书"向财务部门开具"海关交（付）款通知书"，财务部门凭"海关专用缴款书"和"海关交（付）款通知书"办理有关手续。

（三）加工贸易不作价设备

加工贸易不作价设备是指与加工贸易经营企业开展加工贸易（包括来料加工、进料加工及外商投资企业履行产品出口合同）的境外厂商，免费（不需境内加工贸易经营企业付汇，也不需用加工费或差价偿还）向经营单位提供的加工生产所需设备。

1. 加工贸易不作价设备进口手册设立的申请

企业向主管海关申请进口加工贸易不作价设备时应提交以下资料：设备申请备案清单，合同（含不作价设备），有关不作价设备名称、规格型号、工作原理、功能、技术参数等技术资料，以及海关需要的其他资料。

2. 申请加工贸易不作价设备备案的条件

（1）设有独立的专门从事加工贸易的工厂或车间，且不作价设备仅限在该工厂或车间使用。

（2）企业在加工贸易合同（协议）期限内，其每年加工产品必须是70%以上属出口产品。

（3）加工贸易合同（协议）中须列明不作价进口设备由外商免费提供，不需付汇进口，也不需用加工费或差价方式偿还。

（4）申请备案的不作价设备，不属于《外商投资项目不予免税的进口商品目录》《进口不予免税的重大技术装备和产品目录》范围。

（5）对临时进口（期限在半年以内）加工贸易生产所需不作价设备（限模具、单台设备），海关按暂时进口货物办理，逾期补征税款。

3. 海关审核

经海关审核，企业的申请符合条件的，核发不作价设备登记手册（D）。经营单位凭以向海关办理设备报关进口手续，除国家另有规定外，海关予以免征进口关税验放，不免进口增值税。

4. 加工贸易不作价设备结转

加工贸易企业因搬迁办理不作价设备结转业务，应向迁出地海关提出申请。企业凭"加工贸易企业搬迁申请简表"或"加工贸易企业搬迁申请表"在迁出地海关办理不作价设备转入、转出的报关手续。不作价设备在迁出、迁入企业之间的转出、转入，视同原企业不作价设备进行监管。结转的不作价设备的监管期限连续计算。

5. 加工贸易不作价设备解除监管

不作价设备监管期限5年。对于监管期限已满的不作价设备，企业不再向海关提交书面申请等纸质单证，通过申报监管方式为"BBBB"的设备解除监管专用保税核注清单，向主管海关办理设备解除监管手续。保税核注清单审核通过后，企业如有需要，可自行打印解除监管证明。不作价设备监管期限未满，企业申请提前解除监管的，由企业根据现有规定办理复运出境或内销手续。

（四）保税核注清单

1. 单证性质。保税核注清单是金关二期保税底账核注的专用单证，属于办理加工贸易及保税监管业务的相关单证，也是报关单（备案清单）随附单证，与报关单（备案清单）建立一一对应关系。

2. 单证作用。简化保税货物报关手续，取消形式报关、虚拟报关，对"不涉税""不涉证""不涉贸易统计"的报关单（备案清单）不再报关申报。企业办理加工贸易货物余料结转、加工贸易货物销毁（处置后未获得收入）、加工贸易不作价设备结转手续的，可不再办理报关单申报手续；海关特殊监管区域、保税监管场所间或与区（场所）外企业间进出货物的，区（场所）内企业可不再办理备案清单申报手续。

3. 申报要求。加工贸易及保税监管企业已设立金关二期保税底账的，在办理货物进出境、进出海关特殊监管区域、保税监管场所，以及开展海关特殊监管区域、保税监管场所、加工贸易企业间保税货物流（结）转业务的，相关企业应按照金关二期保税核注清单系统设定的格式和填制要求向海关报送保税核注清单数据信息，再根据实际业务需要办理报关手续。

4. 生成报关单数据。企业报送保税核注清单后需要办理报关单（备案清单）申报手续的，报关单（备案清单）申报数据由保税核注清单数据归并生成。

海关特殊监管区域、保税监管场所、加工贸易企业间加工贸易及保税货物流转，应先由转入企业报送进口保税核注清单，再由转出企业报送出口保税核注清单。

5. 海关接受企业报送保税核注清单后，保税核注清单需要修改或者撤销的，按以下方式处理：

（1）货物进出口报关单（备案清单）需撤销的，其对应的保税核注清单应一并撤销；

（2）保税核注清单无须办理报关单（备案清单）申报或对应报关单（备案清单）尚未申报的，只能申请撤销；

（3）货物进出口报关单（备案清单）修改项目涉及保税核注清单修改的，应先修改清单，确保清单与报关单（备案清单）的一致性；

（4）报关单、保税核注清单修改项目涉及保税底账已备案数据的，应先变更保税底账数据；

（5）保税底账已核销的，保税核注清单不得修改、撤销。

海关对保税核注清单数据有布控复核要求的，在办结相关手续前不得修改或者撤销保税核注清单。

6. 保税核注清单商品项归并。符合下列条件的保税核注清单商品项可归并为报关单（备案清单）同一商品项：

（1）料号级料件同时满足 10 位商品编号相同、申报计量单位相同、中文商品名称相同、币制相同、原产国（地区）相同的，可予以归并。其中，根据相关规定可予保税的消耗性物料与其他保税料件不得归并；因管理需要，海关或企业认为需要单列的商品不得归并。

（2）出口成品同时满足 10 位商品编号相同、申报计量单位相同、中文商品名称相同、币制相同、最终目的国（地区）相同的，可予以归并。其中，出口应税商品不得归并；涉及单耗标准与不涉及单耗标准的料号级成品不得归并；因管理需要，海关或企业认为需要单列的商品不得归并。

7. 保税核注清单填制。

（1）预录入编号。本栏目填报保税核注清单预录入编号，预录入编号由系统根据接受申报的海关确定的规则自动生成。

（2）清单编号。本栏目填报海关接受保税核注清单报送时给予保税核注清单的编号，一份保税核注清单对应一个清单编号。

保税核注清单海关编号为 18 位，其中第 1~2 位为 QD，表示保税核注清单；第 3~6 位为接受申报海关的编号（"关区代码表"中相应海关代码）；第 7~8 位为海关接受申报的公历年份；第 9 位为进出口标志（"I"为进口，"E"为出口）；后 9 位为顺序编号。

（3）清单类型。本栏目按照相关保税监管业务类型填报，包括普通清单、分送集报清单、先入区后报关清单、简单加工清单、保税展示交易清单、区内流转清单、异常补录清单等。

（4）手（账）册编号。本栏目填报经海关核发的金关工程二期加工贸易及保税监管各类手（账）册的编号。

（5）经营企业。本栏目填报手（账）册中经营企业海关编码、经营企业的社会信用代码、经营企业名称。

（6）加工企业。本栏目填报手（账）册中加工企业海关编码、加工企业的社会信用代码、加工企业名称、保税监管场所名称［保税物流中心（B 型）填报中心内企业名称］。

（7）申报单位编码。本栏目填报保税核注清单申报单位海关编码、申报单位社会信用代码、申报单位名称。

（8）企业内部编号。本栏目填写保税核注清单的企业内部编号或由系统生成流水号。

（9）录入日期。本栏目填写保税核注清单的录入日期，由系统自动生成。

（10）清单申报日期。申报日期指海关接受保税核注清单申报数据的日期。

（11）料件、成品标志。本栏目根据保税核注清单中的进出口商品为手（账）册中的料件或成品填写。料件、边角料、物流商品、设备商品填写"I"，成品填写"E"。

（12）监管方式。本栏目按照报关单填制规范要求填写。特殊情形下填制要求如下：调整库存保税核注清单，填写"AAAA"；设备解除监管保税核注清单，填写"BBBB"。

（13）运输方式。本栏目按照报关单填制规范要求填写。

（14）进（出）口口岸。本栏目按照报关单填制规范要求填写。

（15）主管海关。主管海关指手（账）册主管海关。

（16）启运运抵国别（地区）。本栏目按照报关单填制规范要求填写。

（17）核扣标志。本栏目填写清单核扣状态。海关接受清单报送后，由系统填写。

（18）清单进出卡口状态。清单进出卡口状态是指特殊监管区域、保税物流中心等货物，进出卡口的状态。海关接受清单报送后，根据关联的核放单过卡情况由系统填写。

（19）申报表编号。本栏目填写经海关备案的深加工结转、不作价设备结转、余料结转、区间流转、分送集报、保税展示交易、简单加工申报表编号。

（20）流转类型。本栏目填写保税货物流（结）转的实际类型，包括加工贸易深加工结转、加工贸易余料结转、不作价设备结转、区间深加工结转、区间料件结转。

（21）录入单位。本栏目填写保税核注清单录入单位海关编码、录入单位社会信用代码、录入单位名称。

（22）报关标志。本栏目由企业根据加工贸易及保税货物是否需要办理报关单（进出境备案清单）申报手续填写。需要报关的填写"报关"，不需要报关的填写"非报关"。

①以下货物可填写"非报关"或"报关"：

A. 金关二期手（账）册间余料结转、加工贸易不作价设备结转；

B. 加工贸易销毁货物（销毁后无收入）；

C. 特殊监管区域、保税监管场所间或与区（场所）外企业间流（结）转货物（减免税设备结转除外）。

②设备解除监管、库存调整类保税核注清单必须填写"非报关"。

③其余货物必须填写"报关"。

（23）报关类型。加工贸易及保税货物需要办理报关单（备案清单）申报手续时填写，包括关联报关、对应报关。

①"关联报关"适用于特殊监管区域、保税监管场所申报与区（场所）外进出货物，区（场所）外企业使用 H2018 手（账）册或无手（账）册。

②特殊区域内企业申报的进出区货物需要由本企业办理报关手续的，填写"对应报关"。

③"报关标志"栏可填写"非报关"的货物，如填写"报关"时，本栏目必须填写"对应报关"。

④其余货物填写"对应报关"。

（24）报关单类型。本栏目按照报关单的实际类型填写。

（25）对应报关单（备案清单）编号。本栏目填写保税核注清单（报关类型为对应报关）对应报关单（备案清单）的海关编号。海关接受报关单申报后，由系统填写。

（26）对应报关单（备案清单）申报单位。本栏目填写保税核注清单对应的报关单（备案清单）申报单位海关编码、单位名称、社会信用代码。

（27）关联报关单编号。本栏目填写保税核注清单（报关类型为关联报关）关联报关单的海关编号。海关接受报关单申报后，由系统填写。

（28）关联清单编号。本栏目填写要求如下：

①加工贸易及保税货物流（结）转、不作价设备结转进口保税核注清单编号。

②设备解除监管时填写原进口保税核注清单编号。

③进口保税核注清单无须填写。

（29）关联备案编号。本栏目填写要求如下：加工贸易及保税货物流（结）转保税核注清单本栏目填写对方手（账）册备案号。

（30）关联报关单收发货人。本栏目填写关联报关单收发货人名称、海关编码、社会信用代码。按报关单填制规范要求填写。

（31）关联报关单消费使用单位/生产销售单位。本栏目填写关联报关单消费使用单位/生产销售单位名称、海关编码、社会信用代码。按报关单填制规范要求填写。

（32）关联报关单申报单位。本栏目填写关联报关单申报单位名称、海关编码、社会信用代码。

（33）报关单申报日期。本栏目填写与保税核注清单一一对应的报关单的申报日期。海关接受报关单申报后由系统填写。

（34）备注（非必填项）。本栏目填报要求如下：

①涉及加工贸易货物销毁处置的，填写海关加工贸易货物销毁处置申报表编号。

②加工贸易副产品内销，在本栏内填报"加工贸易副产品内销"。

③申报时其他必须说明的事项填报在本栏目。

（35）序号。本栏目填写保税核注清单中商品顺序编号。系统自动生成。

（36）备案序号。本栏目填写进出口商品在保税底账中的顺序编号。

（37）商品料号。本栏目填写进出口商品在保税底账中的商品料号级编号。由系统根据保税底账自动填写。

（38）报关单商品序号。本栏目填写保税核注清单商品项在报关单中的商品顺序编号。

（39）申报表序号。本栏目填写进出口商品在保税业务申报表商品中的顺序编号。

设备解除监管保税核注清单，填写原进口保税核注清单对应的商品序号。

（40）商品编号。本栏目填报的商品编号由 10 位数字组成。前 8 位为《税则》确定的进出口货物的税则号列，同时也是《统计商品目录》确定的商品编号，后 2 位为符合海关监管要求的附加编号。

加工贸易等已备案的货物，填报的内容必须与备案登记中同项号下货物的商品编号一致，由系统根据备案序号自动填写。

（41）商品名称、规格型号。按企业管理实际如实填写。

（42）币制。按报关单填制规范要求填写。

（43）数量及单位。按照报关单填制规范要求填写。其中第一比例因子、第二比例因子、重量比例因子分别填写申报单位与法定计量单位、第二法定计量单位、重量（千克）的换算关系。非必填项。

（44）单价、总价。按照报关单填制规范要求填写。

（45）产销国（地区）。按照报关单填制规范中有关原产国（地区）、最终目的国（地区）要求填写。

（46）毛重（千克）。本栏目填报进出口货物及其包装材料的重量之和，计量单位为千克，不足 1 千克的填报为"1"。非必填项。

（47）净重（千克）。本栏目填报进出口货物的毛重减去外包装材料后的重量，即货物本身的实际重量，计量单位为千克，不足 1 千克的填报为"1"。非必填项。

（48）征免规定。本栏目应按照手（账）册中备案的征免规定填报；手（账）册中的征免规定为"保证金"或"保函"的，应填报"全免"。

（49）单耗版本号。本栏目适用加工贸易货物出口保税核注清单。本栏目应与手（账）册中备案的成品单耗版本一致。非必填项。

（50）简单加工保税核注清单成品。该项由简单加工申报表调取，具体字段含义、填制要求与上述字段一致。

第三节 加工贸易监管模式

一、加工贸易电子化手册监管

（一）电子化手册概述

电子化手册是以加工贸易合同为管理对象，在手册设立、通关、核销等环节采用"电子手册+自动核算"的模式取代纸质手册，并实现"电子申报、网上备案、无纸通关、无纸报核"的监管模式。

1. 电子化手册的功能

企业凭电子化手册，通过中国国际贸易单一窗口申报加工贸易货物进出境、深加工结转、外发加工、保税货物内销、核销等电子数据。

系统对电子化手册数据自动对碰、自动审核、自动放行、自动核扣。

2. 电子化手册编码规则

手册编号由 12 位阿拉伯数字和大写英文字母组成。第 1 位为英文字母，其中 B 表示来料加工，C 表示进料加工，D 表示不作价设备；第 2~5 位表示海关关区代码；第 6、7 位表示年份；第 8~12 是手册顺序号，手册顺序号首位为大写字母 A。

（二）电子化手册前期设立监管

电子化手册设立，是指企业凭加工贸易合同，向所在地主管海关办理电子化手册，海关对申报内容予以审核后建立电子化手册的过程。

1. 手册设立的申报、审核

（1）手册设立的基本流程

企业通过金关二期加贸管理系统直接发送手册设立（变更）数据，上传加工贸易合同或协议，以及海关按规定需要收取的其他单证和资料。海关按规定对企业申报的手册设立（变更）数据进行审核并反馈，相关处置完成后，系统生成（变更）电子化手册。

（2）手册设立需申报的单证资料

首次办理的企业，登录"加工贸易企业经营状况及生产能力信息系统"，自主填报相关信息表并对信息真实性作出承诺。信息表有效期为自填报（更新）之日起 1 年，到期后或相关信息发生变化，企业应及时更新信息表。

①办理加工贸易货物的手册设立手续时，企业应向海关如实申报贸易方式、单耗、进出口口岸，以及进口料件和出口成品的商品名称、商品编号、规格型号、价格和原产地等情况。并且提交下列单证：经营企业对外签订的合同，经营企业委托加工的，应当提交经

营企业与加工企业签订的委托加工合同，海关认为需要提交的其他证明文件和材料。

②企业申报保税进口消耗性物料，企业应当在"加工贸易企业经营状况及生产能力信息表"上填报。企业在办理手（账）册设立（变更）手续时，应当向主管海关提交"加工贸易项下进口消耗性物料申报表"。根据海关监管需要，企业还应补充相关材料：消耗性物料的属性和用途说明；消耗性物料在加工过程中的化学反应或物理变化原理、化学反应式、耗用量，以及与成品的匹配关系等书面材料；海关认为需要提交的其他证明文件和材料。

企业应在手（账）册设立（变更）环节向海关申报消耗性物料。申报时，在"商品名称"栏首字节起注明"［消］"，在"单耗/净耗"栏目内如实申报耗用量。消耗性物料应当与其他保税料件分项申报。

③加工贸易项下出口应税商品申报。加工贸易项下出口应税商品，如系全部使用进口料件加工的成品，不征收出口关税；部分使用进口料件加工的成品，按海关核定的比率征收出口关税。企业应在设立（变更）手册时，向海关如实申报出口成品中使用的国产料件占全部料件的价值比率，并申报国产料件的品种、规格、型号、数量、价值。

计算公式：

出口关税=出口货物完税价格×出口关税税率×出口成品中使用的国产料件占全部料件价值比率

出口成品中使用的国产料件占全部料件价值比率=物化在成品中的国产料件价值÷（物化在成品中的国产料件价值+保税料件价值）

④涉及相关进出口许可证件管理。进口料件，除易制毒化学品、监控化学品、消耗臭氧层物质、原油、成品油等规定商品外，均可以免予交验进口许可证件。这里所称"免予交验进口许可证件"，并不包括涉及公共道德、公共卫生、公共安全所实施的进出口管制证件。

（3）需缴纳风险保证金的情形

有下列情形之一的，在经营企业提供相当于应缴税款金额的保证金或者银行、非银行金融机构保函后，海关办理手册设立手续：涉嫌走私，已经被海关立案侦查，案件尚未审结的；由于管理混乱被海关要求整改，在整改期内的。

有下列情形之一的，海关可以要求经营企业在办理手册设立手续时提供相当于应缴税款金额的保证金或者银行、非银行金融机构保函：租赁厂房或者设备的；首次开展加工贸易业务的；涉嫌违规，已经被海关立案调查，案件尚未审结的。

（4）海关不予设立加工贸易手册的情形

企业存在以下情形之一的，海关作出不予设立决定：进口料件或者出口成品属于国家禁止进出口的；加工产品属于国家禁止在我国境内加工生产的；进口料件不宜实行保税监管的；经营企业或者加工企业属于不允许开展加工贸易的；经营企业未在规定期限内向海关报核已到期手册，又重新申报设立手册的。

2. 加工贸易电子化手册变更

加工贸易电子化手册变更是指经营企业因原备案品名、规格、金额、数量、单损耗、商品编号等内容发生变化，以及电子化手册有效期因故需要延长，向主管海关申请办理备案变更手续。可分为新增变更、修改变更和删除变更3种。加工贸易手册设立内容发生变更的，经营企业应当在加工贸易手册有效期内办理变更手续。

海关不予变更加工贸易手册的情形。企业存在下列情形之一的，海关不予变更：未在规定的期限内向海关办理变更手续的；经营企业申请变更的理由与实际情况不符的；经营企业申请变更单耗的成品已全部出口完毕的；经营企业或者加工企业申请变更的事项涉嫌走私、违规，已被海关立案调查、侦查，且案件未审结的。

经营企业应如实向海关申报手册内容和相关单证资料。手册设立后，海关发现企业申报内容、提交单证与事实不符的，应当按照下列规定处理：货物尚未进口的，海关注销其手册；货物已进口的，责令企业将货物退运出境。第二项规定情形下，经营企业可以向海关申请提供相当于应缴税款金额的保证金或者银行、非银行金融机构保函，继续履行合同。

（三）电子化手册中期监管

1. 深加工结转

深加工结转，是指加工贸易企业将保税进口料件加工的产品转至另一加工贸易企业进一步加工后复出口的经营活动。

企业通过金关二期加贸管理系统办理加工贸易深加工结转业务时，应在规定的时间内直接向海关申报保税核注清单及报关单办理结转手续。企业应于每月 15 日前对上月深加工结转情况进行保税核注清单及报关单的集中申报，但集中申报不得超过手（账）册有效期或核销截止日期，且不得跨年申报。企业深加工结转实行一次申报、收发货记录自行留存备查，海关对加工贸易深加工结转业务不再进行事前审核。

结转双方的商品编号前 8 位原则上必须一致，如出现结转货物商品编号前 8 位不一致时，转出、转入企业应积极协调解决。若无法协调，应及时反馈各自主管海关，由转出、转入地主管海关按规定协调解决。

2. 外发加工

外发加工是指经营企业因受自身生产特点和条件限制，经海关备案并办理有关手续，委托承揽企业对加工贸易货物进行加工，在规定期限内将加工后的产品最终复出口的行为。

（1）外发加工申报

企业通过金关二期加贸管理系统办理加工贸易外发加工业务，应按外发加工的相关管理规定，自外发之日起 3 个工作日内向海关申报"外发加工申报表"，以及报备经营企业与承揽企业签订的加工合同或协议、承揽企业的营业执照复印件等。对全工序外发的，应在申报表中勾选"全工序外发"标志，并按规定提供担保后开展外发加工业务。外发加工一次申报、收发货记录自行留存备查。

（2）"全工序外发"担保

经营企业将全部工序外发加工的，应当在办理备案手续的同时向海关提供相当于外发加工货物应缴税款金额的保证金或者银行、非银行金融机构保函。保函金额以外发加工货物所使用的保税料件应缴税款金额为基础予以确定。申请外发加工的货物之前已向海关提供不低于应缴税款金额的保证金或者银行保函的，经营企业无须向海关提供保证金或者银行保函。

（3）不予核准外发加工的情形

经营企业、承揽企业的生产经营管理不符合海关监管要求的，申请外发的货物属于涉案货物且案件未审结的，海关特殊监管区域内、外企业均不得将禁止类商品外发进行实质性加工。实质性加工，参照海关关于非优惠原产地规则中实质性改变标准的规定执行。

（4）其他管理事项

经营企业开展外发加工业务，不得将加工贸易货物转卖给承揽企业。承揽企业不得将加工贸易货物再次外发其他企业进行加工。

经营企业和承揽企业应当共同接受海关监管。经营企业应当根据海关要求如实报告外发加工货物的发运、加工、单耗、存储等情况。

承揽企业，是指与经营企业签订加工合同，承接经营企业委托的外发加工业务的生产企业。承揽企业须经海关注册登记，具有相应的加工生产能力。

3. 加工贸易料件串换

（1）企业加工贸易料件串换申请

经营企业应向海关提交加工贸易料件串换的书面申请，详细说明加工出口产品急需的有关情况，随附相关出口合同，以及串换料件涉及的加工贸易手册，列明串换保税料件的品名、规格、数量的清单。

（2）海关加工贸易料件串换审核

料件串换仅限于进料加工，来料加工进口料件不得串换；料件串换应为同一经营企业、同一加工企业的保税料件和保税料件之间、保税料件和非保税料件之间，且必须同品种、同规格、同数量；串换应在加工贸易手册有效期或核销周期内，企业备案进口保税料件有余额且为加工出口产品急需，已核销的加工贸易手册不得申请串换。

经审核，企业申请符合相关规定的，海关予以批准串换；审核认为有必要进行下厂核查的，视具体核查结果决定是否批准串换。

（3）其他相关管理规定

企业加工贸易料件串换申请，海关实行一案一批；经营企业保税料件与非保税料件串换，串换下来同等数量的保税料件，经主管海关批准，由企业自行处置；海关发现企业未经海关批准，擅自串换不同手册间料件，或擅自以非保税料件串换、替代保税料件，涉嫌构成走私、违规行为的，移交缉私部门进行处理。

4. 剩余料件、边角料、残次品、副产品和受灾保税货物

剩余料件，是指加工贸易企业在从事加工复出口业务过程中剩余的，可以继续用于加工制成品的加工贸易进口料件。

边角料，是指加工贸易企业从事加工复出口业务，在海关核定的单位耗料量内，在加工过程中产生的无法再用于加工该合同项下出口制成品的数量合理的废、碎料及下脚料。

残次品，是指加工贸易企业从事加工复出口业务，在生产过程中产生的有严重缺陷或者达不到出口合同标准，无法复出口的制品（包括完成品和未完成品）。

副产品，是指加工贸易企业从事加工复出口业务，在加工生产出口合同规定的制成品（即主产品）过程中同时产生的，且出口合同未规定应当复出口的一个或者一个以上的其他产品。

受灾保税货物，是指加工贸易企业从事加工出口业务中，因不可抗力原因或者其他经海关审核认可的正当理由造成灭失、短少、损毁等导致无法复出口的保税进口料件和

制品。

企业通过金关二期加贸管理系统办理加工贸易余料结转业务，应在规定时间内向海关申报保税核注清单办理余料结转手续，实行企业余料结转一次申报。海关对加工贸易余料结转业务不再进行事前审核。

对同一经营企业申报将剩余料件结转到另一加工企业的，剩余料件转出金额达到该加工贸易合同项下实际进口料件总额50%及以上的，剩余料件所属加工贸易合同办理两次及两次以上延期手续的等情形，企业不再提供担保。

5. 加工贸易货物内销

加工贸易货物内销是指经营企业申请将加工贸易料件或加工过程中的成品、半成品、残次品、边角料、副产品及受灾保税货物转为国内销售，不再加工复出口的行为。

（1）加工贸易禁止内销商品

①只读光盘和光盘生产设备。加工贸易项下只读类光盘（包括纯光盘产品和随机配套光盘产品）不得内销，确实无法出口的应移交新闻出版行政主管部门予以监督销毁，海关凭新闻出版行政部门出具的相关证明办理手册核销手续。

②原料药、药材及其制成品。原料药、药材及其制成品禁止内销，无法出口的应移交地方药品监督管理部门进行处理。

③游戏设备及其零、附件。进口游戏设备及其零、附件料件开展加工贸易的，必须全部加工复出口，逾期不能出口的，依法予以收缴或监督销毁，不得批准内销。

（2）加工贸易货物内销相关规定

加工贸易货物因故转为内销的，海关对内销货物依法征收进口关税和进口环节税并加征缓税利息。内销货物属于国家对进口有限制性规定的，经营企业应向海关提交进口许可证件。

①剩余料件内销。申请内销剩余料件的金额占该加工贸易合同项下实际进口料件总额3%以内（含3%），且总值在1万元人民币以下（含1万元）的，其对应的原进口料件属于国家许可证件管理的，免予提交许可证件。超出上述比率和金额的，经营企业须按规定向海关提交有关许可证件。

剩余料件对应的进口料件，属于实行进口关税配额管理的，企业能够向海关提交有关配额许可证件的，按照关税配额税率计征关税，如企业不能提交有关配额许可证件的，海关按照有关规定办理；属于加征特别关税范围的，海关按照规定加征特别关税。

②制成品、残次品内销。制成品、残次品内销，海关根据其对应的进口料件价值，比照剩余料件内销的相关规定办理。

③边角料内销。海关按照申请内销时的报验状态进行归类和确定完税价格；免予征收缓税利息；属于实行关税配额管理的，海关按照关税配额税率计征税款；属于实行进口许可证件管理的，免予提交许可证件；属于需加征特别关税的，海关按规定免予加征特别关税。

④副产品内销。副产品内销，经营企业应按照申请内销的报验状态申报，海关按照申报的报验状态进行归类和确定完税价格，海关按规定计征税款及缓税利息；属于实行进口关税配额管理的，比照剩余料件内销相关规定办理；属于实行进口许可证件管理的，企业应按规定提交许可证件；属于需加征特别关税的，海关按规定加征特别关税。

⑤受灾保税货物。对于因不可抗力因素造成的加工贸易受灾保税货物，经海关核实，

虽失去原使用价值但可以再利用的，经营企业须向海关申请内销。除不可抗力以外，企业因其他经海关审核认可的正当理由导致加工贸易货物在运输、仓储、加工期间发生灭失、短少、损毁等情事的，经营企业应向海关申请内销。

经营单位申请内销的受灾保税货物为进口料件和制成品的，海关按照对应的原进口料件进行归类和计征税款及缓税利息。

受灾保税货物由不可抗力因素造成的，海关对内销的处置原则：对应的原进口料件属于实行关税配额管理的，海关按照关税配额税率计征税款；属于进口许可证件管理的，免予提交许可证件；属于加征特别关税范围的，免予征收特别关税。

受灾保税货物因非不可抗力，但经审核认可的正当理由造成的，海关对内销的处置原则：对应的原进口料件属于实行关税配额管理的，企业能够向海关提交有关配额许可证件的，海关按照关税配额税率计征税款；如企业不能提交有关配额许可证件的，海关按照有关规定办理；属于加征特别关税范围的，海关按照规定加征特别关税；属于进口许可证件管理的，企业应向海关提交进口许可证件。

（3）海关审定内销货物完税价格

海关审核与内销货物申报价格有关的电子数据、纸质单证及其他相关资料，审定内销货物的完税价格。

①内销加工贸易货物的完税价格，由海关以该货物的成交价格为基础审查确定。

②进料加工进口料件或者其制成品（包括残次品）内销时，海关以料件原进口成交价格为基础审查确定完税价格。

属于料件分批进口，并且内销时不能确定料件原进口——对应批次的，海关可按照同项号、同品名和同税号的原则，以其合同有效期内或电子账册核销周期内已进口料件的成交价格计算所得的加权平均价为基础审查确定完税价格。

合同有效期内或电子账册核销周期内已进口料件的成交价格加权平均价难以计算或者难以确定的，海关以客观可量化的当期进口料件成交价格的加权平均价为基础审查确定完税价格。

③来料加工进口料件或者其制成品（包括残次品）内销时，海关以接受内销申报的同时或者大约同时进口的与料件相同或者类似的保税货物的进口成交价格为基础审查确定完税价格。

④加工企业内销的加工过程中产生的边角料或者副产品，以其内销价格为基础审查确定完税价格。

副产品并非全部使用保税料件生产所得的，海关以保税料件在投入成本核算中所占比重计算结果为基础审查确定完税价格。

按照规定需要以残留价值征税的受灾保税货物，海关以其内销价格为基础审查确定完税价格。按照规定应折算成料件征税的，海关以各项保税料件占构成制成品（包括残次品）全部料件的价值比重计算结果为基础审查确定完税价格。

边角料、副产品和按照规定需要以残留价值征税的受灾保税货物经海关允许采用拍卖方式内销时，海关以其拍卖价格为基础审查确定完税价格。

⑤深加工结转货物内销时，海关以该结转货物的结转价格为基础审查确定完税价格。

⑥内销加工贸易货物的完税价格不能依据上述第②～⑤项规定确定的，海关依次以下列价格估定该货物的完税价格：

A. 与该货物同时或者大约同时向我国境内销售的相同货物的成交价格。

B. 与该货物同时或者大约同时向我国境内销售的类似货物的成交价格。

C. 与该货物进口的同时或者大约同时，将该进口货物、相同或者类似进口货物在第一级销售环节销售给无特殊关系买方最大销售总量的单位价格，但应当扣除以下项目：

a. 同等级或者同种类货物在我国境内第一级销售环节销售时通常的利润和一般费用及通常支付的佣金；

b. 进口货物运抵境内输入地点起卸后的运输及其相关费用、保险费；

c. 进口关税及国内税收。

D. 按照下列各项总和计算的价格：生产该货物所使用的料件成本和加工费用，向我国境内销售同等级或者同种类货物通常的利润和一般费用，该货物运抵境内输入地点起卸前的运输及其相关费用、保险费。

E. 以合理方法估定的价格。

纳税义务人向海关提供有关资料后，可以提出申请，颠倒前款第③项和第④项的适用次序。

（4）缓税利息征收及利息率适用

加工贸易货物内销征收缓税利息适用的利息率暂由参照 1 年期贷款基准利率调整为参照中国人民银行公布的活期存款利率执行。加工贸易缓税利息应根据填发海关税款缴款书时海关总署公布的最新缓税利息率按日征收。缓税利息计算公式如下：

应征缓税利息＝应征税额×计息期限×缓税利息率/360

加工贸易料件或制成品经批准内销的，缓税利息计息期限的起始日期为内销料件或制成品所对应的加工贸易合同项下首批料件进口之日；加工贸易电子账册项下的料件或制成品内销时，起始日期为内销料件或制成品所对应电子账册的最近一次核销之日（若没有核销日期的，则为电子账册的首批料件进口之日）。对上述货物征收缓税利息的终止日期为海关填发税款缴款书之日。

加工贸易料件或制成品未经批准擅自内销，违反海关监管规定的，缓税利息计息期限的起始日期为内销料件或制成品所对应的加工贸易合同项下首批料件进口之日；若内销涉及多本合同，且内销料件或制成品与合同无法一一对应的，则计息的起始日期为最近一本合同项下首批料件进口之日；若加工贸易电子账册项下的料件或制成品擅自内销的，则计息的起始日期为内销料件或制成品所对应电子账册的最近一次核销之日（若没有核销日期的，则为电子账册的首批料件进口之日）。按照前述方法仍无法确定计息的起始日期的，则不再征收缓税利息。

违规内销计息的终止日期为保税料件或制成品内销之日。内销之日无法确定的，终止日期为海关发现之日。

加工贸易料件或制成品等违规内销的，还应征收滞纳金。

加工贸易货物需要后续补税，但海关未按违规处理的，缓税利息计息的起止日期比照上述规定办理。

（5）内销业务办理

企业通过金关二期加贸管理系统办理加工贸易货物内销业务时，直接通过保税核注清单生成内销征税报关单，申报办理内销征税手续，不再向海关申报"加工贸易货物内销征

税联系单"。

对符合条件按月办理内销申报纳税手续的加工贸易企业，在不超过手册有效期或账册核销截止日期的前提下，最迟可在季度结束后15天内完成申报纳税手续，但申报期限不得超过手（账）册有效期或核销截止日期。按季度申报纳税不得跨年操作，企业须在每年4月15日、7月15日、10月15日、12月31日前进行申报。

加工贸易内销货物属于许可证件或配额管理的，须提交相关证件。

（6）边角废料网上拍卖

企业通过与海关联网的拍卖平台，委托具有法定资质的拍卖机构依法公开拍卖加工贸易边角废料，海关和相关主管部门共同对该交易行为实施管理。

边角废料，包括加工贸易边角料、副产品和按照规定需要以残留价值征税的受灾保税货物，以及海关特殊监管区域内企业保税加工过程中产生的边角料、废品、残次品和副产品等保税货物。

以网上公开拍卖方式内销的边角废料，海关以拍卖价格为基础审查确定完税价格。同一批边角废料流拍3次以上、每次拍卖公告期不少于3日，且其中1次为无保留价竞价的，企业可凭不再销售的书面承诺及有关流拍材料等资料，按规定直接向海关申请办理核销手续。

6. 加工贸易货物销毁处置

（1）办理销毁处置应提交的单证资料

企业应提交申报销毁处置的说明、企业与具备资质的销毁处置单位签订的委托合同、"海关加工贸易货物销毁处置申报表（销毁处置后有收入）"或"海关加工贸易货物销毁处置申报表（销毁处置后无收入）"及销毁处置方案。申报销毁处置来料加工货物的，应同时提交货物所有人的销毁声明；申报销毁处置残次品的，应同时提交残次品单耗资料及根据单耗折算的残次品所耗用的原进口料件清单。

（2）销毁处置货物的进口报关手续

经海关核准加工贸易货物销毁处置后，企业在手册有效期或电子账册核销周期内办理报关手续。报关单备注栏内注明"海关加工贸易货物销毁处置申报表"编号。

①企业销毁处置加工贸易货物未获得收入，销毁处置货物为料件、残次品的，报关适用监管方式为"料件销毁"（代码"0200"，残次品按照单耗关系折成料件，以料件进行申报）；销毁处置货物为边角料、副产品的，报关适用监管方式为"边角料销毁"（代码"0400"）。

②企业销毁处置加工贸易货物获得收入的，按销毁处置后的货物报验状态向海关申报，报关适用的监管方式为"进料边角料内销"（代码"0844"）或"来料边角料内销"（代码"0845"）。海关比照边角料内销征税的管理规定办理征税手续。

7. 加工贸易货物抵押

加工贸易货物抵押是指企业以加工贸易货物作为抵押担保，向金融或非金融机构取得贷款的行为。

加工贸易货物范围包括加工贸易料件、成品、半成品、残次品、边角料、副产品。

（1）管理规定

未经海关批准，加工贸易货物不得抵押。

有下列情形之一的，不予办理抵押手续：抵押影响正常生产开展的；货物涉及进出口许可证件管理的；属来料加工货物的；抵押期限超过手册有效期限的；抵押期限超过 1 年的；企业涉嫌走私、违规且已被海关立案调查、侦查，案件未审结的；企业因为管理混乱被海关限期整改的；海关认为不予批准的其他情形。

（2）加工贸易货物抵押审批流程

经营企业应向海关提交以下材料报经审核：正式书面申请，银行抵押贷款书面意向材料，以及海关认为必要的其他单证。经审核符合条件的，在企业缴纳应缴税款的海关事务担保后，海关准予其向境内银行办理抵押，并将抵押合同、贷款合同复印件留存海关备案。

（四）电子化手册后期核销监管

核销，是指加工贸易经营企业在进口料件加工成品复出口，或者办理内销等海关手续后，向海关申请解除加工贸易手册监管，经海关审核属实且符合监管规定的，海关予以办理解除监管手续的行为。

1. 加工贸易报核

经营企业应自加工贸易手册项下最后一批成品出口后，或者加工贸易手册到期之日起 30 日内向海关报核。加工贸易合同因故提前终止的，经营企业应当自合同终止之日起 30 日内向海关报核。

企业通过金关二期加贸管理系统报核加工贸易进口料件、出口成品、单耗及剩余料件、边角料、残次品等相关数据信息。

加工贸易手册涉及以下情形的，须提交相关单证资料：

（1）加工贸易货物因侵犯知识产权被没收、销毁的，应提交有关行政执法部门出具的没收或者销毁证明材料；

（2）经海关核定准予加工贸易货物销毁处置的，应提交处置单位出具的接收单据、销毁处置证明，以及销毁处置后相关报关数据信息；

（3）因走私被海关或者法院没收加工贸易货物的，应提交行政处罚决定书、判决书等相关证明材料；

（4）因不可抗力造成保税货物受灾，应提交保险公司出具的保险赔款通知书或者其他有效证明文件；

（5）因特殊加工生产需要导致工艺损耗较高的，需提供相关资料或情况说明。

2. 接受报核与海关处置

（1）对企业申报资料和内容不符合规定或监管要求的，海关按规定予以退单。

（2）对企业报核数据与海关底账出现差异的，海关按规定要求企业查找原因，并提交解释说明材料。

（3）对经核定的剩余料件，海关按规定要求企业在核销期限内办结余料结转、内销征税、退运或放弃等手续。

3. 手册核销结案

报核手册经审核通过的，予以结案。企业已经办理担保手续的，海关按照规定解除担保。

4. 核销后事项处置

手册核销后，企业库存有剩余料件的，原则上不得进行结转，应当以"后续补税

（9700）"监管方式办理料件补税手续，并重点人工审核许可证件、进口环节税率及缓税利息。对不能说明理由或涉嫌违规、走私的，应及时移交稽查或缉私部门进行处理。对由于特殊情况且能够说明正当理由的库存余料，经海关主管部门批准，允许以"其他（9900）"监管方式办理退运或余料结转手续。

二、加工贸易电子账册

（一）电子账册管理概述

加工贸易电子账册管理，是海关以企业为管理单元并实施计算机联网，企业通过数据交换平台或其他计算机网络方式向海关报送能满足海关监管要求的物流、生产经营等数据，海关对数据进行核对、核算，并结合实物进行核查的一种监管模式。

1. 联网监管企业应当具备的条件

属于加工贸易生产型企业；企业管理机制、内控机制完备，内部 ERP 管理系统对货物的采购、物流、仓储、生产、销售、单证的管理符合海关保税监管要求。

2. 申请联网监管应提交的单证

企业内部管理系统简介及内部管理情况说明、企业上年度财务审计报告、"企业加工贸易联网监管申报表"，以及海关认为需要出具的其他证明文件和材料。

电子账册是海关以企业为单元，为联网企业建立的电子底账。实施电子账册管理的，联网企业原则上只设立一个电子账册。海关应当根据联网企业的生产情况和海关的监管需要确定核销周期，按照周期对电子账册管理联网企业进行核销管理。

（二）电子账册前期设立监管

联网监管企业向主管海关申请办理经营范围电子账册（简称"IE 账册"）设立手续，获得审核通过后再办理便捷通关电子账册（简称"E 账册"）设立手续。其中，IE 账册编码为"IE+四位关区号+两位年号+四位流水号"；E 账册编码为"E+四位关区号+两位年号+五位流水号"，流水号首位为大写字母 A；以企业为单元管理的 E 账册编码为"E+四位关区号+核销类型 B+0+五位流水号"，流水号首位为大写字母 A；以工单管理的 E 账册编码为"E+四位关区号+核销类型 G+0+五位流水号"，流水号首位为大写字母 A。

1. IE 账册的设立

企业向主管海关申请办理 IE 账册设立手续时，应提交以下单证：工商经营执照复印件、企业加工贸易进口料件及出口成品清单。

经审核，符合海关有关规定的，予以建立企业 IE 账册。

2. E 账册的设立

企业通过金关二期加贸管理系统办理加工贸易账册设立（变更）。由企业根据自身管理实际，在满足海关规范申报和有关监管要求的前提下，自主向海关申报有关商品信息。企业内部管理商品与电子底账之间不是一一对应的，归并关系由企业自行留存备查，不再向海关申报归并关系。

海关不予设立账册、不予变更账册的情形，参照电子化手册相关规定。

3. 进出口报关清单和报关单的生成、修改、撤销

（1）报关清单的生成。企业从管理系统中导出料号级数据生成清单，按照加工贸易合同内容，参照报关单填制规范进行制单。

（2）报关单的生成。企业由报关清单填报完整的报关单内容后，使用 E 账册向海关正式申报。

（3）报关清单和报关单的修改、撤销。不涉及保税核注清单的报关单内容可直接进行修改，涉及保税核注清单的报关单内容修改必须先修改保税核注清单。

（三）电子账册中期监管

联网监管企业加工贸易料件串换、外发加工、深加工结转，加工贸易剩余料件、边角料、残次品、副产品、受灾保税货物处理，加工贸易货物销毁处置、内销集中纳税、抵押等，比照电子化手册管理的相关手续办理。

联网企业缴纳缓税利息的起始日期为内销料件或者制成品对应的电子账册最近一次核销之日。没有核销日期的，起始日期为内销料件或者制成品对应的电子账册首批料件进口之日。缴纳缓税利息的终止日期为海关签发税款缴款书之日。

（四）电子账册后期核销监管

联网监管企业加工贸易货物核销，是指加工贸易经营企业加工复出口或者办结内销等海关手续后，凭相关单证向海关申请解除监管，海关经审查、核查属实且符合有关法律、行政法规、规章的规定，予以办理解除监管手续的行为。

1. 电子账册核销原则性规定

电子账册实行阶段性核销，核销周期不超过 1 年。海关完成电子账册核销的时限为下一个核销日期前，但最长不得超过 180 天。企业原则上应当在海关确定的核销期结束之日起 30 日内完成报核。根据企业盘点实际库存数据与电子底账核算数据比对的结果，海关做以下处理：

（1）实际库存量多于电子底账核算结果的，海关应当按照实际库存量调整电子底账的当期余额；

（2）实际库存量少于电子底账核算结果且联网企业可以提供正当理由的，对短缺的部分，海关应当责令联网企业申请内销处理；

（3）实际库存量少于电子底账核算结果且联网企业不能提供正当理由的，对短缺的部分，海关除责令联网企业申请内销处理外，并按相关规定进行处置。

2. 企业向海关报核

企业向金关二期加工贸易系统发送正式报核数据，并提交以下单证：

（1）电子账册核销周期内保税料件汇总表，保税成品汇总表（料号级数据可以附光盘），盘点及差异处理情况申报表，边角料、副产品、残次品、受灾保税货物处理情况申报表，"进、出、存"金额统计表，电子账册核销平衡表（平衡表中理论结余为负时应随附说明）；

（2）盘点报告（在结合盘点核销的情况下）、企业自核说明；

（3）海关按规定需要收取的其他单证和材料。

3. 海关对正式报核数据的处置

（1）对企业报核数据有误的，予以退单，要求企业重新报核。

（2）料件短少（即理论结余数大于实际结余数）的，要求企业作出说明情况。如果补税报关单列入本次核销周期，以实际结余为准，人工调整本期结余数量；如果补税报关单列入下一核销周期，则以实际结余+补税数量，人工调整本期结余数量。

（3）企业料件盈余（即理论结余数小于实际结余数）的，要求企业说明情况，并以实际结余为准，人工调整本期结余数量。

4. 核销结案

海关确认企业电子账册核销情况符合海关核销规定，单证齐全有效的，予以核销结案。

（五）以企业为单元加工贸易监管模式

1. 含义

以企业为单元加工贸易监管模式，是指海关实施的以企业（生产型）为单元，以账册为主线，以与企业物料编码对应的海关商品编号（料号）或经企业自主归并后形成的海关商品编号（项号）为基础，周转量控制，定期核销的加工贸易监管模式。

2. 管理规定

业务范围包括账册设立（变更）、进出口、外发加工、深加工结转、内销、剩余料件结转、核报和核销等。

（1）账册设立

企业可根据行业特点、生产规模、管理水平等因素选择以料号或项号设立账册；账册最大进口量为其申报的企业经营状况和生产能力证明所载生产能力，即进口料件对应金额。

（2）核销周期

企业可以根据生产周期，自主选择合理核销周期，并按照现有规定确定单耗申报环节，自主选择单耗申报时间。

（3）外发加工

保存收发货清单等相关资料、记录备查。

（4）集中内销

季度结束后15日内对上季度发生的内销保税货物集中办理纳税手续，但不得跨年。

（5）深加工结转

每月15日前对上月深加工结转情况进行集中申报，同时应保存相关收发货记录、资料备查。

（6）剩余料件结转

核报前，将实际库存折料转入新账册。

3. 核销业务管理

在核销周期内，企业采用自主核报方式向海关办理核销手续，其中，对核销周期超过1年的，企业应进行年度申报。

（1）自主核报

自主核报指企业自主核定保税进口料件的耗用量并向海关如实申报的行为。企业可采用单耗、耗料清单和工单等保税进口料件耗用的核算方式，向海关申报当期核算结果，办理核销手续。

（2）年度申报

对核销周期超过1年的企业，每年至少向海关申报1次保税料件耗用量等账册数据。

年度申报数据的累加作为本核销周期保税料件耗用总量。在账册核销周期结束前，企业对本核销周期内因突发情况和内部自查自控中发现的问题，主动向海关补充申报，并提供及时控制或整改措施的，海关对企业的申报进行集中处置。

（六）加工贸易工单式核销

工单式核销是指加工贸易企业向海关报送报关单、报关清单数据，以及企业 ERP 系统（企业资源计划系统）中的工单数据，海关以报关单对应的报关清单料号级数据和企业生产工单作为料件耗用依据，生成电子底账，并根据料号级料件、半成品及成品的进库、出库、耗用、结转、库存的情况，对加工贸易料件、半成品及成品进行核算核销的海关管理制度。

三、其他以保税形式开展的业务

（一）保税维修

保税维修，即企业以保税方式将存在部件损坏、功能失效、质量缺陷等问题的货物或运输工具（以下统称"待维修货物"）从境外运入境内进行检测、维修后复运出境。保税维修与加工贸易都是以保税方式开展业务，保税维修适用监管方式代码是"1371"，与加工贸易进料加工监管方式代码"0615"和"0715"、来料加工监管方式代码"0214"均不一致。两者的监管要求有相似之处也有差别，故此节将保税维修在加工贸易中一并叙述。

除国家特别规定准许外，企业不得开展国家禁止进出口货物的保税维修业务，不得通过保税维修方式开展拆解、报废等业务。

1. 验核评估

开展保税维修业务的企业应具备以下条件：海关认定的企业信用状况为高级认证企业及其他海关注册登记和备案企业的；企业具备开展该项业务所需的场所和设备，并对各类保税货物进行专门管理；具备符合海关监管要求的管理制度和计算机管理系统，实现对维修耗用等信息的全程跟踪，并按照海关要求进行申报；符合海关监管所需的其他条件。

2. 提交材料

开展保税维修业务情况说明；对外签订的维修合同；品牌所有人或代理人对维修业务的授权文件。

属于国务院和国家有关部门个案批准同意开展的保税维修项目，还应提交相应的批准文件。

3. 保税维修专用账（手）册监管

建立待维修货物、已维修货物、无法维修货物、维修用料件等信息的电子底账。维修用料件适用保税方式进口的，企业应实施以维修工单为基础的据实核销。保税维修专用账（手）册备案商品不纳入加工贸易禁止类商品目录管理。保税维修账（手）册核销周期按海关监管要求和企业生产实际确定。

4. 电子账（手）册填报规则

表头"监管方式"填报"保税维修（1371）"，"保税方式"填报"保税维修（5）"，账册周转金额根据企业自身实际生产能力和合同情况自行确定填报。

备案成品填报"货物品名（已修复）"和"货物品名（无法修复）"。

备案料件填报"货物品名（待修复）"和"维修用保税料件"，其中"维修用保税料件"按照货物品名据实填报。

5. 保税维修货物进出口申报

备案料件"货物品名（待修复）"、备案成品"货物品名（已修复）"和"货物品名（无法修复）"均按照"保税维修（1371）"监管方式申报。

采用保税方式进口的"维修用料件"按对应的"进料加工（0615）"或"来料加工（0214）"监管方式申报；需复运出境的按对应的"进料料件复出（0664）"或"来料料件复出（0265）"监管方式申报出口；需结转使用的，按对应的"进料余料结转（0657）"或"来料余料结转（0258）"监管方式申报。

维修替换下的旧件、坏件、维修产生的边角料按实际报验状态采用"进料边角料复出（0864）"或"来料边角料复出（0865）"申报，统一按对应备案料件的项号复运出境；无法对应备案料件项号或采用非保税方式进口"维修用料件"的，统一按对应备案待维修货物的项号填报复运出境。

6. 复运出境

开展保税维修业务的待维修货物、已维修货物、无法修复货物、维修过程中产生的边角料、替换下的旧件及坏件，原则上应全部复运出境。确实无法复运出境的，不得内销，企业应当按照加工贸易货物销毁处置相关规定进行处置。其中属于固体废物的，企业应当按照相关规定交由有资质的企业进行处置。

（二）国际服务外包

国际服务外包是指关境内设立的服务外包企业，在国家法律的允许范围内，承接由关境外客户外包的服务业务，主要包括信息技术外包服务、业务流程外包服务和知识流程外包服务三大类。服务外包并非完全意义的加工贸易，但海关暂以加工贸易设备手册模式监管，故此节将国际服务外包在加工贸易中一并叙述。

国家服务外包示范地区企业，经审定应符合财政部等五部委《关于技术先进型服务企业有关税收政策问题的通知》规定的技术先进型服务企业，从事的服务外包业务是《技术先进型服务业务认定范围（试行）》项下的国际服务业务。

1. 服务外包的进口货物范围

海关对信用类别为高级认证企业及其他海关注册登记和备案企业，从事国际服务外包业务所进口的货物实施保税监管，国家不予减免税的商品除外。

纳入保税监管的国际服务外包业务进口货物是指服务外包企业履行国际服务外包合同，由国际服务外包业务境外发包方免费提供的进口设备。

2. 服务外包企业向主管海关办理备案

服务外包企业的技术先进型服务企业资质证明、企业法人营业执照、与境外发包方签订的国际服务外包合同及合同所附的设备清单，以及海关需要的其他单证。

主管海关受理备案申请后，经审核符合要求的予以核发手册。海关暂用加工贸易设备手册（手册编号首位为D）模式管理。手册以合同为单元进行监管。手册有效期为1年，如需延期的，企业应在到期前30天内提出申请，海关审核后同意的，每次延期不超过1年，最长不能超过服务外包合同期限。

3. 外包进口货物管理

外包进口货物在外包业务的合同执行完毕后应退运出境。外包进口货物如销往国内或到期不退运境外的，按规定办理进口征税手续，涉及许可证件管理的须提供许可证件。

服务外包企业不再具备技术先进型服务企业资质的，新手册不予备案，已备案手册不予延期，已备案未进口的货物不予保税进口。服务外包企业的信用等级降为失信企业的，手册不予延期，已备案未进口的货物不再予以保税进口，已进口的货物，海关征收全额风险担保金。

海关特殊监管区域内企业从境外进口用于国际服务外包业务的设备，海关按照现行特殊监管区域有关规定办理。

手册到期后，服务外包企业应在 30 天内向海关申请核销。

第四节　保税监管场所

一、保税监管场所概述

海关保税监管场所，是指经海关批准设立的，准予在保税状态下存储货物的仓库、场所。海关保税监管场所管理规则，是根据我国海关加入的《京都公约》专项附约"海关仓库"条款制定的，准许货物存放在特定仓库、场所期间予以免纳进口税费，其目的是最大限度实施贸易便利化。

海关保税监管场所属于海关保税物流监管的基本形态之一，目前包括保税仓库、出口监管仓库和保税物流中心（A 型）、保税物流中心（B 型）4 种形态。

二、保税仓库

保税仓库是指经海关批准设立的专门存放保税货物及其他未办结海关手续货物的仓库。

（一）保税仓库的功能

保税仓库具有保税仓储、转口、简单加工和流通性增值服务、物流配送等功能。下列货物，经海关批准可以存入保税仓库：加工贸易进口货物，转口货物，供应国际航行船舶和航空器的油料、物料和维修用零部件，供维修外国产品所进口寄售的零配件，外商暂存货物，未办结海关手续的一般贸易货物，经海关批准的其他未办结海关手续的货物。

保税仓库不得存放国家禁止进境货物，不得存放未经批准的影响公共安全、公共卫生或健康、公共道德或秩序的国家限制进境货物，以及其他不得存入保税仓库的货物。

经海关同意，保税仓库可对所存货物进行分级分类、分拆分拣等辅助性简单作业。

（二）保税仓库的种类、设立

保税仓库按照使用对象不同分为公用型保税仓库、自用型保税仓库。公用型保税仓库由主营仓储业务的中国境内独立企业法人经营，专门向社会提供保税仓储服务。自用型保税仓库由特定的中国境内独立企业法人经营，仅存储供本企业自用的保税货物。

保税仓库中专门用来存储具有特定用途或特殊种类商品的称为专用型保税仓库，包括液体保税仓库、备料保税仓库、寄售维修保税仓库和其他专用型保税仓库。

企业申请设立保税仓库的，申请人应向仓库所在地主管海关提交书面申请，由主管海关受理并报直属海关审批。

（三）保税仓库的管理

1. 保税仓库管理的原则规定

保税仓库不得转租、转借给他人经营，不得下设分库。

2. 保税仓库的变更

保税仓库经营企业变更企业名称、组织形式、法定代表人的，应当在变更前向直属海关提交书面报告，说明变更事项、事由和变更时间，并在有关部门批准文件下发之日起30日内向主管海关申请变更，由主管海关报直属海关审批；变更保税仓库名称、地址、仓储面（容）积的，应当在变更前向主管海关提出申请，由主管海关报直属海关批准。

3. 保税仓库的延期

保税仓库注册登记证书有效期为3年，保税仓库经营企业应当在保税仓库注册登记证书有效期届满前30个工作日前向海关申请办理仓库延期手续。

4. 保税仓库的注销

保税仓库终止保税仓储业务的，由保税仓库经营企业提出书面申请，经主管海关受理报直属海关审批后，交回"保税仓库注册登记证书"，并办理注销手续。

保税仓库有《中华人民共和国行政许可法》第七十条所规定情形的，主管海关应报直属海关依法办理保税仓库注销手续，并收回"保税仓库注册登记证书"。

（四）保税仓库货物管理

1. 保税仓库所存货物的储存期限为1年。需要延长储存期限，应向主管海关申请延期，经海关批准可以延长，无特殊情形，延长的期限最长不超过1年。特殊情况下，延期后货物存储期超过2年的，由直属海关审批。

保税仓库货物超出规定的存储期限未申请延期或海关不批准延期申请的，经营企业应当办理超期货物的复运出境、征税、销毁等手续。

2. 保税仓库货物可以进行分级分类、分拆分拣、分装、计量、组合包装、打膜、加刷唛码、刷贴标志、改换包装、拼装等辅助性简单作业。在保税仓库内从事上述作业必须事先向主管海关提出申请，经主管海关同意后方可进行。

3. 保税仓库所存货物是海关监管货物，未经海关批准，不得擅自出售、转让、抵押、质押、留置、移作他用或者进行其他处置。

4. 货物在仓库储存期间发生损毁或者灭失，除不可抗力原因外，保税仓库应当依法向海关缴纳损毁、灭失货物的税款，并承担相应的法律责任。

（五）保税仓库货物出入仓及流转

1. 入仓管理

保税仓库进境入仓货物应当向海关办理进口申报手续，在口岸海关验放的，由企业自行提取货物入仓。

2. 出仓管理

（1）复运出境

保税仓库出仓复运出境货物，应当向海关办理出口申报手续，在口岸海关验放的，由企业自行提取货物出仓。

（2）转为进口

保税仓库货物出仓转为正式进口的，须由仓库主管海关审核同意后，方可按海关规定办理出仓报关手续，进口报关单按实际进口监管方式填报。经仓库主管海关同意，企业向海关办理货物出仓报关手续。属于许可证件管理的商品，应当取得有效的进口许可证件，海关对有关进口许可证件电子数据进行系统自动比对验核。

寄售维修保税仓库内的寄售维修零配件申请以保修期内免税出仓的，应填制进口货物报关单，"贸易方式"栏填"无代价抵偿货物（3100）"，并确认免税出仓的维修件在保修期内且不超过原设备进口之日起 3 年，维修件由外商免费提供，更换下的零部件依法处理。

保税仓库企业如申请以集中报关方式出仓的，海关应收取企业集中报关的申请，申请中应写明集中报关的商品名称、发货流向、发货频率、合理理由等。根据企业资信状况和风险度，仓库主管海关可收取保证金。企业当月出库的货物最迟应在次月 5 个工作日前办理报关手续，并不得跨年度申报。

3. 流转管理

保税仓库与海关特殊监管区域、其他保税监管场所的货物流转，应当按照海关规定办理相关手续。

流转货物需要报关的，应先办理进口报关，再办理出口报关。

三、出口监管仓库

出口监管仓库指经海关批准设立，对已办结海关出口手续的货物进行存储、保税物流配送、提供流通性增值服务的仓库。

（一）出口监管仓库的功能

出口监管仓库具有保税存储、转口配送和流通性增值服务等功能。

下列货物，经海关批准可以存入出口监管仓库：一般贸易出口货物；加工贸易出口货物；从其他海关特殊监管区域、场所转入的出口货物；出口配送型仓库可以存放为拼装出口货物而进口的货物，以及为改换出口监管仓库货物包装而进口的包装物料；其他已办结海关出口手续的货物。

出口监管仓库不得存放国家禁止进出境货物，未经批准的国家限制进出境货物，以及海关规定不得存放的其他货物。

（二）出口监管仓库的种类、设立

出口监管仓库分为：国内结转型仓库，存储用于国内结转的出口货物的仓库；出口配送型仓库，存储以实际离境为目的的出口货物的仓库。出口配送型仓库，符合上一年度入仓货物的实际出仓离境率不低于 99% 等条件的，可以申请享受国内货物入仓即予退税政策。

企业申请设立出口监管仓库的，申请人应向仓库所在地主管海关提交书面申请，由主管海关受理并报直属海关审批。

（三）出口监管仓库管理

1. 出口监管仓库管理的原则规定

出口监管仓库必须专库专用，不得转租、转借给他人经营，不得下设分库。

出口监管仓库经营企业应当如实填写有关单证、仓库账册，真实记录并全面反映其业务活动和财务状况，编制仓库月度进、出、转、存情况表，并定期报送主管海关。

2. 出口监管仓库的变更

出口监管仓库经营企业变更企业名称、组织形式、法定代表人的，应当在变更前向直属海关提交书面报告，说明变更事项、事由和变更时间，并在有关部门批准文件下发之日起30日内向主管海关申请变更，由主管海关报直属海关审批；变更出口监管仓库名称、地址、仓储面（容）积的，应当在变更前向主管海关提出申请，由主管海关报直属海关批准。

3. 出口监管仓库的延期

出口监管仓库经营企业申请延期的，须在海关出口监管仓库注册登记证书有效期届满30日前向仓库主管海关提出申请。

4. 出口监管仓库的注销

出口监管仓库有下列行为之一的，海关注销出口监管仓库：

（1）无正当理由逾期未申请延期审查或者延期审查不合格的；

（2）仓库经营企业书面申请变更出口监管仓库类型的；

（3）仓库经营企业书面申请终止出口监管仓库仓储业务的；

（4）仓库经营企业不再具备经营出口监管仓库应当符合的条件的；

（5）法律、法规规定的应当注销行政许可的其他情形。

（四）出口监管仓库货物管理

1. 出口监管仓库所存货物存储期限为6个月。经主管海关同意可以延期，但延期不得超过6个月。货物存储期满前，仓库经营企业应当通知发货人或者其代理人办理货物的出境或者进口手续。

2. 存入出口监管仓库的货物不得进行实质性加工。经主管海关同意，可以在仓库内进行品质检验、分级分类、分拣分装、加刷唛码、刷贴标志、打膜、改换包装等流通性增值服务。

3. 出口监管仓库所存货物，是海关监管货物，未经海关批准，不得擅自出售、转让、抵押、质押、留置、移作他用或者进行其他处置。

4. 货物在仓库储存期间发生损毁或者灭失，除不可抗力原因外，出口监管仓库应当依法向海关缴纳损毁、灭失货物的税款，并承担相应的法律责任。

（五）出口监管仓库货物的出入仓及流转

1. 进仓管理

出口货物存入出口监管仓库时，当事人应当向主管海关办理出口报关手续，填制出口货物报关单。属于许可证件管理的商品，应当取得有效的出口许可证件，海关对有关出口许可证件电子数据进行系统自动比对验核。属于应当征收出口关税的出口商品，须缴纳出口关税。

当事人按照海关规定提交报关必需单证和仓库经营企业填制的出口监管仓库货物入仓清单。

对经批准享受入仓即予退税政策的出口监管仓库，海关在货物入仓结关后予以办理出口货物退税证明手续。对不享受入仓即予退税政策的出口监管仓库，海关在货物实际离境后办理出口货物退税证明手续。

经主管海关批准，对批量少、批次频繁的入仓货物，可以办理集中报关手续。集中申报的期限不得超过 1 个月，且不得跨年度办理。

2. 出仓管理

（1）出口

出口监管仓库货物出仓实际离境，仓库主管海关应要求仓库经营企业提交出口监管仓库货物出仓清单，经仓库主管海关审核，办理出口报关手续。

（2）进口

对出口配送型监管仓库存放为拼装出口货物而进口货物的，仓库主管海关应要求仓库经营企业提交申请报告及"海关出口监管仓库申请事项审批表"。经审核同意后，按照实际贸易方式和货物实际状态办理进口报关手续。

3. 流转管理

出口监管仓库与海关特殊监管区域或其他保税监管场所往来流转的货物，应当符合出口监管仓库货物管理要求，主管海关应要求货物转出和转入企业提交"海关出口监管仓库货物流转申请表"。主管海关审核同意后，企业按有关规定办理货物流转出入仓海关手续。

4. 更换管理

对已存入出口监管仓库，因质量等原因要求更换的货物，经仓库所在地主管海关批准，可以更换货物。被更换货物出仓前，更换货物应当先行入仓，并应当与原货物的商品编号、品名、规格型号、数量和价值相同。

四、保税物流中心

保税物流中心是指经海关批准，由我国境内一家企业法人经营，多家企业进入并从事保税仓储物流业务的海关集中监管场所。

保税物流中心有 A 型和 B 型两种，本节重点介绍保税物流中心（B 型），本节中的保税物流中心特指保税物流中心（B 型）。

（一）保税物流中心的功能

保税物流中心被赋予了进口保税政策、出口退税政策及灵活的外汇政策，拥有较为强大的政策功能。

1. 存放货物的范围

包括国内出口货物，转口货物和国际中转货物，外商暂存货物，加工贸易进出口货物，供应国际航行船舶和航空器的物料、维修用零部件，供维修外国产品所进口寄售的零配件，未办结海关手续的一般贸易进口货物，经海关批准的其他未办结海关手续的货物。

2. 开展业务的范围

可保税存储进出口货物及其他未办结海关手续的货物，对所存货物开展流通性简单加工和增值服务，全球采购和国际分拨、配送，转口贸易和国际中转业务，经海关批准的其他国际物流业务。

保税物流中心不得开展以下业务：商业零售；生产和加工制造；维修、翻新和拆解；存储国家禁止进出口货物，以及危害公共安全、公共卫生或者健康、公共道德或者秩序的国家限制进出口货物；存储法律、行政法规明确规定不能享受保税政策的货物；其他与保税物流中心无关的业务。

（二）保税物流中心的设立、延期、变更

设立保税物流中心的申请事项由主管直属海关受理，由海关总署、财政部、国家税务总局、国家外汇管理局审批。在保税物流中心内设立企业由主管海关受理，报直属海关审批。

保税物流中心注册登记证书有效期为 3 年，保税物流中心经营企业应当在保税物流中心注册登记证书每次有效期届满 30 日前向直属海关办理延期审查申请手续。

保税物流中心需变更名称、地址、面积及所有权等事项的，由直属海关受理并报海关总署审批；其他变更事项报直属海关备案。中心内企业需变更有关事项的，由主管海关审批。

（三）保税物流中心的相关政策

1. 税收政策

保税物流中心内企业进口自用的办公用品，交通、运输工具，生活消费用品等，以及企业在物流中心内开展综合物流服务所需的进口机器、装卸设备、管理设备等，按照现行进口货物的有关规定和税收政策办理相关手续。

境内保税物流中心外货物进入保税物流中心视同出口，享受出口退税政策，并在进入保税物流中心环节退税，如需缴纳出口关税的，应当按照规定纳税。

境内保税物流中心外进入保税物流中心内供物流企业使用的国产机器、装卸设备、管理设备、检验检测设备、包装物料等，可以享受出口退税政策，在进入保税物流中心环节给予退税。

保税物流中心内企业之间，以及与其他海关特殊监管区域、场所之间的货物交易、流转，免征流通环节增值税、消费税；在保税物流中心内进行简单加工的产品，免征增值税；保税物流中心内保税货物内销，以货物的销售价格为基础，按货物出保税物流中心时的状态征收关税和进口环节税。

2. 贸易管制政策

保税物流中心与境外之间的进出货物，除国家禁止进出口的和实施出口被动配额管理的外，不实行配额、许可证管理；保税物流中心与境内（除海关特殊监管区域、保税监管场所）之间的进出货物，视同进出口，涉及配额、许可证管理的，须提交相应的许可证件。

3. 外汇政策

保税物流中心的外汇管理，参照国家外汇管理局 2013 年发布的《海关特殊监管区域外汇管理办法》相关规定执行。

保税物流中心与境内保税物流中心外之间货物贸易项下交易，可以以人民币或外币计价结算；服务贸易项下交易应当以人民币计价结算。保税物流中心内机构之间的交易，可

以以人民币或外币计价结算。

(四) 海关监管

1. 保税物流中心基本管理要求

保税物流中心内企业应当按照海关批准的存储货物范围和商品种类开展保税物流业务。保税物流中心经营企业不得在本保税物流中心内直接从事保税仓储物流的经营活动。保税物流中心不得转租、转借他人经营，不得下设分中心。

保税物流中心经营企业及保税物流中心内企业负责人及其工作人员应当熟悉海关有关法律法规，遵守海关监管规定。

海关对保税物流中心及保税物流中心内企业实施计算机联网监管。保税物流中心及保税物流中心内企业应当建立符合海关监管要求的计算机管理系统并与海关联网，形成完整、真实的货物进、出、转、存电子数据，保证海关开展对有关业务数据的查询、统计、采集、交换和核查等监管工作。

海关采取联网监管、视频监控、实物查验、实地核查等方式对进出保税物流中心的货物、物品、运输工具等实施动态监管。

2. 保税物流中心内企业的设立

保税物流中心内企业应当具备下列条件：

（1）具有独立的法人资格或者特殊情况下的保税物流中心外企业的分支机构；

（2）建立符合海关监管要求的计算机管理系统并与海关联网；

（3）在保税物流中心内有专门存储海关监管货物的场所。

3. 保税物流中心货物的管理

（1）保税物流中心内货物保税存储期限为 2 年，确有正当理由的，经主管海关同意可以予以延期，除特殊情况外，延期不得超过 1 年。

（2）企业根据需要，经主管海关批准，可以分批进出货物，月度集中报关，但集中报关不得跨年度办理。实行集中申报的进出口货物，应当适用每次货物进出口时海关接受申报之日实施的税率、汇率。

（3）未经海关批准，保税物流中心不得擅自将所存货物抵押、质押、留置、移作他用或者进行其他处置。保税物流中心内的货物可以在中心内企业之间进行转让、转移，但必须办理相关海关手续。

（4）保税仓储货物在存储期间发生损毁或者灭失的，除不可抗力外，保税物流中心经营企业应当依法向海关缴纳损毁、灭失货物的税款，并承担相应的法律责任。

4. 对保税物流中心与境外（一线）进出货物的监管

除实行出口被动配额管理和我国参加或者缔结的国际条约及国家另有明确规定的以外，不实行进出口配额、许可证件管理。

一线进口的货物：属于保税物流中心可以存储的货物，按照保税货物办理相关手续；保税物流中心内企业进口自用的货物、物品，以及开展物流服务所需的进口机器设备等，按照进口货物的有关规定和税收政策办理相关手续。

保税物流中心进出口货物：按照全国通关一体化方式进行申报。

5. 对保税物流中心与境内（二线）进出货物的监管

保税物流中心内企业根据需要经主管海关批准，可以分批进出货物，并按照海关规定办理月度集中报关，但集中报关不得跨年度办理。

（1）从保税物流中心进入境内（二线进口货物）

从保税物流中心进入境内视同进口，按照货物实际贸易方式和实际状态办理进口报关手续，保税物流中心外企业填制进口报关单向保税物流中心主管海关申报，保税物流中心内企业以保税核注清单形式向海关申报。货物属许可证件管理商品的，企业还应当向海关出具有效的许可证件；对适用集中申报通关方式的货物，海关按照接受报关单申报之日实施的税率、汇率计征税费。海关审价以货物运出保税物流中心时的内销价格为基础审查确定完税价格，该价格包含的能够单独列明的在保税物流中心内发生的保险费、仓储费等费用，不计入完税价格。

下列货物从保税物流中心进入境内时依法免征关税和进口环节税：用于在保修期限内免费维修有关外国产品并符合无代价抵偿货物有关规定的零部件；用于国际航行船舶和航空器的物料；国家规定免税的其他货物。

（2）从境内进入保税物流中心（二线出口货物）

除另有规定外，从境内进入保税物流中心视同出口，办理出口报关手续，享受出口退税。保税物流中心外企业填制出口报关单向保税物流中心主管海关申报，监管方式根据实际填报，保税物流中心内企业以保税核注清单形式向海关申报。如需缴纳出口关税的，应当按照规定纳税；属许可证件管理商品，还应当向海关出具有效的出口许可证件。

从境内运入保税物流中心的原进口货物，境内发货人应当向海关办理出口报关手续，经主管海关验放；已经缴纳的关税和进口环节海关代征税，不予退还。

从境内运入保税物流中心已办结报关手续的货物或者从境内运入保税物流中心供保税物流中心内企业自用的国产机器设备、装卸设备、管理设备、检测检验设备等，按照税务部门有关规定办理。从境内运入保税物流中心的下列货物，税务部门不予办理退（免）税：供保税物流中心内企业自用的生活消费品、交通运输工具；供保税物流中心内企业自用的进口机器设备、装卸设备、管理设备、检测检验设备等；保税物流中心之间，保税物流中心与综合保税区、出口加工区、保税物流园区和已实行国内货物入仓环节出口退税政策的出口监管仓库等海关特殊监管区域或者海关保税监管场所往来的货物。

保税物流中心与海关特殊监管区域、其他保税监管场所之间可以进行货物流转并按照规定办理相关海关手续。

6. 对保税物流中心内企业间货物流转的监管

保税物流中心内货物可以在保税物流中心内企业之间进行转让、转移并办理相关海关手续。保税监管场所内企业在开展保税货物流转业务时，相关企业应向海关报送保税核注清单数据信息。先由转入企业报送进口保税核注清单，再由转出企业报送出口保税核注清单。企业报送保税核注清单后需要办理报关单申报手续的，报关单申报数据由保税核注清单数据归并生成。

7. 检验检疫要求

参照海关特殊监管区域相关检验检疫工作流程进行处置，详见本教材第四章。

8. 保税物流中心统计办法

（1）保税物流中心与境外间的进出货物统计

①除另有规定外，境外运入保税物流中心的货物和保税物流中心运往境外的货物列入

海关统计。

②保税物流中心与境外间进出货物的统计原始资料为海关进口、出口货物报关单。其中，监管方式为"保税物流中心进出境货物"（代码"6033"）、"网购保税"（代码"1210"）及"网购保税A"（代码"1239"），消费使用单位或者生产销售单位为保税物流中心经营企业，其10位数海关注册编码第5位为"W"。

③海关按照消费使用单位或者生产销售单位前5位对保税物流中心进出境货物进行分组统计，相关数据在《海关统计》月刊中公布。

（2）保税物流中心与境内间的进出货物统计

①除另有规定外，从境内（保税物流中心外，下同）运入保税物流中心的货物和从保税物流中心运往境内的货物不列入海关统计，实施海关单项统计。

②保税物流中心与境内间的非保税间流转货物，其统计原始资料为海关进口、出口货物报关单。其中，运输方式为"物流中心"（代码"W"），进出境关别应当填报保税物流中心所在海关名称及代码。

③海关按照进出境关别对保税物流中心与境内之间的非保税间流转货物进行分组统计，相关数据不公布。

④保税物流中心与境内间的保税间流转货物的统计原始资料为保税核注清单。

第五节　综合保税区

海关特殊监管区域包括保税区、出口加工区、保税物流园区、跨境工业区、保税港区、综合保税区6类。根据相关政策，除保税区外，其他海关特殊监管区域将统一整合优化为综合保税区，新出台的政策措施也将仅仅赋予综合保税区。考虑到目前全国范围内的海关特殊监管区域大都已经整合优化为综合保税区（截至2023年6月底，在全国171个海关特殊监管区域中，综合保税区有160个，占比93.57%，其他各类型区域合计仅剩11个），本节仅对综合保税区进行介绍。在综合保税区的基础上，国家又批准设立洋山特殊综合保税区，并赋予洋山特殊综合保税区和洋浦保税港区更为开放和自由的政策，本节也予以介绍。

一、综合保税区概述

（一）综合保税区的概念

综合保税区是指经国务院批准，具有口岸、物流、加工等功能的海关特殊监管区域。

（二）综合保税区的功能

综合保税区可以开展下列业务：

1. 研发、加工、制造、再制造；

2. 检测、维修；

3. 货物存储；

4. 物流分拨；

5. 融资租赁；

6. 跨境电商；

7. 商品展示；

8. 国际转口贸易；

9. 国际中转；

10. 港口作业；

11. 期货保税交割；

12. 国家规定可以在区内开展的其他业务。

二、综合保税区的管理

综合保税区实行封闭式管理。综合保税区的基础监管设施应当符合综合保税区基础和监管设施设置规范，并经海关会同有关部门验收合格。

综合保税区享受的税收和外汇管理政策为：国外货物入区保税；货物出区进入境内销售按货物进口的有关规定办理报关手续，并按货物实际状态征税；区外货物入区视同出口，实行退税。

除安全保卫人员外，综合保税区内不得居住人员；除法律法规另有规定外，国家禁止进口、出口的货物、物品不得在综合保税区与境外之间进、出。

区内企业设立海关电子账册，电子账册的备案、变更、核销应当按照海关相关规定执行。

（一）物流管理

海关对进出综合保税区的交通运输工具、货物及其外包装、集装箱、物品，以及综合保税区内企业实施监督管理。

综合保税区内货物可以自由流转。区内企业转让、转移货物的，双方企业应当及时向海关报送转让、转移货物的品名、数量、金额等电子数据信息。

除法律法规另有规定外，综合保税区货物不设存储期限。

区内企业可以按照海关规定办理集中申报手续。集中申报手续可以按月或按季度办理。按季度办理集中申报手续的，应当在每季度结束后的次月 15 日前办理；按月办理集中申报手续的，应当在次月底前办理。办理集中申报手续，不得晚于账册核销截止日期，且不得跨年度办理。

集中申报适用海关接受集中申报之日实施的税率、汇率。

（二）货物的销毁处置

区内企业依法对区内货物采取销毁处置的，应当办理相关手续，销毁处置费用由区内企业承担。区内企业应当委托具有法定资质的单位实施销毁。海关应要求企业明确销毁处置时限，及时完成销毁处置并按规定办理出区手续。销毁产生的固体废物出区时，按照境内固体废物相关规定进行管理。

销毁处置货物为料件、残次品和成品的（包括进境维修过程中产生或替换的旧件、坏件），区内企业应申报保税核注清单，监管方式为"料件销毁"（代码"0200"）；销毁处置货物为边角料、副产品的，区内企业应申报保税核注清单，监管方式为"边角料销毁"（代码"0400"），海关根据企业销毁货物所包含的保税料件情况核减电子账册底账。

销毁处置货物获得收入的，区内企业按照销毁处置后的实际状态向海关申报，监管方式为"边角料内销"（代码"0844"或"0845"），海关比照边角料内销征税的管理规定办理征税手续。

(三)放弃、损毁、灭失货物的处理

1. 区内企业申请放弃的货物，经海关及有关主管部门核准后，由海关依法提取变卖，变卖收入按照国家有关规定处理，但法律法规规定不得放弃的除外。

2. 因不可抗力造成综合保税区内货物损毁、灭失的，区内企业应当及时报告海关。经海关核实后，区内企业可以按照下列规定办理：

（1）货物灭失，或者虽未灭失但完全失去使用价值的，办理核销和免税手续；

（2）境外进入综合保税区或者区外进入综合保税区且已办理出口退税手续的货物损毁，失去部分使用价值的，办理出区内销或者退运手续；

（3）区外进入综合保税区且未办理出口退税手续的货物损毁，失去部分使用价值，需要向出口企业进行退换的，办理退运手续。

3. 因保管不善等非不可抗力因素造成区内货物损毁、灭失的，区内企业应当及时报告海关并说明情况。经海关核实后，区内企业可以按照下列规定办理：

（1）境外进入综合保税区的货物，按照一般贸易进口货物的规定办理相关手续，并按照海关审定的货物损毁或灭失前的完税价格，以货物损毁或灭失之日适用的税率、汇率缴纳关税、进口环节税；

（2）区外进入综合保税区的货物，重新缴纳因出口而退还的境内环节有关税收，已缴纳出口关税的，不予退还。

三、综合保税区货物的进出

（一）综合保税区与境外之间进出货物

综合保税区与境外之间进出的货物，其收发货人或者代理人应当如实向海关申报，按照海关规定填写进出境货物备案清单并办理相关手续。下列货物从境外进入综合保税区，海关免征进口关税和进口环节税：

1. 区内生产性的基础设施建设项目所需的机器、设备和建设生产厂房、仓储设施所需的基建物资；

2. 区内企业生产所需的机器、设备、模具及其维修用零配件；

3. 综合保税区行政管理机构和区内企业自用合理数量的办公用品。

以上货物参照进口减免税货物的监管年限管理，监管年限届满的自动解除监管；监管年限未满企业申请提前解除监管的，参照进口减免税货物补缴税款的有关规定办理，属于许可证件管理的应当取得有关许可证件。

从综合保税区运往境外的货物免征出口关税。

综合保税区与境外之间进出的货物不实行关税配额、许可证件管理，但法律法规和我国缔结或者参加的国际条约、协定另有规定的除外。境外进入综合保税区的货物及其外包装、集装箱，应当由海关依法在进境口岸实施检疫。因口岸条件限制等原因，海关可以在区内符合条件的场所（场地）实施检疫；综合保税区运往境外的货物及其外包装、集装箱，应当由海关依法实施检疫；综合保税区与境外之间进出的交通运输工具，由海关按照进出境交通运输工具有关规定实施检疫。

（二）综合保税区与区外非特殊监管区域或场所之间进出货物

综合保税区与区外之间进出的货物，区内企业或者区外收发货人应当按照规定向海关办理相关手续。需要征税的，区内企业或者区外收发货人应当按照货物进出区时的实际状态缴纳关税和进口环节税；货物属于关税配额、许可证件管理的，区内企业或者区外收货人应当取得关税配额、许可证件。海关应当对关税配额进行验核，对许可证件电子数据进行系统自动比对验核。

1. 经综合保税区运往区外的优惠贸易协定项下的货物，符合相关原产地管理规定的，可以适用协定税率或者特惠税率。

2. 区内企业在加工生产过程中使用保税料件产生的残次品、副产品运往区外销售时，区内企业应当按照货物出区时的实际状态缴纳税款。属于关税配额、许可证件管理的，区内企业或者区外收货人应当取得关税配额、许可证件。海关应当对关税配额进行验核、对许可证件电子数据进行系统自动比对验核。区内企业在加工生产过程中使用保税料件产生的边角料，以及加工生产、储存、运输等过程中产生的包装物料，运往区外销售时，区内企业应当按照货物出区时的实际状态缴纳税款。区内企业产生的未复运出境的固体废物，按照境内固体废物相关规定进行管理。需运往区外进行贮存、利用或者处置的，应按规定向海关办理出区手续。

3. 区内企业在区外其他地方举办商品展示活动的，比照海关对暂时进境货物的管理规定办理有关手续。

4. 区内企业按照海关规定将自用机器、设备及其零部件、模具或者办公用品运往区外进行检测、维修的，检测、维修期间不得在区外用于加工生产和使用，并且应当自运出之日起 60 日内运回综合保税区。因故不能如期运回的，区内企业应当在期限届满前 7 日内书面向海关申请延期，延长期限不得超过 30 日。

因特殊情况无法在上述规定时间内完成检测、维修并运回综合保税区的，经海关同意，可以在检测、维修合同期限内运回综合保税区。

更换零配件的，原零配件应当一并运回综合保税区；确需在区外处置的，海关应当按照原零配件的实际状态征税；在区外更换的国产零配件，需要退税的，企业应当按照有关规定办理手续。

5. 区内企业按照海关规定将模具、原材料、半成品等运往区外进行外发加工的，外发加工期限不得超过合同有效期，加工完毕的货物应当按期运回综合保税区。

外发加工产生的边角料、残次品、副产品不运回综合保税区的，海关应当按照货物实际状态征税；残次品、副产品属于关税配额、许可证件管理的，区内企业或者区外收发货人应当取得关税配额、许可证件；海关应当对有关关税配额进行验核、对许可证件电子数据进行系统自动比对验核。

6. 海关监管货物从综合保税区与区外之间进出的，综合保税区主管海关可以要求提供相应的担保。

7. 以出口报关方式进入综合保税区的货物予以保税。其中，区内企业从区外采购的机器、设备参照进口减免税货物的监管年限管理，监管年限届满的自动解除监管，免于提交许可证件；监管年限未满企业申请提前解除监管的，参照进口减免税货物补缴税款的有关规定办理相关手续，免于提交许可证件；前款规定货物的出口退税按照国家有关规定办理。

8. 除法律法规另有规定外，海关对综合保税区与区外之间进出的货物及其外包装、集装箱不实施检疫。

（三）综合保税区与其他综合保税区等海关特殊监管区域、保税监管场所之间往来的货物

海关对于综合保税区与其他海关特殊监管区域、保税监管场所之间往来的货物予以保税。综合保税区与其他综合保税区等海关特殊监管区域、保税监管场所之间的流转货物，不征收关税和进口环节税。

四、综合保税区创新监管制度

为促进综合保税区进一步发展，2019 年 1 月 12 日，国务院下发了《关于促进综合保税区高水平开放高质量发展的若干意见》，提出了"坚持深化改革，简政放权""坚持对标国际，开放引领""坚持创新驱动，转型升级""坚持质量第一，效益优先"四项基本原则，同时提出了拓展两个市场、提前适用政策、释放企业产能、促进内销便利、强化企业市场主体地位、促进研发创新、建设创新高地、优化信用管理、支持医疗设备研发、简化进出区管理、便利货物流转、试行汽车保税存储、促进文物回流、开展检测维修、支持再制造业、创新监管模式、发展租赁业态、促进跨境电商发展、支持服务外包、支持期货交割、推广创新制度 21 项任务。目前，多项任务已落地生效，转化为综合保税区的创新监管制度。

（一）综合保税区企业增值税一般纳税人资格试点

1. 试点条件

综合保税区企业增值税一般纳税人资格试点实行备案管理，符合下列条件的综合保税区由所在地省级税务、财政部门和直属海关将一般纳税人资格试点实施方案向国家税务总局、财政部、海关总署备案后，可以开展一般纳税人资格试点：

（1）综合保税区内企业确有开展一般纳税人试点的需求；

（2）所在地市（地）级人民政府牵头建立了综合保税区行政管理机构、税务、海关等部门协同推进试点的工作机制；

（3）综合保税区主管税务机关和海关建立了一般纳税人资格试点工作相关的联合监管和信息共享机制；

（4）综合保税区主管税务机关具备在综合保税区开展工作的条件，明确专门机构或人员负责纳税服务、税收征管等相关工作。

综合保税区完成备案后，区内符合增值税一般纳税人登记管理有关规定的企业，可自愿向综合保税区所在地主管税务机关、海关申请成为试点企业，并按规定向主管税务机关办理增值税一般纳税人资格登记。

2. 税收政策

（1）试点企业进口自用设备（包括机器设备、基建物资和办公用品）时，暂免征收进口关税和进口环节增值税、消费税（以下简称"进口税收"）。上述暂免进口税收按照该进口自用设备海关监管年限平均分摊到各个年度，每年年终对本年暂免的进口税收按照当年内外销比例进行划分，对外销比例部分执行试点企业所在海关特殊监管区域的税收政策，对内销比例部分比照执行海关特殊监管区域外税收政策补征税款。

（2）除进口自用设备外，购买的下列货物适用保税政策：从境外购买并进入试点区域的货物，从海关特殊监管区域（试点区域除外）或海关保税监管场所购买并进入试点区域的保税货物，从试点区域内非试点企业购买的保税货物，从试点区域内其他试点企业购买的未经加工的保税货物。

（3）销售下列货物的，应向主管税务机关申报缴纳增值税、消费税：

①向境内区外销售的货物；

②向保税区、不具备退税功能的保税监管场所销售的货物（未经加工的保税货物除外）；

③向试点区域内其他试点企业销售的货物（未经加工的保税货物除外）。

试点企业销售上述货物中含有保税货物的，按照保税货物进入海关特殊监管区域时的状态向海关申报缴纳进口税收，并按照规定补缴缓税利息。

（4）向海关特殊监管区域或者海关保税监管场所销售的未经加工的保税货物，继续适用保税政策。

（5）销售下列货物（未经加工的保税货物除外）的，适用出口退（免）税政策，主管税务机关凭海关提供的与之对应的出口货物报关单电子数据审核办理试点企业申报的出口退（免）税：

①离境出口的货物；

②向海关特殊监管区域（试点区域、保税区除外）或海关保税监管场所（不具备退税功能的保税监管场所除外）销售的货物；

③向试点区域内非试点企业销售的货物。

（6）未经加工的保税货物离境出口实行增值税、消费税免税政策。

（7）除另有规定外，试点企业适用区外关税、增值税、消费税的法律法规等现行规定。

（8）区外销售给试点企业的加工贸易货物，继续按现行税收政策执行；销售给试点企业的其他货物（包括水、蒸汽、电力、燃气）不再适用出口退税政策，按照规定缴纳增值税、消费税。

（9）税务、海关两部门加强税收征管和货物监管的信息交换。对适用出口退税政策的货物，海关向税务部门传输出口报关单结关信息电子数据。

（二）支持综合保税区提前适用政策

自综合保税区经国务院批准设立之日起，到综合保税区正式封关运作前，直属海关可提前向海关总署申请综合保税区关区代码和地区代码，主管海关根据企业申请为企业办理注册或备案登记。在企业提交书面申请、机器设备清单及综合保税区所在地的地市级人民政府出具的证明材料后，海关为其设立设备电子账册。企业可以将用于区内安装、调试的设备申请提前适用免税政策。

（三）委托加工

1. 含义

委托加工是指区内企业利用监管期限内的免税设备接受区外企业委托，对区外企业提供的入区货物进行加工，加工后的产品全部运往境内（区外），收取加工费，并向海关缴纳税款的行为。委托加工货物包括委托加工的料件（包括来自境内区外的非保税料件和区内企业保税料件）、成品、残次品、废品、副产品和边角料。

2. 企业资质

（1）海关认定的企业信用状况为高级认证企业及其他海关注册登记和备案企业；

（2）具备开展该项业务所需的场所和设备，能对委托加工货物与其他保税货物分开管理、分别存放。

3. 业务规则

（1）委托加工用料件原则上由区外企业提供，对需使用区内企业保税料件的，区内企业应当事先如实向海关报备。

（2）委托加工用非保税料件由境内（区外）入区时，区外企业申报监管方式为"出料加工"（代码"1427"），运输方式为"综合保税区"（代码"Y"）；区内企业申报监管方式为"料件进出区"（代码"5000"），运输方式为"其他"（代码"9"）。

（3）境内（区外）入区的委托加工用料件属于征收出口关税商品的，区外企业应当按照海关规定办理税款担保事宜。

（4）委托加工成品运往境内（区外）时，区外企业申报监管方式为"出料加工"（代码"1427"），运输方式为"综合保税区"（代码"Y"）。委托加工成品和加工增值费用分列商品项，并按照以下要求填报：

①商品名称与商品编号栏目均按照委托加工成品的实际名称与编码填报；

②委托加工成品商品项数量为实际出区数量，征减免税方式为"全免"；

③加工增值费用商品项商品名称包含"加工增值费用"，法定数量为0.1，征减免税方式为"照章征税"。

区内企业申报监管方式为"成品进出区"（代码"5100"），运输方式为"其他"（代码"9"），商品名称按照委托加工成品的实际名称填报。

加工增值费用完税价格应当以区内发生的加工费和保税料件费为基础确定。其中，保税料件费是指委托加工过程中所耗用全部保税料件的金额，包括成品、残次品、废品、副产品、边角料等。

（5）由境内（区外）入区的委托加工剩余料件运回境内（区外）时，区外企业申报监管方式为"出料加工"（代码"1427"），运输方式为"综合保税区"（代码"Y"）；区内企业申报监管方式为"料件进出区"（代码"5000"），运输方式为"其他"（代码"9"）。

（6）委托加工产生的边角料、残次品、废品、副产品等应当运回境内（区外）。保税料件产生的边角料、残次品、废品、副产品属于固体废物的，应当按照固体废物相关管理规定办理出区手续。

（7）委托加工电子账册核销周期最长不超过1年，区内企业应当按照海关监管要求，如实申报企业库存、加工耗用等数据，并根据实际加工情况办理报核手续。

（四）"四自一简"

1. 含义

"四自一简"监管制度是指综合保税区内企业可自主备案、合理自定核销周期、自主核报、自主补缴税款，海关简化业务核准手续。

2. 企业资质

海关认定的企业信用状况为高级认证企业及其他海关注册登记和备案企业的，可适用"四自一简"监管制度。

3. 业务规则

（1）在综合保税区内实施"四自一简"监管制度，综合保税区内企业可自主备案、合理自定核销周期、自主核报、自主补缴税款，海关简化业务核准手续。

（2）企业设立电子账册时，可自主备案商品信息。除系统判别转由人工审核的，系统自动备案。

（3）企业可根据实际经营情况，自主确定核销周期。核销周期原则上不超过1年，企业核销盘点前应当告知海关。

（4）企业可自主核定保税货物耗用情况，并向海关如实申报，自主办理核销手续。企业对自主核报数据负责并承担相应法律责任。

（5）企业可按照"自主申报、自行缴税（自报自缴）"方式对需要缴税的保税货物自主补缴税款。

（6）简化业务核准手续，企业可一次性办理分送集报、设备检测、设备维修、模具外发等备案手续。需办理海关事务担保的业务，企业按照有关规定办理。

（五）保税研发

1. 企业资质

（1）经国家有关部门或综合保税区行政管理机构批准开展保税研发业务；

（2）海关认定的企业信用状况为高级认证企业及其他海关注册登记和备案企业；

（3）具备开展保税研发业务所需的场所和设备，能够对研发料件和研发成品实行专门管理。

2. 业务规则

（1）综合保税区内企业以有形料件、试剂、耗材及样品等开展研发业务。

（2）海关为其设立专门的保税研发电子账册。

（3）不得开展国家禁止进出口货物的保税研发业务。区内企业开展保税研发业务，海关不按照《加工贸易禁止类商品目录》实施监管。

（4）研发料件、研发成品及研发料件产生的边角料、坏件、废品等保税研发货物（以下简称"保税研发货物"），海关应当要求区内企业按照以下方式申报：

①研发料件从境外入区，按照监管方式"特殊区域研发货物"（代码"5010"）申报，运输方式按照实际进出境运输方式申报；研发料件从境内（区外）入区，按照监管方式"料件进出区"（代码"5000"）申报，运输方式按照"其他"（代码"9"）申报。

②研发成品出境，按照监管方式"特殊区域研发货物"（代码"5010"）申报，运输方式按照实际进出境运输方式申报；研发成品进入境内（区外），按照监管方式"成品进出区"（代码"5100"）申报，运输方式按照"其他"（代码"9"）申报。

③研发料件进入境内（区外），按照监管方式"料件进出区"（代码"5000"）申报，运输方式按照"其他"（代码"9"）申报。

④研发料件产生的边角料、坏件、废品等，退运出境按照监管方式"进料边角料复出"（代码"0864"）或"来料边角料复出"（代码"0865"）申报，运输方式按照实际进出境运输方式申报；内销按照监管方式"进料边角料内销"（代码"0844"）或"来料边角料内销"（代码"0845"）申报，运输方式按照"其他"（代码"9"）申报。

（5）保税研发货物销往境内（区外）的，海关应当要求区外企业按照实际监管方式申报，运输方式按照"综合保税区"（代码"Y"）申报。海关以实际报验状态征税。

（6）研发料件产生的边角料、坏件、废品运往境内（区外）的，海关按照综合保税区关于边角料、废品、残次品的有关规定为企业办理相关手续。

（7）研发成品可运往境内（区外）进行检测。研发成品出区检测期间不得挪作他用，不得改变物理、化学形态，并应当自运出之日起 60 日内运回综合保税区。因特殊情况不能如期运回的，区内企业应当在期限届满前 7 日内向海关申请，海关可予以延期，延长期限不得超过 30 日。

（8）保税研发电子账册核销周期最长不超过 1 年，海关根据企业实际研发情况予以核销。

（六）优化信用管理

对综合保税区新设立的区内研发制造企业，经海关认证，符合海关高级认证标准的，直接赋予高级认证企业资质。

（七）简化进出区管理

简化进出区管理是指允许对境内入区的不涉出口关税、不涉贸易管制证件、不要求退税且不纳入海关统计的货物、物品，实施便捷进出区管理模式。货物、物品的范围为：

1. 区内的基础设施、生产厂房、仓储设施建设过程中所需的机器、设备、基建物资；

2. 区内企业和行政管理机构自用的办公用品；

3. 区内企业所需的劳保用品；

4. 区内企业用于生产加工及设备维护的少量、急用物料；

5. 区内企业使用的包装物料；

6. 区内企业使用的样品；

7. 区内企业生产经营使用的仪器、工具、机器、设备；

8. 区内人员所需的生活消费品。

上述货物、物品可不采用报关单、备案清单方式办理进区手续；如需出区，实行与进区相同的便捷管理模式。区内企业要做好便捷进出区的日常记录，相关情况可追溯。

（八）汽车保税存储

具有整车进口口岸的地级市行政区划内（含直辖市）的综合保税区可以开展进口汽车（平行进口汽车除外）保税存储、展示等业务。

（九）优化综合保税区文物进出境（区）管理

1. 含义

优化综合保税区文物进出境（区）管理是指优化综合保税区文物监管模式，简化审批及监管手续，提升文物进出境管理水平。

2. 业务规则

（1）文物出境。文物从综合保税区出境，应当报文物进出境相关审核机构审核。经审核允许出境的文物，由文物进出境审核机构标明文物出境标识，发放文物出境许可证。海关审核后凭文物出境许可证放行。

（2）文物临时进境复出境。文物由综合保税区临时进境，应当在进境时向海关申报，入区后凭相关报关单证报文物进出境审核机构在区内开展审核、登记。复出境时，应当向原审核、登记的文物进出境审核机构申报，文物进出境审核机构对照进境记录审核查验、确认无误后，标明文物出境标识，发放文物出境许可证。海关审核后凭文物出境许可证放行。

（3）文物进出综合保税区。文物从境内区外进入综合保税区，或者已办理临时进境审核登记手续的文物由综合保税区进入境内区外，除按要求办理海关手续外，无须向文物进出境审核机构申报。

（4）支持符合条件的区内企业采取关税保证保险、企业增信担保、企业集团财务公司担保等多元化税收担保方式开展出区展示，缓解企业资金压力，便捷文物展览展示。

（5）实施入区登记审核。对于申请由综合保税区出境和临时进境复出境的文物，文物进出境审核机构可提供延伸服务，在综合保税区内开展登记查验和审核工作，便利企业在综合保税区内开展文物存储、展示等活动。

（6）缩短行政审批时限。文物进出境审核机构可在与申报人协商一致的基础上，在文物进出境申请正式受理后的 5~10 个工作日内完成登记、查验和审批工作。因申报人原因造成审核工作无法如期进行的，应当在 3 个工作日内将申请通过系统退回申报人并注明理由。

（十）简化综合保税区艺术品进出口管理

开展艺术品保税存储的，在综合保税区与境外之间进出货物的申报环节，文化和旅游行政部门不再核发批准文件，海关不再验核相关批准文件。

在综合保税区内外开展艺术品展览、展示及艺术品进出口等经营活动的，凭文化和旅游行政部门核发的批准文件办理海关监管手续。对同一批艺术品，文化和旅游行政部门核发的批准文件可以多次使用。

（十一）"先入区、后检测"

对境外进入综合保税区的动植物产品的检验项目实行"先入区、后检测"监管模式。

其中的动植物产品是指从境外进入综合保税区后再运往境内区外，以及加工后再运往境内区外或出境，依据我国法律法规规定应当实施检验检疫的动植物产品（不包括食品）。检验项目包括动植物产品涉及的农（兽）药残留、环境污染物、生物毒素、重金属等安全卫生项目。

动植物产品在进境口岸完成动植物检疫程序后，对需要实施检验的项目，可先行进入综合保税区内的监管仓库，海关再进行有关检验项目的抽样检测和综合评定，并根据检测结果进行后续处置。

（十二）保税货物租赁

1. 含义

保税货物租赁业务是指租赁企业和承租企业以综合保税区内保税货物为租赁标的物开展的进出口租赁业务。

2. 企业资质

租赁企业为在综合保税区内设立的开展租赁业务的企业或者其设立的项目子公司。

承租企业为与租赁企业签订租赁合同，并按照合同约定向租赁企业支付租金的境内区外企业。

3. 业务规则

（1）租赁企业应当设立电子账册，如实申报租赁货物进、出、转、存等情况。

（2）租赁货物进出综合保税区时，租赁企业和承租企业应当按照现行规定向海关申报。承租企业对租赁货物的进口、租金申报纳税、续租、留购、租赁合同变更等相关手续应当在同一海关办理。

（3）租赁货物自进入境内区外之日起至租赁结束办结海关手续之日止，应当接受海关监管。

（4）租赁进口货物需要退回租赁企业的，承租企业应当将租赁货物复运至综合保税区内，并按照下列要求申报：

①原申报监管方式为"租赁贸易"（代码"1523"）的租赁进口货物，期满复运至综合保税区时，监管方式申报为"退运货物"（代码"4561"）；

②原申报监管方式为"租赁不满一年"（代码"1500"）的租赁进口货物，期满复运至综合保税区时，监管方式申报为"租赁不满一年"（代码"1500"）；

③运输方式按照现行规定申报。

（5）租赁进口货物需要办理留购的，承租企业应当申报进口货物报关单。对同一企业提交的同一许可证件项下的租赁进口货物，企业可不再重新出具许可证件。

（6）租赁企业发生租赁资产交易且承租企业不发生变化的，承租企业应当凭租赁变更合同等相关资料向海关办理合同备案变更、担保变更等相关手续。企业可以根据需要向综合保税区海关按照以下方式办理申报手续：

①综合保税区内租赁企业间发生资产交易的情况：承租企业及变更前的租赁企业向海关申报办理退运回区相关手续；租赁企业按照相关管理规定办理保税货物流转手续；承租企业及变更后的租赁企业向海关申报租赁进口货物出区手续。

②租赁企业与境外企业发生资产交易的情况：承租企业或租赁企业可以采取形式申报、租赁货物不实际进出境的通关方式办理进出境申报手续，运输方式填报"其他"（代码"9"）。

③对同一许可证件项下的租赁进口货物，企业可不再重新出具许可证件。

（7）保税货物由综合保税区租赁至境外时，租赁企业应当向海关申报出境备案清单，监管方式为"租赁贸易"（代码"1523"）或者"租赁不满一年"（代码"1500"），运输方式按实际运输方式填报。租赁货物由境外退运至综合保税区时，租赁企业应当向海关申报进境备案清单，监管方式为"退运货物"（代码"4561"）或者"租赁不满一年"（代码"1500"），运输方式按实际运输方式填报。

（8）租赁企业开展进出口租赁业务时，租赁货物应当实际进出综合保税区。对注册在综合保税区内的租赁企业进出口飞机、船舶和海洋工程结构物等不具备实际入区条件的大型设备，可予以保税，由海关实施异地委托监管。

（9）租赁货物进入境内（区外）时，海关认为必要的，承租企业应当提供税款担保。

（十三）期货保税交割

1. 含义

期货保税交割是指指定交割仓库内处于保税监管状态的货物作为交割标的物的一种销售方式。

2. 企业资质

（1）为综合保税区内的仓储企业；

（2）具备期交所认可的交割仓库资质；

（3）海关认定的企业信用状况为高级认证企业及其他海关注册登记和备案企业；

（4）建立符合海关监管要求的管理制度和计算机管理系统，能够对期货保税交割有关的采购、存储、使用、损耗和进出口等信息实现全程跟踪，并如实向海关联网报送物流、仓储、损耗及满足海关监管要求的其他数据；

（5）具备开展该项业务所需的场所和设备，能够对期货保税交割货物实施专门管理。

3. 业务规则

（1）综合保税区内的期货保税交割业务应当在国务院或国务院期货相关管理机构批准设立的交易场所开展。期交所开展期货保税交割业务应当与海关实现计算机联网，并实时向海关提供保税交割结算单、保税标准仓单、保税标准仓单质押等电子信息。

（2）开展期货保税交割业务的货物品种应当为经国务院期货相关管理机构批准开展期货保税交割业务的期交所上市品种。

（3）期交所应当将开展期货保税交割业务的货物品种及指定交割仓库向海关总署备案。

（4）交割仓库应当通过设立电子账册开展期货保税交割业务。

（5）综合保税区内货物参与期货保税交割的，应当按照规定向海关申报，并在进出口货物报关单、进出境货物备案清单、保税核注清单的备注栏注明"期货保税交割货物"。

（6）期货保税交割完成后，应当按照以下要求进行申报：

①需提货出境的，交割仓库应当凭期交所出具或授权出具的保税交割结算单和保税标准仓单清单等交割单证作为随附单证向海关办理货物出境申报手续。

②需提货至境内（区外）的，进口货物的收货人或者其代理人应当凭期交所出具或授权出具的交割单证等作为随附单证向海关办理货物进口申报手续，并按照规定缴纳进口环节税款。

③需提货至其他海关特殊监管区域或保税监管场所的，按照保税间货物流转向海关办理申报手续。申报时应当在进出口货物报关单、进出境货物备案清单、保税核注清单的备注栏注明"期货保税交割货物"及保税交割结算单号。

（7）保税标准仓单持有人（以下简称"仓单持有人"）需要开展保税标准仓单质押业务的，应当委托交割仓库向主管海关办理仓单质押备案手续，并提供"保税标准仓单质押业务备案表"。

（8）交割仓库应当对货物做好质押标记。

（9）仓单持有人需要解除质押的，应当委托交割仓库向主管海关申请办理仓单质押解除手续，并提交解除质押协议和"保税标准仓单质押业务解除备案表"。解除质押时，同一质押合同项下的仓单不得分批解除。

（十四）保税维修

1. 含义

保税维修是指企业以保税方式将存在部件损坏、功能失效、质量缺陷等问题的货物或运输工具（以下统称"待维修货物"）从境外运入境内进行检测、维修后复运出境。

2. 企业资质

（1）海关认定的企业信用状况为高级认证企业及其他海关注册登记和备案企业；

（2）建立符合海关监管要求的管理制度和计算机管理系统，能够实现对维修耗用等信息的全程跟踪；

（3）与海关之间实行计算机联网并能够按照海关监管要求进行数据交换；

（4）能够对待维修货物、已维修货物、维修用料件、维修过程中替换下的坏损零部件（以下简称"维修坏件"）、维修用料件在维修过程中产生的边角料（以下简称"维修边角料"）进行专门管理；

按照法律、法规和规章规定须由区域管理部门批准的，企业应当提供有关批准文件。

3. 业务范围

综合保税区内企业可开展航空航天、船舶、轨道交通、工程机械、数控机床、通信设备、精密电子等产品的维修业务。具体维修商品目录由商务部、生态环境部、海关总署联合制定并发布，截至 2023 年年底已发布两批共 70 类商品目录。

除法律、行政法规、国务院的规定或国务院有关部门依据法律、行政法规的授权作出的规定准许外，区内企业不得开展国家禁止进出口货物的维修业务。

4. 业务规则

（1）区内企业可开展来自境外或境内海关特殊监管区域外的维修业务。维修后的货物，应根据其来源复运至境外或境内区外。区内企业不得通过维修方式开展拆解、报废等业务。

（2）区内企业申请开展维修业务，由所在综合保税区管委会（或地方政府派驻行政管理机构）会同当地商务、海关等部门共同研究确定，并制订监管方案。相关方案和企业名单应报省级商务、直属海关等部门备案。

（3）区内企业开展维修业务，应制定切实可行的维修操作规范、安全规程和污染防治方案。维修业务应符合相关行业管理规范和技术标准，依法履行质量保障、安全生产、达标排放、土壤和地下水污染防治等义务。

（4）进境维修过程中产生或替换的边角料、旧件、坏件等，原则上应全部复运出境；确实无法复运出境的，一律不得内销，应当按照有关规定进行销毁处置。其中属于固体废物的，企业应当按照固体废物环境管理有关规定进行处置。对未能在监管方案中规定的期限内对维修过程中产生或替换的边角料、旧件、坏件等按照规定进行处置的，应终止开展保税维修业务。

（5）主管海关为企业设立保税维修 H 账册，账册的表头的保税方式字段为"保税维修"，建立待维修货物、已维修货物、维修用料件的电子底账。

待维修货物、已维修货物、维修用料件及维修坏件和维修边角料等，海关应当要求区内企业按照以下方式申报：

①待维修货物从境外运入区内进行检测、维修（包括经检测维修不能修复的）后应当复运出境。待维修货物从境外进入区内和已维修货物复运出境，区内企业应当填报进（出）境货物备案清单，监管方式为"保税维修"（代码"1371"）。

②待维修货物从境内区外进入区内，区外企业或区内企业应当填报出口货物报关单，监管方式为"修理物品"（代码"1300"），同时区内企业应当填报进境货物备案清单，监管方式为"保税维修"（代码"1371"）。

③已维修货物复运回境内区外，区外企业或区内企业应当填报进口货物报关单，监管方式为"修理物品"（代码"1300"），已维修货物和维修费用分列商品项填报。已维修货物商品项数量为实际出区域数量，征减免税方式为"全免"；维修费用商品项数量为0.1，征减免税方式为"照章征税"，商品编号栏目按已维修货物的编码填报；同时应当审

核区内企业填报的出境货物备案清单，监管方式为"保税维修"（代码"1371"），商品名称按已维修货物的实际名称填报。

④研发料件产生的边角料、坏件、废品等，退运出境按照监管方式"进料边角料复出"（代码"0864"）或"来料边角料复出"（代码"0865"）申报，运输方式按照实际进出境运输方式申报；内销按照监管方式"进料边角料内销"（代码"0844"）或"来料边角料内销"（代码"0845"）申报，运输方式按照"其他"（代码"9"）申报。

⑤已维修货物复运回境内区外，主管海关应当根据企业提交的维修合同（或含有保修条款的内销合同）、维修发票等单证，以保税维修业务耗用的保税料件费和修理费为基础审查确定维修费用完税价格，根据接受已维修货物申报复运回境内区外之日适用的税率、汇率计征进口税款。对外发至区外进行部分工序维修时发生的维修费用，如能单独列明的，可以从完税价格中予以扣除。

⑥待维修货物从境内区外进入区内和已维修货物复运回境内区外需要进行集中申报的，主管海关应当参照《中华人民共和国海关综合保税区管理办法》有关规定办理手续。

⑦维修用料件按照保税货物实施管理，企业应当按照《报关单填制规范》对监管方式等有关栏目的规定审核维修用料件进出境、进出区域、结转等的申报。

⑧对从境外进入区内的待维修货物产生的维修坏件和维修边角料原则上应复运出境，监管方式为"进料边角料复出"（代码"0864"）或"来料边角料复出"（代码"0865"）。确实无法复运出境的，一律不得内销，应进行销毁处置，销毁参照加工贸易货物销毁处置有关规定。

对从境内区外进入区内的待维修货物产生的维修坏件和维修边角料，可通过辅助管理系统登记后运至境内区外。

维修坏件和维修边角料属于固体废物的，应当按照境内固体废物相关规定进行管理。

⑨在进出境申报时，主管海关应当按进出境实际运输方式审核进（出）境货物备案清单的运输方式栏目。在自境内进出区申报时，主管海关应当按《报关单填制规范》的规定审核进出口货物报关单、进（出）境货物备案清单的运输方式栏目。

（6）维修业务开展过程中，由于部分工艺受限等原因，区内企业需将维修货物外发至区外进行部分工序维修时，主管海关可比照《中华人民共和国海关综合保税区管理办法》有关规定进行监管。

（7）主管海关以企业为单元对待维修货物、已维修货物、维修用料件、维修坏件、维修边角料的进、出、转、存、耗用数据开展风险分析，实施核查。

（8）保税维修账册核销周期不超过2年。

（9）有下列情形之一的，主管海关应当要求企业进行整改。整改期间，不受理该企业新的保税维修业务：

①不符合保税维修业务开展条件的；

②涉嫌走私被海关立案调查的；

③1年内2次发生违规的；

④未能在规定期限内将已维修货物、待维修货物、维修坏件或维修边角料按规定处置的。

第④项所述"规定期限"由主管海关根据保税维修合同和实际情况予以确定。

企业完成整改，并将整改结果报主管海关认可后，企业方可开展新的保税维修业务。

五、洋山特殊综合保税区

（一）洋山特殊综合保税区概述

为打造更具国际市场影响力和竞争力的特殊经济功能区，发挥中国（上海）自由贸易试验区临港新片区（以下简称"临港新片区"）洋山特殊综合保税区（以下简称"洋山特殊综合保税区"）作为对标国际公认、竞争力最强自由贸易园区的重要载体作用，国务院批准设立了洋山特殊综合保税区。洋山特殊综合保税区是设立在临港新片区内，具有物流、加工、制造、贸易等功能的海关特殊监管区域。

海关对洋山特殊综合保税区的管理规定仅适用于洋山特殊综合保税区，不适用于其他综合保税区。综合保税区政策及制度创新措施均适用于洋山特殊综合保税区。

（二）洋山特殊综合保税区的管理

洋山特殊综合保税区实行物理围网管理。洋山特殊综合保税区与中华人民共和国关境内的其他地区（以下称"区外"）之间，设置符合海关监管要求的卡口、围网、视频监控系统，以及海关监管所需的其他设施。

洋山特殊综合保税区内不得居住人员。除保障洋山特殊综合保税区内人员正常工作、生活需要的配套设施外，洋山特殊综合保税区内不得建立营利性商业、生活消费设施。

洋山特殊综合保税区的基础和监管设施等应当符合海关特殊监管区域相关验收标准，海关监管作业场所（场地）应当符合海关监管作业场所（场地）设置规范。

除法律、法规和现行政策另有规定外，境外货物入区保税或免税；货物出区进入境内区外销售按货物进口的有关规定办理报关手续，并按货物实际状态征税；境内区外货物入区视同出口，实行退税。

国家禁止进出境货物、物品等不得进出洋山特殊综合保税区。海关对涉及国家进出境限制性管理、口岸公共卫生安全、生物安全、食品安全、商品质量安全、知识产权等的安全准入实施风险管理。依据风险情况，对进出境货物及物品、进出口货物及物品和国际中转货物，实施必要的监管和查验。

境外与洋山特殊综合保税区之间进出的货物，列入海关贸易统计。区外与洋山特殊综合保税区之间进出的货物及其他相关货物，根据海关管理需要实施单项统计。区内企业之间转让、转移的货物，以及洋山特殊综合保税区与其他海关特殊监管区域或者保税监管场所之间往来的货物，不统计。

区内企业可依法开展中转、集拼、存储、加工、制造、交易、展示、研发、再制造、检测维修、分销和配送等业务。

海关不要求区内企业单独设立海关账册，但区内企业所设置、编制的会计账簿、会计凭证、会计报表和其他会计资料，应当真实、准确、完整地记录和反映有关业务情况，能够通过计算机正确、完整地记账、核算的，对其计算机储存和输出的会计记录视同会计资料。

（三）洋山特殊综合保税区的货物的进出

1. 洋山特殊综合保税区与境外之间进出货物

洋山特殊综合保税区与境外之间进出的货物，除下列规定范围内的货物应向海关申报外，海关径予放行。

（1）依法需要检疫的进出境货物。原则上在口岸监管区内监管作业场所（场地）实施检疫，经海关批准，可在洋山特殊综合保税区内实施检疫。对属于法定检验的大宗资源性商品等的进境检验，需在口岸监管区内作业场所（场地）实施。

（2）对法律、法规等有明确规定的，涉及我国缔结或者参加的国际条约、协定的，和涉及安全准入管理的进出境货物，除必须在进出境环节验核相关监管证件外，其他的在进出区环节验核。

（3）区内企业以一般贸易方式申报的进境货物，海关按现行规定进行监管。

2. 洋山特殊综合保税区与区外之间进出货物

洋山特殊综合保税区与境内区外之间实行进出口申报管理。货物从洋山特殊综合保税区进入境内区外的，由进口企业向海关办理进口申报手续。货物从境内区外进入洋山特殊综合保税区的，由出口企业向海关办理出口申报手续。

3. 洋山特殊综合保税区与其他海关特殊监管区域或者保税监管场所之间往来的货物

除另有规定外，对其他海关特殊监管区域、保税监管场所与洋山特殊综合保税区之间进出的货物，由其他海关特殊监管区域、保税监管场所内企业申报进出境备案清单（报关单）。

4. 洋山特殊综合保税区国际中转货物

除国家禁止进出境货物外，其他货物均可在洋山特殊综合保税区内开展国际中转（包括中转集拼，下同）。洋山特殊综合保税区国际中转业务应在符合海关要求的专用作业场所开展。

相关物流企业应当按照相关管理规定，向海关舱单管理系统传输中转集拼货物的原始舱单、预配舱单、装载舱单、分拨申请、国际转运准单等电子数据。

国际中转货物应当在 3 个月内复运出境，特殊情况下，经海关批准，可以延期 3 个月复运出境。

六、洋浦保税港区

（一）洋浦保税港区概述

为了打造开放层次更高、营商环境更优、辐射作用更强的中国特色自由贸易港，服务新时代国家对外开放战略布局，支持建设海南自由贸易港先行区，国家赋予洋浦保税港区"一线放开，二线管住"的货物进出境制度予以先行先试。

综合保税区政策及制度创新措施均适用于洋浦保税港区。

（二）洋浦保税港区的管理

洋浦保税港区实行物理围网管理。洋浦保税港区与我国境内的其他地区之间，应当设置符合海关监管要求的卡口、围网、视频监控系统，以及海关监管所需的其他设施。

除法律、法规和现行政策另有规定外，境外货物入区保税或免税；货物出区进入境内区外销售按货物进口的有关规定办理报关手续，并按货物实际状态征税；境内区外货物入区视同出口，实行退税。

对区内鼓励类产业企业生产的不含进口料件或含进口料件在洋浦保税港区加工增值超过 30%（含）的货物，出区进入境内区外销售时，免征进口关税，照章征收进口环节增值税、消费税。

国家禁止进出境货物、物品等不得进出洋浦保税港区。海关对涉及国家进出境限制性管理、口岸公共卫生安全、生物安全、食品安全、商品质量安全、知识产权等的安全准入实施风险管理。海关依法对进出境货物及物品、进出口货物及物品和国际中转货物实施监管和检查。

境外与洋浦保税港区之间进出的货物，除另有规定外，实施海关贸易统计。境内区外与洋浦保税港区之间进出的货物及其他相关货物，实施海关单项统计。区内企业之间转让、转移的货物，以及洋浦保税港区与其他海关特殊监管区域或者保税监管场所之间往来的货物，不列入海关统计。

（三）洋浦保税港区的货物的进出

1. 洋浦保税港区与境外之间进出货物

洋浦保税港区与境外之间进出的货物，除下列规定范围内的货物应向海关申报外，海关径予放行。

（1）依法需要检疫的进出境货物，原则上在口岸监管区内监管作业场所（场地）实施检查。经海关批准，可在洋浦保税港区内符合条件的场所实施检查。

（2）对法定检验的大宗资源性商品等的进境检验，应当在口岸监管区内监管作业场所（场地）实施。

（3）对境外入区动植物产品的检验项目，实行"先入区，后检测"，根据检测结果进行后续处置。

（4）洋浦保税港区与境外之间进出的货物，不实行许可证件管理，但法律、法规，我国缔结或者参加的国际条约、协定有明确规定或者涉及安全准入管理的除外。

2. 洋浦保税港区与境内区外之间进出货物

洋浦保税港区与境内区外之间实行进出口申报管理。货物从洋浦保税港区进入境内区外的，由进口企业向海关办理进口申报手续。货物从境内区外进入洋浦保税港区的，由出口企业向海关办理出口申报手续。

3. 洋浦保税港区与其他海关特殊监管区域或者保税监管场所之间往来的货物

除另有规定外，对其他海关特殊监管区域、保税监管场所与洋浦保税港区之间进出的货物，由其他海关特殊监管区域、保税监管场所内企业申报进出境备案清单（报关单）。

对境外入区时已实施检验的货物，出区时免予检验；属于实施食品卫生监督检验和商品检验范围的货物，符合条件的企业，海关可依申请在区内实施集中预检验、分批核销出区。

对境内入区、在区内消耗使用、不离境、合理数量的货物、物品，免予填报报关单或备案清单等手续，免予提交许可证件。

4. 洋浦保税港区内货物的管理

区内企业可依法开展中转、集拼、存储、加工、制造、交易、展示、研发、再制造、检测维修、分销和配送等业务。

对注册在洋浦保税港区内的融资租赁企业进出口飞机、船舶和海洋工程结构物等不具备实际入区条件的大型设备，予以保税，按物流实际需要，实行异地委托监管。

区内企业不用单独设立海关账册，但区内企业所设置、编制的会计账簿、会计凭证、会计报表和其他会计资料，应当真实、准确、完整地记录和反映有关业务情况，能够通过计算机正确、完整地记账、核算的，对其计算机储存和输出的会计记录视同会计资料。

区内企业以一般贸易方式申报的进境货物，按照现行规定进行监管。

5. 洋浦保税港区国际中转货物

除国家禁止进出境货物外，其他货物均可在洋浦保税港区内开展国际中转（包括中转集拼，下同）。洋浦保税港区国际中转业务应在符合海关要求的专用作业场所开展。

舱单电子传输义务人应当按照相关管理规定，向海关舱单管理系统传输中转集拼货物的原始舱单、预配舱单、装载舱单、分拨申请、国际转运准单等电子数据。

国际中转货物应当在 3 个月内复运出境，特殊情况下，经海关批准，可以延期 3 个月复运出境。

6. 洋浦保税港区对直接进出境货物以及进出洋浦保税港区运输工具和个人携带货物、物品的管理

货物经洋浦保税港区直接进境或直接出境的，海关按照进出境的有关规定进行监管。

进出境运输工具服务人员及其携带个人物品进出洋浦保税港区的，海关按照现行规定进行监管。

货运车辆、其他车辆和人员进出洋浦保税港区应通过专用通道。海关依法对进出洋浦保税港区的国内运输工具和人员监管和检查。

经公共卫生风险评估，对符合电讯检疫要求的入境交通工具实施电讯检疫。

第六节　自由贸易试验区

习近平总书记强调："要围绕实行高水平对外开放，充分运用国际国内两个市场、两种资源，对标高标准国际经贸规则，积极推动制度创新，以更大力度谋划和推进自由贸易试验区高质量发展。"

党的二十大对自由贸易试验区建设提出了新的要求，提出要实行更加积极主动的开放战略，构建面向全球的高标准自由贸易区网络，加快推进自由贸易试验区、海南自由贸易港建设，共建"一带一路"成为深受欢迎的国际公共产品和国际合作平台。

建设自由贸易试验区是我国打造改革开放新高地的重要决策，自 2013 年中国（上海）自由贸易试验区挂牌成立，到 2023 年 11 月中国（新疆）自由贸易试验区获批，自由贸易试验区已经覆盖了我国从东部沿海到西部内陆、从东北大地到西南边陲的 22 个省、直辖市和自治区，自由贸易试验区片区数量达到 70 个。自由贸易试验区的建设标志着我国新一轮深化改革、扩大开放的战略布局已然成型，进入以制度创新激发红利、以自由贸易试验区引领发展的新时代。

一、自由贸易试验区概况

（一）自由贸易试验区设立的背景

中国自由贸易试验区，是指我国自主在境内设立的特殊经济区域，主要目的是以制度创新为核心，以可复制可推广为基本要求，在加快政府职能转变、探索体制机制创新、促进投资贸易便利化等方面进行先行先试，为全面深化改革和扩大开放探索新途径、积累新经验。

2001 年，我国加入世界贸易组织（WTO）后，经济发展获得了良好外部条件并取得了举世瞩目的成就。到 2010 年，我国 GDP 从 11 万亿元人民币增至 40 万亿元人民币，货物贸易从 5098 亿美元增至 3 万亿美元，成为全球第一大出口国，10 年获得外商直接投资 7595 亿美元。其间，全球政治经济形势也在发展与变化。

国际贸易保护主义在全球逐渐抬头。2008 年，欧美爆发金融危机，美欧日三大经济体发起 TPP（《跨太平洋伙伴关系协定》）、TTIP（《跨大西洋贸易和投资伙伴协定》）和 PSA（《多边服务业协议》）等新一轮多边贸易谈判，推行更高标准的贸易、投资自由化，力图取代世界贸易组织（WTO）规则。

我国国内经济持续高速增长但"红利"递减。受金融危机影响，2011—2013 年间我国出口增长势头明显放缓，国内产能过剩矛盾突出，结构转型迫在眉睫，全球经济的不确定性挤压着中国经济增长的"入世红利"。中国经济不论是短期内稳定增长，还是中长期内从高速增长转向高质量发展，都需要打造有利于激发市场活力、促进创新的体制机制。

建立自由贸易试验区先行试验国际经贸新规则、新标准，助推我国经济复苏并迈向更高能级的新阶段，成为时代发展的内在迫切要求。

（二）自由贸易试验区的目标与定位

国家主动开放局部区域门户作为对接窗口，实施自由投资和自由贸易，并将规则标准映射到整个制造业和服务业。

1. 发展定位

发展定位为：制度创新，经验可复制可推广；监管高效，示范服务；简政放权，放管结合；政府职能转变，体制机制创新；贸易投资便利化，营造市场化、国际化、法治化的营商环境，以及开放型经济的"试验田"。同时，各个自由贸易试验区都有特定的发展方向与目标，要形成全国开放新格局中的先行试点。

2. 战略使命

推行自由贸易试验区战略，实施贸易、投资的自由化，全面实施准入前国民待遇和负面清单管理；实施金融国际化、监管精简化，自由贸易试验区内的海关特殊监管区域创新实行"一线放开、二线安全高效管住、区内货物自由流动"的监管服务新模式。通过"制度红利"的创造、"全球化红利"的释放，为经济发展注入新动力、增添新活力、拓展新空间，成为我国积极参与国际经贸规则制定、争取全球经济治理制度性权力的重要平台。

3. 制度特征

构建以贸易便利化为重点的贸易监管制度，以负面清单为核心的投资管理制度，以资本项目可兑换和金融服务业开放为目标的金融创新制度，以政府职能转变为核心的事中事后监管制度等。自由贸易试验区战略，不是政策红利和政策洼地，而是开放政策先行先试的示范田。

（三）自由贸易试验区发展成果

2022 年，全国 21 家自由贸易试验区实现进出口总值 7.5 万亿元，实际使用外资 2225.2 亿元，以不到全国千分之四的国土面积实现了占全国 17.8% 的进出口贸易和 18.1% 的外商直接投资。其中，高技术产业实际使用外资 863.4 亿元，同比增长 53.2%，远高于全国平均水平。自由贸易试验区有效推动了改革向纵深发展，引领了开放新模式和新阶段的实践探索，有力地推动了我国高质量发展。

1. 改革方面

通过深化简政放权，助力政府管理理念由注重事先审批向注重事中事后监管转变，由分散化管理向整体集成化管理转变，由政府被动审批向主动服务企业转变，由行政指令思维向法治治理思维转变。自由贸易试验区成为政府管理制度创新的重要载体，在管理方式、投资管理、贸易监管、金融制度和事中事后监管制度等方面开展了创新探索，截至2022年年底，已累计向全国复制推广260项制度创新成果，包括集中复制推广143项改革经验、各部委自行复制推广74项、商务部形成"最佳实践案例"3批43个。

2. 开放方面

自由贸易试验区引领了开放新模式的探索，推动了服务业进一步扩大开放；引领了开放型经济发展，推动贸易投资规模进一步扩大，外商投资准入门槛不断降低，贸易投资便利化水平不断提升，新业态新模式不断发展；引领了国际规则的对接，开启了从被动接受向主动对接国际经贸规则的新阶段。

3. 发展方面

通过深化改革扩大开放，持续释放制度创新红利，推动产业向高端化、集群化、国际化、融合化、创新化发展；有效服务了共建"一带一路"倡议、长江经济带建设、京津冀协同发展战略，促进内地与港澳台合作不断深化，助力中东西部地区协调发展，推动自由贸易试验区内外合作发展；转变优化营商环境理念，国际化、法治化、便利化营商环境不断完善。

2019年8月，国务院批准中国（上海）自由贸易试验区设立临港新片区，明确提出对标国际上公认的竞争力最强的自由贸易园区等目标，意味着国家通过中国（上海）自由贸易试验区推动贸易自由化、投资自由化向纵深拓展。

2018年9月，国务院印发《中国（海南）自由贸易试验区总体方案》，支持海南全岛建设自由贸易试验区，稳步推进中国特色自由贸易港建设。2020年6月，党中央、国务院印发《海南自由贸易港建设总体方案》，支持海南全域建设海南自由贸易港，打造引领我国新时代对外开放的鲜明旗帜和重要开放门户。

二、自由贸易试验区制度复制推广

自由贸易试验区已形成260项创新监管制度在全国复制推广，其中涉及海关业务的有58项，本节对其中的部分创新监管制度进行介绍。

（一）"先进区、后报关"

1. 含义

"先进区、后报关"是在海关特殊监管区域境外入区环节，允许经海关注册登记的区内企业凭进境货物的舱单等信息先向海关简要申报，并办理口岸提货和货物进区手续，再在规定时限内向海关办理进境货物正式申报手续，海关依托"海关特殊监管区域信息化辅助管理系统"，通过风险分析进行有效监管的一种作业模式。

2. 企业资质

适用于经审核批准的海关特殊监管区域内信用等级为高级认证企业及其他海关注册登

记和备案企业。

3. 业务规则

（1）货物须在提货后 24 小时内运入海关特殊监管区域，承运货物的运输工具应符合海关监管要求；

（2）进区货物须在 14 天内办理报关手续；

（3）先入区的货物在未办理完报关（报备）手续前不得出区，但可以在区内使用；

（4）舱单布控的货物暂不采取该形式通关；

（5）进境入区货物属于国家禁止或者限制进境货物的，不得开展"先进区、后报关"业务。

（二）区内自行运输

1. 含义

区内自行运输是经海关注册登记的海关特殊监管区域内企业，可以使用非海关监管车辆，在不同海关特殊监管区域、保税物流中心之间自行运输货物的作业模式。

2. 企业资质

适用于经审核批准的海关特殊监管区域内信用等级为高级认证企业及其他海关注册登记和备案企业。

3. 业务范围

适用于不同海关特殊监管区域、保税物流中心之间流转的货物。

4. 业务规则

未经转出地主管海关同意，车辆不得在"自行运输"途中擅自停留、装卸或者拼载其他货物。

（三）保税展示交易

1. 含义

保税交易展示指经海关注册登记的海关特殊监管区域内企业将海关特殊监管区域及保税物流中心（B 型）内的保税货物凭保后运至区域外进行展示和销售的经营活动。

2. 业务规则

（1）开展保税展示交易的场所，为海关特殊监管区域规划面积以内、围网以外综合办公区专用的展示场所，或者海关特殊监管区域以外其他固定场所。海关特殊监管区域围网内不得开展保税货物的展示交易业务。开展保税展示交易业务的场所，应具备固定的经营场地，符合海关监管要求。展示期间，展示经营企业需变更展示地点的，应当经主管海关同意。

保税展示交易业务原则上应在展示经营企业所在直属关区范围内开展。

（2）展示经营企业应对保税展示交易货物实施账册管理，详细记录保税展示交易货物在展示期间的进、出、存、销等情况。

（3）保税展示交易涉及许可证件的，展示经营企业须在货物销售前向主管海关提供许可证件。未经海关批准，展示经营企业不得将保税展示交易货物用于展示、交易以外的其他用途。

（4）保税展示交易销售时，海关应按照《内销保税货物审价办法》有关规定审定完税价格。

货物在出区展示期间发生内销的，区内企业应当在规定日期内向主管海关集中办理进口征税手续，集中申报不得跨年度办理，主管海关征税放行后，辅助系统自动退还区内企业的担保额度。

(5) 货物出区展示完毕，区内企业应当通过辅助系统办理货物回区手续，最长不得超过货物出区之日起6个月；因特殊情况需要延长期限的，区内企业应当向主管海关办理延期手续，延期最多不超过3次，每次延长期限不超过6个月。

企业需定期向海关报告出区展示货物情况。

(四) 批次进出、集中申报

1. 含义

批次进出、集中申报是指允许海关特殊监管区域内企业与境内区外企业分批次进出货物的，可以先凭核放单办理货物的实际进出区手续，再在规定期限内以备案清单或者报关单集中办理报关手续，海关依托辅助系统进行监管的一种通关模式。

2. 企业资质

(1) 企业管理类别为高级认证企业及其他海关注册登记和备案企业。

(2) 企业应建立符合海关监管要求的计算机管理系统。

3. 业务规则

(1) 区内企业应当将自卡口确认放行之日起在规定时间内的核放单，集中向主管海关办理申报手续。集中申报不得跨年度办理。

(2) 区内企业通过辅助系统汇总相关核放单生成报关申请单，向主管海关办理集中申报手续，并应当在备案清单和报关单的"运输工具"栏内填制"分送集报"字样。

(五) 简化无纸通关随附单证

1. 含义

简化无纸通关随附单证是指对一线进出境备案清单及二线进出区报关单取消部分随附单证，简化进出区通关手续。

2. 业务规则

(1) 对海关特殊监管区域和境外之间进出境备案清单的随附单证，如合同、发票、提单、装箱清单等，企业在申报时可不向海关提交，海关审核时如需要再提交。

(2) 企业应当指定专人负责报关单（备案清单）随附单证的归档、保管、接待查阅和安全防范工作，确保单证的真实性、完整性和安全性。

(六) 简化统一进出境备案清单

1. 含义

简化统一进出境备案清单是指将现有海关特殊监管区域备案清单格式中的申报项数简化统一为30项申报项。

2. 业务规则

按照备案清单填制规范有关要求填报。

（七）内销选择性征收关税

1. 含义

内销选择性征收关税是指对区内企业生产、加工并经二线销往国内市场的货物，企业可根据其对应进口料件或实际报验状态，选择缴纳进口关税。

2. 企业资质

目前适用于综合保税区内的生产加工企业。

3. 业务规则

（1）海关特殊监管区域内企业生产、加工并经二线内销的货物，根据企业申请，按其对应进口料件或其报验状态征收进口关税，进口环节税、消费税照章征收。

（2）企业选择按进口料件征收关税时，应一并补征关税税款的缓税利息。

（八）集中汇总纳税

1. 含义

集中汇总纳税是指对经审核符合条件的进出口纳税义务人，海关可以对其一段时间内多次进出口产生的税款集中进行汇总计征的一种税收征管模式。

2. 企业资质

（1）企业管理类别为高级认证企业及其他海关注册登记和备案企业。

（2）经海关批准并向纳税地海关提交税款总担保。

（3）必须是税费电子支付企业。

3. 业务规则

（1）在提供担保的情况下，先放行货物，后集中办理报关征税手续。汇总征税的期限暂定为1个月，在次月第5个工作日前缴纳上个月税款。

（2）汇总征税未缴纳的税款原则上不允许跨年缴纳。

（九）仓储企业联网监管

1. 含义

仓储企业联网监管是指海关对使用 WMS 系统（计算机仓储管理系统）的仓储企业实施"系统联网、库位管理、实时核注"，实现对货物进、出、转、存情况的实时掌控和动态核查的一种监管模式。

2. 企业资质

（1）企业管理类别为高级认证企业及其他海关注册登记和备案企业。

（2）企业建立符合海关监管要求的计算机管理系统并具有符合海关监管要求的相关仓库库位标志、货物标志。

3. 业务规则

海关应当明确固定的周期，要求联网企业定期由 WMS 系统生成指定格式数据，并通过辅助系统向海关申报当前所存实际货物（应当区别不同状态货物）的库存、库位信息。

（十）智能化卡口验放

1. 含义

智能化卡口验放是指升级改造海关特殊监管区域、保税监管场所卡口设施，实现车辆过卡自动比对、自动判别、自动验放等智能化管理。

2. 业务规则

海关依据辅助系统卡口核放单，运用智能化设备自动读取电子车牌号码、集装箱号、车载重量（电子地磅数据）等监管数据，进行海关监管信息的自动比对、风险判别，实现卡口验放与区内企业账册联动。

（十一）原产地管理改革

1. 含义

原产地管理改革是指对香港 CEPA、澳门 CEPA、《海峡两岸经济合作框架协议》项下，海关已收到出口方传输的原产地证书电子数据的货物，进口单位申报进口时免于提交纸质原产地证书。

2. 企业资质

适用于进口香港 CEPA 和澳门 CEPA、《海峡两岸经济合作框架协议》优惠贸易协定项下货物的企业。

3. 货物状态

符合《优惠原产地管理规定》的自香港 CEPA 和澳门 CEPA、《海峡两岸经济合作框架协议》优惠协定项下进口的货物。

（十二）海关商品归类行政裁定全国适用

1. 含义

海关商品归类行政裁定全国适用是指海关总署及其授权的相关机构根据注册登记在上海等 18 个自由贸易试验区内企业的申请，就《税则》《品目注释》《本国子目注释》和商品归类行政裁定、商品归类决定等未明确规定的商品归类事项，作出归类行政裁定，由海关总署统一对外公布，并自公布之日起在中华人民共和国关境内统一适用的海关监管模式。

2. 企业资质

适用于海关备案企业。

3. 业务规则

（1）除特殊情况外，申请人应当在货物拟作进口或出口的 3 个月前向海关提交"中华人民共和国海关行政裁定申请书（商品归类）"及相关商品资料。

（2）一份归类行政裁定申请只能包含一项归类事项。申请人对多项归类事项申请归类行政裁定的，应当逐项提出。

4. 系统条件

在金关二期商品归类系统中开发归类行政裁定子模块。

（十三）出境加工

1. 含义

出境加工是指我国境内符合条件的企业将自有的原辅料、零部件、元器件或半成品等货物委托境外企业制造或加工后，在规定的期限内复运进境并支付加工费和境外料件费等相关费用的经营活动。

2. 企业资质

开展出境加工业务的企业管理类别须为高级认证企业及其他海关注册登记和备案企业。涉嫌走私、违规，已被海关立案调查、侦查，且案件尚未审结的企业和未在规定期限内向海关核报已到期出境加工账册的企业不得开展出境加工业务。

3. 业务规则

（1）开展出境加工不得涉及国家禁止、限制进出境货物和国家应征出口关税货物。

（2）开展出境加工业务企业所在地海关为出境加工业务的主管海关，采用账册方式对出境加工货物实施监管。出境加工的货物出口和复进口应在同一口岸。账册编码规则暂定为"出（1位）+关区代码（4位）+年（4位）+顺序号（5位）"。

（3）办理出境加工账册设立（变更）手续时，海关应要求企业如实申报进出口口岸、商品名称、商品编号、数量、规格型号、价格和境外料件使用情况等，并收取下列单证：

①出境加工合同；

②生产工艺说明；

③相关货物的图片或样品等；

④海关需要收取的其他证件和材料。

企业提交单证齐全有效的，主管海关应自接受企业账册设立申请之日起5个工作日内完成出境加工账册设立（变更）手续。账册核销期为1年。

（4）出境加工货物按照下列方式进行申报：

①出境加工货物从境内出口，海关审核企业填报的出口货物报关单，监管方式为"出料加工"（代码"1427"），征减免税方式为"全免"，备注栏填写账册编码，其他项目据实填写。

②出境加工货物从国外加工完毕后复进口，海关审核企业填报的进口货物报关单，监管方式为"出料加工"（代码"1427"），商品编号栏目按实际报验状态填报，每一项复进口货物分列两个商品项填报，其中一项申报所含原出口货物价值，商品数量填写复进口货物实际数量，征减免税方式为"全免"；另一项申报境外加工费、料件费、复运进境的运输及其相关费用和保险费等，商品数量为0.1，征减免税方式为"照章征税"。备注栏填写账册编码，其他项目据实填写。

（5）出境加工货物在规定期限内复运进境的，海关以境外加工费、料件费、复运进境的运输及其相关费用和保险费等为基础审查确定完税价格。

（6）出境加工货物因品质或规格等原因需退运的，按退运货物（代码"4561"）有关规定，在账册核销周期内办理。出境加工货物超过退运期限或账册核销周期再复运进境的，海关对进口货物按一般贸易管理规定办理进口手续。

（7）出境加工账册按以下方式进行核销：

①出境加工账册采取企业自主核报、自动核销模式，企业应于出境加工账册核销期结束之日起30日内向主管海关核报出境加工账册；

②出境加工货物因故无法按期复运进境的，企业应及时向主管海关书面说明情况，海关据此核扣复运进境商品数量；

③对逾期不向海关核报的出境加工账册，海关可通过电子公告牌等方式联系企业进行催核。催核后仍不核报的，海关可直接对账册进行核销；

④对账册不平衡等异常情况，企业应作出说明并按具体情况办结相应海关手续后予以

核销。

（十四）仓储货物按状态分类监管

1. 含义

仓储货物按状态分类监管是指允许非保税货物以非报关方式进入海关特殊监管区域，与保税货物集拼、分拨后，实际离境出口或出区返回境内。

2. 企业资质

适用于海关特殊监管区域内企业，能按照规定的认证方式与辅助系统联网，向海关报送能够满足海关监管要求的相关数据。

3. 业务规则

海关对非保税货物在海关特殊监管区域信息化辅助管理系统中设立账册。非保税货物凭辅助系统审结的核放单从卡口进出海关特殊监管区域，货物过卡后系统核增、核减辅助系统底账。海关对进出区非保税货物进行抽查。

4. 系统条件

须具备海关特殊监管区域信息化辅助管理系统，并且与仓储企业实现联网监管。

（十五）引入中介机构辅助开展保税核查、保税核销和企业稽查工作

1. 含义

引入中介机构辅助开展保税核查、保税核销和企业稽查工作是指具备相关资质的中介机构接受企业或海关委托，在企业开展主动披露和认证申请，以及在海关实施保税监管和企业稽核查等过程中，通过审计、评估、鉴定、认证等活动，提供相关辅助依据的工作。

2. 企业资质

适用于海关注册登记企业。

3. 业务规则

（1）采用企业委托模式的，企业可根据需要自行选定具备相关资质的中介机构开展辅助工作，企业向海关提交相关书面材料并随附中介机构出具的工作报告，海关结合风险研判决定是否采纳。

（2）采用海关委托模式的，海关设立辅助开展保税监管和企业稽查工作中介机构备选库，并采取招标、综合排名、随机抽取等方式从备选库中选定中介机构开展辅助工作。

（十六）一次备案、多次使用

1. 含义

一次备案、多次使用是指海关特殊监管区域内企业在账册备案环节向海关一次性备案企业、进出货物等信息，经海关核准后，可以在海关特殊监管区域内多次、重复使用的海关监管模式。

2. 企业资质

海关特殊监管区域内企业，能按照规定的认证方式与辅助系统联网，向海关报送能够满足海关监管要求的相关数据。

3. 业务规则

（1）区域内企业将企业和进出货物等信息在账册中事先进行备案。

（2）区域内企业在开展"批次进出、集中申报""保税展示交易""保税维修""期货保税交割""融资租赁"等经海关核准开展的业务中，可以在信息化系统中直接调用已备案的企业和进出货物等信息，无须再向海关重复备案。

（十七）大宗商品现货市场保税交易

1. 含义

大宗商品现货市场保税交易是指海关特殊监管区域内处于保税监管状态的大宗基本工业原料、农产品和能源产品等，在经有关政府部门批准建立的大宗商品现货市场交易平台上交易的制度。

2. 企业资质

适用于海关特殊监管区域内企业，能按照规定的认证方式与辅助系统联网，向海关报送能够满足海关监管要求的相关数据。

3. 业务规则

（1）海关对保税大宗商品实施电子账册管理。

（2）开展现货交易的货物种类应由现货市场经营人或由其委托的第三方仓单公示机构事先向海关备案。

（3）从境外或者境内进入交收仓库的保税大宗商品，应当按现有货物进出口规定办理海关手续。

（4）保税仓单持有人应当通过公示机构对所持有的仓单进行公示，并由公示机构将仓单等信息传送至海关。

（5）交易平台应当将大宗商品交割结算价等相关信息传送至海关。

（6）以保税方式销售的进口大宗商品，以交割结算价为基础审核确定完税价格。

（7）保税仓单不得质押。

4. 系统条件

交易平台、公示机构和区内经营指定交收仓库的海关备案企业应当建立符合海关监管要求的计算机管理系统，能够通过数据交换平台或者其他计算机网络，按照海关规定的认证方式与海关监管信息化系统联网，向海关报送能够满足海关监管要求的相关数据。

（十八）企业信用信息公示

1. 含义

企业信用信息公示是指制定海关企业信用信息公示目录，通过动态发布、依申请公开等主动公布与可查询相结合的形式，对社会公示企业注册登记信息、信用等级信息、海关行业资质，以及行政处罚信息。该制度拓宽了海关信息公示范畴，丰富了信用信息公示手段，促使企业诚信经营并实现便利通关。

2. 企业资质

适用于海关备案企业。

3. 业务规则

（1）制定海关企业信用信息公示目录。

（2）动态发布企业信用信息。

4. 系统条件

中国海关企业进出口信用信息公示平台。

(十九) 企业协调员

1. 含义

海关建立企业协调员制度，组建海关企业协调员队伍，搭建关企合作平台，利用多种手段，畅通海关与企业联系沟通和问题反映渠道，构建新型关企合作伙伴关系。在全国海关实施企业协调员制度，可以让更多高级认证企业和地方政府重点扶持的企业受益。

2. 企业资质

符合相应信用等级要求的企业。

3. 业务规则

（1）海关不定期向企业推送最新的政策规定。
（2）企业问题提交和海关汇总处理反馈的速响应机制。
（3）信用培育。
（4）规范改进和辅导。

4. 系统条件

连接业务管理网与互联网的关企合作平台。

(二十) 国际海关 AEO 互认合作

1. 含义

国际海关 AEO 互认合作是指建立海关总署、直属海关和口岸海关 AEO 联络员制度和 AEO 联络员队伍，建立各海关与海关总署 AEO 联络员的直通式联系管道，协调解决 AEO 互认企业出口货物在与我国签署 AEO 互认安排的国家或者地区海关通关过程中遇到的疑难问题，将国际海关 AEO 互认便利措施落到实处，让 AEO 企业切实享受到国际海关 AEO 互认合作带来的通关便利，从而提高企业进出口货物的通关效率，降低物流成本，提升企业的国际竞争力。

2. 企业资质

适用于符合信用等级要求的海关备案企业。

3. 业务规则

符合信用等级要求的海关备案企业，其出口货物在与我国签署 AEO 互认安排的国家或者地区海关，享受互认国家或者地区海关给予的通关便利措施。

(二十一) 先出区后报关

1. 含义

先出区后报关是指海关特殊监管区域及保税物流中心（B型）内企业对出境货物，可通过信息化系统凭核放单先行办理出特殊区域及中心手续，再向海关报关的业务办理模式。

2. 业务规则

企业应采用全国通关一体化方式通关。

3. 系统条件

企业应使用金关二期特殊区域管理系统、保税物流管理系统。

（二十二）保税混矿

1. 含义

保税混矿是指海关特殊监管区域内企业对以保税方式进境的铁矿砂进行简单物理加工混合后再复运出区或离境的业务。"简单物理加工"，是指铁矿砂除平均粒度、成分含量等发生变化外，未发生实质性改变。

2. 业务规则

（1）铁矿砂入区前应接受海关检验和监测，符合国家强制性标准要求的方可入区，如不符合则应按海关要求做退运或检疫处理。

（2）企业应设置专用区域存放"保税混矿"铁矿砂，不得与其他货物混放。

（3）铁矿砂从特殊区域进入境内（特殊区域外）应接受海关检验。

3. 系统条件

企业应建立符合海关监管要求的信息化管理系统，并设立电子账册，记录货物的进、出、转、存等情况。

（二十三）进境粮食检疫全流程监管

1. 完善初筛实验室

在进境粮食指定监管场地完善检验检疫初筛实验室。将初筛工作前移到锚地检疫、卸粮作业等环节，排查粮食水湿、霉变、种衣剂等重大质量、安全问题，筛查活虫、菌瘿等重大植物疫情，达到边卸边检、快检快放的目的。

2. 完善无害化处理设施

在进境粮食指定监管场地或其附近完善粮食撒漏物及下脚料无害化处理设施，集中收集卸粮流程中产生的粉尘等废弃物，进行无害化处理，避免粉尘回送，严控疫情疫病和生物安全风险。

3. 完善视频监控网络

推行"互联网+监管"，利用进境粮食指定监管场地视频监控系统，实现对进境粮食接卸区、暂存区、过磅区、查验区、下脚料堆存场所、处理区等关键区域远程实时监管。

（二十四）江海联运检疫监管

1. 对江海联运进境粮食船舶开展适载性风险管理

监督运输船舶满足进境粮食适载条件，清洁卫生，无虫害、鼠害等危害因素；货舱舱体光滑平整无裂痕，无毒无锈，无异味，货舱有盖板能密闭防水；船舶航行轨迹全程定位，防范调运环节存在货物非法转移、撒漏，以及疫情扩散风险。

2. 落实进境粮食装卸、运输防疫主体责任

督促港口经营企业提升粮食装卸自动化水平，逐步配置自动取样系统，减少装卸过程撒漏，提升撒漏物清理自动化水平。督促进口粮食江海联运物流企业依法承担防疫责任和义务，指导和督促承运船舶落实防疫措施，及时反馈运输过程中的突发、异常情况，确保进境粮食装卸和运输过程防疫安全。

（二十五）低风险生物医药特殊物品行政许可审批改革

1. 含义

该项物品是指已取得药品监督管理部门进口药品注册证或出口销售证明的用于预防、

诊断、治疗的生物制品或血液制品。直属海关（目前仅在上海、南京、杭州、青岛、广州海关开展试点）可将入境 D 级特殊物品卫生检疫审批的受理或者全部许可权限下放至具备条件的隶属海关。

2. 业务规则

（1）下放要求

①下放的隶属海关必须有 2 名及以上医学、生物学或相关专业背景的人员从事 D 级特殊物品审批工作。

②直属海关根据许可权限下放情况，及时明确下放范围、时限和工作要求，并向社会公开相关下放情况。

③直属海关做好下放事项的培训和考核工作，并协助下放的隶属海关做好出入境特殊物品卫生检疫监管系统中审批人员的角色设置和权限分配。

（2）D 级特殊物品审批程序

①受理特殊物品审批申请时，隶属海关应审核货主或者其代理人按规定提供的相应材料：

A.“入/出境特殊物品卫生检疫审批申请表”；

B. 描述性材料，包括特殊物品中英文名称、类别、成分、来源、用途、主要销售渠道、输出输入的国家或者地区、生产商等；

C. 入境用于预防、诊断、治疗人类疾病的生物制品、人体血液制品，应当提供国务院药品监督管理部门发给的进口药品注册证书；

D. 出境用于预防、诊断、治疗人类疾病的生物制品、人体血液制品，应当提供药品监督管理部门出具的销售证明。

②受理特殊物品单位首次申请特殊物品审批时，隶属海关还应当审核货主或者其代理人按规定提供的下列材料：

A. 单位基本情况，如单位管理体系认证情况、单位地址、生产场所、实验室设置、仓储设施设备、产品加工情况、生产过程或者工艺流程、平面图等；

B. 实验室生物安全资质证明文件；

C. 申请人为自然人的，应当提供身份证复印件。

③隶属海关应当及时对申请材料进行书面审查：

A. 申请人的申请符合法定条件、标准的，隶属海关应当自受理之日起 20 日内签发“入/出境特殊物品卫生检疫审批单”；

B. 申请人的申请不符合法定条件、标准的，隶属海关应当自受理之日起 20 日内作出不予审批的书面决定并说明理由，告知申请人享有依法申请行政复议或者提起行政诉讼的权利；

C. 隶属海关 20 日内不能作出审批或者不予审批决定的，经本行政机关负责人批准，可以延长 10 日，并应当将延长期限的理由告知申请人。

④D 级特殊物品的“入/出境特殊物品卫生检疫审批单”有效期为 12 个月，在有效期内可以分批核销使用。超过有效期的，需重新申请。

（3）监督管理

直属海关应对所下放审批权限隶属海关的特殊物品行政许可工作进行检查和监督，对发现问题的，及时进行整改；直属海关认为存在重大问题的，可取消审批下放权限。

（二十六）跨部门一次性联合检查

1. 具备国际航行船舶进出口岸业务经营资质的企业，可通过运输工具系统向所在地口岸联检单位进行国际航行船舶进出口岸业务"一单多报"，口岸联检单位审批结果统一通过运输工具系统反馈企业。

2. 凡通过运输工具系统进行申报和电子数据核放的国际航行船舶，除船员出入境证件、临时入境许可申请名单外，不再要求提交其他纸质单证（口岸疫情、运输工具登临检查等特殊情况除外）。

（二十七）对外贸易经营者备案和原产地企业备案"两证合一"（已取消）

对外贸易经营者备案和原产地企业备案"两证合一"是指采取商务部对外贸易经营者备案系统与海关总署原产地签证管理系统"总对总"数据对接方式，实现企业备案数据的自动推送、采信和确认。

为进一步优化跨境贸易营商环境，提升贸易便利，海关总署决定自 2023 年 11 月 1 日起取消出口货物原产地企业备案事项，原产地证书申请人可直接通过国际贸易"单一窗口"、"互联网+海关"、中国国际贸易促进委员会申报系统系统等申领原产地证书。

（二十八）海关企业注册及电子口岸入网全程无纸化

企业按照要求勾选进出口货物收发货人的备案登记，并补充填写相关备案信息。市场监管部门按照"多证合一"流程完成登记，并补充填写相关备案信息，企业无须再到海关办理备案登记手续。

（二十九）入境大宗工业品联动检验检疫新模式

1. 将部分进口矿产品监管方式调整为"先放后检"。"先放"指进口矿产品经现场检验检疫（包括放射性检测、外来夹杂物检疫、数重量鉴定、外观检验及取制样等）符合要求后，即可提离海关监管作业场所；"后检"指进口矿产品提离后实施实验室检测并签发证书。

2. 对进口铁矿、锰矿、铬矿、铅矿及其精矿，锌矿及其精矿，采取"先放后检"监管方式。现场检验检疫中如发现货物存在放射性超标、疑似或掺杂固体废物、货证不一致、外来夹杂物等情况，不适用"先放后检"监管方式。

3. 海关完成合格评定并签发证书后，企业方可销售、使用进口矿产品。

（三十）优化进境保税油检验监管制度

1. 对于在海关特殊监管区域内保税仓储用于复出口的保税油（指保税原油及其成品油）或用于国际航行船舶的直供油免于品质检验，实施账册管理；对于在海关特殊监管区域内保税仓储用于转进口的保税油，依法实施品质检验。

2. 对于在海关特殊监管区域内保税仓储用于转进口的保税油，入区环节不实施检验，出区环节实施检验；为提高通关效率，海关可依企业申请进行预检验；对于批次多、间隔短、品质稳定的保税油，海关可降低检验频次。

3. 进入海关特殊监管区域保税仓储的保税油，应在卸货口岸依法实施安全、卫生、环保项目检验。

4. 对进境保税油的高级认证企业适用"集中检验、分批放行"、实验室快速检验、优先办理通关放行手续等便利政策。

第十一章　进出口货物报关单填制

为规范进出口收发货人的申报行为，统一进出口货物报关单填制要求，保证报关单数据质量，根据《海关法》及有关法规，制定《报关单填制规范》。本章主要依据公告要求，重点讲述进出口货物报关单各栏目填制的基本要求及应注意事项。

第一节　进出口货物报关单概述

一、进出口货物报关单的含义

"中华人民共和国海关进（出）口货物报关单"是指进出口货物收发货人或其代理人，按照海关规定的格式对进出口货物的实际情况作出的书面申明，以此要求海关对其货物按适用的海关制度办理通关手续的法律文书。

二、进出口货物报关单的类别

进出口货物报关单分为以下几种类型：

（一）按进出口流向分类

1. 进口货物报关单。

2. 出口货物报关单。

（二）按载体表现形式分类

1. 纸质报关单。

2. 电子数据报关单。

纸质报关单和电子数据报关单均具有法律效力。

三、进出口货物报关单的法律效力

《海关法》规定："进口货物的收货人、出口货物的发货人应当向海关如实申报，交验进出口许可证件和有关单证。"

进出口货物报关单及其他进出境报关单（证）在对外经济贸易活动中具有十分重要的法律效力，是货物的收发货人向海关报告其进出口货物实际情况及适用海关业务制度、申请海关审查并放行货物的必备法律文书。它既是海关对进出口货物进行监管、征税、统计，以及开展稽查、调查的重要依据，又是出口退税和外汇管理的重要凭证，也是海关处理进出口货物走私、违规案件及税务、外汇管理部门查处骗税、逃套汇犯罪活动的重要书证。因此，申报人对所填报的进出口货物报关单的真实性和准确性应承担法律责任。

四、海关对进出口货物报关单填制的一般要求

第一，进出口货物收发货人或其代理人应按照《中华人民共和国海关进出口货物申报管理规定》、《报关单填制规范》、《统计商品目录》、《中华人民共和国海关进出口商品规范申报目录》（以下简称《规范申报目录》）等有关规定要求向海关申报，并对申报内容的真实性、准确性、完整性和规范性承担相应的法律责任。

第二，报关单的填报应做到"两个相符"：一是单证相符，即所填报关单各栏目的内容必须与合同、发票、装箱单、提单及批文等随附单据相符；二是单货相符，即所填报关单各栏目的内容必须与实际进出口货物的情况相符，不得伪报、瞒报、虚报。

第三，不同运输工具、不同航次、不同提运单、不同监管方式、不同备案号、不同征免性质的货物，均应分单填报。

同一份报关单上的商品不能同时享受协定税率和减免税。

一份原产地证书，只能用于同一批次进口货物。含有原产地证书管理商品的一份报关单，只能对应一份原产地证书。

同一批次货物中实行原产地证书联网管理的，如涉及多份原产地证书应分单填报，如同时含有非原产地证书商品，香港 CEPA、澳门 CEPA 项下应分单填报，但《海峡两岸经济合作框架协议》（ECFA）项下可在同一张报关单中填报。

第四，一份报关单所申报的货物，须分项填报的情况主要有：商品编号不同的，商品名称不同的，计量单位不同的，原产国（地区）/最终目的国（地区）不同的，币制不同的，征免不同的等。

五、进出口货物报关单模版

中华人民共和国海关进口货物报关单

预录入编号： 海关编号： 页码/页数：

境内收货人		进境关别	进口日期	申报日期	备案号
境外发货人		运输方式	运输工具名称及航次号	提运单号	货物存放地点
消费使用单位		监管方式	征免性质	许可证号	启运港
合同协议号		贸易国（地区）	启运国（地区）	经停港	入境口岸
包装种类	件数	毛重（千克）	净重（千克）	成交方式	运费	保费	杂费

随附单证：
随附单证1： 随附单证2：

标记唛码及备注

项号	商品编号	商品名称及规格型号	数量及单位	单价/总价/币制	原产国（地区）	最终目的国（地区）	境内目的地	征免
1								
2								
3								
4								
5								
6								
7								

特殊关系确认：	价格影响确认：	支付特许权使用费确认：	公式定价确认：	暂定价格确认：

申报人员 申报人员证号 电话

兹声明以上内容承担如实申报、依法纳税之法律责任

申报单位 申报单位（签章）

自报自缴：

海关批注及签章：

中华人民共和国海关出口货物报关单

预录入编号：　　　　　海关编号：　　　　　页码/页数：

境内发货人	出境关别	出口日期	申报日期	备案号
境外收货人	运输方式	运输工具名称及航次号	提运单号	
生产销售单位	监管方式	征免性质	许可证号	
合同协议号	贸易国（地区）	运抵国（地区）	指运港	离境口岸
包装种类	件数	毛重（千克）	净重（千克）	成交方式	运费	保费	杂费

随附单证 1：
随附单证 2：

标记唛码及备注

项号	商品编号	商品名称及规格型号	数量及单位	单价/总价/币制	原产国（地区）	最终目的国（地区）	境内货源地	征免
1								
2								
3								
4								
5								
6								
7								

特殊关系确认：　　价格影响确认：　　支付特许权使用费确认：　　公式定价确认：　　暂定价格确认：

申报人员　　申报人员证号　　电话

兹申明以上内容承担如实申报、依法纳税之法律责任

申报单位　　申报单位（签章）

自报自缴：

海关批注及签章

第二节　进出口货物报关单表头栏目的填报

进出口货物报关单上方的预录入编号是指预录入单位录入报关单的编号。一份报关单对应一个预录入编号，由系统自动生成。

进出口货物报关单上方的海关编号是指海关接受申报时给予报关单的18位顺序编号。一份报关单对应一个海关编号，由系统自动生成。报关单海关编号为18位，其中第1~4位为接受申报海关的代码（海关规定的"关区代码表"中相应海关代码），第5~8位为海关接受申报的公历年份，第9位为进出口标志（"1"为进口，"0"为出口；集中申报清单"I"为进口，"E"为出口），后9位为顺序编号。

一、境内收货人/境内发货人

境内收货人或境内发货人指在海关备案的对外签订并执行进出口贸易合同的中国境内法人、其他组织名称及编码。编码填报18位法人和其他组织统一社会信用代码，没有统一社会信用代码的，填报其在海关的备案编码。

（一）统一社会信用代码

当前我国机构代码不统一，缺乏有效的协调管理和信息共享工作机制，大多数代码仅应用于各部门内部管理，法人和其他组织在设立和办理相关业务时，多个代码共存现象较为普遍，影响了同一主体信息比对，增加了社会负担，降低了行政效率。从唯一、统一、共享、便民和低成本转换等角度综合考虑，国家统一机构代码设计。新的社会信用代码为18位，由登记管理部门代码、机构类别代码、登记管理机关行政区划码、主体标识码（组织机构代码）、校验码5个部分组成。

1. 第1位是登记管理部门代码，使用阿拉伯数字或英文字母表示。例如，机构编制、民政、工商3个登记管理部门分别使用1、2、3表示，其他登记管理部门可使用相应阿拉伯数字或英文字母表示。

2. 第2位是机构类别代码，使用阿拉伯数字或英文字母表示。登记管理部门根据管理职能，确定在本部门登记的机构类别编码。例如，机构编制部门可用1表示机关单位，2表示事业单位，3表示由中央编办直接管理机构编制的群众团体；民政部门可用1表示社会团体，2表示民办非企业单位，3表示基金会；工商部门可用1表示企业，2表示个体工商户，3表示农民专业合作社。

3. 第3~8位是登记管理机关行政区划码，使用阿拉伯数字表示。例如，国家用100000，北京用110000，注册登记时由系统自动生成，体现法人和其他组织注册登记及其登记管理机关所在地，既满足登记管理部门按地区管理需求，也便于社会对注册登记主体所在区域进行识别。

4. 第9~17位是主体标识码（组织机构代码），使用阿拉伯数字或英文字母表示。

5. 第18位是校验码，使用阿拉伯数字或英文字母表示。

统一代码及其9位主体标识码（组织机构代码）在全国范围内是唯一的。

（二）海关备案编码

海关备案编码适用于在海关备案的进出口货物收发货人、报关企业、报关企业跨关区

（或关区内）分支机构、临时备案单位、从事对外加工的生产企业、海关保税仓库、出口监管仓库等相对人。该编码是我国原有机构代码管理体制下的"衍生码"，海关凭申请单位提交的工商营业执照、组织机构代码证和税务登记证等证（照）办理备案手续。海关备案编码共 10 位，由数字和 24 个英文大写字母（I、O 除外）组成。其结构为：

1. 第 1~4 位为企业备案地行政区划代码。其中，第 1、2 位表示省、自治区或直辖市，如北京市为 11，江苏省为 32；第 3、4 位表示省所直辖的市、地区、自治州、盟或其他省直辖的县级行政区划，如北京西城区 1102，广州市 4401。

2. 第 5 位为企业备案地经济区划代码。

"1"：经济特区；

"2"：经济技术开发区；

"3"：高新技术产业开发区；

"4"：保税区；

"5"：出口加工区/珠澳跨境工业园区；

"6"：保税港区/综合保税区；

"7"：保税物流园区；

"8"：综合实验区；

"9"：其他；

"A"：国际边境合作中心；

"W"：保税物流中心。

例如，珠海市为 4404，包括珠海特区 44041、珠海保税区 44044、珠海国家高新技术产业开发区 44043、珠澳跨境工业区（珠海园区）44045、珠海市其他地区 44049。

3. 第 6 位为企业经济类型代码。

"1"：国有企业；

"2"：中外合作企业；

"3"：中外合资企业；

"4"：外商独资企业；

"5"：集体企业；

"6"：民营企业；

"7"：个体工商户；

"8"：报关企业；

"9"：其他，包括外国驻华企事业机构、外国驻华使领馆和临时进出口货物的企业、单位和个人等；

"A"：国营对外加工企业（无进出口经营权）；

"B"：集体对外加工企业（无进出口经营权）；

"C"：私营对外加工企业（无进出口经营权）。

4. 第 7 位为企业备案用海关经营类别代码，表示海关相对人的类别。如数字 0~9 为进出口货物收发货人/报关企业，英文大写字母 D~I 为各类保税仓库，L 为临时备案登记单位，Z 为报关企业分支机构，J 为国内结转型出口监管仓库，P 为出口配送型出口监管仓库。

5. 第 8~10 位为企业注册流水编号。

（三）本栏目特殊填报要求

1. 存在代理进出口关系的，"收发货人"栏应填报对外签订并执行进出口贸易合同的企业，即代理方的中文名称及编码。但属外商投资企业委托其他企业进口投资设备、物品的（监管方式为合资合作设备"2025"、外资设备物品"2225"），"收发货人"栏仍填报该外商投资企业的中文名称及编码，并在"标记唛码及备注"栏注明"委托××公司进口"，同时注明被委托企业的18位法人和其他组织统一社会信用代码。

2. 进出口货物合同的签订者和执行者非同一企业的，填报执行合同的企业。

3. 有代理报关资格的报关企业代理其他进出口企业办理进出口报关手续时，填报委托的进出口企业的代码。

4. 海关特殊监管区域收发货人填报该货物的实际经营单位或海关特殊监管区域内经营企业。

5. 免税品经营单位经营出口退税国产商品的，填报免税品经营单位名称。

二、进境关别/出境关别

报关单中的"进出境关别"特指根据货物实际进出境的口岸海关，本栏目应填报海关规定的"关区代码表"中相应口岸海关的名称及代码。

关区名称指直属海关、隶属海关或海关监管场所的中文名称。关区代码由4位数字组成，前两位为直属海关关别代码，后两位为隶属海关或海关监管场所的代码。例如，货物由天津新港口岸进境，"进境关别"栏不能填报为"天津关区"+"0200"，亦不应填报为"天津海关"+"0201"，而应填报为"新港海关"+"0202"。

（一）特殊填报要求

进口转关运输货物应填报货物进境地海关名称及代码，出口转关运输货物应填报货物出境地海关名称及代码。按转关运输方式监管的跨关区深加工结转货物，出口报关单填报转出地海关名称及代码，进口报关单填报转入地海关名称及代码。

在不同海关特殊监管区域或保税监管场所之间调拨、转让的货物，填报对方特殊监管区域或保税监管场所所在的海关名称及代码。

无实际进出境的货物，填报接受申报的海关名称及代码。

（二）限定口岸要求

国家实行许可证件管理的货物，按证件核准口岸限定进出口。

加工贸易进出境货物，应填报主管海关备案时所限定或指定货物进出的口岸海关名称及其代码。限定或指定口岸与货物实际进出境口岸不符的，应向合同备案主管海关办理变更手续后填报。

三、进口日期/出口日期

进口日期是指运载所申报进口货物的运输工具申报进境的日期。

出口日期是指运载所申报出口货物的运输工具办结出境手续的日期。

填报要求：

第一，日期均为8位数字，顺序为年（4位）、月（2位）、日（2位）。

第二，进口货物进口日期以运载进口货物的运输工具申报进境日期为准，例如，2020

年 8 月 10 日申报进口一批货物，运输工具申报进境日期为 2020 年 8 月 8 日，"进口日期"栏填报为："20200808"。进口货物申报时无法确知运输工具的实际进境日期的，申报时可免予填报。海关与运输企业实行舱单数据联网管理的，进口日期由海关自动生成。

第三，出口日期以运载出口货物的运输工具实际离境日期为准，海关与运输企业实行舱单数据联网管理的，出口日期由海关自动生成。本栏目在申报时免予填报。

第四，集中申报的报关单，进出口日期以海关接受报关单申报的日期为准。

第五，无实际进出境的报关单，以海关接受申报的日期为准。

四、申报日期

申报日期是指海关接受进出口货物收发货人、受其委托的报关企业向海关申报数据的日期。

以电子数据报关单方式申报的，申报日期为海关计算机系统接受申报数据时记录的日期。以纸质报关单方式申报的，申报日期为海关接受纸质报关单并对报关单进行登记处理的日期。

申报日期为 8 位数字，顺序为年（4 位）、月（2 位）、日（2 位）。本栏目在申报时免予填报。

五、备案号

填报进出口货物收发货人、消费使用单位、生产销售单位在海关办理加工贸易合同备案或征、减、免税审核确认等手续时，海关核发的"加工贸易手册"、海关特殊监管区域和保税监管场所保税账册、"征免税证明"或其他备案审批文件的编号。

一份报关单只允许填报一个备案号。

填报要求：

（一）加工贸易项下货物，除少量低值辅料按规定不使用"加工贸易手册"及以后续补税监管方式办理内销征税的外，填报"加工贸易手册"编号。

使用异地直接报关分册和异地深加工结转出口分册在异地口岸报关的，填报分册号；本地直接报关分册和本地深加工结转分册限制在本地报关，填报总册号。

加工贸易成品凭"征免税证明"转为减免税进口货物的，进口报关单填报"征免税证明"编号，出口报关单填报"加工贸易手册"编号。

对加工贸易设备、使用账册管理的海关特殊监管区域内减免税设备之间的结转，转入和转出企业分别填制进、出口报关单，在报关单"备案号"栏目填报"加工贸易手册"编号。

（二）涉及征、减、免税审核确认的报关单，填报"征免税证明"编号。

（三）减免税货物退运出口，填报"中华人民共和国海关进口减免税货物准予退运证明"的编号；减免税货物补税进口，填报"减免税货物补税通知书"的编号；减免税货物进口或结转进口（转入），填报"征免税证明"的编号；相应的结转出口（转出），填报"中华人民共和国海关进口减免税货物结转联系函"的编号。

（四）免税品经营单位经营出口退税国产商品的，免予填报。

六、境外收货人/境外发货人

境外收货人通常指签订并执行出口贸易合同中的买方或合同指定的收货人，境外发货人通常指签订并执行进口贸易合同中的卖方。

填报境外收发货人的名称及编码，名称一般填报英文名称，检验检疫要求填报其他外文名称的，在英文名称后填报，以半角括号分隔；对于 AEO 互认国家（地区）的企业，编码填报 AEO 编码，填报样式为"国别（地区）代码+海关企业编码"，例如，新加坡 AEO 企业填报"SG123456789012"（新加坡国别代码+12 位企业编码）；非互认国家（地区）AEO 企业等其他情形，编码免于填报。

特殊情况下无境外收发货人的，名称及编码填报"NO"。

七、运输方式

报关单中的运输方式包括实际运输方式和海关规定的特殊运输方式，前者指货物实际进出境的运输方式，按进出境所使用的运输工具分类；后者指货物无实际进出境的运输方式，按货物在境内的流向分类。

"运输方式"栏应根据货物实际进出境的运输方式或货物在境内流向的类别按海关规定的"运输方式代码表"选择填报相应的运输方式名称或代码。

（一）实际进出境货物填报要求

1. 非邮件方式进出境的快递货物，按实际运输方式填报。

2. 进口转关运输货物，按载运货物抵达进境地的运输工具填报；出口转关运输货物，按载运货物驶离出境地的运输工具填报。

3. 不复运出（入）境而留在境内（外）销售的进出境展览品、留赠转卖物品等，填报"其他运输"（代码 9）。

4. 进出境旅客随身携带的货物，填报"旅客携带"（代码 L）。

5. 以固定设施（包括输油、输水管道和输电网等）运输货物的，填报"固定设施运输"（代码 G）。

（二）无实际进出境货物在境内流转时填报要求

1. 境内非保税区运入保税区货物和保税区退区货物，填报"非保税区"（代码 0）。

2. 保税区运往境内非保税区货物，填制进口报关单，"运输方式"填报"保税区"（代码 7）。

3. 境内存入出口监管仓库和出口监管仓库退仓货物，填报"监管仓库"（代码 1）。

4. 保税仓库转内销货物或转加工贸易货物，填报"保税仓库"（代码 8）。

5. 从境内保税物流中心外运入中心或从中心运往境内中心外的货物，填报"物流中心"（代码 W）。

6. 从境内保税物流园区外运入园区或从园区运往境内园区外的货物，填报"物流园区"（代码 X）。

7. 保税港区、综合保税区与境内（区外）（非特殊区域、保税监管场所）之间进出的货物，填报"保税港区/综合保税区"（代码 Y）。

8. 出口加工区、珠澳跨境工业区（珠海园区）、中哈霍尔果斯边境合作区（中方配套区）与境内（区外）（非特殊区域、保税监管场所）之间进出的货物，填报"出口加工区"（代码 Z）。

9. 境内运入深港西部通道港方口岸区的货物，以及境内进出中哈霍尔果斯边境合作中心中方区域的货物，填报"边境特殊海关作业区"（代码 H）。

10. 经横琴新区和平潭综合试验区二线指定申报通道运往境内区外或从境内经二线指定申报通道进入综合试验区的货物，以及综合试验区内按选择性征收关税申报的货物，填报"综合试验区"（代码 T）。

11. 海关特殊监管区域内的流转、调拨货物，海关特殊监管区域、保税监管场所之间的流转货物，海关特殊监管区域与境内区外之间进出的货物，海关特殊监管区域外的加工贸易余料结转、深加工结转、内销货物，以及其他境内流转货物，填报"其他运输"（代码 9）。

八、运输工具名称及航次号

运输工具名称指载运货物进出境的运输工具的名称或运输工具编号。

航次号指载运货物进出境的运输工具的航次编号。报关单"运输工具名称"与"航次号"的填报内容应与运输部门向海关申报的舱单（载货清单）所列相应内容一致。

一份报关单只允许填报一个运输工具名称及其航次号。

（一）运输工具名称的填报要求

1. 非转关运输货物直接在进出境地办理报关手续的报关单填报要求如下：

（1）水路运输：填报船舶编号（来往港澳小型船舶为监管簿编号）或者船舶英文名称。

（2）公路运输：启用公路舱单前，填报该跨境运输车辆的境内行驶车牌号，深圳提前报关模式的报关单填报境内行驶车牌号+"/"+"提前报关"。启用公路舱单后，免予填报。

（3）铁路运输：填报车厢编号或交接单号。

（4）航空运输：填报航班号。

（5）邮件运输：填报邮政包裹单号。

（6）其他运输填：报具体运输方式名称，如管道、驮畜等。

2. 转关运输货物的报关单填报要求如下：

（1）进口

①水路运输：直转、提前报关填报"@"+16 位转关申报单预录入号（或 13 位载货清单号），中转填报进境英文船名。

②铁路运输：直转、提前报关填报"@"+16 位转关申报单预录入号，中转填报车厢编号。

③航空运输：直转、提前报关填报"@"+16 位转关申报单预录入号（或 13 位载货清单号），中转填报"@"。

④公路及其他运输：填报"@"+16 位转关申报单预录入号（或 13 位载货清单号）。

⑤以上各种运输方式使用广东地区载货清单转关的提前报关的货物应填报"@"+13 位载货清单号。

（2）出口

①水路运输：非中转的，填报"@"+16 位转关申报单预录入号（或 13 位载货清单号），如多张报关单需要通过一张转关单转关的，运输工具名称字段填报"@"；中转的，境内水路运输填报驳船船名，境内铁路运输填报车名［主管海关 4 位关别代码+"TRAIN"］，境内公路运输填报车名［主管海关 4 位关别代码+"TRUCK"］。

②铁路运输：填报"@"+16位转关申报单预录入号（或13位载货清单号），如多张报关单需要通过一张转关单转关的，填报"@"。

③航空运输：填报"@"+16位转关申报单预录入号（或13位载货清单号），如多张报关单需要通过一张转关单转关的，填报"@"。

④其他运输方式：填报"@"+16位转关申报单预录入号（或13位载货清单号）。

3. 无实际进出境货物，运输工具名称为空。

4. 采用"集中申报"通关方式办理报关手续的，填报"集中申报"。

5. 免税品经营单位经营出口退税国产商品的，免予填报。

（二）航次号的填报要求

1. 非转关运输货物直接在进出境地办理报关手续的报关单填报要求如下：

（1）水路运输：填报船舶的航次号。

（2）公路运输：启用公路舱单前，填报运输车辆的8位进出境日期＼［顺序为年（4位）、月（2位）、日（2位）＼］。启用公路舱单后，填报货物运输批次号。

（3）铁路运输：填报进出境日期。

（4）航空运输：免予填报。

（5）邮件运输：填报进出境日期。

（6）其他各类运输方式：免予填报。

2. 转关运输货物的报关单填报要求如下：

（1）进口

①水路运输：中转转关方式填报"@"+进境干线船舶航次，直转、提前报关免予填报。

②公路运输：免予填报。

③铁路运输："@"+8位进境日期。

④航空运输：免予填报。

⑤其他各类运输方式：免予填报。

（2）出口

①水路运输：非中转货物免予填报。中转货物，境内水路运输填报驳船航次号；境内铁路、公路运输填报6位启运日期［顺序为年（2位）、月（2位）、日（2位）］。

②铁路拼车拼箱捆绑出口：免予填报。

③航空运输：免予填报。

④其他运输方式：免予填报。

3. 无实际进出境货物，航次号免予填报。

4. 免税品经营单位经营出口退税国产商品的，免予填报。

九、提运单号

提运单号是指进出口货物提单或运单的编号。报关单"提运单号"栏所填报的运输单证编号，主要包括海运提单号、海运单号、铁路运单号、航空运单号。提运单号必须与舱单数据一致。

一份报关单只允许填报一个提单或运单号，一票货物对应多个提单或运单时，应分单填报。

（一）直接在进出境地或采用全国通关一体化通关模式办理报关手续的

1. 水路运输：填报进出口提单号。如有分提单的，填报进出口提单号+"＊"+分提单号。

2. 公路运输：启用公路舱单前，免予填报；启用公路舱单后，填报进出口总运单号。

3. 铁路运输：填报运单号。

4. 航空运输：填报总运单号+"＿"+分运单号，无分运单的填报总运单号。

5. 邮件运输：填报邮运包裹单号。

（二）转关运输货物的报关单

1. 进口

（1）水路运输：直转、中转填报提单号。提前报关免予填报。

（2）铁路运输：直转、中转填报铁路运单号。提前报关免予填报。

（3）航空运输：直转、中转货物填报总运单号+"＿"+分运单号。提前报关免予填报。

（4）其他运输方式：免予填报。

（5）以上运输方式进境货物，在广东省内用公路运输转关的，填报车牌号。

2. 出口

（1）水路运输：中转货物填报提单号；非中转货物免予填报；广东省内汽车运输提前报关的转关货物，填报承运车辆的车牌号。

（2）其他运输方式：免予填报。广东省内汽车运输提前报关的转关货物，填报承运车辆的车牌号。

（3）采用"集中申报"通关方式办理报关手续的，报关单填报归并的集中申报清单的进出口起止日期［按年（4位）月（2位）日（2位）年（4位）月（2位）日（2位）］。

（4）无实际进出境的货物，免予填报。

十、货物存放地点

填报货物进境后存放的场所或地点，包括海关监管作业场所、分拨仓库、定点加工厂、隔离检疫场、企业自有仓库等。

十一、消费使用单位/生产销售单位

（一）消费使用单位填报已知的进口货物在境内的最终消费、使用单位的名称，包括：

1. 自行进口货物的单位；

2. 委托进出口企业进口货物的单位。

（二）生产销售单位填报出口货物在境内的生产或销售单位的名称，包括：

1. 自行出口货物的单位；

2. 委托进出口企业出口货物的单位；

3. 免税品经营单位经营出口退税国产商品的，填报该免税品经营单位统一管理的免税店。

（三）减免税货物报关单的消费使用单位/生产销售单位应与"中华人民共和国海关

进出口货物征免税证明"（以下简称"征免税证明"）的"减免税申请人"一致；保税监管场所与境外之间的进出境货物，消费使用单位/生产销售单位填报保税监管场所的名称〔保税物流中心（B型）填报中心内企业名称〕。

（四）海关特殊监管区域的消费使用单位/生产销售单位填报区域内经营企业（"加工单位"或"仓库"）。

（五）编码填报要求：

1. 填报18位法人和其他组织统一社会信用代码。

2. 无18位统一社会信用代码的，填报"NO"。

（六）进口货物在境内的最终消费或使用以及出口货物在境内的生产或销售的对象为自然人的，填报身份证号、护照号、台胞证号等有效证件号码及姓名。

十二、监管方式

进出口货物报关单上所列的监管方式专指以国际贸易中进出口货物的交易方式为基础，结合海关对进出口货物征税、统计及监管条件综合设定的海关对进出口货物的管理方式。监管方式代码为4位数字。前两位按照海关监管要求和计算机管理需要划分的业务分类代码，例如02~08、44、46表示加工贸易货物，11~12表示保税仓储、转口货物，20~22表示外商投资企业进口货物，45表示退运货物，50~53表示特殊区域货物。后两位是参照国际标准编制的贸易方式代码，其中10~39表示列入海关贸易统计，41~66表示列入单项统计；00表示不列入海关贸易统计和单项统计。

根据实际对外贸易情况按海关规定的"监管方式代码表"选择填报相应的监管方式简称及代码。一份报关单只允许填报一种监管方式。

常见监管方式的名称、代码、适用范围及主要填报要求如下：

（一）一般贸易

一般贸易是指我国境内有进出口经营权的企业单边进口或单边出口的贸易。

本监管方式代码"0110"，简称"一般贸易"，适用范围包括：

1. 以正常交易方式成交的进出口货物；

2. 贷款援助的进出口货物；

3. 外商投资企业为加工内销产品而进口的料件，属于非保税加工的；

4. 外商投资企业用国产原材料加工成品出口或采购产品出口；

5. 供应外国籍船舶、飞机等运输工具的国产燃料、物料及零配件；

6. 保税仓库进口供应给中国籍国际航行运输工具使用的燃料、物料等保税货物；

7. 境内企业在境外投资以实物投资进出口的设备、物资；

8. 来料养殖、来料种植进出口货物；

9. 国有公益性收藏单位通过合法途径从境外购入的藏品。

（二）加工贸易项下进口料件和出口成品

1. 来料加工

来料加工是指进口料件由境外企业提供，经营企业不需要付汇进口，按照境外企业的要求进行加工或装配，只收取加工费，制成品由境外企业销售的经营活动。

本监管方式代码"0214"，简称"来料加工"，主要适用于来料加工项下进口的料件和加工出口的成品。

来料加工进出口货物报关单"备案号"栏目应填报加工贸易手册或电子账册编号。成品出口报关单"征免"栏方式应填报"全免",应征出口税的,应填报"照章征税"。

2. 进料加工

进料加工贸易是指进口料件由经营企业付汇进口,制成品由经营企业外销出口的经营活动。进料加工对口合同是指买卖双方分别签订进出口对口合同,料件进口时,我方先付料件款,加工成品出口时再向对方收取出口成品款项的交易方式,包括动用外汇的对口合同或不同客户的对口联号合同,以及对开信用证的对口合同。

本监管方式代码"0615",简称"进料对口",主要适用于进料加工项下进口料件和出口成品,以及进料加工贸易中外商免费提供进口的主、辅料和零部件。

进料加工进出口货物报关单"备案号"栏目应填报加工贸易手册或电子账册编号。成品出口报关单"征免"栏方式应填报"全免",应征出口税的,应填报"照章征税"。

(三) 加工贸易项下其他货物

1. 结 转

加工贸易经营企业将保税进口料件所加工的产品在境内结转给另一个加工贸易企业,用于再加工后复出口的,转入、转出企业分别填制进、出口报关单,监管方式填报"来料深加工"(0255)或"进料深加工"(0654)。

加工贸易经营企业将加工过程中剩余的进口料件,结转到本企业同一加工监管方式下的另一个加工贸易合同,继续加工为制成品后复出口的,应分别填制进、出口报关单,监管方式填报"来料余料结转"(0258)或"进料余料结转"(0657)。

2. 内 销

(1) 料件内销

加工贸易加工过程产生的剩余料件、制成品、未完成品、残次品及受灾保税货物,经批准转为国内销售,不再加工复出口的,以及海关事后发现企业擅自转内销并准予补办进口补税手续的加工贸易项下货物,应填制进口报关单,监管方式填报"来料料件内销"(0245)或"进料料件内销"(0644)。

(2) 边角料内销

加工贸易加工过程中有形损耗产生的边角料,以及加工副产品,有商业价值且经批准在境内销售的,应填制进口报关单,监管方式填报"来料边角料内销"(0845)或"进料边角料内销"(0844)。

(3) 成品转减免税

加工贸易项下制成品,在境内销售给凭征免税证明进口的货物的企业,加工贸易经营企业填制出口报关单,监管方式填报"来料成品减免"(0345)或"进料成品减免"(0744)。

3. 退运 (复出)

加工贸易进口料件因品质、规格等原因退运出境,或加工过程中产生的剩余料件、边角料退运出境,且不再更换同类货物进口的,分别填报"来料料件复出"(0265)、"来料边角料复出"(0865)、"进料料件复出"(0664)、"进料边角料复出"(0864)。

4. 退换

（1）料件退换

加工贸易保税料件因品质、规格等原因退运出境，更换料件后复进口的，退运出境报关单和复运进境报关单的监管方式应填报为"来料料件退换"（0300）或"进料料件退换"（0700）。

（2）成品退换

加工贸易出口成品因品质、规格等原因退运进境，经加工、维修或更换同类商品复出口的，退运进境报关单和复运出境报关单的监管方式应填报为"来料成品退换"（4400）或"进料成品退换"（4600）。

5. 销毁

企业销毁处置加工贸易货物未获得收入，销毁处置货物为料件、残次品的，填报"料件销毁"（0200）；销毁处置货物为边角料、副产品的，填报"边角料销毁"（0400）。企业销毁处置加工贸易货物获得收入的，填报为"进料边角料内销"或"来料边角料内销"。

（四）加工贸易进口设备

1. 加工贸易设备

加工贸易设备，指来料加工、进料加工贸易项下外商作价提供、不扣减企业投资总额的进口设备，以及服务外包企业履行国际服务外包合同，由国际服务外包业务境外发包方免费提供的进口设备。

本监管方式代码"0420"，对应征免性质为"一般征税"（101）或"加工设备"（501）。

2. 不作价设备

加工贸易项下外商提供的不作价设备，指境外企业与境内企业开展来料、进料业务，外商免费向境内加工贸易收发货人提供加工生产所需设备，境内收发货人不需支付外汇、不需用加工费或差价偿还。

本监管方式代码"0320"，简称"不作价设备"，对应征免性质为"加工设备"（501）。

加工贸易进口不作价设备由加工贸易合同备案地海关办理备案手续，核发加工贸易手册，手册编号第一位标记为"D"。进口《外商投资项目不予免税的进口商品目录》所列商品范围外的不作价设备，且符合规定条件的，免征进口关税。

与加工贸易免税进口不作价设备相关的监管方式有：

（1）加工设备内销，指海关监管期内的加工贸易免税进口设备经批准转售给境内非加工企业，代码"0446"。

（2）加工设备结转，指海关监管期内的加工贸易免税进口设备经批准转让给另一加工企业，或从本企业一本加工贸易手册结转入另一本加工贸易手册，代码"0456"。

（3）加工设备退运，指加工贸易免税进口设备退运出境，代码"0466"。

（五）外商投资企业进口自用设备、物品

1. 投资总额内进口设备、物品

外商投资企业作为投资进口的设备、物品，是指外商投资企业投资总额内的资金（包

括中方投资）进口的机器设备、零部件和其他建厂（场）物料，安装、加固机器所需材料，以及进口本企业自用合理数量的交通工具、生产用车辆、办公用品（设备）。

中外合资、合作企业进口设备、物品，监管方式代码"2025"，简称"合资合作设备"；外商独资企业（以下简称外资企业）进口设备、物品，监管方式代码"2225"，简称"外资设备物品"。

2. 投资总额外自有资金免税进口设备

鼓励类外商投资企业，以及符合中西部利用外资优势产业和优势项目目录的项目，利用企业投资总额以外的自有资金，在原批准的生产经营范围内，对设备进行更新维修，进口国内不能生产或性能不能满足需要的自用设备及其配套的技术、配件、备件，进口报关单监管方式应为"一般贸易"（0110），对应征免性质为"自有资金"（799）。

3. 减免税设备结转

这是指海关监管年限内的减免税设备，从进口企业结转到另一享受减免税待遇的企业，监管方式代码"0500"，简称"减免设备结转"。减免设备结转的转入、转出企业应分别填写进、出口报关单向海关申报，具体栏目填制要求见本章第五节对应表格内容。

需注意的是，加工贸易项下免税进口的不作价设备结转给另一加工贸易企业，不适用本监管方式，应适用"加工设备结转"（0456）。

（六）暂准进出境货物

1. 进出境展览品

进出境展览品指外国为来华或我国为到外国举办经济、文化、科技等展览或参加博览会而进出口的展览品，以及与展览品有关的宣传品、布置品、招待品、小卖品和其他物品。

本监管方式代码"2700"，简称"展览品"，对应征免性质为"其他法定"（299）。

进出境展览品的范围主要包括在展览会、交易会、会议及类似活动中展示或者使用的货物。不复运出入境而留在境内外销售的进出境展览品，应按实际监管方式填报，不适用本监管方式。ATA单证册项下的暂准进出展览品，持证人免填报关单，无须使用本监管方式。

2. 暂时进出境货物

暂时进出境货物是指暂时进出关境并且在规定的期限内复运出境或进境的货物，包括国际组织、外国政府或外国和我国香港、澳门及台湾地区的企业、群众团体及个人为开展经济、技术、科学、文化合作交流而暂时运入或运出我国关境及复运出入境的货物。

本监管方式代码"2600"，简称"暂时进出货物"，对应征免性质为"其他法定"（299）。

对符合《中华人民共和国海关暂时进出境货物管理办法》所述暂予免征税率的货物，"征免性质"栏填报"299 其他法定"；对符合规定应予征税的货物，"征免性质"栏填报"101 一般征税"。

申请人可以直接办理暂时进出境货物进出口申报手续，提交有关材料，无须事前办理审批手续；申请人办理暂时进出境货物延期手续的，海关按照现行程序采取内部核批，不再出具法律文书。

暂时进出境货物包括如下：

（1）在展览会、交易会、会议及类似活动中展示或者使用的货物；

（2）文化、体育交流活动中使用的表演、比赛用品；

（3）进行新闻报道或者摄制电影、电视节目使用的仪器、设备及用品；

（4）开展科研、教学、医疗活动使用的仪器、设备和用品；

（5）在第（1）项至第（4）项所列活动中使用的交通工具及特种车辆；

（6）货样；

（7）慈善活动使用的仪器、设备及用品；

（8）供安装、调试、检测、修理设备时使用的仪器及工具；

（9）盛装货物的容器；

（10）旅游用自驾交通工具及其用品；

（11）工程施工中使用的设备、仪器及用品；

（12）海关批准的其他暂时进出境货物。

除我国缔结或者参加的国际条约、协定及国家法律、行政法规和海关总署规章另有规定外，暂时进出境货物可以免于交验许可证件。

（七）租赁贸易

租赁贸易是指经营租赁业务的企业与外商签订国际租赁合同项下境内企业租赁进口或出租出口的货物。

相关监管方式包括：租赁期在 1 年及以上的进出口货物，监管方式代码"1523"，简称"租赁贸易"；租赁期在 1 年及以上的进出口货物分期办理征税手续时，每期征税适用监管方式代码"9800"，简称"租赁征税"；租赁期不满 1 年的进出口货物，监管方式代码"1500"，简称"租赁不满 1 年"。

上述监管方式的适用范围不包括：经营租赁业务的企业进口自用的设备、办公用品，监管方式为"一般贸易"（0110）；加工贸易租赁进口的机器设备，监管方式应为"加工贸易设备"（0420）。

租赁贸易货物报关单的主要填制要求如下：

1. 首次进口时，分期支付租金的，应填制两份报关单，一份监管方式为"租赁贸易"（1523）或"租赁不满 1 年"（1500），申报租赁货物的全值，用于监管和统计；另一份监管方式为"租赁征税"（9800），用于计征税款。纳税义务人申请一次性缴纳税款的，可以选择申请按照依次审查确定该货物的完税价格的方法，或者按照海关审查确定的租金总额作为完税价格。

2. 进口后，按合同约定支付各期租金并征税的，报关单监管方式均为"租赁征税"（9800），并将首次进口的报关单号作为"关联报关单"填报于"标记唛码及备注"栏。

3. 退运时："租赁贸易"（1523）期满复运出（进）口的货物，监管方式为"退运货物"（4561）；"租赁不满 1 年"（1500）期满复运出（进）口境的货物，监管方式为"租赁不满 1 年"（1500）。

（八）修理物品

进出境修理物品是指进境或出境维护修理的货物、物品。

本监管方式代码"1300"，简称"修理物品"。

本监管方式适用于各类进出境维修的货物，以及修理货物维修所用的原材料、零部件，但不包括：按加工贸易保税货物管理的进境维修业务，以及加工贸易项下进口料件和出口成品的进出境维修退换（0300、0700、4400、4600）业务。

修理物品进口报关单对应征免性质为"一般征税"（101）或"其他法定"（299）。进出境维修货物复运出进境，进出口报关单需将关联的出、进口报关单号作为关联报关单号填报在"标记唛码及备注"栏。

（九）无代价抵偿进出口货物

无代价抵偿进出口货物是指进出口货物经海关征税或免税放行后，因货物残损、短少或品质不良及规格不符等原因，而由进出口货物的发货人、承运人或保险公司免费补偿或更换的与原货物相同或者与合同规定相符的货物。

本监管方式代码"3100"，简称"无代价抵偿"。

无代价抵偿进出口货物相关申报要求如下：

1. 如原进出口货物退运出进境，其报关单的"监管方式"栏应填报为"其他"（9900）。补偿进口货物的报关单监管方式填报"无代价抵偿"（3100），"征免性质"填报"其他法定"（299）或"一般征税"（101）；补偿出口报关单"征免性质"填报"其他法定"（299）。

2. 退运出进境货物报关单（9900）及补偿进出口货物报关单（3100），均应在"标记唛码及备注"栏内填报原进出口货物报关单号。

（十）退运货物

退运进出口货物是指原进、出口货物因残损、缺少、品质不良、规格不符、延误交货或其他原因退运出、进境的货物。

本监管方式代码"4561"，简称"退运货物"。

1. 适用范围

本监管方式适用于以下货物的退运出、进境：一般贸易（0110）、易货贸易（0130）、旅游购物商品（0139）、租赁贸易（1523）、寄售代销（1616）、外商投资企业设备物品（2025）/（2225）、外汇免税商品（1831）、货样广告品（3010）、其他进出口免费（3339）、承包工程进口（3410）、对外承包出口（3422）、无偿援助（3511）、捐赠物资（3612）、边境小额（4019）、对台小额（4039）、其他贸易（9739）。

本监管方式不适用于以下货物：

（1）加工贸易项下料件、成品维修退换，监管方式为"来料料件退换"（0300）、"进料料件退换"（0700）、"来料成品退换"（4400）、"进料成品退换"（4600）。

（2）加工贸易项下料件、边角料退运，监管方式为"来料料件复出"（0265）、"来料边角料复出"（0865）、"进料料件复出"（0664）、"进料边角料复出"（0864）。

（3）加工贸易设备退运，监管方式为"加工设备退运"（0466）。

（4）货物进境后、放行结关前退运的货物，监管方式"直接退运"（4500）。

（5）"租赁不满1年"货物退运，监管方式为"租赁不满1年"（1500）。

（6）进出口无代价抵偿货物，被更换的原进口货物退运出境，监管方式为"其他"（9900）。

2. 相关申报要求

退运货物进出口时，应随附原出（进）口货物报关单，并将原出（进）口货物报关单号填报在"标记唛码及备注"栏内。

（十一）直接退运货物

直接退运货物是指进口货物收发货人、原运输工具负责人或者其代理人在货物进境后、办结海关放行手续前，因海关责令或有正当理由获准退运境外的货物。

本监管方式代码"4500"，简称"直接退运"。

1. 适用范围包括的情形

（1）在货物进境后、办结海关放行手续前，由于客观原因需向海关申请办理直接退运手续的，包括错发、误卸、溢卸货物、残损货物等。

（2）在货物进境后，办结海关放行手续前，由于不符合有关法令，依法应当退运的，由海关责令当事人将进口货物直接退运境外的，包括违反有关进口法令，经海关处理后责令退运境外的。

（3）保税区、出口加工区及其他海关特殊监管区域和保税监管场所进口货物直接退运的。

2. 适用范围不包括的情形

海关放行后需办理退运出境的进口货物，以及进口转关货物在进境地海关放行后申请办理退运手续的货物。两者均应按"退运货物"（4561）手续办理报关手续。

3. 相关申报要求

按照"先报出、后报进"的原则先办理出口手续，后办理进口手续，进口报关单"标记唛码及备注"栏将对应的出口报关单号作为"关联报关单号"填报，进出口报关单监管方式均为"直接退运货物"，"标记唛码及备注"栏均应填报"进口货物直接退运表"或"海关责令进口货物直接退运通知书"的编号。

（十二）国家或国际组织无偿援助和赠送的物资

国家或国际组织无偿援助和赠送的物资是指我国根据两国政府间的协议或临时决定，对外提供无偿援助的物资、捐赠品，或我国政府、组织基于友好关系向对方国家政府、组织赠送的物资，以及我国政府、组织接受国际组织、外国政府或组织无偿援助、捐赠或赠送的物资。

本监管方式代码"3511"，简称"无偿援助物资"。本监管方式对应征免性质为"无偿援助"（201）。

商务部负责管理的援外项目实施企业应当持由商务部、紧急援助部际工作机制领导小组或项目管理机构出具的"援外项目任务通知函"向海关办理援外物资出口手续。监管方式填报为"援助物资"（代码为3511），且免于提交"出口许可证"。

（十三）进出口捐赠物资

进出口捐赠物资是指境外捐赠人以扶贫、慈善、救灾为目的向我国境内捐赠的直接用于扶贫、救灾、兴办公益福利事业的物资，以及境内捐赠人以扶贫、慈善、救灾为目的向境外捐赠的直接用于扶贫、救灾、兴办公益福利事业的物资。

本监管方式代码"3612"，简称"捐赠物资"。对应征免性质为"救灾捐赠"（801）、"扶贫慈善"（802）、"公益收藏"（698）、"科教用品"（401）、"残疾人"（413）等。

（十四）其他免费提供的进出口货物

其他免费提供的进出口货物指除已具体列名的礼品、无偿援助和赠送物资、捐赠物资、无代价抵偿进口货物、国外免费提供的货样、广告品等归入列名监管方式的免费提供货物以外，进出口其他免费提供的货物。

本监管方式代码"3339"，简称"其他进出口免费"。适用范围包括：外商在经贸活动中赠送的物品，外国人捐赠品，驻外中资机构向国内单位赠送的物资，经贸活动中由外商免费提供的试车材料、消耗性物品等。

本监管方式对应征免性质："一般征税"（101）、"其他法定"（299）。

（十五）保税仓库进出境仓储、转口货物

保税仓库进出境仓储及转口货物指从境外进口直接存入保税仓库、保税仓库出境的仓储、转口货物，以及出口监管仓库出境的货物。

本监管方式代码"1233"，简称"保税仓库货物"。

本监管方式无对应征免性质代码，报关单"运输方式"栏应为实际进出境的运输方式。

相关申报要求如下：

1. 保税仓库进境货物销往境内，按货物运出保税仓库的实际用途填报相应的监管方式，运输方式为"保税仓库"（8）。

2. 境内存入出口监管仓库和出口监管仓库退仓货物，按实际监管方式填报，运输方式为"监管仓库"（1）。

3. 保税仓库货物出仓运往境内其他地方转为正式进口的，在仓库主管海关办结出仓报关手续，填制出口报关单，监管方式填写"1200"，进口报关单按实际进口监管方式填报。

（十六）物流中心进出境货物

保税物流中心进出境仓储货物是指从境外直接存入保税物流中心和从保税物流中心运出境的仓储、转口货物。

本监管方式代码"6033"，简称"物流中心进出境货物"。

相关申报要求如下：

1. 从境内（海关特殊监管区域除外）运入保税物流中心货物应填制出口报关单，从保税物流中心提取运往境内的货物应填制进口报关单，监管方式按实际情况选择填报。

2. 保税物流中心与保税区、出口加工区、保税物流园区、保税仓库、出口监管仓库及保税物流中心之间等海关特殊监管区域或保税监管场所之间往来的货物，监管方式填报"保税间货物"（1200）。

（十七）保税区进出境仓储、转口货物

保税区进出境仓储、转口货物是指从境外存入保税区、保税物流园区和从保税区、保税物流园区运出境的仓储、转口货物。

本监管方式代码"1234"，简称"保税区仓储转口"。

保税区、保税物流园区进出境仓储、转口货物实行"备案制"，区内企业凭"保税区、保税物流园区进（出）境货物备案清单"向保税区、保税物流园区海关办理申报手续。保税区仓储、转口货物无须填报征免性质。

相关申报要求如下：

1. 保税区、保税物流园区除仓储、转口货物以外的其他进出境货物，应按实际监管

方式填报。如区内企业开展加工贸易业务所需进口料件和制成品出口，监管方式应填报为"来料加工"（0214）或"进料对口"（0615）。

2. 从保税区、保税物流园区运往境内非海关特殊监管区域、保税监管场所的货物，按实际监管方式填报，运输方式为"保税区"（7）。

3. 从境内非海关特殊监管区域、保税监管场所运入保税区、保税物流园区的货物，以及从境内非海关特殊监管区域、保税监管场所运入保税区、保税物流园区后又退回境内的货物，按实际监管方式填报，运输方式为"非保税区"（0）。

（十八）保税区加工贸易内销货物

保税区进料加工、来料加工成品不复运出境，转为国内使用，按征税方式区分适用以下监管方式：

1. 区内加工企业来料、进料加工全部用境外运入料件加工的制成品销往非保税区，以及来料、进料加工内销制成品所含进口料件的品名、数量、价值难以区分的，按照制成品征税。监管方式分为"保区来料成品"（0445）和"保区进料成品"（0444）。

2. 区内企业来料、进料加工用含有部分境外运入料件加工的制成品销往非保税区时，对其制成品按照所含进口料件征税，监管方式分为"保区来料料件"（0545）和"保区进料料件"（0544）。

相关申报要求如下：

保税区加工贸易成品转内销货物填报进口报关单，运输方式均为"保税区"（7），"0444"和"0445"备案号栏目应填报加工贸易手册编号，原产国（地区）填报中国（142）；"0544"和"0545"备案号为空，原产国（地区）填报原进口料件的原产国（地区）。

（十九）海关特殊监管区域、保税监管场所间往来的货物

指保税区、保税物流园区、出口加工区、出口监管仓库、保税仓库、保税物流中心等海关特殊监管区域、保税监管场所间往来的货物。本监管方式代码"1200"，简称"保税间货物"。

本监管方式不适用出口加工区间结转货物。不同出口加工区企业结转货物适用"成品进出区"（5100）和"料件进出区"（5000）。

本监管方式下的货物，转出企业和转入企业应分别填制出口货物报关单或进口货物报关单，监管方式"保税间货物"（1200），征免性质免予填报，运输方式"其他"（9），启运国或运抵国为"中国"（142），原产国或最终目的国按照实际国别填报。

（二十）海关特殊监管区域进出境货物

下述 5014、5015、5034、5335、5361、5010 六种监管方式，适用于保税港区、综合保税区、出口加工区、珠澳跨境工业园区（珠海园区）、中哈霍尔果斯边境合作区（中方配套区）内企业申报使用，不适用于区外企业和保税区、保税物流园区内企业。

1. 5014"区内来料加工"指海关特殊监管区域与境外之间进出的来料加工货物，适用于海关特殊监管区域内企业在来料加工贸易业务项下的料件从境外进口及制成品出境。

2. 5015"区内进料加工货物"指海关特殊监管区域与境外之间进出的进料加工货物，适用于海关特殊监管区域内企业在进料加工贸易业务项下的料件从境外进口及制成品出境。

3. 5034 "区内物流货物"指海关特殊监管区域与境外之间进出的物流货物，适用于海关特殊监管区域内企业从境外运进或运往境外的仓储、分拨、配送、转口货物，包括流通领域的物流货物及供区内加工生产用的仓储货物。

4. 5335 "境外设备进区"指海关特殊监管区域从境外进口的设备及货物，适用于海关特殊监管区域内企业从境外进口用于区内业务所需的设备、物资，以及区内企业和行政管理机构自用合理数量的办公用品等。

5. 5361 "区内设备退运"指海关特殊监管区域设备及货物退运境外，适用于海关特殊监管区域内企业将监管方式代码 "5335" 项下的设备、物资退运境外。

6. 5010 "特殊区域研发货物"指海关特殊监管区域与境外之间进出的研发货物，适用于海关特殊监管区域内企业从境外购进的用于研发的材料、成品，或研发后将上述货物退回境外，但不包括企业自用或其他用途的设备。

7. 海关监管方式代码 "1239"，全称 "保税跨境贸易电子商务 A"，简称 "保税电商A"，适用于境内电子商务企业通过海关特殊监管区域或保税物流中心（B 型）一线进境的跨境电子商务零售进口商品。

上述监管方式中，"区内进料加工货物"（5015）适用征免性质代码 "进料加工"（503），监管方式 "区内物流货物"（5034）无须填报征免性质代码。

（二十一）海关特殊监管区域进出区货物

下述 5000、5100、5300 三种监管方式，适用于保税港区、综合保税区、出口加工区、珠澳跨境工业园区（珠海园区）、中哈霍尔果斯边境合作区（中方配套区）内企业申报使用，不适用于区外企业和保税区、保税物流园区内企业。

5000 "料件进出区"指料件进出海关特殊监管区域，适用于海关特殊监管区域内保税加工、保税物流或研发企业与境内（区外）之间进出的料件，包括此类料件在境内的退运、退换。

5100 "成品进出区"指成品进出海关特殊监管区域，适用于海关特殊监管区域内保税加工、保税物流或研发企业与境内（区外）之间进出的成品，包括此类成品在境内的退运、退换。

5300 "设备进出区"指设备及物资进出海关特殊监管区域，适用于海关特殊监管区域内企业从境内（区外）购进的自用设备、物资，或将设备、物资销往区外，结转到同一海关特殊监管区域或另一海关特殊监管区域的企业，以及在境内的退运、退换。

相关申报要求如下：

1. 出区货物

（1）区外企业填制 "中华人民共和国海关进口货物报关单"，监管方式填报区外企业提取区内货物适用的监管方式；原产国（地区）按实际填报［对于未经加工的进口货物，按货物原进口时的原产国（地区）统计；对于经加工的成品或未完成品，按现行进口原产地规则确定原产国（地区）］；启运国（地区）填写 "中国"（142）。

（2）区内企业填制出境货物备案清单，监管方式分别适用 "料件进出区"（5000）、"成品进出区"（5100）、"设备进出区"（5300）。

2. 进区货物

（1）区外企业填制 "中华人民共和国海关出口货物报关单"，监管方式填报区外企业将货物运入区内货物适用的监管方式，最终目的国（地区）和运抵国（地区）填写"中国"（142）。

（2）区内企业填制进境货物备案清单，监管方式分别适用"料件进出区"（5000）、"成品进出区"（5100）、"设备进出区"（5300）。

5000、5100、5300监管方式下进出区货物均无须填报征免性质代码。

上述第（二十）、（二十一）项特殊区域进出货物不包括下列情形：

第一，出口加工区企业加工贸易进口料件退换进出境或在区内企业间退换，监管方式代码"0700"，简称"进料料件退换"。

第二，出口加工区企业加工贸易成品退换进出境或在区内企业间退换，监管方式代码"4600"，简称"进料成品退换"。

第三，出口加工区企业进境料件退运出境，监管方式代码"0664"，简称"进料料件复出"。

第四，出口加工区企业边角料退运出境，监管方式代码"0864"，简称"进料边角料复出"。

第五，出口加工区企业加工设备运出境外、区外维修及维修后运回，监管方式代码"1300"，简称"修理物品"。

第六，出口加工区企业产品运出区外展览及展览完毕运回区内，监管方式代码"2700"，简称"展览品"。

第七，出口加工区企业产品、设备运往区外测试、检验及复运回区内，加工区企业委托区外加工产品运出、运回加工区，监管方式代码"2600"，简称"暂时进出货物"。

（二十二）货样广告品

进出口货样广告品是指进出口用以宣传有关商品内容的广告宣传品。监管方式代码"3010"，简称"货样广告品"，全称"进出口的货样广告品"，适用于有进出口经营权的单位进出口货样广告品。暂时进出口的货样、广告品和驻华商业机构不复运出口的进口陈列样品不适用本监管方式。

（二十三）网购保税进口业务

是指在海关特殊监管区域或保税物流中心（B型）［以下简称"区域（中心）"］内以保税模式开展的跨境电子商务零售进口业务。

网购保税进口商品一线进境［一线入区域（中心）］申报环节，申报进入天津、上海、杭州、宁波、福州、平潭、郑州、广州、深圳、重庆等10个城市区域（中心）的，监管方式应填报"保税电商"（监管代码1210），暂不验核通关单，暂不执行《跨境电子商务零售进口商品清单》备注中关于化妆品、婴幼儿配方奶粉、医疗器械、特殊食品（包括保健食品、特殊医学用途配方食品等）的首次进口许可证、注册或备案要求；申报进入其他城市区域（中心）的，监管方式应填报"保税电商A"（监管代码1239）。

网购保税进口商品可以在区域（中心）间流转，流转商品应符合正面清单的要求。转入地与转出地主管海关分别审核企业的申报单证，海关监管方式应填报"保税间货物"（监管代码1200），备注应填报"网购保税进口商品"。电子账册底账数据进行相应核增核减。

网购保税进口商品零售出区域（中心）申报时，主管海关审核电子商务企业或其代理人申报的"中华人民共和国海关跨境电子商务零售进口商品申报清单"，海关监管方式应与一线入区域（中心）时申报的监管方式一致，运输方式应为二线出区域（中心）对应的运输方式。电子账册底账数据进行相应核减。

（二十四）免税品经营单位经营出口退税国产商品的，填报"其他"

监管方式代码表

代码	简称	全称
0110	一般贸易	一般贸易
0130	易货贸易	易货贸易
0139	旅游购物商品	用于旅游者 5 万美元以下的出口小批量订货
0200	料件销毁	加工贸易料件、残次品（折料）销毁
0214	来料加工	来料加工装配贸易进口料件及加工出口货物
0245	来料料件内销	来料加工料件转内销
0255	来料深加工	来料深加工结转货物
0258	来料余料结转	来料加工余料结转
0265	来料料件复出	来料加工复运出境的原进口料件
0300	来料料件退换	来料加工料件退换
0314	加工专用油	国有贸易企业代理来料加工企业进口柴油
0320	不作价设备	加工贸易外商提供的不作价进口设备
0345	来料成品减免	来料加工成品凭征免税证明转减免税
0400	边角料销毁	加工贸易边角料、副产品（按状态）销毁
0420	加工贸易设备	加工贸易项下外商提供的进口设备
0444	保区进料成品	按成品征税的保税区进料加工成品转内销货物
0445	保区来料成品	按成品征税的保税区来料加工成品转内销货物
0446	加工设备内销	加工贸易免税进口设备转内销
0456	加工设备结转	加工贸易免税进口设备结转
0466	加工设备退运	加工贸易免税进口设备退运出境
0500	减免设备结转	用于监管年限内减免设备的结转
0513	补偿贸易	补偿贸易
0544	保区进料料件	按料件征税的保税区进料加工成品转内销货物
0545	保区来料料件	按料件征税的保税区来料加工成品转内销货物
0615	进料对口	进料加工
0642	进料以产顶进	进料加工成品以产顶进
0644	进料料件内销	进料加工料件转内销
0654	进料深加工	进料深加工结转货物
0657	进料余料结转	进料加工余料结转
0664	进料料件复出	进料加工复运出境的原进口料件

续表1

代码	简称	全称
0700	进料料件退换	进料加工料件退换
0744	进料成品减免	进料加工成品凭征免税证明转减免税
0844	进料边角料内销	进料加工项下边角料转内销
0845	来料边角料内销	来料加工项下边角料内销
0864	进料边角料复出	进料加工项下边角料复出口
0865	来料边角料复出	来料加工项下边角料复出口
1139	国轮油物料	中国籍运输工具境内添加的保税油料、物料
1200	保税间货物	海关保税场所及保税区域之间往来的货物
1210	保税电商	
1233	保税仓库货物	保税仓库进出境货物
1234	保税区仓储转口	保税区进出境仓储转口货物
1239	保税电商 A	保税跨境贸易电子商务 A
1300	修理物品	进出境修理物品
1371	保税维修	保税维修
1427	出料加工	出料加工
1500	租赁不满 1 年	租期不满 1 年的租赁贸易货物
1523	租赁贸易	租期在 1 年及以上的租赁贸易货物
1616	寄售代销	寄售、代销贸易
1741	免税品	免税品
1831	外汇商品	免税外汇商品
2025	合资合作设备	合资合作企业作为投资进口设备物品
2210	对外投资	对外投资
2225	外资设备物品	外资企业作为投资进口的设备物品
2439	常驻机构公用	外国常驻机构进口办公用品
2600	暂时进出货物	暂时进出口货物
2700	展览品	进出境展览品
2939	陈列样品	驻华商业机构不复运出口的进口陈列样品
3010	货样广告品	有经营权单位进出口的货样广告品
3100	无代价抵偿	无代价抵偿进出口货物
3339	其他进出口免费	其他进出口免费提供货物
3410	承包工程进口	对外承包工程进口物资
3422	对外承包出口	对外承包工程出口物资
3511	援助物资	国家和国际组织无偿援助物资
3611	无偿军援	无偿军援

续表2

代码	简称	全称
3612	捐赠物资	进出口捐赠物资
3910	军事装备	军事装备
4019	边境小额	边境小额贸易（边民互市贸易除外）
4039	对台小额	对台小额贸易
4139	对台小额商品交易市场	进入对台小额商品交易专用市场的货物
4200	驻外机构运回	我驻外机构运回旧公用物品
4239	驻外机构购进	我驻外机构境外购买运回国的公务用品
4400	来料成品退换	来料加工成品退换
4500	直接退运	直接退运
4539	进口溢误卸	进口溢卸、误卸货物
4561	退运货物	因质量不符、延误交货等原因退运进出境货物
4600	进料成品退换	进料成品退换
5000	料件进出区	料件进出海关特殊监管区域
5010	特殊区域研发货物	海关特殊监管区域与境外之间进出的研发货物
5014	区内来料加工	海关特殊监管区域与境外之间进出的来料加工货物
5015	区内进料加工货物	海关特殊监管区域与境外之间进出的进料加工货物
5033	区内仓储货物	加工区内仓储企业从境外进口的货物
5034	区内物流货物	海关特殊监管区域与境外之间进出的物流货物
5100	成品进出区	成品进出海关特殊监管区域
5300	设备进出区	设备及物资进出海关特殊监管区域
5335	境外设备进区	海关特殊监管区域从境外进口的设备及物资
5361	区内设备退运	海关特殊监管区域设备及物资退运境外
6033	物流中心进出境货物	保税物流中心与境外之间进出仓储货物
9600	内贸货物跨境运输	内贸货物跨境运输
9610	电子商务	跨境贸易电子商务
9639	海关处理货物	海关变卖处理的超期未报货物、走私违规货物
9700	后续补税	无原始报关单的后续补税
9739	其他贸易	其他贸易
9800	租赁征税	租赁期1年及以上的租赁贸易货物的租金
9839	留赠转卖物品	外交机构转售境内或国际活动留赠放弃特批货物
9900	其他	其他

十三、征免性质

征免性质是应根据实际情况按海关规定的"征免性质代码表"选择填报相应的征免性质简称及代码,持有海关核发的征免税证明的,应按照征免税证明中批注的征免性质填报。

(一)常见征免性质及其适用范围

1. 一般征税(101),适用于依照《海关法》《关税条例》《税则》及其他法律、行政法规和规章所规定的税率征收进出口关税、进口环节增值税和其他税费的进出口货物,包括除其他征免性质另有规定者外的一般照章(包括按照公开暂定税率、关税配额、反倾销、反补贴、保障措施等)征税或补税的进出口货物。

2. 其他法定(299),适用于依照《海关法》《关税条例》,对除无偿援助进出口物资外的其他实行法定减免税的进出口货物,以及根据有关规定非按全额货值征税的部分进出口货物。具体适用范围如下:

(1)无代价抵偿进出口货物(照章征税的除外);

(2)无商业价值的广告品和货样;

(3)进出境运输工具装载的途中必需的燃料、物料和饮食用品;

(4)因故退还的境外进口货物(包括料件退运出口);

(5)因故退还的我国出口货物(包括成品退运进口);

(6)在境外运输途中或者在起卸时遭受损坏或损失的货物;

(7)起卸后海关放行前,因不可抗力遭受损坏或者损失的货物;

(8)因不可抗力因素造成的受灾保税货物;

(9)海关查验时已经破漏、损坏或者腐烂,经证明不是保管不慎造成的货物;

(10)我国缔结或者参加的国际条约规定减征、免征关税的货物和物品;

(11)暂准进出境货物;

(12)展览会货物;

(13)出料加工项下的出口料件及复进口的成品;

(14)进出境的修理物品;

(15)租赁期不满1年的进出口货物;

(16)边民互市进出境货物;

(17)非按全额货值征税的进出口货物(如按租金、修理费征税的进口货物);

(18)其他不按"进出口货物征免税证明"管理的减免税货物。

3. 保税区(307),适用于对保税区单独实施征减免税政策的进口自用物资,包括保税区用于基础设施建设的物资,以及保税区内企业(外商投资企业除外)进口的生产设备、其他自用物资和出口货物、保税区行政管理机构自用合理数量的管理设备和办公用品等。

4. 科教用品(401),适用于为促进科学研究和教育事业的发展,科学研究机构和学校以科学研究、教学为目的按照有关征减免税政策,在合理数量范围以内,进口国内不能生产的或性能不能满足需要的、直接用于科研或教学的货物。

5. 科技开发用品(405),指为鼓励科学研究和技术开发,促进科技进步,科学研究、技术开发机构在规定的时间内,在合理数量范围内进口国内不能生产或者性能不能满足需要的科技开发用品。

6. 加工设备（501），适用于加工贸易收发货人按照有关征减免税政策进口的外商免费（即不需收发货人付汇，也不需用加工费或差价偿还）提供的加工生产所需设备。

7. 来料加工（502），适用于来料加工装配项下进口所需的料件等，以及经加工后出口的成品、半成品。

8. 进料加工（503），适用于为生产外销产品用外汇购买进口的料件，以及加工后返销出口的成品、半成品。

9. 中外合资（601），目前一般适用于中外合资企业自产的出口产品。

10. 中外合作（602），目前一般适用于中外合作企业自产的出口产品。

11. 外资企业（603），目前一般适用于外商独资企业自产的出口产品。

12. 鼓励项目（789），适用于1998年1月1日后经主管部门审批并确认的国家鼓励发展的国内投资项目、外商投资项目、利用外国政府贷款和国际金融组织贷款项目，以及从1999年9月1日起，按国家规定程序审批的外商投资研究开发中心及中西部省、自治区、直辖市利用外资优势产业和优势项目目录的项目，在投资总额内进口的自用设备，以及按合同随设备进口的技术及数量合理的配套件、备件。

13. 自有资金（799），适用于已设立的鼓励类外商投资企业（外国投资者的投资比例不低于25%），以及符合中西部利用外资优势产业和优势项目目录的项目，在投资总额以外利用自有资金（包括企业储备基金、发展基金、折旧和税后利润），在原批准的生产经营范围内进口国内不能生产或性能不能满足需要的（即不属于《国内投资项目不予免税的进口商品目录》的）自用设备及其配套的技术、配件、备件，用于本企业原有设备更新（不包括成套设备和生产线）或维修。

"鼓励项目"和"自有资金"的使用，须依程序取得海关核发的征免税证明并与之"征免性质"栏批注内容相符。

征免性质代码表

代码	简称	全称
101	一般征税	一般征税进出口货物
118	整车征税	构成整车特征的汽车零部件纳税
119	零部件征税	不构成整车特征的汽车零部件纳税
201	无偿援助	无偿援助进出口物资
299	其他法定	其他法定减免税进出口货物
301	特定区域	特定区域进口自用物资及出口货物
307	保税区	保税区进口自用物资
399	其他地区	其他执行特殊政策地区出口货物
401	科教用品	大专院校及科研机构进口科教用品
402	示范平台用	
403	技术改造	企业技术改造进口货物

续表1

代码	简称	全称
405	科技开发用品	科学研究、技术开发机构进口科技开发用品
406	重大项目	国家重大项目进口货物
407	动漫用品	动漫开发生产用品
408	重大技术装备	生产重大技术装备进口关键零部件及原材料
409	科技重大专项	科技重大专项进口关键设备、零部件和原材料
412	基础设施	通信、港口、铁路、公路、机场建设进口设备
413	残疾人	残疾人组织和企业进出口货物
417	远洋渔业	远洋渔业自捕水产品
418	国产化	国家定点生产小轿车和摄录机企业进口散件
420	远洋船舶	远洋船舶及设备部件
421	内销设备	内销远洋船用设备及关键部件
422	集成电路	集成电路生产企业进口货物
423	新型显示器件	新型显示器件生产企业进口货物
499	ITA 产品	非全税号信息技术产品
501	加工设备	加工贸易外商提供的不作价进口设备
502	来料加工	来料加工装配和补偿贸易进口料件及出口成品
503	进料加工	进料加工贸易进口料件及出口成品
506	边境小额	边境小额贸易进口货物
510	港澳 OPA	港澳在内地加工的纺织品获证出口
601	中外合资	中外合资经营企业自产出口货物
602	中外合作	中外合作经营企业自产出口货物
603	外资企业	外商独资企业自产出口货物
605	勘探开发煤层气	勘探开发煤层气
606	海洋石油	勘探、开发海洋石油进口货物
608	陆上石油	勘探、开发陆上石油进口货物
609	贷款项目	利用贷款进口货物
611	贷款中标	国际金融组织贷款、外国政府贷款中标机电设备零部件
698	公益收藏	国有公益性收藏单位进口藏品
704	花卉种子	花卉种子
705	科普影视	科普影视
707	博览会留购展品	博览会留购展品
710	民用卫星	民用卫星

续表2

代码	简称	全称
711	救助船舶设备	救助船舶设备
789	鼓励项目	国家鼓励发展的内外资项目进口设备
799	自有资金	外商投资额度外利用自有资金进口设备、备件、配件
801	救灾捐赠	救灾捐赠进口物资
802	扶贫慈善	境外向我境内无偿捐赠用于扶贫慈善的免税进口物资
803	抗艾滋病药物	进口抗艾滋病病毒药物
811	种子种源	进口种子（苗）、种畜（禽）、鱼种（苗）和种用野生动植物种源
818	中央储备粮油	中央储备粮油免征进口环节增值税政策
819	科教图书	进口科研教学用图书资料
888	航材减免	经核准的航空公司进口维修用航空器材
898	国批减免	国务院特准减免税的进出口货物
899	选择征税	选择征税
901	科研院所	科研院所进口科学研究、科技开发和教学用品
902	高等院校	高等院校进口科学研究、科技开发和教学用品
903	工程研究中心	国家工程研究中心进口科学研究、科技开发和教学用品
904	国家企业技术中心	国家企业技术中心进口科学研究、科技开发和教学用品
905	转制科研机构	转制科研机构进口科学研究、科技开发和教学用品
906	重点实验室	国家重点实验室及企业国家重点实验室进口科学研究、科技开发和教学用品
907	国家工程技术研究中心	国家工程技术研究中心进口科学研究、科技开发和教学用品
908	科技民非单位	科技类民办非企业单位进口科学研究、科技开发和教学用品
909	示范平台	国家中小企业公共服务示范平台（技术类）进口科学研究、科技开发和教学用品
910	外资研发中心	外资研发中心进口科学研究、科技开发和教学用品
911	科教图书	出版物进口单位进口用于科研、教学的图书、文献、报刊及其他资料
921	大型客机研制物资	大型客机、大型客机发动机研制进口物资
922	进博会留购展品	进博会留购展品
997	自由贸易协定	
998	内部暂定	享受内部暂定税率的进出口货物
999	例外减免	例外减免税进出口货物

（二）填报要求

1. 报关单"征免性质"栏应按照海关核发的进出口货物征免税证明中批注的征免性质填报，或根据实际情况按"征免性质代码表"选择填报相应的征免性质简称或代码。

2. 一份报关单只允许填报一种征免性质，涉及多个征免性质的，应分单填报。

3. 加工贸易货物特殊情况填报要求：

（1）加工贸易转内销货物，按实际应享受的征免性质填报，如"一般征税""科教用品""其他法定"等。

（2）贸易料件退运出口、成品退运进口的货物填报"其他法定"。

（3）加工贸易结转货物，免予填报。

（4）免税品经营单位经营出口退税国产商品的，填报"其他法定"。

十四、许可证号

许可证号是指商务部配额许可证事务局、驻各地特派员办事处，以及各省、自治区、直辖市、计划单列市及商务部授权的其他省会城市商务厅（局）、外经贸委（厅、局）签发的进出口许可证编号。包括：进（出）口许可证、两用物项和技术进（出）口许可证、两用物项和技术出口许可证（定向）、纺织品临时出口许可证、出口许可证（加工贸易）、出口许可证（边境小额贸易）的编号。

需注意，进出口货物中含甲苯、丙酮、丁酮、硫酸4种易制毒化学品之一且比率高于40%的货物应当办理"两用物项和技术进出口许可证"（以下简称"两用物项许可证"）。含甲苯、丙酮、丁酮、硫酸4种易制毒化学品之一且比率高于40%的货物是指：

（一）上述4种物项的单一成分含量超过40%的混合物；

（二）上述4种物项的单一成分含量不超过40%，但其总含量超过40%的混合物。

加工监管方式在境内产生的副产品属于易制毒化学品的货物，企业办理其内销手续时无须申领两用物项许可证。含易制毒化学品的混合物办理深加工结转手续时，转入方企业无须提交两用物项许可证。

免税品经营单位经营出口退税国产商品的，免予填报。

一份报关单只允许填报一个许可证号。

常用监管证件代码表

代码	监管证件名称	代码	监管证件名称
1	进口许可证	5	纺织品临时出口许可证
2	两用物项和技术进口许可证	G	两用物项和技术出口许可证（定向）
3	两用物项和技术出口许可证	x	出口许可证（加工贸易）
4	出口许可证	y	出口许可证（边境小额贸易）

十五、启运港

启运港是指进口货物在运抵我国关境前的第一个境外装运港。

启运港按海关规定的"港口代码表"填报相应的港口名称及代码，由3位英文和3位数据组成。例如：缅甸仰光的港口代码为"MMR018"。

（一）未在"港口代码表"列明的，填报相应的国家（地区）名称及代码。

（二）货物从海关特殊监管区域或保税监管场所运至境内区外的，填报"港口代码表"中相应海关特殊监管区域或保税监管场所的名称及代码，未在"港口代码表"中列明的，填报"未列出的特殊监管区"及代码。

（三）无实际进出境的，本栏目填报"中国境内"。

十六、合同协议号

合同（协议）号是指在进出口贸易中，买卖双方或数方当事人根据国际贸易惯例或国家有关法律、法规，自愿按照一定条件买卖某种商品签订的合同（包括协议或订单）的编号。

本栏目填报进（出）口货物合同（包括协议或订单）的全部字头和号码。在原始单据上合同号一般表示为"Contract No.：××××××"，此处的"××××××"即为"合同协议号"所应填报内容。

进出口报关单所申报货物必须是在合同中明确包含的货物。

免税品经营单位经营出口退税国产商品的，免予填报。

十七、贸易国（地区）

发生商业性交易的按海关规定的"国别（地区）代码表"选择填报相应的贸易国（地区）中文名称及代码。进口填报购自国（地区），出口填报售予国（地区）。

未发生商业性交易的填报货物所有权拥有者所属的国家（地区）。

十八、启运国（地区）/运抵国（地区）

启运国（地区）是指进口货物起始发出直接运抵我国或在运输中转国（地区）未发生任何商业性交易的情况下运抵我国的国家（地区）。例如：申报进口货物的启运国为美国时，可以选择填报"USA-美国"，也可在本栏录入中文"美国"。

运抵国（地区）是指出口货物离开我国关境直接运抵或在运输中转国（地区）未发生任何商业性交易的情况下最后运抵的国家（地区）。例如：申报出口货物的运抵国为马来西亚时，可以选择填报代码为"MYS-马来西亚"，也可在本栏录入中文"马来西亚"。

（一）不经过第三国（地区）转运的直接运输进出口货物，应在启运国（地区）项目中填报进口货物的装货港所在国（地区），在运抵国（地区）项目中填报出口货物的指运港所在国（地区）。

（二）经过第三国（地区）转运的进出口货物，如在中转国（地区）发生商业性交易，则以中转国（地区）作为启运/运抵国（地区）填报在本栏。

所谓中转（转运）货物，指船舶、飞机等运输工具从装运港将货物装运后，不直接驶往目的港，而在中途的港口卸下后，再换装另外的船舶、飞机等运输工具转运往目的港。货物中转的原因很多，如至目的港无直达船舶（飞机），或目的港虽有直达船舶（飞机）而时间不定或航次间隔时间太长，或目的港不在装载货物的运输工具的航线上，或货物属于多式联运等。

货物是否中转，可根据随附单据中的有关信息来判断。例如"FROM LONDON TO

PARIS VIA DOVER" 意为从伦敦多佛中转运至巴黎；又如 "HAMBURG IN TRANSIT TO ZURICH SWITZERLAND" 意为经汉堡中转运至瑞士苏黎世。

对于中转货物，启运国（地区）或运抵国（地区）分两种不同情况填报：

1. 发生运输中转而未发生任何买卖关系的货物，其启运国（地区）或运抵国（地区）不变，仍以进口货物的始发国（地区）为启运国（地区）填报，以出口货物的最终目的国（地区）为运抵国（地区）填报。

例1 上海某进出口公司与日本某公司签约，进口100台日本产丰田面包车从日本某港口启运，经中国香港中转运抵中国内地。进口报关单"启运国（地区）""原产国（地区）"均应为日本。

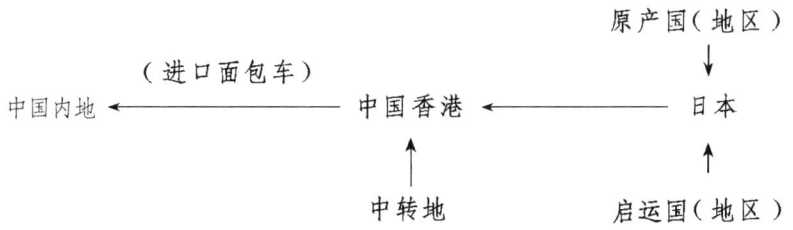

例2 深圳某公司与日本某公司签约，出口1万台自产DVD机，经中国香港中转运至日本名古屋。出口报关单"运抵国（地区）""最终目的国（地区）"均应为日本。

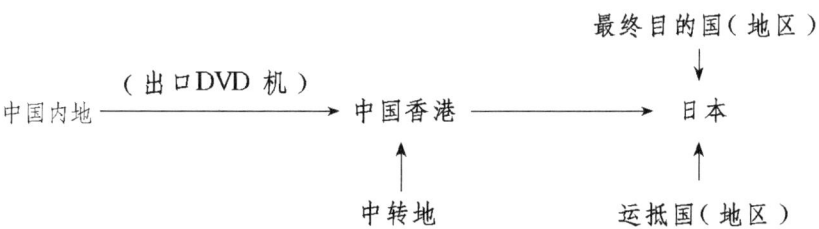

2. 发生运输中转并发生了商业性交易（买卖关系）的货物，其中转地为启运国（地区）或运抵国（地区）。可通过发票等商业单证来判断货物中转时是否发生了买卖关系。

例3 上海某进出口公司与香港某公司签约，进口100台日本产丰田面包车从日本某港口启运，经中国香港中转运抵中国内地。进口报关单"原产国（地区）"应为日本，"启运国（地区）"应为中国香港，因为境外签约人中国香港某公司所在地是中转地中国香港。

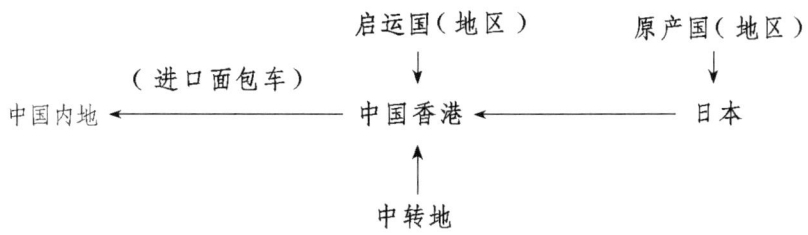

例4 深圳某公司与香港某公司签约，出口1万台自产DVD机，经中国香港中转运至

日本名古屋。出口报关单"最终目的国（地区）"应为日本，"运抵国（地区）"应为中国香港，因为境外签约人中国香港某公司所在地是中转地中国香港。

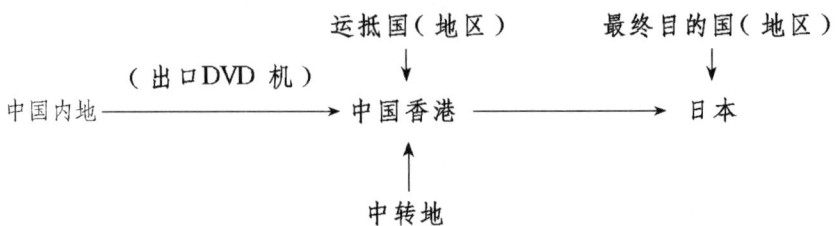

无实际进出境的货物，填报"中国"或"CHN"。

十九、经停港/指运港

经停港填报进口货物在运抵我国关境前的最后一个境外装运港。

指运港填报出口货物运往境外的最终目的港；最终目的港不可预知的，按尽可能预知的目的港填报。

根据实际情况，按海关规定的"港口代码表"选择填报相应的港口名称及代码。经停港/指运港在"港口代码表"中无港口名称及代码的，可选择填报相应的国家名称及代码。

无实际进出境的货物，填报"中国境内"及代码。

二十、入境口岸/离境口岸

入境口岸填报进境货物从跨境运输工具卸离的第一个境内口岸的中文名称及代码；采取多式联运跨境运输的，填报多式联运货物最终卸离的境内口岸中文名称及代码；过境货物填报货物进入境内的第一个口岸的中文名称及代码；从海关特殊监管区域或保税监管场所进境的，填报海关特殊监管区域或保税监管场所的中文名称及代码。其他无实际进境的货物，填报货物所在地的城市名称及代码。

离境口岸填报装运出境货物的跨境运输工具离境的第一个境内口岸的中文名称及代码；采取多式联运跨境运输的，填报多式联运货物最初离境的境内口岸中文名称及代码；过境货物填报货物离境的第一个境内口岸的中文名称及代码；从海关特殊监管区域或保税监管场所出境的，填报海关特殊监管区域或保税监管场所的中文名称及代码。其他无实际出境的货物，填报货物所在地的城市名称及代码。

入境口岸、离境口岸类型包括港口、码头、机场、机场货运通道、边境口岸、火车站、车辆装卸点、车检场、陆路港、坐落在口岸的海关特殊监管区域等。按海关规定的"国内口岸编码表"选择填报相应的境内口岸名称及代码。

二十一、包装种类

进出口货物报关单所列的"包装种类"栏是指进出口货物的所有包装材料，包括运输包装和其他包装。一般情况下，应以装箱单或提运单据所反映的货物处于运输状态时的最外层包装或运输包装作为"包装种类"向海关申报，并相应计算件数。

其中，运输包装即提运单所列货物件数单位对应的包装，按照海关规定的"包装种类代码表"，填报运输包装对应的2位包装种类代码。例如：使用再生木托作为运输包装的，在本栏填报中文"再生木托"或代码"92"。

若还有其他包装，包括货物的各类包装、植物性铺垫材料等，则在"其他包装"栏目的"包装材料种类"中，按照海关规定的"包装种类代码表"填报 2 位包装种类代码，在"包装件数"栏目中填报对应件数数字。例如：其他包装中含有纸制或纤维板制盒（箱）包装的，在本栏填报中文"纸制或纤维板制盒（箱）"或代码"22"。

二十二、件数

件数是指进出口货物运输包装的实际件数。运输包装指提运单所列货物件数单位对应的包装。

报关单件数栏目不得为空，件数应大于或等于 1，不得填报"0"。

舱单件数为集装箱的，填报集装箱个数；舱单件数为托盘的，填报托盘数。

散装、裸装货物填报"1"。

二十三、毛重（千克）

毛重是指商品重量加上商品的外包装物料的重量。

毛重栏填报进出口货物及其包装材料的重量之和，不得为空。

毛重的计量单位为千克，毛重应大于或等于 1 千克，不足 1 千克的填报为"1"千克。

应以合同、发票、提运单、装箱单等有关单证中"GROSS WEIGHT"（缩写 G.W.）栏所显示的重量确定进出口货物的毛重。但空运货物中，货物计费重量并非实际毛重，会根据体积计算出抛重，具体公式为：

根据体积计算出抛重，具体公式为：

空运货物抛重（千克）＝货物长（厘米）×宽（厘米）×高（厘米）/6000

抛重如果大于实际毛重，则按照抛重计费，反之按照毛重计费。

此栏目企业应向海关申报最终计费重量，即"CHARGE WEIGHT"。

二十四、净重（千克）

净重是指货物的毛重扣除外包装材料后的重量，即商品本身的实际重量。部分商品的净重还包括直接接触商品的销售包装物料的重量（如罐头装食品等）。

净重栏填报进出口货物实际净重，不得为空。

净重的计量单位为千克，净重应大于或等于 1 千克，不足 1 千克的填报为"1"千克。

商品的净重一般都在合同、发票、装箱单或提运单据的"Net Weight"（缩写 N.W.）栏体现。合同、发票等有关单证不能确定净重的货物，可以估重填报。

以毛重作为净重计价的，可填毛重。按照国际惯例以公量重计价的货物，如未脱脂羊毛、羊毛条等，填报公量重。

二十五、成交方式

成交方式是指在进出口贸易中，进出口商品的价格构成和买卖双方各自应承担的责任、费用和风险，以及货物所有权转移的界限，以贸易术语（价格术语）进行约定的方式。

在填制进出口货物报关单时，应依据发票中的实际成交价格条款，按照海关"成交方式代码表"选择填报相应的成交方式代码。

成交方式代码表

成交方式名称	成交方式代码	成交方式名称	成交方式代码
CIF	1	市场价	5
CFR（C&F/CNF）	2	垫仓	6
FOB	3	EXW	7
C&I	4		

应注意的是，海关规定的"成交方式"与国际贸易术语解释通则中的贸易术语内涵并非完全一致。"CIF""CFR""FOB"等常见的成交方式，并不仅限于水路运输方式，而适用于任何国际货物运输方式，主要体现成本、运费、保险费等成交价格构成因素。

《2000 通则》中 13 种贸易术语与报关单"成交方式"栏一般对应关系如下：

组别	E 组	F 组			C 组				D 组				
术语	EXW	FCA	FAS	FOB	CFR	CPT	CIF	CIP	DAF	DES	DEQ	DDU	DDP
成交方式	FOB				CFR		CIF						

《2010 通则》中 11 种贸易术语与报关单"成交方式"栏一般对应关系如下：

组别	E 组	F 组			C 组				D 组		
术语	EXW	FCA	FAS	FOB	CFR	CPT	CIF	CIP	DAT	DAP	DDP
成交方式	FOB				CFR		CIF				

《2020 通则》中 11 种贸易术语与报关单"成交方式"栏一般对应关系如下：

组别	E 组	F 组			C 组				D 组		
术语	EXW	FOB	FAS	FCA	CFR	CPT	CIF	CIP	DAP	DPU	DDP
成交方式	FOB				CFR		CIF				

无实际进出境的货物，进口成交方式为 CIF 或其代码，出口成交方式为 FOB 或其代码。

采用集中申报的归并后的报关单，进口的成交方式必须为 CIF 或其代码，出口的成交方式必须为 FOB 或其代码。

二十六、运费

运费为进口货物运抵我国境内输入地点起卸前的运输费用，出口货物运至我国境内输出地点装载后的运输费用。运费可按运费单价、总价或运费率三种方式之一填报。

（一）"运费标记"

当按照运费率申报时，"运费标记"栏选择填报"1—率"；当按照每吨货物的运费单价申报时,"运费标记"栏选择填报"2-单价";按照运费总价申报时,"运费标记"栏选择填报"3-总价"。

(二)"运费/率"

当"运费标记"为"1-率",在本栏填报运费率;当"运费标记"为"2-单价",在本栏填报运费单价;当"运费标记"为"3-总价",在本栏填报运费总价。

(三)"运费币制"

当"运费标记"栏为"1-率"是,本栏免予录入;如"运费标记"为"2-单价"或"3-总价"时,本栏按海关规定的"货币代码表"录入相应的币种代码。

免税品经营单位经营出口退税国产商品的,免予填报。

二十七、保费

保费为进口货物运抵我国境内输入地点起卸前的保险费用,出口货物运至我国境内输出地点装载后的保险费用。保险费可按保险费总价或保险费率两种方式之一填报。

(一)"保险费标记"

当按照保险费率申报时,"保险费标记"栏选择填报"1-率";按照保险费总价申报时,"保险费标记"栏选择填报"3-总价"。

(二)"保险费/率"

当"保险费标记"为"1-率",在本栏填报保险费率;当"保险费标记"为"3-总价",在本栏填报保险费总价。

(三)"保险费币制"

当"保险费标记"栏为"3-总价"时,本栏按海关规定的"货币代码表"录入相应的币种代码;当"保险费标记"栏为"1-率",本栏无须填报。

免税品经营单位经营出口退税国产商品的,免予填报。

二十八、杂费

杂费为成交价格以外的、按照《关税条例》相关规定应计入完税价格或应从完税价格中扣除的费用。杂费可按杂费总价或杂费率两种方式之一填报。

(一)"杂费标记"

当按照杂费率申报时,"杂费标记"栏选择填报"1-率";按照杂费总价申报时,"杂费标记"栏选择填报"3-杂费总价"。

(二)"杂费/率"

当"杂费标记"为"1-率",在本栏填报杂费率;当"杂费标记"为"3-杂费总价",在本栏填报杂费总价。

提醒注意:应计入完税价格的杂费填报为正值或正率,应从完税价格中扣除的杂费填报为负值或负率。

(三)"杂费币制"

当"杂费标记"栏为"3-杂费总价"时,本栏按海关规定的"货币代码表"录入相应的币种代码;当"杂费标记"栏为"1-率",本栏无须填报。

免税品经营单位经营出口退税国产商品的，免予填报。

二十九、随附单证

随附单证是指根据海关规定的"监管证件代码表"和"随附单据代码表"选择填报除《报关单填制规范》第十六条规定的许可证件以外的其他进出口许可证件或监管证件、随附单据代码及编号。

本栏目分为随附单证代码和随附单证编号两栏，其中代码栏按海关规定的"监管证件代码表"和"随附单据代码表"选择填报相应证件代码；随附单证编号栏填报证件编号。

（一）随附单证代码

随附单证代码是指除进（出）口许可证、两用物项和技术进（出）口许可证、两用物项和技术出口许可证（定向）、纺织品临时出口许可证、出口许可证（加工贸易）、出口许可证（边境小额贸易）以外的其他进出口许可证件或监管证件，按海关规定的"监管证件代码表"选择填报的相应证件代码。

提醒注意：

1. 加工贸易内销征税报关单，"随附单证代码"栏填报"c"。

2. 一般贸易进出口货物"随附单证代码"栏填报"Y"。

海关特殊监管区域和保税监管场所内销货物申请适用优惠税率的，有关货物进出海关特殊监管区域和保税监管场所及内销时，"随附单证代码"栏按照上述一般贸易要求填报。

向香港或澳门特别行政区出口用于生产香港 CEPA 或者澳门 CEPA 项下货物的原材料时，"随附单证代码"栏按照上述一般贸易要求填报。

3. 各优惠贸易协定项下，免提交原产地证据文件的小金额进口货物"随附单证代码"栏填报"Y"。

（二）随附单证编号

随附单证编号是指除进（出）口许可证、两用物项和技术进（出）口许可证、两用物项和技术出口许可证（定向）、纺织品临时出口许可证、出口许可证（加工贸易）、出口许可证（边境小额贸易）以外的其他进出口许可证件或监管证件，选择填报的相应证件编号。

1. 加工贸易内销征税报关单（使用金关二期加贸管理系统的除外），随附单证代码栏填报"c"，随附单证编号栏填报海关审核通过的内销征税联系单号。

2. 一般贸易进出口货物，只能使用原产地证书申请享受协定税率或者特惠税率（以下统称优惠税率）的（无原产地声明模式），在"随附单证编号"栏填报"<优惠贸易协定代码>"和"原产地证书编号"；可以使用原产地证书或者原产地声明申请享受优惠税率的（有原产地声明模式），"随附单证编号"栏填报"<优惠贸易协定代码>""C"（凭原产地证书申报）或"D"（凭原产地声明申报），以及"原产地证书编号（或者原产地声明序列号）"。一份报关单对应一份原产地证书或原产地声明。

各优惠贸易协定代码如下：

"01"为"亚太贸易协定"；

"02"为"中国—东盟自由贸易协定"；

"03"为"内地与香港关于建立更紧密经贸关系的安排"（香港 CEPA）；

"04"为"内地与澳门关于建立更紧密经贸关系的安排"（澳门 CEPA）；

"06"为"大陆对台湾地区部分农产品零关税措施";

"07"为"中国—巴基斯坦自由贸易协定";

"08"为"中国—智利自由贸易协定";

"10"为"中国—新西兰自由贸易协定";

"11"为"中国—新加坡自由贸易协定";

"12"为"中国—秘鲁自由贸易协定";

"13"为"对最不发达国家特别优惠关税待遇";

"14"为"海峡两岸经济合作框架协议（ECFA）";

"15"为"中国—哥斯达黎加自由贸易协定";

"16"为"中国—冰岛自由贸易协定";

"17"为"中国—瑞士自由贸易协定";

"18"为"中国—澳大利亚自由贸易协定";

"19"为"中国—韩国自由贸易协定";

"20"为"中国—格鲁吉亚自由贸易协定";

"21"为"中国—毛里求斯自由贸易协助定";

"22"为"区域全面经济伙伴关系协定";

"23"为"中国—柬埔寨自由贸易协定";

"24"为"中国—尼加拉瓜自由贸易协定"。

海关特殊监管区域和保税监管场所内销货物申请适用优惠税率的，有关货物进出海关特殊监管区域和保税监管场所，以及内销时，已通过原产地电子信息交换系统实现电子联网的优惠贸易协定项下货物报关单，按照上述一般贸易要求填报；未实现电子联网的优惠贸易协定项下货物报关单，"随附单证编号"栏填报"<优惠贸易协定代码>"和"原产地证据文件备案号"。"原产地证据文件备案号"为进出口货物收发货人或者其代理人填报原产地证据文件电子信息后，系统自动生成的号码。

向香港或澳门特别行政区出口用于生产香港CEPA或澳门CEPA项下货物的原材料时，按照上述一般贸易填报要求填制报关单。

"单证对应关系表"中填报报关单上的申报商品项与原产地证书（原产地声明）上的商品项之间的对应关系。报关单上的商品序号与原产地证书（原产地声明）上的项目编号应一一对应，不要求顺序对应。同一批次进口货物可以在同一报关单中申报，不享受优惠税率的货物序号不填报在"单证对应关系表"中。

3. 各优惠贸易协定项下，免提交原产地证据文件的小金额进口货物"随附单证编号"栏填报"Y"，"随附单证编号"栏填报"<优惠贸易协定代码>XJE00000"，"单证对应关系表"享惠报关单项号按实际填报，对应单证项号与享惠报关单项号相同。

三十、标记唛码及备注

（一）标记唛码

本栏用于填报标记唛码中除图形以外的文字、数字，无标记唛码的填报"N/M"。

标记唛码英文表示为Marks、Marking、MKS、Marks & No.、Shipping Marks等，通常是由一个简单的几何图形和一些字母、数字及简单的文字组成，包含收货人代号、合同号和发票号、目的地、原产国（地区）、最终目的国（地区）、目的港或中转港和件数号码等内容。

例1

Marks & No.	（唛头）
HAMBURG	（中转港：汉堡）
IN TRANSIT TO ZURICH SWITZERLAND	［目的国（地区）/港：瑞士/苏黎世］
C/NO. 1～1533	（件数：1533件）
MADE IN CHINA	（原产国：中国）

例2

MKS/Marking	（唛头）
SHANGHAI WORLDBEST	（收货人）
98L～025SH	（合同号）
SHANGHAI	（目的地：上海）
C/NO. 1～420	（件数：420件）

（二）备注

备注是指除按报关单固定栏目申报进出口货物有关情况外，需要补充或特别说明的事项，包括关联备案号、关联报关单号，以及其他需要补充或特别说明的事项。有以下情况的需按照填制规范的要求录入相关信息：

1. 受外商投资企业委托代理其进口投资设备、物品的，在本栏填报进出口企业名称。

2. 与本报关单有关联关系的，同时在业务管理规范方面又要求填报的备案号，填报在电子数据报关单中"关联备案"栏。

保税间流转货物、加工贸易结转货物及凭"征免税证明"转内销货物，其对应的备案号填报在"关联备案"栏。

减免税货物结转进口（转入），在"关联备案"栏填报本次减免税货物结转所申请的"中华人民共和国海关进口减免税货物结转联系函"的编号。

减免税货物结转出口（转出），在"关联备案"栏填报与其相对应的进口（转入）报关单"备案号"栏中"征免税证明"的编号。

3. 与本报关单有关联关系的，同时在业务管理规范方面又要求填报的报关单号，填报在电子数据报关单中"关联报关单"栏。

保税间流转、加工贸易结转类的报关单，应先办理进口报关，并将进口报关单号填入出口报关单的"关联报关单"栏。

办理进口货物直接退运手续的，除另有规定外，应先填制出口报关单，再填制进口报关单，并将出口报关单号填报在进口报关单的"关联报关单"栏。

减免税货物结转出口（转出），应先办理进口报关，并将进口（转入）报关单号填入出口（转出）报关单的"关联报关单"栏。

4. 办理进口货物直接退运手续的，填报"<ZT"+"海关审核联系单号或者'海关责令进口货物直接退运通知书'编号"+">"。办理固体废物直接退运手续的，填报"固体废物，直接退运表××号/责令直接退运通知书××号"。

5. 保税监管场所进出货物，在"保税/监管场所"栏填报本保税监管场所编码［保税物流中心（B 型）填报本中心的国内地区代码］，其中涉及货物在保税监管场所间流转的，在本栏填报对方保税监管场所代码。

6. 涉及加工贸易货物销毁处置的，填报海关加工贸易货物销毁处置申报表编号。

7. 当监管方式为"暂时进出货物"（2600）和"展览品"（2700）时，填报要求如下：

（1）根据《中华人民共和国海关暂时进出境货物管理办法》（海关总署令第 233 号，以下简称《管理办法》）第三条第一款所列项目，填报暂时进出境货物类别，如：暂进六，暂出九；

（2）根据《管理办法》第十条规定，填报复运出境或者复运进境日期，期限应在货物进出境之日起 6 个月内，如：20180815 前复运进境，20181020 前复运出境；

（3）根据《管理办法》第七条，向海关申请对有关货物是否属于暂时进出境货物进行审核确认的，填报"中华人民共和国××海关暂时进出境货物审核确认书"编号，如：<ZS 海关审核确认书编号>，其中英文为大写字母；无此项目的，无须填报。

上述内容依次填报，项目间用"/"分隔，前后均不加空格。

（4）收发货人或其代理人申报货物复运进境或复运出境的：

货物办理过延期的，根据《管理办法》填报"货物暂时进/出境延期办理单"的海关回执编号，如：<ZS 海关回执编号>，其中英文为大写字母；无此项目的，无须填报。

8. 跨境电子商务进出口货物，填报"跨境电子商务"。

9. 加工贸易副产品内销，填报"加工贸易副产品内销"。

10. 服务外包货物进口，填报"国际服务外包进口货物"。

11. 公式定价进口货物填报公式定价备案号，格式为："公式定价"+备案编号+"@"。对于同一报关单下有多项商品的，如某项或某几项商品为公式定价备案的，则备注栏内填写为："公式定价"+备案编号+"#"+商品序号+"@"。

12. 进出口与"预裁定决定书"列明情形相同的货物时，按照"预裁定决定书"填报，格式为："预裁定+'预裁定决定书'编号"（例如：某份"预裁定决定书"编号为 R-2-0100-2018-0001，则填报为"预裁定 R-2-0100-2018-0001"）。

13. 含归类行政裁定报关单，填报归类行政裁定编号，格式为："c"+四位数字编号，例如 c0001。

14. 在进入特殊监管区时已经完成检验的货物，在出区入境申报时，填报"预检验"字样，同时在"关联报检单"栏填报实施预检验的报关单号。

15. 进口直接退运的货物，填报"直接退运"字样。

16. 企业提供 ATA 单证册的货物，填报"ATA 单证册"字样。

17. 不含动物源性低风险生物制品，填报"不含动物源性"字样。

18. 货物自境外进入境内特殊监管区或保税仓库的，填报"保税入库"或者"境外入区"字样。

19. 海关特殊监管区域与境内区外之间采用分送集报方式进出的货物，填报"分送集报"字样。

20. 军事装备出入境的，填报"军品"或"军事装备"字样。

21. 申报 HS 为 3821000000、3002300000 的，属于下列情况的，填报要求为：属于培养基的，填报"培养基"字样；属于化学试剂的，填报"化学试剂"字样；不含动物源性成分的，填报"不含动物源性"字样。

22. 属于修理物品的，填报"修理物品"字样。

23. 属于下列情况的，填报"压力容器""成套设备""食品添加剂""成品退换""旧机电产品"等字样。

24. HS 为 2903890020（入境六溴环十二烷），用途为"其他（99）"的，填报具体用途。

25. 集装箱体信息填报集装箱号（在集装箱箱体上标示的全球唯一编号），集装箱规格，集装箱商品项号关系（单个集装箱对应的商品项号，半角逗号分隔），集装箱货重（集装箱箱体自重+装载货物重量，单位为千克）。

26. 申报 HS 为 3006300000、3504009000、3507909010、3507909090、3822001000、3822009000，不属于"特殊物品"的，填报"非特殊物品"字样。"特殊物品"定义见《出入境特殊物品卫生检疫管理规定》（原国家质量监督检验检疫总局令第 160 号公布，根据原国家质量监督检验检疫总局令第 184 号和海关总署令第 238 号、第 240 号、第 243 号修正）。

27. 进出口列入目录的进出口商品及法律、行政法规规定须经出入境检验检疫机构检验的其他进出口商品实施检验的，填报"应检商品"字样。

28. 申报时其他必须说明的事项。

第三节　进出口货物报关单表体栏目的填报

一、项号

项号是指所申报货物在报关单中的商品排列序号及该项商品在"加工贸易手册""征免税证明"等备案单证中的顺序编号。分两行填报。第一行填报报关单中的商品顺序编号；第二行填报备案序号，专用于加工贸易及保税、减免税等已备案、审批的货物，填报该项货物在"加工贸易手册"或"征免税证明"等备案、审批单证中的顺序编号。有关优惠贸易协定项下报关单填制要求按照海关总署相关规定执行。其中第二行特殊情况填报要求如下：

（一）深加工结转货物，分别按照"加工贸易手册"中的进口料件项号和出口成品项号填报。

（二）料件结转货物（包括料件、成品和半成品折料），出口报关单按照转出"加工贸易手册"中进口料件的项号填报；进口报关单按照转进"加工贸易手册"中进口料件的项号填报。

（三）加工贸易料件转内销货物及按料件办理进口手续的转内销制成品、残次品、未完成品填制进口报关单，填报"加工贸易手册"中对应的进口料件的项号；加工贸易边角料、副产品内销，填报"加工贸易手册"中对应的进口料件项号。如边角料或副产品对应一个以上料件项号时，填报主要料件项号。

（四）料件复出货物（包括料件、边角料），出口报关单按照"加工贸易手册"中进口料件的项号填报；如边角料对应一个以上料件项号时，填报主要料件项号。料件退换货物（包括料件，不包括未完成品），进出口报关单按照"加工贸易手册"中进口料件的项号填报。

（五）成品退换货物，退运进境报关单和复运出境报关单按照"加工贸易手册"中原出口成品的项号填报。

（六）加工贸易成品凭"征免税证明"转为减免税货物进口的，应先办理进口报关手续。进口报关单填报"征免税证明"中的项号，出口报关单填报"加工贸易手册"中原出口成品项号，进、出口报关单货物数量应一致。

（七）加工贸易料件销毁，填报"加工贸易手册"中对应的料件项号。

（八）加工贸易副产品退运出口、结转出口，填报"加工贸易手册"中新增成品的出口项号。

（九）经海关批准实行加工贸易联网监管的企业，按海关联网监管要求，企业需申报报关清单的，应在向海关申报货物进出口（包括形式进出口）报关单前，向海关申报清单。一份报关清单对应一份报关单，报关单商品由报关清单归并而得。加工贸易电子账册报关单中项号、品名、规格等栏目的填制规范比照"加工贸易手册"。

二、商品编号

填报由 10 位数字组成的商品编号。前 8 位为《税则》和《统计商品目录》确定的编号；9、10 位为监管附加编号。

三、商品名称及规格型号

商品名称是指国际贸易缔约双方同意买卖的商品名称。报关单中的商品名称是指进出口货物规范的中文名称。

（一）商品名称应据实填报，并与进出口货物收发货人或受委托的报关企业所提交的合同、发票等相关单证相符。

（二）商品名称应当规范，以能满足海关归类、审价及许可证件管理要求为准，可参照《规范申报目录》中对商品名称的要求进行填报。

例 1　ZIPPO 牌打火机用液体燃料，100% 石脑油制，125 毫升/支。

商品编号 3606.1000 的申报要素为：

商品编号	商品名称	申报要素归类及价格要素
3606.1000	−直接灌注香烟打火机及类似打火器用的液体燃料或液化气体燃料，其包装容器的容积不超过 300 立方厘米。	1. 品名；2. 用途；3. 包装容器的容积。

"商品名称、规格型号"栏应填报为：

打火机液体燃料 ZIPPO 牌打火机用，125 毫升/支

例 2　粗锯成方的柚木原木，直径 40~50 厘米，长 400~500 厘米。

商品编号	商品名称	申报要素归类及价格要素	
44.03	原木，不论是否去皮、去边材或粗锯成方：		
44034	-其他，热带木的：	1. 品名；2. 种类（中文及拉丁学名）。	3. 截面尺寸（直径或宽度×厚度）；4. 长度；5. 级别（锯材级、切片级等）。
	--其他：		
4403.4910	---柚木		

"商品名称、规格型号"栏应填报为：

> 粗锯成方的柚木原木 Tectona Grandis L. F.
> 截面尺寸 40~50 厘米，长 400~500 厘米，锯材级

商品规范申报标准：

1. 保证报关单规格型号栏显示的完整性，要素应填写明确，不能简单填报"是/否/有/无/非"等字样。如"是否野生"可填报"非野生"；没有品牌，应注明"无品牌"或"无牌"。

2. 申报要素附带有括号提示说明内容的，应根据实际商品判断其提示的说明内容之间是"或（or）"还是"和（and）"的关系，并准确申报。主要有三种情形：

（1）说明内容之间是"或（or）"关系的，应选择实际对应的项目申报，如品目 2519 的申报要素"外观（粉末、粒状、块状等）"，应按实际申报"粉末""粒状"或"块状"，或说明内容未列明的其他外观形状；

（2）说明内容之间是"和（and）"关系的，应逐项具体申报，如品目 4811 的申报要素"规格（成条等、浸渍或涂布物、每平方米克重）"，应按实际逐项具体申报为"成条、浸渍甘油、300 克/平方米"；

（3）说明内容之间既有"或（or）"又有"和（and）"关系的，应选择实际对应的项目分别申报，如品目 0802 的申报要素"制作或保存方法（鲜、干、去壳、未去壳）"，应按实际分别申报"鲜、未去壳"或"干、去壳"。

3.《规范申报目录》注解对申报要素作具体要求的，应按照注解要求填报。如 2024 版《规范申报目录》注解要求第二十八、二十九、三十、三十二、三十三、三十四、三十八等章节商品的要素"包装"内容应足以判断是否零售包装，则具体格式应填写为"××计量单位（如千克等）/包装容器（如桶等）"。

4. 其他要素的填报内容应能够满足归类、价格审核等要求。如品目 8482 项下滚珠轴承，申报要素"结构类型"应根据归类要求选择填写"调心球轴承""深沟球轴承""角接触轴承""推力球轴承"等。

5. 对于针对某一级税号项下部分商品申报要求，如申报商品确属无须填报的特殊情

形的，应填报为"无须报"。如税号2829.9000，按照其申报要素2"如为高氯酸铵请注明粒度"的要求，如申报商品为高氯酸铵需注明粒度，如申报商品为溴酸盐、碘酸盐等，该要素的对应内容应填报为"无须报"。

6.《规范申报目录》中要求填写中英文的，应填写中文和英文。

7."拉丁学名"要素应填写国际通用的拉丁文或拉丁化的希腊文表达的正式学名，不应填写成英文名。

8."成分含量"要素应同时申报商品的成分及含量。成分指货品所构成的部分或要素，一般指所含物质的种类；含量一般指所含物质的数量。第二十八、二十九章的化工品原则上应将各成分报清且含量相加为100%，除非未明确申报的残留物质不影响归类。

9."规格型号"要素应同时申报货品的规格及型号。规格，主要表示货品大小尺寸，应申报完整，如块状、板状物申报长度、宽度、厚度，卷状申报宽幅、单层厚度、长度，管状物申报外径、内径长度等，原则上不能申报为无规格，不规则品应填报为"不规则形状"；型号，一般由一组文字或字母和数字以一定规律编号组成，反映货品性质等级等，如无型号，应据实申报，不应用其他数据代替。

10."包装规格"要素，应注明具体包装和规格（单位包装容量×每包装单位数/包装单位），如750毫升×6瓶/箱。

11."外观"要素主要指货品的颜色形状等表观性状，《规范申报目录》中有特别标明的除外。如品目3915废塑料的要素"外观"包含颜色、尺寸，对于尺寸范围较固定的，应申报尺寸范围；对于无法判断尺寸的，应填"不规则，无固定尺寸"。

12."材质"要素，应以不影响商品归类为前提进行具体申报。如塑料材质的货物应填写为"聚乙烯""PET"等，钢铁类应填写为"不锈钢""硅锰钢"等。

13."用途"要素主要指适用的最小化场合及其具体作用，并且申报内容能够满足归类需要，《规范申报目录》中有特别标明的除外。对于同时要求申报功能和用途的，用途主要指适用的最小化场合。如果影响归类的，特别是机械、电器设备的零部件税号，不能仅注明"某某机器用"，应要求企业注明"某某机器的某某部位用"。

14."功能"要素指商品所发挥的作用或所具有的本有属性，并且申报内容能够满足归类需要，如贴片式电感"功能"应填写"在交流电路中起阻流等作用"。

15."原理"要素指商品在运行机制中存在的基本规律，并且申报内容能够满足归类需要。如归入9027.5000的"全自动生化分析仪"原理应填写"通过单色光照射到被测物上，检测被测物的消光度"。

16."适用车型"要素，应注明汽车品牌和型号，如"日产天籁2.3升小轿车用"，而不能简单填写为"小汽车用"；如多种车型通用，则应填写为"日产天籁2.3升等小轿车通用"。

17."技术指标"要素应填报相应的指标单位，如合模力××KN、细度××微米、电池容量××安时（Ah）等。

18.第三十九章塑料原料的"成分含量"与"单体单元的种类和比率"应明确区分。如乙烯-丙烯共聚物，其"成分含量"可申报为：乙烯-丙烯共聚物99%，炭黑1%。其单体单元可申报为：乙烯8%，丙烯92%。

19.第四十八章纸张的"纤维种类及含量""规格（成条等、浸渍或涂布物、每平方米克重）"应填写具体，如"机械方法制木纤维100%，硫酸盐化学制浆""成条，甘油涂布，200克/平方米"。

20. 固体废物应结合海关总署公告 2010 年第 16 号要求及《规范申报目录》要求填报。

21. 葡萄酒应结合海关总署公告 2010 年第 17 号要求及《规范申报目录》要求填报。

22. 进口汽车零部件申报工作依据《规范申报目录》办理。

23. 品目 2710 项下的成品油申报应结合海关总署公告 2023 年第 144 号要求及《规范申报目录》要求填报。

24. 上述 20~23 项公告中，如果对品名及其他项目的申报要求能够在规格型号栏目中的规范申报要素中进行体现的话，则仅申报规范申报要素即可。

（三）已备案的加工贸易及保税货物，填报的内容必须与备案登记中同项号下货物的商品名称一致。

（四）对需要海关签发"货物进口证明书"的车辆，商品名称栏填报"车辆品牌+排气量（注明 cc）+车型（如越野车、小轿车等）"。进口汽车底盘不填报排气量。车辆品牌按照《进口机动车辆制造厂名称和车辆品牌中英文对照表》中"签注名称"一栏的要求填报。规格型号栏可填报"汽油型"等。

（五）由同一运输工具同时运抵同一口岸并且属于同一收货人、使用同一提单的多种进口货物，按照商品归类规则应当归入同一商品编号的，应当将有关商品一并归入该商品编号。商品名称填报一并归类后的商品名称。

（六）加工贸易边角料和副产品内销，边角料复出口，填报其报验状态的名称。

（七）品牌类型。品牌类型为必填项目。可选择"无品牌"（代码 0）、"境内自主品牌"（代码 1）、"境内收购品牌"（代码 2）、"境外品牌（贴牌生产）"（代码 3）、"境外品牌（其他）"（代码 4）如实填报。其中，"境内自主品牌"是指由境内企业自主开发、拥有自主知识产权的品牌；"境内收购品牌"是指境内企业收购的原境外品牌；"境外品牌（贴牌生产）"是指境内企业代工贴牌生产中使用的境外品牌；"境外品牌（其他）"是指除代工贴牌生产以外使用的境外品牌。上述品牌类型中，除"境外品牌（贴牌生产）"仅用于出口外，其他类型均可用于进口和出口。

（八）出口享惠情况。出口享惠情况为出口报关单必填项目。可选择"出口货物在最终目的国（地区）不享受优惠关税""出口货物在最终目的国（地区）享受优惠关税""出口货物不能确定在最终目的国（地区）享受优惠关税"如实填报。进口货物报关单不填报该申报项。

（九）申报进口已获 3C 认证的机动车辆时，填报以下信息：

1. 提运单日期。填报该项货物的提运单签发日期。

2. 质量保证期。填报机动车的质量保证期。

3. 发动机号或电机号。填报机动车的发动机号或电机号，应与机动车上打刻的发动机号或电机号相符。纯电动汽车、插电式混合动力汽车、燃料电池汽车为电机号，其他机动车为发动机号。

4. 车辆识别代码（VIN）。填报机动车车辆识别代码，须符合国家强制性标准《道路车辆 车辆识别代号（VIN）》（GB 16735）的要求。该项目一般与机动车的底盘（车架号）相同。

5. 发票所列数量。填报对应发票中所列进口机动车的数量。

6. 品名（中文名称）。填报机动车中文品名，按《进口机动车辆制造厂名称和车辆品牌中英文对照表》（原国家质量监督检验检疫总局 2004 年第 52 号公告）的要求填报。

7. 品名（英文名称）。填报机动车英文品名，按《进口机动车辆制造厂名称和车辆品牌中英文对照表》（原国家质量监督检验检疫总局 2004 年第 52 号公告）的要求填报。

8. 型号（英文）。填报机动车型号，与机动车产品标牌上整车型号一栏相符。

（十）进口货物收货人申报进口属于实施反倾销反补贴措施货物的，填报"原厂商中文名称""原厂商英文名称""反倾销税率""反补贴税率""是否符合价格承诺"等计税必要信息。

格式要求为："｜<><><><><>"。"｜"、"<"和">"均为英文半角符号。第一个"｜"为在规格型号栏目中已填报的最后一个申报要素后系统自动生成或人工录入的分割符（若相关商品税号无规范申报填报要求，则需要手工录入"｜"），"｜"后面 5 个"<>"内容依次为"原厂商中文名称"、"原厂商英文名称"（如无原厂商英文名称，可填报以原厂商所在国或地区文字标注的名称，具体可参照商务部实施贸易救济措施相关公告中对有关原厂商的外文名称写法）、"反倾销税率"、"反补贴税率"、"是否符合价格承诺"。其中，"反倾销税率"和"反补贴税率"填写实际值，例如，税率为 30%，填写"0.3"。"是否符合价格承诺"填写"1"或者"0"，"1"代表"是"，"0"代表"否"。填报时，5 个"<>"不可缺项，如第 3、4、5 项"<>"中无申报事项，相应的"<>"中内容可以为空，但"<>"需要保留。

四、数量及单位

报关单上的"数量及单位"栏指进出口商品的成交数量及计量单位，以及海关法定计量单位和按照海关法定计量单位计算的数量。

海关法定计量单位又分为海关法定第一计量单位和海关法定第二计量单位。海关法定计量单位以《统计商品目录》中规定的计量单位为准。例如，天然水为千升/吨，卷烟为千支/千克，牛皮为千克/张，毛皮衣服为千克/件。

（一）填报格式

本栏目分三行填报。

1. 第一行按进出口货物的法定第一计量单位填报数量及单位，法定计量单位以《统计商品目录》中的计量单位为准。

2. 凡列明有法定第二计量单位的，在第二行按照法定第二计量单位填报数量及单位。无法定第二计量单位的，第二行为空。

3. 成交计量单位及数量填报在第三行。

（二）填报要求

1. 法定计量单位为"千克"的数量填报，特殊情况下填报要求如下：

（1）装入可重复使用的包装容器的货物，按货物扣除包装容器后的重量填报，如罐装同位素、罐装氧气及类似品等。

（2）使用不可分割包装材料和包装容器的货物，按货物的净重填报（包括内层直接包装的净重重量），如采用供零售包装的罐头、药品及类似品等。

（3）按照商业惯例以公量重计价的商品，按公量重填报，如未脱脂羊毛、羊毛条等。

（4）采用以毛重作为净重计价的货物，可按毛重填报，如粮食、饲料等大宗散装货物。

（5）采用零售包装的酒类、饮料、化妆品，按照液体/乳状/膏状/粉状部分的重量填报。

2. 成套设备、减免税货物如需分批进口，货物实际进口时，按照实际报验状态确定数量。

3. 具有完整品或制成品基本特征的不完整品、未制成品，根据《协调制度》归类规则按完整品归类的，按照构成完整品的实际数量填报。

4. 已备案的加工贸易及保税货物，成交计量单位必须与"加工贸易手册"中同项号下货物的计量单位一致，加工贸易边角料和副产品内销、边角料复出口，填报其报验状态的计量单位。

5. 优惠贸易协定项下进出口商品的成交计量单位必须与原产地证书上对应商品的计量单位一致。

6. 法定计量单位为立方米的气体货物，折算成标准状况（摄氏零度及 1 个标准大气压）下的体积进行填报。

五、单价/总价/币制

单价是指进出口货物实际成交的商品单位价格的金额部分。

总价是指进出口货物实际成交的商品总价的金额部分。

币制是指进出口货物实际成交价格的计价货币的名称。

填报要求：

第一，"单价"栏填报同一项号下进出口货物实际成交的商品单位价格的数字部分。无实际成交价格的，填报单位货值。

第二，"总价"栏填报同一项号下进出口货物实际成交的商品总价的数字部分。无实际成交价格的，填报货值。

第三，"币制"栏根据实际成交情况按海关规定的"货币代码表"选择填报相应的货币名称或代码。如"货币代码表"中无实际成交币种，需将实际成交币种按照申报日外汇折算率折算成"货币代码表"列明的货币填报。

常用货币代码表

货币代码	货币符号	货币名称	货币代码	货币符号	货币名称	货币代码	货币符号	货币名称
110	HKD	港币	116	JPY	日本元	132	SGD	新加坡元
142	CNY	人民币	133	KRW	韩国元	300	EUR	欧元
302	DKK	丹麦克朗	303	GBP	英镑	330	SEK	瑞典克朗
331	CHF	瑞士法郎	344	RUB	俄罗斯卢布	501	CAD	加拿大元
502	USD	美元	601	AUD	澳大利亚元	609	NZD	新西兰元

六、原产国（地区）/最终目的国（地区）

原产国（地区）是指进口货物的生产、开采或加工制造的国家或地区。

最终目的国（地区）是指已知的出口货物最后交付的国家或地区，即最终实际消费、使用或做进一步加工制造的国家或地区。

进口报关单"原产国（地区）"栏目按"国别（地区）代码表"选择填报相应的国家（地区）名称或代码，出口报关单"最终目的国（地区）"栏目按"国别（地区）代码表"选择填报相应的国家（地区）名称或代码。

（一）原产国（地区）栏目的一般填报要求

1. 原产国（地区）应依据《原产地条例》《中华人民共和国海关关于执行〈非优惠原产地规则中实质性改变标准〉的规定》及海关总署关于各项优惠贸易协定原产地管理规章规定的原产地确定标准，按海关规定的"国别（地区）代码表"选择填报相应的国家（地区）名称及代码。

例如：某进口货物的原产国为"美国"，可在本栏下拉菜单中选择"UAS-美国"或录入"USA"，栏目自动生成"USA-美国"。

2. 同一批进出口货物的原产地不同的，应当分别填报原产国（地区）。

3. 进出口货物原产国（地区）无法确定的，填报"国别（地区）不详"（701）。

海关可以通过审核原产地证明、实际查验或审核原产地证明以外的其他相关单证三种方法审核确定进出口货物的原产地，并以此计征相关货物的税款。上述方法之间是并列关系，满足其一即可。

（二）最终目的国（地区）栏目的一般填报要求

1. 最终目的国（地区）填报已知的进出口货物的最终实际消费、使用或进一步加工制造的国家（地区）。

2. 同一批进出口货物的最终目的国（地区）不同的，应分别填报最终目的国（地区）。

3. 不经过第三国（地区）转运的直接运输货物，以运抵国（地区）为最终目的国（地区）；经过第三国（地区）转运的货物，以最后运往国（地区）为最终目的国（地区）。

4. 进出口货物不能确定最终目的国（地区）时，以尽可能预知的最后运往国（地区）为最终目的国（地区）。

七、境内目的地/境内货源地

境内目的地是指已知的进口货物在境内的消费、使用地区或最终运抵地，其中最终运抵地为最终使用单位所在的地区。最终使用单位难以确定的，填报货物进口时预知的最终收货单位所在地。

境内货源地是指出口货物在境内的产地或原始发货地。出口货物产地难以确定的，填报最早发运该出口货物的单位所在地。

海关特殊监管区域、保税物流中心（B型）与境外之间的进出境货物，境内目的地/境内货源地填报本海关特殊监管区域、保税物流中心（B型）所对应的国内地区。

按海关规定的"国内地区代码表"选择填报相应的国内地区名称及代码，境内目的地还需根据"中华人民共和国行政区划代码表"选择填报其对应的县级行政区名称及代码。无下属区县级行政区的，可选择填报地市级行政区。

八、征免

征免是指海关依照《海关法》《关税条例》及其他法律、行政法规，对进出口货物进行征税、减税、免税或特案处理的实际操作方式。

同一份报关单上可以填报不同的征减免税方式。

（一）主要征减免税方式

1. 照章征税

照章征税指对进出口货物依照法定税率计征各类税、费。

2. 折半征税

折半征税指依照主管海关签发的"征免税证明"或海关总署的通知，对进出口货物依照法定税率折半计征关税和增值税，但照章征收消费税。

3. 全免

全免指依照主管海关签发的"征免税证明"或海关总署的通知，对进出口货物免征关税和增值税，但消费税是否免征应按有关批文的规定办理。

4. 特案减免

特案减免指依照主管海关签发的"征免税证明"或海关总署通知规定的税率或完税价格计征各类税、费。

5. 随征免性质

随征免性质指对某些特定监管方式下进出口的货物按照征免性质规定的特殊计税公式或税率计征税、费。

6. 保证金

保证金指经海关批准具保放行的货物，由担保人向海关缴纳现金的一种担保形式。

7. 保函

保函指担保人根据海关的要求，向海关提交的定有明确权利义务的一种担保形式。

（二）填报要求

1. 根据海关核发的"征免税证明"或有关政策规定，对报关单所列每项商品选择填报海关规定的"征减免税方式代码表"中相应的征减免税方式的名称。

2. 加工贸易报关单应根据登记手册中备案的征免规定填报。"加工贸易手册"中备案的征免规定为"保金"或"保函"的，不能按备案的征免规定填报，而应填报"全免"。

征减免税方式代码表

代码	名称	代码	名称
1	照章征税	5	随征免性质
2	折半征税	6	保证金
3	全免	7	保函
4	特案		

九、特殊关系确认

本栏目根据《进出口货物审价办法》第十六条，填报确认进出口行为中买卖双方是否存在特殊关系，有下列情形之一的，应当认为买卖双方存在特殊关系，在本栏目应填报"是"，反之填"否"：

（一）买卖双方为同一家族成员的；

（二）买卖双方互为商业上的高级职员或者董事的；

（三）一方直接或者间接地接受另一方控制的；

（四）买卖双方都直接或者间接地受第三方控制的；

（五）买卖双方共同直接或者间接地控制第三方；

（六）一方直接或者间接地拥有、控制或者持有对方5%以上（含5%）公开发行的有表决权的股票或者股份的；

（七）一方是另一方的雇员，高级职员或者董事的；

（八）买卖双方是同一合伙的成员的。

买卖双方在经营上相互有联系，一方是另一方的独家代理、独家经销商或者独家受让人，如果符合前款的规定，也应当视为存在特殊关系。

买卖双方存在特殊关系并不是海关重新确定的理由。存有特殊关系对价格有无产生影响，需按照下列"价格影响确认"项目进行判断并准确申报。

本栏目出口货物免予填报，加工贸易及保税监管货物（内销保税货物除外）免予填报。

十、价格影响确认

本栏目根据《进出口货物审价办法》第十七条，填报确认进出口行为中买卖双方存在特殊关系是否影响成交价格，纳税义务人如不能证明其成交价格与同时或者大约同时发生的下列任何一款价格相近的，应当视为特殊关系对进出口货物的成交价格产生影响，在本栏目应填报"是"，反之填报"否"：

（一）向境内无特殊关系的买方出售的相同或者类似进出口货物的成交价格；

（二）按照《进出口货物审价办法》倒扣价格估价方法的规定所确定的相同或者类似进出口货物的完税价格；

（三）按照《进出口货物审价办法》计算价格估价方法的规定所确定的相同或者类似进出口货物的完税价格。

本栏目出口货物免予填报，加工贸易及保税监管货物（内销保税货物除外）免予填报。

十一、支付特许权使用费确认

本栏目根据《进出口货物审价办法》第十一条和第十三条，填报确认进出口行为中买方是否存在向卖方或者有关方直接或者间接支付特许权使用费，且未包括在进口货物的实付、应付价格中。

特许权使用费是指进出口货物的买方为取得知识产权权利人及权利人有效授权人关于专利权、商标权、专有技术、著作权、分销权或者销售权的许可或者转让而支付的费用，包括专利权使用费、商标权使用费、著作权使用费、专有技术使用费、分销或转售权费、其他类似费用。

（一）特许权使用费与该货物有关

符合下列条件之一的特许权使用费，应当视为与进口货物有关：

1. 特许权使用费是用于支付专利权或者专有技术使用权，且进口货物属于下列情形之一的：

（1）含有专利或者专有技术的；

（2）用专利方法或者专有技术生产的；

（3）为实施专利或者专有技术而专门设计或者制造的。

2. 特许权使用费是用于支付商标权，且进口货物属于下列情形之一的：

（1）附有商标的；

（2）进口后附上商标直接可以销售的；

（3）进口时已含有商标权，经过轻度加工后附上商标即可以销售的。

3. 特许权使用费是用于支付著作权，且进口货物属于下列情形之一的：

（1）含有软件、文字、乐曲、图片、图像或者其他类似内容的进口货物，包括磁带、磁盘、光盘或者其他类似载体的形式；

（2）含有其他享有著作权内容的进口货物。

4. 特许权使用费是用于支付分销权、销售权或者其他类似权利，且进口货物属于下列情形之一的：

（1）进口后可以直接销售的；

（2）经过轻度加工即可以销售的。

（二）特许权使用费的支付构成该货物向中华人民共和国境内销售的条件

买方不支付特许权使用费则不能购得进口货物，或者买方不支付特许权使用费则该货物不能以合同议定的条件成交的，应当视为特许权使用费的支付构成进口货物向中华人民共和国境内销售的条件。

买方存在需向卖方或者有关方直接或者间接支付特许权使用费，且未包含在进口货物实付、应付价格中，并且符合《进出口货物审价办法》第十三条的，在"支付特许权使用费确认"栏目填报"是"。

买方存在需向卖方或者有关方直接或者间接支付特许权使用费，且未包含在进口货物实付、应付价格中，但纳税义务人无法确认是否符合《进出口货物审价办法》第十三条的，填报"是"。

买方存在需向卖方或者有关方直接或者间接支付特许权使用费且未包含在实付、应付价格中，纳税义务人根据《进出口货物审价办法》第十三条，可以确认需支付的特许权使用费与进口货物无关的，填报"否"。

买方不存在向卖方或者有关方直接或者间接支付特许权使用费的，或者特许权使用费已经包含在进口货物实付、应付价格中的，填报"否"。

出口货物免予填报，加工贸易及保税监管货物（内销保税货物除外）免予填报。

十二、公式定价确认

纳税义务人申报进口货物时，"公式定价确认"为有条件选填项，在向中华人民共和国境内销售货物所签订的合同中，买卖双方未以具体明确的数值约定货物价格，而是以约定的定价公式确定货物的结算价格的定价方式，包括结算价格仅受成分含量、进口数量影响，进口时无论能否确定结算价格，均应当填报"是"。

出口货物、加工贸易及保税监管货物（内销保税货物除外）免予填报。该栏目未填报或填报为"否"均视为非公式定价进口货物。

十三、暂定价格确认

"公式定价确认"填报"是"的，应当继续填报"暂定价格确认"栏目；"公式定价确认"填报"否"的，无须填写"暂定价格确认"栏目。

公式定价货物进口时结算价格未确定的，"暂定价格确认"应当填报"是"；公式定价货物进口时结算价格已确定的，"暂定价格确认"应当填报"否"。

出口货物免予填报，加工贸易及保税监管货物（内销保税货物除外）免予填报。

纳税义务人申报进口公式定价货物，在报关单"价格说明"类栏目"公式定价确认"和"暂定价格确认"均填报"是"的，应当按如下要求在报关单备注栏准确填写公式定价备案号。

（一）公式定价备案号填写格式应为："公式定价"+备案编号+"@"，如"公式定价012021000001@"。

（二）对于同一报关单下有多项商品的，如需要指明某一项或某几项商品为公式定价备案的，则公式定价备案号填写格式应为："公式定价"+备案编号+"#"+商品序号+"@"，如报关单中第二项商品为公式定价备案货物，则填写"公式定价012021000001#2@"。

（三）各字段间不得插入空格符或其他无关字符，非汉字字符用半角输入。

十四、自报自缴

进出口企业、单位采用"自主申报、自行缴税"（自报自缴）模式向海关申报时，填报"是"；反之则填报"否"。

十五、申报单位

自理报关的，填报进出口企业的名称及编码；委托代理报关的，填报报关企业名称及编码。编码填报18位法人和其他组织统一社会信用代码。

报关人员填报在海关备案的姓名、编码、电话，并加盖申报单位印章。

十六、海关批注及签章

本栏目供海关作业时签注。

第四节　检验检疫货物申报栏目

进出口货物为《法检目录》内属于法检货物，或者属于非法检货物但涉及检验检疫的货物，需要填报检验检疫申报栏目，如成套设备、3C认证商品、危险化学品、来自疫区的货物或带木质包装等。

一、检验检疫受理机关

根据海关规定的检验检疫机关代码表中相应检验检疫机关名称及代码，填报提交报关单和随附单据的检验检疫机关。

例如：

检验检疫机构名称	检验检疫机构代码
国家局金伯利办公室	000009
北京海关本部	110000
首都机场海关本部	115100
首都机场海关快件处	115101
税管局（京津）	115200
大兴机场海关本部	115300

二、企业资质类别及编号

按照进出口货物种类及法律法规和相关规定要求，须在本栏选择填报货物的生产商/进出口商/代理商必须取得的资质类别。多个资质的须全部填写。包括：

（一）进口食品、食品原料类填写：进口食品境外出口商代理商备案、进口食品进口商备案；

（二）进口水产品填写：进口食品境外出口商代理商备案、进口食品进口商备案、进口水产品储存冷库备案；

（三）进口肉类填写：进口肉类储存冷库备案、进口食品境外出口商代理商备案、进口食品进口商备案、进口肉类收货人备案；

（四）进口化妆品填写：进口化妆品收货人备案；

（五）进口水果填写：进境水果境外果园/包装厂注册登记；

（六）进口非食用动物产品填写：进境非食用动物产品生产、加工、存放企业注册登记；

（七）饲料及饲料添加剂：饲料进口企业备案、进口饲料和饲料添加剂生产企业注册登记；

（八）进口可用作废料的固体废物：进口可用做原料的固体废物境内收货人注册登记、境外供货商注册登记号及名称，两者须对应准确；

（九）其他：进境植物繁殖材料隔离检疫圃申请、进出境动物指定隔离场使用申请、进境栽培介质使用单位注册、进境动物遗传物质进口代理及使用单位备案、进境动物及动物产品国外生产单位注册、进境粮食加工储存单位注册、境外医疗器械捐赠机构登记、进出境集装箱场站登记、进口棉花境外供货商登记注册、对出口食品包装生产企业和进口食品包装的进口商实行备案。

三、领证机关

根据海关规定的检验检疫机关代码表中相应的检验检疫机关名称及代码，填报领取单证的检验检疫机关。

四、口岸检验检疫机关

根据海关规定的检验检疫机关代码表中相应的检验检疫机关名称及代码，填报口岸检验检疫机关。

入境填报入境第一口岸所在地检验检疫机关。运往陆港或入境转关货物，选择陆港或指运地对应的机关。出境填报货物离境口岸的检验检疫机关。运往陆港或出境转关货物，选择陆港或启运地对应的机关。

五、启运日期

启运日期是指装载入境货物的运输工具离开启运口岸的日期。

本栏目为8位数字，顺序为年（4位）、月（2位）、日（2位），格式为"YYYYMM-DD"。

六、B/L号

填报入境货物的承运人开出的提单/运单号的总单号或直单号。

七、目的地检验检疫机关

根据海关规定的检验检疫机关代码表中相应的检验检疫机关名称及代码，需要在目的地实施检验检疫的，在本栏目填写对应检验检疫机关。

八、关联号码及理由

进出口货物报关单有关联报关单时，在本栏中填报相关关联报关单号码，并在下拉菜单中选择关联报关单的关联理由。

九、使用单位联系人及使用单位联系电话

填报进境检验检疫货物销售、使用单位的联系人姓名和电话。

十、原箱运输

申报使用集装箱运输的检验检疫货物，根据是否原集装箱原箱运输，勾选"是"或"否"。

十一、特殊业务标识

属于国际赛事、特殊进出军工物资、国际援助物资、国际会议、直通放行、外交礼遇、转关等特殊业务的，根据实际情况勾选。

十二、所需单证

进出口企业申请出具检验检疫证单时，应根据相关要求，在"所需单证"项下的"检验检疫签证申报要素"中，勾选申请出具的检验检疫证单类型，如有需要，应同时填写收发货人和商品英文名称。

十三、检验检疫签证申报要素

在确认境内收发货人名称（外文）、境外收发货人名称（中文）、境外收发货人地址、卸毕日期和商品英文名称后，根据现行相关规定和实际需要，勾选申请单证类型，确认申请单证正本数和申请单证副本数后保存数据。

十四、检验检疫货物规格

在"检验检疫货物规格"项下，填报"成分/原料/组分""产品有效期""产品保质期""境外生产企业""货物规格""货物型号""货物品牌""生产日期""生产批次"等栏目。

（一）"成分/原料/组分"栏：填报货物的成分、货物原料或化学品组分，如特殊物品、化妆品、其他检疫物等所含的关注成分或者其他检疫物的具体成分、食品农产品的原料等。

（二）"产品有效期"栏：有质量保证期的填报质量保证的截止日期。

（三）"产品保质期"栏：有质量保质期的填写质量保证的天数，天数按照生产日期计算。

（四）"境外生产企业"栏：填写入境货物的境外生产厂商名称，默认为境外发货人。

（五）"货物规格"栏：填写货物规格。

（六）"货物型号"栏：填写报关货物的所有型号，多个型号的用"；"隔开。

（七）"货物品牌"栏：填写货物品牌名称，品牌以合同或装箱单为准，需要填写"中文品牌"/"英文品牌"。

（八）"生产日期"栏：填写货物生产加工的日期。

（九）"生产批次"栏：填写本批货物的生产批号，多个生产批号的用"；"隔开。

十五、产品资质

申报《法检目录》内的商品且根据进出口货物种类及法律法规和相关规定要求，相关产品须取得必要资质的情况时必填本栏目。

对国际实施进出口许可、审批、备案等管理的进出境货物，填写本批货物必须取得的许可、审批、备案名称、编号，需要核销的须填写核销货物序号、核销数量。

（一）"许可证类别"栏

进出口货物取得了许可、审批或备案等资质时，应在"产品资质"项下的"许可证类别"中填报对应的许可、审批或备案证件类别和名称。

同一商品涉及多个许可、审批或备案证件类别的，须全部录入相应的证件类别。

1. 特殊物品填写：出入境特殊物品卫生检疫审批。

2. 进口整车填写：免予强制性认证特殊用途进口汽车监测处理程序车辆一致性证书。

3. 入境民用商品验证填写：强制性产品（3C）认证证书或免予办理强制性产品认证证书。

4. 入境需审批的动植物产品填写：进境动植物检疫许可证。

5. 进口废物原料填写：进口废物原料装运前检验证书。

6. 进口旧机电填写：进口旧机电境外预检验证书。

7. 进口化妆品填写：进口化妆品产品备案。

8. 进口食品境外生产企业注册。2022 年 1 月 1 日起启运的输华食品，在进口申报时应在报关单"产品资质"项下"进口食品境外生产企业注册"证书栏（许可证类别代码 519）规范填写该企业在华注册编号。在实施 2020 版申报项目的海关申报进口食品，应在"其他企业"项下的"其他企业类别"栏选择"进口食品境外生产企业"，在"编号或企业名称"栏填报该企业在华注册编号。未按要求规范填报的，海关不接受申报。

9. 其他：如进出口商品免验、汽车预审备案、进口化妆品产品套装备案、出口产品形式试验、出口玩具质量许可（注册登记）、水果冻肉预检验证书、输美日用陶瓷生产厂认证、出口食品生产企业备案等均应在此勾选并填写相关证书名称、编号，需要核销的如出入境特殊物品卫生检疫审批、进境动植物检疫许可证、免予办理强制性产品认证证书等，同时填写核销数量和核销明细序号。

（二）"许可证编号"栏

进出口货物取得了许可、审批或备案等资质时，应在"产品资质"项下的"许可证编号"栏中填报对应的许可、审批或备案证件编号。

同一商品有多个许可、审批或备案证件号码时，须全部录入。

进口食品境外生产企业注册号码，可以在许可证编号栏目中根据食品类别及生产国别进行检索。

（三）"核销货物序号"栏

进出口货物取得了许可、审批或备案等资质时，应在"产品资质"项下的"核销货物序号"栏中填报被核销文件中对应货物的序号。

注意事项：特殊物品审批单支持导入。该项目数据类型为 2 位字符型。

（四）"核销数量"栏

进出口货物取得了许可、审批或备案等资质时，应在"产品资质"项下的"产品许可/审批/备案核销数量"中，填报被核销文件中对应货物的本次实际进出口数（重）量。

注意事项：特殊物品审批单支持导入；该项目数据类型为字符型，最多支持录入 20 位字符。

（五）"许可证 VIN 信息"栏

申报进口已获 3C 认证的机动车辆时，填报机动车车辆识别代码，包括：VIN 序号、车辆识别代码（VIN）、单价、底盘（车架号）、发动机号或电机号、发票所列数量、品名（英文名称）、品名（中文名称）、提运单日期、型号（英文）、质量保质期 11 项内容。

车辆识别代码（VIN）一般与机动车的底盘（车架号）相同；支持 VIN 码信息导入。

十六、货物属性

该申报项目申报实施检验检疫的货物和其他按照有关法律、法规须实施检验检疫的情况时为必填。

根据进出口货物的商品编号和货物的实际情况，按照海关规定的货物属性代码表，在本栏下拉菜单中勾选货物属性的对应代码，有多种属性的要同时选择。

（一）入境强制性产品认证：必须在入境民用商品认证（11-3C 目录内、12-3C 目录外、13-无须办理 3C 认证）中勾选对应项。

（二）食品、化妆品是否预包装、是否首次进口，必须在食品及化妆品（14-预包装、15-非预包装、18-首次进口）中勾选对应项。

（三）凡符合《进出境转基因产品检验检疫管理办法》（原国家质量监督检验检疫总局令第 62 号）规定含转基因成分须申报的，必须在转基因（16-转基因产品、17-非转基因产品）中勾选对应项。

（四）"成套设备""旧机电"产品，必须在货物属性（18-首次进出口、19-正常、20-废品、21-旧品、22-成套设备）中勾选对应项。

（五）特殊物品、化学试剂，必须在特殊物品（25～28-A、B、C、D 级特殊物品、29-V/W 非特殊物品）中勾选对应项。

（六）木材（含原木）板材是否带皮，必须在是否带皮木材（23-带皮木材/板材、24-不带皮木材/板材）中勾选对应项。

十七、用途

该申报项目申报实施检验检疫的货物和其他按照有关法律、法规须实施检验检疫的情况时为必填。

根据进出境货物的使用范围或目的，按照海关规定的"货物用途代码表"在本栏下拉菜单中填报。

十八、危险货物信息

该申报项目申报商品编号涉及危险品的情况时为必填。危险货物按照系统提示填写"非危险货物、UN 编号、危险类别、包装类别及包装 UN 标记"。

（一）"非危险货物"栏

进出口货物为危险货物，填报"否"；进出口货物为非危险货物，填报"是"。对危险化学品和普通化学品共用一个商品编号的进口商品，企业申报的商品不是《危险化学品目录》内商品，也不属于危险货物的，在"非危险货物"栏选"是"。

（二）"UN 编号"栏

进出口货物为危险货物的，须按照《关于危险货物运输的建议书》，在"UN 编号"栏中填写危险货物对应的 UN 编号。该项目最多支持录入 20 位字符。

（三）"危险类别"栏

进出口货物为危险货物的，按照化学品安全技术说明书（MSDS）所注明的货物危险类别，须在"危险类别"栏中，填写危险货物的危险类别。该项目最多支持录入 80 位字符。

（四）"包装类别"栏

进出口货物为危险货物的，须按照《危险货物运输包装类别划分方法》，在"危险货物信息"项下的"危包类别"中，勾选危险货物的包装类别。

危险货物包装根据其内装物的危险程度划分为以下 3 种包装类别。

一类：盛装具有较大危险性的货物；

二类：盛装具有中等危险性的货物；

三类：盛装具有较小危险性的货物。

（五）"包装 UN 标记"栏

进出口货物为危险货物的，与收发货人确认，包装上是否有 UN 标记，有 UN 标记填报"是"，无 UN 标记填报"／"。

第五节　报关单各栏目内容与主要商业、货运单证对应关系

由于现已改为无纸报关单，申报单位须将纸本单据电子扫描件上传填报于随附单据栏中，海关审单人员可直接调取企业相关单据。

一、发票

根据发票填制的栏目内容一般有：收发货人、收/发货单位、成交方式、运费、保险费、杂费、商品名称、规格型号、数量及单位、原产国（地区）/最终目的国（地区）、单价、总价、币制、合同协议号、集装箱号等。

发票由出口企业自行拟制，无统一格式，但基本栏目大致相同。一般标明"发票"（Invoice）或"商业发票"（Commercial Invoice）字样，用粗体字印刷在单据的明显位置。发票的主要栏目内容如下：

（一）出票人的名称与地址。发票的出票人一般为出口人，其名称和地址相对固定，故出口商通常将此项内容事先印制在发票的正上方或右上方。这个栏目是判断进口货物中转时是否发生买卖关系的指标之一。如果出票人的地址与进口货物启运地一致，则说明进口货物中转时没有发生买卖关系；如果出票人的地址与进口货物运输的中转地一致，与启运地不一致，则说明进口货物中转时发生了买卖关系。

（二）启运及目的地。该栏标明了货物运输的实际起止地点。如货物需要转运，则注明转运地。有的还注明运输方式。例如，FROM SHANGHAI TO TOKYO VIA HONGKONG（从上海经香港到达东京）。

（三）抬头，即收货人。此栏前通常印有"To""Sold to Messrs"或者"For Account and Risk of Messrs"等字样，在这些字样后，一般注明买方的名称和地址。例如：

TO WINNING TEXTILECO. LTD.，

UNITH，6/F WORLD TECH CTR，

95 HOW MINGST，TOKYO，JAPAN

（四）唛头及编号（Marks & Nos.）。该栏一般注明包装的运输标记及包装的件数。例如：

MADE INCHINA（产地）

PORT：LOS ANGELES（指运港）

C/No.：1～117（件数）

（五）品名和货物描述。该栏一般印有"Description of Goods"或者"Name of Commodity"的字样，在其下一般注明了具体装运的货物的名称、品质、规格及包装状况等内容。例如：

FOOTWEAR（货物名称）

COL：WHITE SZ：5～10（规格型号）

TOTAL PACKED IN 117 CARTONSONLY（包装状况）

（六）数量、单价和总价。数量为实际装运的数量。单价包括计价货币、具体价格数、计价单位、贸易术语四部分。总价一般由大小写组成。如果合同单价含有佣金（Commission）或折扣（Rebate/Discount/Allowance），发票上一般也会注明。有时发票上还列明运费（Freight/F）、保险费（Insurance/I）及杂费（Extras）等。

二、装箱单和提运单

根据装箱单和提运单查找的栏目内容一般有：运输方式、运输工具名称、航次、提运单号、启运国（地区）/运抵国（地区）、装货港/指运港、件数、包装种类、毛重、净重、标记唛码及备注。

发票/装箱单主要内容中英文对照表

中英文	英文缩写	中英文	英文缩写
合同 Contract	CONT.	单价 Unit Price	
货物描述 Description of Goods		总额 Amount	AMT
规格、型号 Model		总价 Total Amount	
尺寸 Size		件数 Packages	PKGS
数量 Quantity	Q'TY	毛重 Gross Weight	G. W.
原产国 Made In / Origin		净重 Net Weight	N. W.
装货港 Port of Loading	P. O. L.	保险费 Insurance	
目的国 Destination Country		杂费 Extras	
指运港 Port of Destination	P. O. D.	佣金 Commission	
运费 Freight		折扣 Discount /Rebate/Allowance	
集装箱 Container	CTNR	唛头及编号 Marks & Nos.	
包装种类 Packing		所附单证 Document Attached	DOC. ATT.

提运单主要内容中英文对照表

中英文	英文缩写	中英文	英文缩写
提单 Bill of Lading	B/L	到达港 Port of Arrival	P. A
提单号 Bill of Lading No.	B/L No.	指运港 Port of Destination	P. O. D.
承运人 Carrier		托运人 Shipper	
收货人 Consignee		被通知人 Notify Party	
空运运单 Air Way Bill	A. W. B.	卸货港 Port of Discharge	P. O. D
空运总运单 Master Air Way Bill	M. A. W. B	装货港 Port of Loading	P. O. L
空运分运单 House Air Way Bill	H. A. W. B	转运港 Port of Transshipment	
原产国 Made In/Country of Origin		转运到 In transit to	
船名 Ocean Vessel		航次 Voyage No.	Voy. No.

以下举例说明提单、发票、装箱单等原始单证与进口报关单有关栏目的基本对应关系，报关单标有带圈数字的栏目内容，可以从随附的原始单证中标注对应带圈数字的内容中查找、填报。

资料1：报关单

中华人民共和国海关进口货物报关单

预录入编号：　　　　　　　　海关编号：　　　　　　　页码/页数：

境内收货人	进境关别 ①	进口日期	申报日期	备案号
境外发货人	运输方式 ②	运输工具名称及航次号 ③	提运单号 ④	货物存放地点
消费使用单位	监管方式	征免性质	许可证号	启运港 ⑤
合同协议号 ⑧	贸易国(地区)	启运国(地区) ⑤	经停港 ⑥	入境口岸 ①

包装种类 ⑩	件数 ⑨	毛重(千克) ⑪	净重(千克) ⑫	成交方式 ⑦	运费	保费	杂费

随附单证
随附单证1：　　　　　　随附单证2：

标记唛码及备注
⑬　　　　　　　　　　　　⑭

项号 ⑮	商品编号 ⑯	商品名称及规格型号 ⑰ ⑱	数量及单位 ⑳ ㉑ ㉒	单价/总价/币制 ⑲	原产国(地区)	最终目的国(地区)	境内目的地	征免
1								
2								
3								
4								
5								
6								
7								

特殊关系确认:否　　价格影响确认:否　　支付特许权使用费确认:否　　公式定价确认:否
暂定价格确认:否　　自报自缴:是

报关人员　报关人员证号　电话　兹申明以上内容承担如实申报、依法纳税之法律责任	海关批注及
申报单位　　　　　　　　　　　申报单位(签章)	签章

资料2：提单

BILL OF LADING ②
For Combined Transport Shipment Or Port To Port Shipment

Shipper : KOREA.CHEMICAL CO.LTD 1301-4,SEOCHO-DONG,SEOCHO-KU,SEOUL,KOREA	Page: 1 of 1 B/L No. :　　　MISC200000537 ④ Reference No.:

Consignee or Order : TO THE ORDER OF SHANGHAI FAR EAST CONTAINER CO.,LTD 1729-1731, YANG GAO ROAD. PUDONG,SHANGHAI,CHINA	Carrier : MALAYSIA INTERNATIONAL SHIPPING CORPORATION BERHAD

Notify Party / Address : It is agreed that no responsibility shall attach to the Carrier or his Agents For failure to notify (See Clause 20 on reverse of this Bill of Lading) : SAME AS CONSIGNEE	Place of Receipt (Applicable only when this document is used as Transport Bill of lading) : SINGAPORE CY

Vessel and VOY No. : ESSEN EXPRESS　　28ED09　　③	Place of Delivery (Applicable only when this document is used as Transport Bill of lading) : SHANGHAI CY
Port of Loading : SINGAPORE　　　　　　　⑤ ⑥	
Port of Transhipment :	Port of Discharge : SHANGHAI　　①

Marks & Nos.	Number & Kind of Packages	Description of Goods	Gross Weight	Measurement(CBM)
			161 492.00　⑪	281
FAR EAST SHANGHAI　⑭ C/NO.:	SHIPPER'S LOAD COUNT AND SEALED 12×20'CONTAINER(S) SAID TO CONTAIN: 234 CRATES　　⑨ ⑩ PAINT　　⑯ FREIGHT PREPAID TOTAL: TWELVE TWENTY FOOT CONTAINERS ONLY			

SIZE/TYPE/CONTAINER#/TARE WGNT/GROSS WGHT/SEAL NUMBER/QUANTITY/STAT/STATU

20/DRY/TPHU8290658 ⑬	/2300	/.00	/0464	0/FCL/FCL
20/DRY/TEXU2391475	/2300	/.00	/0384	0/FCL/FCL
20/DRY/MISU2369721	/2300	/.00	/00977	0/FCL/FCL
20/DRY/MISU1173640	/2300	/.00	/04959	0/FCL/FCL
20/DRY/MISU1123306	/2300	/.00	/04980	0/FCL/FCL
20/DRY/MISU1107429	/2300	/.00	/04973	0/FCL/FCL
20/DRY/MISU1171114	/2300	/.00	/04958	0/FCL/FCL
20/DRY/MISU1328245	/2300	/.00	/04979	0/FCL/FCL
20/DRY/MISU1304351	/2300	/.00	/04963	0/FCL/FCL
20/DRY/MISU1306797	/2300	/.00	/165529	0/FCL/FCL
20/DRY/MISU1418038	/2300	/.00	/166671	0/FCL/FCL
20/DRY/MISU1113376	/2300	/.00	/165576	0/FCL/FCL

ABOVE PARTICULARS AS DECLARED BY SHIPPER

资料 3：发票

MR'02 02:25PM KCCS' PORE OFFICE 65 8630679 P.2

COMMERCIAL INVOICE

Seller : KOREA CHEMICAL CO.LTD. 1301-4.SEOCHO-DONG BEOCHO-KU, SEOUL.KOREA	Invoice No. and Date : EX80320 15th MAR 2008 L/C No. and Date :
Consignee : TO THE ORDER OF SHANGHAI FAR EAST CONTAINER CO., LTD. 1729-1731 YANG GAO RD.PUDONG SHANGHAI,CHINA	Buyer (If any than consignee) : AS PER CONSIGNEE
Departure Date : ETD: 20 MAR 2008	Terms of Delivery and Payment : T/T SHANGHAI T/T 60 DAYS FROM B/L DATE
Vessel : ESSEN EXPRESS v.28ED09 ③	Other Reference : CONTRACT No : SFEC/KCC803-01 ⑧
From : To : SINGAPORE ⑤ ⑥ SHANGHAI,CHINA ①	

Shipping Marks	No. & Kinds of Packing	Goods Description	Quantity	Unit Price	Amount
		CIF SHANGHAI CHINA ⑦			
FAR EAST SHANGHAI ⑭ C/NO.:		PAINT ⑯ 114 056 LTR ⑰ ⑱	2.00/LTR ⑳	USD ㉒ 228 112.00 ㉑	
		Country of Origin: SINGAPORE ⑲			

KOREA CHEMICAL CO., LTD.

Signed By: _____

资料4：装箱单

PACKING LIST

Seller : KOREA CHEMICAL CO.LTD. 1301-4.SEOCHO-DONG BEOCHO-KU, SEOUL.KOREA	Invoice No. and Date : EX80320 15th MAR 2008
Consignee: TO THE ORDER OF SHANGHAI FAR EAST CONTAINER CO, LTD. 1729-1731 YANG GAO RD.PUDONG SHANGHAI,CHINA	Buyer (If any than consignee) : AS PER CONSIGNEE
Departure Date : ETD: 20 MAR 2008	Other Reference : CONTRACT NO: SFEC/KCC803-01 ⑧
Vessel : ESSEN EXPRESS v.28ED09 ③	
From : To: SINGAPORE ⑤ ⑥ SHANGHAI,CHINA ①	

Shipping Marks	No. & Kinds of Packing	Goods Description	Quantity	N/Weight	G/Weight	Measurement
			LTR⑱	KG	KG	
		PAINT ⑯				
TOTAL:	234 CRATES⑨ ⑩		114 056 ⑰	136 256 ⑫	161 492 ⑪	

KOREA CHEMICAL CO., LTD.

Signed By: _____

第六节　其他进出境报关单

其他进出境报关单指除了《报关单填制规范》所规定的报关单格式以外，专用于特定区域、特定货物及特定运输方式的进出境报关单证。

一、进出境货物备案清单

海关特殊监管区域（以下简称特殊区域）企业向海关申报货物进出境、进出区，以及在同一特殊区域内或者不同特殊区域之间流转货物的双方企业，应填制进（出）境货物备案清单，特殊区域与境内（区外）之间进出的货物，区外企业应同时填制进（出）口货物报关单，向特殊区域主管海关办理进出口报关手续。

货物流转应按照"先报进，后报出"的原则，在同一特殊区域企业之间、不同特殊区域企业之间流转的，先办理进境备案手续，后办理出境备案手续，在特殊区域与区外之间流转的，由区内企业、区外企业分别办理备案和报关手续。进（出）境货物备案清单原则上按《报关单填制规范》的要求填制。

保税区内企业从境外进口自用的机器设备、管理设备、办公用品，以及区内工作人员自用的应税物品，填制进（出）口货物报关单。

特殊区域（保税区除外）内企业从境外进口自用的机器设备、管理设备、办公用品，填制进（出）境货物备案清单。

进出境货物备案清单商品项数上限 50 项，单页备案清单最多打印 8 个商品项。

中华人民共和国海关进境货物备案清单

预录入编号：　　　　海关编号：　　　　（××海关）

页码/页数：

境内收货人		进境日期		申报日期		备案号	
境外发货人		运输工具名称及航次号		提运单号		货物存放地点	
消费使用单位		监管方式		许可证号		启运港	
合同协议号		贸易国（地区）		启运国（地区）		经停港		入境口岸	
包装种类		件数		毛重（千克）		净重（千克）		成交方式		运费		保费		杂费	
随附单证及编号								
标记唛码及备注								

项号	商品编号	商品名称及规格型号	数量及单位	单价/总价/币制	原产国（地区）	最终目的国（地区）	境内目的地	境内货源地

兹申明对以上内容承担如实申报、依法纳税之法律责任

报关人员	报关人员证号	电话	申报单位（签名）
申报单位			海关批注及签章

453

中华人民共和国海关出境货物备案清单

（XX海关）

预录入编号：　　　　　海关编号：

境内发货人			出境日期	申报日期		备案号
境外收货人		运输方式	运输工具名称及航次号	提运单号		
生产销售单位		监管方式		许可证号		
合同协议号	贸易国（地区）		运抵国（地区）	指运港	离境口岸	
包装种类	件数	毛重（千克）	净重（千克）	成交方式	运费	保费	杂费
随附单证及编号							
标记唛码及备注							

项号	商品编号	商品名称及规格型号	数量及单位	单价/总价/币制	原产国（地区）	最终目的国（地区）	境内货源地

报关人员	报关人员证号	电话	兹申明对以上内容承担如实申报、依法纳税之法律责任	海关批注及签章
申报单位			申报单位（签章）	

页码/页数：

454

二、保税核注清单

保税核注清单是金关二期保税底账核注的专用单证，属于办理加工贸易及保税监管业务的相关单证。为推进实施以保税核注清单核注账册的管理改革，实现与加工贸易及保税监管企业料号级数据管理有机衔接，海关总署全面启用保税核注清单。加工贸易及保税监管企业已设立金关二期保税底账的，在办理货物进出境，进出海关特殊监管区域、保税监管场所，以及开展海关特殊监管区域、保税监管场所、加工贸易企业间保税货物流（结）转业务的，相关企业应按照金关二期保税核注清单系统设定的格式和填制要求向海关报送保税核注清单数据信息，再根据实际业务需要办理报关手续。

三、过境货物报关单

过境货物报关单是指由过境货物经营人向海关递交申请过境货物进（出）境的法律文书，是海关依法监管货物过境的重要凭证。

四、进（出）境快件报关单

进（出）境快件报关单是指进出境快件运营人向海关提交的申报以快件运输方式进出口货物、物品的报关单证。

进（出）境快件报关单包括 A 类报关单、B 类报关单、C 类报关单，其适用范围见本教材第九章。

五、暂准进口单证册

暂准进口单证册，即 ATA 单证册，是指由世界海关组织（WCO）通过的《货物暂准进口公约》及其附约 A 和《ATA 公约》中规定的，用于替代各缔约方海关暂准进出口货物报关单和税费担保的国际统一通用的海关报关单证。

由于我国目前只加入了展览品暂准进口使用 ATA 单证册的有关国际公约，因此，我国目前只接受属于展览品范围的 ATA 单证册。有关单位向海关递交 ATA 单证册时，应递交中文或英文填报的 ATA 单证册。如递交英文时，应提供中文译本；用其他文字填写的，必须同时递交忠实于原文的中文或英文译本。

六、集中申报清单

集中申报是指经向海关备案，进出口货物收发货人在同一口岸多批次进出口属于《中华人民共和国海关进出口货物集中申报管理办法》规定范围内的货物，可以先以"海关进（出）口货物集中申报清单"申报货物进出口，然后在海关规定的期限内再以进（出）口货物报关单集中办理海关申报手续的特殊通关方式。

第十二章　与通关业务相关的其他海关法律制度

第一节　海关统计制度

一、海关统计概述

(一) 海关统计的含义

《海关统计条例》第二条对海关统计做了明确定义，即海关统计是海关依法对进出口货物贸易的统计，是国民经济统计的组成部分。

1. 海关统计是国家进出口货物贸易的统计。编制海关统计是海关的四大任务之一。《海关法》第二条规定："中华人民共和国海关是国家的进出关境（以下简称进出境）监督管理机关。海关依照本法和其他有关法律、行政法规，监督进出境的运输工具、货物、行李物品、邮递物品和其他物品（以下简称进出境运输工具、货物、物品），征收关税和其他税、费，查缉走私，并编制海关统计和办理其他海关业务。"

2. 海关统计是国民经济统计的重要组成部分。我国海关不仅负责收集、汇总和整理进出口统计数据，而且负责海关统计资料的编制、发布和分析。海关在执行对进出口货物的监督管理中取得的报关资料，经过整理后，可以全面地反映我国货物进出口和对外贸易运行的状况。国家公布国民经济计划执行结果和国际收支平衡表时所使用的对外贸易的进出口数据就是海关统计资料，海关统计是我国对外贸易的官方统计。

3. 海关统计是国家制定对外贸易政策、进行宏观经济调控的重要依据。海关统计是对进出关境的货物统计，能够全面地反映进出口商品的品种、数量、金额、贸易方式、经营单位和国别情况等。海关统计提供的对外贸易统计资料，为国务院及有关主管部门了解对外贸易的运行状况和发展趋势，制定有关经济贸易政策和管理措施，以及检查、监督政策措施的执行效果提供了决策依据。

4. 海关统计是研究我国对外贸易发展和国际经济贸易关系的重要资料。我国现行海关统计制度是参照联合国的国际贸易统计标准制定的，统计范围和统计口径同国际标准的要求基本相符。我国定期向联合国报送海关统计数据。因此，海关统计具有国际可比性，是研究对外贸易发展和国际经济贸易关系的重要资料。

5. 海关统计客观地反映了我国的对外贸易和海关依法行政的过程和结果。因此，海关统计是海关管理决策、确定管理方式和方法，以及评估海关执法状况和水平的重要依据。

(二) 海关统计的特点

我国的海关统计，除具有社会经济统计的一般特点外，还具有全面性、可靠性和国际可比性等特点。

1. 全面性

《海关法》明确规定，进口货物的收货人、出口货物的发货人应当向海关如实申报，接受海关监督管理，从而为海关及时收集全面的进出境货物统计资料提供了法律依据和根本保证。

2. 可靠性

海关统计的原始资料是经海关实际监管的进出口货物报关单及有关单证。海关统计是海关监管过程和结果的记录，因此，其可靠性由海关在对外贸易活动中所处的客观地位所决定。

3. 国际可比性

海关统计全面采用国际标准，统计方法与统计口径同各国通行的贸易统计方法是一致的，因此，海关统计数据具有国际可比性。

（三）海关统计的任务和作用

1. 海关统计的任务

海关统计是国家赋予海关的一项基本职能，海关统计的任务包括以下4项：

（1）依法开展统计调查，全面收集、审核进出口货物收发货人或者其代理人的原始报关资料，并对统计数据进行汇总、整理。

（2）依法对进出口贸易统计数据进行统计分析，研究对外贸易运行特点、趋势和规律，根据进出口贸易统计数据及国内外有关宏观经济统计数据开展进出口实时监测和动态预警工作。

（3）利用海关统计数据依法开展统计监督，对企业进出口行为和过程进行监督，对海关执法活动进行分析评估，并检查、纠正虚报、瞒报、伪造、篡改统计资料的行为。

（4）根据国家有关规定开展统计咨询服务。除依法公布及无偿提供的综合统计资料以外，海关还对进出口贸易统计的数据资料提供有偿咨询服务。

2. 海关统计的作用

（1）有助于强化国家宏观经济管理与宏观调控

①海关统计全面运用现代计算机技术和科学的统计分析方法，可以客观、真实、及时、正确地反映国家对外贸易的总体情况，有利于国家及时掌握对外贸易情况，适时制定和调整对外贸易政策，进行宏观调控。

②政府及其管理部门可以通过海关统计数据反映的现实情况，运用经济杠杆调整市场供求，避免主观性和盲目性。海关统计通过进出口数据，在一定程度上可以及时、正确地反映国内外市场供求变化情况，有利于政府及其管理部门对市场运行过程所产生的、不可避免的盲目性进行及时有效的干预；有助于经济实体知己知彼，有效组织生产和经营活动。

③海关统计还可以对国家有效引进和利用外资提供依据。海关统计能及时、正确地反映我国进出口国外物质资源的基本情况，有利于国家对引进和利用外资政策的制定和适时调整。

（2）有助于国家对进出口情况进行监测、预警

海关统计部门可以通过对海关所采集的数据进行整合分析，向政府及有关管理部门反映进出口环节的不正常情况，引起政府及有关管理部门的重视，促使其进一步加强管理，

从而起到对企业进行守法监督和规范进出口秩序的作用。

（3）有助于海关对业务管理、执法状况进行监控

通过对海关贸易统计和业务统计数据的监控分析，对海关业务管理、执法状况进行执法评估和统计监督，加强海关科学管理，防范海关执法风险和廉政风险，打击各种走私、违法活动。

二、海关统计制度的基本内容

《海关法》、《中华人民共和国统计法》、《海关统计条例》、《中华人民共和国统计法实施条例》、《中华人民共和国海关统计工作管理规定》（以下简称《海关统计工作管理规定》）等法律、行政法规是关于海关统计的法律规范，它们明确了进出口货物统计的性质、任务、组织机构、职责、统计范围、统计项目、海关及当事人的权利、义务等，是指导海关统计工作的行政法规和海关规章。其基本内容包括：

（一）统计调查与统计监督

1. 统计调查

（1）统计调查的对象

海关根据统计工作需要，可以向进出口货物收发货人或者其代理人以及有关政府部门、行业协会和相关企业等统计调查对象开展统计调查。

统计调查对象应当配合海关统计调查，提供真实、准确、完整的有关资料和信息。

（2）统计调查的方法

海关利用行政记录全面采集统计原始资料。行政记录不能满足统计调查需要的，海关通过抽样调查、重点调查和补充调查等方法采集统计原始资料。

（3）统计调查时的查询

海关对统计原始资料有疑问的，可以直接向统计调查对象提出查询，收集相关资料，必要时可以进行实地检查、核对。

海关可以委托社会中介机构收集有关资料或者出具专业意见。

（4）统计调查所获资料的处置

对统计调查中获得的统计原始资料，海关可以进行整理、筛选和审核。海关进出口货物贸易的统计原始资料包括：

①"中华人民共和国海关进（出）口货物报关单"；

②"中华人民共和国海关进（出）境货物备案清单"；

③"中华人民共和国海关跨境电子商务零售进（出）口商品申报清单"；

④"中华人民共和国海关进（出）境快件货物报关单"；

⑤边民互市进（出）境货物申报单证；

⑥其他经海关确认的与进出口货物相关的单证及资料；

⑦海关公布的其他统计调查表式；

⑧其他编制进出口货物贸易统计所需的资料。

以上统计原始资料同样适用于海关单项统计。

2. 统计监督

（1）统计监督的目的

海关运用统计数据，对业务运行情况和海关执法活动进行监测、评估，为海关管理提供决策依据。

（2）统计监督的工作内容

海关可以运用统计数据开展以下工作：

①对进出口商品等情况进行监测；

②对进出口企业贸易活动进行监督，依法处置弄虚作假行为。

（3）统计监督结果的用途

海关统计监督结果可以用于评估海关业务运行绩效，并作为海关实施风险管理、企业信用管理及行政处罚等执法措施的依据。

（二）统计分析与统计服务

1. 统计分析

（1）统计分析的目的

海关应当对统计数据进行分析，研究对外贸易和海关业务运行特点、趋势和规律，开展动态预警工作。

（2）统计分析的方法

海关应当综合运用定量与定性等统计分析方法，对统计数据进行加工整理，形成分析报告。

海关可以联合其他政府部门、科研机构、行业协会等共同开展统计分析。

2. 统计服务

（1）统计信息的上报

海关总署向党中央、国务院报送海关统计快报、月报、分析报告等统计信息。

（2）统计信息的共享

海关总署与国务院其他部门共享全国海关统计信息。经海关总署批准，各直属海关统计信息根据地方政府实际需要予以共享。

（3）统计信息的社会公布

海关统计快报、月报、年报等统计信息通过海关门户网站、新闻发布会等便于公众知晓的方式向社会公布。

①公布的途径

海关统计"快讯"为海关统计月度初步汇总数据，由海关总署通过门户网站和新闻媒体公布。

海关统计"月刊"为以进一步修正差错后形成的月度正式数据为基础编制的系列报表，由海关总署通过门户网站公布。

海关统计"在线查询数据"为按照海关总署公告 2018 年第 156 号对社会公众开放查询的月度正式数据，通过海关门户网站链接访问。

海关统计"年鉴"指以上一年度的海关统计正式数据为基础编制的系列报表。年鉴公布后对上年度数据不再更正。

②公布的时间

海关总署每年 12 月对外公告下一年度向社会公布海关统计信息的时间。

（4）按需提供统计服务

除依法主动公开的海关统计信息外，海关可以根据社会公众的需要，提供统计服务。

为方便国内外用户获取和使用海关统计数据，海关总署及各直属海关有关部门可根据用户的不同要求，加工制作数据软盘、光盘、磁带或点对点网络传输数据；用户要求按约定时间连续提供数据的，可与有关部门签订提供数据协议书。

海关统计咨询服务严格遵守国家安全、保密及对外贸易的有关法律、法规。不对外提供涉及国家保密规定范围的进出口商品统计资料。公众可以从海关总署信息中心统计咨询室及海关总署信息中心设立的对外提供全国进出口统计资料咨询服务的部门获取海关统计数据资料。

（三）统计资料编制与管理

1. 统计资料的分级管理

海关总署负责管理全国海关统计资料。直属海关负责管理本关区统计资料。

2. 统计项目的调整

根据国民经济发展和海关监管需要，海关可以对统计项目进行调整。

3. 统计资料的汇总编制

海关统计快报、月报和年报等统计资料分别按照公历月和公历年汇总编制。

4. 统计信息的保存

海关统计电子数据及海关统计月报、年报等海关统计信息永久保存。

（四）海关统计范围

《海关统计条例》《海关统计工作管理规定》规定，海关对实际进出境并引起境内物质存量增加或者减少的货物实施进出口货物贸易统计；根据管理需要，对其他海关监管货物实施单项统计；对海关进出境监督管理活动和内部管理事务实施海关业务统计。这表明列入我国海关统计范围的货物必须同时具备两个条件：一是跨越我国经济领土边界的物质商品流动；二是改变我国的物质资源存量。

1. 列入海关统计的进出口货物

列入海关统计的进出口货物，以贸易方式进行分类。

列入海关统计的货物包括：一般贸易，国家间或者国际组织间无偿援助与赠送的物资，其他捐赠物资，补偿贸易，来料加工贸易，进料加工贸易，寄售与代销贸易，边境小额贸易，加工贸易进口设备，对外承包工程出口货物，租赁贸易，外商投资企业作为投资进口的设备、物品，出境加工贸易，易货贸易，免税外汇商品，免税品，海关保税监管场所进出境货物，海关特殊监管区域物流货物，海关特殊监管区域进口设备及其他。自洋山特殊综合保税区通过验收封关运作之日起，货物从境外运入洋山特殊综合保税区，以及从洋山特殊综合保税区运往境外的，列入海关进出口货物贸易统计。进出境物品超过自用、合理数量的，列入海关统计。

2. 不列入海关统计的货物

根据国际惯例和我国确定的海关统计范围，对于没有实际进出境或虽然实际进出境但没有引起境内物质资源存量增加或减少的货物、物品，不列入海关统计。

不列入海关统计的货物包括：过境货物、转运货物或通运货物，暂时进出口货物，用于国际收支手段的流通中的货币及货币用黄金，租赁期在1年以下的租赁货物，由于货物残损、短少、品质不良或规格不符而由该进出口货物的承运人、发货人或保险公司免费补偿或更换的同类货物，退运货物，中国籍船舶在公海捕获的水产品，中国籍船舶或飞机在境内添装的燃料、物料、食品，中国籍或外国籍的运输工具在境外添装的燃料、物料、食品及放弃的废旧物料等，无商业价值的货样或广告品，海关特殊监管区域之间、保税监管场所之间及海关特殊监管区域和保税监管场所之间转移的货物，检测物品，进出境旅客的自用物品（汽车除外），我国驻外国和外国驻我国使领馆进出境的公务物品及使领馆人员的自用物品，其他以有形实物方式进出境的服务贸易项下货物，其他不列入海关统计的货物。

所称其他不列入海关统计的货物、物品，包括：修理物品，打捞物品，无商业价值的广告品或货样，中国籍船舶或飞机在境内添装的燃料、物料、食品等。

3. 不列入海关统计但实施单项统计的货物

为了更好地发挥海关统计在国民经济核算和海关管理中的作用，对于部分不列入海关统计的货物，海关可以根据管理需要对其实施单项统计，其统计数值不列入国家进出口货物贸易统计的总值。

对不列入海关统计的货物实施以下单项统计：免税品，进料加工转内销货物，来料加工转内销货物，转销内地的特区进口货物，保税区运往非保税区和非保税区运入保税区的货物（分各种贸易方式），保税仓库转内销和境内存入保税仓库的货物（分各种贸易方式），退运货物，过境货物。

（五）海关统计项目

进出口货物的统计项目包括：品名及编码、统计数量、统计价格、原产国（地区）、最终目的国（地区）、启运国（地区）、运抵国（地区）、贸易国（地区）、境内目的地、境内货源地、收发货人、贸易方式、运输方式、统计日期、关别、毛重与净重、品牌类型17项。

进出口货物的品种、数（重）量、价格、国别（地区）和运输方式等，是各国（地区）对外贸易统计的常规项目。在海关统计中，对这些项目的定义和统计方法是全面采用了联合国建议的国际标准制定的；而境内目的地、境内货源地、贸易方式和关别等，则是为满足国家（地区）对外贸实施有效的宏观调控和海关对进出口货物实施有效监督管理的需要而设置的项目。对这些项目的定义和统计方法是以相关的海关法规和海关业务制度为基础制定的。

1. 对列入海关统计项目的统计规范

（1）品名及编码

进出口货物的名称及编码按照《统计商品目录》所列的商品名称及编码进行归类统计。

《统计商品目录》由海关总署公布。

（2）统计数量

进出口货物的数量按照《统计商品目录》规定的计量单位统计。

（3）统计价格

进口货物的价格按照货价、货物运抵中华人民共和国境内输入地点起卸前的运输及其相关费用、保险费之和（即"到岸价格"）统计。

出口货物的价格按照货价、货物运抵中华人民共和国境内输出地点装卸前的运输及其相关费用、保险费之和（即"离岸价格"）统计。

"到岸价格"和"离岸价格"可按以下办法计算：

①进口货物按境外口岸离岸价格成交的，应加上该货物从境外发货或交货口岸运抵我国关境口岸前所实际支付各段的运费和保险费。

②出口货物按到达境外口岸的到岸价格成交，或者在离岸价格中包括支付给境外的佣金、折扣等费用的，应扣除境外的运杂费、保险费或佣金、折扣等费用。

③租赁贸易的进出口货物按照货物的到、离岸价格做全值统计。无法取得实际到、离岸价格的，可按租金总额统计；租赁期满复运出进口时，则按货物原到、离岸价格扣除已付的租金统计。

④来料加工装配贸易进口的料件按照料件的到岸价格统计，加工装配产品出口时，按照原料费加工缴费作全值统计。

⑤出料加工贸易的出口料件按照料件的离岸价格统计，加工产品复运进口时，按照原料费加工缴费作全值统计。

⑥无偿援助、捐赠或免费提供的进出口货物，不能确定其到、离岸价格时，可按照相同或类似货物的到、离岸价格统计。

进出口货物的价格分别按照人民币和美元统计。

各种货币折算美元，按照国家外汇管理局印发的各种货币对美元内部统一折算率计算。

各种货币折算人民币，按照国家外汇管理部门上月末日发布的人民币基准汇价表的买卖中间价折算。进口货物也可以海关完税价格为人民币统计价格。

（4）原产国（地区）

进出口货物的原产国（地区）按照《原产地条例》及海关总署有关规定进行统计。

进出口货物原产国（地区）无法确定的，按照"国别不详"统计。

（5）最终目的国（地区）

出口货物的最终目的国（地区）按照出口货物已知的消费、使用或者进一步加工制造的国家（地区）统计。

不经过第三国（地区）转运的出口直接运输货物，可以运抵国（地区）为最终目的国（地区）。

经过第三国（地区）转运的出口货物，以最后运往国（地区）为最终目的国（地区）。对于成交条款订为选择港的，以第一选择港为最终目的国（地区）。

出口货物不能确定最终目的国（地区）的，按照出口时尽可能预知的最后运往国（地区）统计。

（6）启运国（地区）

进口货物的启运国（地区）按照货物起始发出直接运抵我国或者在运输中转国（地区）未发生任何商业交易的情况下运抵我国的国家（地区）统计。

不经过第三国（地区）转运的直接运输货物，可以进口货物的装货港为启运国（地区）。

经过第三国（地区）转运的进口货物，未在中转国（地区）发生买卖行为的，以进口货物的始发国（地区）为启运国（地区）；在中转国（地区）发生了买卖行为的，以中转国（地区）为启运国（地区）。

（7）运抵国（地区）

出口货物的运抵国（地区）按照出口货物从我国直接运抵或者在运输中转国（地区）未发生买卖行为的情况下最后运抵的国家（地区）统计。

不经过第三国（地区）转运的直接运输货物，以出口货物的指运港为运抵国（地区）。

经过第三国（地区）转运的出口货物，未在中转国（地区）发生买卖行为的，以出口货物的最终目的国（地区）为运抵国（地区）；在中转国（地区）发生了买卖行为的，以中转国（地区）为运抵国（地区）。

（8）贸易国（地区）

进出口货物的贸易国（地区）按照对外贸易中与境内企业签订贸易合同的外方所属的国家（地区）统计。

进口统计购自国（地区），出口统计售予国（地区）。未发生商业性交易的，按照货物所有权拥有者所属的国家（地区）统计。

（9）境内目的地

进口货物的境内目的地按照进口货物在我国境内的消费、使用地或者最终运抵地统计，其中最终运抵地为最终使用单位所在的地区。

最终使用单位难以确定的，按照货物进口时预知的最终收货单位所在地统计。

（10）境内货源地

出口货物的境内货源地按照出口货物在我国境内的产地或者原始发货地统计。

出口货物在境内多次转换运输工具、难以确定其生产地的，按照最早发运该出口货物的单位所在地统计。

（11）收发货人

进出口货物收发货人按照已经在海关注册登记、从事进出口经营活动的境内法人、其他组织或者个人进行统计。

（12）贸易方式

进出口货物的贸易方式，按照买卖双方交易形式及海关监管要求分类统计。

（13）运输方式

进出口货物的运输方式按照水路运输、铁路运输、公路运输、航空运输、邮件运输和其他运输等方式统计。

进境货物的运输方式应当按照货物运抵我国境内第一个口岸时的运输方式统计；出境货物的运输方式应当按照货物运离我国境内最后一个口岸时的运输方式统计。

海关根据管理和单项统计需要，设置货物境内流转运输方式。

（14）统计日期

进口货物的日期按照海关报关单证放行日期统计；出口货物的日期按照海关报关单证结关日期统计。

（15）关别

进出口货物的报关关别按照接受申报的海关统计。

进出口货物的进出境关别按照货物进出境的口岸海关统计。

（16）毛重与净重

进出口货物的毛重按货物本身的实际重量及其包装材料的重量之和统计。

进出口货物的净重按货物本身的实际重量统计。

（17）品牌类型

进出口货物的品牌类型按进出口货物的品牌属性分类统计。

以上统计项目同样适用于海关单项统计。

2. 对不列入海关统计但实施单项统计的规范

（1）免税品的统计项目：同海关统计。

（2）进料、来料加工转内销货物（包括经济特区或保税区的加工贸易转内销货物）的统计项目：商品编号（转内销的成品按原进口料件的编号统计）、数量、金额（转内销的成品按原进口料件的价格统计）、原产国别（地区）、贸易方式、经营单位、境内目的地、关别。

（3）销往内地的特区进口货物（指经批准转销内地的特区减免税进口货物）的统计项目：商品编号、数量、金额、原产国别（地区）、贸易方式、经营单位、境内目的地、关别。

（4）保税区运往非保税区和非保税区运入保税区货物的统计项目：同海关统计。

（5）保税仓库转内销和境内存入保税仓库货物的统计项目：同海关统计。

（6）退运货物的统计项目：商品编号、数量、金额、起抵国别（地区）、贸易方式、经营单位、关别。

（7）过境货物的统计项目：商品编号（两位数）、重量（毛重）、来自国别（地区）、运往国别（地区）、运输路线、关别。

（六）进出口监测预警

对国家对外贸易进出口进行统计分析和监测预警是《海关统计条例》赋予海关的重要职责。我国加入世界贸易组织（WTO）后，为了有效促进贸易效益，维护国家产业安全和经济安全，海关总署历时3年开发应用了进出口监测预警系统，对进出口货物的全过程进行实时监测、快速反应、科学预测和动态预警。

该系统包括快速反应、贸易指数、预测和预警4个子系统，以下展现的便是该系统运行产生的部分信息，包括：

1. 监测报表：及时反映月度全国进出口总体情况及主要分类项目的进出口情况；

2. 高贸易摩擦风险监测表：对当月我国进口数量增长较快而价格下降较大的商品来源地的监测，从中可以发现对我国进行商品倾销等不正当竞争的倾向；

3. 商品预警：是对我国部分重要商品的进口量值是否过多或过少的一种判断，用预警灯表示，红灯表示进口过多，黄灯表示偏多，绿灯表示正常，浅蓝灯表示进口偏少，蓝灯表示过少；

4. 监测报告：根据预警和监测结果所撰写的分析报告，表达作者对情况的描述、原因的分析、影响的判断及政策措施建议等。

第二节　海关稽查制度

一、海关稽查概述

(一) 海关稽查的含义

海关稽查是指海关自进出口货物放行之日起 3 年内或者在保税货物、减免税进口货物的海关监管期限内及其后的 3 年内，对与进出口货物直接有关的企业、单位的会计账簿、会计凭证、报关单证及其他有关资料（以下统称"账簿、单证等有关资料"）和有关进出口货物进行核查，监督其进出口活动的真实性和合法性。

对此，可从以下几方面来理解海关稽查的含义：

1. 海关享有依法实施稽查的权力

海关稽查的执法主体是海关本身，而不能为其他机关、组织所代替。《海关法》第四十五条将海关稽查制度以法律形式予以确认，使海关稽查有了法律授权。而《海关稽查条例》则是对实施稽查时海关享有的权利、义务等实体性和程序性规范的内容作出的具体规定。

2. 海关稽查具有特定期限

海关稽查必须在法定的期限内，对与进出口货物直接有关的企业、单位实施才具有法律效力，才能产生合法的法律效果。

对于一般进出口货物，海关的稽查期限是自货物放行之日起 3 年内；对于保税货物和特定减免税进口货物等，海关的稽查期限是海关监管期限内及其后的 3 年内。

3. 海关稽查针对特定的对象

海关稽查的相对人是与进出口活动直接有关的企业、单位。只有与海关在进出口监督管理活动中产生法律关系的当事人，海关才能对其实施稽查。

4. 海关稽查具有特定的内容

海关稽查的内容主要是被稽查人的会计账簿、会计凭证、报关单证，以及其他有关资料和有关进出口货物。

5. 海关稽查具有特定的目的

海关实施稽查是为了评估被稽查人进出口信用状况和风险状况，检查其进出口活动的真实性、合法性和规范性。

(二) 海关稽查的特征

从本质上看，海关稽查是海关监督管理职能的实现方式，也是海关监管制度的主要组成部分。然而，海关稽查与传统的海关监管相比又有着显著的区别，其特征主要表现在：

1. 海关监管"前推后移"，将原有海关监管的时间、空间进行了大范围的延伸和拓展。海关监管不仅局限于进出口的实时监控和进出境口岸，而是通过评估验证企业守法状况、贸易安全情况以及税收征管风险状况等，有针对性地规范企业内部经营管理，引导企业守法自律，保障其更好地享受海关监管便利。海关对放行未结关货物的使用、管理情况和在货物结关放行之后的一定期限内，对与进出口货物直接有关的企业和单位的会计资料、报关单证及其他相关资料进行稽查。

2. 海关监管"由企及物"，将海关监管的主要目标从控制进出口货物转变为控制货物的经营主体——进出口企业，不再人为地将企业与货物割裂开来。海关围绕企业的进出口活动实施动态和全方位的监管，通过监管企业的进出口行为来达到监管进出口货物的目的。

（三）海关稽查的目标

根据海关实施稽查针对的内容和产生的影响，海关稽查的目标可以分为直接目标和最终目标。

1. 直接目标

即海关稽查直接作用于被稽查人（企业、单位），通过对被稽查人的会计资料、报关单证及其他相关资料和进出口货物的稽核，监督被稽查人进出口活动的真实性、合法性。因而，所追求的目标是具体的、有形的、现实的。

2. 最终目标

即通过有计划、分步骤的海关稽查，全面规范企业的进出口行为，提高进出口企业守法自律意识，防范或减少企业违法行为的发生，维护正常的进出口秩序。因而，所追求的目标是整体的、无形的、长远的。

3. 实现海关稽查目标的主要手段

为了防范和查究在进出口货物的通关过程中和在保税货物、减免税货物的海关监管期间可能发生或者已经发生的各种走私违法情事，引导和规范从事进出口活动的企业守法经营，海关在进出口货物已经放行或实现脱离海关控制后的规定期限内，以稽查的方式有针对性稽核与进出口货物直接有关的企业账册、文件单证等商业记录，并实地核查有关进出口货物的使用情况或实际去向，以此保证海关对企业进出口活动的合法性、真实性进行有效监管。

二、海关稽查制度的基本内容

（一）海关稽查的对象

1. 海关稽查的企业、单位

根据《海关稽查条例》第三条的规定，海关对下列与进出口货物直接有关的企业、单位实施稽查：

（1）从事对外贸易的企业、单位；

（2）从事对外加工贸易的企业；

（3）经营保税业务的企业；

（4）使用或者经营减免税进口货物的企业、单位；

（5）从事报关业务的企业；

（6）海关总署规定的与进出口货物直接有关的其他企业、单位。

上述企业、单位是海关稽查的对象，亦称为被稽查人。

2. 海关稽查的进出口活动

根据《〈中华人民共和国海关稽查条例〉实施办法》（以下简称《〈海关稽查条例〉

实施办法》）的规定，海关对被稽查人实施稽查所涉及的进出口活动包括：

(1) 进出口申报；

(2) 进出口关税和其他税、费的缴纳；

(3) 进出口许可证件和有关单证的交验；

(4) 与进出口货物有关的资料记载、保管；

(5) 保税货物的进口、使用、储存、加工、销售、运输、展示和复出口；

(6) 减免税进口货物的使用、管理；

(7) 其他进出口活动。

（二）海关稽查的方式

海关稽查包括专项稽查和验证稽查2种方式。

1. 专项稽查是指海关根据关区的实际情况，以查缉企业各类问题，为税收和防范走私违法活动提供保障为目标，以风险程度较高或政策敏感性较强的企业或行业为重点，采用风险分析、贸易调查等方式，对某些企业或某些商品实施的行业式、重点式、通关式稽查。

2. 验证稽查是指海关以验证企业守法状况或贸易安全情况，动态监督企业进出口活动，规范企业内部管理，促进企业守法自律为目标，对申请评为认证企业的准入资质实施的稽查。

与专项稽查方式相比，验证稽查的"工作目标"特殊，是海关分类管理工作的配套措施；"管理对象"特殊，是具备条件的申请评为认证企业；"管理方式"特殊，是"事前准入验证"与"后续监控管理"两种方式的有机结合；"验证内容"特殊，不仅要验证企业的守法状况，还要验证其贸易安全情况。

（三）海关稽查的常用方法

海关稽查方法是指海关稽查人员采用审计、稽核、检查等方式和技术手段，对特定的稽查对象进行核查，以核实被稽查人的进出口行为是否合法、规范，有无违反海关法行为。海关稽查常用的方法有：

1. 查账法

查账法是海关稽查最主要、最基本的方法。海关稽查人员根据会计凭证、会计账簿和财务报表等的内在关系，通过对被稽查人会计资料记录及其所反映的经济业务的稽核、检查，以核查被稽查人的进出口行为是否合法、规范。它以被稽查人的各种会计资料为稽查的直接对象。

查账法，按照检查会计资料的记账顺序的不同划分，可分为顺查法和逆查法；按照检查会计资料的数量（范围）的大小划分，可分为详查法和抽查法；按照检查会计资料的技术内容划分，可分为核对法和审阅法。

2. 调查法

调查法是指海关稽查人员通过观察、询问、检查、比较等方式，对被稽查人的进出口活动进行全面综合的调查了解，以核实其进出口行为是否真实合法、规范的方法。

3. 盘存法

盘存法是指海关在检查进出口货物的使用状况时，通过盘点实物库存等方法，具体查证核实现金、商品、材料、在产品、产成品、固定资产和其他商品的实际结存量的方法。

4. 分析法

分析法是指海关利用现有的各种信息数据系统，充分依靠现代信息技术，对海关监管对象及其进出口活动全面综合统计、汇总，进行定量定性分析、评估，以确定被分析对象进出口活动的风险情况的基本方法。

此外，海关可以委托具有法定资质的社会中介机构就有关事项出具专业评估报告。专业评估报告经海关认可的，可以作为海关稽查的参考依据。

（四）对企业管理账簿、单证等有关资料的规范性要求

1. 账簿、单证等有关资料的真实性

与进出口活动直接有关的企业、单位，所设置和编制的会计账簿、会计凭证、会计报表及其他会计资料，应当真实、准确、完整地记录和反映进出口业务的有关情况。与进出口货物直接有关的企业、单位会计制度健全，能够通过计算机正确、完整地记账、核算的，其计算机储存和输出的会计记录视同会计资料。

2. 账簿、单证等有关资料的保管

（1）会计资料的保管

与进出口活动直接有关的企业、单位应当按照有关法律和行政法规规定的保管期限，保管会计账簿、会计凭证、会计报表和其他会计资料。

（2）与进出口业务有关的海关统计原始资料的保管

经海关确认的进出口货物报关单，以及与进出口业务直接有关的其他资料的保管期限按照海关稽查期限确定。

（五）海关稽查的实施

1. 海关稽查实施的基本规则

（1）海关稽查由被稽查人注册地海关实施。被稽查人注册地与货物报关地或者进出口地不一致的，也可以由报关地或者进出口地海关实施。海关总署可以指定或者组织下级海关实施跨关区稽查。直属海关可以指定或者组织下级海关在本关区范围内实施稽查。

（2）海关将按照海关监管的要求，根据与进出口货物直接有关的企业、单位的进出口信用状况和风险状况，以及进出口货物的具体情况，确定海关稽查重点，制订稽查工作计划。

（3）海关稽查应当由具备稽查执法资格的人员实施，实施稽查时应当向被稽查人出示海关稽查证。海关进行稽查时，将组成稽查组，其成员不少于 2 人。

（4）海关根据稽查工作需要，可以向有关行业协会、政府部门和相关企业等收集特定商品、行业的与进出口活动有关的信息。收集的信息涉及商业秘密的，海关应当予以保密。

（5）海关进行稽查时，可以委托会计、税务等方面的专业机构就相关问题作出专业结论。被稽查人委托会计、税务等方面的专业机构作出的专业结论，可以作为海关稽查的参考依据。

（6）海关稽查人员实施稽查时，有下列情形之一的，应当回避：

①海关稽查人员与被稽查人的法定代表人或者主要负责人有近亲属关系的；

②海关稽查人员或者其近亲属与被稽查人有利害关系的；

③海关稽查人员或者其近亲属与被稽查人有其他关系，可能影响海关稽查工作正常进

行的。

被稽查人有正当理由，可以对海关稽查人员提出回避申请。但在海关作出回避决定前，有关海关稽查人员不停止执行稽查任务。

2. 海关稽查的实施程序

按照《海关稽查条例》和《〈海关稽查条例〉实施办法》的有关规定，海关稽查的实施由下列环节组成。

（1）稽查通知

海关实施稽查3日前，应当向被稽查人制发"海关稽查通知书"。海关不经事先通知实施稽查的，应当在开始实施稽查时向被稽查人制发"海关稽查通知书"。

被稽查人在收到稽查通知书后，正本留存，副本加盖被稽查人印章并由被稽查人代表签名后交海关留存。

在被稽查人有重大违法嫌疑，其账簿、单证等有关资料及进出口货物可能被转移、隐匿、毁弃等紧急情况下，经直属海关关长或者其授权的隶属海关关长批准，海关可以不经事先通知进行稽查。

（2）稽查实施

稽查实施是指海关依照稽查的程序，采用各种有效的稽查方法，对被稽查人进出口活动的合法性、真实性和规范性进行核查的行政执法活动。稽查实施主要包括以下几项内容。

①查阅和复制被稽查人账簿、单证等有关资料

海关稽查人员查阅、复制被稽查人的会计账簿、会计凭证、报关单证及其他有关资料时，被稽查人的法定代表人或者主要负责人或者其指定的代表（以下统称"被稽查人代表"）应当到场，按照海关要求如实提供并协助海关工作。海关稽查人员复制被稽查人的账簿、单证等有关资料或对计算机文件进行拷贝时，被稽查人代表应当到场，按照海关要求如实提供并协助海关工作。

对被稽查人的账簿、单证等有关资料进行复制的，被稽查人代表应当在确认复制资料与原件无误后，在复制资料上注明出处、页数、复制时间及"本件与原件一致，核对无误"，并签章。

被稽查人以外文记录账簿、单证等有关资料的，应当提供符合海关要求的中文译本。

被稽查人利用计算机、网络通信等现代信息技术手段进行经营管理的，应当向海关提供账簿、单证等有关资料的电子数据，并根据海关要求开放相关系统，提供使用说明及其他有关资料。对被稽查人的电子数据进行复制的，应当注明制作方法、制作时间、制作人、数据内容及原始载体存放处等，并由制作人和被稽查人代表签章。

②异地查阅或者复制账簿、单证等有关资料

被稽查人所在场所不具备查阅、复制工作条件的，经被稽查人同意，海关可以在其他场所查阅、复制。海关需要在其他场所查阅、复制的，应当填写"海关稽查调审单"，经双方清点、核对后，由海关稽查人员签名和被稽查人代表在"海关稽查调审单"上签章。

③检查与进出口有关的生产经营和货物情况

海关稽查人员进入被稽查人的生产经营场所、货物存放场所，检查与进出口活动有关的生产经营情况和货物时，被稽查人代表应当到场，按照海关的要求开启场所，搬移货物，开启、重封货物的包装等。检查结果应当由海关稽查人员填写"检查记录"，由海关

稽查人员签名和被稽查人代表在"检查记录"上签章。

④向被稽查人询问与进出口活动有关的情况和问题

海关稽查人员询问被稽查人的法定代表人、主要负责人和其他有关人员时，应当制作"询问笔录"，并由询问人、记录人和被询问人签名确认。

⑤收集与进出口活动有关的资料和证明材料

海关实施稽查时，可以向与被稽查人有财务往来或者其他商务往来的企业、单位收集与进出口活动有关的资料和证明材料，有关企业、单位应当配合海关工作。

⑥查询被稽查人在商业银行或者其他金融机构的存款账户

经直属海关关长或者其授权的隶属海关关长批准，海关可以凭"协助查询通知书"向商业银行或者其他金融机构查询被稽查人的存款账户。

⑦查封、扣押被稽查人账簿、单证等资料或者进出口货物

海关实施稽查时，发现被稽查人有可能转移、隐匿、篡改、毁弃账簿、单证等有关资料的，经直属海关关长或者其授权的隶属海关关长批准，可以查封、扣押其账簿、单证等有关资料及相关电子数据存储介质。

海关实施稽查时，发现被稽查人的进出口货物有违反海关法或者其他有关法律、行政法规嫌疑的，经直属海关关长或者其授权的隶属海关关长批准，可以查封、扣押有关进出口货物。

海关实施查封、扣押应当依据《中华人民共和国行政强制法》及其他有关法律、行政法规。海关发现被稽查人未按照规定设置或者编制账簿，或者转移、隐匿、篡改、毁弃账簿的，应当将有关情况通报被稽查人所在地的县级以上人民政府财政部门。

（3）稽查报告与稽查结论

海关稽查组实施稽查后，应当向海关报送稽查报告。稽查报告认定被稽查人涉嫌违法的，在报送海关前应当就稽查报告认定的事实征求被稽查人的意见。被稽查人应当自收到相关材料之日起 7 日内，将其书面意见送交海关。海关应当在收到稽查报告之日起 30 日内作出"海关稽查结论"，并送达被稽查人。海关应当在稽查结论中说明作出结论的理由，并告知被稽查人的权利。

（4）稽查终结

有下列情形之一的，经直属海关关长或者其授权的隶属海关关长批准，海关可以终结稽查：

①被稽查人下落不明的；

②被稽查人终止，无权利义务承受人的。

（六）主动披露

1. 与"主动披露"相关的重要概念

（1）"主动披露"的定义

"主动披露"是指进出口企业、单位主动向海关书面报告其违反海关监管规定的行为并接受海关处理。走私行为、走私犯罪不在适用范围。

（2）不能认定为主动披露的情形

符合主动披露的定义，但存在以下情形的，不能认定为主动披露：

①报告前海关已经掌握违法线索的；

②报告前海关已经通知被稽查人实施稽查的；

③报告内容严重失实或者隐瞒其他违法行为的。

2. "主动披露"制度的基本内容

（1）进出口企业、单位主动披露应当向海关提交账簿、单证等有关证明材料，并对所提交材料的真实性、准确性、完整性负责。海关应当核实主动披露的进出口企业、单位的报告，可以要求其补充有关材料。

（2）主动披露的进出口企业、单位违反海关监管规定的，海关应当对其从轻或者减轻行政处罚；违法行为轻微并及时纠正，没有造成危害后果的，不予行政处罚。对主动披露并补缴税款的进出口企业、单位，海关可以减免滞纳金。

3. "主动披露"涉税违规行为的处理

（1）适用范围

适用于进出口企业、单位在海关发现前主动披露影响税款征收的违反海关监管规定行为（以下简称"涉税违规行为"），不适用于不影响税款征收的其他违规行为，如影响海关统计准确性、影响许可证件管理等违规行为。

（2）不予行政处罚的情形

进出口企业、单位主动披露涉税违规行为，有下列情形之一的，依据《行政处罚法》第二十七条的规定，不予行政处罚：

①在涉税违规行为发生之日起3个月内向海关主动披露，主动消除危害后果的；

②在涉税违规行为发生之日起3个月后向海关主动披露，漏缴、少缴税款占应缴纳税款比率10%以下，或者漏缴、少缴税款在50万元人民币以下，且主动消除危害后果的。

（3）企业、单位的"主动披露"涉税违规行为的报告及受理海关

进出口企业、单位向海关主动披露的，需填制"主动披露报告表"，并随附账簿、单证等材料，向原税款征收地海关或企业所在地海关报告。

在执行中，各直属海关将明确各关区及其隶属海关接收进出口企业、单位主动披露报告的部门和联系方式，并通过门户网站等方式向社会公布。

（4）"主动披露"涉税违规行为对企业、单位信用管理的影响

①对企业信用状况的影响

进出口企业、单位主动披露且被海关处以警告或者50万元以下罚款行政处罚的行为，不列入海关认定企业信用状况的记录。

②对企业管理措施的影响

认证企业主动披露涉税违规行为的，海关立案调查期间不暂停对该企业适用相应管理措施。

（七）海关稽查发现问题的处理

海关稽查是海关监督被稽查人进出口活动真实性和合法性的一种措施。稽查中发现税款少征或漏征或者被稽查人存在违法活动的应按《海关稽查条例》的规定分别作出相应的处理。

1. 经海关稽查，发现关税或者其他进口环节的税收少征或者漏征的，由海关依照《海关法》和有关税收法律、行政法规的规定向被稽查人补征；因被稽查人违反规定而造成少征或者漏征的，由海关依照《海关法》和有关税收法律、行政法规的规定追征。

被稽查人在海关规定的期限内仍未缴纳税款的，海关可以依法采取强制执行措施。

2. 封存的有关进出口货物，经海关稽查排除违法嫌疑的，海关应当立即解除封存；

经海关稽查认定违法的，由海关依照《海关法》和《海关行政处罚实施条例》的规定处理。

3. 经海关稽查，认定被稽查人有违反海关监管规定的行为的，由海关依照《海关法》和《海关行政处罚实施条例》的规定处理。

与进出口货物直接有关的企业、单位主动向海关报告其违反海关监管规定的行为，并接受海关处理的，应当从轻或者减轻行政处罚。

4. 经海关稽查，发现被稽查人有走私行为，构成犯罪的，依法追究刑事责任；尚不构成犯罪的，由海关依照《海关法》和《海关行政处罚实施条例》的规定处理。

5. 海关通过稽查决定补征或者追征的税款、没收的走私货物和违法所得及收缴的罚款，全部上缴国库。

6. 被稽查人同海关发生纳税争议的，依照《海关法》的规定办理。

（八）与海关稽查相关的法律责任

1. 被稽查人的法律责任

（1）被稽查人有下列行为之一的，由海关责令限期改正，逾期不改正的，处 2 万元以上 10 万元以下的罚款；情节严重的，禁止其从事报关活动；对负有直接责任的主管人员和其他直接责任人员处 5000 元以上 5 万元以下的罚款；构成犯罪的，依法追究刑事责任：

①向海关提供虚假情况或者隐瞒重要事实的；

②拒绝、拖延向海关提供账簿、单证等有关资料，以及相关电子数据存储介质的；

③转移、隐匿、篡改、毁弃报关单证、进出口单证、合同、与进出口业务直接有关的其他资料，以及相关电子数据存储介质的。

（2）被稽查人未按照规定编制或者保管报关单证、进出口单证、合同，以及与进出口业务直接有关的其他资料的，由海关责令限期改正，逾期不改正的，处 1 万元以上 5 万元以下的罚款；情节严重的，禁止其从事报关活动；对负有直接责任的主管人员和其他直接责任人员处 1000 元以上 5000 元以下的罚款。

（3）被稽查人未按照规定设置或者编制账簿，或者转移、隐匿、篡改、毁弃账簿的，依照会计法的有关规定追究法律责任。被稽查人有上述（1）、（2）所列行为之一的，海关应当制发"海关限期改正通知书"，告知被稽查人改正的内容和期限，并对改正情况进行检查。被稽查人逾期不改正的，海关可以依据相关规定调整其信用等级。

2. 海关工作人员的法律责任

海关工作人员在稽查中玩忽职守、徇私舞弊、滥用职权或者利用职务上的便利，收受、索取被稽查人的财物，构成犯罪的，依法追究刑事责任；不构成犯罪的，由海关依照《中华人民共和国公务员法》《海关法》和其他有关法律、行政法规予以处理。

第三节　海关事务担保制度

一、海关事务担保概述

（一）海关事务担保的含义

所谓海关事务担保，是指与进出境活动有关的自然人、法人或者其他组织（以下统称

"当事人"）在向海关申请从事特定的经营业务或者办理特定的海关事务时，以向海关提交保证金、保证函等担保，承诺在一定期限内履行其法律义务的法律行为。

（二）海关事务担保的性质

1. 履行性

当事人提供的担保，具有在规定期限内由当事人履行其在正常情况下应当履行其承诺义务的性质。

2. 惩罚性

若由于当事人的过错，不能履行担保事项所列明的义务，海关将依法对当事人给予惩罚，让其承担一定的法律责任，以达到惩戒和教育的目的。

3. 补偿性

对涉及税款的担保，无论是责令补缴税款，还是将保证金抵作税款，或是通知银行扣缴税款，主要目的还是在于补偿进出口税的收入。

（三）海关事务担保的作用

海关事务担保制度从本质上讲，是海关支持和促进对外贸易发展和科技文化交流的措施，既保障国家利益不被侵害，又便利进出境活动，促进对外贸易效率的提高。同时，担保制度对进出境活动的当事人也将产生较强的制约作用，促进企业守法自律，按时履行其承诺的诸如补交单证、补缴税款、按规定复出（进）口等义务。

二、海关事务担保制度的基本内容

（一）海关事务担保的适用

1. 海关事务担保的一般适用

为使当事人获得提前放行、办理特定海关业务及免于扣留财产等便利，《中华人民共和国海关事务担保条例》（以下简称《海关事务担保条例》）主要规定了4种情形下的海关事务担保。

（1）当事人申请提前放行货物的担保

当事人申请提前放行货物的担保是指在办结商品归类、估价和提供有效报关单证等海关手续前，当事人向海关提供与应纳税款相适应的担保，申请海关提前放行货物。

有下列情形之一的，当事人可以在办结海关手续前向海关申请提供担保，要求提前放行货物：

①进出口货物的商品归类、完税价格、原产地尚未确定的；

②有效报关单证尚未提供的；

③在纳税期限内税款尚未缴纳的；

④滞报金尚未缴纳的；

⑤申请按"两步申报"模式通关的；

⑥其他海关手续尚未办结的。

国家对进出境货物、物品有限制性规定，应当提供许可证件而不能提供的，以及法律、行政法规规定不得担保的其他情形，海关不予办理担保放行。

（2）当事人申请办理特定海关业务的担保

当事人申请办理特定海关业务的担保是指当事人在申请办理内地往来港澳货物运输、办理货物、物品暂时进出境，将海关监管货物抵押或者暂时存放在海关监管区外等特定业务时，根据海关监管需要或者税收风险大小向海关提供的担保。

当事人申请办理下列特定海关业务的，按照海关规定提供担保：

①运输企业承担来往内地与港澳公路货物运输、承担海关监管货物境内公路运输的；

②货物、物品暂时进出境的；

③货物进境修理和出境加工的；

④租赁货物进口的；

⑤货物和运输工具过境的；

⑥将海关监管货物暂时存放在海关监管区外的；

⑦将海关监管货物向金融机构抵押的；

⑧为保税货物办理有关海关业务的。

当事人不提供或者提供的担保不符合规定的，海关不予办理所列特定海关业务。

（3）税收保全担保

进出口货物的纳税义务人在规定的纳税期限内有明显的转移、藏匿其应税货物及其他财产迹象的，海关可以责令纳税义务人提供担保；纳税义务人不能提供担保的，海关依法采取税收保全措施。

（4）免予扣留财产的担保

①有违法嫌疑的货物、物品、运输工具应当或者已经被海关依法扣留、封存的，当事人可以向海关提供担保，申请免予或者解除扣留、封存。

②有违法嫌疑的货物、物品、运输工具无法或者不便扣留的，当事人或者运输工具负责人应当向海关提供等值的担保；未提供等值担保的，海关可以扣留当事人等值的其他财产。

有违法嫌疑的货物、物品、运输工具属于禁止进出境，或者必须以原物作为证据，或者依法应当予以没收的，海关不予办理担保。

③法人、其他组织受到海关处罚，在罚款、违法所得或者依法应当追缴的货物、物品、走私运输工具的等值价款未缴清前，其法定代表人、主要负责人出境的，应当向海关提供担保；未提供担保的，海关可以通知出境管理机关阻止其法定代表人、主要负责人出境。（受海关处罚的自然人出境的，适用上述规定）

2. 海关事务担保的其他适用

进口已采取临时反倾销措施、临时反补贴措施的货物应当提供担保的，或者进出口货物收发货人、知识产权权利人申请办理知识产权海关保护相关事务等，依照海关事务担保一般适用的规定办理海关事务担保。法律、行政法规有特别规定的，从其规定。

3. 海关事务担保的免除

《海关法》的有关条款规定，如其他法律、行政法规根据实践需要规定在特定情形下可以免除担保提前放行货物的，这种"免除担保"的特别规范优先于"凭担保放行"的一般规范。因此，在这种特别规范的适用范围内，因各种原因未办结海关手续的货物，可以免除担保而被收发货人先予提取或装运出境。但同时规定，海关对享受免除担保待遇的进出口企业实行动态管理，当事人不再符合规定条件的，海关应当停止对其适用免除担保。

按照海关总署的规定，经海关认定的高级认证企业可以申请免除担保，并按照海关规定办理有关手续。

4. 海关事务总担保

为了使进出口货物品种、数量相对稳定且业务频繁的企业免于反复办理担保，《海关事务担保条例》规定，当事人在一定期限内多次办理同一类海关事务的，可以向海关申请提供总担保；提供总担保后，当事人办理该类海关事务，不再单独提供担保。同时规定，总担保的适用范围、担保金额、担保期限、终止情形等由海关总署规定。

可申请总担保的常见情形有：

（1）ATA 单证册项下暂准出口货物由中国国际商会统一向海关总署提供总担保；

（2）经海关同意，知识产权权利人可以向海关提供总担保，总担保金额不得低于 20 万元人民币；

（3）由银行对纳税义务人在一定时期内通过网上支付方式申请缴纳的进出口税费提供总担保。

（二）海关事务担保担保人的资格及担保责任

1. 担保人的资格

《海关法》规定："具有履行海关事务担保能力的法人、其他组织或者公民，可以成为担保人。法律规定不得为担保人的除外。"

具有履行海关担保义务能力是对自然人、法人或其他组织作为担保人的基本要求。对于担保人而言，其履行义务的能力主要表现在应当拥有足以承担担保责任的财产。公民作为担保人还应当具有民事行为能力，无民事行为能力或者限制行为能力的公民，即使拥有足以承担担保责任的财产，也不能作为担保人。

如其他有关法律对担保人资格已作出限制性规定的，则这种法人、其他组织或公民就不能作为担保人。

2. 担保人的担保责任

《海关法》规定："担保人应当在担保期限内承担担保责任。担保人履行担保责任的，不免除被担保人应当办理有关海关手续的义务。"海关则应当及时为被担保人办理有关海关手续。

（1）担保责任的含义

担保人应承担的担保责任，主要是指被担保人应当在规定的期限内全面、正确地履行其承诺的海关义务。根据担保个案的不同情况，其责任范围也有区别。

（2）担保的期间

这是指担保人承担担保责任的起止时间。担保人在规定的担保期间内承担担保责任，逾期，即使被担保人未履行海关义务，担保人也不再承担担保责任。鉴于法律规定可适用担保的范围内所涉及的事项千差万别，不可能对此做统一规定，因而担保期间主要由海关行政法规及海关规章来制定。

（3）担保责任的解除

被担保人如能在规定的期间内履行担保承诺的义务或者规定的担保期间届满，担保人的担保责任则应依法予以解除，由海关及时办理销案手续，退还有关保证金等。

（三）海关事务担保的方式

《海关法》明确规定的海关事务担保方式分为 4 种：

1. 以人民币、可自由兑换的货币提供担保

人民币是我国的法定货币，支付我国境内的一切公共的和私人的债务，任何单位或个人均不能拒收。

可自由兑换货币，指国家外汇管理局公布挂牌的作为国际支付手段的外币现钞。

2. 以汇票、本票、支票、债券、存单提供担保

汇票是指由出票人签发的委托付款人在见票时或者在指定日期无条件支付确定的金额给收款人或持票人的票据，分为银行承兑汇票和商业承兑汇票两种。

本票是由出票人签发的，承诺自己在见票时无条件支付确定的金额给收款人或持票人的票据。

支票是指出票人签发的，委托办理支票存款业务的银行或者其他金融机构在见票时无条件支付确定的金额给收款人或者持票人的票据。

债券是指依照法定程序发行的，约定在一定期限还本付息的有价证券，包括国库债券、企业债券、金融债券等。

存单是指储蓄机构发给存款人的证明其债权的单据。

3. 以银行或者非银行金融机构出具的保函提供担保

保函，即法律上的保证，属于人的担保范畴。保函不是以具体的财产提供担保，而是以保证人的信誉和不特定的财产为他人的债务提供担保；保证人必须是第三人；保证人应当具有清偿债务的能力。

根据《中华人民共和国中国人民银行法》的规定，中国人民银行作为中央银行不能为任何单位和个人提供担保，故不属担保银行的范畴。

对于 ATA 单证册项下进出口的货物，可由中国国际商会这一特殊的第三方作为担保人，为展览品等暂准进出口货物提供保函方式的担保。

4. 以海关依法认可的其他财产、权利提供担保

这是指除上述财产、权利外的其他财产和权利。

为优化口岸营商环境，提升跨境贸易便利化水平，海关深化多元化税收担保改革创新，推出关税保证保险、企业增信担保、企业集团财务公司担保、以企业为单元的海关税款担保等方式。

（1）关税保证保险，是指企业提供由经国家金融监督管理总局设立的保险公司出具的关税履约担保保单，向海关申请办理担保通关手续。企业可以无须缴纳保证金，也无须向银行申请保函，采用关税保证保险保单即可办理海关事务担保，实现"先放行后缴税"。

（2）企业增信担保，是指进出口企业通过第三方机构为其向银行提供担保等增信方式，可以方便地取得银行的税收保函，向海关申请办理担保通关手续。

（3）企业集团财务公司担保，是指企业集团内进出口公司由集团财务公司提供税收保函，向海关申请办理担保通关手续。

（4）以企业为单元的海关税款担保，是指整合原汇总征税、纳税期限和征税要素类担保保函，统一保函格式，多项海关税款担保业务共用保函额度，有效期内可循环使用。

（四）海关事务担保的实施

1. 以保涵提供担保的受益人与应载明的事项

当事人以保函向海关提供担保的，保函应当以海关为受益人，并且载明下列事项：

（1）担保人、被担保人的基本情况；

（2）被担保的法律义务；

（3）担保金额；

（4）担保期限；

（5）担保责任；

（6）需要说明的其他事项。

2. 涉及担保金额的确定标准

当事人提供的担保应当与其需要履行的法律义务相当，除有违法嫌疑的货物、物品、运输工具无法或者不便扣留的情形外，担保金额按照下列标准确定：

（1）为提前放行货物提供的担保，担保金额不得超过可能承担的最高税款总额；

（2）为办理特定海关业务提供的担保，担保金额不得超过可能承担的最高税款总额或者海关总署规定的金额；

（3）因有明显的转移、藏匿应税货物以及其他财产迹象被责令提供的担保，担保金额不得超过可能承担的最高税款总额；

（4）为有关货物、物品、运输工具免予或者解除扣留、封存提供的担保，担保金额不得超过该货物、物品、运输工具的等值价款；

（5）为罚款、违法所得或者依法应当追缴的货物、物品、走私运输工具的等值价款未缴清前出境提供的担保，担保金额应当相当于罚款、违法所得数额或者依法应当追缴的货物、物品、走私运输工具的等值价款。

3. 办理海关事务担保的程序

（1）当事人申请担保

凡符合申请担保条件的货物，由当事人向办理有关货物进出口手续的海关申请担保。办理担保，当事人应当提交书面申请，以及真实、合法、有效的财产、权利凭证和身份或者资格证明等材料，并按海关审核确定的担保方式提供担保。

当事人以保函向海关提供担保的，相关保函除应当载明规定事项外，担保人应当在保函上加盖印章，并注明日期。

（2）海关受理担保

海关应当自收到当事人提交的材料之日起 5 个工作日内对相关财产、权利等进行审核，并决定是否接受担保。当事人申请办理总担保的，海关应当在 10 个工作日内审核并决定是否接受担保。

符合规定的担保，自海关决定接受之日起生效。对不符合规定的担保，海关应当书面通知当事人不予接受，并说明理由。

担保财产、权利不足以抵偿被担保人有关法律义务的，海关应当书面通知被担保人另行提供担保或履行法律义务。

（3）担保的变更

被担保人履行法律义务期限届满前，担保人和被担保人因特殊原因要求变更担保内容的，应当向接受担保的海关提交书面申请及有关证明材料。海关应当自收到当事人提交的材料之日起 5 个工作日内作出是否同意变更的决定，并书面通知当事人；不同意变更的，应当说明理由。

（4）担保责任的履行

被担保人在规定的期限内未履行有关法律义务的，海关可以依法从担保财产、权利中抵缴。当事人以保函提供担保的，海关可以直接要求承担连带责任的担保人履行担保责任。

担保人履行担保责任的，不免除被担保人办理有关海关手续的义务。海关应当及时为被担保人办理有关海关手续。

担保财产、权利不足以抵偿被担保人有关法律义务的，海关应当书面通知被担保人另行提供担保或者履行法律义务。

（5）担保财产、权利的退还

当事人已经履行有关法律义务、不再从事特定海关业务，或者担保财产、权利被海关采取抵缴措施后仍有剩余的及其他需要退还的情形，海关应当书面通知当事人办理担保财产、权利的退还手续。

自海关要求办理担保财产、权利退还手续的书面通知送达之日起 3 个月内，当事人无正当理由未办理退还手续的，海关应当发布公告。

自海关公告发布之日起 1 年内，当事人仍未办理退还手续的，海关应当将担保财产、权利依法变卖或者兑付后，上缴国库。

（6）担保的销案

当事人必须于规定的担保期限届满前，凭担保金支付收据或留存的保函向海关办理销案手续。在当事人履行了向海关承诺的义务后，海关将退还当事人已缴纳的担保资金，或注销已提交的保函。

4. 担保人、被担保人的法律责任

担保人、被担保人违反《海关事务担保条例》，使用欺骗、隐瞒等手段提供担保的，由海关责令其继续履行法律义务，处 5000 元以上 50000 元以下的罚款；情节严重的，可以暂停被担保人从事有关海关业务或者撤销其从事有关海关业务的注册登记。

担保人、被担保人对海关有关海关事务担保的具体行政行为不服的，可以依法向上一级海关申请行政复议或者向人民法院提起行政诉讼。

（五）以企业为单元海关税款担保业务

这是以企业为单元，使用一份担保可以同时在全国海关用于多项进出口货物的税款担保业务。

1. 以企业为单元海关税款担保业务的适用范围

（1）汇总征税担保，是指为办理汇总征税业务向海关提供的担保。

（2）纳税期限担保，是指符合《海关事务担保条例》第四条第一款第（三）项"在纳税期限内税款尚未缴纳的"规定的担保。

（3）征税要素担保，是指符合《海关事务担保条例》第四条第一款第（一）项"进出口货物的商品归类、完税价格、原产地尚未确定的"、第（二）项"有效报关单证尚未提供的"、第（五）项"其他海关手续尚未办结的"规定的担保。

以企业为单元海关税款担保业务也可适用符合《海关事务担保条例》第五条第一款第（二）、（三）、（四）项规定的特定海关业务担保。

2. 企业办理以企业为单元海关税款担保业务的凭证

除失信企业外，进出口货物收发货人（企业）可凭银行或非银行金融机构（以下统称"金融机构"）开具的海关税款担保保函（以下简称"保函"）、关税保证保险单（以下简称"保单"）办理海关税款担保业务。

3. 企业办理以企业为单元海关税款担保及相关货物通关业务的程序

（1）企业申请获取金融机构的税款担保

企业应在办理货物通关手续前向金融机构申请获取保函或保单。保函受益人或保单被保险人应包括企业注册地和报关单申报地直属海关。

（2）海关验核并备案金融机构的税款担保

企业注册地直属海关关税职能部门（以下统称"属地关税职能部门"）根据金融机构传输的保函、保单电子数据或验核企业提交的保函、保单正本，为企业在海关业务系统备案担保信息，系统生成担保备案编号。

已联网的金融机构向海关传输的保函、保单电子数据与正本具有同等效力，海关不再验核正本；未联网的金融机构应向企业出具保函、保单正本。

（3）企业凭税款担保办理货物通关

企业选择办理汇总征税或纳税期限担保通关的，应在报关单申报界面选取担保备案编号。

企业选择办理征税要素担保通关的，应通过"单一窗口"的"征税要素担保备案"模块提交征税要素担保备案申请，海关核批同意后再选取担保备案编号或按照海关规定缴纳保证金。

（4）海关核扣、核注后货物监管放行

海关系统成功核扣担保额度或海关核注保证金后，满足放行条件的报关单即可担保放行。

企业缴纳税款或担保核销后，保函、保单的担保额度自动恢复。企业在保函、保单列明的申报地海关办理不同税款担保业务均可共用一份保函或保单，担保额度在有效期内可循环使用。

4. 以企业为单元海关税款担保的撤销

已备案且尚在有效期的保函、保单，企业确认担保责任已解除的，经与金融机构协商一致，可向属地关税职能部门申请撤销。联网传输的保函、保单，应由金融机构向海关发送撤销的电子数据。人工备案的保函、保单，应由企业向海关提交撤销的书面申请。

5. 企业、金融机构在海关税款担保业务中的责任

企业未在规定的纳税期限内缴纳税款的，海关可以停止其使用保函、保单办理担保通关业务。

金融机构拒不履行担保责任、不配合海关税收征管工作，或海关对其偿付能力存疑的，属地关税职能部门可不再备案其保函、保单担保信息。

第四节　知识产权海关保护制度

一、知识产权海关保护概述

（一）知识产权海关保护的含义

知识产权，概括地说是指公民、法人或其他组织对其在科学技术和文学艺术等领域内，主要基于脑力劳动创造完成的智力成果所依法享有的专有权利，因此又称智力成果权。

知识产权海关保护，则是指海关对与进出口货物有关并受中华人民共和国法律、行政法规保护的商标专用权、著作权和与著作权有关的权利、专利权（以下统称"知识产权"）实施的保护。

（二）知识产权海关保护的范围

知识产权具有无形性、专有性、地域性、时间性和可复制性的特点。世界贸易组织（WTO）关于《与贸易有关的知识产权协议》将与贸易有关的知识产权的范围确定为：著作权和与著作权有关的权利、商标权、地理标志权、工业品外观设计权、专利权、集中电路布图设计权、未披露过的信息专有权。

根据《知识产权海关保护条例》及其他法律、行政法规的规定，我国知识产权海关保护的适用范围为：与进出口货物有关并受中华人民共和国法律、行政法规保护的知识产权，包括商标专用权、著作权和与著作权有关的权利、专利权、奥林匹克标志专有权、世界博览会标志专有权。具体地说，以下知识产权可以向海关申请备案保护：

1. 国家工商行政主管部门核准注册的商标；
2. 在世界知识产权组织注册并延伸至我国的国际注册商标；
3. 国家专利行政主管部门授予专利权的发明、外观设计、实用新型专利；
4. 《伯尔尼保护文学和艺术作品公约》成员方的公民或者组织拥有的著作权和与著作权有关的权利。

《知识产权海关保护条例》同时规定，侵犯受法律、行政法规保护的知识产权的货物禁止进出口。此外，根据《奥林匹克标志保护条例》和《世界博览会标志保护条例》的规定，我国海关也应当对奥林匹克标志和世界博览会标志实施保护。

国家禁止侵犯知识产权的货物进出口。

（三）知识产权海关保护的模式

中国海关对知识产权的保护可以划分为"依申请保护"和"依职权①保护"两种模式：

1. 依申请保护，是指知识产权权利人发现侵权嫌疑货物即将进出口时，根据《知识产权海关保护条例》第十二条、第十三条和第十四条的规定向海关提出采取保护措施的申请，由海关对侵权嫌疑货物实施扣留的措施。由于海关对依申请扣留的侵权嫌疑货物不进

---

① "依职权"一词源于《与贸易有关的知识产权协议》中的 ex-officio。

行调查，知识产权权利人需要就有关侵权纠纷向人民法院起诉，所以依申请保护也被称作海关对知识产权的"被动保护"模式。

2. 依职权保护，是指海关在监管过程中发现进出口货物有侵犯在海关总署备案的知识产权的嫌疑时，根据《知识产权海关保护条例》第十六条的规定，主动中止货物的通关程序并通知有关知识产权权利人，并根据知识产权权利人的申请对侵权嫌疑货物实施扣留的措施。由于海关依职权扣留侵权嫌疑货物属于主动采取措施制止侵权货物进出口，而且海关还有权对货物的侵权状况进行调查和对有关当事人进行处罚，所以依职权保护也被称作海关对知识产权的"主动保护"模式。

知识产权权利人向海关申请采取依职权保护措施前，应当按照《知识产权海关保护条例》第七条的规定，将其知识产权及其他有关情况向海关总署进行备案。

（四）知识产权海关保护的作用

1. 通过保护与进出口货物有关的知识产权来履行我国作为世界贸易组织（WTO）成员应尽的义务。

我国加入世界贸易组织（WTO）之后，一个全方位、宽领域、多层次的对外开放的格局逐渐形成，我国与世界各国（地区）在科技、经济、文化等方面的合作与交流日益频繁。为给开展国际科技、经济、文化等方面的合作与交流创造一个良好的环境和提供有利的条件，我国通过建立和完善既符合国际通行做法，又具有中国特色的知识产权海关保护法律制度，从而严格遵循了《与贸易有关的知识产权协议》的各项规定，全面履行了我国在双边协议中承诺的知识产权保护义务。

2. 通过保护与进出口货物有关的知识产权来规范进出口秩序。

随着国家逐渐放开对进出口经营权和进出口商品经营品种的限制，越来越多的企业可以直接从事进出口贸易，这对促进对外贸易的发展产生了十分重要的作用。但同时一些企业为抢占市场，不惜采取低价竞销和冒用他人注册商标的手段大肆进出口侵权商品。针对在对外贸易中侵犯知识产权的情况比较严重的状况，国家通过立法授权海关在进出境环节保护知识产权，对与进出口货物有关的知识产权进行保护，从而有效地规范了进出口秩序。

二、知识产权海关保护制度的基本内容

（一）知识产权海关保护的备案

1. 知识产权海关保护备案的含义

知识产权海关保护备案，是指知识产权权利人按照《知识产权海关保护条例》的规定，将其知识产权的法律状况、有关货物的情况、知识产权合法使用情况和侵权货物进出口情况以书面形式通知海关总署，以便海关在对进出口货物的监管过程中能够主动对有关知识产权实施保护。

2. 知识产权海关保护备案的意义

根据《知识产权海关保护条例》，知识产权权利人在向海关申请保护前不要求必须进行知识产权备案。但是，对商标专用权权利人等某些知识产权权利人而言，备案与否有很大的差异，主要体现在：

（1）是海关采取主动保护措施的前提条件。根据《知识产权海关保护条例》的规定，

知识产权权利人如果事先没有将其知识产权向海关备案，海关即便发现侵权货物即将进出境，也没有权力主动中止其进出口，也无权对侵权货物进行调查处理。

（2）有助于海关发现侵权货物。由于知识产权权利人在备案时，需要提供有关知识产权的法律状况、权利人的联系方式、合法使用知识产权情况、侵权嫌疑货物情况、有关图片和照片等情况，使海关有可能在日常监管过程中发现侵权嫌疑货物并主动予以扣留。所以，事先进行知识产权备案，可以使权利人的合法权益得到及时的保护。

（3）知识产权权利人的经济负担较轻。根据海关总署有关《知识产权海关保护条例》的实施办法规定，在海关依职权保护模式下，知识产权权利人向海关提供的担保最高不超过 10 万元人民币。如果知识产权权利人事先未进行知识产权备案，则不能享受上述待遇，必须提供与其要求扣留的货物等值的担保。

（4）可以对侵权人产生震慑作用。由于海关对进出口侵权货物予以没收并给予进出口企业行政处罚，尽早进行知识产权备案，可以对那些过去毫无顾忌地进出口侵权货物的企业产生警告和震慑作用，促使其自觉地尊重有关知识产权。此外，有些并非恶意出口侵权产品的企业也可以通过查询备案，了解其承揽加工和出口的货物是否可能构成侵权。

3. 知识产权海关保护的备案申请

（1）知识产权海关保护备案的申请人

知识产权海关保护备案的申请人应为知识产权权利人，知识产权权利人可以委托代理人办理知识产权海关保护备案。

（2）知识产权海关保护备案申请的文件及证据

①申请书

知识产权权利人向海关总署申请知识产权海关保护备案的，应当向海关总署提交申请书。

申请书应当包括以下内容：

A. 知识产权权利人的名称或者姓名、注册地或者国籍等。

B. 知识产权的名称、内容及其相关信息；

C. 知识产权许可行使状况；

D. 知识产权权利人合法行使知识产权的货物的名称、产地、进出境地海关、进出口商、主要特征、价格等。

E. 已知的侵犯知识产权货物的制造商、进出口商、进出境地海关、主要特征、价格等。

②随附文件、证据

知识产权权利人向海关总署提交备案申请书的内容有证明文件的，知识产权权利人应当附送证明文件。

知识产权权利人向海关总署提交的上述文件和证据应当齐全、真实和有效。有关文件和证据为外文的，应当另附中文译本。海关总署认为必要时，可以要求知识产权权利人提交有关文件或者证据的公证、认证文书。

（3）知识产权海关保护备案申请的受理

海关总署应当自收到申请人全部申请文件之日起 30 个工作日内作出是否准予备案的决定，并书面通知申请人。不予备案的，海关须说明理由。

有下列情形之一的，海关总署不予受理：

①申请文件不齐全或者无效的；

②申请人不是知识产权权利人的；

③知识产权不再受法律、行政法规保护的。

4. 知识产权海关保护备案的时效

（1）备案有效期

知识产权海关保护备案自海关总署核准备案之日起生效，有效期为 10 年。自备案生效之日起知识产权的有效期不足 10 年的，备案的有效期以知识产权的有效期为准。

（2）续展备案有效期

知识产权有效的，知识产权权利人可以在知识产权海关保护备案有效期届满前 6 个月内，向海关总署申请续展备案。每次续展备案的有效期为 10 年。

知识产权海关保护备案有效期届满而不申请续展或者知识产权不再受法律、行政法规保护的，知识产权海关保护备案随即失效。

5. 知识产权海关保护备案的变更或注销

知识产权备案情况发生改变的，知识产权权利人应当自发生改变之日起 30 个工作日内，向海关总署办理备案变更或者注销手续。

6. 知识产权海关保护备案的撤销

（1）海关发现知识产权权利人申请知识产权备案未如实提供有关情况或者文件的，海关总署可以撤销其备案。

（2）知识产权权利人未依照规定办理备案变更或者注销手续，给他人合法进出口或者海关依法履行监管职责造成严重影响的，海关总署可以根据有关利害关系人的申请撤销有关备案，也可以主动撤销有关备案。

（二）扣留侵权嫌疑货物的申请及其处理

知识产权权利人发现侵权嫌疑货物即将进出口，或者接到海关就实际监管中发现进出口货物涉嫌侵犯在海关总署备案的知识产权而发出的书面通知的，可以向货物进出境地海关提出扣留侵权嫌疑货物的申请，并按规定提供相应的担保。

1. 知识产权权利人发现侵权嫌疑货物的扣留申请及其处理

（1）申请扣留侵权嫌疑货物的文件

知识产权权利人发现侵权嫌疑货物即将进出口并请求海关予以扣留的，应当向货物进出境地海关提交申请书及相关证明文件，并提供足以证明侵权事实明显存在的证据。

申请书应当包括下列主要内容：

①知识产权权利人的名称或者姓名、注册地或者国籍等；

②知识产权的名称、内容及其相关信息；

③侵权嫌疑货物收货人或发货人的名称；

④侵权嫌疑货物名称、规格等；

⑤侵权嫌疑货物可能进出境的口岸、时间、运输工具等；

侵权嫌疑货物涉嫌侵犯备案知识产权的，申请书还应当包括海关备案号。

（2）请求扣留侵权嫌疑货物的担保

知识产权权利人请求海关扣留侵权嫌疑货物的，应当向海关提供不超过货物等值的担保，用于赔偿可能因申请不当给收货人、发货人造成的损失，以及支付货物由海关扣留后的仓储、保管和处置等费用；知识产权权利人直接向仓储商支付仓储、保管费用的，从担保中扣除。

（3）海关扣留侵权嫌疑货物

知识产权权利人申请扣留侵权嫌疑货物，符合有关扣留申请的规定，并提供担保的，海关应当扣留侵权嫌疑货物，书面通知知识产权权利人，并将海关扣留凭单送达收货人或者发货人。

知识产权权利人申请扣留侵权嫌疑货物，不符合有关扣留申请的规定，或者未按规定提供担保的，海关应当驳回申请，并书面通知知识产权权利人。

2. 海关发现侵权嫌疑货物的扣留申请及其处理

（1）海关书面通知知识产权权利人

海关发现进出口货物有侵犯备案知识产权嫌疑的，应当立即书面通知知识产权权利人。

（2）知识产权权利人的回复及其扣留申请

知识产权权利人在接到海关书面通知送达之日起3个工作日内应予以回复，认为有关货物侵犯其在海关总署备案的知识产权并要求海关予以扣留的，向海关提出扣留侵权嫌疑货物的申请，并按照规定向海关提供担保。

其扣留申请办法与知识产权权利人发现侵权嫌疑的扣留申请相同。

（3）海关扣留侵权嫌疑货物

海关接到知识产权权利人扣留申请及担保后，应当扣留侵权嫌疑货物，书面通知知识产权权利人，并将海关扣留凭单送达收货人或者发货人。

经海关同意，知识产权权利人和收货人或发货人可以查看有关货物。

知识产权权利人逾期未提出申请或者未提供担保的，海关不得扣留货物。

（4）收货人或者发货人的反制措施

收货人或者发货人认为其货物未侵犯知识产权权利人的知识产权的，应当向海关提出书面说明并附送相关证据。

涉嫌侵犯专利权货物的收货人或者发货人认为其进出口货物未侵犯专利权的，可以在向海关提供货物等值的担保金后，请求海关放行其货物。知识产权权利人未能在合理期限内向人民法院起诉的，海关应当退还担保金。

（三）海关对侵权嫌疑货物的调查处理

1. 海关的调查、认定

海关发现进出口货物有侵犯备案知识产权嫌疑并通知知识产权权利人后，知识产权权利人请求海关扣留侵权嫌疑货物的，海关应当自扣留之日起30个工作日内对被扣留的侵权嫌疑货物是否侵犯知识产权进行调查、认定；不能认定的，应当立即书面通知知识产权权利人。

2. 海关调查、认定时的协助、配合

（1）海关与知识产权主管部门的协助

对被扣留的侵权嫌疑货物进行调查，请求知识产权主管部门提供协助的，有关知识产权主管部门应当予以协助；知识产权主管部门处理涉及进出口货物的侵权案件请求海关提供协助的，海关应当予以协助。

（2）权利人和收发货人对海关的配合

海关对被扣留的侵权嫌疑货物及有关情况进行调查时，知识产权权利人和收货人或者发货人应当予以配合。

3. 权利人申请采取责令停止侵权行为或者财产保全的措施

知识产权权利人在向海关提出采取保护措施的申请后，可以依照《中华人民共和国商标法》《中华人民共和国著作权法》《中华人民共和国专利法》或者其他有关法律的规定，就被扣留的侵权嫌疑货物向人民法院申请采取责令停止侵权行为或者财产保全的措施。

海关收到人民法院有关责令停止侵权行为或者财产保全的协助执行通知的，应当予以协助。

4. 放行被扣留的侵权嫌疑货物

有下列情形之一的，海关应当放行被扣留的侵权嫌疑货物：

（1）海关依照《知识产权海关保护条例》第十五条的规定扣留侵权嫌疑货物，自扣留之日起20个工作日内未收到人民法院协助执行通知的；

（2）海关依照《知识产权海关保护条例》第十六条的规定扣留侵权嫌疑货物，自扣留之日起50个工作日内未收到人民法院协助执行通知，并且经调查不能认定被扣留的侵权嫌疑货物侵犯知识产权的；

（3）涉嫌侵犯专利权货物的收货人或者发货人在向海关提供与货物等值的担保金后，请求海关放行其货物的；

（4）海关认为收货人或者发货人有充分的证据证明其货物未侵犯知识产权权利人的知识产权的；

（5）在海关认定被扣留的侵权嫌疑货物为侵权货物之前，知识产权权利人撤回扣留侵权嫌疑货物的申请的。

5. 权利人支付费用

海关依照规定扣留侵权嫌疑货物，知识产权权利人应当支付有关仓储、保管和处置等费用。知识产权权利人未支付有关费用的，海关可以从其向海关提供的担保金中予以扣除，或者要求担保人履行有关担保责任。

侵权嫌疑货物被认定为侵犯知识产权的，知识产权权利人可以将其支付的有关仓储、保管和处置等费用计入其为制止侵权行为所支付的合理开支。

海关实施知识产权保护发现涉嫌犯罪案件的，应当将案件依法移送公安机关处理。

（四）法律责任

1. 海关没收侵权货物

被扣留的侵权嫌疑货物，经海关调查后认定侵犯知识产权的，由海关予以没收。

海关没收侵犯知识产权货物后，应当将侵犯知识产权货物的有关情况书面通知知识产权权利人。

2. 侵权货物没收后的处理

（1）被没收的侵犯知识产权货物可以用于社会公益事业的，海关应当转交给有关公益机构用于社会公益事业；知识产权权利人有收购意愿的，海关可以有偿转让给知识产权权利人。

（2）被没收的侵犯知识产权货物无法用于社会公益事业且知识产权权利人无收购意愿

的，海关可以在消除侵权特征后依法拍卖，但对进口假冒商标货物，除特殊情况外，不能仅清除货物上的商标标识即允许其进入商业渠道。

（3）侵权特征无法消除的，海关应当予以销毁。

3. 须由权利人承担的法律责任

（1）权利人自行承担责任的情形

海关接受知识产权保护备案和采取知识产权保护措施的申请后，因知识产权权利人未提供确切情况而未能发现侵权货物、未能及时采取保护措施或者采取保护措施不力的，由知识产权权利人自行承担责任。

（2）权利人承担赔偿责任的情形

知识产权权利人请求海关扣留侵权嫌疑货物后，海关不能认定被扣留的侵权嫌疑货物侵犯知识产权权利人的知识产权，或者人民法院判定不侵犯知识产权权利人的知识产权的，知识产权权利人应当依法承担赔偿责任。

4. 构成犯罪的处置

进口或者出口侵犯知识产权货物，构成犯罪的，依法追究刑事责任。

第五节　海关行政处罚制度

一、海关行政处罚概述

（一）海关行政处罚的含义

海关行政处罚是指海关依法对公民、法人或者其他组织违反海关法的行为实施的处罚。

（二）海关行政处罚的性质

海关行政处罚作为一种行政制裁行为，通过对违反海关法的当事人财产、资格或声誉予以一定的剥夺或者限制，以达到规范进出境监管秩序、保护国家利益和他人合法权益的目的。海关行政处罚以当事人的行为违反海关法律、行政法规，并需要追究当事人的行政法律责任为前提，因此不能把海关行政处罚和海关行政强制措施相混淆。同时，对于应追究刑事法律责任的违反海关法的行为也不能以罚代刑，即不能用海关行政处罚代替刑事惩罚。

（三）海关行政处罚的基本原则

1. 公正、公开原则

（1）公正原则

公正原则是指海关对公民、法人或者其他组织的行政处罚，应当同其违反海关法行为的事实、性质、情节及危害程度相当；对有基本相同的违法行为的 2 个以上的公民、法人或者其他组织，如果其违法行为发生的环境条件、危害程度基本相同，受到的处罚也应基本相同。

（2）公开原则

公开原则是指有关海关行政处罚的法律、行政法规及规章应当公布；海关执法人员应当公开执法身份，出示执法证件；海关行政处罚的依据、证据、理由等应当向当事人公开。

2. 法定原则

法定原则包括海关行政处罚的法律依据是法定的，海关行政处罚的程序是法定的，海关行政处罚的主体及其职权是法定的等。

3. 处罚与教育相结合的原则

海关行政处罚的功能不只是单纯的处罚和惩戒，而是通过制裁手段，使违法者改正违法行为，形成守法自律意识，因此海关行政处罚的过程包含着教育的内容。

4. 救济原则

按照现代行政法治的要求，"有处罚即有救济"。也就是说，行为人受到处罚，同时应具有救济手段。海关行政处罚中的救济手段包括行政申诉、行政复议、行政诉讼和行政赔偿。

二、海关行政处罚制度的基本内容

（一）海关行政处罚的范围

《行政处罚法》《海关法》《海关行政处罚实施条例》仅适用于应受海关行政处罚行为的处理。应受海关处罚行为包括不予追究刑事责任的走私行为、违反海关监管规定行为和违反出入境检验检疫法律法规的行为，以及法律、行政法规规定由海关实施行政处罚的行为。

根据《海关法》的规定，走私情节严重的（主要以走私物的品种、数量和逃税额为标准），构成走私罪。认定和惩罚走私罪（追究刑事责任）属于司法机关的职能，不在海关行政处罚范围内；而依法不追究刑事责任的走私行为，以及涉嫌走私罪但人民检察院依法不追究刑事责任、构成走私犯罪但人民法院依法决定免于追究刑事责任的，应由海关依据《海关行政处罚实施条例》进行行政处罚。

1. 依法不追究刑事责任的走私行为

（1）走私行为

①走私行为的含义

根据《海关行政处罚实施条例》的规定，违反《海关法》及其他有关法律、行政法规，逃避海关监管，偷逃应纳税款、逃避国家有关进出境的禁止性或者限制性管理，并有《海关行政处罚实施条例》第七条所列行为之一的是走私行为。

《海关行政处罚实施条例》第七条所列行为包括：

A. 未经国务院或者国务院授权的机关批准，从未设立海关的地点运输、携带国家禁止或者限制进出境的货物、物品或者依法应当缴纳税款的货物、物品进出境的；

B. 经过设立海关的地点，以藏匿、伪装、瞒报、伪报或者其他方式逃避海关监管，运输、携带、邮寄国家禁止或者限制进出境的货物、物品或者依法应当缴纳税款的货物、物品进出境的；

C. 使用伪造、变造的手册、单证、印章、账册、电子数据或者以其他方式逃避海关监管，擅自将海关监管货物、物品、进境的境外运输工具，在境内销售的；

D. 使用伪造、变造的手册、单证、印章、账册、电子数据或者以伪报加工贸易制成品单位耗料量等方式，致使海关监管货物、物品脱离监管的；

E. 以藏匿、伪装、瞒报、伪报或者其他方式逃避海关监管，擅自将保税区、出口加工区等海关特殊监管区域内的海关监管货物、物品，运出区外的；

F. 有逃避海关监管，构成走私的其他行为的。

走私行为在客观上首先表现为违反《海关法》及其他有关法律、行政法规，其次表现为逃避海关监管，这是构成走私行为必不可少的 2 个前提条件，二者缺一不可。

②走私行为的构成特征

走私行为的构成特征可以从 4 个方面来理解：

第一，违反的法律。走私行为违反的是《海关法》及其他有关法律、行政法规。

第二，走私的目的。走私行为的目的是偷逃应纳税款、逃避国家有关进出境的禁止性或者限制性管理。

第三，走私的行为特征。走私的行为特征是逃避海关监管，非法运输、携带、邮寄进出境，或者擅自在境内销售等。

第四，走私的对象。走私的对象是国家禁止、限制进出口或者依法应当缴纳税款的货物、物品，或者是未经海关许可并且未缴应纳税款、交验有关许可证件的保税货物、特定减免税货物，以及其他海关监管货物、物品、进境的境外运输工具等。

（2）按走私行为论处的行为

①按走私行为论处的行为范围及条件

有下列行为之一的，按走私行为论处：

A. 明知是走私进口的货物、物品，直接向走私人非法收购的。

该项行为要以走私行为论处，必须同时符合 3 个条件：

一是行为人必须明知收购的货物、物品是走私进口的货物、物品；

二是行为人必须明知对方是走私人，而直接向走私人非法收购走私进口的货物、物品，即所谓的"第一手交易"，如果不是直接向走私分子收购走私进境的货物、物品，而是经过第二手、第三手，甚至更多的收购环节，则不能以走私行为论处；

三是收购的行为是非法进行的。

B. 在内海、领海、界河、界湖，船舶及所载人员运输、收购、贩卖国家禁止或者限制进出境的货物、物品，或者运输、收购、贩卖依法应当缴纳税款的货物，没有合法证明的。

该项行为要以走私行为论处，必须符合 4 个条件：

一是区域，行为人必须是在特定的区域，即在内海、领海、界河、界湖运输、收购、贩卖国家禁止或者限制进出境的货物、物品，或者运输、收购、贩卖依法应当缴纳税款的货物，如果是在内地运输、收购、贩卖，则不是该项规定的以走私论处的行为；

二是行为方式，即运输、收购、贩卖；

三是运输、收购、贩卖的对象是国家禁止、限制进出境的货物、物品，或者是依法应当缴纳税款的货物；

四是在上述特定区域运输、收购、贩卖上述货物、物品，必须没有合法证明。

"合法证明"是指船舶及其所载人员依照国家有关规定或者依照国际运输惯例所必须持有的证明其运输、携带、收购、贩卖所载货物、物品真实、合法、有效的商业单证、运输单证及其他有关证明、文件。

②按走私行为论处的行为特征

《海关行政处罚实施条例》规定了上述两项以走私行为论处的行为。这些行为不具有典型的走私特征，但这些行为与走私行为联系密切，为走私货物、物品提供了销售、流通渠道，成为完成走私的一个重要环节，其违法性质、危害后果与直接走私行为相近，因此，为严厉打击走私违法行为，海关法规定应当按走私行为论处。

（3）以走私的共同当事人论处的行为

与走私人通谋为走私人提供贷款、资金、账号、发票、证明、海关单证的，与走私人通谋为走私人提供走私货物、物品的提取、发运、运输、保管、邮寄或者其他方便的，以走私的共同当事人论处。

2. 违反海关监管规定的行为

（1）违反海关监管规定的行为的含义及范围

违反海关监管规定的行为是指海关管理相对人在从事运输工具、货物、物品的进出境活动或从事海关监管货物的运输、储存、加工、装配、寄售、展示等业务活动中，违反《海关法》及其他有关法律、行政法规的规定，且未构成走私的行为。主要是违反海关关于进出境监管的具体要求、监管程序和监管手续，没有按照海关规定履行应尽的义务，执法实践中简称为"违规"行为。

根据《海关行政处罚实施条例》，违反海关监管规定的行为主要有：

①违反国家进出口管理规定，进出口国家禁止进出口货物的；

②违反国家进出口管理规定，进出口国家限制进出口的货物或属于自动进出口许可管理的货物，进出口货物收发货人向海关申报时不能提交许可证件的；

③进出口货物的品名、税则号列、数量、规格、价格、贸易方式、原产地、启运地、运抵地、最终目的地或者其他应当申报的项目未申报或者申报不实的；

④擅自处置监管货物，违规存放监管货物，监管货物短少灭失且不能提供正当理由的，未按规定办理保税手续，单耗申报不实，过境、转运、通运货物违规，暂时进出口货物违规的；

⑤非法代理、行贿、未经许可从事报关业务、骗取许可的；

⑥其他违法（中断监管程序、伪造、变造、买卖单证、进出口侵犯知识产权货物等）。

（2）走私行为与违规行为的区别

《海关法》和《海关行政处罚实施条例》将违反《海关法》及其他有关法律、行政法规的行为分为走私行为和违规行为。这是两类性质完全不同的行为，有着本质的不同：

①主观故意不同

走私具有很强的主观目的性，其行为的目的就在于偷逃国家应缴税款或逃避国家对进出境运输工具、货物、物品的禁止或限制性管制，并往往有针对性地采取各种伪装欺骗手法，企图逃避海关监管；而违规行为在主观认识上通常表现为"过失"状态，没有很明确的追求逃税、逃证的主观目的性，通常也不会采取有针对性的欺骗手法来逃避海关监管。

②客观行为不同

走私为了达到逃税、逃证的目的，通常会采取欺骗手法逃避海关监管，而且这种逃避海关监管的手法是行为人在明知或应知条件下有针对性采取的；而违规行为一般都不会采取欺骗手法来掩饰自己的过失行为，其行为往往没有明确的逃税、逃证的针对性和目的性，发生的环节也多是在程序和手续方面不履行海关规定的义务。

③行为危害结果不同

走私行为侵害的主体是国家关于运输工具、货物、物品进出境税收和管制的实体性规定，通常会产生逃税、逃证的实质性危害，《海关行政处罚实施条例》规定的走私行为和以走私行为论处的行为都会直接产生逃税、逃证的结果；而违规行为侵害的是海关监管的程序、手续，以及具体要求等进出境管理秩序。

走私与违规还有很多不同之处，但上述 3 个方面的区别是最基本、最直观并易于把握的。

3. 违反出入境检验检疫法律法规的行为

（1）违反进出口商品检验法律法规的行为

①逃避进出口商品法定检验、验证的行为。

根据《进出口商品检验法》和《进出口商品检验法实施条例》的规定，逃避进出口商品法定检验、验证的行为包括以下几类：

A. 擅自销售、使用未申报或者未经检验的属于法定检验的进口商品的；

B. 擅自销售、使用应当申请进口验证而未申请的进口商品的；

C. 擅自出口未申报或者未经检验的属于法定检验的出口商品的；

D. 擅自出口应当申请出口验证而未申请的出口商品的。

②销售、使用不合格进口商品或出口不合格商品的行为。

这是指按照《进出口商品检验法实施条例》第四十五条的规定，销售、使用经法定检验、抽查检验或者验证不合格的进口商品的，或者出口经法定检验、抽查检验或者验证不合格的商品，尚不构成犯罪的。

③违反报关管理规定的行为。

A. 进出口商品的收货人、发货人、代理报关企业或者出入境快件运营企业、报关人员不如实提供进出口商品的真实情况，取得海关的有关单证。

B. 进出口商品的收货人、发货人、代理报关企业或者出入境快件运营企业、报关人员对法定检验的进出口商品不予申报，逃避进出口商品检验。

C. 进出口商品的收货人或者发货人委托代理报关企业、出入境快件运营企业办理报关手续，未按照规定向代理报关企业、出入境快件运营企业提供所委托申报事项的真实情况，取得海关的有关单证的。

D. 代理报关企业、出入境快件运营企业、报关人员对委托人所提供情况的真实性未进行合理审查或者因工作疏忽，导致骗取海关有关证单的结果的。

E. 未经注册登记擅自从事报关业务的。

F. 代理报关企业、出入境快件运营企业违反国家有关规定，扰乱报关秩序的。

G. 报关人员违反国家有关规定，扰乱报关秩序的。

④伪造、变造、买卖、盗窃检验证单、印章、标志、封识、质量认证标志、货物通关单或者使用伪造、变造的检验证单、印章、标志、封识、货物通关单的行为。

⑤进出口假冒伪劣商品的行为。

⑥擅自调换海关抽取的样品或者检验合格的进出口商品的行为。

⑦违反出口商品注册登记、进口可用作原料固体废物、进口旧机电产品、出口危险货物包装、适载检验等管理规定的行为。

⑧擅自调换、损毁商检标志和封识的行为。

⑨非法从事进出口商品检验鉴定业务的行为等。

（2）违反动植物检疫法律法规的行为

①动植物、动植物产品或者其他检疫物进出境，货主或者其代理人不向海关申报的行为。

A. 在动植物、动植物产品或者其他检疫物进境前和进境时，不向海关申报的；

B. 在动植物、动植物产品或者其他检疫物出境前，不向海关申报的；

C. 动植物、动植物产品或者其他检疫物出境前更改输入国家（地区），没有重新申报的，或者改换包装或原来没有拼装后来拼装，没有重新申报的；或者超过检疫规定有效期限，没有重新申报的；

D. 运输过境的动植物、动植物产品或者其他检疫物，未向海关申报的；

E. 携带动植物、动植物产品或者其他检疫物进境，未向海关申报的；

F. 邮寄动植物、动植物产品或者其他检疫物进境，未向海关申报的；

②输入动物、动物产品、植物种子、种苗等其他繁殖材料等没有办理检疫审批手续的行为。

③伪造、变造动植物检疫单证、印章、标志、封识的行为。

④从事进出境动植物检疫熏蒸、消毒处理业务的单位和人员，不按照规定进行熏蒸和消毒处理的行为。

⑤引起重大动植物疫情的行为。

（3）违反国境卫生检疫法律法规的行为

①应当接受入境检疫的船舶，不悬挂检疫信号的行为。

②入境、出境的交通工具，在入境检疫之前或者在出境检疫之后，擅自上下人员，装卸行李、货物、邮包等物品的行为。

③拒绝接受检疫或者抵制卫生监督，拒不接受卫生处理的，伪造或者涂改检疫单、证，不如实申报疫情的行为。

④瞒报携带禁止进口的微生物、人体组织、生物制品、血液及其制品或者其他可能引起传染病传播的动物和物品的行为。

⑤未经检疫的入境、出境交通工具，擅自离开检疫地点，逃避查验的行为。

⑥隐瞒疫情或者伪造情节的行为。

⑦未经卫生检疫机关实施卫生处理，擅自排放压舱水，移运垃圾、污物等控制的物品的行为。

⑧未经卫生检疫机关实施卫生处理，擅自移运尸体、骸骨的行为。

⑨废旧物品、废旧交通工具，未向卫生检疫机关申报，未经卫生检疫机关实施卫生处理和签发卫生检疫证书而擅自入境、出境或者使用、拆卸的行为。

（4）违反进出口食品法律法规的行为

①进口不符合我国食品安全国家标准的食品的行为。

②进口尚无食品安全国家标准的食品，或者首次进口食品添加剂新品种、食品相关产品新品种，未经过安全性评估的行为。

③生产经营者生产、销售不符合法定要求出口食品的行为。

④生产经营者违法使用原料、辅料、添加剂、农业投入品的行为。

4. 法律、行政法规规定由海关实施行政处罚的行为

除《海关法》规定了走私行为和违反海关监管规定的行为，以及违反出入境检验检疫法律法规的行为由海关处理外，还包括其他法律、行政法规，以及国务院的规范性文件规定由海关实施处罚的行为的处理。

（二）海关行政处罚的管辖

海关行政处罚的管辖是指海关实施行政处罚权限的划分和分工。根据《海关行政处罚实施条例》，海关行政处罚的管辖主要是：

1. 由发现违法行为的海关管辖，也可以由违法行为发生地海关管辖；

2. 两个以上海关都有管辖权的案件，由最先发现违法行为的海关管辖；

3. 对管辖发生争议的，应当协商解决，协商不成的，报请共同的上一级海关指定管辖，也可以直接由共同的上一级海关指定管辖；

4. 重大、复杂的案件，可以由海关总署指定管辖。

（三）海关行政处罚的基本形式与具体方式

1. 海关行政处罚的基本形式

由于海关行政处罚的违法标的物分别为禁止、限制进出口的货物及物品，应缴纳税款的货物，既属限制进出口又属应税的货物，需实施进出境检验检疫等货物，以及法律规定的其他特殊货物等，其造成的危害后果是不同的。因此，《海关行政处罚实施条例》对上述不同违法行为所涉及的违法标的作出了不同的处罚规定。其形式主要包括：

（1）责令改正。所谓责令改正或者限期改正违法行为，是指海关责令违法行为人停止和纠正违法行为，以恢复原状，维持法定的秩序或者状态，具有事后救济性。

（2）给予警告。警告作为一种正式的海关行政处罚类型，在依据《海关行政处罚实施条例》的规定对有关违法行为给予警告处罚时，应严格按照《行政处罚法》所规定的程序实施（单独给予警告处罚的，可以适用行政处罚简易程序）。

（3）暂停或禁止其从事有关业务。暂停有关企业从事有关业务，使海关对违规行为的处罚有更多的选择性和针对性，对整顿和规范企业行为具有深远影响。而禁止其从事有关业务，在本质上是为预防违法、保障社会公众安全和维护社会公众利益而根据企业违法情况，对其所采取的一项预防性的处分措施。

（4）撤销其注册登记。撤销其注册登记是指海关依法对在海关注册的从事海关监管货物经营业务的企业，因走私违法而收缴其营业执照、公章等，撤销其注册号，取消其法人资格的行政行为。

（5）责令停产停业。责令停产停业是海关要求从事海关监管货物违法经营活动的公民、法人或其他组织停止生产、停止经营的处罚形式，具有下列特点：

①责令停产停业是限制和剥夺公民、法人或其他组织行为能力的处罚。它要求受处罚人停止正在进行的生产经营及各种业务活动，与罚款、没收等财产处罚不同，它限制和剥夺的是受处罚人的行为能力，是行为罚的一种。

②责令停产停业是要求公民、法人或其他组织履行不作为义务的处罚。也就是说，受到该种处罚的人负有不作为的义务，即不得继续从事生产经营活动。

③责令停产停业通常附有期限要求。受处罚人在一定期限内纠正了违法行为，就可以恢复生产和经营。

（6）暂扣或者吊销许可证、暂扣或者吊销执照。吊销、暂扣许可证和执照属于行政处罚中行为罚，行为罚是剥夺被处罚人已经取得的许可权利或资格，使其丧失继续从事许可行为的资格。行为罚又称能力罚，这是海关对违反海关行政法律规范的行政相对方所采取的限制或剥夺其特定行为能力或资格的一种处罚措施。行为罚包括前述责令停产停业，和暂扣或吊销许可证、执照两种形式。

（7）没收走私货物、物品、运输工具。这是指强制性地将进出境走私犯罪的个人或集团财产收归公有。没收，即将个人或企业单位的财、物等进出境违法违规所得罚没，收缴。更深层次的理解可分为：刑罚的一种，即没收财产；诉讼上的一种强制措施；行政管理上的一种强制措施；行政处罚的一种。

（8）没收违法所得。违法所得是指行政相对人从事违反国家法律、法规规定的活动，即实施了国家法律、法规禁止的行为，或未履行法定义务的获利额。没收违法所得是《海关行政处罚实施条例》中增加的对违规行为的处罚种类，使处罚更加具有针对性。

（9）处以罚款或并处罚款。罚款是对违规行为的一种重要的处罚种类，几乎涉及违反《海关行政处罚实施条例》关于海关监管行为处罚的所有条款。同时，《海关行政处罚实施条例》在处罚幅度上还做了上下限规定，减少了处罚的随意性。

（10）法律、行政法规规定的其他行政处罚。

2. 海关行政处罚的具体方式

（1）对走私行为的行政处罚

《海关行政处罚实施条例》对走私行为的处罚规定了下列处罚方式：

①撤销其注册登记；

②禁止其从事报关活动；

③没收走私货物、物品、运输工具；

④没收违法所得；

⑤并处罚款。

（2）对违反海关监管规定的行为的行政处罚

《海关行政处罚实施条例》对违规行为的处罚规定了下列处罚方式：

①责令改正；

②给予警告；

③没收走私货物、物品；

④没收违法所得；

⑤处以罚款；

⑥暂停或禁止其从事有关业务。

（3）对违反出入境检验检疫法律法规行为的行政处罚

《行政处罚法》对违反出入境检验检疫法律法规行为的行政处罚规定了下列处罚方式：

①给予警告；

②责令改正；

③暂扣或者吊销许可证、暂扣或者吊销执照；

④没收走私货物、物品；

⑤没收违法所得；

⑥责令停产停业；

⑦暂停其 6 个月以内从事有关业务。

（四）海关行政处罚的适用

1. 未成年人有违法行为的处罚

不满 14 周岁的未成年人有违法行为的，不予行政处罚，但是应当责令其监护人加以管教；已满 14 周岁不满 18 周岁的未成年人有违法行为的，应当从轻或者减轻行政处罚。

2. 精神病人、智力残疾人有违法行为的处罚

精神病人、智力残疾人在不能辨认或者不能控制自己行为时有违法行为的，不予行政处罚，但是应当责令其监护人严加看管和治疗。间歇性精神病人在精神正常时有违法行为的，应当给予行政处罚。尚未完全丧失辨认或者控制自己行为能力的精神病人、智力残疾人有违法行为的，可以从轻或者减轻行政处罚。

3. 违法行为轻微的处罚

违法行为轻微并及时改正，没有造成危害后果的，不予行政处罚。初次违法且危害后果轻微并及时改正的，可以不予行政处罚。

对当事人的违法行为依法不予行政处罚的，海关应当对当事人进行教育。

4. 没有主观过错的处罚

当事人有证据足以证明没有主观过错的，不予行政处罚。法律、行政法规另有规定的，从其规定。

5. 从轻或者减轻行政处罚

当事人有下列情形之一，应当从轻或者减轻行政处罚：

（1）主动消除或者减轻违法行为危害后果的；

（2）受他人胁迫或者诱骗实施违法行为的；

（3）主动供述海关尚未掌握的违法行为的；

（4）配合海关查处违法行为有立功表现的；

（5）法律、行政法规、海关规章规定其他应当从轻或者减轻行政处罚的。

当事人积极配合海关调查且认错认罚的或者违法行为危害后果较轻的，可以从轻或者减轻处罚。

6. 快速、从重处罚

发生重大传染病疫情等突发事件，为了控制、减轻和消除突发事件引起的社会危害，海关对违反突发事件应对措施的行为，依法快速、从重处罚。

7. 期限内违法行为未被发现的处罚

违法行为在 2 年内未被发现的，不再给予行政处罚；涉及公民生命健康安全、金融安全且有危害后果的，上述期限延长至 5 年。法律另有规定的除外。

前款规定的期限，从违法行为发生之日起计算；违法行为有连续或者继续状态的，从行为终了之日起计算。

8. 行政处罚法律、行政法规、海关规章的时效

实施行政处罚，适用违法行为发生时的法律、行政法规、海关规章的规定。但是，作出行政处罚决定时，法律、行政法规、海关规章已被修改或者废止，且新的规定处罚较轻或者不认为是违法的，适用新的规定。

9. 海关行政处罚裁量基准与裁量权

海关可以依法制定行政处罚裁量基准，规范行使行政处罚裁量权。行政处罚裁量基准应当向社会公布。

（五）实施海关行政处罚的一般规定

1. 信息公示

海关行政处罚的立案依据、实施程序和救济渠道等信息应当公示。

2. 记录与归档保存

海关应当依法以文字、音像等形式，对行政处罚的启动、调查取证、审核、决定、送达、执行等进行全过程记录，归档保存。

3. 执法人员

海关行政处罚应当由具有行政执法资格的海关执法人员（以下简称执法人员）实施。执法人员不得少于 2 人，法律另有规定的除外。

执法人员应当文明执法，尊重和保护当事人合法权益。

4. 委托代理人

在案件办理过程中，当事人委托代理人的，应当提交授权委托书，载明委托人及其代理人的基本信息、委托事项及代理权限、代理权的起止日期、委托日期和委托人签名或者盖章。

委托人变更委托内容或者提前解除委托的，应当书面告知海关。

5. 案件移送

海关发现的依法应当由其他行政机关或者司法机关处理的违法行为，应当制作案件移送函，及时将案件移送有关行政机关或者司法机关处理。

6. 执法回避

（1）执法人员自行回避

执法人员有下列情形之一的，应当自行回避，当事人及其代理人有权申请其回避：

①是案件的当事人或者当事人的近亲属；

②本人或者其近亲属与案件有直接利害关系；

③与案件有其他关系，可能影响案件公正处理的。

执法人员自行回避的，应当提出书面申请，并且说明理由，由海关负责人决定。

（2）当事人要求执法人员回避

当事人及其代理人要求执法人员回避的，应当提出申请，并且说明理由。当事人口头提出申请的，海关应当记录在案。

海关应当依法审查当事人的回避申请，并在 3 个工作日内由海关负责人作出决定，并且书面通知申请人。

海关驳回回避申请的，当事人及其代理人可以在收到书面通知后的 3 个工作日内向作出决定的海关申请复核 1 次；作出决定的海关应当在 3 个工作日内作出复核决定并且书面通知申请人。

（3）海关负责人指令回避

执法人员具有应当回避的情形，其本人没有申请回避，当事人及其代理人也没有申请其回避的，有权决定其回避的海关负责人可以指令其回避。

（4）回避的其他适用

听证主持人、记录员、检测、检验、检疫、技术鉴定人和翻译人员的回避，适用上述执法回避的规定。

（5）回避决定前的执法及其效力

在海关作出回避决定前，执法人员不停止办理行政处罚案件。在回避决定作出前，执法人员进行的与案件有关的活动是否有效，由作出回避决定的海关根据案件情况决定。

7. 证据

（1）证据的收集及保管

海关收集的物证、书证应当是原物、原件。收集原物、原件确有困难的，可以拍摄、复制足以反映原物、原件内容或者外形的照片、录像、复制件，并且可以指定或者委托有关单位或者个人对原物、原件予以妥善保管。

（2）证据的签收

海关收集物证、书证的原物、原件的，应当开列清单，注明收集的日期，由有关单位或者个人确认后盖章或者签字。

海关收集由有关单位或者个人保管书证原件的复制件、影印件或者抄录件的，应当注明出处和收集时间，经提供单位或者个人核对无异后盖章或者签字。

提供单位或者个人拒绝盖章或者签字的，执法人员应当注明。

8. 期间与期限

（1）期间

期间以时、日、月、年计算。期间开始的时和日，不计算在期间内。期间届满的最后一日是节假日的，以其后的第一个工作日为期间届满日期。

期间不包括在途时间，法定期满前交付邮寄的，不视为逾期。

（2）期限

当事人因不可抗拒的事由或者其他正当理由耽误期限的，在障碍消除后的 10 日内可以向海关申请顺延期限，是否准许，由海关决定。

9. 海关法律文书的送达

（1）送达方式

经当事人或者其代理人书面同意，海关可以采用传真、电子邮件、移动通信、互联网通信工具等方式送达行政处罚决定书等法律文书。

（2）送达地址

海关可以要求当事人或者其代理人书面确认法律文书送达地址。

当事人及其代理人提供的送达地址，应当包括邮政编码、详细地址以及受送达人的联系电话或者其确认的电子送达地址等。

海关应当书面告知送达地址确认书的填写要求和注意事项以及提供虚假地址或者提供地址不准确的法律后果，并且由当事人或者其代理人确认。

当事人变更送达地址的，应当以书面方式告知海关。当事人未书面变更的，以其确认的地址为送达地址。

（3）送达日期

①传真等方式的送达日期

海关采用传真、电子邮件、移动通信、互联网通信工具等方式送达行政处罚决定书等法律文书的，以传真、电子邮件、移动通信、互联网通信工具等到达受送达人特定系统的日期为送达日期。

②邮寄的送达日期

海关邮寄送达法律文书的，应当附送达回证并且以送达回证上注明的收件日期为送达日期；送达回证没有寄回的，以挂号信回执、查询复单或者邮寄流程记录上注明的收件日期为送达日期。

以上述传真等方式的送达，因当事人提供的送达地址不准确、送达地址变更未书面告知海关，导致法律文书未能被受送达人实际接收的，直接送达的，法律文书留在该地址之日为送达之日；邮寄送达的，法律文书被退回之日为送达之日。

③公告的送达日期

海关依法公告送达法律文书的，应当将法律文书的正本张贴在海关公告栏内。行政处罚决定书公告送达的，还应当在报纸或者海关门户网站上刊登公告。

（六）海关行政处罚案件的调查

除依法可以当场作出的行政处罚外，海关发现公民、法人或者其他组织有依法应当由海关给予行政处罚的行为的，必须全面、客观、公正地调查，收集有关证据；必要时，依照法律、行政法规的规定，可以进行检查。符合立案标准的，海关应当及时立案。

1. 海关调查案件的执法证件

执法人员在调查或者进行检查时，应当主动向当事人或者有关人员出示执法证件。

当事人或者有关人员有权要求执法人员出示执法证件。执法人员不出示执法证件的，当事人或者有关人员有权拒绝接受调查或者检查。

当事人或者有关人员对海关调查或者检查应当予以协助和配合，不得拒绝或者阻挠。

2. 查问与询问

（1）查问、询问相关人的要求

执法人员查问违法嫌疑人、询问证人应当个别进行，并且告知其依法享有的权利和作伪证应当承担的法律责任。

违法嫌疑人、证人应当如实陈述、提供证据。

（2）查问、询问的地点

执法人员查问违法嫌疑人，可以到其所在单位或者住所进行，也可以要求其到海关或者指定地点进行。

执法人员询问证人，可以到其所在单位、住所或者其提出的地点进行。必要时，也可以通知证人到海关或者指定地点进行。

（3）查问、询问的笔录

查问、询问应当制作查问、询问笔录。查问、询问笔录上所列项目，应当按照规定填写齐全，并且注明查问、询问开始和结束的时间；执法人员应当在查问、询问笔录上签字。

查问、询问笔录应当当场交给被查问人、被询问人核对或者向其宣读。被查问人、被询问人核对无误后，应当在查问、询问笔录上逐页签字或者捺指印，拒绝签字或者捺指印的，执法人员应当在查问、询问笔录上注明。如记录有误或者遗漏，应当允许被查问人、被询问人更正或者补充，并且在更正或者补充处签字或者捺指印。

（4）语言沟通不便时的查问、询问

查问、询问聋、哑人时，应当有通晓聋、哑手语的人作为翻译人员参加，并且在笔录上注明被查问人、被询问人的聋、哑情况。

查问、询问不通晓中国语言文字的外国人、无国籍人，应当为其提供翻译人员；被查问人、被询问人通晓中国语言文字不需要提供翻译人员的，应当出具书面声明，执法人员应当在查问、询问笔录中注明。翻译人员的姓名、工作单位和职业应当在查问、询问笔录中注明。翻译人员应当在查问、询问笔录上签字。

（5）首次查问、询问的必要内容

海关首次查问违法嫌疑人、询问证人时，应当问明违法嫌疑人、证人的姓名、出生日期、户籍所在地、现住址、身份证件种类及号码、工作单位、文化程度，是否曾受过刑事处罚或者被行政机关给予行政处罚等情况；必要时，还应当问明家庭主要成员等情况。

（6）对未成年人查问、询问的必要条件

违法嫌疑人或者证人不满18周岁的，查问、询问时应当依法通知其法定代理人或者其成年家属、所在学校的代表等合适成年人到场，并且采取适当方式，在适当场所进行，保障未成年人的名誉权、隐私权和其他合法权益。

（7）被查问、询问人的书面陈述

被查问人、被询问人要求自行提供书面陈述材料的，应当准许；必要时，执法人员也可以要求被查问人、被询问人自行书写陈述。

被查问人、被询问人自行提供书面陈述材料的，应当在陈述材料上签字并且注明书写陈述的时间、地点和陈述人等。执法人员收到书面陈述后，应当注明收到时间并且签字确认。

执法人员对违法嫌疑人、证人的陈述必须充分听取，并且如实记录。

（8）相关存款、汇款的查询

在调查走私案件时，执法人员查询案件涉嫌单位和涉嫌人员在金融机构、邮政企业的存款、汇款，应当经直属海关关长或者其授权的隶属海关关长批准。

执法人员查询时，应当主动向当事人或者有关人员出示执法证件和海关协助查询通知书。

3. 检查、查验及其记录

（1）对"物"的检查、查验及其记录

执法人员依法检查运输工具和场所，查验货物、物品，应当制作检查、查验记录。

检查、查验记录应当由执法人员、当事人或者其代理人签字或者盖章；当事人或者其代理人不在场或者拒绝签字或者盖章的，执法人员应当在检查、查验记录上注明，并且由见证人签字或者盖章。

（2）对"人"的检查、查验及其记录

执法人员依法检查走私嫌疑人的身体，应当在隐蔽的场所或者非检查人员视线之外，由2名以上与被检查人同性别的执法人员执行，并且制作人身检查记录。检查走私嫌疑人身体可以由医生协助进行，必要时可以前往医疗机构检查。

人身检查记录应当由执法人员、被检查人签字或者盖章；被检查人拒绝签字或者盖章的，执法人员应当在人身检查记录上注明。

4. 提取样品

（1）提取样品的机构

为查清事实或者固定证据，海关或者海关依法委托的机构可以提取样品。

（2）提取样品的作业规范

提取样品时，当事人或者其代理人应当到场；当事人或者其代理人未到场的，海关应当邀请见证人到场。海关认为必要时，可以径行提取货样。

提取的样品应当予以加封确认，并且填制提取样品记录，由执法人员或者海关依法委托的机构人员、当事人或者其代理人、见证人签字或者盖章。

海关或者海关依法委托的机构提取的样品应当一式两份以上；样品份数及每份样品数量以能够满足案件办理需要为限。

5. 专门事项的检测、检验、检疫和技术鉴定

（1）实施机构

为查清事实，需要对案件中专门事项进行检测、检验、检疫、技术鉴定的，应当由海关或者海关依法委托的机构实施。

（2）检测等结果应载明的内容及确认签章

检测、检验、检疫、技术鉴定结果应当载明委托人和委托事项、依据和结论，并且应当有检测、检验、检疫、技术鉴定人的签字和海关或者海关依法委托的机构的盖章。

（3）其他规定

检测、检验、检疫、技术鉴定的费用由海关承担。

检测、检验、检疫、技术鉴定结果应当告知当事人。

6. 扣留

（1）海关实施扣留应当遵守的规定

①实施前须向海关负责人报告并经批准，但是根据《海关法》第六条第四项实施的扣留，应当经直属海关关长或者其授权的隶属海关关长批准。

②由2名以上执法人员实施。

③出示执法证件。

④通知当事人到场。

⑤当场告知当事人采取扣留的理由、依据以及当事人依法享有的权利、救济途径。

⑥听取当事人的陈述和申辩。

⑦制作现场笔录。

⑧现场笔录由当事人和执法人员签名或者盖章，当事人拒绝的，在笔录中予以注明。

⑨当事人不到场的，邀请见证人到场，由见证人和执法人员在现场笔录上签名或者盖章。

⑩法律、行政法规规定的其他程序。

海关依法扣留货物、物品、运输工具、其他财产及账册、单据等资料，可以加施海关封志。

（2）海关对扣留"物"的处置

①行政处罚决定作出前不得处理

海关依法扣留的货物、物品、运输工具，在人民法院判决或者海关行政处罚决定作出之前，不得处理。

②依法先行变卖

危险品或者鲜活、易腐、易烂、易失效、易变质等不宜长期保存的货物、物品以及所有人申请先行变卖的货物、物品、运输工具，经直属海关关长或者其授权的隶属海关关长批准，可以先行依法变卖，变卖所得价款由海关保存。

海关在变卖前，应当通知先行变卖的货物、物品、运输工具的所有人。变卖前无法及时通知的，海关应当在货物、物品、运输工具变卖后，通知其所有人。

③依法先行处置

依照法律、行政法规的规定，应当采取退运、销毁、无害化处理等措施的货物、物品，可以依法先行处置。

（3）海关依法解除扣留

海关依法解除对货物、物品、运输工具、其他财产及有关账册、单据等资料的扣留，应当制发解除扣留通知书送达当事人。解除扣留通知书由执法人员、当事人或者其代理人签字或者盖章；当事人或者其代理人不在场，或者当事人、代理人拒绝签字或者盖章的，执法人员应当在解除扣留通知书上注明，并且由见证人签字或者盖章。

（4）当事人申请免予或者解除扣留

有违法嫌疑的货物、物品、运输工具应当或者已经被海关依法扣留的，当事人可以向海关提供担保，申请免予或者解除扣留。

（5）无法或者不便扣留的处理

有违法嫌疑的货物、物品、运输工具无法或者不便扣留的，当事人或者运输工具负责人应当向海关提供等值的担保。

（6）与扣留相关的担保

①担保的提供与收取

当事人或者运输工具负责人向海关提供担保时，执法人员应当制作收取担保凭单并送达当事人或者运输工具负责人，执法人员、当事人、运输工具负责人或者其代理人应当在收取担保凭单上签字或者盖章。

海关收取担保后，可以对涉案货物、物品、运输工具进行拍照或者录像存档。

②担保的解除

海关依法解除担保的，应当制发解除担保通知书送达当事人或者运输工具负责人。解除担保通知书由执法人员及当事人、运输工具负责人或者其代理人签字或者盖章；当事人、运输工具负责人或者其代理人不在场或者拒绝签字或者盖章的，执法人员应当在解除担保通知书上注明。

海关依法对走私犯罪嫌疑人实施人身扣留，依照《中华人民共和国海关实施人身扣留规定》规定的程序办理。

7. 终结调查

经调查，行政处罚案件有下列情形之一的，海关可以终结调查并提出处理意见：

（1）违法事实清楚、法律手续完备、据以定性处罚的证据充分的；

（2）违法事实不能成立的；

（3）作为当事人的自然人死亡的；

（4）作为当事人的法人或者其他组织终止，无法人或者其他组织承受其权利义务，又无其他关系人可以追查的；

（5）案件已经移送其他行政机关或者司法机关的；

（6）其他依法应当终结调查的情形。

（七）海关行政处罚案件处理决定的执行

1. 当事人在限期内履行行政处罚决定

（1）在限期内履行

海关作出行政处罚决定后，当事人应当在行政处罚决定书载明的期限内，予以履行。

海关作出罚款决定的，当事人应当自收到行政处罚决定书之日起15日内，到指定的银行或者通过电子支付系统缴纳罚款。

（2）申请延期或者分期缴纳罚款

当事人确有经济困难向海关提出延期或者分期缴纳罚款的，应当以书面方式提出申请。

海关收到当事人延期、分期缴纳罚款的申请后，应当在10个工作日内作出是否准予延期、分期缴纳罚款的决定，并且制发通知书送达申请人。

（3）逾期不履行的海关措施

当事人逾期不履行行政处罚决定的，海关可以采取下列措施：

①到期不缴纳罚款的，每日按照罚款数额的3%加处罚款，加处罚款的数额不得超出罚款的数额；

②当事人逾期不履行海关的处罚决定又不申请复议或者向人民法院提起诉讼的，海关可以将其保证金抵缴或者将其被扣留的货物、物品、运输工具依法变价抵缴，也可以申请人民法院强制执行；

③根据法律规定，采取其他行政强制执行方式。

2. 海关阻止未缴清罚款、等值价款（或上述款项担保）的当事人等出境

（1）制作阻止出境协助函，通知出境管理机关阻止其出境

受海关处罚的当事人或者其法定代表人、主要负责人在出境前未缴清罚款、违法所得和依法追缴的货物、物品、走私运输工具等值价款的，也未向海关提供相当于上述款项担保的，海关可以依法制作阻止出境协助函，通知出境管理机关阻止其出境。

（2）随附法律文书及应载明或注明的内容

阻止出境协助函应当随附行政处罚决定书等相关法律文书，并且载明被阻止出境人员的姓名、性别、出生日期、出入境证件种类和号码。被阻止出境人员是外国人、无国籍人员的，应当注明其英文姓名。

（3）解除阻止出境

当事人或者其法定代表人、主要负责人缴清罚款、违法所得和依法追缴的货物、物品、走私运输工具等值价款的，或者向海关提供相当于上述款项担保的，海关应当及时制作解除阻止出境协助函通知出境管理机关。

3. 以保证金或将货物等变价抵缴罚款

将当事人的保证金抵缴或者将当事人被扣留的货物、物品、运输工具依法变价抵缴罚

款之后仍然有剩余的，应当及时发还或者解除扣留、解除担保。

4. 海关对限期内未办退还手续的处置

（1）对解除扣留限期内未办货物等退还手续的处置

①发布货物等退还公告

自海关送达解除扣留通知书之日起 3 个月内，当事人无正当理由未到海关办理有关货物、物品、运输工具或者其他财产的退还手续的，海关应当发布公告。

②将货物等提取变卖

自公告发布之日起 30 日内，当事人仍未办理退还手续的，海关可以依法将有关货物、物品、运输工具或者其他财产提取变卖，并且保留变卖价款。

③从货物等变卖价款中扣除相关费用，余款上缴国库

变卖价款在扣除自海关送达解除扣留通知书之日起算的仓储等相关费用后，尚有余款的，自海关公告发布之日起 1 年内，当事人仍未办理退还手续的，海关应当将余款上缴国库。

④对未予变卖的货物等依法处置

未予变卖的货物、物品、运输工具或者其他财产，自海关公告发布之日起 1 年内，当事人仍未办理退还手续的，由海关依法处置。

（2）对解除担保限期内未办财产、权利退还手续的处置

①发布财产、权利退还公告

自海关送达解除担保通知书之日起 3 个月内，当事人无正当理由未办财产、权利退还手续的，海关应当发布公告。

②将担保财产、权利依法变卖或者兑付后，上缴国库

自海关公告发布之日起 1 年内，当事人仍未办理退还手续的，海关应当将担保财产、权利依法变卖或者兑付后，上缴国库。

5. 有关处理决定执行的其他事项

当事人实施违法行为后，发生企业分立、合并或者其他资产重组等情形，对当事人处以罚款、没收违法所得或者依法追缴货物、物品、走私运输工具等值价款的，应当以承受其权利义务的法人、组织作为被执行人。

当事人对行政处罚决定不服，申请行政复议或者提起行政诉讼的，行政处罚不停止执行，法律另有规定的除外。

当事人申请行政复议或者提起行政诉讼的，加处罚款的数额在行政复议或者行政诉讼期间不予计算。

6. 中止执行

有下列情形之一的，中止执行：

（1）处罚决定可能存在违法或者不当情况的（根据该情形中止执行，应经海关负责人批准）；

（2）申请人民法院强制执行，人民法院裁定中止执行的；

（3）行政复议机关、人民法院认为需要中止执行的；

（4）海关认为需要中止执行的其他情形。

中止执行的情形消失后，海关应当恢复执行。对没有明显社会危害，当事人确无能力

履行，中止执行满 3 年未恢复执行的，海关不再执行。

7. 终结执行

有下列情形之一的，终结执行：

（1）据以执行的法律文书被撤销的；

（2）作为当事人的自然人死亡，无遗产可供执行，又无义务承受人的；

（3）作为当事人的法人或者其他组织被依法终止，无财产可供执行，又无义务承受人的；

（4）海关行政处罚决定履行期限届满超过 2 年，海关依法采取各种执行措施后仍无法执行完毕的，但是申请人民法院强制执行的除外；

（5）申请人民法院强制执行的，人民法院裁定中止执行后超过 2 年仍无法执行完毕的；

（6）申请人民法院强制执行后，人民法院裁定终结本次执行程序或者终结执行的；

（7）海关认为需要终结执行的其他情形。

8. 海关申请人民法院强制执行

海关申请人民法院强制执行，应当自当事人的法定起诉期限届满之日起 3 个月内提出。

海关批准延期、分期缴纳罚款的，申请人民法院强制执行的期限，自暂缓或者分期缴纳罚款期限结束之日起计算。

三、实施海关行政处罚的程序

（一）实施海关行政处罚的普通程序

1. 法制审核

海关对已经调查终结的行政处罚普通程序案件，应当由从事行政处罚决定法制审核的人员进行法制审核；未经法制审核或者审核未通过的，不得作出处理决定。但是依法快速办理的案件除外。经审核存在问题的，法制审核人员应当提出处理意见并退回调查部门。

2. 告知、听证和复核

海关在作出行政处罚决定或者不予行政处罚决定前，应当告知当事人拟作出的行政处罚或者不予行政处罚内容及事实、理由、依据，并且告知当事人依法享有的陈述、申辩、要求听证等权利。

当事人可以当场口头或书面提出陈述、申辩和要求听证。当事人明确放弃陈述、申辩和听证权利的，海关可以直接作出行政处罚或者不予行政处罚决定。当事人放弃陈述、申辩和听证权利的，应当有书面记载，并且由当事人或者其代理人签字或者盖章确认。

海关必须充分听取当事人的陈述、申辩和听证意见，对当事人提出的事实、理由和证据，应当进行复核；当事人提出的事实、理由、证据或者意见成立的，海关应当采纳。

3. 处理决定

海关作出行政处罚决定，应当做到认定违法事实清楚、定案证据确凿充分、违法行为定性准确、适用法律正确、办案程序合法、处罚合理适当。

违法事实不清、证据不足的，不得给予行政处罚。

对情节复杂或者重大违法行为给予行政处罚的，应当由海关负责人集体讨论决定。

海关应当自行政处罚案件立案之日起 6 个月内作出行政处罚决定；确有必要的，经海关负责人批准可以延长期限，延长期限不得超过 6 个月。案情特别复杂或者有其他特殊情况，经延长期限仍不能作出处理决定的，应当由直属海关负责人集体讨论决定是否继续延长期限，决定继续延长期限的，应当同时确定延长的合理期限。但不包括公告、检测、检验、检疫、技术鉴定、复议、诉讼的期间。

在案件办理期间，发现当事人另有违法行为的，自发现之日起重新计算办案期限。

海关依法作出行政处罚决定或者不予行政处罚决定的，应当制发行政处罚决定书或者不予行政处罚决定书。

（二）实施海关行政处罚的听证程序

1. 听证的适用

海关拟作出下列行政处罚决定，应当告知当事人有要求听证的权利，当事人要求听证的，海关应当组织听证：

（1）对公民处 1 万元以上罚款、对法人或者其他组织处 10 万元以上罚款；

（2）对公民处没收 1 万元以上违法所得、对法人或者其他组织处没收 10 万元以上违法所得；

（3）没收有关货物、物品、走私运输工具；降低资质等级、吊销许可证件；

（4）责令停产停业、责令关闭、限制从业；

（5）其他较重的行政处罚；

（6）法律、行政法规、海关规章规定的其他情形。

当事人不承担组织听证的费用。

2. 听证的申请与决定

（1）当事人要求听证的申请

当事人要求听证的，应当在海关告知其听证权利之日起 5 个工作日内向海关提出。

（2）海关组织听证的决定

海关决定组织听证的，应当自收到听证申请之日起 20 个工作日以内举行听证，并在举行听证的 7 个工作日前将举行听证的时间、地点通知听证参加人和其他人员。

（3）海关不予听证的决定

有下列情形之一的，海关应当作出不予听证的决定：

①申请人不是本案当事人或者其代理人；

②未在收到行政处罚告知单之日起 5 个工作日内要求听证的；

③不属于海关组织听证的规定范围的。

决定不予听证的，海关应当在收到听证申请之日起 3 个工作日以内制作海关行政处罚不予听证通知书，并及时送达申请人。

3. 听证延期、中止、终止举行

（1）听证延期举行

有下列情形之一的，应当延期举行听证：

①当事人或者其代理人因不可抗力或者有其他正当理由无法到场的；

②临时决定听证主持人、听证员或者记录员回避，不能当场确定更换人选的；

③作为当事人的法人或者其他组织有合并、分立或者其他资产重组情形，需要等待权

利义务承受人的；

④其他依法应当延期举行听证的情形。

延期听证的原因消除后，由听证主持人重新确定举行听证的时间，并在举行听证的3个工作日前书面告知听证参加人及其他人员。

（2）听证中止举行

有下列情形之一的，应当中止举行听证：

①需要通知新的证人到场或者需要重新检测、检验、检疫、技术鉴定、补充证据的；

②当事人因不可抗力或者有其他正当理由暂时无法继续参加听证的；

③听证参加人及其他人员不遵守听证纪律，造成会场秩序混乱的；

④其他依法应当中止举行听证的情形。

中止听证的原因消除后，由听证主持人确定恢复举行听证的时间，并在举行听证的3个工作日前书面告知听证参加人及其他人员。

（3）听证终止举行

有下列情形之一的，应当终止举行听证：

①当事人及其代理人撤回听证申请的；

②当事人及其代理人无正当理由拒不出席听证的；

③当事人及其代理人未经许可中途退出听证的；

④当事人死亡或者作为当事人的法人、其他组织终止，没有权利义务承受人的；

⑤其他依法应当终止听证的情形。

4. 听证笔录的确认

听证应当制作笔录，听证笔录应当由听证参加人及其他人员确认无误后逐页进行签字或者盖章。对记录内容有异议的可以当场更正后签字或者盖章确认。

（三）实施海关行政处罚的简易程序和快速办理

1. 简易程序

（1）简易程序的适用情形

违法事实确凿并有法定依据，对公民处以200元以下、对法人或者其他组织处以3000元以下罚款或者警告的行政处罚的，海关可以适用简易程序当场作出行政处罚决定。

（2）简易程序的实施

①行政处罚决定书的出示、交付

执法人员当场作出行政处罚决定的，应当向当事人出示执法证件，填写预定格式、编有号码的行政处罚决定书，并当场交付当事人。当事人拒绝签收的，应当在行政处罚决定书上注明。

②行政处罚决定书应载明的内容

行政处罚决定书应当载明当事人的违法行为，行政处罚的种类和依据、罚款数额、时间、地点，申请行政复议、提起行政诉讼的途径和期限，以及海关名称，并由执法人员签名或者盖章。

③当场作出行政处罚决定的报备

执法人员当场作出的行政处罚决定，应当报所属海关备案。

2. 快速办理

（1）快速办理的适用情形

对不适用简易程序，但是事实清楚，当事人书面申请、自愿认错认罚且有其他证据佐证的行政处罚案件，符合以下情形之一的，海关可以通过简化取证、审核、审批等环节，快速办理案件：

①适用《海关行政处罚实施条例》第十五条第一项、第二项规定进行处理的；

②报关企业、报关人员对委托人所提供情况的真实性未进行合理审查，或者因为工作疏忽致使发生《海关行政处罚实施条例》第十五条第一项、第二项规定情形的；

③适用《海关行政处罚实施条例》第二十条至第二十三条规定进行处理的；

④违反海关监管规定携带货币进出境的；

⑤旅检渠道查获走私货物、物品价值在 5 万元以下的；

⑥其他违反海关监管规定案件货物价值在 50 万元以下或者物品价值在 10 万元以下，但是影响国家出口退税管理案件货物申报价格在 50 万元以上的除外；

⑦法律、行政法规、海关规章规定处警告、最高罚款 3 万元以下的；

⑧海关总署规定的其他情形。

（2）海关可以不再开展其他调查取证工作的条件

快速办理行政处罚案件，当事人在自行书写材料或者查问笔录中承认违法事实、认错认罚，并有查验、检查记录和鉴定意见等关键证据能够相互印证的，海关可以不再开展其他调查取证工作。

（3）录音录像的效力

使用执法记录仪等设备对当事人陈述或者海关查问过程进行录音录像的，录音录像可以替代当事人自行书写材料或者查问笔录。必要时，海关可以对录音录像的关键内容及其对应的时间段作文字说明。

（4）制发决定书的时限

海关快速办理行政处罚案件的，应当在立案之日起 7 个工作日内制发行政处罚决定书或者不予行政处罚决定书。

（5）特殊情形的处置

快速办理的行政处罚案件有下列情形之一的，海关应当依照《中华人民共和国海关办理行政处罚案件程序规定》第三章至第五章的规定办理，并告知当事人：

①海关对当事人提出的陈述、申辩意见无法当场进行复核的；

②海关当场复核后，当事人对海关的复核意见仍然不服的；

③当事人要求听证的；

④海关认为违法事实需要进一步调查取证的；

⑤其他不宜适用快速办理的情形。

快速办理阶段依法收集的证据，可以作为定案的根据。

第六节　海关行政复议制度

一、海关行政复议概述

（一）海关行政复议的含义

海关行政复议是指公民、法人或者其他组织不服海关及其工作人员作出的具体行政行为，认为该行政行为侵犯其合法权益，依法向海关复议机关提出复议申请，请求重新审查并纠正原具体行政行为，海关复议机关按照法定程序对上述具体行政行为的合法性和适当性（合理性）进行审查并作出决定的海关法律制度。

（二）海关行政复议的特征

海关行政复议具有如下特征：

1. 海关行政复议的申请人是公民、法人或者其他组织；

2. 海关行政复议的被申请人是作出具体行政行为的海关；

3. 海关行政复议是因公民、法人或其他组织认为海关具体行政行为侵犯其合法权益而引起的；

4. 海关行政复议机关是作出具体行政行为海关的上一级海关。对海关总署直接作出的具体行政行为不服而申请复议的，海关总署是复议机关。

（三）海关行政复议的作用

1. 保护公民、法人或其他组织的合法权益

海关行政复议是保护海关相对人的合法权益，为相对人提供的一种法律救济途径。

2. 维护和监督海关依法行使职权

海关行政复议是为了维护海关具体行政行为的合法性，防止和纠正违法的或者不当的海关具体行政行为，使得作出具体行政行为的海关依法行使职权。

（四）海关行政复议的原则

1. 合法原则

合法原则是海关行政复议的重要原则，包括复议的主体要合法、复议的程序要合法、复议的法律依据要合法等。

2. 公开原则

公开原则是行政法合理性原则的核心内容，在整个复议过程中，应当通过公开原则来保证申请人的权益，同时也便于申请人行使自己的权利，加强执法监督。

3. 公正原则

在海关行政复议中遵循公正原则主要包括适用法律依据正确、裁决适当、解决矛盾和争议且不得回避或不作为3个方面。

4. 及时原则

及时原则是实现行政复议的效率性和行政复议制度目的的要求。海关行政复议机关必须按照《中华人民共和国行政复议法》规定的期限执行，延长期限也必须严格按照法律

规定。

5. 便民原则

即在尽量节省费用、时间、精力的情况下，保证公民、法人或者其他组织充分行使复议申请权，同时，在为申请人提供便利时，也照顾到海关行政复议机关的行政效率。

6. 有错必纠原则

在海关行政复议中只要坚持上述原则，就能坚持依法行政、有错必纠，保障法律、行政法规的正确实施，保证海关相对人的合法权益。

二、海关行政复议制度的基本内容

（一）海关行政复议的范围

根据《中华人民共和国行政复议法》、《中华人民共和国行政复议法实施条例》及《中华人民共和国海关行政复议办法》（以下简称《海关行政复议办法》）的规定，公民、法人或者其他组织对海关下列具体行政行为不服的，可以申请行政复议：

1. 对海关作出的警告，罚款，没收货物、物品、运输工具和特制设备，追缴无法没收的货物、物品、运输工具的等值价款，没收违法所得，暂停从事有关业务，撤销注册登记及其他行政处罚决定不服的；

2. 对海关作出的收缴有关货物、物品、违法所得、运输工具、特制设备决定不服的；

3. 对海关作出的限制人身自由的行政强制措施不服的；

4. 对海关作出的扣留有关货物、物品、运输工具、账册、单证或者其他财产，封存有关进出口货物、账簿、单证等行政强制措施不服的；

5. 对海关收取担保的具体行政行为不服的；

6. 对海关采取的强制执行措施不服的；

7. 对海关确定纳税义务人、完税价格、商品归类、原产地、适用税率和汇率、减征或者免征税款、补税、退税、征收滞纳金、计征方式、纳税地点，以及其他涉及税款征收的具体行政行为有异议的；

8. 认为符合法定条件，申请海关办理行政许可事项或者行政审批事项，海关未依法办理的；

9. 对海关检查运输工具和场所，查验货物、物品或者采取其他监管措施不服的；

10. 对海关作出的责令退运、不予放行、责令改正、责令拆毁和变卖等行政决定不服的；

11. 对海关稽查决定或者其他稽查具体行政行为不服的；

12. 对海关作出的企业分类决定及按照该分类决定进行管理的措施不服的；

13. 认为海关未依法采取知识产权保护措施，或者对海关采取的知识产权保护措施不服的；

14. 认为海关未依法办理接受报关、放行等海关手续的；

15. 认为海关违法收取滞报金或者其他费用，违法要求履行其他义务的；

16. 认为海关没有依法履行保护人身权利、财产权利的法定职责的；

17. 认为海关在政府信息公开工作中的具体行政行为侵犯其合法权益的；

18. 认为海关的其他具体行政行为侵犯其合法权益的。

对于上述第7点因纳税争议而产生的事项，公民、法人或者其他组织应当依据《海关法》的规定先向海关行政复议机关申请行政复议，对海关行政复议决定不服的，再向人民法院提起行政诉讼，即实行复议前置的原则。

公民、法人或者其他组织认为海关的具体行政行为所依据的规定不合法，在对具体行政行为申请行政复议时，可以一并向海关行政复议机关提出对该规定的审查申请。如果申请人在对具体行政行为提起行政复议申请时尚不知道该具体行政行为所依据的规定的，可以在海关行政复议机关作出行政复议决定前提出。

（二）海关行政复议的管辖

海关行政复议的管辖，是指有关海关复议机关在受理海关行政复议案件上的分工和权限。

海关行政复议实行上级复议的原则，即对海关具体行政行为不服申请复议的，作出该具体行政行为海关的上一级海关为复议机关。对海关总署作出的具体行政行为不服申请复议的，海关总署为复议机关。两个以上海关以共同的名义作出具体行政行为的，其共同的上一级海关为复议机关。海关与其他行政机关以共同的名义作出具体行政行为的，海关和其他行政机关的共同上一级行政机关为复议机关。对海关总署与国务院其他部门共同作出的具体行政行为不服，由海关总署、国务院其他部门共同作出处理决定。海关设立的派出机构、内设机构或者其他组织，未经法律、行政法规授权，对外以自己名义作出具体行政行为的，该海关的上一级海关为复议机关。

（三）海关行政复议的程序

1. 海关行政复议的申请

（1）申请人

海关行政复议申请人，是指认为自己的合法权益受到海关具体行政行为的侵犯，依法向海关复议机关申请行政复议的公民、法人或者其他组织。

有权申请行政复议的公民死亡的，其近亲属可以申请行政复议。有权申请行政复议的法人或者其他组织终止的，承受其权利的公民、法人或者其他组织可以申请行政复议。法人或者其他组织实施违反海关法的行为后，有合并、分立或者其他资产重组情形，海关以原法人、组织作为当事人予以行政处罚并且以承受其权利义务的法人、组织作为被执行人的，该被执行人可以以自己的名义申请行政复议。

（2）被申请人

公民、法人或者其他组织对海关作出的具体行政行为不服申请行政复议的，作出该具体行政行为的海关是被申请人。两个以上海关以共同的名义作出具体行政行为的，以作出具体行政行为的海关为共同被申请人。海关与其他行政机关以共同的名义作出具体行政行为的，海关和其他行政机关为共同被申请人。下级海关经上级海关批准后以自己的名义作出具体行政行为的，以作出批准的上级海关为被申请人。海关设立的派出机构、内设机构或者其他组织，未经法律、行政法规授权，对外以自己名义作出具体行政行为的，以该海关为被申请人。

（3）第三人

在行政复议期间，申请人以外的公民、法人或者其他组织认为与被审查的海关具体行政行为有利害关系的，可以向海关行政复议机构申请作为第三人参加行政复议；海关行政复议机构认为申请人以外的公民、法人或者其他组织与被审查的具体行政行为有利害关系的，应当通知其作为第三人参加行政复议。

（4）申请的期限

公民、法人或者其他组织认为海关具体行政行为侵犯其合法权益的，可以自知道该具体行政行为之日起60日内提出行政复议申请。因不可抗力或者其他正当理由耽误法定申请期限的，期限自障碍消除之日起继续计算。

（5）申请的方式

申请人可以书面形式，也可以口头形式申请行政复议。口头申请的，复议机构应当当场制作行政复议申请笔录，交申请人核对或者向申请人宣读，并且由其签字确认。

申请人提出行政复议申请时错列被申请人的，海关行政复议机构应当告知申请人变更被申请人。

2. 海关行政复议申请的受理

海关行政复议机关收到行政复议申请后，对复议申请进行审核。不予受理的，应制作行政复议申请不予受理决定书，并送达申请人。凡是符合法定的范围、条件和要求的，自收到复议申请书之日起5个工作日内作出受理决定，并制作行政复议申请受理通知书和行政复议答复通知书分别送达申请人和被申请人，行政复议申请自海关行政复议机构收到之日起即为受理。

申请人就同一事项向两个或者两个以上有权受理的海关申请行政复议的，由最先收到行政复议申请的海关受理；同时收到行政复议申请的，由双方在10日内协商确定；协商不成的，由共同上一级海关在10日内指定受理海关。

两个以上的复议申请人对同一海关具体行政行为分别向海关复议机关申请复议，或同一申请人对同一海关的数个相同类型或者具有关联性的具体行政行为分别向海关行政复议机关申请行政复议的，海关复议机关可以并案审理，并以后一个申请复议的日期为正式受理的日期。

3. 海关行政复议的审理

海关行政复议的审理工作是指海关行政复议机关受理复议案件后，对复议案件的事实是否清楚，适用依据是否准确，程序是否合法等方面进行的全面审查。

每一个海关行政复议案件由不得少于3人的单数的行政复议人员实行合议制审理，由其中一名行政复议人员担任主审。对事实清楚、案情简单、争议不大的案件，也可以不适用合议制，但是应当由2名以上行政复议人员参加审理。

申请人、被申请人或者第三人认为合议人员或者案件审理人员与本案有利害关系或者有其他关系可能影响公正审理行政复议案件的，可以说明理由，申请合议人员或者案件审理人员回避。合议人员或者案件审理人员认为自己具有上述情形的应当主动申请回避。此外，复议机构负责人也可以指令合议人员或者案件审理人员回避。

案件审理中，复议机构应当向有关组织和人员调查情况，听取申请人、被申请人和第三人的意见；海关行政复议机构认为必要时可以实地调查核实证据；对于事实清楚、案情简单、争议不大的案件，可以采取书面审查的方式进行审理。同时，申请人、第三人也可以申请查阅被申请人提出的书面答复、提交的作出具体行政行为的证据、依据和其他有关材料。审理后，复议机关对复议案件提出处理意见。行政复议期间海关具体行政行为不停止执行，但具有法定情形的，可以停止执行。

案件受理后，对于申请人提出听证要求的，申请人与被申请人对事实争议较大的，申请人对具体行政行为适用依据有异议的，案件重大复杂或者争议的标的价值较大的，以及海关行政复议机构认为有必要听证的其他情形，海关行政复议机构可以采取听证的方式审理。除涉及国家秘密、商业秘密、海关工作秘密或者个人隐私的案件外，听证应当公开举行。

4. 海关行政复议的决定

海关复议机构在对案件依法审理后，提出处理意见，经海关行政复议机关负责人审查批准后，作出复议决定。

（1）作出复议决定的期限

行政复议机关应当自受理复议申请之日起 60 日内作出行政复议决定。有下列情形之一的，经海关行政复议机关负责人批准，可以延长 30 日：

①复议案件案情重大、复杂、疑难的；

②经申请人或其代理人同意的；

③有第三人参加复议的；

④申请人或第三人提出新的事实或证据需进一步调查的；

⑤决定举行行政复议听证的。

海关行政复议机关延长复议期限，应当制作延长行政复议审查期限通知书，并送达申请人、第三人、被申请人。

（2）复议决定的种类

①决定维持

海关行政复议机关对于原海关的行政行为适用依据正确，具体行政行为所认定的事实清楚、证据确凿，符合法定权限、法定程序，内容适当的复议案件应给予维持的决定。所谓事实清楚、证据确凿，符合法定权限、法定程序，内容适当，即指海关作出的具体行政行为有事实依据，该事实经得起时间的考验，有足够的证据支持，适用的法律依据准确，海关缉私部门办理案件的程序合法，行政处罚决定的内容适当，未畸轻畸重。

②决定被申请人限期履行法律职责

对于复议申请人要求被申请人履行某一法定职责有事实和法律上的依据、被申请人具有这一法定职责且被申请人未履行此法定职责无正当理由的，海关行政复议机关经审理后认为被申请人的不作为行为属于未履行法定职责的，应作出责令其在一定期限内履行法定职责的决定。"未履行法定职责"是指被申请人负有法律、行政法规等规定的职责，有能力履行而明示拒绝履行或不予答复的行为。这种行为是一种不作为的行为，是被申请人主观上不肯履行或者疏于履行法定职责的行为。被申请人拒绝履行法定职责，通常表现为失职行为。海关复议机关作出被申请人应履行法定职责的决定是以被申请人有法定义务为前提的。

③责令被申请人在一定期限内重新作出具体行政行为

海关行政复议机关认定原海关行政行为具有主要事实不清、证据不足、适用法律错误、违反法定程序、超越或滥用职权或具体行政行为明显不当的，应决定撤销、变更或者确认该具体行政行为违法。对于决定撤销或者确认该具体行政行为违法的，可以责令被申请人在一定期限内重新作出具体行政行为。行政复议机关责令被申请人重新作出具体行政行为的，被申请人不得以同一的事实和理由作出与原具体行政行为相同或者基本相同的具体行政行为。

④变更决定

对于案件认定事实清楚、证据确凿、程序合法，但是明显不当或者适用依据错误的；或案件认定事实不清、证据不足，但是经海关行政复议机关审理查清事实、证据确凿的，海关行政复议机关可以决定变更。复议机关全部或者部分改变具体行政行为的内容，变更决定所变更的是原具体行政行为的内容。具体行政行为具有可变更的情形，主要是指具体行政行为的内容明显不当或者适用依据错误。复议机关一旦作出变更决定，原具体行政行为即不存在，代之以复议机关作出的新的具体行政行为。

⑤ 撤销决定

对于被申请人作出的具体行政行为应予撤销的，作出撤销决定。对某个具体行政行为申请行政复议，如果海关复议机关经审查确认该具体行政行为应该被撤销或者被确认违法，应符合下列条件之一：

A. 主要事实不清、证据不足的；

B. 适用依据错误；

C. 违反法定程序；

D. 超越或者滥用职权；

E. 具体行政行为明显不当。

海关复议机关决定撤销或者确认具体行政行为违法的，可以责令被申请人在一定期限内重新作出具体行政行为。

⑥复议决定的特殊形式

除上述 5 种情形外，《海关行政复议办法》还规定了其他的情形，主要有：

A. 决定驳回行政复议申请

决定驳回行政复议申请有两种情形：

a. 申请人认为海关不履行法定职责而申请行政复议，海关行政复议机关受理后发现被申请人没有相应法定职责或者被申请人在海关行政复议机关受理该行政复议申请之前已经履行法定职责的。

b. 行政复议申请受理后，行政复议机关发现该行政复议申请不符合《海关行政复议办法》规定的受理条件。海关复议机关在制作"驳回行政复议申请决定书"时就要告知申请人，如果对驳回复议申请决定不服的，可以根据《中华人民共和国行政诉讼法》有关规定，自收到"驳回行政复议申请决定书"之日起 15 日内向人民法院起诉。

B. 申请人自愿撤回行政复议申请

《海关行政复议办法》规定，申请人在行政复议决定作出前自愿撤回行政复议申请的，经海关行政复议机关同意，可以撤回。申请人自愿撤回复议申请，需要注意几个环节：

a. 自愿撤回的时间

一是要在海关复议机关正式受理该复议申请之后，二是申请人撤回复议申请要在海关复议机关作出行政复议决定之前。

b. "一事不再理"

申请人撤回复议申请后不得再以同一事实理由提出复议申请。由于申请人撤回复议申请是自愿的，完全是出于自身的考虑和自觉的行为，因此从基本的诚信原则出发，也是不允许其出尔反尔的。但是，申请人能够证明撤回行政复议申请违背其真实意思表示的除外。如果申请人再次提出复议申请的事实和理由有所变化，海关复议机关应当允许。

c. 被申请人主动改变原具体行政行为

被申请人主动意识到原来作出的具体行政行为在事实、证据、适用依据等方面存在问题，决定改变原来作出的具体行政行为，并得到申请人认可，申请人自愿撤回复议申请，海关复议机关终结该复议案件审查。

C. "复议变更不利禁止"

"复议变更不利禁止"原则是指海关复议机关在申请人的行政复议请求范围内，不得作出对申请人更为不利的复议决定。广义上说，这也是复议决定的一种特殊形式。

5. 海关行政复议和解与复议调解

海关行政复议中，对于符合条件的案件，可以遵循自愿、合法、公正、合理、及时、便民原则，进行复议和解、调解。但是，行政复议和解、调解不是办理行政复议案件的必经程序。

海关行政复议和解，是指公民、法人或者其他组织，对海关行使法律、行政法规或者海关规章规定的自由裁量权作出的具体行政行为不服申请行政复议，在海关行政复议机关作出行政复议决定之前，申请人和被申请人双方在自愿、合法基础上达成和解协议，并报请海关行政复议机关审查批准的活动。

海关行政复议调解，是指公民、法人或者其他组织，对海关行使法律、行政法规或者海关规章规定的自由裁量权作出的具体行政行为不服申请行政复议，以及行政赔偿、查验赔偿或者行政补偿纠纷的行政复议处理中，海关行政复议机关在查明事实基础上依法进行协调，引导申请人和被申请人在自愿、合法基础上达成调解协议的活动。

第七节 海关行政申诉制度

一、海关行政申诉制度概述

（一）海关行政申诉制度的含义

海关行政申诉制度是指公民、法人或者其他组织不服海关作出的具体行政行为但在法定期限内未申请行政复议或提起行政诉讼，或者不服海关行政复议决定但在法定期限内未提起行政诉讼的，向海关提出申诉请求，海关对原具体行政行为的合法性和适当性进行审查并作出处理决定的法律救济制度。这是对已经丧失行政复议和诉讼救济权利的当事人，本着保护当事人合法权益、实事求是、有错必纠的原则，再给当事人一次陈述理由、申辩意见的机会。

（二）海关办理申诉案件的基本制度

1996 年颁布实施的《行政处罚法》对当事人针对行政机关作出的行政处罚的申诉权作了原则规定。随着行政领域执法实践的发展，申诉成为行政复议、行政诉讼之外公民、法人和其他组织寻求法律救济的重要途径。

为了规范海关申诉案件的办理，保护公民、法人或者其他组织的合法权益，保障和监督海关依法行使职权，海关总署依据《海关法》《行政处罚法》，以及其他有关法律、行政法规，制定了《中华人民共和国海关办理申诉案件暂行规定》（以下简称《申诉规定》）。

（三）海关行政申诉制度的作用

海关申诉制度，作为一种为公民、法人和其他组织提供法律救济手段的制度，是围绕着有错必纠，便民利民，切实保护公民、法人和其他组织合法权益的原则和目标模式设计和运作的。《申诉规定》的实施，对及时解决行政争议，提高行政效率，监督海关依法行使行政职权，进一步贯彻执法为民、依法行政理念，减轻信访压力，缓解社会矛盾都会产生积极的作用。

二、海关行政申诉制度的基本内容

《申诉规定》对海关办理申诉案件制定了具体的要求，在受案范围、审查机关、办理程序、审查要求、决定形式等方面做了明确规定，规范和统一了全国海关有关申诉案件的处理和执行。

（一）海关办理申诉案件的范围

海关办理的申诉案件包括：

1. 公民、法人或者其他组织不服海关作出的具体行政行为但在法定期限内未申请行政复议或提起行政诉讼，向海关提出申诉请求的案件；

2. 公民、法人或者其他组织不服海关行政复议决定但在法定期限内未提起行政诉讼的，向海关提出申诉请求的案件；

3. 海关有关部门接到公民、法人或者其他组织的信访、投诉，如涉及海关具体行政行为或者行政复议决定的合法性问题，由申诉人按规定提出申诉要求而转送海关申诉审查部门的申诉案件。

（二）海关办理申诉案件的管辖

1. 申诉案件的管辖海关

申诉人可以向作出原具体行政行为或者复议决定的海关提出申诉，也可以向其上一级海关提出申诉。

对海关总署作出的具体行政行为或者复议决定不服的，应当向海关总署提出申诉。

海关总署认为必要时，可以将不服广东省内直属海关作出的具体行政行为或者行政复议决定向海关总署提出申诉的案件，交由广东分署办理。

2. 海关申诉审查部门

对海关调查、缉私部门经办的具体行政行为不服的申诉案件由调查、缉私部门具体负责办理；对其他海关具体行政行为和复议决定不服的申诉案件由负责法制工作的机构具体负责办理。

（三）海关办理申诉案件的程序

1. 申诉人提出申诉申请

申诉人提出申诉应当递交书面申诉材料，申诉材料中应写明申诉人的基本情况、明确要求撤销或者变更海关原具体行政行为的申诉请求、具体事实和理由。

2. 海关受理申诉申请

（1）海关受理申诉的时限

海关申诉审查部门收到申诉人的书面申诉材料后，应当在5个工作日内进行审查，作出受理或不予受理的决定。决定受理申诉的，海关申诉审查部门收到书面申诉材料之日为受理之日。

（2）海关受理与不予受理的处理规则

对符合相关要求的，决定予以受理，并制发受理申诉决定书；

对不符合相关规定，有下列情形之一的，决定不予受理，并书面告知申诉人不予受理的理由：

①申诉针对的具体行政行为或者复议决定不是海关作出的；

②申诉事项已经人民法院或者行政复议机关受理，正在审查处理中的；

③申诉事项已经人民法院作出判决的；

④申诉事项已经其他海关作为申诉案件受理或者处理的；

⑤申诉事项已经海关申诉程序处理，申诉人重复申诉的；

⑥仅对海关制定发布的行政规章或者具有普遍约束力的规定、决定提出不服的；

⑦请求事项已超过法律、行政法规规定的办理时限的；

⑧其他依法不应受理的情形。

具体行政行为尚在行政复议、诉讼期限内，或者行政复议决定尚在行政诉讼期限内的，应当及时告知申诉人有权依法申请行政复议或者向人民法院提起行政诉讼。

（3）转送其他海关处理

符合海关办理申诉案件规定，但需要转送其他海关处理的，应当将申诉材料转送相应海关，同时书面通知申诉人，由接受转送的海关办理。

3. 海关审查申诉案件

（1）申诉案件的审查内容

申诉审查部门应当对原具体行政行为、行政复议决定是否合法进行审查。

（2）申诉案件的审查方法

申诉案件的审查，原则上采取书面审查的办法。申诉人提出要求或者申诉审查部门认为有必要时，可以向有关组织和人员调查情况，听取申诉人、与申诉案件有利害关系的第三人的意见，听取作出原具体行政行为或者复议决定的海关或者原经办部门的意见。

调查情况、听取意见必要时可以采用听证的方式。

申诉审查部门认为需要向作出原具体行政行为或者复议决定的海关或者原经办部门了解情况的，可以在受理申诉之日起7个工作日内，将申诉材料副本发送该海关或者经办部门，该海关或者经办部门应当自收到申诉材料副本之日起10日内，书面说明有关情况，并提交当初作出具体行政行为或者复议决定的有关证据材料。

（3）申诉案件的审理人员

原具体行政行为、复议决定的经办人员不得担任申诉案件的审理人员。

申诉人认为申诉案件的审理人员与本案有利害关系或者有其他关系可能影响公正审理的，有权申请该审理人员回避。审理人员认为自己与本案有利害关系或者有其他关系的，应当申请回避。

审理人员的回避由申诉审查部门负责人决定，申诉审查部门负责人的回避由其所属海关负责人决定。

4. 申诉案件的撤销、撤诉

（1）申诉案件的撤销

海关在受理申诉之后，作出处理决定之前，发现有上述"决定不予受理"情形之一的，应当撤销申诉案件，并书面告知申诉人。

（2）申诉案件的撤诉

申诉案件处理决定作出前，申诉人可以撤回申诉，撤回申诉应当以书面形式提出。

申诉人撤回申诉的，海关应当终止申诉案件的审查。

5. 申诉案件的处理决定

（1）海关作出处理决定的时限

海关应当在受理申诉之日起 60 日内作出处理决定，情况复杂的案件，经申诉审查部门负责人批准，可以适当延长，但延长期限最多不超过 30 日。延长审查期限应当书面通知申诉人。

（2）海关处理决定的种类

海关经对申诉案件进行审查，应当分下列情况作出处理决定：

①原具体行政行为、复议决定认定事实清楚，证据确实充分，适用依据正确，程序合法，内容适当的，决定维持，驳回申诉人的申诉请求；

②海关有不履行法定职责情形的，决定在一定期限内履行或者责令下级海关在一定期限内履行；

③原具体行政行为有下列情形之一的，决定撤销、变更或者确认违法；需要重新作出具体行政行为的，由原作出具体行政行为的海关重新作出：

A. 主要事实不清，证据不足的；

B. 适用依据错误的；

C. 违反法定程序，可能影响公正处理的；

D. 超越或者滥用职权的；

E. 具体行政行为明显不当的。

④原复议决定违反法定程序，可能影响公正处理的，决定撤销，由原复议机关重新作出复议决定。

（3）申诉案件处理决定的送达

对申诉案件作出处理决定应当制发法律文书，加盖海关行政印章，并在 7 个工作日内将法律文书送达申诉人。

上级海关办理的对下级海关的具体行政行为或者复议决定不服的申诉案件，处理决定应当同时送达下级海关。

（四）申诉人的救济途径

经申诉后，申诉人对海关改变原行政行为或者作出新的行政行为仍不服的，可以依据《中华人民共和国行政复议法》和《中华人民共和国行政诉讼法》的规定向复议机关申请行政复议，或者是向人民法院提起行政诉讼。对于驳回当事人的申诉请求的，根据《最高人民法院关于执行〈中华人民共和国行政诉讼法〉若干问题的解释》，驳回当事人对行政行为提起申诉的重复处理行为，不属于人民法院行政诉讼的受案范围，同理，也不属于行政复议的受案范围。

第八节　海关行政裁定制度

一、海关行政裁定概述

（一）海关行政裁定的含义

海关行政裁定是指海关在货物实际进出口前，应对外贸易经营者的申请，依据有关海关的法律、行政法规和规章，对与实际进出口活动有关的海关事务作出的具有普遍约束力的决定。

（二）海关行政裁定的适用范围

海关行政裁定主要适用于以下海关事务：

1. 进出口商品的归类；

2. 进出口货物原产地的确定；

3. 禁止进出口措施和许可证件的适用；

4. 海关总署决定可以适用行政裁定的其他海关事务。

（三）海关行政裁定的作用

1. 保证各海关执法的统一性和规范性，避免不同的对外贸易经营者在不同的海关、于不同的时间受到不同的待遇。

2. 促进海关法律规范解释的透明度，促成对外贸易经营者知法、守法经商。

3. 增强海关执法和对外贸易经营者贸易活动的可预知性，加快通关速度，降低贸易成本，提高贸易效率。

4. 通过在法律制度上限制海关的自由裁量权，防范执法风险。

二、海关行政裁定制度的基本内容

（一）海关行政裁定的程序

1. 海关行政裁定的申请

（1）申请人

海关行政裁定的申请人只能是在海关注册登记的进出口货物经营单位。进出口货物经营单位可以自行向海关申请，也可以委托他人向海关提出申请。

（2）申请的期限和方式

除特殊情况外，申请人一般应当在货物拟进口或出口的 3 个月前向海关总署或者直属海关提交书面申请。

申请人每一份申请只能就一项海关事务请求行政裁定，如果申请人有多项海关事务要求裁定必须逐项申请。

（3）申请书的主要内容

海关行政裁定申请书的内容主要包括：

①申请人的基本情况；

②申请行政裁定的事项；

③申请行政裁定的货物的具体情况；

④货物的预计进出口日期及进出口口岸；

⑤海关认为需要说明的其他情况。

（4）提交申请书及其他申请资料的要求

①申请人应当按照海关要求提供足以说明申请事项的资料，包括进出口合同或意向书的复印件、图片、说明书、分析报告等；

②申请书所附文件如为外文，申请人应同时提供外文原件及中文译文；

③申请书应当加盖申请人印章，所提供文件与申请书应当加盖骑缝章；

④申请人委托他人申请的，应当提供授权委托书及代理人的身份证明。

海关认为必要时，可要求申请人提供货物样品。

（5）商业秘密的保护

申请人为申请行政裁定向海关提供的资料，如果涉及商业秘密，可以要求海关予以保密。申请人对所提供资料的保密要求，应当书面向海关提出，并具体列明需要保密的内容，除司法程序要求提供的以外，未经申请人同意，海关不应泄露。

2. 海关行政裁定的受理

直属海关收到行政裁定申请书后，应予初审。对符合规定的申请，应在接受申请之日起 3 个工作日内移送海关总署或其授权机构。申请资料不符合有关规定的，海关应当书面通知申请人在 10 个工作日内补正。申请人逾期不补正的，视为撤回申请。

海关总署或其授权机构收到申请书后，应自收到之日起的 15 个工作日内作出受理或不受理的决定，并应书面告知申请人。对于不受理的还应说明理由。具有下列情况之一的，海关不予受理：

（1）申请超出行政裁定范围的；

（2）申请人不具备资格的；

（3）申请与实际进出口活动无关的；

（4）海关已就同一事项作出有效的行政裁定或有其他明确规定的；

（5）经海关认定不予受理的其他情形。

3. 海关行政裁定的审查

海关行政裁定的审查机构应为海关总署或海关总署授权的机构。

海关在受理申请后，作出行政裁定以前，可以要求申请人补充提供相关资料或货物样品。

申请人主动向海关提供新的资料或样品作为补充的，应当说明原因。海关审查决定是否采用。

审查过程中，海关可以征求申请人以及其他利害关系人的意见。

申请人可以在海关作出行政裁定前以书面形式向海关申明撤回其申请。

申请人在规定期限内未能提供有效、完整的资料或样品，影响海关作出行政裁定的，海关可以终止审查。

4. 海关作出行政裁定

海关对申请人申请的海关事务应当根据有关事实和材料，依据有关法律、行政法规、规章进行审查并作出行政裁定。裁定应当自受理申请之日起 60 日内作出。

海关作出的行政裁定应当书面通知申请人，并对外公布。

（二）海关行政裁定的法律效力

行政裁定与海关规章具有同等法律效力，在关境内具有普遍约束力。对于裁定生效前已经办理完毕裁定事项的进出口货物，不适用该裁定。

（三）海关行政裁定的失效与撤销

1. 海关行政裁定的失效

海关作出行政裁定所依据的法律、行政法规及规章中的相关规定发生变化，影响行政裁定效力的，原行政裁定自动失效。

2. 海关行政裁定的撤销

有下列情形之一的，由海关总署撤销原行政裁定：

（1）原行政裁定错误的；

（2）因申请人提供的申请文件不准确或者不全面，造成原行政裁定需要撤销的；

（3）其他需要撤销的情形。

海关撤销行政裁定的，应当书面通知原申请人，并对外公布。撤销行政裁定的决定，自公布之日起生效。

经海关总署撤销的行政裁定对已经发生的进出口活动无溯及力。

海关总署应公布自动失效或被撤销的行政裁定，并应告知申请人。

（四）海关行政裁定的异议审查

进出口活动的当事人对于海关作出的具体行政行为不服，并对该具体行政行为依据的行政裁定持有异议的，可以在对具体行政行为申请复议的同时一并提出对行政裁定的审查申请。复议海关受理该复议申请后应将其中对于行政裁定的审查申请移送海关总署，由总署作出审查决定。

第九节　海关预裁定制度

一、海关预裁定概述

（一）海关预裁定的含义与适用范围

1. 海关预裁定的含义

海关预裁定是指有关直属海关应对外贸易经营者的申请，对其与实际进出口活动有关的海关事务，在货物实际进出口前的规定时间内作出的仅对申请人具有约束力，并在海关全关境适用的处理决定。

2. 海关预裁定的适用范围

申请人可以就下列海关事务申请预裁定：

（1）进出口货物的商品归类。

（2）进出口货物的原产地或者原产资格。

进出口货物的原产资格预裁定，即对货物是否具备所申请的优惠贸易协定项下中国或伙伴方原产资格进行预裁定。

（3）进口货物完税价格相关要素、估价方法。

完税价格相关要素包括特许权使用费、佣金、运保费、特殊关系，以及其他与审定完税价格有关的要素。

（4）海关总署规定的其他海关事务。

（二）海关预裁定的作用

世界贸易组织（WTO）《贸易便利化协定》已生效实施。在预裁定领域，我国此前已推行"三预"制度（商品预归类、原产地预确定、价格预审核），基本都符合《贸易便利化协定》关于预裁定制度的有关规定。在《贸易便利化协定》实施后，根据该协定的有关要求，海关在整合、优化"三预"制度的基础上，健全完善海关预裁定制度，以更好地落实和执行《贸易便利化协定》的有关规定。

预裁定制度的实施，不但能够简化企业通关流程，提高通关效率，还能帮助企业提前准确了解关税政策及涉税要素，有效评估交易成本，降低不合规申报的风险，进一步增强企业对进出口贸易活动的可预见性，便于企业合理安排生产和贸易活动。

（三）海关预裁定决定的效力

《海关预裁定管理暂行办法》明确，预裁定决定对申请人和海关均具有约束力。对申请人而言，其进出口与预裁定决定列明情形相同的货物，应当按照预裁定决定向海关申报；对海关而言，对于申请人按照预裁定决定进行的申报，海关应当予以认可。

关于预裁定决定的法律效力主要涉及以下3方面内容：

1. 预裁定决定的有效期

结合海关"三预"制度实施情况，《海关预裁定管理暂行办法》将《贸易便利化协定》的"合理时间"即预裁定决定的有效期确定为3年。在有效期内，预裁定决定所依据的法律、行政法规、海关规章和海关总署公告发生变化，影响其效力的，预裁定决定自动失效。

2. 预裁定决定的溯及力

预裁定决定作为海关具体行政行为，自作出之日起发生法律效力，不溯及既往。预裁定决定对其生效前已经实际进出口的货物没有溯及力。

3. 预裁定决定的效力范围

预裁定决定不仅适用于企业申请预裁定所指向的进出口货物，对于申请人在其有效期内进出口与该决定列明情形相同的所有货物均具有法律效力，并且鉴于全国海关对预裁定信息已实现互联共享，任何一份预裁定决定都可在全国海关适用。

（四）海关预裁定与海关"三预"、海关行政裁定的区别

1. 海关预裁定与海关"三预"的区别

（1）适用的区域范围不同

预裁定制度在海关全关境适用，"三预"制度只适用于作出决定的直属海关关区。

（2）法律效力的延续性不同

预裁定决定有效期为3年，有效期内申请人进出口与预裁定决定所列情形相同的货物

均可适用该裁定，"三预"决定的有效期不具有延续性，仅适用于当事人申请所指向的货物，"一事一申请"。目前，预裁定制度已全面取代原"三预"制度。

2. 海关预裁定与海关行政裁定的区别

两者的差异主要体现在以下方面：

（1）裁定机关不同

预裁定的裁定机关是有关直属海关，行政裁定的裁定机关是海关总署。

（2）法律效力不同

预裁定决定仅对申请该预裁定的申请人具有约束力，属于海关具体行政行为，对预裁定决定不服可以申请行政复议或提起行政诉讼；行政裁定不仅适用于申请人，对从事行政裁定所指向的有关海关事务的对外贸易经营者均具有约束力，属于海关抽象行政行为，与海关规章具有同等效力，对行政裁定不服不能申请行政复议或者提起行政诉讼。

二、海关预裁定的实施

海关预裁定的基本流程为：对外贸易经营者申请—海关受理（不予受理）—海关作出决定—海关制发预裁定决定书。另外，根据企业自身情况和海关审核情况，可能还包括补正、补充、撤回、终止等状态。

（一）对外贸易经营者申办海关预裁定

1. 预裁定的申请人

预裁定的申请人应当是与实际进出口活动有关，并且在海关注册登记的对外贸易经营者。

2. 预裁定申请的方式

申请人需要海关为其保守商业秘密的，应当以书面方式向海关提出要求，并且列明具体内容。海关按照国家有关规定承担保密义务。一份"中华人民共和国海关预裁定申请书"（以下简称"预裁定申请书"）应当仅包含一类海关事务。

3. 预裁定申请的时限

预裁定的申办程序申请人应当在货物拟进出口3个月之前向其注册地直属海关提出预裁定申请。

特殊情况下，申请人确有正当理由的，可以在货物拟进出口前3个月内提出预裁定申请。

4. 预裁定申请的材料

申请人申请预裁定的，应当提交"预裁定申请书"及海关要求的有关材料。材料为外文的，申请人应当同时提交符合海关要求的中文译本。申请人应当对提交材料的真实性、准确性、完整性、规范性承担法律责任。

5. 预裁定的申办程序

申请人可以通过电子口岸"海关事务联系系统"（QP系统）或"互联网+海关"一体化平台向海关提交预裁定申请。对通过电子口岸（www.chinaport.gov.cn）登录"海关事务联系系统"的，应进入预裁定模块，选择"价格预裁定""归类预裁定"或"原产地裁定"实现申请、补正、查询、打印等各类操作。

（1）在"价格预裁定"（"归类预裁定"或"原产地裁定"）模块的"新增"项下进行"预裁定申请书"的录入与申报操作。

（2）在"价格预裁定"（"归类预裁定"或"原产地裁定"）模块的"查询修改"项下完成对"预裁定申请书"的状态查询、撤回、补正和补充。

（3）在"预裁定文书查询"模块的"文书查询"项下查询"中华人民共和国海关预裁定受理决定书"（以下简称"预裁定受理决定书"）等相关文书。在"决定书查询"项下查询"中华人民共和国海关预裁定决定书"（以下简称"预裁定决定书"）状态、内容及打印。

（二）海关受理及作出预裁定决定

1. 海关办理预裁定的时间周期

海关应当自收到"预裁定申请书"及相关材料之日起 10 日内作出是否受理的决定；海关应当自受理之日起 60 日内作出预裁定决定，制发"预裁定决定书"。

申请人补证材料所需时间不计入 10 日的预裁定申请受理期限内；海关作出预裁定过程中，化验、检测、鉴定、专家论证或者其他方式确定有关情况所需时间不计入 60 日的作出预裁定期限内。

2. 预裁定申请的受理机关和裁定机关

综合考虑预裁定的具体行政行为属性及海关管理资源匹配性等相关因素，《海关预裁定管理暂行办法》将预裁定申请的受理机关和裁定机关确定为预裁定申请人注册地直属海关（与纳税人属地管理保持一致）。属地海关所作预裁定决定不仅在本关区有效，而且在全关境适用。

3. 预裁定受理与决定的作业程序

（1）受理或不予受理

海关应当自收到"预裁定申请书"及相关材料之日起 10 日内审核决定是否受理该申请，制发"预裁定申请受理决定书"或者"预裁定申请不予受理决定书"。

有下列情形之一的，海关应当作出不予受理决定，并且说明理由：

①申请不符合《海关预裁定管理暂行办法》相关规定的；

②海关规章、海关总署公告已经对申请预裁定的海关事务有明确规定的；

③申请人就同一事项已经提出预裁定申请并且被受理的。

（2）告知申请人补正申请材料

对于申请人申请材料不符合有关规定的，海关应当在决定是否受理前一次性告知申请人在规定期限内进行补正，制发"预裁定申请补正通知书"。补正申请材料的期间，不计入《海关预裁定管理暂行办法》规定的期限内。

对于申请人提供虚假材料或者隐瞒相关情况的，海关给予警告，可以处 1 万元以下罚款。

（3）作出预裁定决定并制发"预裁定决定书"

海关对申请人申请预裁定的海关事务应当依据有关法律、行政法规、海关规章及海关总署公告作出预裁定决定，制发"预裁定决定书"。作出预裁定决定过程中，海关可以要求申请人在规定期限内提交与申请海关事务有关的材料或者样品；申请人也可以向海关补充提交有关材料。

海关应当自受理之日起 60 日内制发"预裁定决定书"。

需要通过化验、检测、鉴定、专家论证或者其他方式确定有关情况的,所需时间不计入上述规定的期限内。

(4)海关预裁定决定送达申请人

"预裁定决定书"应当送达申请人,并且自送达之日起生效。

4. 预裁定决定的公布

《海关预裁定管理暂行办法》第十七条规定:"除涉及商业秘密的外,海关可以对外公开预裁定决定的内容。"这为从事相关进出口贸易活动的其他对外贸易经营者提供参考借鉴。该规定属于对《贸易便利化协定》的履约条款。《海关预裁定管理暂行办法》施行过程中,除涉及商业秘密的外,预裁定机关会在海关门户网站公布预裁定决定,海关总署在中国海关门户网站公布全国数据。

5. 对预裁定决定的复议与诉讼

申请人对预裁定决定不服的,可以向海关总署申请行政复议;对复议决定不服的,可以依法向人民法院提起行政诉讼。

行政复议和行政诉讼期间,申请人进口相关货物时仍需按照预裁定决定申报。

三、海关预裁定相关货物的进出口申报

申请人进出口与"海关预裁定决定书"列明情形相同的货物时,应当作为报关单的"收发货人",按照"预裁定决定书"申报,并在报关单备注栏内逐项填写:"预裁定+'预裁定决定书'编号"(例如:某份预裁定决定书编号为 R-2-0100-2018-0001,则应当在备注栏内填写"预裁定 R-2-0100-2018-0001")。

"情形相同货物"是指:对于归类预裁定,为同一商品;对于完税价格相关要素和估价方法预裁定,为申请有关预裁定合同项下的进口货物;对于原产地预裁定,为同一厂商使用相同材料生产的同一型号商品。

教师反馈及课件申请表

为更有针对性地为广大教师服务，提升教学质量，在您确认将本书作为指定教材后，请您填好以下表格，并经系主任签字盖章后发送到电子信箱 hgcbsskb@ 163.com，我们将免费为您提供相应教学 PPT 课件。

书名/书号			
所需要的教学资料			
您的姓名		E-mail	
院/校		系	
您所讲授的课程名称			
每学期学生人数	_____人_____年级	学时	36
您目前采用的教材			
您准备何时用此书			
您的联系地址			
邮政编码		联系电话	
您对本书的建议：		系主任签字	
		盖章	

我们的联系方式：

地　　址：北京市朝阳区东四环南路甲 1 号中国海关出版信息大厦

邮　　编：100023

联 系 人：熊芬

电　　话：010-65194242-7528

传　　真：010-65194234

电子邮件：hgcbsskb@ 163. com